수제비 2025

수험생 입장에서 제대로 쓴 비법서

#실전문제
#기출복원
#커뮤니티

제5판

정보처리기사 실기
FINAL 실전 모의고사

NCS 반영!!
기출문제 완벽 분석
실전 모의고사 수록

윤영빈 · 서용욱 · 김학배 · 박인상
공저

최신 기출문제 유형으로 실전 마무리!

Society 커뮤니티: 집필진과 12만 명 회원이 함께하는 커뮤니티!
Strategy 학습 전략: 수험생들에 의해 입증된 학습 플랜 제공!
Special 문제: 기출문제(20년~24년 320제), 모의고사(600제)
Study 암기 및 이해: 두음 기법을 통한 효율적 암기와 원리 이해

문제 편

학습지원센터 가기
cafe.naver.com/soojebi

도서출판 건기원

감수

- **안경환 기술사**(NCS 정보통신 분야 집필위원, 정보관리기술사, 한국정보통신기술사회 홍보소통 부위원장, (주)파인트리커뮤니케이션즈 수석연구원, 정보시스템 수석감리원)
- **배홍진 기술사**(정보관리기술사, 삼성SDS, HR SaaS 구축 및 확산)
- **문광석 기술사**(정보관리기술사, 코리안리 IT파트, ISMS-P인증심사원, 과기정통부 사이버보안전문단)
- **양해용 기술사**(정보관리기술사, 삼성SDS 데이터센터 보안그룹)
- **조동섭**(이화여자대학교)

집필진

- **윤영빈 기술사**
  (정보관리기술사, 정보시스템 수석감리원, 정보처리기사, 정보보안기사, 전자계산기조직응용기사, 전자계산기기사, 정보통신기사, 무선설비기사, 임베디드기사, 품질경영기사, 전기공사기사, 수제비 시리즈 대표 저자)
- **서용욱 기술사**
  (빅데이터 분야 개인정보보호 전문가, 정보관리기술사, 수제비 시리즈 대표 저자)
- **김학배 기술사**
  (NCS 정보통신 분야 검토위원, 컴퓨터시스템응용기술사, 정보통신기술사, 수제비 시리즈 대표 저자)
- **박인상 기술사**
  (정보관리기술사, 정보시스템 수석감리원, 정보보안기사, AWS-SAA, 정보통신기획평가원(IITP) 평가위원, 한이음 ICT 멘토, 수제비 시리즈 대표 저자)

수제비 2025 수험생 입장에서 제대로 쓴 비법서

정보처리기사 실기 FINAL 실전 모의고사

2025년 2월 20일 제5판 제1쇄 발행
2024년 3월 05일 제4판 제1쇄 발행
2023년 1월 30일 제3판 제1쇄 발행
2022년 3월 10일 제2판 제1쇄 발행
2021년 6월 15일 제1판 제1쇄 발행

저자와의 협의하에 인지생략

지은이 | 윤영빈 · 서용욱 · 김학배 · 박인상 공저
발행인 | 차승녀
편집 · 제작 | 웅보출판사
표지디자인 | 웅보출판사
공급처 | 도서출판 건기원(https://www.kkwbooks.com)
주 소 | 경기도 파주시 연다산길 244(연다산동 186-16)
전 화 | 02)2662-1874~5 **팩 스** | 02)2665-8281
등 록 | 제11-162호, 1998. 11. 24

- 건기원은 여러분을 책의 주인공으로 만들어 드리며 출판 윤리 강령을 준수합니다.
- 본 수험서를 복제 · 변형하여 판매 · 배포 · 전송하는 일체의 행위를 금하며, 이를 위반할 경우 저작권법 등에 따라 처벌받을 수 있습니다.

ISBN 979-11-5767-881-5 13000
정가 32,000원

추천하는 글

 서정훈

대한민국 대표 IT 자격증인 정보처리기사가 2020년부터 NCS 기반으로 대폭 개편되어 이전의 수험서로는 준비가 어려운 시점에 수험자들에게 단비와 같은 책이 나왔습니다.
과거에는 기출문제를 몇 개월 동안 달달 외워서 합격할 수 있었다면 이제는 최신 트렌드를 반영하고 시험문제가 더 어려워진다고 하니 비전공자들에게는 합격률이 낮아질 수 있습니다.
「수제비 정보처리기사」는 비전공자까지도 쉽게 이해할 수 있도록 탄탄하게 구성되어 있으며 쉽게 암기할 수 있는 비법까지 제공하니 수험생 여러분에게 큰 도움이 될 것입니다.
IT 분야에서 경험을 갖춘 정보관리기술사와 전문가들이 오랜 기간 심혈을 기울인 역작임에 틀림없어 수험자분에게 이 책으로 공부하시면 실력 향상과 합격에 도움이 될 것으로 추천합니다.

— 서정훈(정보관리기술사, 엔씨소프트 퍼블리싱 플랫폼 PM 리더, PMP Agile 바이블 저자)

 김유성

제4차 산업혁명으로 기존의 많은 산업들이 IT 중심으로 재편되고 있다. 신입사원의 IT 역량을 판단하는 것에는 많은 기준이 있지만, 기본 조건 중 하나가 정보처리기사이다.
NCS 기반으로 출제되는 정보처리기사 자격증을 취득하기 위해서는 SW 개발에 대한 정확한 지식과 함께 블록체인, 인공지능 등 최신 ICT 기술에 대한 이해가 필요하다.
다년간 NCS 정보처리기술사 연구회에서 활동하는 저자들이 NCS 학습 모듈을 정보처리기사 시험에 맞도록 재구성한 "수제비" 수험서는 비전공자도 쉽게 자격증을 취득할 수 있도록 친절하게 구성된 비법서이다.
정보통신 분야의 취준생이나 전산직 공무원을 준비하는 수험생 등 자격증 취득이 목표인 많은 이들에게 도움이 되는 지침서가 될 것이라고 확신한다.

— 김유성(NCS 정보통신 분야 집필위원, 정보관리기술사, KT IT기획실, 정보통신기획평가원 평가위원)

 이경미

한국산업인력공단에서 시행되는 정보처리기사 출제 범위가 2020년부터 변경되었다.
기존 기출문제 위주의 정보처리기사 출제 범위에서 탈피하여 NCS 정보통신 분야 학습 모듈을 기반으로 대폭 개편되었다.
특히 소프트웨어 엔지니어링 분야나 보안 분야, 최신의 ICT 트렌드가 반영된 시험으로 완전히 바뀐 형태로 변경될 예정이다.

이러한 경향에 발맞춰 NCS 정보처리기술사 연구회의 저자들이 수험생들의 올바른 학습 방향을 가이드하기 위해서 쉽고, 편하게 학습할 수 있는 수제비 수험서를 집필하였다.
이 책은 비전공자들이 쉽고 편하게 학습할 수 있도록 구성이 되어 있으며, 학습효과를 극대화하기 위해 노력하였다.
또한 기억력 학습의 최고봉인 두음쌤을 활용하여 시간이 없는 수험생의 단기 합격 비법을 제공해 줄 것이라고 확신한다.
비전공자이지만 빠르게 정보처리기사 자격증을 취득하고 싶은 수험생에게 적극 추천하고 싶다.

– 이경미[NCS 정보통신 분야 집필위원, 컴퓨터시스템응용기술사, 현 삼성전자 재직/전 한국정보통신기술협회(TTA) 재직]

 권영근

제4차 산업혁명으로 촉발된 지능화된 지식정보화사회로 급속하게 전환되는 지금 이를 선도해야 하는 IT인의 필수 자격으로 정보처리기사는 각광을 받고 있다. 이번 NCS 기반 정보처리기사의 개편은 이런 시대의 자연스러운 흐름이다.
이에 급변하는 IT 산업의 트렌드를 따라가고 관련 지식을 습득하여야 하기에 "수제비 정보처리기사"는 IT 산업의 전문가 집단인 기술사들이 모여 오랜 기간 연구 끝에 내놓은 책이다. ICT 최전선에서 활동한 풍부한 경험을 수험생 입장에서 풀어 쓰려는 노력의 정수를 담은 이 책을 통해 많은 이들이 정보처리기사 자격을 취득하여 IT 산업을 선도하는 핵심 인재가 될 것으로 기대한다.

– 권영근(정보관리기술사, 삼성SDS/부장, 118회 정보관리기술사 동기회장)

 공수재

본 수험서의 특징은 수험자에게 친근하게 다가가고 최대한 효율적으로 학습할 수 있도록 높은 가독성을 갖고 있는 본문, NCS 출제 범위 대응, 이해를 돕는 쉬운 해설, 두음 기반의 암기 비법이라고 할 수 있다. 정보처리기사 자격을 취득하려고 도전하는 수많은 수험생들에게 이 책이 쉽고 빠르게 자격증을 취득할 수 있도록 큰 도움을 줄 것으로 기대한다.

– 공수재(NCS 정보통신 분야 검토위원, 컴퓨터시스템응용기술사, 이랜드시스템스 과장)

'수제비' 정보처리기사 실기 FINAL 실전 모의고사를 소개합니다.

정보처리기사는 IT 전공자뿐만 아니라 비전공자 응시비율이 높아 오랫동안 사랑받는 대표 IT 자격증의 하나입니다. 한국산업인력관리공단에서 2020년부터 시행됐던 정보처리기사문제 출제기준은 국가직무능력표준(NCS)을 기반으로 대폭 개편되었습니다. 출제기준을 보면 기존 정보처리기사 내용은 30%에 불과하고, NCS 기반의 소프트웨어 개발 실무내용이 70%에 해당합니다. 따라서 비전공자가 자격증을 취득하기 위한 과정이 매우 힘난할 것이라 예상됩니다. 익숙하지 않은 용어와 개념들을 이해하며 학습하는 것은 정말 어려운 일이니까요!

수험생 입장에서 제대로 쓴 정보처리기사 비법서(수제비)는 IT 비전공자를 위해 만들어진 책입니다. 어려운 실무적 용어와 IT 신기술들을 쉽게 풀어쓰고 암기하기 위한 여러 장치를 마련했습니다.

첫째 최단기 합격을 위해 꼭 필요한 내용만을 담백하게!

IT 분야의 최고 전문가 집단의 오랜 연구를 통한 정보처리기사 합격까지의 최단기 솔루션을 제안합니다. NCS 모듈 및 과년도 기출문제 및 최신 기출문제를 분석하여 출제 비중이 높은 내용을 중심으로 문제를 구성하였습니다. 출제 비중이 낮고 이해하기 어려운 개념들은 과감하게 제외함으로써 꼭 필요한 내용을 실었습니다.

둘째 정보처리기사 합격을 위한 엄선된 문제를 제공!

책의 목적인 정보처리기사 합격을 위한 최적의 문제와 비법을 제공합니다. 선견지명 모의고사 600제와 백전백승 기출문제 320제를 포함한 총 46회 분량의 실전 모의고사를 제공함과 동시에 이론서 핵심 요약 내용을 수록하였습니다.

셋째 시간이 부족한 수험생 입장에서 제대로 쓴 문제집!

IT 비전공자가 정보처리기사를 보는 이유는 대부분 각종 채용시험의 가산점을 받기 때문일 것입니다. 시간은 항상 모자라고 이번에 따지 못하면 다가오는 기업·공무원 채용시험의 가산점을 받지 못해 결국 시험에서 떨어지는 악순환! 벼랑 끝의 심정으로 공부에 매진하는 수험생 여러분들의 마음을 최대한 이해하고 문제 중심으로 담백하게 핵심을 담았습니다.

 집필진이 상주하는 수제비 학습지원센터(cafe.naver.com/soojebi)

책으로 학습하는데 잘 이해가 되지 않거나 궁금한 사항이 있을 때, 수제비 학습지원센터를 이용해보세요! 집필진은 수험생의 궁금한 점을 풀어주기 위해 커뮤니티에 상주합니다.

또한, 수제비 커뮤니티에서는 수험생들을 위한 공부비법, 합격생들의 합격 비법이 압축된 수험생 Tip, 시험을 통해 검증된 수제비 족보, 공부하는 습관을 길러주는 명품 Daily 문제 등을 제공합니다.

매회 차 수제비의 꽃 두음 쌤과 예상문제(족보 및 Daily 문제)가 다수 출제되고 있으며, 시험 당일 학습지원센터를 통해 가장 빠른 기출문제 복원 및 총평, 약술형 채점, 향후 공부 방향의 제시 등 10만 명 이상의 수험생들이 함께 공부하고, 정보를 공유하는 집단지성의 커뮤니티가 여러분의 합격을 견인할 것입니다.

다섯째 2024년 정보처리기사 실기시험을 통해 수험생들의 입소문으로 검증된 책!

수제비 집필진은 2020년~2024년 커뮤니티를 통한 예상문제 출제로 다수의 합격자를 배출한 경험이 있습니다.

본 도서는 2020~2024년 실기 '백전백승 기출문제' 320제를 완벽하게 분석함과 동시에 '선견지명 모의고사' 600제의 정확도와 완성도를 끌어올려 FINAL 실전 모의고사로 구성하였습니다.

끝으로 이 책을 통해 학습하는 모든 수험생 여러분이 급변하는 출제 기준에도 당당히 최단기 합격할 수 있도록 최선을 다해서 서포트 하겠습니다.

저자 일동

NCS 알아보기!

1. NCS 개념

- 국가직무능력표준(NCS: National Competency Standards)은 산업현장에서 직무를 수행하기 위해 요구되는 지식·기술·태도 등의 내용을 국가가 체계화한 것입니다.

2. NCS 분류

- 국가직무능력표준의 분류는 한국고용직업분류(KECO: Korean Employment Classification of Occupations) 등을 참고하여 분류하였으며 '대분류(24) → 중분류(79) → 소분류(253) → 세분류(1,001개)'의 순으로 구성되어 있습니다.
- 국가직무능력표준 분류에서 정보통신 분야는 3개의 중분류(정보기술, 통신기술, 방송기술), 15개의 소분류, 88개의 세분류로 구성되어 있습니다.

3. NCS 능력 단위 개념

- 직무는 국가직무능력표준 분류의 세분류를 의미하고, 원칙상 세분류 단위에서 표준이 개발됩니다.
- 능력 단위는 국가직무능력표준 분류의 하위단위로서 국가직무능력 표준의 기본 구성요소에 해당합니다.
- 능력 단위란 특정 직무에서 업무를 성공적으로 수행하기 위하여 요구되는 능력을 교육훈련 및 평가 가능한 기능 단위로 개발한 것입니다.
- 능력 단위 요소란 해당 능력 단위를 구성하는 중요한 핵심 하위능력으로서 능력 단위 범위 안에서 수행하는 기능을 도출한 것입니다.

4. NCS 수준체계

- 국가직무능력표준의 수준체계는 산업현장 직무의 수준을 체계화한 것으로, '산업현장·교육훈련·자격' 연계, 평생학습능력 성취 단계 제시, 자격의 수준체계 구성에서 활용됩니다.
- 국가직무능력표준 개발 시 8단계의 수준체계에 따라 능력 단위 및 능력 단위요소별 수준을 평정하여 제시합니다.

NCS 알아보기!

[표 1] NCS 수준체계

수준	항목	내용
8수준	정의	• 해당 분야에 대한 최고도의 이론 및 지식을 활용하여 새로운 이론을 창조할 수 있고, 최고도의 숙련으로 광범위한 기술적 작업을 수행할 수 있으며 조직 및 업무 전반에 대한 권한과 책임이 부여된 수준
	지식기술	• 해당 분야에 대한 최고도의 이론 및 지식을 활용하여 새로운 이론을 창조할 수 있는 수준 • 최고도의 숙련으로 광범위한 기술적 작업을 수행할 수 있는 수준
	역량	• 조직 및 업무 전반에 대한 권한과 책임이 부여된 수준
	경력	• 수준 7에서 2~4년 정도의 계속 업무 후 도달 가능한 수준
7수준	정의	• 해당 분야의 전문화된 이론 및 지식을 활용하여 고도의 숙련으로 광범위한 작업을 수행할 수 있으며, 타인의 결과에 대하여 의무와 책임이 필요한 수준
	지식기술	• 해당 분야의 전문화된 이론 및 지식을 활용할 수 있으며, 근접 분야의 이론 및 지식을 사용할 수 있는 수준 • 고도의 숙련으로 광범위한 작업을 수행할 수 있는 수준
	역량	• 타인의 결과에 대하여 의무와 책임이 필요한 수준
	경력	• 수준 6에서 2~4년 정도의 계속 업무 후 도달 가능한 수준
6수준	정의	• 독립적인 권한 내에서 해당 분야의 이론 및 지식을 자유롭게 활용하고, 일반적인 숙련으로 다양한 과업을 수행하고, 타인에게 해당 분야의 지식 및 노하우를 전달할 수 있는 수준
	지식기술	• 해당 분야의 이론 및 지식을 자유롭게 활용할 수 있는 수준 • 일반적인 숙련으로 다양한 과업을 수행할 수 있는 수준
	역량	• 타인의 결과에 대하여 의무와 책임이 필요한 수준 • 독립적인 권한 내에서 과업을 수행할 수 있는 수준
	경력	• 수준 5에서 1~3년 정도의 계속 업무 후 도달 가능한 수준
5수준	정의	• 포괄적인 권한 내에서 해당 분야의 이론 및 지식을 사용하여 매우 복잡하고 비일상적인 과업을 수행하고, 타인에게 해당 분야의 지식을 전달할 수 있는 수준
	지식기술	• 해당 분야의 이론 및 지식을 자유롭게 사용할 수 있는 수준 • 매우 복잡하고 비일상적인 과업을 수행할 수 있는 수준
	역량	• 타인에게 해당 분야의 지식을 전달할 수 있는 수준 • 매우 복잡하고 비일상적인 과업을 수행할 수 있는 수준
	경력	• 수준 4에서 1~3년 정도의 계속 업무 후 도달 가능한 수준
4수준	정의	• 일반적인 권한 내에서 해당 분야의 이론 및 지식을 제한적으로 사용하여 복잡하고 다양한 과업을 수행하는 수준
	지식기술	• 해당 분야의 이론 및 지식을 제한적으로 사용할 수 있는 수준 • 복잡하고 다양한 과업을 수행할 수 있는 수준
	역량	• 일반적인 권한 내에서 과업을 수행할 수 있는 수준
	경력	• 수준 3에서 1~3년 정도의 계속 업무 후 도달 가능한 수준

수준	항목	내용
3수준	정의	• 제한된 권한 내에서 해당 분야의 기초이론 및 일반지식을 사용하여 다소 복잡한 과업을 수행하는 수준
	지식기술	• 해당 분야의 이론 및 지식을 제한적으로 사용할 수 있는 수준 • 복잡하고 다양한 과업을 수행할 수 있는 수준
	역량	• 일반적인 권한 내에서 과업을 수행할 수 있는 수준
	경력	• 수준 2에서 1~3년 정도의 계속 업무 후 도달 가능한 수준
2수준	정의	• 일반적인 지시 및 감독 하에 해당 분야의 일반지식을 사용하여 절차화되고 일상적인 과업을 수행하는 수준
	지식기술	• 해당 분야의 일반지식을 사용할 수 있는 수준 • 절차화되고 일상적인 과업을 수행할 수 있는 수준
	역량	• 일반적인 지시 및 감독 하에 과업을 수행할 수 있는 수준
	경력	• 수준 1에서 6~12개월 정도의 계속 업무 후 도달 가능한 수준
1수준	정의	• 구체적인 지시 및 철저한 감독 하에 문자 이해, 계산능력 등 기초적인 일반지식을 사용하여 단순하고 반복적인 과업을 수행하는 수준
	지식기술	• 문자 이해, 계산 능력 등 기초적인 일반 지식을 사용할 수 있는 수준
	역량	• 단순하고 반복적인 과업을 수행할 수 있는 수준
	경력	• 구체적인 지시 및 철저한 감독하에 과업을 수행하는 수준

* 2023년 변경된 정보처리기사의 시험 범위는 대부분 NCS 5~6레벨, NCS 3레벨에 해당하는 학습 모듈로 구성됩니다.
* NCS 3레벨은 기초지식 수준이며, 5레벨은 4년제 대학 졸업 수준, 6레벨은 기업의 대리 수준입니다.

5. NCS 학습 모듈의 개념 및 정보처리기사 출제기준 분석

• 국가직무능력표준(NCS)이 현장의 '직무 요구서'라고 한다면, NCS 학습 모듈은 NCS의 능력 단위를 교육훈련에서 학습할 수 있도록 구성한 '교수·학습 자료'입니다.
• NCS 학습 모듈은 NCS 능력 단위 1개당 1개의 학습 모듈 개발을 원칙으로 해서 개발했습니다.
• NCS 능력 단위 및 NCS 학습 모듈과 정보처리기사 출제기준과의 관계는 아래와 같습니다.

NCS 능력 단위	NCS 학습 모듈	정보처리기사 출제기준(실기)
1. NCS 능력 단위	1. NCS 학습 모듈	1. 정보처리기사 실기시험 주요 항목
2. NCS 능력 단위요소	2. NCS 학습	2. 정보처리기사 실기시험 세부 항목
3. NCS 능력 단위요소별 수행 준거	3. NCS 학습 내용	3. 정보처리기사 실기시험 세세 항목

NCS 알아보기!

- 주의할 점은 정보처리기사 실기시험 세세 항목과 NCS 학습 내용이 정확하게 일치하지는 않습니다. 그 이유는 정보처리기사가 NCS 학습 모듈을 기반으로 하여 구성하였지만, 기존의 정보처리기사 시험 범위 내용을 일부 반영함으로써 발생한 사항입니다.
- 본 수험서에서는 그러한 의도를 파악하여 NCS 학습 모듈 기반으로 새롭게 추가된 사항은 최근 트렌드에 맞도록 재구성하였으며, 기존 정보처리기사에서 다뤄지던 핵심 내용은 기존 출제 유형을 NCS 기반으로 재구성하여 집필하였습니다.

6. 정보처리기사 실기시험 출제 주요항목별 NCS 레벨

필기 과목	주요항목	NCS 레벨
1. 소프트웨어 설계	1. 요구사항 확인	NCS 5 Level
	2. 화면 설계	NCS 5 Level
	3. 애플리케이션 설계	NCS 6 Level
	4. 인터페이스 설계	NCS 6 Level
2. 소프트웨어 개발	1. 데이터 입출력 구현	NCS 5 Level
	2. 통합 구현	NCS 5 Level
	3. 제품 소프트웨어 패키징	NCS 5 Level
	4. 애플리케이션 테스트 관리	NCS 5 Level
	5. 인터페이스 구현	NCS 5 Level
3. 데이터베이스 구축	1. SQL 응용	NCS 5 Level
	2. SQL 활용	NCS 3 Level
	3. 논리 데이터베이스 설계	NCS 6 Level
	4. 물리 데이터베이스 설계	NCS 6 Level
	5. 데이터 전환	NCS 5 Level
4. 프로그래밍 언어 활용	1. 서버프로그램 구현	NCS 5 Level
	2. 프로그래밍 언어 활용	NCS 3 Level
	3. 응용 SW 기초 기술 활용	NCS 3 Level
5. 정보시스템 구축관리	1. 소프트웨어개발 방법론 활용	NCS 6 Level
	2. IT 프로젝트 정보시스템 구축관리	NCS 5 Level
	3. 소프트웨어 개발 보안 구축	NCS 5 Level
	4. 시스템 보안 구축	NCS 5 Level

미리 보는 Q&A

1 책의 구성은 어떻게 되어있나요?

- 수제비 **선견지명 모의고사**(30회)는 실전시험과 같은 환경에서 문제를 풀 수 있도록 **백전백승 기출문제**(총 16회)를 포함한 46회 분량의 실전 모의고사로 구성되었습니다.
- 본서는 [문제 편]과 [해설 편]으로 분권하여 볼 수 있도록 편집 제작하였습니다.
- 문제 편에서는 문제만 집중적으로 풀 수 있도록 하였고, 해설 편에서는 문제 편에서 다뤘던 개념들을 총정리할 수 있도록 깔끔한 해설과 함께 핵심 두음 암기비법(두음 쌤 한마디)을 포함하였습니다.

2 2020년 이전 기출문제는 따로 공부해야 하나요?

- 별도로 이전 기출문제를 공부하실 필요는 없습니다. 수제비 **선견지명 모의고사**에는 NCS로 개정된 이후의 기출문제뿐만 아니라, 연관 있는 과년도 기출문제까지 포함하여 구성했습니다. 문제를 풀면서 자연스럽게 기출문제까지 커버가 가능합니다!

3 필기 책 내용도 따로 공부해야 하나요?

- 수제비 〈정보처리기사 실기 FINAL 실전 모의고사〉로만 학습하셔도 됩니다. 실기시험에서도 필기 문제가 교차 출제되고 있습니다. 이를 반영하여 필기 책에서 교차 출제될 만한 내용을 선별하여 문제로 구성하였으며, 필기 및 실기 이론서에 포함된 개념을 망라하여 해설에 수록했습니다.

4 문제가 너무 어려운 것 같아요. 자신감이 떨어집니다.

- 수제비 **선견지명 모의고사**는 기출문제와 비교하면 난도가 높은 편입니다. 라면으로 비유하면 '불닭볶음면'입니다. 낯설게 느껴지는 과년도 기출문제와 한 차원 깊은 사고를 요하는 프로그래밍/SQL 문제, 쓰고도 정답인지 확신이 들지 않는 약술형 문제까지…. 문제 하나하나가 어렵게 느껴질 수도 있습니다.
그러나 합격점수에 미치지 못한다고 결코 좌절하시면 안 됩니다. 이는 집필진이 의도한 것으로 뒤 페이지로 갈수록 점수가 높아지는 경험을 하시게 될 것입니다. 마지막엔 **백전백승 기출문제**를 풀면서 자신감과 합격하기 위한 실력을 갖추게 될 것이라 장담합니다!

이 책의 목차

|선견지명 모의고사|

- 모의고사 01회 ········· 16
- 모의고사 02회 ········· 20
- 모의고사 03회 ········· 24
- 모의고사 04회 ········· 28
- 모의고사 05회 ········· 33
- 모의고사 06회 ········· 37
- 모의고사 07회 ········· 41
- 모의고사 08회 ········· 46
- 모의고사 09회 ········· 50
- 모의고사 10회 ········· 55
- 모의고사 11회 ········· 60
- 모의고사 12회 ········· 64
- 모의고사 13회 ········· 69
- 모의고사 14회 ········· 73
- 모의고사 15회 ········· 78
- 모의고사 16회 ········· 82
- 모의고사 17회 ········· 86
- 모의고사 18회 ········· 90
- 모의고사 19회 ········· 94
- 모의고사 20회 ········· 98
- 모의고사 21회 ········· 102
- 모의고사 22회 ········· 107
- 모의고사 23회 ········· 111
- 모의고사 24회 ········· 115
- 모의고사 25회 ········· 119
- 모의고사 26회 ········· 124
- 모의고사 27회 ········· 128
- 모의고사 28회 ········· 133
- 모의고사 29회 ········· 137
- 모의고사 30회 ········· 141

|백전백승 기출문제|

- 기출문제 2020년 1회 ········· 146
- 기출문제 2020년 2회 ········· 149
- 기출문제 2020년 3회 ········· 153
- 기출문제 2020년 4회 ········· 156
- 기출문제 2021년 1회 ········· 160
- 기출문제 2021년 2회 ········· 164
- 기출문제 2021년 3회 ········· 169
- 기출문제 2022년 1회 ········· 173
- 기출문제 2022년 2회 ········· 177
- 기출문제 2022년 3회 ········· 182
- 기출문제 2023년 1회 ········· 187
- 기출문제 2023년 2회 ········· 193
- 기출문제 2023년 3회 ········· 199
- 기출문제 2024년 1회 ········· 204
- 기출문제 2024년 2회 ········· 209
- 기출문제 2024년 3회 ········· 213

C·O·N·T·E·N·T·S

FINAL 실전 모의고사 해설 편

| 선견지명 모의고사 |

- 모의고사 01회 정답 및 해설 ·············· 6
- 모의고사 02회 정답 및 해설 ·············· 15
- 모의고사 03회 정답 및 해설 ·············· 24
- 모의고사 04회 정답 및 해설 ·············· 33
- 모의고사 05회 정답 및 해설 ·············· 42
- 모의고사 06회 정답 및 해설 ·············· 51
- 모의고사 07회 정답 및 해설 ·············· 59
- 모의고사 08회 정답 및 해설 ·············· 68
- 모의고사 09회 정답 및 해설 ·············· 75
- 모의고사 10회 정답 및 해설 ·············· 84
- 모의고사 11회 정답 및 해설 ·············· 91
- 모의고사 12회 정답 및 해설 ·············· 100
- 모의고사 13회 정답 및 해설 ·············· 108
- 모의고사 14회 정답 및 해설 ·············· 114
- 모의고사 15회 정답 및 해설 ·············· 123
- 모의고사 16회 정답 및 해설 ·············· 130
- 모의고사 17회 정답 및 해설 ·············· 139
- 모의고사 18회 정답 및 해설 ·············· 150
- 모의고사 19회 정답 및 해설 ·············· 158
- 모의고사 20회 정답 및 해설 ·············· 167
- 모의고사 21회 정답 및 해설 ·············· 177
- 모의고사 22회 정답 및 해설 ·············· 184
- 모의고사 23회 정답 및 해설 ·············· 190
- 모의고사 24회 정답 및 해설 ·············· 199
- 모의고사 25회 정답 및 해설 ·············· 208
- 모의고사 26회 정답 및 해설 ·············· 216
- 모의고사 27회 정답 및 해설 ·············· 222
- 모의고사 28회 정답 및 해설 ·············· 233
- 모의고사 29회 정답 및 해설 ·············· 241
- 모의고사 30회 정답 및 해설 ·············· 252

| 백전백승 기출문제 |

- 기출문제 2020년 1회 정답 및 해설 ········ 262
- 기출문제 2020년 2회 정답 및 해설 ········ 272
- 기출문제 2020년 3회 정답 및 해설 ········ 281
- 기출문제 2020년 4회 정답 및 해설 ········ 289
- 기출문제 2021년 1회 정답 및 해설 ········ 299
- 기출문제 2021년 2회 정답 및 해설 ········ 310
- 기출문제 2021년 3회 정답 및 해설 ········ 318
- 기출문제 2022년 1회 정답 및 해설 ········ 326
- 기출문제 2022년 2회 정답 및 해설 ········ 334
- 기출문제 2022년 3회 정답 및 해설 ········ 342
- 기출문제 2023년 1회 정답 및 해설 ········ 350
- 기출문제 2023년 2회 정답 및 해설 ········ 359
- 기출문제 2023년 3회 정답 및 해설 ········ 372
- 기출문제 2024년 1회 정답 및 해설 ········ 381
- 기출문제 2024년 2회 정답 및 해설 ········ 392
- 기출문제 2024년 3회 정답 및 해설 ········ 404

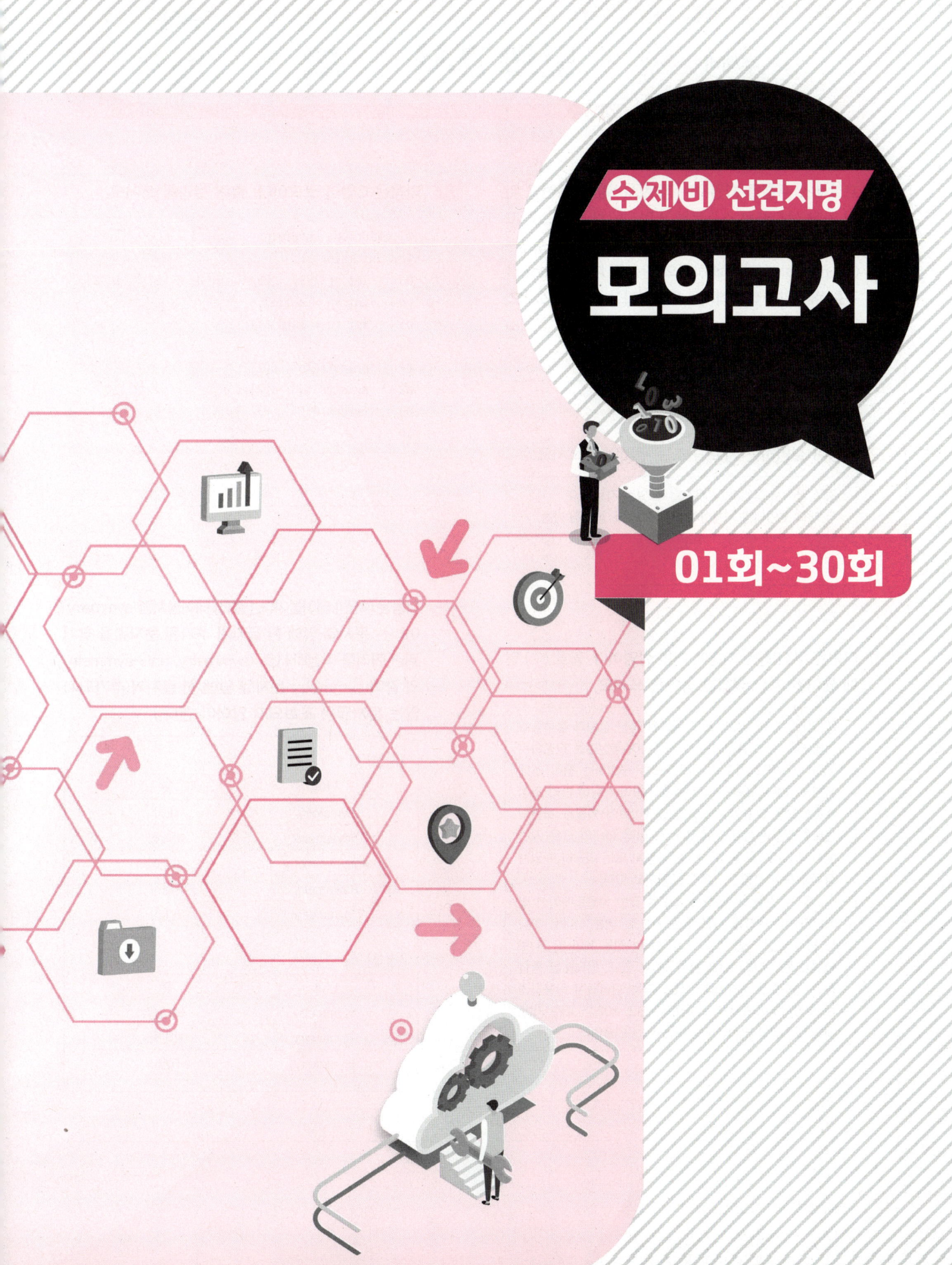

수제비 선/견/지/명 모의고사 01회

01 프로세스 수행을 지원하는 정보 시스템의 구현을 위해 가장 선진화된 소프트웨어 아키텍처, 서비스라고 정의되는 분할된 애플리케이션 조각들을 Loosely-Coupled하게 연결해 하나의 완성된 Application을 구현하기 위한 아키텍처를 무엇이라고 하는지 쓰시오.

▶ 13년 1회

---

02 다음이 설명하는 자료 구조는 무엇인지 쓰시오.

- 양쪽 끝에서 삽입과 삭제를 할 수 있는 자료 구조
- 두 개의 포인터를 사용하여, 양쪽의 삭제/삽입이 가능

---

03 다음은 무선 통신 기술에 대한 설명이다. 괄호 ( ) 안에 들어갈 가장 적합한 용어를 쓰시오.

▶ 19년 2회

- (①)은/는 여러 개의 독립된 통신 장치가 블루투스 기술이나 UWB 통신 기술을 사용하여 통신망을 형성하는 무선 네트워크 기술로, 네트워크를 구성하는 장비 간에 사전에 네트워크의 정의와 계획이 없이 상황에 따라 조정 프로토콜에 의하여 마스터와 슬레이브의 역할을 하면서 네트워크를 형성하고, 주로 수십 미터 이내의 좁은 공간에서 네트워크를 형성하는 점과 정지 또는 이동하고 있는 장치를 모두 포함하는 특징을 가지고 있다.
- (②)은/는 저속 전송 속도를 갖는 홈오토메이션 및 데이터 네트워크를 위한 표준 기술로, 버튼 하나로 하나의 동작을 잡아 집 안 어느 곳에서나 전등 제어 및 홈 보안 시스템 VCR on/off 등을 할 수 있고, 인터넷을 통한 전화 접속으로 홈오토메이션을 더욱 편리하게 이용하려는 것에서부터 출발한 기술이고, IEEE 802.15 표준 기반, 메시 네트워크 방식을 사용하는 통신 기술이다.

①: _____
②: _____

---

04 다음은 C언어 코드이다. 출력 결과를 쓰시오.

```
01  #include <stdio.h>
02  int main(){
03    int a[3][3] = {1, 2, 3, 4, 5, 6, 7, 8, 9};
04    int *p = a[1]+2;
05    int *q = &a[0][1];
06
07    printf("%d", p[1]);
08    printf("%d", q[2]);
09    return 0;
10  }
```

---

05 다음은 [사전] 테이블이다. [결과] 테이블처럼 'symmetry' 이라는 문자열 앞에 한 글자가 추가된 문자열을 찾기 위한 쿼리를 작성하시오. (symmetry, anti-symmetry 와 같이 symmetry 문자열 앞에 한 글자가 추가되지 않는 문자열은 조회되지 않아야 한다.)

[사전]

단어	뜻
symmetry	대칭
asymmetry	비대칭
anti-symmetry	반대칭
Rsymmetry	R대칭
Tsymmetry	T대칭

[결과]

단어	뜻
asymmetry	비대칭
Rsymmetry	R대칭
Tsymmetry	T대칭

06 다음은 정적 테스트에 대한 설명이다. 괄호 ( ) 안에 들어갈 용어를 쓰시오.

- 동료 검토(Peer Review)는 2~3명이 진행하는 리뷰의 형태로 요구사항 명세서 작성자가 요구사항 명세서를 설명하고, 이해관계자들이 설명을 들으면서 결함을 발견하는 형태로 진행하는 검토 기법이다.
- (①)은/는 소프트웨어 요구, 설계, 원시 코드 등의 저작자 외의 다른 전문가 또는 팀이 검사하여 오류를 찾아내는 공식적 검토 방법이다.
- (②)은/는 검토 자료를 회의 전에 배포해서 사전 검토한 후 짧은 시간 동안 회의를 진행하는 형태로 리뷰를 통해 오류를 검출하고 문서로 만드는 기법이다.

①: _____

②: _____

07 다음은 C언어 코드이다. 밑줄에 알맞은 코드를 작성하시오.

```
01  #include <stdio.h>
02  int add(int i, int j){
03    return i+j;
04  }
05  int sub(int i, int j){
06    return i-j;
07  }
08  int main(){
09    int (*pf)(int, int);
10       ①   ;
11    printf("%d", pf(5, 4));
12       ②   ;
13    printf("%d", pf(5, 4));
14    return 0;
15  }
```

[출력결과]
```
91
```

08 다음은 자바 코드이다. 출력 결과를 쓰시오.

```
01  public class Soojebi {
02    public static void main(String[] args) {
03      int sum = fact(5);
04      System.out.println(sum);
05    }
06    public static int fact(int n) {
07      if (n <= 2) {
08        return 1;
09      }
10      else {
11        return fact(n-2) + fact(n-1);
12      }
13    }
14  }
```

09 특정 서버에게 수많은 접속 시도를 만들어 다른 이용자가 정상적으로 서비스 이용을 하지 못하게 하거나, 서버의 자원을 소진시켜서 원래 의도된 용도로 사용하지 못하게 하는 공격은 무엇인지 쓰시오.

10 인터페이스 구현 기술 중 '속성-값 쌍', '키-값 쌍'으로 이루어진 데이터 오브젝트를 전달하기 위해 인간이 읽을 수 있는 텍스트를 사용하는 개방형 표준 포맷은 무엇인지 쓰시오.

11 다음이 설명하는 요구사항 명세 기법이 무엇인지 쓰시오.

- 사용자의 요구를 표현할 때 수학적인 원리와 표기법으로 서술하는 기법
- 정형 명세 언어인 Z-스키마, Petri Nets, 상태 차트 활용
- 표현이 간결, 명확성 및 검증이 용이
- 기법의 이해가 어려움

12 다음은 C언어 코드이다. 출력 결과를 쓰시오.

```
01  #include <stdio.h>
02  int main( ){
03    int a = 30, b = 15;
04    printf("%d", a & b);
05    printf("%d", a | b);
06    return 0;
07  }
```

13 다음 설명에서 괄호 ( ) 안에 알맞은 용어를 쓰시오.

▶ 12년 3회, 15년 1회, 19년 1회

고객명	서비스이름	서비스가격	서비스이용기간
홍길동	헬스	70000	1달
홍길동	수영	100000	2달
장길산	수영	100000	2달

고객명	서비스이름	서비스이용기간
홍길동	헬스	1달
홍길동	수영	2달
장길산	수영	2달

서비스이름	서비스가격
헬스	70000
수영	100000

- 〈고객명, 서비스 이름〉이 〈서비스 이용 기간〉에 영향을 주고, 〈서비스 이름〉이 〈서비스 가격〉에 영향을 주는 관계를 (①)(이)라고 한다.
  - 고객명, 서비스 이름 → 서비스 이용 기간
  - 서비스 이름 → 서비스 가격
- 〈고객명, 서비스 이름, 서비스 가격, 서비스 이용 기간〉을 한 테이블에 두는 것은 (①)(으)로 인해 (②)을/를 만족하지 못한다.
- 부분 관계인 〈서비스 이름, 서비스 가격〉 관계를 별도의 테이블로 두면 (①)이/가 제거되어 (②)을/를 만족한다.

①: _____

②: _____

14 다음은 파이썬 코드이다. 출력 결과를 쓰시오.

```
01  a = ["123", "456", "789"]
02  str = "0"
03  for i in a:
04    str = i[1] + str + i[2]
05  print(str)
```

15 다음은 C언어 코드이다. 출력 결과를 쓰시오.

```
01  #include <stdio.h>
02  int main( ){
03    char a[6] = "hello";
04    printf("%s", a+2);
05    printf("%c", a[1]+2);
06    printf("%c", *a+1);
07    printf("%c", *(a+1));
08    printf("%c", a[1]);
09    return 0;
10  }
```

16 SOOJEBI 테이블에 대한 DDL 문을 실행한 후에 [INSERT 문]을 삽입하는 순간 에러가 발생했다. [INSERT 문]이 에러가 나지 않도록 하는 DDL 문을 작성하시오. (SOOJEBI 테이블을 제거 후 생성하지 않도록 한다.)

[DDL 문]
```
CREATE TABLE SOOJEBI(
    SOOJEBI_NUM NUMBER(5)
);
```

[INSERT 문]
```
INSERT INTO SOOJEBI VALUES (200614);
```

17 다음이 설명하는 디자인 패턴을 영어로 쓰시오.

> ① 구체적인 클래스에 의존하지 않고 서로 연관되거나 의존적인 객체들의 조합을 만드는 인터페이스를 제공하는 패턴으로 이 패턴을 통해 생성된 클래스에서는 사용자에게 인터페이스(API)를 제공하고, 구체적인 구현은 Concrete Product 클래스에서 이루어지는 특징을 갖는 디자인 패턴
> ② 처음부터 일반적인 원형을 만들어 놓고, 그것을 복사한 후 필요한 부분만 수정하여 사용하는 패턴으로, 생성할 객체의 원형을 제공하는 인스턴스에서 생성할 객체들의 타입이 결정되도록 설정하며 객체를 생성할 때 갖추어야 할 기본 형태가 있을 때 사용되는 디자인 패턴

①: _____

②: _____

18 다음은 자바 코드이다. 출력 결과를 쓰시오.

```
01  class Soojebi{
02    static private Soojebi instance = null;
03    private int count = 0;
04    static public Soojebi get(int x){
05      if(instance == null){
06        instance = new Soojebi( );
07      }
08      instance.count += x;
09      return instance;
10    }
11    public void count( ){ count++; }
12    public int getCount( ){ return instance.count; }
13  }
14
15  public class Soojebi2{
16    public static void main(String[] args){
17      Soojebi s1 = Soojebi.get(2);
18      s1.count( );
19      Soojebi s2 = Soojebi.get(3);
20      s2.count( );
21
22      System.out.print(s1.getCount( ));
23    }
24  }
```

19 다음은 자바 코드이다. 출력 결과를 쓰시오. ▶ 19년 1회

```
01  class SuperObj {
02    public void show(){
03      print();
04    }
05    public void print() {
06      print();
07      System.out.print("Super");
08    }
09  }
10
11  class SubObj extends SuperObj {
12    public void show() {
13      super.print();
14    }
15    public void print() {
16      System.out.print("Sub");
17    }
18  }
19
20  public class Soojebi {
21    public static void main(String[] args){
22      SuperObj s = new SubObj();
23      s.show();
24    }
25  }
```

20 다음은 데이터베이스 모델링 절차에 대한 설명이다. 괄호 ( ) 안에 들어갈 절차를 쓰시오.

> • 요구사항 분석은 현행 데이터의 문제점과 개선해야 할 점을 확인하고 향후 개선점을 도출하는 활동이다.
> • (①)은/는 업무 중심의 포괄적인 모델링으로 추상화하는 활동으로 주제 영역과 핵심 데이터 간 관계를 정의한다.
> • (②)은/는 관계(Relationship), 속성(Attribute), 키(Key) 등을 도출하는 활동이다.
> • 물리 모델링은 사용 DBMS 특성에 맞게 물리적 스키마를 만드는 활동이다.

①: _____

②: _____

수제비 선/견/지/명 모의고사 02회

01 다음이 설명하고 있는 통신 기술은 무엇인지 쓰시오.
▶ 11년 2회

- 중심 주파수의 20% 이상의 점유 대역폭을 가지는 신호, 또는 점유 대역폭과 상관없이 500MHz 이상의 대역폭을 갖는 신호와 수 GHz대의 초광대역을 사용하는 초고속의 무선 데이터 전송 기술로서 OFDM 변조 방식 및 직접 시퀀스 확산 스펙트럼 방식 등을 사용
- 빠른 속도(500Mbps/1Gbps)와 저전력 특성이 있고, 평균 10~20m, 최대 100m의 근거리 개인 무선 통신망(WPAN)에서 PC와 주변기기 및 가전제품들을 초고속 무선 인터페이스로 연결하거나 벽 투시용 레이더, 고정 밀도의 위치 측정, 차량 충돌 방지 장치, 신체 내부 물체 탐지 등 여러 분야에서 활용 가능

---

02 ( )은/는 스마트폰 이용자가 도난당한 스마트폰의 작동을, 웹사이트를 통해 정지할 수 있도록 하는 일종의 자폭 기능으로 스마트폰의 유통, 도난이나 분실을 어느 정도 막을 수 있는 기능이다. 원격 잠김, 개인 정보 삭제 기능 등이 있으며, 단말기의 펌웨어나 운영 체제에 탑재된다. 괄호 ( ) 안에 들어갈 가장 적합한 용어를 쓰시오.
▶ 18년 2회

---

03 다음 괄호 ( ) 안에 들어갈 올바른 용어를 쓰시오.

개발자 혹은 시험자의 시각으로 소프트웨어가 명세화된 기능을 올바르게 수행하는지 알아보는 과정으로 소프트웨어 개발 과정을 테스트하는 것은 (①)(이)라고 하고, 사용자 시각으로 올바른 소프트웨어가 개발되었는지 입증하는 과정으로 소프트웨어 결과를 테스트하는 것은 (②)(이)라고 한다.

①: _____

②: _____

---

04 다음은 C언어 코드이다. 출력 결과를 쓰시오.

```c
#include <stdio.h>
struct p{
  char name;
  int s;
  int w;
  float p;
};

int main(){
  struct p x[3] = {{'A', 3, 2}, {'B', 10, 7},
                   {'C', 7, 3}};
  struct p temp;
  int i, j;

  for(i=0; i<3; i++)
    x[i].p = (x[i].w + x[i].s) / (float)(x[i].w);

  for(i=0; i<2; i++){
    for(j=0; j<2-i; j++){
      if(x[j].p < x[j+1].p){
        temp = x[j];
        x[j] = x[j+1];
        x[j+1] = temp;
      }
    }
  }

  for(i=0; i<3; i++)
    printf("%c", x[i].name);

  return 0;
}
```

05
다음 [점수] 테이블에 대해 쿼리를 수행한 결과는 [결과] 테이블과 같다. ①, ②, ③에 들어갈 값을 쓰시오.

▶ 19년 2회

[점수]

이름	DB	프로그래밍	알고리즘
이완용	20	NULL	50
송병준	NULL	30	0
민영휘	NULL	10	20

[쿼리]

```
SELECT SUM(DB), SUM(프로그래밍), SUM(알고리즘) FROM 점수;
```

[결과]

SUM(DB)	SUM(프로그래밍)	SUM(알고리즘)
①	②	③

①: _____

②: _____

③: _____

06
다음 C언어 코드이다. 출력 결과를 쓰시오.

```
01  #include <stdio.h>
02  #include <string.h>
03  int main(int argc, char *argv[ ]){
04    char str1[11] = "ABCDE";
05    char str2[6] = "12345";
06    char* p1 = str1+1;
07    char* p2 = str2+3;
08    str1[1]=p2[-2];
09    str2[3]=p1[1];
10    strcat(str1, str2);
11    printf("%s", p1+2);
12    return 0;
13  }
```

07
다음은 파이썬 코드이다. 출력 결과를 쓰시오.

```
01  i=0
02  sum=0
03  while i < 7:
04    i = i+1
05    if i % 3 == 0:
06      sum -= i
07    elif i % 3 == 1:
08      sum += i
09    else:
10      sum *= i
11
12  print(sum)
```

08
다음은 자바 코드이다. 밑줄에 공통으로 들어갈 알맞은 키워드를 쓰시오.

```
01  _____ class Animal{
02    _____ void show();
03  }
04  class Dog extends Animal{
05    void show(){
06      System.out.print("dog");
07    }
08  }
09  public class Soojebi {
10    public static void main(String[] args) {
11      Animal d = new Dog();
12      d.show();
13    }
14  }
```

[출력 결과]

```
dog
```

09
요구사항 수집 기법 중 현실에 일어나는 장면을 설정하고 여러 사람이 각자가 맡은 역할을 연기함으로써 요구사항을 분석하고 수집하는 방법은 무엇인지 쓰시오.

10 다음 중 [직원] 테이블에서 부서, 직책별 급여의 합계를 구하는 쿼리를 작성하시오.

[직원]

이름	부서	직책	급여
워싱턴	영업	차장	600
링컨	영업	차장	500
루스벨트	영업	과장	400
트루먼	전산	과장	200
아이젠하워	전산	사원	500
케네디	전산	사원	100

[결과]

부서	직책	급여합계
영업	차장	1100
영업	과장	400
전산	과장	200
전산	사원	600

11 다음은 자바 코드이다. 코드를 수행한 결과가 [출력 결과]와 같도록 ①, ②에 들어갈 코드를 쓰시오.
▶ 17년 3회

```
01  public class Soojebi {
02    public static void main(String[] args){
03      int[] arr = {10, 30, 50, 70, 90};
04      int i, max, min;
05      max = min = arr[0];
06      for(i=0; i<5; i++){
07        if(   ①   > max )
08          max = arr[i];
09        if(   ②   < min )
10          min = arr[i];
11      }
12      System.out.printf("%d %d\n", max, min);
13    }
14  }
```

[출력 결과]
```
90 10
```

①: _____

②: _____

12 다음이 설명하는 EAI 구축 유형은 무엇인지 쓰시오.

- 단일한 접점의 허브 시스템을 통하여 데이터를 전송하는 중앙 집중식 방식
- 허브 장애 시 전체 장애 발생

13 데이터를 데이터베이스에 저장할 때 불필요하게 중복되어 릴레이션 조작 시 예기치 못한 곤란한 현상이 발생하는 현상은 무엇인지 쓰시오.
▶ 19년 1회

14 다음은 C언어 코드이다. 출력 결과를 쓰시오.
▶ 17년 3회

```
01  #include <stdio.h>
02  int Soojebi(int base, int exp){
03    int i, result = 1;
04    for(i=0; i<exp; i++)
05      result *= base;
06    return result;
07  }
08
09  int main() {
10    printf("%d", Soojebi(2, 10));
11    return 0;
12  }
```

15 200.1.1.0/24 네트워크를 FLSM 방식을 이용하여 10개의 Subnet으로 나누고 IP Subnet-Zero를 적용했다. 이때 서브네팅 된 네트워크 중 10번째 네트워크의 Broadcast IP 주소는 무엇인지 쓰시오.

16 다음은 스크럼(SCRUM) 기법에 대한 설명이다. 괄호 ( ) 안에 들어갈 용어를 쓰시오.

> 백로그(Backlog)는 제품과 프로젝트에 대한 요구사항이고, (①)은/는 2~4주의 짧은 개발 기간을 지칭한다. 또한 (②)은/는 남아있는 백로그 대비 시간을 그래픽적으로 표현한 차트이다.

①: _____

②: _____

17 네트워크 보안에 필요한 대표적인 솔루션으로 미리 정의된 보안 규칙을 기반으로 외부로부터의 불법 침입과 내부의 불법 정보 유출을 방지하고, 내/외부 네트워크의 상호 간 영향을 차단하기 위한 보안 시스템은 무엇인지 쓰시오.

_____

18 다음은 페이지 교체 기법의 유형이다. 괄호 ( ) 안에 들어갈 기법을 쓰시오.

> • (①) 기법은 사용된 시간을 확인하여 가장 오랫동안 사용되지 않은 페이지를 선택하여 교체하는 기법으로 최근에 참조된 페이지는 앞으로도 참조될 가능성이 크고, 최근에 참조되지 않은 페이지는 앞으로도 참조되지 않을 가능성이 크다는 전제로 구현된 기법이다.
> • (②) 기법은 사용된 횟수를 확인하여 참조 횟수가 가장 적은 페이지를 선택하여 교체하는 기법으로 기억장치에 저장된 페이지 중에서 사용한 횟수가 가장 적은 페이지를 교체하는 기법이다.

①: _____

②: _____

19 다음은 C언어 코드이다. 출력 결과를 쓰시오.

```
01  #include <stdio.h>
02  int main(){
03    int i, j;
04    for(i=1; i<3; i++){
05      for(j=1; j<=i; j++){
06        switch((i+j)%2){
07        case 0:
08          printf("%d", i+j);
09          break;
10        case 1:
11          printf("%d", i-j);
12        }
13      }
14    }
15    return 0;
16  }
```

_____

20 다음 설명 중 괄호 ( ) 안에 들어갈 알맞은 용어를 쓰시오. ▶ 13년 1회

개발자	자격증	언어
홍길동	정보처리기사	C
홍길동	빅데이터분석기사	C++
장길산	정보보안기사	JAVA

개발자	자격증		개발자	자격증
홍길동	정보처리기사		홍길동	C
홍길동	빅데이터분석기사		홍길동	C++
장길산	정보보안기사		장길산	JAVA

• 〈개발자〉마다 〈자격증〉 값들이 여러 개 존재하고, 특정 〈개발자〉마다 〈언어〉 값들이 여러 개 존재하는 경우 다치 종속 관계라고 한다.
• 〈개발자〉별로 여러 〈자격증〉 값을 가지고 있고, 〈개발자〉 별로 여러 〈언어〉 값을 가지고 있으므로 〈개발자, 자격증〉, 〈개발자, 언어〉 테이블로 분리하여 관리하면 다치 종속 관계를 제거하기 때문에 ( )을/를 만족한다.

_____

수제비 선/견/지/명 모의고사 03회

01 다음 괄호 ( ) 안에 들어갈 올바른 용어를 쓰시오.
▶ 12년 1회

- (①)은/는 데이터의 한 부분으로서 특정 사용자가 관심을 갖는 데이터들을 담은 비교적 작은 규모의 (②)이다. 일반적인 데이터베이스 형태를 갖고 있는 다양한 정보를 사용자의 요구 항목에 따라 체계적으로 분석하여 기업의 경영활동을 돕기 위한 시스템을 말한다. 전체적인 (②)에 있는 일부 데이터를 가지고 특정 사용자를 대상으로 한다.
- (②)은/는 급증하는 다량의 데이터를 효과적으로 분석하여 정보화하고 이를 여러 계층의 사용자들이 효율적으로 사용할 수 있도록 한 데이터베이스이다. 다양한 원본 데이터베이스로부터 정제되어 추출된 데이터만을 저장, 필요한 인덱스를 생성하고, 데이터의 다차원 분석 도구로 분석하여 효율적인 의사결정에 필요한 자료를 얻는다.

①: _____
②: _____

02 트랜잭션이 사용하는 데이터 항목에 대하여 잠금(Lock)을 설정한 트랜잭션이 해제(Unlock)할 때까지 독점적으로 사용할 수 있게 상호배제 기능을 제공하는 기법은 무엇인지 쓰시오.
▶ 17년 3회

_____

03 다음은 IoT 관련 용어이다. 괄호 ( ) 안에 들어갈 용어는 무엇인지 쓰시오.

- (①)은/는 IoT 장치, 텔레메트리 장치 등에서 최적화되어 사용할 수 있도록 개발된 프로토콜, 브로커를 사용한 Publish/Subscribe 방식의 라이트 메시징을 전송하는 프로토콜로, 저전력 센서, 스위치, 밸브 등의 기기에 대한 표준적 인터넷 환경을 지원하고, 프로토콜 리소스 점유 최소화, 한정된 자원 시스템을 지원하는 특징이 있다.
- (②)은/는 M2M 노드들 사이에서 이벤트에 대한 송수신을 비동기적으로 전송하는 REST 기반의 프로토콜이자 제약이 있는(Constrained) 장치들을 위한 특수한 인터넷 애플리케이션 프로토콜이다.

①: _____
②: _____

04 다음은 공유 매체에 대한 다중 접근 방식에 대한 설명이다. 괄호 ( ) 안에 들어갈 용어를 쓰시오.

- (①)은/는 IEEE802.3 유선 LAN의 반이중방식(Half Duplex)에서, 각 단말이 신호 전송 전에 현재 채널이 사용 중인지 체크하여 전송하는 매체 액세스 제어(MAC) 방식이다.
- (②)은/는 무선 LAN의 반이중방식(Half Duplex)에서, 사전에 가능한 충돌을 회피(Collision Avoidance)하는 무선전송 다원접속 방식이다.

①: _____
②: _____

05 다음은 [학생] 테이블 스키마에 대한 명세이다. [학생] 테이블에서 학번이 '202101'이고, 성명은 '임꺽정', 과목은 '프로그래밍', 전화번호는 '010-1234-5678'인 학생의 정보를 입력하시오.
▶ 17년 1회, 19년 2회

[학생]

속성명	데이터 타입
학번	INTEGER
성명	VARCHAR(10)
과목명	VARCHAR(20)
전화번호	CHAR(13)

_____
_____
_____
_____

06 다음은 C언어 코드이다. 출력 결과를 쓰시오.

```c
#include <stdio.h>
void fn(int *a, int b){
  int temp=0;
  temp = *a;
  *a = b;
  b = temp+1;
}
int main(){
  int a=10, b=5;
  fn(&a, b);
  printf("%d %d\n", a, b);
  return 0;
}
```

07 다음은 C언어 코드이다. 출력 결과를 쓰시오.

```c
#include <stdio.h>
#include <string.h>
int main() {
  char f[6] = "549+*";
  char s[6] = "";
  int i, p = -1;
  for(i=0; i<strlen(f); i++){
    switch(f[i]){
    case '+':
      s[p-1] = s[p] + s[p-1];
      p--;
      break;
    case '*':
      s[p-1] = s[p] * s[p-1];
      p--;
      break;
    default:
      s[++p] = f[i]-'0';
    }
  }
  printf("%c", s[0]);
  return 0;
}
```

08 다음은 정수 1209의 각 자릿수의 합을 계산하는 C언어 코드이다. 밑줄 친 ①, ②에 알맞은 연산자를 쓰시오.

```c
#include <stdio.h>
int main(){
  int x, t=0;
  for(x=1209; x  ①  0; x  ②  10){
    t+= x%10;
  }
  printf("%d", t);
  return 0;
}
```

[출력 결과]
```
12
```

①: _____

②: _____

09 다음이 설명하는 가장 적합한 라우팅 알고리즘은 무엇인지 쓰시오.

- 인접 라우터와 정보를 공유하여 목적지까지의 거리와 방향을 결정하는 라우팅 프로토콜 알고리즘
- 벨만-포드(Bellman-Ford) 알고리즘 사용
- 각 라우터가 업데이트될 경우마다 전체 라우팅 테이블을 보내라고 요청하지만 수신된 경로 비용 정보는 이웃 라우터에게만 보냄

10 다음은 파이썬 코드이다. 출력 결과를 쓰시오.

```python
a = "%s%s" % ("soojebi"[0:2], "soojebi"[3:4])
b = 1111
print("%s%d" % (a*2, b*2))
```

11 다음은 파이썬 코드이다. 출력 결과를 쓰시오.

```
01  def soojebi(begin, diff, n):
02      cnt = 1
03      ret = begin
04      while True:
05          cnt += 1
06          ret *= diff
07          if cnt == n:
08              return ret
09
10  print(soojebi(1, 3, 4))
```

_____

12 디지털 저작권 관리를 위한 요소 중 소비자와 유통업자 사이에 발생하는 거래에 대해 디지털 저작권 라이선싱을 중개하고 라이선스 발급을 수행하는 정산소를 무엇이라고 하는지 쓰시오.

_____

13 데이터베이스 시스템에서 삽입, 갱신, 삭제 등의 이벤트가 발생할 때마다 관련 작업이 자동으로 수행되는 절차형 SQL은 무엇인지 쓰시오. ▶ 11년 3회, 19년 3회

_____

14 다음은 오류가 발생하는 자바 코드이다. 오류가 발생하는 원인을 쓰시오.

```
01  class Parent{
02      String name="Parent";
03      public Parent(String name){
04          System.out.print("A");
05      }
06  }
07  class Child extends Parent{
08      public Child(String name){
09          System.out.print("B");
10      }
11      void info(){
12          System.out.print(name);
13      }
14  }
15  public class Soojebi{
16      public static void main(String[] args) {
17          Parent c = new Child("Soojebi");
18          c.info();
19      }
20  }
```

_____

15 다음 사원 테이블 스키마를 보고, 사원 테이블에서 성별 값이 'M'을 가진 사원의 사번, 이름을 출력하는 '사원뷰'라는 이름의 뷰를 생성하는 쿼리를 작성하시오.

> 사원 테이블(사번, 업무, 이름, 생년월일, 성별, 입사일)

_____

16 다음이 설명하는 객체지향 설계 원칙은 무엇인지 쓰시오.

> 객체지향 설계 원칙은 5가지가 있다. 그중 (①)은 객체가 다른 클래스를 참조할 때 해당 클래스를 직접 참조하지 말고, 상위 요소인 추상 클래스나 인터페이스를 통해 참조하라는 원칙이다. (②)은 하위 클래스(서브 타입)는 언제든지 상위 클래스(기반 타입)으로 대체할 수 있어야 한다는 원칙이다.

_____

17 다음은 보안 관련 용어에 대한 설명이다. 괄호 ( ) 안에 공통으로 들어갈 용어는 무엇인지 쓰시오. ▶ 18년 2회

> (   )은/는 보안 취약점이 발견되어 널리 공표되기 전에 해당 취약점을 악용하여 이루어지는 보안 공격이다. 공격의 신속성을 의미하는 것으로, 일반적으로 컴퓨터에서 취약점이 발견되면 제작자나 개발자가 취약점을 보완하는 패치를 배포하고 사용자가 이를 다운받아 대처하지만, (   )은/는 대응책이 공표되기도 전에 공격이 이루어지기 때문에 대처 방법이 없다.

18 다음은 비용 산정 모형에 대한 설명이다. 빈칸에 알맞은 모형은 무엇인지 쓰시오.

> • (①) 모형은 한 사람이 1개월 동안 할 수 있는 일의 양을 기준으로 프로젝트 비용을 산정하는 방식으로 원시 코드 라인 수인 LoC를 프로그래머의 월간 생산성으로 나누어 계산한다.
> • (②) 모형은 보헴(Bohem)이 제안한 프로그램 규모에 따라 비용을 산정하는 방식으로, 규모에 따라 조직형, 반분리형, 임베디드형으로 나뉘는 모형이다.

①: _____

②: _____

19 다음은 자바 코드이다. 출력 결과를 쓰시오.
▶ 17년 2회

```
01  public class Soojebi {
02    public static void main(String[] args){
03      int i=0, sum=0;
04      while(i<10){
05        i++;
06        if(i%2 == 1)
07          continue;
08        sum += i;
09      }
10      System.out.print(sum);
11    }
12  }
```

20 다음은 지역성에 대한 설명이다. 괄호 ( ) 안에 들어갈 유형을 쓰시오.

> 지역성은 크게 (①) 지역성, (②) 지역성, (③) 지역성이 있다. (①) 지역성은 최근 사용되었던 기억장소들이 집중적으로 액세스하는 현상이고, (②) 지역성은 프로세스 실행 시 일정 위치의 페이지를 집중적으로 액세스하는 현상이고, (③) 지역성은 데이터가 순차적으로 액세스 되는 현상이다.

수제비 선/견/지/명 모의고사 04회

01 다음 괄호 ( ) 안에 공통으로 들어갈 가장 적합한 용어를 쓰시오.
▶ 17년 2회

> (　　)은/는 데이터 웨어하우스나 데이터 마트 같은 시스템과 상호 연관되는 정보 시스템이다. 데이터 웨어하우스가 데이터를 저장하고 관리한다면 (　　)은/는 데이터 웨어하우스의 데이터를 전략적인 정보로 변환시켜서 의사결정을 지원하는 역할을 한다.

---

02 다음 괄호 ( ) 안에 들어갈 올바른 용어를 쓰시오.
▶ 19년 1회

> 인터넷과 같은 분산 환경에서 리소스에 대한 정보와 자원 사이의 관계-의미 정보를 기계(컴퓨터)가 처리할 수 있는 (　②　) 형태로 표현하고, 이를 자동화된 기계(컴퓨터)가 처리하도록 하는 지능형 웹은 (　①　)이다. (　②　)은/는 실세계에 존재하는 모든 개념과 개념들의 속성, 그리고 개념 간의 관계 정보를 컴퓨터가 이해할 수 있도록 서술해 놓은 개념화 명세서이다.

①: _____

②: _____

---

03 프로세스의 도착 시간과 서비스 시간은 다음과 같다. HRN 스케줄링을 적용할 때 평균 대기 시간을 구하시오.

프로세스	도착 시간	서비스 시간
P1	0	2
P2	1	3
P3	2	5
P4	3	3

---

04 다음은 보안 공격에 대한 설명이다. 괄호 ( ) 안에 들어갈 용어를 쓰시오.

> 최근 보안 공격이 기승을 부리고 있다. 특히 패스워드 크래킹 기법이 급격히 증가하고 있다. 시스템 또는 서비스의 ID와 패스워드를 크랙하기 위해서 ID와 패스워드가 될 가능성이 있는 단어를 파일로 만들어 놓고 이 파일의 단어를 대입하여 크랙하는 공격 기법인 (　①　) 공격 기법과 패스워드로 사용될 수 있는 영문자(대소문자), 숫자, 특수문자 등을 무작위로 패스워드 자리에 대입하여 패스워드를 알아내는 공격 기법인 (　②　) 공격 기법이 증가하고 있다. 또한 기업 내부망에 침투하여 정보를 탈취하는 기법인 (　③　) 공격 기법도 지속해서 증가하는 추세이다. (　③　) 공격 기법은 공격자가 특정 호스트의 MAC 주소를 자신의 MAC 주소로 위조한 ARP Reply를 만들어 희생자에게 지속적으로 전송하여 희생자의 ARP Cache Table에 특정 호스트의 MAC 정보를 공격자의 MAC 정보로 변경, 희생자로부터 특정 호스트로 나가는 패킷을 공격자가 스니핑하는 기법이다.

---

05 다음은 C언어 코드이다. 출력 결과를 쓰시오.

```c
#include <stdio.h>
char* fn(char *p){
   p++;
   return p;
}
int main(){
   char a[] = "abcd";
   char *p = a;
   printf("%s\n", fn(p));
   printf("%s\n", p);
   return 0;
}
```

06 다음은 C언어 코드이다. 출력 결과를 쓰시오.

```c
#include <stdio.h>
int main(){
  int i=2;
  int sum=0;
  for( ; i<4; ){
    switch(i%2){
    case 0 :
      sum += i;
    default :
      sum += i;
    }
    i+=3;
  }
  printf("%d", sum);
  return 0;
}
```

07 다음은 결합도의 유형에 대한 설명이다. 괄호 ( ) 안에 알맞은 결합도를 보기에서 찾아 쓰시오.

(①)은 파라미터가 아닌 모듈 밖에 선언되어 있는 전역 변수를 참조하고 전역 변수를 갱신하는 식으로 상호 작용하는 경우의 결합도이다.
(②)은 모듈 간의 인터페이스로 배열이나 객체, 구조 등이 전달되는 경우의 결합도이다.
(③)은 두 개의 모듈이 외부에서 도입된 데이터 포맷, 통신 프로토콜, 또는 디바이스 인터페이스를 공유할 경우의 결합도이다.

보기
㉠ Content Coupling
㉡ Common Coupling
㉢ External Coupling
㉣ Control Coupling
㉤ Stamp Coupling
㉥ Data Coupling

08 다음은 병행 제어 기법에 대한 설명이다. 괄호 ( ) 안에 알맞은 기법을 쓰시오.

- (①)은/는 트랜잭션이 어떠한 검증도 수행하지 않고 일단 트랜잭션을 수행하고, 트랜잭션 종료 시 검증을 수행하여 데이터베이스에 반영하는 기법이다.
- (②)은/는 여러 개의 분산 데이터베이스 시스템에서 트랜잭션의 일관성을 유지하기 위한 기법으로 트랜잭션을 두 단계로 분리하여 제어하는 기법이다.

①: _____

②: _____

09 다음은 파이썬 코드이다. 출력 결과를 쓰시오.

```python
class A:
  x = "ABC"
  def __init__(self, x):
    self.x = self.x + x
  def fn(self, x):
    print("{0}{1}".format(self.x, x))

class B(A):
  x = "XYZ"
  def fn(self, x, y):
    print("{0}{1}{2}".format(self.x, x, y))


a = A("HI")
a.fn("J")

b = B("ST")
b.fn("UV", "W")
```

10 다음은 자바 코드이다. 출력 결과를 쓰시오.

```
01  public class Soojebi {
02    public static void main (String[] args){
03      Set h = new HashSet();
04      h.add(2);
05      System.out.print(h);
06      h.add(1);
07      System.out.print(h);
08      h.add(1);
09      System.out.print(h);
10      h.remove(1);
11      System.out.print(h);
12      System.out.print(h.size( ));
13    }
14  }
```

11 다음 중 [직원] 테이블에서 부서별 급여의 합계를 구하는 쿼리를 작성하시오.

[직원]

이름	부서	급여
선조	영업	300
광해군	마케팅	400
연산군	전산	200
정조	전산	500
고종	마케팅	100

[결과]

부서	급여합계
영업	300
마케팅	500
전산	700

12 다음은 자바 코드이다. 출력 결과를 쓰시오.

```
01  public class Soojebi{
02    static int func(int n){
03      return n*9;
04    }
05    static int func(int a, int b){
06      return a*b;
07    }
08    public static void main(String[] args){
09      System.out.printf("%x", func(5)+func(2,3));
10    }
11  }
```

13 다음과 같이 위쪽 릴레이션을 아래쪽 릴레이션으로 정규화를 하였을 때 어떤 정규화 작업을 한 것인지 쓰시오.

국가	도시
대한민국	서울, 부산
미국	워싱턴, 뉴욕
중국	베이징

⬇

국가	도시
대한민국	서울
대한민국	부산
미국	워싱턴
미국	뉴욕
중국	베이징

14 다음은 자바 코드이다. 출력 결과를 쓰시오.
▶ 19년 1회

```
01  public class Soojebi {
02    public static void main(String[] args){
03      int i, j=0, sum = 0;
04      for(i=1; i<=110; i++){
05        if(i%4 == 0){
06          sum += 1;
07          j=i;
08        }
09      }
10      System.out.print(i+j+sum);
11    }
12  }
```

15 LoC가 20,000라인이고, 개발자가 10명이며, 개발자는 월평균 100라인을 개발한다고 할 때 Man Month를 구하시오.

16 다음은 일정 관리에 대한 설명이다. 괄호( ) 안에 들어갈 올바른 용어를 쓰시오.

일정 관리 모델 종류 중에서 (①)은/는 여러 작업의 수행 순서가 얽혀 있는 프로젝트의 일정을 계산하는 기법으로 모든 자원 제약사항을 배제한 상태로 프로젝트의 시작과 끝을 나타내는 노드(Node)와 노드 간의 연결을 통해 공정을 계산하기 위한 액티비티(Activity) 표기법이고, (②)은/는 일의 순서를 계획적으로 정리하기 위한 수렴 기법으로 비관치, 중간치, 낙관치의 3점 추정 방식을 통해 일정을 관리하는 기법이다.

①: _____
②: _____

17 링크의 설정과 유지 및 종료를 담당하며 네트워크 계층에 데이터를 전달하고, 물리 계층에서 발생할 수 있는 오류를 탐지하고 수정하는 기능을 제공하는 데이터 링크 계층(Data Link Layer)에 대한 설명이다. 괄호 ( ) 안에 올바른 용어를 쓰시오.

- (①)은/는 두 개의 스테이션이 동시에 신호를 전송하는 경우 신호 간 충돌이 발생하지 않도록 제어하는 기술로 ENQ/ACK 기법과 풀링 기법이 있다.
- (②)은/는 전송 스테이션으로 하여금 전송 데이터의 양을 제한하기 위해서 사용되는 기술로 정지-대기 기법과 슬라이딩 윈도우 기법이 있다.
- (③)은/는 OSI 7 Layer의 하위의 두 계층 사이에서 데이터의 전송 오류를 검출하여 복구하는 기술로 해밍 코드와 같은 전진 오류 수정(FEC)기법과 체크섬, CRC, ARQ와 같은 후진 오류 수정(BEC) 기법이 있다.

①: _____
②: _____
③: _____

18 다음은 C언어 코드이다. 출력 결과를 쓰시오.
▶ 17년 2회

```
01  #include <stdio.h>
02  int Soojebi(int num) {
03    int i;
04    for(i=2; i<num; i++){
05      if(num % i == 0)
06        return 0;
07    }
08    return 1;
09  }
10  int main() {
11    int num=7, cnt=0, i;
12    for(i=2; i<num; i++)
13      cnt += Soojebi(i);
14    printf("%d\n", cnt);
15    return 0;
16  }
```

19 다음은 트랜잭션 연산에 대한 설명이다. 괄호 ( ) 안에 들어갈 명령어를 쓰시오.

> (①)은/는 하나의 트랜잭션이 성공적으로 끝나고, 데이터베이스가 일관성 있는 상태에 있거나 하나의 트랜잭션이 끝났을 때 사용하는 연산이다. 반대로 (②)은/는 하나의 트랜잭션이 비정상적으로 종료되어 트랜잭션 원자성이 깨질 경우 처음부터 다시 시작하거나, 부분적으로 연산을 취소하는 연산이다.

①: _____

②: _____

20 다음은 입력 데이터 검증 및 표현 취약점에 대한 설명이다. 괄호 ( ) 안에 들어갈 공격 기법을 쓰시오.

> (①)은/는 검증되지 않은 외부 입력 데이터가 포함된 웹페이지가 전송되는 경우, 사용자가 해당 웹페이지를 열람함으로써 웹 페이지에 포함된 부적절한 스크립트가 실행되는 공격 기법이고, (②)은/는 응용 프로그램의 보안 취약점을 이용해서 악의적인 SQL 구문을 삽입, 실행시켜서 데이터베이스(DB)의 접근을 통해 정보를 탈취하거나 조작 등의 행위를 하는 공격 기법이다.

①: _____

②: _____

수제비 선/견/지/명 모의고사 05회

01 범죄 행위에 대한 사실을 사법기관에 제출하기 위해 디지털 증거자료를 획득, 분석, 보관, 제출, 기록하는 일련의 과정을 지칭하는 용어는 무엇인지 쓰시오.

▶ 18년 2회

_____

02 다음은 데이터 저장 및 분석 관련 용어이다. 괄호 ( ) 안에 들어갈 용어를 쓰시오.

> (①)은/는 지속적으로 보존할 가치를 가진 디지털 객체를 장기간 관리하여 이후의 이용을 보장할 수 있도록 변환, 압축 저장하여 DB화하는 작업이고, (②)은/는 실시간으로 발생하는 이벤트 처리에 대한 결괏값을 수집하고 처리하는 기술로 IoT 센싱 데이터, 로그, 음성 데이터 등 실시간 데이터의 처리 기술이다.

①: _____

②: _____

03 다음은 '급여' 테이블의 일부이다. 각 부서의 급여 합계를 계산하여, 급여 합계가 6000 이상인 부서와 해당 부서의 급여 합계를 출력하는 SQL 문을 작성하시오.

[급여]

이름	부서	급여
이민아	전산	5000
오성진	마케팅	4900
김도훈	경영전략	6200
이영진	경리	8000
신민영	회계	3800

04 다음이 설명하는 용어는 무엇인지 쓰시오. ▶ 15년 3회

> 스마트폰이 곁에 없으면, 불안감과 공포를 느끼는 증상을 말한다. 전 세계에 스마트폰이 폭발적으로 보급되고 스마트폰에 대한 의존성이 높아지면서 나타난 현상으로, 통신 기기와 잠시 떨어지게 되면 의사소통이 단절될 수 있다는 두려움, 정보 접근이 어려워질 수 있다는 불안감 등이 나타난다.

_____

05 다음은 자바 코드이다. 출력 결과를 쓰시오.

```
01  class A {
02    A() {
03      this(10);
04      System.out.print("A");
05    }
06    A(int x) { System.out.print("B"+x); }
07    void display() { System.out.print("C"); }
08  }
09  class B extends A {
10    B() { System.out.print("D"); }
11    B(String m) { System.out.print("E"); }
12    void display() { System.out.print("F"); }
13  }
14  public class Soojebi {
15    public static void main(String[] args) {
16      A x = new A();
17      x.display();
18    }
19  }
```

06. 다음은 자바 코드이다. 출력 결과를 쓰시오.

```java
01  public class Soojebi{
02    public static void main(String[] args){
03      int[ ] a = {56, 4, 3, 65, 78};
04      int temp;
05      for(int i = 0; i < 1; i++) {
06        for(int j = 0 ; j < a.length-i-1; j++) {
07          if(a[j]>a[j+1]) {
08            temp = a[j];
09            a[j] = a[j+1];
10            a[j+1] = temp;
11          }
12        }
13      }
14      for(int i = 0 ; i < a.length ; i ++) {
15        System.out.print(a[i] +" ");
16      }
17    }
18  }
```

07. 입력 데이터 검증 및 표현 취약점에 해당하며, 보안 공격 기법 중 사용자가 자신의 의지와는 무관하게 공격자가 의도한 행위를 특정 웹 사이트에 요청하게 하는 공격 기법은 무엇인지 쓰시오.

08. 다음은 함수 종속에 대한 설명이다. 괄호 ( ) 안에 들어갈 용어를 쓰시오.

- (①): 릴레이션에서 X→Y 관계가 있을 때, Y는 X의 전체 속성에 대해 종속하고, 부분 집합 속성에 종속하지 않는 경우의 함수 종속
- (②): 릴레이션에서 X→Y, Y→Z 종속 관계가 있을 때, X→Z가 성립되는 경우의 함수 종속

①: _____

②: _____

09. 다음은 C언어 코드이다. 출력 결과를 쓰시오.

```c
01  #include <stdio.h>
02  int fn(int x){
03    int i, sum;
04    for(i=0, sum=1; i<x; ++i, sum *= i);
05      return sum;
06  }
07
08  int main(){
09    printf("%d", fn(4));
10    return 0;
11  }
```

10. 다음은 1에서 6 사이에 숫자를 10번 임의로 생성하여, 각 숫자가 몇 번 발생했었는지 hist 배열에 저장하고, 출력하는 C언어 코드이다. 밑줄 친 ①, ②를 완성하여 각 숫자의 발생 횟수를 출력하는 프로그램을 완성하시오. ▶ 18년 3회

```c
01  #include <stdio.h>
02  #include <stdlib.h>
03  #include <time.h>
04
05  int main(){
06    int hist[6] = {0,};
07    int n, i=0;
08    srand(time(NULL));
09
10    do{
11      i++;
12      n = rand()%6 + 1;
13      hist[ ①  ] += 1;
14    } while(i<10);
15
16    for(i=0; i<6; i++)
17      printf("hist[%d] = %d\n", i+1, ②  );
18
19    return 0;
20  }
```

①: _____

②: _____

11 다음은 [부서] 테이블에 대한 스키마 명세이다. [부서] 테이블의 '부서번호' 컬럼은 원래 기본키가 아니었으나 기본키로 변경하려고 한다. '부서번호' 컬럼이 기본키가 되도록 컬럼을 수정하시오.

[부서]

속성명	데이터 타입	기타
부서번호	INTEGER	PRIMARY KEY
부서명	VARCHAR(50)	
전화번호	VARCHAR(11)	

---

12 회복 기법 중 장애 발생 시 검사점 이후에 처리된 트랜잭션에 대해서만 장애 발생 이전의 상태로 복원시키는 회복 기법은 무엇인지 쓰시오. ▶ 18년 1회

---

13 다음은 C언어 코드이다. 출력 결과를 쓰시오.

```
01  #include <stdio.h>
02  int main(){
03    int i, j;
04    int sum=0;
05    int arr[3][3];
06
07    for(i=0; i<3; i++){
08      for(j=0; j<3; j++){
09        arr[i][j] = i+j;
10        if( i%2 == 0 ){
11          sum += arr[i][j];
12        }
13        else{
14          sum -= arr[i][j];
15        }
16      }
17    }
18    printf("%d", sum);
19  }
```

---

14 다음은 보안 관련 용어이다. 괄호 ( ) 안에 공통으로 들어갈 용어를 쓰시오. ▶ 19년 1회

- ( )은/는 시스템 침입 후 침입 사실을 숨긴 채 차후의 침입을 위한 백도어, 트로이 목마 설치, 원격 접근, 내부 사용 흔적 삭제, 관리자 권한 획득 등 주로 불법적인 해킹에 사용되는 기능을 제공하는 프로그램의 모음이다.
- ( )은/는 해커가 시스템의 민감한 정보를 수집하거나, 네트워크상의 다른 시스템을 공격 또는 추적 회피를 위한 중간 지점으로 이용하더라도 로그를 지워버릴 수 있어 탐지하기 어려운 도구이다.

---

15 TCL에서 트랜잭션의 결과를 메모리에 영구적으로 저장하는 명령어는 무엇인지 쓰시오. ▶ 18년 2회

---

16 다음은 소프트웨어 테스트 원리이다. 괄호 ( ) 안에 알맞은 소프트웨어 테스트 원리를 쓰시오.

- (①) 원리는 적은 수의 모듈(20% 모듈)에서 대다수 결함(80% 결함)이 발견된다는 원리로 파레토 법칙(Pareto Principle)의 내용인 80 대 20 법칙 적용된 원리이다.
- (②) 원리는 동일한 테스트 케이스에 의한 반복적 테스트는 새로운 버그를 찾지 못한다는 원리이다.

①: _____

②: _____

---

17 다음은 파이썬 코드이다. 출력 결과를 쓰시오.

```
01  x = [5, 4, 3, 2, 1]
02  x = list(map(lambda num: num + 100 if num %\
    2 == 0 else num * 2, x))
03  print(x)
```

18 다음은 파이썬 코드이다. 출력 결과를 쓰시오.

```
01  x = [97, 98, 0]
02  print(all(x))
03  print(any(x))
04  print(chr(x[1]))
05  print(divmod(5, 2))
```

19 다음이 설명하는 용어는 무엇인지 쓰시오.

- 송·수신 시스템 간 데이터 연계의 편의성을 위해서 전송되는 데이터 구조를 동일한 형태로 정의한다.
- 인간과 기계가 모두 이해할 수 있는 텍스트 형태로 마크업 포맷을 정의하기 위한 메타언어이다.
- 사용자가 직접 문서의 태그를 정의할 수 있으며, 다른 사용자가 정의한 태그를 사용할 수 있다.

20 다음이 설명하는 다이어그램을 쓰시오.

① 시스템이 제공하고 있는 기능 및 그와 관련된 외부 요소를 사용자의 관점에서 표현하는 다이어그램이다.
② 객체 간 상호 작용을 메시지 흐름으로 표현한 다이어그램으로 객체 간의 동적 상호 작용을 시간적 개념을 중심으로 모델링하는 다이어그램이다.

①: _____

②: _____

수제비 선/견/지/명 모의고사 06회

01 여러 개의 하드 디스크로 디스크 배열을 구성하여 파일을 구성하고 있는 데이터 블록들을 서로 다른 디스크들에 분산 저장하는 기술을 무엇이라고 하는지 쓰시오.
▶ 19년 1회

_____

02 기업 IT 서비스와 관련하여 다음에서 설명하는 용어를 쓰시오.
▶ 19년 1회

- IT 서비스의 운영 및 관리를 돕기 위한 문서들의 집합이다.
- IT 조직이 기존의 기술 중심적인 운영에서 사용자들의 요구에 초점을 맞춘 고객 지향적인 운영방식을 채택함에 따라 각자 개별적인 IT 관리 관행을 만드는 것을 방지하기 위해서 영국 정부가 다양한 IT 서비스들의 관리 방법들(Best Practice)을 모아 만든 표준적인 참고문서이다.

_____

03 커널의 유형 중 장치 드라이버, 프로토콜 스택, 파일 시스템과 같은 전통적인 OS의 기능들을 사용자 영역에 놓고 하드웨어 추상화를 최소화한 커널로 목적이 분명한 임베디드 시스템이나 성능 최적화가 필요한 영역에서 활용하는 커널은 무엇인지 쓰시오.

_____

04 다음 괄호 ( ) 안에 들어갈 공격 기법을 쓰시오.

최근 특정 타깃을 노리는 공격 기법이 점차 증가하고 있다. 그중 (①)은/는 사회 공학의 한 기법으로, 특정 대상을 선정한 후 그 대상에게 일반적인 이메일로 위장한 메일을 지속적으로 발송하여, 발송 메일의 본문 링크나 첨부된 파일을 클릭하도록 유도하여 사용자의 개인정보를 탈취하는 공격 기법이고, (②)은/는 특정 타깃을 목표로 하여 다양한 수단을 통한 지속적이고 지능적인 맞춤형 공격 기법으로 특수목적의 조직이 하나의 표적에 대해 다양한 IT 기술을 이용하여, 지속적으로 정보를 수집하고, 취약점을 분석하여 피해를 주는 공격 기법이다.

①: _____

②: _____

05 다음은 [학생] 테이블이다. [쿼리]의 결과로 표시되는 레코드의 개수를 쓰시오.
▶ 18년 3회

[학생]

학번	이름	학년
202101	윤봉길	1
202102	안중근	3
202103	이순신	2
202104	홍범도	3
202105	김좌진	4
202106	유관순	3
202107	이봉창	2

[쿼리]

SELECT COUNT(*) FROM 학생 WHERE 학년 >= 3;

_____

06 다음은 파이썬 코드이다. 출력 결과를 쓰시오.

```
01  x = [1, 2, 3, 4, 5, 6, 7]
02  print(x.pop())
03  print(x.pop(-3))
04  print(x.pop(2))
```

_____

07 다음은 데이터베이스 회복 기법 관련 용어이다. 괄호 ( ) 안에 들어갈 용어를 쓰시오. ▶ 19년 2회

> (①)은/는 데이터베이스가 비정상적으로 종료되었을 때 디스크에 저장된 로그를 분석하여 트랜잭션의 시작(Start)과 완료(Commit)에 대한 기록이 있는 트랜잭션들의 작업을 재 작업하는 기법이고, (②)은/는 데이터베이스가 비정상적으로 종료되었을 때 디스크에 저장된 로그를 분석하여 트랜잭션의 시작(Start)은 있지만, 완료(Commit) 기록이 없는 트랜잭션들이 작업한 변경 내용들을 모두 취소하는 기법이다.

①: _____

②: _____

08 다음은 테스트 자동화 도구에 대한 설명이다. 괄호 ( ) 안에 들어갈 용어를 쓰시오.

> • (①) 도구는 만들어진 애플리케이션을 실행하지 않고 분석하는 도구로 대부분의 경우 소스 코드에 대한 코딩 표준, 코딩 스타일, 코드 복잡도 및 남은 결함을 발견하기 위하여 사용한다.
> • 반면에 (②) 도구는 애플리케이션의 처리량, 응답시간, 경과시간, 자원사용률에 대해 가상의 사용자를 생성하고 테스트를 수행함으로써 성능 목표를 달성하였는지를 확인하는 테스트 자동화 도구이다.

①: _____

②: _____

09 3개의 프레임을 수용할 수 있는 주기억장치가 있으며, 초기에는 모두 비어 있다고 가정한다. 다음 순서로 페이지 참조가 발생할 때, 페이지 결함이 몇 회 발생하는지 쓰시오.

> 페이지 참조 순서: 6, 0, 5, 2, 0, 5, 2, 6, 5, 0, 2, 5, 6, 0, 2

_____

10 다음은 C언어 코드이다. 출력 결과를 쓰시오.

```
01  #include <stdio.h>
02  struct Soojebi {
03    int x;
04    int y;
05  };
06  int main() {
07    struct Soojebi p1 = {1, 2};
08    struct Soojebi p2 = {3, 4};
09    struct Soojebi *p3 = &p1;
10    int result = p3->x + p3->y + p2.y;
11    printf("%d\n", result);
12    return 0;
13  }
```

_____

11 다음은 C언어 코드이다. 출력 결과를 쓰시오.

```
01  #include <stdio.h>
02  int main( ){
03    char x[3] = "Hi", i=0;
04    for( ;x[i]; )
05      printf("%d", x[++i]);
06  
07    return 0;
08  }
```

_____

12 다음은 객체 지향 구성 요소에 대한 설명이다. 괄호 ( ) 안에 들어갈 구성 요소를 쓰시오.

> • (①): 클래스로부터 생성된 객체를 사용하는 방법으로 객체가 수행할 수 있는 동작이나 기능을 정의한 함수
> • (②): 객체 간 상호작용을 하기 위한 수단으로 객체에게 특정 (①)을/를 호출하도록 요청하는 방식
> • (③): 클래스라는 설계도를 기반으로 생성된 실형 객체로 각각은 같은 클래스에 속하지만, 고유한 속성과 상태를 가질 수 있음

①: _____

②: _____

③: _____

13 다음은 자바 코드이다. 출력 결과를 쓰시오.

```
01  class Book1{
02    String name = "Book1";
03    void setName(String name){
04      this.name = name;
05    }
06    String getName() {
07      return name;
08    }
09  }
10  class Book2 extends Book1 {
11    String name = "Book2";
12    void setName(String name){
13      super.name = name;
14    }
15    String getName() {
16      return name;
17    }
18  }
19  class Soojebi{
20    public static void main(String[] args){
21      Book1 a = new Book2();
22      Book2 b = new Book2();
23      a.setName("Book3");
24      b.setName("Book4");
25      System.out.print(a.getName());
26      System.out.print(b.getName());
27      System.out.print(a.name);
28    }
29  }
```

14 인터페이스 구현 시 적용할 데이터베이스 암호화 기법에 대한 설명이다. 괄호 ( ) 안에 들어갈 용어를 쓰시오.

- (①): 애플리케이션 레벨에서 암호 모듈을 적용하는 애플리케이션 수정 방식으로 애플리케이션 서버에 암/복호화, 정책 관리, 키 관리 등의 부하가 발생
- (②): DB 서버의 DBMS 커널이 자체적으로 암, 복호화 기능을 수행하는 방식이며, 내장된 암호화 기능을 사용

①: _____

②: _____

15 대화형 애플리케이션을 모델, 뷰, 컨트롤러 3개의 서브 시스템으로 구조화하는 소프트웨어 아키텍처 패턴은 무엇인지 쓰시오.

_____

16 다음은 C언어 코드이다. 출력 결과를 쓰시오.

```
01  #include <stdio.h>
02  int main( ){
03    int a = 1, b = 3;
04    switch(++a + b){
05    case 3: printf("A");
06    case 4: printf("B");
07      break; case 5: printf("C");
08    default: printf("E");
09    }
10    return 0;
11  }
```

17 다음은 C언어 코드이다. 출력 결과를 쓰시오.

```c
#include <stdio.h>
int main() {
  int x[3][2][26] = {0};
  char y[3][7] = {"Apple", "Banana", "Camera"};
  int i, j, k;

  for(i=0; i<3; i++){
    for(j=5; j>=0; j--){
      if(y[i][j] >= 'A' && y[i][j] <= 'Z'){
        x[i][0][y[i][j]-'A']++;
      }
      else if(y[i][j] >= 'a' && y[i][j] <= 'z'){
        x[i][1][y[i][j]-'a']++;
      }
    }
  }

  for(i=0; i<3; i++)
    for(j=0; j<2; j++)
      for(k=0; k<26; k++)
        if(x[i][j][k] >= 2)
          printf("%d%d%d\n", i, j, k);

  return 0;
}
```

출력 결과:
```
0115
110
1113
210
```

18 분산 데이터베이스의 한 형태로 분산 노드의 운영자에 의한 임의조작이 불가능하도록 고안되어 지속적으로 성장하는 데이터 기록 리스트인 블록을 연결한 모음으로 비트 코인의 기반 기술을 무엇이라고 하는지 쓰시오.

답: 블록체인(Blockchain)

19 다음은 데이터베이스에 대한 설명이다. 괄호 ( ) 안에 알맞은 용어를 쓰시오.

(①)은/는 시스템, 서비스, 조직(회사) 등에서 주어진 비용과 시간 내에 처리할 수 있는 범위를 넘어서는, 수십 페타바이트(PB) 규모의 비정형 데이터를 의미한다. (①) 처리 기술 중 하나인 (②)은/는 전통적인 RDBMS와는 다른 데이터베이스 관리 시스템(DBMS)으로, 데이터 저장 시 고정된 테이블 스키마가 필요 없고, 조인(Join) 연산을 사용할 수 없으며, 수평적 확장이 가능하다는 특징이 있다. 또한, (①) 기술을 활용해 의미 있는 패턴을 찾아내거나 예측하여 의사결정에 활용하는 기법으로 (③)이/가 있다. (③)의 주요 기법으로 분류 규칙, 연관 규칙, 연속 규칙, 데이터 군집화가 있다.

①: _____

②: _____

20 다음은 애플리케이션에 대한 DDoS 공격이다. 괄호 ( ) 안에 들어갈 용어를 쓰시오.

(①)은/는 HTTP GET 메서드를 사용하여 헤더의 최종 끝을 알리는 개행 문자열인 \r\n\r\n(Hex: 0d 0a 0d 0a)을 전송하지 않고, \r\n(Hex: 0d 0a)만 전송하여 대상 웹 서버와 연결 상태를 장시간 지속시키고 연결 자원을 모두 소진시키는 서비스 거부 공격이다.
(②)은/는 요청 헤더의 Content-length를 비정상적으로 크게 설정하여 메시지 바디 부분을 매우 소량으로 보내 계속 연결 상태를 유지시키는 공격 기법이다.
또한 (③)은/는 TCP 윈도 크기와 데이터 처리율을 감소시킨 상태에서 (Zero Window Packet) 다수 HTTP 패킷을 지속적으로 전송하여 대상 웹 서버의 연결 상태가 장시간 지속, 연결 자원을 소진시키는 서비스 거부 공격이다.

①: _____

②: _____

③: _____

수제비 선/견/지/명 모의고사 07회

01 다음 괄호 ( ) 안에 공통으로 들어갈 용어를 쓰시오.
▶ 19년 2회

> (　　)은/는 아파치 라이선스 형태로 배포되고 있는 오픈 소스 소프트웨어 기반의 클라우드 플랫폼 프로젝트이다.
> (　　)은/는 IaaS 형태를 가지며 주로 리눅스 기반으로 운용과 개발이 이루어지며, 사용자가 데이터 센터의 자원들을 손쉽게 제어할 수 있도록 웹을 통해 다양한 기능을 제공한다.

_____

02 보안 암호화 관련 용어에 대한 설명이다. 괄호 ( ) 안에 들어갈 올바른 용어를 쓰시오.
▶ 19년 1회

> (　　)은/는 임의의 길이를 갖는 값을 입력받으면 고정된 길이의 값을 출력하는 함수로, 직접 접근할 수 있는 짧은 길이의 값이나 키가 존재하여 해당 주소에 빠른 접근이 가능하며, 메시지의 오류나 변조를 탐지하는 데 활용된다.

_____

03 다음은 뷰에 대한 설명이다. 괄호 ( ) 안에 들어갈 뷰의 유형을 쓰시오.

> 소프트웨어 아키텍처 4+1 뷰에서 (①)은/는 시스템의 기능적인 요구사항이 어떻게 제공되는지 설명해주는 뷰로 설계자 및 개발자 관점이라고 할 수 있고, (②)은/는 시스템의 비기능적인 속성으로서 자원의 효율적인 사용, 병행 실행, 비동기, 이벤트 처리 등을 표현한 뷰로 개발자, 시스템 통합자 관점이라고 할 수 있다. 또한 (③)은/는 개발 환경 안에서 정적인 소프트웨어 모듈의 구성을 보여주는 뷰로 컴포넌트 구조와 의존성을 보여주고 컴포넌트에 관한 부가적인 정보를 정의한다.

①: _____

②: _____

③: _____

04 다음 프로그램에 대하여 100% 문장 커버리지를 만족하는 테스트 케이스를 구하시오.

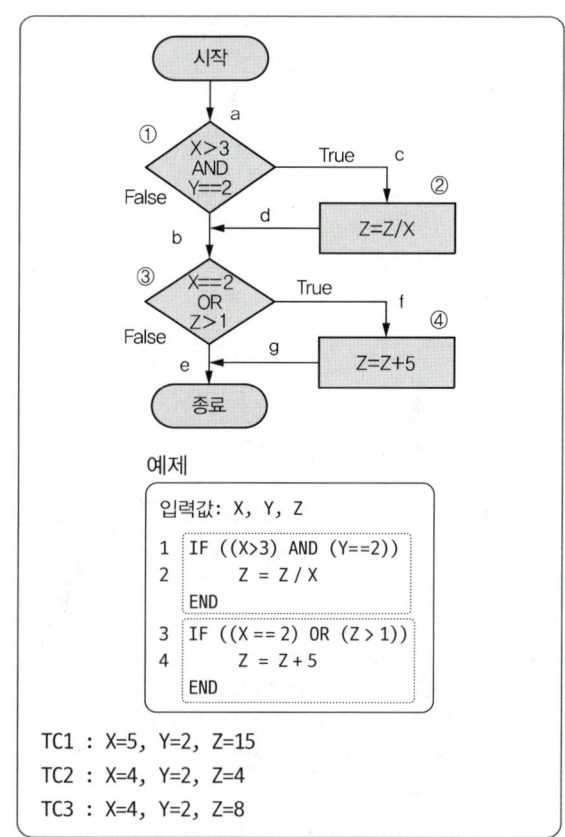

예제

입력값: X, Y, Z

```
1  IF ((X>3) AND (Y==2))
2      Z = Z / X
   END
3  IF ((X == 2) OR (Z > 1))
4      Z = Z + 5
   END
```

TC1 : X=5, Y=2, Z=15
TC2 : X=4, Y=2, Z=4
TC3 : X=4, Y=2, Z=8

_____

05 다음은 파이썬 코드이다. 출력 결과를 쓰시오.

```
01  try:
02      x = 4/2
03  except ZeroDivisionError:
04      print("A")
05  else:
06      print("B")
07  finally :
08      print("C")
```

06
다음은 [학생] 테이블이다. 이름이 '유'로 시작하는 학번만 출력하는 쿼리를 작성하시오. 그리고 학번을 출력할 때 학년을 기준으로 내림차순이 되어야 한다.

▶ 18년 3회

[학생]

학번	이름	학년
202101	윤봉길	1
202102	안중근	3
202103	이순신	2
202104	홍범도	3
202105	김좌진	4
202106	유관순	3
202107	이봉창	2

_____

07
다음은 데이터 암호화 전송을 위한 주요 기술이다. 괄호 ( ) 안에 들어갈 용어를 쓰시오.

- (①)은/는 IP 계층에서 무결성과 인증을 보장하는 인증 헤더(AH)와 기밀성을 보장하는 암호화(ESP)를 이용하여 보안 서비스를 제공하는 터널링 프로토콜이다.
- (②)은/는 전송계층과 응용계층 사이에서 클라이언트와 서버 간의 웹 데이터 암호화, 상호 인증 및 전송 시 데이터 무결성을 보장할 보안 프로토콜이다.

①: _____
②: _____

08
다음은 디자인 패턴에 대한 설명이다. 괄호 ( ) 안에 들어갈 디자인 패턴의 종류를 쓰시오.

- (①)은/는 기존에 구현되어 있는 클래스에 필요한 기능을 추가해 나가는 설계 패턴으로 기능 확장이 필요할 때 객체 간의 결합을 통해 기능을 동적으로 유연하게 확장할 수 있게 해주어 상속의 대안으로 사용하는 디자인 패턴이다.
- (②)은/는 클래스 설계 관점에서 객체의 정보를 저장할 필요가 있을 때 적용하는 디자인 패턴으로 Undo 기능을 개발할 때 사용하는 디자인 패턴이다.

①: _____
②: _____

09
다음 SQL 문의 실행 결과를 쓰시오.

```
SELECT 과목이름
  FROM 성적
 WHERE EXISTS (SELECT 학번
               FROM 학생 WHERE 학생.학번 = 성적.학번
               AND 학생.학과 IN ('교육', '행정')
               AND 학생.주소 = '제주');
```

[학생]

학번	이름	학년	학과	주소
1000	김철수	1	교육	경기
2000	고철민	1	행정	제주
3000	유길동	2	수학	제주
4000	김길수	2	교육	제주
5000	정수일	3	수학	경기

[성적]

학번	과목번호	과목이름	학점	점수
1000	A100	수학교육론	A	91
2000	A200	기초영어	A+	99
3000	A100	수학교육론	B+	88
3000	A200	기초영어	B	85
4000	A200	기초영어	A	94
4000	A300	대중문화론	B+	89
5000	A300	대중문화론	B	88

10 다음은 객체 지향 설계 원칙에 대한 설명이다. 괄호 ( ) 안에 들어갈 용어를 영어 또는 영어 약자로 쓰시오.

> • (①)은/는 자식 클래스는 언제나 부모 클래스를 대체할 수 있어야 한다는 개념으로 상속 관계에 있는 클래스들 간의 일관성을 강조하여 코드의 확장성과 유지보수성이 크게 향상된다.
> • (②)은/는 객체에서 어떤 클래스를 참조해서 사용하는 경우, 그 클래스를 직접 참조하는 것이 아니라 그 대상의 상위 요소인 추상 클래스나 인터페이스로 참조하라는 원칙이다.

①: _____

②: _____

11 다음은 자바 코드이다. 출력 결과를 쓰시오.

```java
class Soojebi {
  void make() {
    System.out.println("Welcome to Soojebi!");
  }
}
class Jebi extends Soojebi {
  void make() {
    System.out.println("Wow");
  }
  void make(String message) {
    System.out.println(message);
  }
}
public class Soojebi2 {
  public static void main(String[] args) {
    Soojebi a = new Soojebi();
    Soojebi b = new Jebi();
    Jebi c = new Jebi();
    a.make();
    b.make();
    c.make();
    c.make("Hello");
  }
}
```

12 다음은 C언어 코드이다. 값을 10개 입력받아 가장 작은 값을 출력하려고 한다. 밑줄 친 곳에 적합한 답을 쓰시오.
▶ 17년 1회

```c
#include <stdio.h>
int main() {
  int num[10];
  int min = 9999;
  int i;
  for(i=0; i<10; i++) {
    scanf("%d", &num[i]);
  }
  for(i=0; i<10; i++){
    if(min > _____ ) {
      min = num[i];
    }
  }
  printf("%d", min);
  return 0;
}
```

13 다음은 C언어 코드이다. 출력 결과를 쓰시오.

```c
#include <stdio.h>
int main( ){
  char x[100] = "";
  int i;

  for(i=0; i<99; i++){
    x[i] = i;
  }

  x['B'] += 1;
  x['A'] += x['B']-'B';
  x['D'] += ('g'-'a');
  x['G'+1] = 0;

  printf("%s", x+'A');

  return 0;
}
```

14 다음은 C언어 코드이다. 출력 결과를 쓰시오.

```c
#include <stdio.h>
typedef struct{
  int acc;
  double bal;
}Acc;

double fn(double b, int y){
  int i;
  double r = 1.0;
  for(i=0; i < y; i++){
    r*=b;
  }
  return r;
}

void init(Acc *a, int x, double y){
  a->acc = x;
  a->bal = y;
}

void A(Acc *a, double en){
  a->bal += (en > 0 && en < a->bal) ? -en : en;
}

void B(Acc *a){
  a->bal *= fn((1+0.1), 1);
}
int main(){
  Acc ba;
  init(&ba, 200, 100.0);
  A(&ba, ba.bal);
  B(&ba);
  printf("%d and %.2f", ba.acc, ba.bal);
  return 0;
}
```

15 다음은 C언어 코드이다. 출력 결과를 쓰시오.

```c
#include <stdio.h>
int main(){
  int i, j;
  int temp;
  int a[5] = {14, 22, 53, 45, 1};

  for(i=0; i<2; i++){
    for(j=0; j<4-i; j++){
      if(a[j] > a[j + 1]){
        temp = a[j];
        a[j] = a[j + 1];
        a[j + 1] = temp;
      }
    }
  }

  for(i=0; i<3; i++){
    printf("%d ", a[i]);
  }
}
```

16 다음은 UML 다이어그램에 대한 설명이다. 괄호 ( )에 알맞은 다이어그램을 쓰시오.

> UML 다이어그램은 구조적(정적) 다이어그램, 행위적(동적) 다이어그램으로 구분된다.
> 구조적(정적) 다이어그램 중 (①) 다이어그램은 컴포넌트 사이의 종속성을 표현하고, 결과물, 프로세스, 컴포넌트 등 물리적 요소들의 위치를 표현하는 다이어그램이고, (②) 다이어그램은 유스케이스나 클래스 등의 모델 요소들을 그룹화한 패키지들의 관계를 표현한 다이어그램이다.

①: _____

②: _____

17 다음은 TCP에 대한 설명이다. 괄호 ( ) 안에 들어갈 올바른 용어를 쓰시오.

> TCP (①) 기법은 전송 계층에서 데이터 패킷을 전송할 때 수신 한도를 넘는 과잉 패킷의 입력으로 패킷 분실이 일어나지 않도록 패킷의 흐름을 조절하는 기법이다. TCP (①) 기법의 유형 중에서 (②) 기법은 프레임이 손실되었을 때, 손실된 프레임 1개를 전송하고 수신자의 응답을 기다리는 방식으로 한 번에 프레임 1개만 전송할 수 있다.

①: _____

②: _____

18 다음은 비선점형 스케줄링 알고리즘의 유형에 대한 설명이다. 괄호 ( ) 안에 들어갈 유형을 쓰시오.

> (①)은/는 프로세스가 도착하는 시점에 따라 그 당시 가장 작은 서비스 시간을 갖는 프로세스가 종료 시까지 자원을 점유하는 스케줄링 알고리즘으로, CPU 요구 시간이 긴 작업과 짧은 작업 간의 불평등이 심하여, 기아 현상이 발생한다. 또한 (②)은/는 (①)의 약점인 기아 현상을 보완한 기법으로 긴 작업과 짧은 작업 간의 지나친 불평등을 해소하기 위하여, 대기 중인 프로세스 중 대기시간이 긴 프로세스일 경우 우선순위가 높아지게 하여 우선순위를 결정하는 스케줄링 기법이다.

①: _____

②: _____

19 다음은 응집도 유형에 대한 설명이다. 괄호 ( ) 안에 들어갈 응집도 유형을 쓰시오.

> - (①): 모듈이 다수의 관련 기능을 가질 때 모듈 안의 구성요소들이 그 기능을 순차적으로 수행할 경우의 응집도
> - (②): 동일한 입력과 출력을 사용하여 다른 기능을 수행하는 활동들이 모여 있을 경우의 응집도
> - (③): 모듈 내에서 한 활동으로부터 나온 출력값을 다른 활동이 사용할 경우의 응집도

①: _____

②: _____

③: _____

20 보안 암호화 관련 용어에 대한 설명이다. 괄호 ( ) 안에 들어갈 올바른 용어를 쓰시오. ▶ 19년 1회

> ( )은/는 온라인상의 안전한 거래를 위해 Visa와 Master Card에서 개발한 프로토콜로, 개인 계좌 정보나 신용 정보 등이 네트워크를 통해 노출되거나 위·변조되는 것을 막으며, 메시지 암호화 방법과 2중 전자서명 등에 활용되어 기밀성과 무결성을 보장한다.

_____

수제비 선/견/지/명 모의고사 08회

01 다음 괄호 ( ) 안에 들어갈 용어를 쓰시오. ▶ 18년 2회

> 재난 및 재해 상황을 대비하여 기업의 비즈니스 연속성을 유지하기 위한 업무 복구에 대한 계획을 (　　)(이)라고 부른다.

---

02 칩 설계회사인 ARM에서 개발한 기술로, 하나의 프로세서 내에 일반 애플리케이션을 처리하는 일반 구역과 보안이 필요한 애플리케이션을 처리하는 보안 구역으로 분할하여 관리하는 하드웨어 기반의 보안 기술은 무엇인지 쓰시오. ▶ 18년 3회

---

03 다음은 [학생] 테이블이다. 3학년과 4학년 학생의 학번, 이름을 검색하는 SQL 문을 IN 키워드를 사용하여 작성하시오. ▶ 18년 2회

[학생]

학번	이름	학년
200101	윤봉길	1
200102	안중근	3
200103	이순신	2
200104	홍범도	3
200105	김좌진	4
200106	유관순	3
200107	이봉창	2

---

04 다음 괄호 ( ) 안에 들어갈 용어를 쓰시오.

> Secure SDLC 모델 및 방법론 중에서 (　①　)은/는 실무적으로 검증된 개발 보안 방법론 중 하나로써 SW 보안의 모범 사례를 SDLC(Software Development Life Cycle)에 통합한 소프트웨어 개발 보안 생명주기 방법론이고, (　②　)은/는 마이크로소프트사가 2004년 이후 자사의 소프트웨어 개발에 의무적으로 적용하도록 고안한 보안 강화 프레임워크로 개발 중인 제품이 보안 위협에 대해 얼마나 강인한가를 측정하는 모델이다.

①: _____

②: _____

---

05 다음 괄호 ( ) 안에 들어갈 용어를 쓰시오.

> (　①　)은/는 모든 하드웨어가 가상화되어 가상 자원의 풀(Pool)을 구성하고, 데이터 센터 전체를 운영하는 소프트웨어가 필요한 기능 및 규모에 따라 동적으로 자원을 할당, 관리하는 역할을 수행하는 데이터 센터이고, 구성요소 중에서 (　②　)은/는 서버와 전통적인 스토리지 장치에 장착된 이질적이고 연결되어 있지 않은 물리적 디스크 드라이브를 하나의 논리적인 스토리지로 통합한 가상화 스토리지 기술이다.

①: _____

②: _____

---

06 다음은 파이썬 코드이다. 출력 결과를 쓰시오.

```
01  def fn():
02      print('Hello')
03      return
04      print('Python')
05
06  print(fn())
```

07 다음은 보안과 관련한 설명이다. 괄호 ( ) 안에 들어갈 용어를 쓰시오.

- (①)은/는 특정 타깃을 목표로 하여 다양한 수단을 통한 지속적이고 지능적인 맞춤형 공격 기법이다.
- (②)은/는 록히드 마틴의 공격형 방위 시스템으로 (①)에 대해 7단계 프로세스별 공격 분석 및 대응을 체계화한 방어 모델이다.

①: _____

②: _____

08 다음은 네트워크 공격 기법에 대한 설명이다. 괄호 ( ) 안에 들어갈 용어를 쓰시오.

- (①): 공격자가 특정 호스트의 MAC 주소를 자신의 MAC 주소로 위조한 ARP Reply를 만들어 희생자에게 지속적으로 전송하여 희생자의 ARP Cache Table에 특정 호스트의 MAC 정보를 공격자의 MAC 정보로 변경, 희생자로부터 특정 호스트로 나가는 패킷을 공격자가 스니핑하는 기법이다.
- (②): 침입자가 인증된 컴퓨팅 시스템인 것처럼 속여서 타깃 시스템의 정보를 빼내기 위해서 본인의 패킷 헤더를 인증된 호스트의 IP 주소로 위조하여 타깃에 전송하는 공격 기법이다.

①: _____

②: _____

09 다음은 IPSec(IP Security)에 대한 설명이다. 괄호 ( ) 안에 들어갈 용어를 쓰시오.

IPSec은 IP 계층(3계층)에서 메시지 Checksum을 활용한 데이터 인증과 비연결형 무결성을 보장해주는 프로토콜인 (①)와/과 암호화 알고리즘을 활용한 캡슐화 기반 페이로드 기밀성을 제공하는 프로토콜인 (②)을/를 이용하여 양 종단 간(End Point) 구간에 보안 서비스를 제공한다.

①: _____

②: _____

10 관계 데이터베이스인 테이블 R1에 대해 학년 값이 중복되지 않도록 출력하는 쿼리를 작성하시오. (단, group by를 사용하지 않는다.)

[R1]

학번	이름	학년	학과	주소
1000	홍길동	1	컴퓨터공학	서울
2000	김철수	1	전기공학	경기
3000	강남길	2	전자공학	경기
4000	오말자	2	컴퓨터공학	경기
5000	장미화	3	전자공학	서울

[결과]

학년
1
2
3

_____

11 다음은 C언어 코드이다. 출력 결과를 쓰시오.

```
01  #include <stdio.h>
02  int main(){
03      int a[3][2] = {{1, 2}, {3, 4}, {5, 6}};
04      int *p = a[1];
05      printf("%d\n", *a[1]);
06      printf("%d\n", **(a+2));
07      printf("%d\n", *(p+1));
08      printf("%d\n", p[-1]);
09      return 0;
10  }
```

_____

12 다음은 자바 코드이다. 출력 결과를 쓰시오.

```java
public class Soojebi {
  public static void main(String[] args) {
    String str = "HelloSoojebiJava";
    String result = str.substring(0, 5).toLowerCase() +
                    str.substring(5, 10).toUpperCase() +
                    str.substring(10).replace('a', '@');
    System.out.println(result);
  }
}
```

13 다음은 상호배제와 관련된 설명이다. 괄호 ( ) 안에 공통으로 들어갈 용어를 쓰시오.

- 다중 프로세스 환경에서 프로세스들이 임계 구역(Critical Section)에 안전하게 접근하도록 상호배제(Mutual Exclusion)를 구현하기 위해 고안된 알고리즘 중 (   )은/는 두 개의 프로세스 간 상호배제를 구현하는 간단하면서도 효율적인 알고리즘이다.
- (   )은/는 두 개의 공유 변수를 사용하여 상호배제를 보장하는 방식으로 동작한다. 임계 구역 접근 시 프로세스는 상대방의 플래그(Flag)와 턴(Turn) 변수를 확인하면서 임계 구역 진입 여부를 결정한다.

14 다음 프로그램에 대하여 100% 문장 커버리지를 만족하는 테스트 케이스를 구하시오.

```
IF (( X > 2 ) AND ( Y == 2 ))
    Z = Z * X
END
IF (( X == 3 ) OR ( Z > 4 ))
    Z = Z + 1
END
```

TC1 : X=5, Y=2, Z=10
TC2 : X=1, Y=1, Z=2
TC3 : X=2, Y=2, Z=5

15 다음은 형상 관리의 절차이다. 괄호 ( )에 들어갈 용어를 쓰시오.

- (①): 소프트웨어 베이스라인의 무결성을 평가하고 베이스라인 변경 시 요구사항과 일치 여부를 검토
- (②): 형상 관리 대상을 정의 및 식별하는 활동으로 추적성 부여를 위해 ID와 관리 번호를 부여

①: _____

②: _____

16 다음은 C언어 코드이다. 출력 결과를 쓰시오.

```c
#include <stdio.h>
#include <ctype.h>
#include <string.h>

int fn(char* p, char* pResult){
  int i;
  for(i=0; p[i]!='\0'; i++){
    if(isupper(p[i]))
      pResult[i] = (p[i]-'A'+5) % 26 + 'A';
    else if(islower(p[i]))
      pResult[i] = (p[i]-'a'+10) % 26 + 'a';
    else if(isdigit(p[i]))
      pResult[i] = (p[i]-'0'+3) % 10 + '0';
    else if(!(isupper(p[i]) || islower(p[i])\
 || isdigit(p[i])))
      pResult[i] = p[i];
  }
  pResult[i] = '\0';

  return 1;
}

int main(){
  char* p = "ABC";
  char result[8];
  fn(p, result);
  printf("%s\n", result );

  return 0;
}
```

17 다음은 C언어 코드이다. 출력 결과를 쓰시오.

```c
#include <stdio.h>
struct Node {
  int v;
  struct Node* left;
  struct Node* right;
};
void fn(struct Node* node) {
  if (node == NULL) return;
  printf("%d", node->v);
  fn(node->left);
  fn(node->right);
}
int main() {
  struct Node a[4] = {{1, NULL}, {2, NULL},\
 {3, NULL}, {4, NULL}};
  a[0].left = &a[1];
  a[0].right = &a[2];
  a[1].left = &a[3];
  fn(&a[0]);
  return 0;
}
```

18 다음은 자바 코드이다. 밑줄 친 곳에 들어갈 가장 적합한 코드를 쓰시오. ▶ 18년 2회

```java
public class Soojebi {
  public static void main(String[] args){
    int[][] arr = new int[ ① ][ ② ];
    for(int i=0; i<3; i++){
      for(int j=0; j<5; j++){
        arr[i][j] = i + j;
        System.out.printf("%d", arr[i][j]);
      }
      System.out.println();
    }
  }
}
```

[출력결과]
```
01234
12345
23456
```

①: _____
②: _____

19 다음은 파이썬 코드이다. 출력 결과를 쓰시오.

```python
def fn(*args):
  total = 0
  for num in args:
    total += num
  return total

print(fn(1,2))
print(fn(1,2,3,4))
```

20 다음은 UML 관계에 대한 설명이다. 괄호 ( ) 안에 들어갈 용어를 쓰시오.

UML의 관계 중 (①)은/는 하나의 객체에 여러 개의 독립적인 객체들이 구성되는 관계로 하나의 사물이 다른 사물에 포함되어 있는 관계를 표현하고, 포함되는 쪽(Part; 부분)에서 포함하는 쪽(Whole; 전체)으로 속이 빈 마름모를 연결하여 표현한다. 또한 (②)은/는 영구적이고, (①)보다 더 강한 관계로 구성되고, 포함되는 쪽(Part; 부분)에서 포함하는 쪽(Whole; 전체)으로 속이 채워진 마름모를 연결하여 표현한다. (②)은/는 집합 관계의 특수한 형태로, 포함하는 사물의 변화가 포함되는 사물에게 영향을 미치는 관계를 표현한다.

①: _____
②: _____

수제비 선/견/지/명 모의고사 09회

01 다음은 보안 공격 관련 용어에 대한 설명이다. 괄호 ( ) 안에 들어갈 올바른 용어를 쓰시오. ▶ 17년 3회

> - (①)은/는 컴퓨터 보안에 있어서, 인간 상호 작용의 깊은 신뢰를 바탕으로 사람들을 속여서 정상 보안 절차를 깨트리기 위한 비기술적 시스템 침입 수단이다. 사례로는 상대방의 자만심이나 권한을 이용하는 공격 및 도청 등이 있다.
> - (②)은/는 (①)을/를 통해 탈취한 정보를 이용하는 기법으로 이메일이나 웹 사이트를 통해 공격자가 지인 또는 특정 유명인으로 가장하여 사용자의 민감한 정보를 입력하도록 유도하는 공격 기법이다.

①: _____

②: _____

02 다음은 IT와 기간산업의 융합, IoT 확산과 함께 점차 발전하는 기술에 대한 설명이다. 괄호 ( ) 안에 들어갈 용어를 쓰시오. ▶ 14년 2회

> - (①)은/는 전기 및 정보통신기술을 활용하여 전력망을 지능화, 고도화함으로써 고품질의 전력서비스를 제공하고 에너지 이용효율을 극대화하는 전력망이다.
> - (②)은/는 IEEE 802.15.4g 표준에 기반을 둔 기술로, 900MHz 대역을 활용한 근거리 무선 통신 기술로 스마트 그리드와 연계하여 전기, 수도, 가스 등의 공급자가 무선 네트워크를 이용하여 에너지를 효율적으로 관리할 수 있도록 특화된 무선 통신 기술이다.

_____

03 다음은 재사용의 유형이다. 괄호 ( ) 안에 들어갈 유형을 쓰시오.

> - (①)은/는 기존 소프트웨어를 버리지 않고 기능을 개선시키거나 기능을 새로운 소프트웨어로 재활용하는 소프트웨어 재사용 기법으로 장점은 위험부담 감소, 비용 절감, 개발 기간 단축, 시스템 명세의 오류억제가 있다.
> - (②)은/는 기존 시스템 내용을 참조하여 완전히 새로운 시스템을 개발, 기존 시스템에 새로운 기능을 추가, 기존 시스템의 기능을 변경하는 기법이다.

①: _____

②: _____

04 다음은 형상 관리 도구의 기능에 대한 설명이다. 괄호 ( ) 안에 들어갈 용어를 쓰시오.

> - (①): 개발자가 수정한 소스를 형상 관리 저장소로 업로드 하는 기능
> - (②): 형상 관리 저장소로부터 최신 버전을 개발자 PC로 다운로드 받는 기능
> - (③): 개발자가 소스를 형상 관리 저장소에 업로드 후 최종적으로 업데이트가 되었을 때 형상 관리 서버에서 반영하도록 하는 기능

①: _____

②: _____

③: _____

05 다음은 [학생] 테이블 스키마에 대한 명세이다. 학번이라는 컬럼에 대해 인덱스를 생성하려고 한다. '학번인덱스'라는 이름의 인덱스를 생성하는 쿼리를 작성하시오.

[학생]

속성명	데이터타입
학번	INTEGER
성명	VARCHAR(10)
전화번호	CHAR(13)

06 다음은 C언어 코드이다. 출력 결과를 쓰시오.

```c
#include <stdio.h>
int main(){
  int i=0;
  int find_num=15;
  int find_flag=0;
  int arr[10];

  for(i=0;i<10;i++){
    arr[i] = i+10;
  }

  while(i<10){
    if(arr[i] == find_num){
      find_flag = 1;
      break;
    }
    i++;
  }

  if(find_flag == 0){
    printf("not found %d", find_num);
  }
  else{
    printf("found %d", arr[i]);
  }
  return 0;
}
```

07 다음은 운영체제에 대한 설명이다. 빈칸에 알맞은 용어를 보기에서 찾아서 쓰시오.

| 보기 |
Scheduler Monitor, Job Scheduler, Context Switching, CPU Scheduler, Context Switching, Dispatcher, Traffic Controller, Page-Fault Frequency, Watchdog Timer, Interrupt, Working Set

①: _____

②: _____

③: _____

- (①)은/는 시스템에 새로운 작업이 도착했을 때, 시작 프로세스 중에서 어떤 프로세스를 준비 큐에 보낼지 결정하는 역할을 한다.
- (②)은/는 준비 상태의 프로세스 중에서 어떤 프로세스를 선택하여 CPU를 할당할 것인지 결정하는 역할을 한다.
- 프로세스가 준비 상태에서 대기 중인 프로세스 중 선택된 어떤 프로세스를 실행 상태로 옮기는 것은 (③)이/가 수행한다.

08 다음은 C언어 코드이다. 출력 결과를 쓰시오.

```c
#include <stdio.h>
#include <string.h>
void fn(char* str){
  char t;
  int len = strlen(str);
  char* p1 = str;
  char* p2 = str + len - 1;
  while(p1<p2){
    if (*p1 >= 'A' && *p1 <= 'Z') {
      *p1 = *p1 + ('a' - 'A');
    }
    else if (*p1 >= 'a' && *p1 <= 'z') {
      *p1 = *p1 - ('a' - 'A');
    }
    t = *p1;
    *p1 = *p2;
    *p2 = t;
    p1++;
    p2--;
  }
}
int main(){
  char str[100] = "Soojebi";
  int len, i;
  fn(str);
  len = strlen(str);
  for(i=1; i<len; i+=2){
    printf("%c", str[i]);
  }
  return 0;
}
```

09 다음 코드에서 구문(Statement) 커버리지 100%와 분기(Branch) 커버리지를 100% 달성하는 최소 테스트 케이스 수는 각각 얼마인지 쓰시오.

Read P;
Read Q;
IF (P+Q > 200) THEN
  Print "F Large"
ENDIF
IF (P > 100)THEN
  Print "S Large"
ENDIF
	• 구문 커버리지 테스트 케이스: (①)개
	
	• 분기 커버리지 테스트 케이스: (②)개

①: _____

②: _____

10 다음은 [행성]에 대한 테이블이다. 특성별로 무게 평균을 계산하는 쿼리를 작성하시오.

[행성]

행성명	특성	거리	무게
수성	지구형	0.39	0.0553
금성	지구형	0.72	0.815
지구	지구형	1	1
화성	지구형	1.52	0.107
목성	목성형	5.20	317.83
토성	목성형	9.54	95.16
천왕성	목성형	19.23	14.5
해왕성	목성형	30.06	17.135

[결과]

특성	무게평균
지구형	0.494325
목성형	444.625

_____

11 다음은 파이썬 코드이다. 출력 결과를 쓰시오.

```
01  print(type(1.0)==type(1))
02  print(type((1, 2, 3))==type({1, 2, 3}))
03  print(type([1, 2, 3])==type(list()))
04  print(type("ABC")==type('A'))
```

_____

12 다음은 데이터베이스 모델에서 사용되는 키(Key)에 대한 설명이다. 괄호 ( ) 안에 들어갈 키의 종류를 쓰시오.

• (①)은/는 후보 키 중에서 기본 키로 선택되지 않은 키이다.
• (②)은/는 릴레이션을 구성하는 모든 튜플에 대해 유일성은 만족하지만, 최소성은 만족하지 못하는 키이다.
• (③)은/는 테이블 간의 참조 데이터 무결성을 위한 제약 조건으로 한 릴레이션의 컬럼이 다른 릴레이션의 기본 키로 이용되는 키이다.

①: _____

②: _____

③: _____

13 다음은 C언어 코드이다. 출력 결과를 쓰시오.

```
01  #include <stdio.h>
02  int main( ){
03    int i=2;
04    while ( --i ){
05      printf("%d", i);
06    }
07    return 0;
08  }
```

_____

14 다음 중 [성적] 테이블이 [결과] 테이블과 같도록 쿼리를 작성하시오. (수학 점수에 대해 내림차순으로 정렬하고, 수학 점수가 같을 경우 과학 점수에 대해서 내림차순으로 정렬하시오.)

[성적]

이름	수학	과학
광종	100	80
목종	50	10
충렬왕	100	60
공민왕	50	20

[결과]

이름	수학	과학
광종	100	80
충렬왕	100	60
공민왕	50	20
목종	50	10

15 다음은 자바 코드이다. 출력 결과를 쓰시오.

```
01  import java.util.Arrays;
02  import java.util.List;
03  public class Soojebi {
04    public static void main(String[] args) {
05      List<String> words = Arrays.asList("apple",
                            "bird", "captain", "day");
06      words.stream()
07      .filter(w -> w.contains("a") && w.length() > 5)
08      .map(w -> w.toUpperCase().replace('A', '@'))
09      .forEach(w -> System.out.print(w + " "));
10    }
11  }
```

16 다음은 자바 코드이다. 출력 결과를 쓰시오.

```
01  public class Soojebi {
02    public static void main (String[] args){
03      TreeSet set = new TreeSet();
04      set.add(89);
05      set.add(32);
06      set.add(71);
07      System.out.print(set.headSet(50));
08      System.out.print(set.tailSet(50));
09    }
10  }
```

17 다음은 파이썬 코드이다. 출력 결과를 쓰시오.

```
01  a = [10, 20, 30, 40, 50, 60, 70, 80, 90]
02  print(a[-2:-5:-1])
03  print(a[-2: :-1])
04  print(a[ :-5:-1])
05  print(a[ : : -1])
```

18 다음은 자바 코드이다. 출력 결과를 쓰시오.

▶ 17년 1회

```
01  public class Soojebi {
02    public static void main(String[] args){
03      int[] arr = {3, 4, 10, 2, 5};
04      int temp;
05      for(int i=0;i<=3;i++) {
06        for(int j=i+1;j<=4;j++) {
07          if(arr[i] < arr[j]){
08            temp = arr[i];
09            arr[i] = arr[j];
10            arr[j] = temp;
11          }
12        }
13      }
14      for(int i=0;i<5;i++)
15        System.out.print(arr[i] + " ");
16    }
17  }
```

19 다음은 이메일 프로토콜에 대한 설명이다. 괄호 ( ) 안에 들어갈 프로토콜을 쓰시오.

(①)은/는 인터넷에서 TCP 포트 번호 25번을 사용하여 이메일을 보내기 위해 이용되는 프로토콜이고, (②)은/는 응용 계층 인터넷 프로토콜 중 하나로, 원격 서버로부터 TCP/IP 연결을 통해 이메일을 가져오는 데 사용하는 프로토콜이다. 또한 (③)은/는 원격 서버로부터 TCP/IP 연결을 통해 이메일을 가져오는 데 사용하는 프로토콜이다.

①: _____

②: _____

③: _____

20 클라우드 관련 다양한 기술이 등장하고 있다. 다음 괄호 ( ) 안에 들어갈 클라우드 기술을 쓰시오.

( )은/는 2곳 이상의 클라우드 벤더가 제공하는 Public 클라우드를 조합하여 구성하는 클라우드 서비스 제공 모델이다.

_____

수제비 선/견/지/명 모의고사 10회

01 다음은 콘텐츠 보안과 관련된 내용이다. 괄호 ( ) 안에 들어갈 올바른 용어를 쓰시오. ▶ 10년 1회

> (　　　)은/는 조직 내부의 중요 자료가 외부로 빠져나가는 것을 탐지하고 차단하는 시스템으로 정보 유출 방지를 위해 정보의 흐름에 대한 모니터링과 실시간 차단 기능을 제공한다.

---

02 다음은 C언어 코드이다. 출력 결과를 쓰시오.

```
01  #include <stdio.h>
02  int main( ){
03      int a=0x6C, b=071;
04      printf("%d %d", a | b, a & b);
05      return 0;
06  }
```

---

03 다음 괄호 ( ) 안에 들어갈 용어를 쓰시오.

> 다양한 가상화 기술 중 (①)은/는 (②) 없이 리눅스 컨테이너(LXC) 기술을 바탕으로 애플리케이션을 격리된 상태에서 실행하는 가상화 솔루션이다. 또한 (②)은/는 하나의 호스트 컴퓨터상에서 동시에 다수의 운영체제를 구동시킬 수 있는 HW와 OS 사이의 SW 가상화 플랫폼이다.

①: _____

②: _____

---

04 다음은 비대칭 키 암호 방식에 대한 설명이다. 괄호 ( ) 안에 들어갈 비대칭 키 암호화 알고리즘을 쓰시오.

> (　　　)은/는 1985년 코블리치와 밀러가 RSA 암호 방식에 대한 대안으로 처음 제안한 알고리즘으로 유한체 위에서 정의된 타원곡선 군에서의 이산대수의 문제에 기초한 공개키 암호화 알고리즘이다.

---

05 다음은 [위인] 테이블이다. [위인] 테이블에서 이름이 '이광수'인 튜플을 삭제하는 쿼리를 작성하시오. ▶ 17년 2회

[위인]

순번	이름
1	윤봉길
2	안중근
3	이순신
4	홍범도
5	김좌진
6	유관순
7	이봉창
8	이광수

06 다음은 파이썬 코드이다. 출력 결과를 쓰시오.

```
01  class Person:
02    def info(self, num):
03      for i in range(1, 10):
04        num += i
05      print(num, end='')
06
07  class Student(Person):
08    def info(self, num):
09      super().info(num)
10      print(num, end='')
11
12  a = Student()
13  a.info(30)
```

07 다음은 소프트웨어, 시스템을 외부에서의 악의적인 조작으로부터 보호하는 보안 기술인 템퍼 프루핑에 대한 기술 요소이다. 괄호 ( ) 안에 들어갈 기술 요소를 쓰시오.

> 템퍼 프루핑 생성 기술 중 (①)은/는 멀티미디어 콘텐츠에 저작권 정보와 구매한 사용자 정보를 삽입하여 콘텐츠 불법 배포자에 대한 위치 추적이 가능한 기술이고, (②)은/는 디지털 콘텐츠에 저작권자 정보를 삽입하여, 불법 복제 시 (②)을/를 추출, 원소유자를 증명할 수 있는 콘텐츠 보호 기술이다. 또한, 외부 공격에 대한 방어 기술인 (③)은/는 역공학을 통한 공격을 막기 위해 프로그램의 소스 코드를 알아보기 힘든 형태로 바꾸는 기술이다.

①: _____

②: _____

③: _____

08 다음은 OSI 7계층 프로토콜에 대한 설명이다. 괄호 ( ) 안에 들어갈 프로토콜을 쓰시오.

> - (①)은/는 TCP/IP의 네트워크 관리 프로토콜로, 라우터나 허브 등 네트워크 장치로부터 정보를 수집 및 관리하며, 정보를 네트워크 관리 시스템에 보내는 데 사용하는 인터넷 표준 프로토콜이다.
> - (②)은/는 각 컴퓨터에서 IP 관리를 쉽게 하기 위한 프로토콜이며, TCP/IP 통신을 실행하기 위해 필요한 정보를 자동적으로 할당, 관리하기 위한 프로토콜이다.

①: _____

②: _____

09 다음은 C언어 코드이다. 출력 결과를 쓰시오.

```
01  #include <stdio.h>
02  typedef int llong;
03  int fn(int base, int exp) {
04    llong base2;
05    int i = 0;
06    if(exp == 1)
07      return base;
08    else if(base == 0)
09      return 1;
10
11    if(exp % 2 == 0){
12      base2 = fn(base, exp/2);
13      return base2*base2;
14    }
15    else {
16      base2 = fn(base, (exp-1)/2);
17      return (base2*base2)*base;
18    }
19  }
20
21  int main() {
22    llong result = fn(3, 3);
23
24    printf("%d\n", result);
25    return 0;
26  }
```

10 다음은 공격 기법에 대한 설명이다. 괄호 ( ) 안에 들어갈 공격 기법을 쓰시오.

> 무선 Wifi 피싱 기법으로 공격자는 합법적인 Wifi 제공자처럼 행세하며 노트북이나 휴대 전화로 핫스팟에 연결한 무선 사용자들의 정보를 탈취하는 무선 네트워크 공격 기법을 (①)(이)라고 한다. 또한, 탈취한 정보 중 사용자 계정을 활용하는 공격 기법이 있다. 탈취한 아이디와 비밀번호 등의 로그인 정보를 다른 웹 사이트나 앱에 무작위로 대입해서 로그인이 이루어지면 타인의 중요한 정보를 유출하는 (②)(이)라는 기법이다.

①: _____
②: _____

11 다음은 C언어 코드이다. 출력 결과를 쓰시오. (단, 답안지의 1칸에는 문자, 숫자, 기호, 띄어쓰기 1글자가 들어간다.)

```
01  #include <stdio.h>
02  int main( ){
03    float a = 3.14;
04    printf("%.2f\n", a);
05    printf("%5.1f\n", a);
06    printf("%05.1f\n", a);
07    printf("%-05.1f\n", a);
08    return 0;
09  }
```

12 접근통제 보호 모델 중 기밀성을 강조하고, 보안 수준이 낮은 주체는 보안 수준이 높은 객체를 읽어서는 안 되며, 보안 수준이 높은 주체는 보안 수준이 낮은 객체에 기록하면 안 되는 속성을 가지고 있는 모델은 무엇인지 쓰시오.

13 다음이 설명하는 소프트웨어 아키텍처 패턴의 유형을 쓰시오.

> 데이터 스트림을 생성하고 처리하는 시스템에서 사용 가능한 패턴으로 서브 시스템이 입력 데이터를 받아 처리하고, 결과를 다음 서브 시스템으로 넘겨주는 과정을 반복하는 패턴이다.

14 다음은 자바 코드이다. 밑줄에 들어갈 알맞은 키워드를 쓰시오.

```
01  interface Animal{
02    public void show();
03  }
04  class Dog _____ Animal{
05    public void show(){
06      System.out.print("dog");
07    }
08  }
09  public class Soojebi {
10    public static void main(String[] args) {
11      Animal d = new Dog();
12      d.show();
13    }
14  }
```

15 다음 괄호 ( ) 안에 공통으로 들어갈 용어를 쓰시오.

▶ 18년 1회

> • 데이터베이스를 고장나게 하는 형태로는 (   ), 시스템 장애, 미디어 장애 등이 있다.
> • (   )은/는 트랜잭션 내의 논리적 오류 또는 입력 데이터의 불량 등으로 인해 트랜잭션이 실행 중에 실패하는 경우에 발생하는 장애이다.

16 다음은 프로세스와 관련된 설명이다. 괄호 ( ) 안에 들어갈 용어를 쓰시오.

> 프로세스(Process) 상태 전이 시, 준비 상태에 있는 여러 프로세스(Ready List) 중 실행될 프로세스를 선정(Scheduling)하여 CPU를 할당하는 동작을 (①)(이)라고 하고, CPU가 현재 실행하고 있는 프로세스의 문맥 상태를 프로세스 제어블록(PCB)에 저장하고, 다음 프로세스의 문맥을 PCB로부터 복원하는 작업인 (②)을/를 발생시킨다.

①: _____

②: _____

17 다음은 IoT 관련 프로토콜에 대한 설명이다. 괄호 ( ) 안에 들어갈 프로토콜을 쓰시오.

> - (①)은/는 IoT 장치, 텔레메트리 장치 등에서 최적화되어 사용할 수 있도록 개발된 프로토콜로, 브로커를 사용한 발행(Publish)/구독(Subscribe) 방식의 경량 메시징을 전송하는 프로토콜이다.
> - (②)은/는 M2M 노드들 사이에서 이벤트에 대한 송수신을 비동기적으로 전송하는 REST 기반의 프로토콜이자 제약이 있는(Constrained) 장치들을 위한 특수한 인터넷 애플리케이션 프로토콜이다.

①: _____

②: _____

18 다음은 윤년인지를 판별하는 프로그램이다. 다음 윤년의 조건에 맞게 프로그램이 동작하도록 밑줄에 들어갈 코드를 쓰시오.

```
01  public class Soojebi {
02    public static void main(String[] args) {
03      int year = 1600;
04      boolean leap = false;
05      if (year % 4 == 0) {
06        if (year % 100 == 0) {
07          if (           == 0)
08            leap = true;
09          else
10            leap = false;
11        }
12        else
13          leap = true;
14      }
15      else
16        leap = false;
17      if (leap)
18        System.out.println(year + " is a leap year");
19      else
20        System.out.println(year + " is not a leap year");
21    }
22  }
```

[조건]
- 기본적으로 4로 나누어떨어지는 해는 윤년이다. 단, 100으로 나누어떨어지는 해는 윤년이 아니다. (평년으로 간주)
- 예외적으로, 400으로 나누어떨어지는 해는 윤년이다.

[출력 결과]

1600 is a leap year

19 다음은 자바 코드이다. 출력 결과를 쓰시오.

▶ 18년 3회

```java
01  public class Soojebi {
02    public static void main(String[] args) {
03      int a, b, c, sum;
04      a = b = 1;
05      sum = a + b;
06
07      for(int i=3; i<=5; i++) {
08        c = a + b;
09        sum += c;
10        a = b;
11        b = c;
12      }
13      System.out.println(sum);
14    }
15  }
```

20 다음은 소프트웨어 공학의 법칙과 관련된 설명이다. 괄호 ( ) 안에 들어갈 법칙을 쓰시오.

(①)은/는 "지체되는 소프트웨어 개발 프로젝트에 인력을 추가하는 것은 개발을 늦출 뿐이다"라는 법칙으로 인력이 추가돼서 개발 생산성이 향상되지 않고, 오히려 그 인력 때문에 방해된다는 의미를 내포하고 있고, (②)은/는 전체 결과의 80%가 전체 원인의 20%에서 일어나는 현상'을 가리키는 말로 소프트웨어 테스트 원리 중 20%의 모듈에서 80%의 결함이 발견된다는 '결함 집중'의 원리를 내포하고 있다.

①: _____

②: _____

수제비 선/견/지/명 모의고사 11회

01 자료 그 자체가 아닌 자료의 속성 등을 설명하는 데이터로 데이터에 관한 정보의 기술, 데이터 구성의 정의, 데이터 분류 등을 위한 데이터는 무엇인지 쓰시오.

▶ 10년 1회

02 다음이 설명하는 프로토콜을 쓰시오.

- Telnet보다 강력한 보안을 제공하는 원격 접속 프로토콜이다.
- 서로 연결되어 있는 컴퓨터 간 원격 명령 실행이나 쉘 서비스 등을 수행한다.

03 다음은 자바 코드이다. 출력 결과를 쓰시오.

```
1   import java.util.ArrayList;
2   public class Soojebi {
3     public static void main(String[] args) {
4       ArrayList<String> list = new ArrayList<>();
5       list.add("A");
6       list.add("B");
7       list.add(1, "X");
8       list.remove("B");
9       list.add("C");
10      for (String item : list) {
11        System.out.print(item + " ");
12      }
13    }
14  }
```

04 다음 괄호 ( ) 안에 들어갈 용어를 쓰시오.

(①)은/는 스스로 복제하여 네트워크 등의 연결을 통하여 전파하는 악성 소프트웨어 컴퓨터 프로그램으로 컴퓨터 바이러스와 비슷하지만, 바이러스가 다른 실행 프로그램에 기생하여 실행되는 데 반해 (①)은/는 독자적으로 실행되며 다른 실행 프로그램이 필요하지 않은 특징이 있다. 반면에 (②)은/는 스스로 실행되지 못하고, 해커의 명령에 의해 원격에서 제어 또는 실행이 가능한 프로그램 혹은 코드로 주로 취약점이나 백도어 등을 이용하여 전파되며, 스팸 메일 전송이나 분산 서비스 거부 공격(DDoS) 등에 악용된다.

①: _____

②: _____

05 다음 [점수] 테이블에 대해 쿼리를 수행한 결과는 [결과] 테이블과 같다. ①, ②, ③에 들어갈 값을 쓰시오.

▶ 19년 3회

[점수]

이름	DB	프로그래밍	알고리즘
이완용	20	NULL	50
송병준	NULL	30	NULL
민영휘	NULL	10	20

[쿼리]

SELECT COUNT(DB), MAX(프로그래밍), MIN(알고리즘) FROM 점수;

[결과]

COUNT(DB)	MAX(프로그래밍)	MIN(알고리즘)
①	②	③

①: _____

②: _____

③: _____

06 다음은 C언어 코드이다. 출력 결과를 쓰시오.
▶ 18년 2회

```c
#include <stdio.h>
int main() {
  int i, j;
  for(i=2; i<=5; i++) {
    printf("[%d]: ", i);
    for(j=1; j<=i; j++){
      if(i%j == 0)
        printf("%d ", j);
    }
  }
  return 0;
}
```

07 다음 괄호 ( ) 안에 들어갈 암호화 알고리즘을 쓰시오.

- (①) 암호화 알고리즘은 암/복호화에 같은 암호 키를 쓰는 방식으로 종류에는 ARIA 128/192/256, SEED 등이 있다.
- (①)의 중요한 특징은 계산 속도가 빠르지만, 키 분배 및 관리가 어렵다는 점이다.
- 따라서 키 개수를 정확하게 산정해야 한다. (①)의 키 개수를 구하는 공식은 (②)이다.

①: _____

②: _____

08 다음은 클래스 간의 관계(Relationships)에 대한 설명이다. 괄호 ( ) 안에 들어갈 용어를 쓰시오.

- (①)은/는 집합 관계의 특수한 형태로, 포함하는 사물의 변화가 포함되는 사물에게 영향을 미치는 관계를 표현한다.
- (②)은/는 하나의 클래스에 있는 멤버 함수의 인자가 변함에 따라 다른 클래스에 영향을 미칠 때의 관계로 사물 사이에 서로 연관은 있으나 필요에 따라 서로에게 영향을 주는 짧은 시간 동안만 연관을 유지하는 관계를 표현한다.

①: _____

②: _____

09 다음은 DRS(Disaster Recovery System)에 대한 설명이다. 괄호 ( )에 들어갈 유형은 무엇인지 쓰시오.

- (①): 주 센터와 동일한 수준의 자원을 대기 상태로 원격지에 보유하면서 동기, 비동기 방식의 미러링을 통하여 데이터의 최신 상태를 유지하고 있는 재해복구센터로 재해 발생 시 복구까지 4시간 이내의 소요 시간(RTO)이 필요하다.
- (②): 데이터만 원격지에 보관하고, 재해 시 데이터를 근간으로 필요 자원을 조달하여 복구할 수 있는 재해복구센터로 재해 발생 시 복구까지 수주~수개월까지의 소요 시간(RTO)이 필요하다.

①: _____

②: _____

10 다음은 자바 코드이다. 출력 결과를 쓰시오.

```java
interface A {
   void fn(String s );
}
class B implements A {
   public void fn(String s) {
      System.out.print(s+"B");
   }
}
class C implements A{
   public void fn(String s) {
      System.out.print("C"+s);
   }
}
public class Soojebi{
   public static void main(String args[]) {
      A b = new B( );
      A c = new C( );
      B d = new B( );
      String s1 = "soo je bi";
      String[] s2 = s1.split(" ");
      int i=0;
      b.fn(s2[i++]);
      c.fn(s2[i++]);
      d.fn(s2[i++]);
   }
}
```

11 다음은 [학생] 테이블을 이용해 [학생뷰]라는 이름의 뷰를 만들려고 한다. 밑줄 친 곳을 채워 쿼리를 완성하시오.

[쿼리]
CREATE VIEW 학생뷰 _____ 이름, 학점 FROM 학생

12 다음은 네트워크 장비에 대한 설명이다. 괄호 ( ) 안에 들어갈 네트워크 장비 명칭을 쓰시오.

- (①)은/는 디지털 신호를 증폭시켜 주는 역할을 하여 신호가 약해지지 않고 컴퓨터로 수신되도록 하는 장비이다.
- (②)은/는 LAN과 LAN을 연결하거나 LAN과 WAN을 연결하기 위한 인터넷 네트워킹 장비로 패킷의 위치를 추출하여, 그 위치에 대한 최적의 경로를 지정하며, 이 경로를 따라 데이터 패킷을 다음 장치로 전송시키는 장비이다.

①: _____
②: _____

13 4개의 프레임을 수용할 수 있는 주기억장치가 있으며, 초기에는 모두 비어 있다고 가정한다. 다음의 순서로 페이지 참조가 발생할 때, LRU 페이지 교체 알고리즘을 사용할 경우, 페이지 결함의 발생 횟수는 얼마인지 쓰시오.

페이지 참조 순서: 1, 2, 3, 1, 2, 4, 5, 1, 4, 2, 3, 1, 4, 5, 2

14 다음은 C언어 코드이다. x가 100번지이고, int 형은 4바이트일 때 출력 결과를 쓰시오.

```
01  #include <stdio.h>
02  int main(){
03      int x[10][10] = {0};
04      int (*p)[10] = x;
05      int *q = x[4];
06
07      p++;
08      q--;
09
10      printf("%d %d", p, q);
11      return 0;
12  }
```

15 다음은 C언어 코드이다. 출력 결과를 쓰시오.

```
01  #include <stdio.h>
02  #include <string.h>
03  char n[10];
04  char *soojebi(){
05      static int i=0;
06      switch(i){
07      case 0: strncpy(n, "임꺽정", 10); break;
08      case 1: strncpy(n, "장길산", 10); break;
09      default: strncpy(n, "홍길동", 10);
10      }
11      i++;
12      return n;
13  }
14  int main() {
15      char *p1 = soojebi();
16      char *p2 = soojebi();
17      char *p3 = soojebi();
18      printf("%s\n", p1);
19      printf("%s\n", p2);
20      printf("%s\n", p3);
21      return 0;
22  }
```

16 소프트웨어 각 기능의 원시 코드 라인 수의 낙관치, 중간치, 비관치를 측정하여 예측치를 구하고 이를 이용하여 비용을 산정하는 방법으로 측정이 쉽고 이해하기 쉬워 많이 사용하는 비용산정 모델은 (①)이다. (①)이/가 50,000라인이고, 개발자가 10명이며, 개발자는 월평균 250라인을 개발한다. 이때 Man Month는 (②)이다. 괄호 ( ) 안에 들어갈 용어 및 Man Month는 얼마인지 쓰시오.

①: _____

②: _____

17 다음은 파이썬 코드이다. 출력 결과를 쓰시오.

```
01  class A:
02    def fn(self):
03      print("A")
04
05  class B(A):
06    def fn(self):
07      pass
08
09  class C(A):
10    def fn(self):
11      print("B")
12
13  b = B()
14  c = C()
15  b.fn()
16  c.fn()
```

_____

18 다음은 파이썬 코드이다. 출력 결과를 쓰시오.

```
01  x = 35
02  print("A" if x >= 90 else "B" if x >= 60 else "C")
```

①: _____

②: _____

19 다음 괄호 ( ) 안에 들어갈 프로토콜을 쓰시오.

네트워크 계층은 다양한 길이의 패킷을 네트워크들을 통해 전달하고, 그 과정에서 전송 계층이 요구하는 서비스 품질(QoS)을 위한 수단을 제공하는 계층으로 다양한 프로토콜이 존재한다. 그 중 (①)은/는 송신, 수신 간의 패킷 단위로 데이터를 교환하는 네트워크에서 정보를 주고받는 데 사용하는 통신규약이고, (②)은/는 IP 패킷을 처리할 때 발생되는 문제를 알려주는 프로토콜로 수신지 도달 불가 메시지를 통해 수신지 또는 서비스에 도달할 수 없는 호스트를 통지하는 데 사용한다.

①: _____

②: _____

20 다음은 빅데이터 수집 기술에 대한 설명이다. 괄호 ( ) 안에 들어갈 용어를 쓰시오.

빅데이터 수집 기술 중 (①)은/는 비정형 데이터 수집 기술로 분산된 각 서버에서 에이전트를 실행하고, 컬렉터(Collector)가 에이전트로부터 데이터를 받아 HDFS에 저장하는 기술이고, (②)은/는 정형 데이터 수집기술로 커넥터(Connector)를 사용하여 관계형 데이터베이스 시스템(RDBMS)에서 HDFS로 데이터를 수집하는 기술이다.

①: _____

②: _____

수제비 선/견/지/명 모의고사 12회

01 다음은 IT 업무 프로세스 관련 용어이다. 괄호 ( ) 안에 들어갈 용어를 쓰시오. ▶ 10년 2회

> ( )은/는 정보 시스템 사용자가 만족할 수 있는 서비스를 제공하고 지속적인 관리를 통해 서비스의 품질을 유지 및 증진시키기 위한 일련의 활동, 즉 기업 내의 기존 정보통신 관리 역할을 서비스 관점으로 바꿔서 고객 중심의 IT 서비스를 관리하는 기법이다. 또한 고객과 서비스 제공자 간 계약인 서비스 수준관리(SLA; Service Level Agreement)의 품질 수준을 만족시키기 위한 모든 기법을 지칭하는 것으로 SLA의 내용에는 서비스 수준을 측정할 수 있는 세부 서비스 요소(SLO; Service Lever Object)들이 포함된다.

---

02 다음은 성적 테이블의 일부이다. 이름, 과목, 성적을 출력하려고 한다. 조회 결과를 성적순(오름차순)으로 출력하는 쿼리를 작성하시오.

[성적]

이름	과목	성적
김준수	프로그래밍	3.8
이몽룡	자료구조	4.0
이성계	자료구조	4.1
김철민	C++	3.6

[결과]

이름	과목	성적
김철민	C++	3.6
김준수	프로그래밍	3.8
이몽룡	자료구조	4.0
이성계	자료구조	4.1

---

03 다음이 설명하는 소프트웨어 개발 방법론은 무엇인지 쓰시오. ▶ 10년 4회

> - 기존의 시스템 및 소프트웨어를 구성하고 있는 컴포넌트를 조립해서 하나의 새로운 애플리케이션을 만드는 소프트웨어 개발 방법론이다.
> - 소프트웨어를 완제품으로 개발하던 방식과 달리 부품 역할을 하는 소프트웨어 컴포넌트를 기능별로 개발하고 각자에 필요한 것은 선택하여 조립함으로써 소프트웨어 개발에 드는 노력과 시간을 절약할 수 있다.

---

04 C언어를 이용해 5개의 숫자 중 홀수의 개수가 몇 개인지 알려주는 기능을 구현하고자 한다. 밑줄에 들어갈 가장 적합한 코드를 쓰시오. ▶ 18년 2회

```
01  #include <stdio.h>
02  int main() {
03    int i, cnt=0;
04    int arr[5];
05
06    for(i=0;i<5;i++)
07      scanf("%d", &arr[i]);
08
09    for(i=0;i<5;i++) {
10      if(arr[i] % 2 ____ 0)
11        cnt = cnt + 1;
12    }
13
14    printf("%d", cnt);
15    return 0;
16  }
```

05 다음은 빅데이터 가공 기술에 대한 설명이다. 괄호 ( ) 안에 들어갈 용어를 쓰시오.

> 빅데이터 가공 기술 중 (①)은/는 대용량 데이터 집합을 분석하기 위한 플랫폼으로 하둡을 이용하여 맵리듀스를 사용하기 위한 높은 수준의 스크립트 언어인 피그 라틴이라는 자체 언어를 제공하는 기술이고, (②)은/는 하둡 기반의 DW 솔루션으로 SQL과 매우 유사한 HiveQL이라는 쿼리를 제공하는 기술이다.

①: _____

②: _____

06 다음 괄호 ( ) 안에 들어갈 용어를 쓰시오.

> 접근 통제 유형 중 (①)은/는 시스템 정보의 허용등급을 기준으로 사용자가 갖는 접근 허가 권한에 근거하여 시스템에 대한 접근을 제한하는 방법이고, (②)은/는 중앙 관리자가 사용자와 시스템의 상호관계를 통제하며 조직 내 맡은 역할(Role)에 기초하여 자원에 대한 접근을 제한하는 방법이다.

①: _____

②: _____

07 OSI 7 계층의 각 계층마다 전송단위를 의미하는 PDU(Protocol Data Unit)가 있다. 다음 괄호 ( ) 안에 들어갈 PDU를 영어로 쓰시오.

> • 데이터 링크 계층: (①)
> • 네트워크 계층: (②)
> • 전송 계층: (③)

①: _____

②: _____

③: _____

08 다음은 안전성을 강화한 데이터 링크 계층의 암호화 전송 기술에 대한 설명이다. 괄호 ( ) 안에 들어갈 용어를 쓰시오.

> • (①)은/는 마이크로소프트사(Microsoft)가 개발한 프로토콜로 IP, IPX 페이로드를 암호화하고, IP 헤더로 캡슐화하여 전송하는 프로토콜로 두 대의 컴퓨터가 직렬 인터페이스를 이용하여 통신할 때 사용한다.
> • (②)은/는 L2F와 (①)이/가 결합한 방법으로 마이크로소프트사와 시스코에서 지원하고 있으며 호환성이 뛰어난 프로토콜로 UDP 포트가 사용되고 터널링에 대한 인증을 수행하는 방식이다.

①: _____

②: _____

09 다음은 C 프로그램이다. 출력 결과를 쓰시오.

```
01  #include <stdio.h>
02  void fn(char *str) {
03    int hash[256] = {0};
04    int index = 0, i;
05    for (i=0; str[i]; i++) {
06      if (hash[str[i]] == 0) {
07        hash[str[i]]++;
08        str[index++] = str[i];
09      }
10    }
11    str[index] = '\0';
12  }
13  int main() {
14    char str[] = "banana";
15    fn(str);
16    printf("%s\n", str);
17    return 0;
18  }
```

10 다음은 파이썬 코드이다. 출력 결과를 쓰시오.

```
01  def soojebi(num):
02    if num < 2:
03      print(num, end='')
04    else:
05      soojebi(num//2)
06      print(num%2, end='')
07
08  soojebi(6)
```

---

11 다음은 자바 코드이다. 출력 결과를 쓰시오.

```
01  class A{
02    int a;
03    public A(int a){
04      this.a=a;
05    }
06    public void display( ){
07      System.out.println("a="+a);
08    }
09  }
10  class B extends A{
11    int a;
12    public B(int a){
13      super(a/2);
14      this.a=a;
15    }
16    public void display( ){
17      System.out.println("a="+a);
18    }
19  }
20  public class Soojebi{
21    public static void main(String[] args){
22      A a=new B(10);
23      B b=new B(40);
24      a.display();
25      b.display();
26      System.out.println(a.a + "" + b.a);
27    }
28  }
```

---

12 다음은 시스템 보안 공격 기법에 대한 설명이다. 괄호 ( ) 안에 들어갈 용어를 쓰시오.

- (①)은/는 실행되는 프로세스가 임시파일을 만드는 경우 악의적인 프로그램을 통해 그 프로세스의 실행 중에 끼어들어 임시파일을 심볼릭 링크하여 악의적인 행위를 수행하게 하는 공격 기법이다.
- (②)은/는 컴퓨터 사용자의 키보드 움직임을 탐지해서 저장하고, ID나 패스워드, 계좌 번호, 카드 번호 등과 같은 개인의 중요한 정보를 몰래 빼가는 해킹 공격이다.

①: _____

②: _____

---

13 인터페이스 데이터 교환을 위한 다양한 포맷과 기술을 사용할 수 있다. 다음은 인터페이스 데이터 교환 기술에 대한 설명이다. 괄호 ( ) 안에 들어갈 용어를 쓰시오.

- (①)은/는 자바스크립트를 사용하여 웹 서버와 클라이언트 간 비동기적으로 XML 데이터를 교환하고 조작하기 위한 웹 기술이다.
- (②)은/는 비동기 브라우저/서버 통신을 위해 '속성-값 쌍', '키-값 쌍'으로 이루어진 데이터 오브젝트를 전달하기 위해 인간이 읽을 수 있는 텍스트를 사용하는 개방형 표준 포맷이다.
- (③)은/는 데이터를 직관적이고 사람이 읽기 쉽게 표현하기 위한 데이터 직렬화 형식으로 중괄호나 태그를 사용하지 않고 공백과 줄 바꿈을 활용해 데이터를 간결하게 표현할 수 있고, 주로 구성 파일에서 많이 사용된다.

①: _____

②: _____

③: _____

14 다음은 트랜잭션의 상태 변화이다. 괄호 ( ) 안에 들어갈 트랜잭션의 상태를 쓰시오.

> • 트랜잭션의 상태 중 트랜잭션의 정상적인 실행이 더 이상 진행될 수 없을 때 가지는 상태는 (①)이다. 또한 (②)은/는 트랜잭션이 취소되고 데이터베이스가 트랜잭션 시작 전 상태로 되돌아간 상태라고 할 수 있다.

①: _____

②: _____

15 다음 릴레이션의 차수(Degree)와 카디널리티(Cardinality)는 얼마인지 쓰시오. ▶ 18년 3회, 19년 1회, 3회

[학생]

학번	이름	학년	학과
202101	강감찬	3	군사학과
202102	서희	2	외교정치학과
202103	일연	5	역사학과
202104	경대승	1	체육학과
202105	김부식	2	역사학과

• 차수: _____

• 카디널리티: _____

16 다음은 C언어 코드이다. 출력 결과를 쓰시오.

```
01  #include <stdio.h>
02  int main() {
03    int a = 5, b = 10, c = 15;
04    int *arr[3] = {&a, &b, &c};
05    int **ptr = arr;
06    printf("%d\n", *ptr[0]+*(arr[1])-**(ptr+2));
07    return 0;
08  }
```

17 다음 프로그램에서 100% 조건 커버리지를 만족하기 위해 사용해야 할 테스트 케이스를 모두 고르시오. (단, TC1번부터 순차적으로 실행시켜야 함)

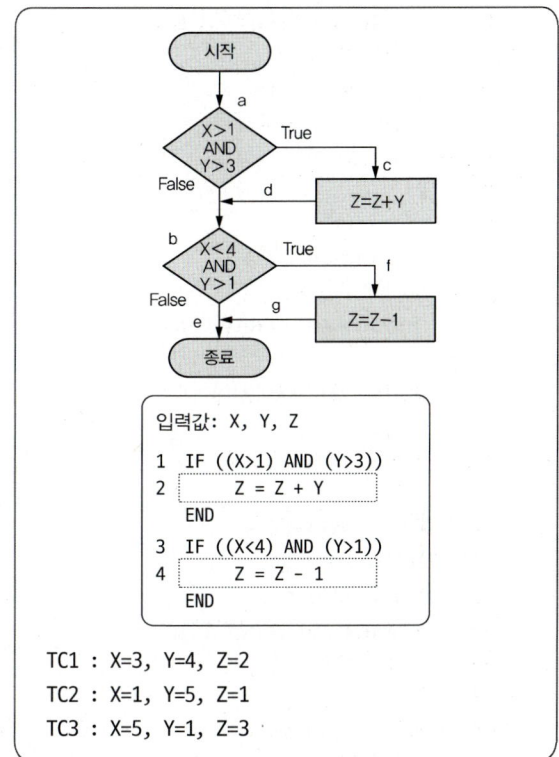

```
입력값: X, Y, Z
1  IF ((X>1) AND (Y>3))
2      Z = Z + Y
   END
3  IF ((X<4) AND (Y>1))
4      Z = Z - 1
   END
```

TC1 : X=3, Y=4, Z=2
TC2 : X=1, Y=5, Z=1
TC3 : X=5, Y=1, Z=3

18 다음은 파이썬 코드이다. 코드에 에러가 발생하지 않으면 출력 결과를 쓰고, 코드에 에러가 발생할 경우 에러가 발생한 이유를 쓰시오.

```
01  def soojebi():
02    a = (1, 2, 3, [4, 5], 6)
03    a[3].append(7)
04    return a
05
06  result = soojebi()
07  print(result)
```

19 다음은 자바 코드이다. 출력 결과를 쓰시오.

```
01  class A {
02    public A() {
03      System.out.print("A");
04      method();
05    }
06    public void method() {
07      System.out.print("B");
08    }
09  }
10  class B extends A {
11    public B() {
12      System.out.print("C");
13    }
14    public void method() {
15      System.out.print("D");
16    }
17  }
18  class C extends B {
19    int value = 10;
20    public C( ) {
21      System.out.print("E");
22      method();
23    }
24    public void method() {
25      System.out.print(value);
26    }
27  }
28  public class Soojebi {
29    public static void main(String[] args) {
30      C c = new C( );
31    }
32  }
```

20 다음은 보안과 관련된 내용이다. 괄호 ( ) 안에 들어갈 올바른 용어를 쓰시오. ▶ 14년 1회

( )은/는 보안기능이 있는 IT 제품(정보보호제품)의 국제표준(ISO/IEC 15408)에 기반하여 보안성을 평가기관에서 평가하고 이에 대한 결과를 인증기관에서 인증하는 제도이다.

수제비 선/견/지/명 모의고사 13회

01 초정밀 반도체 제조 기술을 바탕으로 전자기계 소자를 육안으로는 보이지 않을 정도로 작은 수 mm에서 수 ㎛의 크기로 제작하는 초미세 장치를 무엇이라고 하는지 쓰시오.
▶ 10년 4회

_____

02 웹으로 제공하고 있는 정보와 서비스를 융합하여 새로운 소프트웨어나 서비스, 데이터베이스 등을 만드는 기술로 서로 다른 웹사이트의 콘텐츠를 조합하여 새로운 차원의 콘텐츠나 서비스를 창출하는 웹사이트 또는 애플리케이션 기술을 무엇이라고 하는지 쓰시오.
▶ 10년 2회

_____

03 다음은 C언어 코드이다. 실행결과를 쓰시오.

```
01  #include <stdio.h>
02  #include <string.h>
03  int soojebi(char *p, int size){
04    int i;
05    for(i=0; i<size; i++)
06      if(i%4 == 0)
07        printf("%c", *p );
08    return 1;
09  }
10  int main(){
11    char *p = "hello soojebi";
12
13    soojebi(p, strlen(p));
14    return 0;
15  }
```

04 다음은 백업의 유형이다. 괄호 ( ) 안에 들어갈 백업의 유형을 쓰시오.

- (①): 백업받고자 하는 데이터 전체에 대해 백업하는 방식
- (②): 마지막 전체 백업 이후 변경된 모든 데이터를 백업하는 방식

①: _____

②: _____

05 [학생] 테이블을 제거할 때 [학생] 테이블을 참조하는 모든 데이터도 함께 제거하는 DDL 문을 작성하시오.
▶ 17년 1회, 19년 3회

_____

06 다음은 파이썬 코드이다. 밑줄에 공통으로 들어갈 키워드를 쓰시오.

```
01  class Soojebi:
02    ____ setter(self , a):
03      self.a = a
04    ____ getter(self):
05      return self.a
06
07  a = Soojebi()
08  a.setter(5)
09  print(a.getter())
```

출력 결과 : 5

07 시스템 처리 능력 이상의 부하, 즉 임계점 이상의 부하를 가하여 비정상적인 상황에서 시스템의 처리를 테스트하는 성능 테스트 유형은 무엇인지 쓰시오.

_____

08 다음 중 파이썬에 대해서 옳게 설명한 것을 [보기]에서 모두 고르시오.

> 보기
> ㉠ 변수 선언 시 자료형 작성은 필수이다.
> ㉡ 세미콜론(;)을 사용하지 않아도 된다.
> ㉢ 하나의 변수에 연속하여 값을 저장할 수 있다.
> ㉣ 같은 수준의 코드는 반드시 동일한 여백을 가져야 한다.
> ㉤ 인터프리터 언어에 해당하지 않는다.

_____

09 자바 바이트 코드를 실행할 수 있는 주체로 CPU나 운영체제 종류와 무관하게 동작하는 것을 보장하는 가상 머신을 무엇이라 하는지 쓰시오.

_____

10 다음은 C언어 코드이다. soojebi라는 문자열을 입력하였다. 실행결과를 쓰시오.

```
01  #include <stdio.h>
02  int main() {
03    char arr[30];
04    gets(arr);
05    printf("puts>");
06    puts(arr);
07    return 0;
08  }
```

11 다음 괄호 ( ) 안에 공통으로 들어갈 특징을 영어로 쓰시오.
▶ 11년 1회, 15년 3회

> 데이터베이스의 4가지 특징으로 Integrated Data, Stored Data, Operational Data, (   )이/가 있다. Integrated Data는 자료의 중복을 배제한 데이터의 모임이고, Stored Data는 저장 매체에 저장된 데이터이고, Operational Data는 조직의 업무를 수행하는 데 필요한 데이터이고, (   )은/는 여러 애플리케이션, 시스템들이 공동으로 사용하는 데이터이다.

_____

12 다음은 자바 코드이다. 출력 결과를 쓰시오.
▶ 18년 1회

```
01  public class Soojebi {
02    public static void main(String[] args) {
03      int[] arr = { 3, 5, 4, 2, 1 };
04      int i=0;
05      int temp=0;
06  
07      do{
08        int j=i;
09        do{
10          if( arr[i] > arr[j] ) {
11            temp = arr[i];
12            arr[i] = arr[j];
13            arr[j] = temp;
14          }
15          j++;
16        } while (j<5);
17        i++;
18      } while(i<4);
19  
20      for(int i=0; i<5; i++) {
21        System.out.printf(arr[i] + " ");
22      }
23    }
24  }
```

13 다음은 자바 코드이다. 출력 결과를 쓰시오.

```java
01  public class Soojebi {
02    public static void main(String[] args)  {
03      List<String> list = new LinkedList<String>();
04      list.add("Hello");
05      list.add("Hello");
06      list.add(1, "World");
07      System.out.print(list);
08    }
09  }
```

14 다음은 보안 공격 기법에 대한 설명이다. 괄호 ( ) 안에 들어갈 공격 기법을 쓰시오.

- (①)은/는 소프트웨어 개발사의 네트워크에 침투하여 소스 코드의 수정 등을 통해 악의적인 코드를 삽입하거나 배포 서버에 접근하여 악의적인 파일로 변경하는 방식을 통해 사용자 PC에 소프트웨어를 설치 또는 업데이트 시에 자동적으로 감염되도록 하는 공격 기법이다.
- (②)은/는 암호화 알고리즘의 실행 시기의 전력 소비, 전자기파 방사 등의 물리적 특성을 측정하여 암호 키 등 내부 비밀 정보를 부 채널에서 획득하는 공격 기법이다.

①: _____

②: _____

15 다음은 프로세스 스케줄링과 관련된 설명이다. 괄호 ( ) 안에 들어갈 용어를 쓰시오.

- 프로세스 스케줄링 유형 중에서 (①)은/는 하나의 프로세스가 CPU를 차지하고 있을 때, 우선순위가 높은 다른 프로세스가 현재 프로세스를 중단시키고 CPU를 점유하는 스케줄링 방식이다.
- 또한 (①) 알고리즘 중에서 (②)은/는 가장 짧은 시간이 소요되는 프로세스를 먼저 수행하고, 남은 처리 시간이 더 짧다고 판단되는 프로세스가 준비 큐에 생기면 언제라도 프로세스가 선점되는 방식이다.

①: _____

②: _____

16 다음은 [학생] 테이블이다. 2학년부터 4학년 학생의 학번, 이름을 검색하는 SQL 문을 BETWEEN 키워드를 사용하여 작성하시오.

[학생]

학번	이름
200101	윤봉길
200102	안중근
200103	이순신
200104	홍범도
200105	김좌진
200106	유관순
200107	이봉창
200108	이광수

17 다음은 통합 인증과 관련된 내용이다. 괄호 ( ) 안에 들어갈 용어를 쓰시오.

- 1980년대 중반 MIT의 Athena 프로젝트의 일환으로 개발된 (①)은/는 클라이언트/서버 모델에서 동작하며 대칭키 암호기법에 바탕을 둔 프로토콜이다. (①)은/는 티켓(Ticket)을 기반으로 동작하는 컴퓨터 네트워크 인증 암호화 프로토콜로서 비보안 네트워크에서 통신하는 노드가 보안 방식으로 다른 노드에 대해 식별할 수 있게 허용한다.
- (②)은/는 사용자가 비밀번호를 제공하지 않고 다른 웹사이트나 애플리케이션의 접근 권한을 부여할 수 있게 하는 개방형 표준기술이다.
- (②)은/는 네이버, 카카오톡, Google과 Facebook 등의 외부 계정을 기반으로 토큰을 이용하여 간편하게 회원가입 및 로그인할 수 있게 해주는 기술이다.

①: _____

②: _____

18 다음은 C언어 코드이다. 출력 결과를 쓰시오.

```c
#include <stdio.h>
int main(){
  int a[2][2] = {{11, 22}, {44, 55}};
  int i, sum = 0;
  int *p = a[0];
  int length = sizeof(a)/sizeof(a[0]);

  for(i = 1; i < length; i++)
    sum += *(p+i);
  printf("%d", sum);
  return 0;
}
```

19 다음은 데이터 링크 계층(2계층) 프로토콜에 대한 설명이다. 괄호 ( ) 안에 올바른 용어를 쓰시오.

> (①)은/는 점대점 방식이나 다중방식의 통신에 사용되는 ISO에서 표준화한 동기식 비트 중심의 데이터 링크 프로토콜이고, (②)은/는 네트워크 분야에서 두 통신 노드 간의 직접적인 연결을 위해 일반적으로 사용되는 데이터 링크 프로토콜이다.

①: _____

②: _____

20 테스트 하네스는 모듈의 테스트를 위한 코드 및 도구의 집합이다. 테스트 하네스의 구성 요소 중 다음 괄호 ( ) 안에 들어갈 요소를 쓰시오.

> • (①): 테스트 대상 컴포넌트나 모듈, 시스템에 사용되는 테스트 케이스의 집합
> • (②): 애플리케이션의 테스트 되어야 할 기능 및 특징, 테스트가 필요한 상황을 작성한 문서

①: _____

②: _____

수제비 선/견/지/명 모의고사 14회

01 다음은 다차원 데이터베이스 관련 내용이다. 괄호 ( ) 안에 들어갈 올바른 용어를 쓰시오. ▶ 12년 1회

> 다차원 데이터베이스를 중심으로 다차원적인 분석을 하도록 만들어진 OLAP 구현방식의 (①)에서는 데이터베이스가 물리적으로 여러 개의 차원을 갖고, 이 공간에 데이터를 저장하여 사용자가 각각의 차원 축들에 대한 값을 지정하여 필요한 데이터를 검색할 수 있도록 한다. (①)에서는 비어 있는 셀들이 많이 생기게 되므로 대용량의 시스템에 적합하지 않는 반면에 셀 단위의 데이터 비교가 가능하다는 장점이 있다. 또한 (②)은/는 ROLAP의 대용량 데이터 저장능력과, OLAP의 뛰어난 처리능력과 결합하기 위해 개발되었다. (②)은/는 대체로 데이터를 관계형 데이터베이스와 다차원 데이터베이스 둘 모두에 저장하고, 요구되는 처리 형태에 가장 잘 맞는 것을 사용한다.

① : _____

② : _____

02 다음은 교환 방식에 대한 설명이다. 괄호 ( ) 안에 들어갈 유형을 쓰시오.

> - (①)은/는 데이터를 패킷 단위로 보내는 방식으로 회선 효율이 우수하고 비동기 전송이 가능한 방식이다.
> - (①)의 세부 유형 중 (②)은/는 연결 경로를 확립하지 않고 각각의 패킷을 순서에 무관하게 독립적으로 전송하는 방식으로 헤더를 붙여서 개별적으로 전달하는 비연결형 교환 방식이다.
> - (①)의 세부 유형 중 (③)은/는 패킷이 전송되기 전에 송·수신 스테이션 간의 논리적인 통신 경로를 미리 설정하는 방식으로 목적지 호스트와 미리 연결 후 통신하는 연결형 교환 방식이다.

① : _____

② : _____

③ : _____

03 다음은 보안에 대한 설명이다. 괄호 ( ) 안에 들어갈 보안 관련 용어를 쓰시오. ▶ 12년 1회

> ( )은/는 독일 지멘스사의 원격 감시 제어 시스템의 소프트웨어에 침투하여 시스템을 마비하게 하는 악성코드이다. 원자력 발전소와 송/배전망, 화학공장, 송유/가스관과 같은 산업기반 시설에 사용되는 제어시스템에 침투하여 오동작을 유도하는 명령코드를 입력해서 시스템을 마비시킨다.

_____

04 다음 괄호 ( ) 안에 알맞은 옵션을 쓰시오. ▶ 16년 1회

> 테이블을 DROP 하려고 하는데 테이블에 외래 키(FOREIGN KEY)가 걸려 있다. 참조하는 테이블까지 연쇄적으로 제거하려고 할 때는 (①) 옵션을 사용하고, 다른 테이블이 삭제할 테이블을 참조 중이면 제거하지 않을 때는 (②) 옵션을 사용한다.

_____

05 다음은 파이썬 코드이다. 출력 결과를 쓰시오.

```
01  a = ["Hello", "Python", "World"]
02  for i in a:
03      print("abc")
```

_____

06 다음이 설명하는 무선 통신 기술은 무엇인지 쓰시오.

▶ 18년 2회

- 저속 전송 속도를 갖는 홈오토메이션 및 데이터 네트워크를 위한 표준 기술이다.
- 버튼 하나로 하나의 동작을 잡아 집안 어느 곳에서나 전등 제어 및 홈 보안 시스템 on/off를 할 수 있고, IEEE802.15.4에서 표준화가 진행되며, 듀얼 PHY 형태로 주파수 대역은 2.4GHz, 868/915MHz를 사용하고, 전송 속도는 20~250Kbps이다.

___

07 다음은 운영체제와 관련한 용어 설명이다. 괄호 ( ) 안에 들어갈 용어를 쓰시오.

- 교착상태는 다중프로세싱 환경에서 두 개 이상의 프로세스가 특정 자원할당을 무한정 대기하는 상태이다.
- 교착상태 발생 조건 중 (①)은/는 프로세스가 자원을 배타적으로 점유하여 다른 프로세스가 그 자원을 사용할 수 없는 상태를 말한다.
- (②)은/는 프로세스 간 (①)의 원리를 보장하는 데 사용된다.
- (②)은/는 P(임계 구역 들어가기 전 수행), V(임계 구역에서 나올 때 수행) 연산을 기반으로 구현한다.

①: _____
②: _____

08 다음 괄호 ( ) 안에 들어갈 올바른 용어를 쓰시오.

- 배드 코드는 다른 개발자가 로직(Logic)을 이해하기 어렵게 작성된 코드이다. 배드 코드 중 (①)은/는 소스 코드가 복잡하게 얽혀 있어 이해하거나 수정하기 어려운 코드이다. (②)은/는 아주 오래되거나 참고 문서 또는 개발자가 없어 유지보수 작업이 어려운 코드를 말한다.

①: _____
②: _____

09 다음 그래프를 보고 맥케이브(McCabe)의 순환 복잡도 측정 방식에 따른 복잡도를 구하시오.

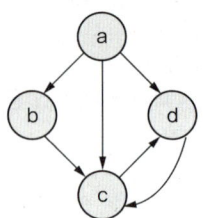

___

10 다음은 자바 코드이다. 출력 결과를 쓰시오.

```
01  public class Soojebi{
02    public static void main(String[] args) {
03      try {
04        int result = 10 / 0;
05        System.out.println(result);
06      }
07      catch (ArithmeticException e) {
08        System.out.println("Cannot divide by zero");
09      }
10      catch (ArrayIndexOutOfBoundsException e) {
11        System.out.println("Index out of bounds");
12      }
13      catch (NullPointerException e) {
14        System.out.println("Null pointer exception");
15      }
16      finally {
17        System.out.println("No Problem");
18      }
19    }
20  }
```

11 잠재적 사용자의 다양한 목적과 관찰된 행동 패턴을 응집시켜 놓은 가상의 사용자를 의미하는 용어는 무엇인지 쓰시오.

___

12 다음은 C 프로그램이다. 출력 결과를 쓰시오.

```c
#include <stdio.h>
int soojebi(char *x) {
  int count = 0, i;
  char words[] = "aeiou";
  while (*x) {
    for (i = 0; i < 5; i++) {
      if(*x == words[i]) {
        count++;
        break;
      }
    }
    x++;
  }
  return count;
}
int main() {
  char str[] = "sooje";
  int result = soojebi(str);
  printf("%d\n", result);
  return 0;
}
```

13 다음은 C언어 코드이다. 출력 결과를 쓰시오.

```c
#include <stdio.h>
int fn(char* a){
  int i=0;
  for(i=0; a[i] != '\0'; i++);
  return i;
}
int main() {
  char a[10] = "Hello";
  printf("%d", fn(a));
  return 0;
}
```

14 다음은 EAI 구축 방식에 대한 설명이다. 괄호( ) 안에 들어갈 방식은 무엇인지 쓰시오.

> EAI의 구축 방식 중 가장 기초적인 애플리케이션 통합방법으로 1:1 단순 통합방법을 의미하는 (①) 방식과 애플리케이션 사이 미들웨어(버스)를 두어 연계하는 미들웨어 통합 방식인 (②) 방식이 있다.

①: _____

②: _____

15 다음은 자바 코드이다. 출력 결과를 쓰시오.

```java
interface A {
  default void show() {
    System.out.print("A");
  }
}
interface B {
  default void show() {
    System.out.print("B");
  }
}
class C implements A, B {
  public void show() {
    B.super.show();
    A.super.show();
    System.out.print("C");
  }
}
class D extends C {
  public void show() {
    System.out.println("D");
    super.show();
    System.out.println("E");
  }
}
public class Soojebi {
  public static void main(String[] args) {
    C obj1 = new C();
    obj1.show();
  }
}
```

16 다음 괄호 ( ) 안에 들어갈 대칭 키 알고리즘을 쓰시오.

> 대칭 키 암호 방식은 암호화 알고리즘의 한 종류로, 암호화와 복호화에 같은 암호 키를 쓰는 알고리즘이다. 대칭 키 암호 알고리즘의 종류 중에서 (①)은/는 1999년 국내 한국인터넷진흥원(KISA)이 개발한 블록 암호화 알고리즘으로, 128비트 비밀키로부터 생성된 16개의 64비트 라운드 키를 사용하여 총 16회의 라운드를 거쳐 128비트의 평문 블록을 128비트 암호문 블록으로 암호화하여 출력하는 방식이고, (②)은/는 2001년 미국 표준 기술 연구소(NIST)에서 발표한 블록 암호화 알고리즘으로, 블록 크기는 128비트이며, 키 길이에 따라 128비트, 192비트, 256비트로 분류되고, 라운드 수는 10, 12, 14라운드로 분류되며, 한 라운드는 SubBytes, ShiftRows, MixColumns, AddRoundKey의 4가지 계층으로 구성된다.

①: _____

②: _____

17 다음 괄호 ( ) 안에 들어갈 구성요소를 쓰시오.

> 객체지향 모델링 시 클래스의 속성 및 연산과 클래스 간 정적인 관계를 표현한 다이어그램인 클래스 다이어그램(Class Diagram)의 구성요소 중 (①)은/는 클래스의 구조적 특성에 이름을 붙인 것으로 특성에 해당하는 인스턴스가 보유할 수 있는 값의 범위를 기술한 것이고, (②)은/는 이름, 타입, 매개변수들과 연관된 행위를 호출하는데 요구되는 제약사항들을 명시하는 클래스의 행위적 특징이다.

①: _____

②: _____

18 다음 괄호 ( ) 안에 들어갈 용어를 쓰시오.

> (①)은/는 (②)보다 가벼운, 독립적으로 수행되는 순차적인 제어의 흐름이며, 실행 단위이고, (②)은/는 CPU에 의해 처리되는 사용자 프로그램, 시스템 프로그램, 즉 실행 중인 프로그램을 의미하며, 작업(Job) 또는 태스크(Task)라고도 한다.

①: _____

②: _____

19 다음은 자바 코드이다. 출력 결과를 쓰시오.

```
01  abstract class Soojebi{
02    abstract String getName();
03  }
04  class Soojebi1 extends Soojebi{
05    String getName(){
06      return "soojebi1";
07    }
08  }
09  class Soojebi2 extends Soojebi{
10    String getName(){
11      return "soojebi2";
12    }
13  }
14  abstract class SuperSoojebiFactory{
15    abstract Soojebi createSoojebi(String name);
16  }
17  class SoojebiFactory extends \
    SuperSoojebiFactory {
18    Soojebi createSoojebi(String name){
19      switch(name){
20      case "soojebi1":
21        return new Soojebi1();
22      case "soojebi2":
23        return new Soojebi2();
24      }
25      return null;
26    }
27  }
28  class SoojebiMain{
29    public static void main(String[] args){
30      SoojebiFactory sf = new SoojebiFactory();
31      Soojebi s1 = sf.createSoojebi("soojebi1");
32      Soojebi s2 = sf.createSoojebi("soojebi2");
33      System.out.println(s1.getName() + \
    s2.getName());
34    }
35  }
```

20 다음은 C언어 코드이다. 밑줄에 들어갈 가장 적합한 답을 쓰시오. ▶ 18년 1회

```
01  #include <stdio.h>
02  #define MAX_SIZE 10
03  int stack[MAX_SIZE];
04  int top = -1;
05  void push(int item){
06    if(top >=  ___①___ )
07      printf("stack is full\n");
08    else
09      stack[++top] = item;
10  }
11  int pop() {
12    if(top ==  ___②___ ) {
13      printf("stack is empty\n");
14      return -1;
15    }
16    return stack[top--];
17  }
18  int is_empty(){
19    if(top == -1)
20      return 1;
21    else
22      return 0;
23  }
24  int is_full() {
25    if(top >= MAX_SIZE)
26      return 1;
27    else
28      return 0;
29  }
30  int main() {
31    push(20);
32    push(30);
33    push(40);
34    while(!is_empty()){
35      printf("value = %d\n", pop());
36    }
37    return 0;
38  }
```

[출력]
```
value = 40
value = 30
value = 20
```

수제비 선/견/지/명 모의고사 15회

01 다음은 IT 업무 프로세스 관련 용어에 대한 설명이다. 괄호 ( ) 안에 공통으로 들어갈 용어를 쓰시오.
▶ 12년 1회

> 마이클 포터의 ( ) 분석은 사업경쟁요인 분석을 통하여 경쟁의 강도를 알아내고 수익성을 추출할 때 유용하게 사용된다. ( ) 분석은 소비자의 구매력, 생산자의 구매력 대체품에 대한 위험 진입장벽이라는 요인을 통해 어떤 잠재적 경쟁자가 있는지에 대한 경쟁력분석 도구이다.

_____

02 건물에 IT 기술을 활용하여 전기, 공조, 방범, 방재 같은 여러 건축설비를 관리하는 시스템으로 건물에서 사용하는 여러 가지 설비를 IT 기술을 활용하여 관리하고 건물의 에너지 절감, 인건비 절약은 물론 건물의 수명 연장도 가능하게 하는 시스템은 무엇인지 쓰시오.
▶ 12년 1회

_____

03 다음 괄호 ( ) 안에 들어갈 올바른 용어를 쓰시오.

> (①)은/는 AS(Autonomous System; 자치 시스템; 자율 시스템) 내에서 사용하는 거리 벡터 알고리즘에 기초하여 개발된 내부 라우팅 프로토콜이다.
> (①)은/는 거리 벡터 라우팅 기반 메트릭 정보를 인접 라우터와 주기적으로 교환하여 라우팅 테이블을 갱신하고 라우팅 테이블을 구성하고 계산하는 (②) 알고리즘을 사용한다. 또한 최대 홉 수(Hop Count)를 15개로 제한한다.

①: _____

②: _____

04 원거리 통신망(WAN; Wide Area Network)은 넓은 지리적 거리·장소를 넘나드는 네트워크이다. 괄호 ( ) 안에 들어갈 원거리 통신망 연결 기술에 대해 쓰시오.

> • (①)은/는 통신 사업자가 사전에 계약을 체결한 송신자와 수신자끼리만 데이터를 교환하는 방식으로 점대점 프로토콜(PPP), HDLC 프로토콜이 쓰인다.
> • (②)은/는 물리적 전용선을 활용하여 데이터 전달 경로가 정해진 후 동일 경로로만 전달되는 방식으로 데이터를 동시에 전송할 수 있는 양을 의미하는 대역폭이 고정되고 안정적인 전송률을 확보할 수 있고, ISDN 프로토콜이 쓰인다.
> • (③)은/는 전체 메시지를 각 노드가 수용할 수 있는 크기(패킷)로 잘라서 보내는 방식으로 X.25, 프레임 릴레이 프로토콜이 쓰인다.

①: _____

②: _____

③: _____

05 다음은 C언어 코드이다. 출력 결과를 쓰시오.

```
1   #include <stdio.h>
2   int main(){
3     char s[] = "";
4     if(s[0]){
5       printf("A");
6     }
7     else{
8       printf("B");
9     }
10    return 0;
11  }
```

_____

06 다음은 자바 코드이다. 출력 결과를 쓰시오.

```java
01  import java.util.Arrays;
02  import java.util.List;
03  public class Soojebi {
04    public static void main(String[] args) {
05      List<String> words = Arrays.asList
                    ("alpha", "beta", "gamma");
06      words.replaceAll(s -> s.length() % 2 == 0 ?
07          s.toUpperCase() : new String Builder(s).
                    reverse().toString());
08      words.forEach(word ->
                System.out.print (word + " "));
09    }
10  }
```

07 다음 괄호 ( ) 안에 들어갈 용어를 쓰시오.

소프트웨어 개발 보안 용어 중 (①)은/는 위협이 발생하기 위한 사전 조건으로 시스템의 정보 보증을 낮추는 데 사용되는 약점이고, (②)은/는 위협이 (①)을/를 이용하여 조직의 자산 손실 피해를 가져올 가능성이다.

①: _____

②: _____

08 다음이 설명하는 데이터베이스 기법을 쓰시오.

정규화된 엔터티, 속성, 관계에 대해 성능 향상과 개발 운영의 단순화를 위해 중복, 통합, 분리 등을 수행하는 데이터 모델링 기법

09 다음은 숫자가 소수인지 판별하는 자바 코드이다. 프로그램이 올바르게 동작하도록 밑줄에 들어갈 코드를 쓰시오.

```java
01  public class Soojebi {
02    public static void main(String[] args) {
03      int num = 35, i = 2;
04      boolean flag = false;
05      if (num == 0 || num == 1) {
06        flag = true;
07      }
08      while (i <= num / 2) {
09        if ( _____ == 0) {
10          flag = true;
11          break;
12        }
13        ++i;
14      }
15      if (!flag)
16        System.out.println(num + " is a prime \
    number");
17      else
18        System.out.println(num + " is not a \
    prime number");
19    }
20  }
```

[출력 결과]

35 is not a prime number

10 다음은 파이썬 코드이다. 출력 결과를 쓰시오.

```python
1  result = list(filter((lambda x:x%2 == 1), range(5)))
2  print(result)
```

11 웹 서비스명, 제공 위치, 메시지 포맷, 프로토콜 정보 등 웹서비스에 대한 상세 정보가 기술된 XML 형식으로 구현되어 있는 언어는 무엇인지 쓰시오.

12 관리자가 USER로부터 STUDENT 테이블에 대해 UPDATE 할 수 있는 권한을 회수하는 쿼리를 작성하시오.
▶ 19년 1회

13 다음은 C언어 코드이다. 출력 결과를 쓰시오.

```c
#include <stdio.h>
typedef struct {
  int num;
  int score;
} Score;
int main(){
  int x = 70;
  Score data[] = { 1, 60, 2, 70, 3, 90, 4,\
 95, 5, 100};
  int length = sizeof(data)/sizeof(data[0]);
  int left = 0, right = length-1, mid;

  while(left <= right){
    mid = (left + right)/2;
    if(x == data[mid].score)
      break;
    else if(x > data[mid].score)
      left = mid + 1;
    else
      right = mid - 1;
  }
  printf("%d%d\n", data[mid].num,\
 data[mid].score);
  return 0;
}
```

14 다음은 UML Diagram에 대한 설명이다. 괄호( ) 안에 들어갈 용어를 영어로 쓰시오.

- (①) 다이어그램은 객체 간 동적 상호 작용을 시간적 개념을 중심으로 메시지 흐름으로 표현한 다이어그램이다.
- (②) 다이어그램은 하나의 객체가 자신이 속한 클래스의 상태 변화 혹은 다른 객체와의 상호 작용에 따라 상태가 어떻게 변화하는지 표현하는 다이어그램이다.

①: _____

②: _____

15 다음은 자바 코드이다. 빈칸에 알맞은 키워드를 쓰시오.

```java
public class Parent{
  String className = "Parent Class";
  public void info( ){
    System.out.println(className);
  }
}
public class Child   ①   Parent{
  String className = "Child Class";
  public void info( ){
    super.info( );
    System.out.println( className );
  }
}

public class Soojebi{
  public static void main(String args[]){
    Parent p =   ②   Parent( );
    p.info( );
    Child c =   ②   Child( );
    c.info( );
  }
}
```

①: _____

②: _____

16 [결과] 테이블처럼 되도록 [학생] 데이터의 내용을 삭제하는 SQL 문을 작성하시오.

[학생]

학번	이름	성별	수강과목
100	김성민	남	알고리즘
200	이준호	남	알고리즘
300	김민영	여	유체역학
400	안정신	여	유체역학
500	신영훈	남	유체역학

[결과]

학번	이름	성별	수강과목
100	김성민	남	알고리즘
300	김민영	여	알고리즘

---

17 다음 괄호 ( ) 안에 들어갈 알맞은 용어를 쓰시오.

- (①)은/는 시스템 개발 시 위험을 최소화하기 위해 점진적으로 완벽한 시스템으로 개발해 나가는 모델이다.
- (①)의 절차는 계획 및 정의 → (②) → 개발 → 고객 평가 이다.

①: _____

②: _____

---

18 다음이 설명하는 디자인 패턴을 영어로 쓰시오.

- 알고리즘 군을 정의하고(추상 클래스) 같은 알고리즘을 각각 하나의 클래스로 캡슐화한 다음, 필요할 때 서로 교환해서 사용할 수 있게 하는 패턴
- 행위를 클래스로 캡슐화해 동적으로 행위를 자유롭게 바꿀 수 있게 해 주는 디자인 패턴

---

19 다음은 C언어 코드이다. 밑줄 친 곳에 들어갈 가장 적합한 답을 쓰시오. (단, ①은 연산자) ▶ 19년 2회

```
01  #include <stdio.h>
02  int main() {
03    char ch, str[] = "12345000";
04    int i, j;
05
06    for(i=0; i<8; i++) {
07      ch = str[i];
08      if( ch ___①___  ___②___ )
09        break;
10    }
11
12    for(j=0; j<i; j++){
13      i--;
14      ch = str[j];
15      str[j] = str[i];
16      str[i] = ch;
17    }
18
19    printf("%s", str);
20    return 0;
21  }
```

[출력 결과]

```
54321000
```

①: _____

②: _____

---

20 다음 괄호 ( ) 안에 들어갈 용어를 쓰시오.

(①)은/는 관계형 데이터 모델에서 데이터의 중복성을 제거하여 (②)을/를 방지하고, 데이터의 일관성과 정확성을 유지하기 위해 무손실 분해하는 과정이고, (②)은/는 데이터의 중복성으로 인해 릴레이션을 조작할 때 발생하는 비합리적 현상이다.

①: _____

②: _____

수제비 선/견/지/명 모의고사 16회

01 다음은 정적 테스트에 대한 설명이다. 괄호 ( ) 안에 들어갈 용어를 쓰시오.

- (①)은/는 2~3명이 진행하는 리뷰의 형태로 요구사항 명세서 작성자가 요구사항 명세서를 설명하고, 이해관계자들이 설명을 들으면서 결함을 발견하는 형태로 진행하는 검토 기법이다.
- (②)은/는 소프트웨어 요구, 설계, 원시 코드 등의 저작자 외의 다른 전문가 또는 팀이 검사하여 문제를 식별하고 문제에 대한 올바른 해결을 찾아내는 공식적인 검토 기법이다.
- (③)은/는 검토 자료를 회의 전에 배포해서 사전 검토한 후 짧은 시간 동안 회의를 진행하는 형태로 리뷰를 통해 문제 식별, 대안 조사, 개선 활동, 학습 기회를 제공하는 가장 비공식적인 검토 기법이다.

①: _____

②: _____

③: _____

02 다음은 보안 공격 관련 내용이다. 괄호 ( ) 안에 들어갈 올바른 용어를 쓰시오. ▶ 12년 3회, 13년 2회

- (①)은/는 악의적인 목적을 위해 작성된 실행 가능한 코드로 악성코드 또는 악성프로그램 등으로 불리고, 실행 가능한 코드에는 프로그램 매크로, 스크립트가 아니라 취약점을 이용한 데이터 형태로 표현된다.
- 최근 (①)을/를 이용하여 (②) 공격이 증가하고 있다.
- (②) 공격은 특정 타깃을 목표로 하여 다양한 수단을 통한 지속적이고 지능적인 맞춤형 공격 기법으로 특수 목적의 조직이 하나의 표적에 대해 다양한 IT 기술을 이용하여, 지속적으로 정보를 수집하고, 취약점을 분석하여 피해를 주는 공격 기법이다.

①: _____

②: _____

03 다음은 XP(eXtreme Programming)의 12가지 기본원리에 대한 설명이다. 괄호 ( ) 안에 들어갈 원리를 쓰시오.

- (①): 공통적인 이름 체계와 시스템 서술서를 통해 고객과 개발자 간의 의사소통을 원활하게 한다는 원리
- (②): 프로그램의 기능을 바꾸지 않으면서 중복제거, 단순화 등을 통해 시스템을 재구성한다는 원리

①: _____

②: _____

04 다음은 디자인 패턴에 대한 설명이다. 괄호 ( ) 안에 들어갈 디자인 패턴의 유형을 쓰시오.

- (①) 패턴은 다수의 객체로 생성될 경우, 모두가 갖는 본질적인 요소를 클래스 화하여 공유함으로써 메모리를 절약하고, '클래스의 경량화'를 목적으로 하는 디자인 패턴이다.
- (②) 패턴은 어떤 작업을 처리하는 일부분을 서브 클래스로 캡슐화하여 전체 일을 수행하는 구조는 바꾸지 않으면서 특정 단계에서 수행하는 내역을 바꾸는 패턴으로 일반적으로 상위 클래스(추상 클래스)에는 추상 메서드를 통해 기능의 골격을 제공하고, 하위 클래스(구체 클래스)의 메서드에는 세부 처리를 구체화하는 방식으로 사용한다.

①: _____

②: _____

05 [학생] 테이블을 제거할 때 [학생] 테이블을 참조하지 않으면 테이블을 삭제하고, 참조할 경우 테이블을 삭제하지 않도록 하는 DDL 문을 작성하시오.
▶ 17년 1회, 19년 3회

_____

06
다음은 입력받은 숫자의 자릿수의 합을 구하는 C언어 코드이다. ①, ②에 알맞은 코드를 쓰시오. ▶ 19년 1회

```
01  #include <stdio.h>
02  int main(){
03    int input, sum=0;
04    scanf("%d", &input);
05    while(1){
06      if( ____①____ == 0)
07        break;
08      sum = sum + input%10;
09      input = input / ____②____ ;
10    }
11    printf("%d\n", sum);
12    return 0;
13  }
```

①: _____ ②: _____

07
다음은 유닉스/리눅스 주요 로그 파일에 대한 설명이다. 괄호( ) 안에 들어갈 로그 파일을 쓰시오.

- (①)은/는 현재 시스템에 로그인한 사용자 정보가 기록된 로그 파일로 who, finger 명령어를 통해 내용을 확인할 수 있다.
- (②)은/는 로그인에 실패한 정보가 기록된 로그 파일로 lastb 명령어를 통해 내용을 확인할 수 있다.

①: _____

②: _____

08
다음은 UI 화면 설계 도구에 대한 설명이다. 괄호( ) 안에 들어갈 용어를 쓰시오.

UI 화면 설계 산출물 중 (①)은/는 UI 화면에서 이해 관계자들과의 화면구성을 협의하거나 서비스의 간략한 흐름을 공유하기 위해 화면 단위의 레이아웃을 설계하는 작업이고, (②)은/는 정적인 화면으로 설계된 (①) 또는 스토리보드에 동적 효과를 적용하여 실제 구현된 것처럼 시뮬레이션 할 수 있는 모형이다.

①: _____

②: _____

09
다음은 HDLC 프레임 구조에 대한 설명이다. 괄호( ) 안에 들어갈 프레임을 쓰시오.

- (①) 프레임은 피기백킹(Piggybacking) 기법을 통해 데이터에 대한 확인 응답을 보낼 때 사용되는 프레임이다.
- (②) 프레임은 링크의 동작 모드 설정 및 관리, 오류 회복 기능을 수행하는 프레임이다.

①: _____

②: _____

10
다음은 C언어 코드이다. 출력 결과를 쓰시오.

```
01  #include <stdio.h>
02  int fn(int n) {
03    printf("%d", n);
04    if (n <= 1) {
05      return n;
05    }
06    else {
07      return fn(n - 1) + fn(n - 2);
08    }
09    printf("%d", n);
10  }
11
12  int main() {
13    printf("%d\n", fn(3));
14    return 0;
15  }
```

11
다음은 파이썬 코드이다. 출력 결과를 쓰시오.

```
01  a = "soojebi"[::-1]
02  b = "%s%d" % ("hello", 123)
03  print("{0}".format(a+b[1::2]))
04  print(f"{a[-1:-6:-2]*2}")
```

12 다음은 C언어 코드이다. 출력 결과를 쓰시오.

```c
#include <stdio.h>
int main(){
  char *p = "Ax0";
  int i=0, t=0, a=0, A=0, z=0, Z=0;

  for(i=0; i<4; i++){
    if(p[i] >= A && p[i] <= Z)
      t += 100;
    else if(p[i] <= 'a' && p[i] >= 'z')
      t += 10;
    else if(p[i] >= 0 && p[i] <= 9)
      t += 1;
  }
  printf("%d", t);
  return 0;
}
```

13 다음은 라우팅 프로토콜에 대한 설명이다. 괄호 ( ) 안에 들어갈 라우팅 프로토콜을 쓰시오.

- (①)은/는 규모가 크고 복잡한 TCP/IP 네트워크에서 사용하는 프로토콜로 자신을 기준으로 링크 상태(Link-State) 알고리즘을 적용하여 최단 경로를 찾는 라우팅 프로토콜이다.
- (②)은/는 AS 상호 간에 경로 정보를 교환하기 위한 라우팅 프로토콜로 변경 발생 시 대상까지의 가장 짧은 경로를 경로 벡터(Path Vector) 알고리즘을 통해 선정하고, TCP 연결(Port 179)을 통해 자치 시스템(AS)으로 라우팅 정보를 신뢰성 있게 전달한다.
- (①)과/와 (②) 등의 라우팅 프로토콜이 최적의 경로를 선택하는 기준이 되는 최적 경로 선택 기준값을 (③)(이)라고 부른다.

①: _____

②: _____

③: _____

14 다음은 자바 코드이다. 출력 결과를 쓰시오.

```java
public class Soojebi {
  public static void main(String[] args){
    int x[] = new int[10];
    int i=0;
    x[0] = x[1] = 1;
    for(; i<8; x[i+2]=x[i+1]+x[i], i++);
      System.out.print(x[i]);
  }
}
```

15 다음은 [학생] 테이블이다. 다음 쿼리를 수행한 후에 레코드의 개수를 구하시오.

[학생]

학번	이름	학년
200101	블랙핑크	1
200102	마마무	3
200103	에이핑크	2
200104	아이들	3
200105	트와이스	4
200106	아이즈원	4
200107	오마이걸	2
200108	러블리즈	3
200109	ITZY	2

[쿼리]

```
SELECT 학번 FROM 학생 WHERE 학년 >= '3'
MINUS SELECT 학번 FROM 학생 WHERE 학년 >= '4';
```

16 다음은 암호 알고리즘에 대한 설명이다. 괄호 ( ) 안에 들어갈 용어를 쓰시오.

> 암호 알고리즘에는 양방향 기법으로 대칭 키 방식과 비대칭 키 방식이 있다.
> 대칭 키 방식은 평문과 같은 길이의 키 스트림을 연속적으로 생성하여 평문과 이진 수열을 비트 단위로 XOR 연산, 암호문을 생성하는 암호화 기법인 (①) 방식과 평문을 일정한 블록 단위로 나누어서 각 블록마다 암호화 과정을 수행하여 고정된 크기의 블록 단위의 암호문을 생성하는 암호화 기법인 (②) 방식으로 나눠질 수 있다.

①: _____

②: _____

17 다음은 자바 코드이다. 출력 결과를 쓰시오.

```
1   public class Soojebi{
2     public static void main(String[] args){
3       char i=3, k;
4       k = ++i;
5
6       switch(k++){
7       case 3: System.out.print('A');
8       case 4: System.out.print('B');
9       case '3': System.out.print('C');
10      case '4': System.out.print('D');
11      default: System.out.print('E');
12      }
13    }
14  }
```

18 다음은 파이썬 코드이다. 출력 결과를 쓰시오.

```
01  def fn(x):
02    n = len(x)
03
04    for i in range(1, n):
05      now = x[i]
06      j = i - 1
07      while j >= 0 and x[j] > now:
08        x[j + 1] = x[j]
09        j -= 1
10      x[j + 1] = now
11
12  x = [5, 8, 2, 3]
13  fn(x)
14  print(x)
```

19 서버가 광섬유 채널(Fiber Channel)을 통하여 스토리지를 연결하는 기법으로 DAS 방식의 접속 한계성을 극복하여, n개의 서버가 m개의 저장 장치에 접속이 가능한 스토리지 기술은 무엇인지 쓰시오.

▶ 18년 2회

20 리눅스 재단에 의해 관리되는 컨테이너화 된 애플리케이션의 자동 배포, 스케일링 등을 제공하는 오픈 소스 기반의 관리 시스템을 무엇이라고 하는지 쓰시오.

수제비 선/견/지/명 모의고사 17회

01 사용자의 직접적인 관리 없이 컴퓨터 시스템 리소스를 필요시 바로 제공하는 기술로, 정보를 자신의 컴퓨터가 아닌 연결된 다른 컴퓨터로 처리하는 기술을 무엇이라 하는지 쓰시오.
▶ 12년 3회

02 다음은 객체 지향의 주요 개념에 대한 설명이다. 괄호 ( ) 안에 공통으로 들어갈 올바른 용어를 쓰시오.
▶ 15년 1회

> ( )은/는 특정 객체를 생성하기 위해 변수와 메서드를 정의하는 일종의 틀이다.
> ( )은/는 객체를 정의하기 위한 상태(멤버변수)와 메서드(함수)로 구성된다.

03 다음은 가상화 기술 관련 내용이다. 괄호 ( ) 안에 들어갈 올바른 용어를 쓰시오.
▶ 11년 3회

> 현실 세계에 대한 가상화 기술은 4차 산업혁명 시대의 핵심 기술로 기존 ICT 시장을 크게 변화시키고, 신규 시장을 창출할 수 있는 기술이다. 유형으로는 크게 세 가지가 있는데, 먼저 (①)은/는 컴퓨터 등을 사용한 인공적인 기술로 만들어낸 실제와 유사하지만 실제가 아닌 어떤 특정한 환경이나 상황 혹은 그 기술 자체를 의미한다. 또한 (②)은/는 실제로 존재하는 환경에 가상의 사물이나 정보를 합성하여 마치 원래의 환경에 존재하는 사물처럼 보이도록 하는 컴퓨터 그래픽 기술이다. 마지막으로 (③)은/는 실세계의 물리적 환경과 가상환경을 혼합한 경험을 제공하는 하이브리드 현실이다.

①: _____
②: _____
③: _____

04 다음은 전송 계층 프로토콜 관련 내용이다. 괄호 ( ) 안에 들어갈 프로토콜을 쓰시오.

> 전송 계층의 프로토콜 중 (①)은/는 전송 계층에 위치하면서 근거리 통신망이나 인트라넷, 인터넷에 연결된 컴퓨터에서 실행되는 프로그램 간에 일련의 옥텟을 안정적으로, 순서대로, 에러 없이 교환할 수 있게 해주는 프로토콜이고, (②)은/는 비연결성이고, 신뢰성이 없으며, 순서화되지 않은 데이터 그램 서비스를 제공하는 전송 계층(4계층)의 통신 프로토콜이다.

①: _____
②: _____

05 다음 [점수] 테이블에 대해 SQL을 수행한 결과를 쓰시오.

[점수]

이름	프로그래밍	통신	소프트웨어공학
두음쌤	40	NULL	90
지기쌤	NULL	30	0
수제비쌤	NULL	10	30
보안쌤	NULL	NULL	NULL

[쿼리]

SELECT AVG(프로그래밍) AS 프로그래밍, AVG(통신) AS 통신, AVG(소프트웨어공학) AS 소프트웨어공학 FROM 점수;

[결과]

프로그래밍	통신	소프트웨어공학
①	②	③

①: _____
②: _____
③: _____

06 다음은 자바 코드이다. 출력 결과를 쓰시오. ▶ 19년 2회

```
01  public class Soojebi {
02    public static int[] arr(int[] a){
03      int i, j;
04      int sw, temp;
05      int n = 5;
06
07      for(i=0;i<n-1;i++) {
08        sw = i;
09        for(j=i+1;j<n;j++) {
10          if(a[j] > a[sw])
11            sw = j;
12        }
13        temp = a[i];
14        a[i] = a[sw];
15        a[sw] = temp;
16      }
17      return a;
18    }
19
20    public static void main(String[] args) {
21      int i;
22      int[] n = {4, 3, 5, 2, 10};
23      arr(n);
24      for(i=0;i<5;i++)
25        System.out.print(n[i]);
26    }
27  }
```

___

07 다음은 DRM 구성요소에 대한 설명이다. 괄호 ( ) 안에 들어갈 용어를 쓰시오.

- (①): 저작권에 대한 사용 권한, 라이선스 발급/관리, 사용량에 따른 관리 등을 수행하는 곳
- (②): 콘텐츠를 메타데이터와 함께 배포할 수 있는 단위로 묶는 도구
- (③): 배포된 디지털 콘텐츠의 이용 권한을 통제하는 장치

①: _____

②: _____

③: _____

08 192.168.1.0/24인 IP 주소를 FLSM 방식으로 5개의 서브넷(Subnet)으로 나누고 IP Subnet-Zero를 적용했다. 이때 Subnetting된 네트워크 중 세 번째 서브넷(Subnet)의 브로드캐스트 IP 주소(10진수)를 쓰시오.

___

09 다음은 자바 코드이다. 출력 결과를 쓰시오.

```
01  class Soojebi{
02    static private Soojebi instance = null;
03    private int count = 0;
04    static public Soojebi get(){
05      instance = new Soojebi( );
06      return instance;
07    }
08    public void count( ){ count++; }
09    public int getCount( ){ return instance.count; }
10  }
11
12  public class Soojebi2{
13    public static void main(String[] args){
14      Soojebi s1 = Soojebi.get();
15      s1.count( );
16      Soojebi s2 = Soojebi.get();
17      s2.count( );
18
19      System.out.print(s1.getCount( ));
20    }
21  }
```

___

10 다음은 파이썬 코드이다. 출력 결과를 쓰시오.

```
01  a = list(range(1, 10, 2))
02  for i in range(2, 4):
03    print(a.pop(i), end=' ')
04
05  print(sum(a))
```

11 다음은 C언어 코드이다. 출력 결과를 쓰시오.

```c
#include <stdio.h>
#include <string.h>
int main() {
    char f[6] = "AC-5*";
    char s[6] = "";
    int i, p = -1;
    for(i=0; i<strlen(f); i++){
        switch(f[i]){
        case '-':
            s[p-1] = s[p] - s[p-1];
            p--;
            break;
        case '*':
            s[p-1] = s[p] * s[p-1];
            p--;
            break;
        default:
            s[++p] = f[i]-'0';
        }
    }
    printf("%d", s[p]);
    return 0;
}
```

12 과도한 GET 메시지를 이용하여 웹 서버의 과부하를 유발시키는 공격으로 HTTP 캐시 옵션을 조작하여 캐싱 서버가 아닌 웹 서버가 직접 처리하도록 유도, 웹 서버 자원을 소진시키는 서비스 거부 공격 기법은 무엇인지 쓰시오.

13 다음은 스키마에 대한 설명이다. 괄호 ( ) 안에 들어갈 용어를 쓰시오.

- (①)은/는 사용자나 개발자의 관점에서 필요로 하는 데이터베이스의 논리적 구조로 사용자 뷰를 나타낸다.
- (②)은/는 물리적 저장 장치의 관점에서 보는 데이터베이스 구조로 실제로 데이터베이스에 저장될 레코드의 형식을 정의한다.

①: _____
②: _____

14 다음은 자바 프로그램이다. 출력 결과를 쓰시오.

```java
public class Soojebi{
    public static void main(String[] args) {
        try {
            int x[] = {10, 20, 30};
            System.out.println(10+x[10]);
        }
        catch (ArithmeticException e) {
            System.out.print("A");
        }
        catch(ArrayIndexOutOfBoundsException e){
            System.out.print("B");
        }
        catch (NullPointerException e) {
            System.out.print("C");
        }
        finally {
            System.out.print("D");
        }
    }
}
```

15 다음은 키의 종류에 대한 설명이다. 괄호 ( ) 안에 들어갈 키를 쓰시오.

- (①): 후보 키 중에서 기본 키로 선택되지 않은 키
- (②): 릴레이션을 구성하는 모든 튜플에 대해 유일성은 만족하지만, 최소성은 만족하지 못하는 키

①: _____
②: _____

16 다음은 [학생] 테이블이다. 3학년이 아닌 학생의 학번을 출력하는 쿼리를 작성하시오. ▶ 18년 3회

[학생]

학번	이름	학년
202101	윤봉길	1
202102	안중근	3
202103	이순신	2
202104	홍범도	3
202105	김좌진	4
202106	유관순	3
202107	이봉창	2

[결과]

학번
202101
202103
202105
202107

_____

_____

17 기억 공간 15K, 22K, 23K, 21K 순으로 빈 공간이 있을 때 기억 장치 배치 전략으로 'First Fit', 'Best Fit', 'Worst Fit'을 사용하여 17K의 프로그램을 적재할 경우 내부 단편화의 크기는 각각 얼마인지 쓰시오.

① First Fit 내부 단편화 크기: _____

② Best Fit 내부 단편화 크기: _____

③ Worst Fit 내부 단편화 크기: _____

18 다음은 소프트웨어 개발 관련 용어에 대한 설명이다. 괄호 ( ) 안에 들어갈 용어를 쓰시오.

- 컴파일 과정을 마친 프로그램은 사용자에 의해 실행되며, 이러한 응용 프로그램이 동작되어지는 시점을 (①)(이)라고 부른다.
- (②)은/는 소프트웨어 개발 시 공통으로 사용될 수 있는 특정한 기능을 모듈화한 기법이다.

①: _____

②: _____

19 다음은 C언어 코드이다. 출력 결과를 쓰시오.

```c
#include <stdio.h>
int Soojebi(int base, int exp){
   int i, result = 1;
   for(i=0; i<exp; i++){
      result *= base;
      return result;
   }
}

int main(){
   printf("%d", Soojebi(2, 10));
   return 0;
}
```

_____

20 다음은 파이썬 코드이다. 출력 결과를 쓰시오.

```python
def fn(n):
   x = [True] * (n + 1)
   x[0] = x[1] = False

   p = 2
   while p * p <= n:
      if x[p]:
         for i in range(p * p, n + 1, p):
            x[i] = False
      p += 1

   primes = [i for i in range(n + 1) if x[i]]
   return primes

p = fn(11)
print(p)
```

수제비 선/견/지/명 모의고사 18회

01 다음은 성과 평가를 위한 주요 용어이다. 괄호 ( ) 안에 공통으로 들어갈 올바른 용어를 쓰시오. ▶ 14년 2회

- ( )은/는 기업의 목표를 달성하기 위한 지표를 의미한다.
- ( )을/를 설정하면 첫째 비즈니스의 목표를 수립할 수 있고, 둘째 비즈니스의 방향이 올바르게 진행되고 있는지 모니터링을 할 수 있으며, 셋째 완성된 프로젝트를 되돌아보고 세부 활동들이 얼마나 유효했는지 평가할 수 있다.

02 다음은 무선 보안과 관련된 내용이다. 괄호 ( ) 안에 공통으로 들어갈 올바른 용어를 쓰시오. ▶ 14년 2회

WLAN(Wireless LAN)은 고유 네트워크 이름을 사용하여 네트워크를 식별한다. 이러한 이름을 ( )(이)라고 하며, WiFi 어댑터를 설정할 때 ( )을/를 지정한다.

03 다음은 [급여] 테이블에 대한 명세이다. [급여] 테이블에서 부서명이 '마케팅부'이고, 직책은 '부장', 급여는 '100'인 데이터를 입력하시오. (전화번호는 INSERT 문에 따로 입력하지 않는다.)

[급여]

속성명	데이터타입
부서명	VARCHAR(20)
직책	VARCHAR(20)
급여	VARCHAR(20)
전화번호	VARCHAR(11)

04 정점이 5개인 방향 그래프가 가질 수 있는 최대 간선 수는 얼마인지 쓰시오. (단, 자기 간선과 중복 간선은 배제한다.)

05 다음은 자바 코드이다. 출력 결과를 쓰시오.

```java
public class Soojebi {
    public static void main (String[] args){
        List a = new ArrayList( );
        a.add(2);
        System.out.print(a);
        a.add(1);
        System.out.print(a);
        a.add(1);
        System.out.print(a);
        a.add(1, 3);
        System.out.print(a);
        a.remove(2);
        System.out.print(a);
        System.out.print(a.get(2));
        System.out.print(a.size( ));
    }
}
```

06 다음은 C언어 코드이다. 출력 결과를 쓰시오.

```c
#include <stdio.h>
int main(){
    int a=0, i=3;
    for( ; i<100; i*=3)
        a += i;
    printf("%d", i);
    return 0;
}
```

07 다음은 보안 솔루션에 대한 설명이다. 괄호 ( ) 안에 들어갈 용어를 쓰시오.

- (①)은/는 단말기가 내부 네트워크에 접속을 시도할 때 이를 제어하고 통제하는 기능을 제공하는 솔루션으로 바이러스나 웜 등의 보안 위협뿐만 아니라 불법 사용자에 대한 네트워크 제어 및 통제기능을 수행하는 장비이다.
- (②)은/는 네트워크에서 발생하는 이벤트를 모니터링하고 비인가 사용자에 의한 자원 접근과 보안정책 위반 행위(침입)를 실시간으로 탐지하는 시스템이다.

①: _____

②: _____

08 전송 계층과 응용 계층 사이에서 클라이언트와 서버 간의 웹 데이터 암호화(기밀성), 상호 인증 및 전송 시 데이터 무결성을 보장하는 보안 프로토콜은 무엇인지 쓰시오.

_____

09 다음은 테스트 목적에 따른 분류이다. 괄호 ( ) 안에 들어갈 테스트 유형을 쓰시오.

- (①)은/는 시스템에 고의로 실패를 유도하고, 시스템의 정상적 복귀 여부를 테스트하는 기법이다.
- (②)은/는 오류를 제거하거나 수정한 시스템에서 오류 제거와 수정에 의해 새로이 유입된 오류가 없는지 확인하는 일종의 반복 테스트 기법이다.

①: _____

②: _____

10 다음은 파이썬 코드이다. 출력 결과를 쓰시오.

```
01  print(sum([ i for i in range(-1, -10, -4) ]))
```

11 다음 괄호 ( ) 안에 들어갈 용어를 쓰시오.

객체지향 소프트웨어 개발 과정에서 산출물을 명세화, 시각화, 문서화할 때 사용되는 모델링 기술과 방법론을 통합해서 만든 표준화된 언어는 (①)이다. (①)의 구성요소 중 (②)은/는 추상적인 개념으로, 주제를 나타내는 요소이고 단어 관점에서 '명사' 또는 '동사'를 의미한다.

①: _____

②: _____

12 다음은 보안 암호 알고리즘에 대한 설명이다. 괄호 ( ) 안에 들어갈 암호화 알고리즘 종류를 쓰시오.

- (①): 국내 한국인터넷진흥원(KISA)이 개발한 블록 암호화 알고리즘으로 128bit 비밀키로부터 생성된 16개의 64bit 라운드 키를 사용하여 총 16회의 라운드를 거쳐 128bit 암호문 블록으로 암호화하는 대칭키 알고리즘
- (②): 유한체 위에서 정의된 타원곡선 군에서의 이산대수 문제에 기초한 암호화 알고리즘으로 RSA보다 키의 비트 수를 적게 하면서 동일한 성능을 제공하는 비대칭키 암호화 알고리즘

①: _____

②: _____

13 다음은 OLAP 연산이다. 괄호 ( ) 안에 알맞은 연산을 쓰시오. ▶ 17년 1회

(①): 분석할 항목에 대해 구체적인 데이터로부터 요약된 형태의 데이터로 접근하는 연산
(②): 분석할 항목에 대해 요약된 형태의 데이터로부터 구체적인 데이터로 접근하는 연산
(③): 온라인 분석처리를 위한 자료 구조인 데이터 큐브의 한 조각을 볼 수 있게 해 주는 연산
(④): 고정된 다차원 값에 대한 연산

①: _____

②: _____

③: _____

④: _____

14 다음은 C언어 코드이다. 출력 결과를 쓰시오.

```c
#include <stdio.h>
int main(){
  int i=1;
  int sum=0;
  for( ; i<10; ){
    switch(i%2){
      case 0 :
        sum += 1;
      default :
        sum += 2;
    }
    i+=3;
  }
  printf("%d", sum);
  return 0;
}
```

15 소프트웨어 개발 주기의 단계별로 요구할 인력의 분포를 가정하는 모형으로 시간에 따른 함수로 표현되는 Rayleigh – Norden 곡선의 노력 분포도를 기초로 하는 비용산정 모형은 무엇인지 쓰시오.

16 다음은 C언어 코드이다. 출력 결과를 쓰시오.

```c
#include <stdio.h>
int main( ){
  char a[] = "ABC";
  int i;

  for(i=0; a[i]!='\0'; a[i] -= 'C'){
    printf("%d", *(a+i));
    i++;
  }
  return 0;
}
```

17 다음은 자바 코드이다. 출력 결과를 쓰시오.

```java
public class Soojebi {
  public static void main(String[] args) {
    int sum = fact(3, 5);
    System.out.println(sum);
  }
  public static int fact(int a, int b) {
    if (b < a) {
      return 1;
    }
    else {
      return b * fact(a, b-1);
    }
  }
}
```

18 다음은 자바 코드이다. 출력 결과를 쓰시오. ▶ 19년 2회

```java
public class Soojebi {
  public static void main(String[] args) {
    int[] numArr = new int[5];
    int result = 0;

    for(int i=0; i<5; i++)
      numArr[i] = ++i;

    for(int i : numArr)
      result += i;

    System.out.printf("%d", result);
  }
}
```

19 다음은 신기술에 대한 설명이다. 괄호 ( ) 안에 들어갈 용어를 쓰시오.

> 최근 현실 세계를 가상화하여 비즈니스에 사용하는 기술이 부각되고 있다. 그중 (①)은/는 가상 물리 시스템으로 인간의 개입 없이 대규모 센서·액추에이터를 갖는 물리적인 요소들과 통신 기술, 응용·시스템 소프트웨어 기술을 활용하여 실시간으로 물리적 요소들을 제어하는 컴퓨팅 요소가 결합된 복합 시스템이고, (②)은/는 물리적인 사물과 컴퓨터에 동일하게 표현되는 가상 모델로 실제 물리적인 자산 대신 소프트웨어로 가상화함으로써 실제 자산의 특성에 대한 정확한 정보를 얻을 수 있고, 자산 최적화, 돌발사고 최소화, 생산성 증가 등 설계부터 제조, 서비스에 이르는 모든 과정의 효율성을 향상시킬 수 있는 모델이다.

①: _____

②: _____

20 다음 괄호 ( ) 안에 들어갈 디자인 패턴 유형을 쓰시오.

> 소프트웨어 공학의 소프트웨어 설계에서 공통으로 발생하는 문제에 대해 자주 쓰이는 설계 방법을 정리한 패턴인 디자인 패턴의 유형 중 구조 패턴에 속하는 (①)은/는 기능의 클래스 계층과 구현의 클래스 계층을 연결하고, 구현부에서 추상 계층을 분리하여 추상화된 부분과 실제 구현 부분을 독립적으로 확장할 수 있는 디자인 패턴이고, (②)은/는 기존에 생성된 클래스를 재사용할 수 있도록 중간에서 맞춰주는 역할을 하는 인터페이스를 만드는 패턴으로, 상속을 이용하는 클래스 패턴과 위임을 이용하는 인스턴스 패턴의 두 가지 형태로 사용되는 디자인 패턴이다.

①: _____

②: _____

모의고사 19회

01 다음이 설명하는 용어는 무엇인지 쓰시오. ▶ 11년 1회

- 메타데이터(Metadata; 데이터의 의미 파악을 위한 데이터)의 등록과 인증을 통하여 표준화된 메타데이터를 유지·관리하며, 메타데이터의 명세와 의미의 공유를 목적으로 하는 데이터베이스이다.
- 표준화된 메타데이터를 사용하여 데이터에 대한 접근과 사용을 촉진하고 메타데이터가 설명하는 특징에 따른 데이터의 조작을 가능하게 해 준다.

02 조직의 성과 목표 달성을 위하여 회사의 비전이나 전략에 따라 성과 목표를 재무, 고객, 내부 프로세스, 학습·성장 관점으로 균형 있게 목표를 정하고, 이를 조직 구성원의 개개인에게 네 가지 관점으로 목표를 설정하여 관리하는 기법은 무엇인지 쓰시오.

▶ 14년 2회

03 다음은 시퀀스 다이어그램에 대한 설명이다. 괄호( ) 안에 들어갈 용어를 쓰시오.

객체 간 상호작용을 메시지 흐름으로 표현한 다이어그램인 시퀀스 다이어그램의 구성요소 중 (①)은/는 위쪽에 표시되며 사각형 안에 밑줄 친 이름으로 명시한다. (②)은/는 (①)(으)로부터 뻗어 나가는 점선으로 실제 시간이 흐름에 따라 (①)의 생명주기 동안 발생하는 이벤트를 명시한다.

①: _____
②: _____

04 HONG이라는 사용자에게 STUDENT 테이블에 SELECT 할 수 있는 권한을 부여하는 DCL을 작성하시오.

05 다음 괄호( ) 안에 공통으로 들어갈 용어를 쓰시오.

UML의 ( )은/는 UML의 기본적 요소 이외의 새로운 요소를 만들어 내기 위한 확장 매커니즘이다. 형태는 기존의 UML의 요소를 그대로 사용하지만 내부 의미는 다른 목적으로 사용하도록 확장한다. 또한 UML의 ( )은 '《 》'(길러멧; Guillemet) 기호를 사용하여 표현한다.

06 다음은 파이썬 코드이다. 출력 결과를 쓰시오.

```
def soojebi(s, char):
    return s.replace(char, '')

string = "Hello, Soojebi!"
chr = 'o'
result = soojebi(string, chr)
print(result)
```

07 다음은 자바 코드이다. 출력 결과를 쓰시오.

```java
public class Soojebi {
    public static void main (String[] args){
        TreeMap<Integer, String> map
                    = new TreeMap<>();
        map.put(4, "D");
        map.put(3, "C");
        map.put(1, "A");
        map.put(2, "B");
        System.out.println(map);
    }
}
```

08 다음은 데이터베이스 회복 기법에 대한 설명이다. 괄호 ( ) 안에 들어갈 용어를 쓰시오.

> 데이터베이스 회복 기법의 종류 중 (①)은/는 장애 발생 시 검사점 이후에 처리된 트랜잭션에 대해서만 장애 발생 이전의 상태로 복원시키는 회복 기법이고, (②)은/는 데이터베이스 트랜잭션 수행 시 복제본을 생성하여 데이터베이스 장애 시 이를 이용해 복구하는 기법이다.

①: _____

②: _____

09 다음 [부서] 테이블에서 'DT부'와 '보안부'를 삭제하는 쿼리를 작성하시오.

[부서]

부서번호	부서명	전화번호
1	마케팅부	111-2222
2	영업부	333-4444
3	전략부	555-6666
4	보안부	777-8888
5	DT부	999-0000

_____

10 다음은 클라우드 서비스 유형에 대한 설명이다. 괄호 ( ) 안에 들어갈 용어를 쓰시오.

> - (①)은/는 인프라를 생성, 관리하는 복잡함 없이 애플리케이션을 개발, 실행, 관리할 수 있게 하는 플랫폼을 제공하는 서비스이다.
> - (②)은/는 블록체인의 기본 인프라를 추상화하여 블록체인 응용 프로그램을 만들 수 있는 클라우드 컴퓨팅 플랫폼으로 블록체인 개발 환경을 클라우드로 제공하는 서비스이다.

①: _____

②: _____

11 다음은 자바 코드이다. 출력 결과를 쓰시오.

```
01  public class Soojebi{
02    public static int fn(int key, int[] arr, int cnt) {
03      int mid;
04      int low = 0, high = cnt-1;
05      int i=0;
06
07      while(low <= high){
08        i++;
09        mid = (low + high) / 2;
10
11        if(key == arr[mid]) {
12          return i;
13        }
14        else if(key < arr[mid]) {
15          high = mid - 1;
16        }
17        else {
18          low = mid+1;
19        }
20      }
21
22      return -1;
23    }
24
25    public static void main(String []args){
26      int [ ]a = {92, 100, 215, 341, 625, \
27  716, 812, 813, 820, 901, 902};
      int cnt = fn(92, a, 11);
28      System.out.println(cnt);
29    }
30  }
```

_____

12 실무적으로 검증된 개발 보안 방법론 중 하나로서 SW 보안의 모범 사례를 SDLC(Software Development Life Cycle)에 통합한 소프트웨어 개발 보안 생명주기 방법론은 무엇인지 쓰시오.

_____

13 다음은 테스트 시각에 따른 분류이다. 괄호 ( ) 안에 들어갈 용어를 영어로 쓰시오.

- (①)은/는 소프트웨어 결과를 테스트하는 것으로 사용자 시각으로 올바른 소프트웨어가 개발되었는지 입증하는 과정이다.
- (②)은/는 소프트웨어 개발 과정을 테스트하는 것으로 개발자 혹은 시험자의 시각으로 소프트웨어가 명세화된 기능을 올바로 수행하는지 알아보는 과정이다.

①: _____

②: _____

14 다음은 C언어 코드이다. 출력 결과를 쓰시오.

```
01  #include <stdio.h>
02  #include <string.h>
03
04  int main(){
05    char *p = "So 1";
06    int i, t = 0;
07
08    for(i=0; i<strlen(p)+1; i++){
09      if(p[i] >= 0 && p[i] <= 9)
10        t += 100;
11      else if(p[i] >= 'A' && p[i] <= 'Z')
12        t += 10;
13      else if(p[i] <= 'a' && p[i] >= 'z')
14        t++;
15    }
16
17    printf("%d", t);
18
19    return 0;
20  }
```

15 다음은 C언어 코드이다. 출력 결과를 쓰시오.

```
01  #include <stdio.h>
02  char *nextToken = NULL;
03  char* Strtok(char* str, char* delim) {
04    char *tokenStart, *d;
05    if (str != NULL)
06      nextToken = str;
07
08    if (nextToken == NULL || *nextToken == '\0')
09      return NULL;
10
11    tokenStart = nextToken;
12
13    while (*nextToken != '\0') {
14      for(d = delim; *d != '\0'; d++) {
15        if(*nextToken == *d) {
16          *nextToken = '\0';
17          nextToken++;
18          return tokenStart;
19        }
20      }
21
22      nextToken++;
23    }
24
25    if(*tokenStart == '\0') {
26      return NULL;
27    }
28    else {
29      char* temp = tokenStart;
30      nextToken = NULL;
31      return temp;
32    }
33  }
34
35  int main() {
36    char str[] = "Hi.py!";
37    char delim[] = ",.!";
38    char *token = Strtok(str, delim);
39    while (token != NULL) {
40      printf("%s\n", token);
41      token = Strtok(NULL, delim);
42    }
43    return 0;
44  }
```

16 다음은 C언어 코드이다. 출력 결과를 쓰시오.

```c
#include <stdio.h>
int main(){
  int a = 5, b = 3, c = 12;
  int t1, t2, t3;
  t1 = a && b;
  t2 = a || b;
  t3 = !c;
  printf("%d", t1 + t2 + t3);
  return 0;
}
```

17 다음은 100 이하의 자연수 중 가장 큰 소수를 구하는 자바 코드이다. 빈칸에 들어갈 코드를 작성하시오. (단, 소수는 1과 자기 자신을 제외한 나머지 숫자로 나눠지지 않는 수이다.)

```java
class Soojebi{
  public static void main (String[] args){
    int p=0;
    
    for(int i=2; i<=100; i++){
      int t = (int)Math.sqrt(i);
      for(int j=2; j<=t; j++){
        if(i%j == 0)
          break;
      }
      if(j==t)
        p = _____;
      }
    }
    System.out.println(p);
  }
}
```

18 다음은 보안 공격에 대응하기 위한 기술 및 시스템에 대한 설명이다. 괄호 ( ) 안에 들어갈 올바른 용어를 쓰시오.

> ① 비정상적인 접근을 탐지하기 위해 의도적으로 설치해 둔 시스템으로 일부러 허술하게 만들어서 해커에게 노출하는 유인시스템
> ② 전자금융거래에 사용되는 단말기 정보, 접속 정보, 거래 정보 등을 종합적으로 분석하여 의심 거래를 탐지하고, 이상 거래를 차단하는 시스템

①: _____

②: _____

19 다음은 순수 관계 연산자에 대한 설명이다. 괄호 ( ) 안에 들어갈 연산자를 쓰시오.

> • (①)은/는 릴레이션 R에서 주어진 속성들의 값으로만 구성된 튜플을 반환하는 연산자로 π로 표기한다.
> • (②)은/는 공통 속성을 이용해 R과 S의 튜플들을 연결해 만들어진 튜플 반환하는 연산자로 ⋈로 표기한다.

①: _____

②: _____

20 두 개 이상의 시스템을 클러스터로 구성하여 하나의 시스템이 장애 시 최소한의 서비스 중단을 위해 다른 시스템으로 신속하게 시스템 대체 작동(Fail Over)하는 기술을 무엇이라고 하는지 쓰시오.

수제비 선/견/지/명 모의고사 20회

01 소프트웨어의 개발(Development)과 운영(Operations)의 합성어로서, 소프트웨어 개발자와 정보기술 전문가 간의 소통, 협업 및 통합을 강조하는 개발 환경이나 문화를 말하는 용어는 무엇인지 쓰시오.
▶ 14년 1회

_____

02 다음은 보안 관련 용어이다. 괄호 ( ) 안에 공통으로 들어갈 올바른 용어를 쓰시오.   ▶ 13년 2회

> ( )은/는 새로운 피싱 기법의 하나로, 사용자가 자신의 웹 브라우저에서 정확한 웹 페이지 주소를 입력해도 가짜 웹 페이지에 접속하게 하여 개인 정보를 훔치는 것을 말한다. ( )의 예시로, 컴퓨터에 악성 코드를 설치하게 한 뒤 은행 사이트 접속 시 자신들이 개설해 놓은 사이트로 강제로 접속하게 한 뒤 보안카드 번호를 입력받아 돈을 빼간다.

_____

03 다음 괄호 ( ) 안에 들어갈 용어를 쓰시오.

> 다중화기(Multiplexer)는 하나의 회선을 통해 일정한 시간이나 주파수로 나누어서 전송하게 하는 장비이다. 다중화기 중 (①)은/는 회선의 대역폭을 일정 시간으로 분할하여 전송하는 방식이고, (②)은/는 하나의 주파수 대역폭을 다수의 작은 대역폭으로 분할하여 전송하는 방식이다. 또한 (③)은/는 정해진 주파수 대역에 다수의 사용자가 서로 다른 코드를 사용함으로써 동일한 주파수로 동시에 다수가 접속해서 전송하는 방식이다.

①: _____
②: _____
③: _____

04 다음은 보안 분석 도구에 대한 설명이다. 괄호 ( ) 안에 들어갈 도구를 쓰시오.

> (①)은/는 크래커가 침입하여 시스템에 백도어를 만들어 놓거나 설정 파일을 변경해 놓았을 때 이러한 사실을 알 수 있게 분석하는 도구로 시스템 내의 지정한 중요한 디렉터리와 파일에 대한 데이터베이스를 생성한 후에 (①)을/를 실행할 때 새로 생성된 데이터베이스와 비교하여 그 차이점을 체크함으로써 시스템 관리자가 시스템 내에서 어떠한 변화가 있는지 감지할 수 있게 해주는 도구이다. 반면에 (②)은/는 네트워크 인터페이스를 거치는 패킷의 내용을 출력해 주는 프로그램으로 스니핑 도구의 일종이고, 자신의 컴퓨터로 들어오는 모든 패킷의 내용을 도청할 수 있으며, 공격자에 대한 추적 및 공격 유형 분석을 위한 패킷 분석 시 활용할 수 있는 도구이다.

①: _____
②: _____

05 다음은 블랙박스 테스트 기법에 대한 설명이다. 괄호 ( ) 안에 들어갈 블랙박스 테스트 기법의 유형을 쓰시오.

> - (①)은/는 등가 분할 후 경곗값 부분에서 오류 발생 확률이 높기 때문에 경곗값을 포함하여 테스트 케이스를 설계하여 테스트하는 기법이다.
> - (②)은/는 요구사항의 논리와 발생 조건을 테이블 형태로 나열하여, 조건과 행위를 모두 조합하여 테스트하는 기법이다.
> - (③)은/는 SW의 일부 또는 전체를 트리 구조로 분석 및 표현하여 테스트 케이스를 설계하여 테스트하는 기법이다.

①: _____
②: _____
③: _____

06
다음은 [학생] 테이블에 대해 쿼리를 실행한 결과이다. [결과] 테이블의 밑줄 친 곳에 들어갈 값을 쓰시오.

[학생]

학번	이름	학년
202101	윤봉길	1
202102	안중근	3
202103	이순신	2
202104	홍범도	3
202105	김좌진	4
202106	유관순	3
202107	이봉창	2

[쿼리]
```
SELECT COUNT(*) FROM 학생 WHERE 학년 >= 3 OR 학번 >= 202106;
```

[결과]

COUNT(*)
_____

07
SOOJEBI 테이블에 대한 DDL 문을 실행한 후에 [INSERT 문]을 삽입하는 순간 GRADE에 NULL이 발생했다. GRADE 컬럼에 값을 따로 넣지 않을 경우 기본 값이 1이 되도록 하는 쿼리를 작성하시오.

[DDL 문]
```
CREATE TABLE SOOJEBI(
    ID NUMBER(8),
    NAME VARCHAR(10),
    GRADE NUMBER(1)
);
```

[INSERT 문]
```
INSERT INTO SOOJEBI(ID, NAME)
VALUES('20210001', '홍길동');
```

08
다음은 C언어 코드이다. 출력 결과를 쓰시오.

```c
#include <stdio.h>
typedef struct _soojebi {
  int num;
  struct _soojebi *p;
}soojebi;

int main(){
  soojebi *p = NULL;
  soojebi s[5];
  int i;
  int length = sizeof(s)/sizeof(s[0]);

  for(i=0;i<length;i++){
    s[i].num = i+1;
    s[i].p = (i+1 == length) ? &s[0] : \
  &s[i+1];
  }
  p = s;

  for(i=0;i<length;i++){
    printf("%d", p[i].p->num);
  }
  return 0;
}
```

09
다음은 DoS 공격에 대한 설명이다. 괄호 ( ) 안에 들어갈 용어를 쓰시오.

- (①): ICMP 패킷을 정상적인 크기보다 아주 크게 만들어 전송하면 다수의 IP 단편화가 발생하고, 수신 측에서는 단편화된 패킷을 처리(재조합)하는 과정에서 많은 부하가 발생하거나, 재조합 버퍼의 오버플로가 발생하여 정상적인 서비스를 하지 못하도록 하는 공격
- (②): IP 패킷의 재조합 과정에서 잘못된 Fragment Offset 정보로 인해 수신시스템이 문제를 발생하도록 만드는 DoS 공격

①: _____

②: _____

10 192.168.1.0/24 네트워크를 FLSM 방식을 이용하여 6개의 Subnet으로 나누고 IP Subnet-Zero를 적용했다. 이때 Subnetting된 네트워크 중 6번째 네트워크의 4번째 사용 가능한 IP는 무엇인지 쓰시오.

11 다음은 자바 코드이다. 출력 결과를 쓰시오.

```
01  public class Soojebi{
02    public static void main(String[] args){
03      int[][] a = new int[10][10];
04      int sum=0;
05      for(int i=5; i<6; i++){
06        for(int j=5; j<8; j++){
07          a[i][j] = i*j + 15;
08          sum += a[i][j];
09        }
10      }
11      double num = sum / a.length;
12      System.out.print(num);
13    }
14  }
```

12 다음은 C언어 코드이다. 해당 코드의 오류가 발생하는 라인 수와 오류가 발생하는 이유를 쓰시오.

```
01  #include <stdio.h>
02  int main(){
03    int a[3] = {10, 20, 30};
04    const int *p1 = a+1;
05    int const *p2 = a+1;
06    int* const p3 = a;
07
08    p1[0] = 15;
09    p1 = a;
10    printf("%d %d %d", *p1, *p2, *p3);
11    return 0;
12  }
```

13 스케줄링하고자 하는 세 작업의 도착시간과 실행 시간은 다음 표와 같다. 이 작업을 SJF로 스케줄링하였을 때, "작업 2"의 종료시간을 쓰시오. (단, 여기서 오버헤드는 무시한다.)

작업	도착시간	실행시간
1	0	10
2	2	5
3	2	4

14 데이터 흐름도에 나타나 있는 처리 항목을 1~2페이지 정도의 소규모 분량으로 요약하여 작성하는 논리적 명세서를 무엇이라고 하는지 쓰시오.

15 다음은 C언어 코드이다. 출력 결과를 쓰시오.

```
01  #include<stdio.h>
02  void swap(int *ptr1, int *ptr2) {
03    int temp = *ptr1;
04    *ptr1 = *ptr2;
05    *ptr2 = temp;
06  }
07  void func(int *arr, int n) {
08    int *ptr1 = &arr[0];
09    int *ptr2 = &arr[n-1];
10    while(ptr1 < ptr2) {
11      swap(ptr1, ptr2);
12      ptr1++;
13      ptr2--;
14    }
15  }
16  int main() {
17    int arr[] = {1, 2, 3, 4, 5};
18    func(arr, 5);
19    printf("%d", arr[2]);
20    return 0;
21  }
```

16 다음은 자바 프로그램이다. 출력 결과를 쓰시오.

```java
public class Soojebi {
  public static void main(String[] args) {
    String str = "WelcomeToSoojebi";
    String result = str.substring(0, 6).replace('o', 'x') +
                    str.substring(6, 8).toLowerCase() +
                    str.substring(8, 11).repeat(2) +
                    str.substring(11).toUpperCase();
    System.out.println(result);
  }
}
```

17 다음은 자바 코드이다. 출력 결과를 쓰시오.

```java
class Car {
  String model = "화물차";
  Car(){
    System.out.print("defalut");
  }
  Car(String model){
    this.model = model;
  }
  void getModel(){
    System.out.print("model : " + this.model);
  }
}
public class Soojebi{
  public static void main(String[] args){
    Car c = new Car("승용차");
    (new Car()).getModel();
  }
}
```

18 다음은 파이썬 코드이다. 출력 결과를 쓰시오.

```python
def soojebi(num):
  if num == 0 or num == 1:
    return 1
  return soojebi(num-2) + soojebi(num-1)

for i in range (0, 5):
  print(soojebi(i), end=' ')
```

19 다음은 페이징 기법의 문제점과 해결 방안에 대한 설명이다. 괄호 ( ) 안에 들어갈 용어를 쓰시오.

> (①)은/는 어떤 프로세스가 계속적으로 페이지 부재가 발생하여 프로세스의 실제 처리 시간보다 페이지 교체 시간이 더 많아지는 현상으로 전체 시스템의 성능 및 처리율을 저하시키는 원인이 된다. 이를 해결하기 위한 기법 중 (②)은/는 각 프로세스가 많이 참조하는 페이지들의 집합을 주기억장치 공간에 계속 상주하게 하여 빈번한 페이지 교체 현상을 줄이고자 하는 기법이고, (③)은/는 페이지 부재율의 상한과 하한을 정해서 직접적으로 페이지 부재율을 예측하고 조절하는 기법이다.

①: _____

②: _____

③: _____

20 다음은 논리적 데이터 모델링의 종류에 대한 설명이다. 괄호 ( ) 안에 들어갈 용어를 쓰시오.

> • (①)은/는 논리적 구조가 2차원 테이블 형태로 구성된 모델로 기본키(PK)와 이를 참조하는 외래키(FK)로 관계를 표현한다.
> • (②)은/는 논리적 구조가 그래프 형태로 구성된 모델로 CODASYL DBTG 모델이라고 불린다.

①: _____

②: _____

수제비 선/견/지/명 모의고사 21회

01 보안 소켓 계층을 이르는 것으로, 인터넷상에서 데이터를 안전하게 전송하기 위한 인터넷 암호화 통신 프로토콜이며 데이터 보안을 위해서 개발한 통신 레이어를 무엇이라 하는지 쓰시오. ▶ 13년 3회

_____

02 다음은 보안과 관련된 내용이다. 괄호 ( ) 안에 들어갈 올바른 용어를 쓰시오. ▶ 15년 1회

> (①)은/는 컴퓨터 시스템을 감염시켜 접근을 제한하고 일종의 몸값을 요구하는 악성 소프트웨어의 한 종류다. 컴퓨터로의 접근이 제한되기 때문에 제한을 없애려면 해당 악성 프로그램을 개발한 자에게 지불을 강요받게 된다. 이때 (②)을/를 요구하기도 한다. (②)은/는 블록체인 기술을 기반으로 만들어진 온라인 암호화폐이다. 화폐 단위는 BTC로 표시한다.

①: _____

②: _____

03 다음은 C언어 코드이다. 출력 결과를 쓰시오.

```
01  #include <stdio.h>
02  int main(){
03    char b[8] = "soojebi";
04    char *p = b;
05    printf("%s", &b[6]);
06    printf("%s", p+4);
07    return 0;
08  }
```

_____

04 교착상태 회피(Avoidance) 기법으로 사용자 프로세스는 사전에 자기 작업에 필요한 자원의 수를 제시하고 운영체제가 자원의 상태를 감시, 안정상태일 때만 자원을 할당하는 기법을 무엇이라고 하는지 쓰시오.

_____

05 다음은 [학생] 테이블이다. 이름에 'John'이라는 문자열이 포함된 쿼리를 작성하시오.

[학생]

학번	이름	학년
202101	Alice	1
202102	John	3
202103	Jordan	2
202104	Johnson	3
202105	Dave	4
202106	Eve	3
202107	M.John	2

[결과]

학번	이름	학년
202102	John	3
202104	Johnson	3
202107	M.John	2

_____

06 다음은 파이썬 코드이다. 출력 결과를 쓰시오.

```
01  s = [1, 2, 3]
02  s.append(4)
03  top = s.pop()
04  top = s.pop()
05  top = s.pop()
06  print(top)
```

07 다음 괄호 ( ) 안에 들어갈 용어를 쓰시오.

> 정적 테스트 기법 중 (①)은/는 소프트웨어 요구, 설계, 원시 코드 등의 저작자 외의 다른 전문가 또는 팀이 검사하여 문제를 식별하고 문제에 대한 올바른 해결을 찾아내는 형식적인 검토 기법이고, (②)은/는 2~3명이 진행하는 리뷰의 형태로 요구사항 명세서 작성자가 요구사항 명세서를 설명하고 이해관계자들이 설명을 들으면서 결함을 발견하는 형태로 진행하는 검토 기법이다.

① : _____

② : _____

08 다음은 C언어 코드이다. 출력 결과를 쓰시오.

```
01  #include <stdio.h>
02  int main(){
03    int i, j;
04    int arr[2][5];
05    int num = 4;
06
07    for(i=0;i<2;i++){
08      for(j=0;j<5;j++){
09        arr[i][j] = i*j;
10      }
11    }
12
13    for(i=0;i<2;i++){
14      for(j=0;j<5;j++){
15        if(arr[i][j] == num){
16          printf("arr[%d][%d]=%d\n", i, j,\
    arr[i][j]);
17        }
18      }
19    }
20    return 0;
21  }
```

09 다음 [점수] 테이블에 대해 SQL을 수행한 결과는 [결과] 테이블처럼 출력된다. [결과] 테이블의 ①, ②에 알맞은 값을 쓰시오.

[점수]

이름	DB	프로그래밍
이완용	20	NULL
송병준	NULL	30
민영휘	NULL	10

[쿼리]

```
SELECT MIN(DB), MIN(프로그래밍) FROM 점수;
```

[결과]

MIN(DB)	MIN(프로그래밍)
(①)	(②)

① : _____

② : _____

10 다음 C언어 코드이다. 출력 결과를 쓰시오.

```
01  #include <stdio.h>
02  int main(){
03    char Z = 80;
04    char c = 'Z';
05
06    switch(c/10){
07    case 9: c = 'A'; break;
08    case 8: c = 'B'; break;
09    default: c = 'F';
10    }
11
12    printf("%d\n", c);
13    return 0;
14  }
```

11 다음은 화이트 박스 테스트의 유형이다. 괄호 ( ) 안에 들어갈 유형을 쓰시오.

> • (①): 개별 조건식이 다른 개별 조건식에 영향을 받지 않고 전체 조건식에 독립적으로 영향을 주도록 함으로써 조건/결정 커버리지를 향상시킨 테스트 기법
> • (②): 제어 흐름 그래프에 데이터 사용 현황을 추가한 그래프를 통해 테스트하는 기법

①: _____

②: _____

12 다음은 디자인 패턴에 대한 설명이다. 괄호 ( ) 안에 들어갈 디자인 패턴의 유형을 쓰시오.

> 디자인 패턴의 세부 유형 중 (①)은/는 각 클래스 데이터 구조로부터 처리 기능을 분리하여 별도의 클래스를 만들어 놓고 해당 클래스의 메서드가 각 클래스를 돌아다니며 특정 작업을 수행하도록 만든 패턴으로, 객체의 구조는 변경하지 않으면서 기능만 따로 추가하거나 확장할 때 사용하는 디자인 패턴이고, (②)은/는 전역 변수를 사용하지 않고 객체를 하나만 생성하도록 하며, 생성된 객체를 어디에서든지 참조할 수 있도록 하는 디자인 패턴이다.

①: _____

②: _____

13 다음의 페이지 참조 열(Page Reference String)에 대해 페이지 교체 기법으로 LRU 알고리즘을 사용할 경우, 페이지 부재(Page Fault) 횟수는 얼마인지 쓰시오. (단, 할당된 페이지 프레임 수는 3이고, 처음에는 모든 프레임이 비어 있다.)

> 페이지 참조 열: 7, 0, 1, 2, 0, 3, 0, 4, 2, 3, 0, 3, 0, 1, 7, 0

14 다음은 웹 기술과 관련한 용어이다. ①, ②가 설명하는 용어를 쓰시오.

> ① 웹상에 존재하는 데이터를 개별 URI(Uniform Resource Identifier)로 식별하고, 각 URI에 링크 정보를 부여함으로써 상호 연결된 웹을 지향하는 아키텍처이다.
> ② 인터넷에서 자원의 위치를 지정하는 주소 체계로 웹사이트, 이미지, 비디오 등 다양한 자원에 접근하기 위해 사용된다.

①: _____

②: _____

15 다음은 자바 코드이다. 출력 결과를 쓰시오.

```java
import java.util.Arrays;
public class Soojebi {
  public static void main(String[] args) {
    int[] arr = {1, 2, 3, 4, 5};

    rotate(arr);
    System.out.println(Arrays.toString(arr));
  }
  static void rotate(int[] arr) {
    int n = arr.length;
    x(arr, 0, n - 1);
  }
  static void x(int[] arr, int start, int end) {
    while (start < end) {
      int temp = arr[start];
      arr[start] = arr[end];
      arr[end] = temp;
      start++;
      end--;
    }
  }
}
```

16 다음 괄호 ( ) 안에 들어갈 속성을 쓰시오.

> 미 국방부 지원 보안 모델로 보안 요소 중 기밀성을 강조하며 강제적 정책에 의해 접근 통제하는 모델인 벨-라파듈라 모델(BLP; Bell-LaPadula Policy)의 속성 중 (①)은/는 보안 수준이 낮은 주체는 보안 수준이 높은 객체를 읽어서는 안 되고, 주체는 객체와 동일한 등급이거나 객체가 낮은 등급일 때 읽을 수 있는 속성이다. 반면에, (②)은/는 보안 수준이 높은 주체는 보안 수준이 낮은 객체에 기록하면 안 되고, 주체의 등급이 객체와 동일하거나 객체보다 낮아야 기록이 가능한 속성이다.

①: _____

②: _____

17 다음은 자바 코드이다. 출력 결과를 쓰시오.

```
01  public class Soojebi{
02    public static void main(String[] args){
03      int[] num = { 50, 40, 60, 88, 90 };
04      int m = num[0];
05      for(int var : num){
06        if(m < var){
07          m = var;
08        }
09      }
10      System.out.print(m);
11    }
12  }
```

18 다음은 자바 코드이다. 출력 결과를 쓰시오.

```
01  import java.util.ArrayList;
02  interface Observer{
03    public void update(String msg);
04  }
05  class SooOb1 implements Observer {
06    public void update(String msg){
07      System.out.println("Soojebi Observer1:"\
     + msg);
08    }
09  }
10  class SooOb2 implements Observer {
11    public void update(String msg){
12      System.out.println("Soojebi Observer2:"\
     + msg);
13    }
14  }
15  interface Subject {
16    public void register(Observer o);
17    public void remove(Observer o);
18    public void notify(String msg);
19  }
20  class SoojebiData implements Subject {
21    private ArrayList<Observer> observers;
22    public SoojebiData(){
23      observers = new ArrayList<Observer>();
24    }
25    public void register(Observer o){
26      observers.add(o);
27    }
28    public void remove(Observer o){
29      observers.remove(o);
30    }
31    public void notify(String msg){
32      for(Observer o : observers){
33        o.update(msg);
34      }
35    }
36  }
37  class Soojebi{
38    public static void main(String[] args){
39      SoojebiData sd = new SoojebiData();
40      Observer o1 = new SooOb1();
41      Observer o2 = new SooOb2();
42      sd.register(o1);
43      sd.register(o2);
44      sd.remove(o1);
45      sd.notify("notify msg");
46      sd.remove(o2);
47    }
48  }
```

19 다음 괄호 ( ) 안에 들어갈 소프트웨어 아키텍처 비용 평가 모델의 종류를 쓰시오.

> 소프트웨어 아키텍처 비용 평가 모델의 종류 중 (①)은/는 아키텍처 품질 속성을 만족시키는지 판단 및 품질 속성들의 이해 상충관계까지 평가하는 모델이고, (②)은/는 (①) 바탕의 시스템 아키텍처 분석 중심으로 경제적 의사결정에 대한 요구를 충족하는 비용 평가 모델이다.

①: _____

②: _____

③: _____

20 양자 통신을 위해 비밀키를 분배하여 관리하는 기술로 키 분배를 위해 얽힘 상태 광자 또는 단일 광자를 이용하는 기술을 무엇이라고 하는지 쓰시오.

_____

수제비 선/견/지/명 모의고사 22회

01 다음은 C 코드이다. 출력 결과를 쓰시오.

```
01  #include <stdio.h>
02  int main(){
03    char* a = "book";
04    char* b = "dock";
05    int i, j;
06    for(i = 0; a[i] != '\0' ; i++){
07      for(j = 0; b[j] != '\0'; j++){
08        if(a[i] < b[j])
09          printf("%c", a[i]);
10        else if(a[i] > b[j])
11          printf("%c", b[j]);
12      }
13    }
14    return 0;
15  }
```

02 개인이 인터넷상에 남겨놓은 SNS 계정이나 커뮤니티 게시글, 쇼핑몰 후기 댓글 등을 통해 사용자를 추적할 수 있다고 붙여진 용어는 무엇인지 쓰시오.

▶ 15년 2회

03 다음 괄호 ( ) 안에 들어갈 올바른 용어를 쓰시오.

▶ 15년 2회

( )은/는 인터넷과 같은 공중망을 사용하여 사설 네트워크를 구축하게 해주는 기술 혹은 통신망으로 두 개 이상의 물리적 네트워크(또는 장치) 사이의 인터넷을 통해 생성된 가상 네트워크이다.

04 다음 괄호 ( ) 안에 들어갈 올바른 용어를 쓰시오.

(①)은/는 원하는 정보가 무엇인가를 정의하고 원하는 정보를 유도하기 위한 과정을 정의한 절차적 언어이고, (②)은/는 원하는 정보가 무엇인지만을 정의하는 비절차적인 언어이다.

①: _____

②: _____

05 다음은 [학생] 테이블 스키마에 대한 명세이다. 학번이라는 컬럼에 대해 인덱스를 생성하려고 한다. '이름 인덱스'라는 이름의 복합 인덱스를 생성하는 쿼리를 작성하시오. (성명, 성별 순으로 복합 인덱스를 생성해야 한다.)

[학생]

속성명	데이터타입
학번	INTEGER
성명	VARCHAR(10)
성별	CHAR(1)

06 다음은 파이썬 코드이다. 출력 결과를 쓰시오.

```
01  a = [1, 2, 3, 4, 5]
02  m = list(filter(lambda num : num >= 2, a))
03  print(m)
```

07 다음은 오류제어 기법에 대한 설명이다. 괄호 ( ) 안에 들어갈 용어를 쓰시오.

- (①)은/는 다항식을 통해 산출된 값을 토대로 오류를 검사하는 방식으로 집단 오류를 해결하기 위한 방식이다.
- (②)은/는 프레임의 모든 문자로부터 계산되는 잉여 패리티 비트들을 사용하는 이차원(가로/세로) 패리티 검사 방식이다.

①: _____

②: _____

08 다음 괄호 ( ) 안에 들어갈 모델을 쓰시오.

소프트웨어 생명주기(SDLC) 모델 중 (①)은/는 시스템 개발 시 위험을 최소화하기 위해 점진적으로 완벽한 시스템으로 개발해 나가는 모델이고, (②)은/는 소프트웨어 개발 시 각 단계를 확실히 마무리 지은 후에 다음 단계로 넘어가는 모델로 선형 순차적 모형으로 고전적 생명주기 모형이라고도 한다.

①: _____

②: _____

09 다음은 자바 코드이다. 이 코드를 실행했을 때 오류가 발생하는 라인 번호를 쓰시오.

```
01  public class Soojebi {
02    public static void main(String[] args) {
03      final int x = 1;
04      x = 10;
05      x += 10;
06      x -= 20;
07      x *= 30;
08      x /= 0;
09      System.out.println(x);
10    }
11  }
```

( )번째 줄에서 오류 발생

10 다수의 사용자가 동시에 같은 내용의 데이터를 이용할 수 있어야 한다는 데이터베이스의 특성은 무엇인지 쓰시오.
▶ 11년 1회, 15년 3회

_____

11 다음 프로그램이 실행되었을 때 출력 결과가 32132가 되도록, 밑줄에 들어갈 코드를 보기에서 선택하여 작성하시오.

```
01  #include <stdio.h>
02  int main( ){
03    int n[5] = {5, 4, 3, 2, 1};
04    int i;
05    for(i=0; i<5; i++){
06      printf("%d", _____ );
07    }
08    return 0;
09  }
```

┤보기├

n | +   %   1   2   3   4   5
[   ]   (   )

_____

12 다음은 네트워크에 대한 설명이다. 괄호 ( ) 안에 들어갈 용어를 쓰시오.

(①)은/는 개방형 API(오픈플로우) 기반으로 네트워크 장비의 트래픽 경로를 지정하는 컨트롤 플레인(Control Plane)과 트래픽 전송을 수행하는 데이터 플레인(Data Plane)을 분리하여 네트워크 트래픽을 중앙 집중적으로 관리하는 기술이고, (②)은/는 범용 하드웨어(서버/스토리지/스위치)에 가상화 기술을 적용하여 네트워크 기능을 가상 기능으로 모듈화하여 필요한 곳에 제공하는 기술이다.

①: _____

②: _____

13 다음은 C언어에서 팩토리얼을 구하는 함수를 구현하려고 한다. 밑줄 친 곳에 알맞은 코드를 작성하시오.

> 팩토리얼은 어떤 자연수 n에 대해, 1부터 n까지의 모든 자연수를 곱한 값이다.
> fn(0) = 1, fn(1) = 1, fn(2) = 2, fn(3) = 6, fn(4) = 24, …

```
01  #include <stdio.h>
02  int fn(int n){
03    if( n <= 1 )
04      return   ①   ;
05    else
06      return   ②   ;
07  }
08  int main(){
09    printf("%d", fn(5));
10    return 0;
11  }
```

[출력 결과]
```
120
```

①: _____

②: _____

14 다음은 자바 코드이다. 출력 결과를 쓰시오.

```
01  import java.util.HashSet;
02  public class Soojebi {
03    public static void main(String[] args) {
04      HashSet<String> set = new HashSet<>();
05      set.add("Java");
06      set.add("Python");
07      set.add("Java");
08      set.add("java");
09      set.add("python");
10      System.out.println(set.size());
11    }
12  }
```

15 다음 중 [정처기] 테이블에서 미응시자를 파악하려고 한다. 필기 점수가 NULL이거나 0점인 '수험자명'을 출력하는 쿼리를 작성하시오.

[정처기]

수험자명	필기	실기
엑소	0	NULL
BTS	NULL	100
세븐틴	NULL	NULL
비투비	80	70

[결과]

수험자명
엑소
비투비
세븐틴

16 다음 괄호 ( ) 안에 들어갈 용어를 쓰시오. ▶ 19년 3회

> OLAP는 다차원으로 이루어진 데이터로부터 통계적인 요약 정보를 분석하여 의사결정에 활용하는 방식이다. 이러한 OLAP 연산 중에서 (①)은/는 분석할 항목에 대해 한 차원의 계층 구조를 따라 단계적으로 구체적인 내용의 상세 데이터로부터 요약된 형태의 데이터로 접근하는 기능이고, (②)은/는 분석할 항목에 대해 한 차원의 계층 구조를 따라 단계적으로 요약된 형태의 데이터로부터 구체적인 내용의 상세 데이터로 접근하는 기능이다.

①: _____

②: _____

17 다음은 다양한 무선 기술에 대한 설명이다. 괄호 ( ) 안에 들어갈 용어를 쓰시오.

> 기존의 높은 전송 파워와 넓은 커버리지를 갖는 매크로 셀(Macro Cell)과 달리 낮은 전송 파워와 좁은 커버리지를 가지는 소형 기지국으로 안테나 당 10W급 이하의 소출력 기지국 장비나 피코 셀, 펨토 셀 등을 통칭하는 용어는 (①)이라고 한다. 또한 (②)은/는 고정된 기반 망의 도움 없이 이동 노드 간에 자율적으로 구성되는 망으로서, 네트워크에 자율성과 융통성을 부여한 네트워크로 Peer-to-Peer 통신, 다중 홉, 이동 노드 간 동적 네트워크를 구성할 수 있는 특징이 있다.

①: _____

②: _____

18 다음은 자바 코드이다. 출력 결과를 쓰시오.

```
01  public class Soojebi{
02    public static void main(String args[]){
03      System.out.println("" + 1 + 2);
04      System.out.println(1 + 2 + "");
05    }
06  }
```

_____

19 다음은 스토리지 시스템에 대한 설명이다. 괄호 ( ) 안에 들어갈 유형을 쓰시오.

> - (①)은/는 하드 디스크와 같은 데이터 저장 장치를 호스트 버스 어댑터에 직접 연결하는 스토리지로 저장 장치와 호스트 기기 사이에 직접 연결하는 방식으로 구성된 기술이다.
> - (②)은/는 서버와 스토리지를 저장 장치 전용 네트워크로 상호 구성하여 고가용성, 고성능, 융통성, 확장성을 보장하고 데이터를 블록(Block) 단위로 관리하는 스토리지이다.

①: _____

②: _____

20 다음 괄호 ( ) 안에 들어갈 용어를 쓰시오.

> 일방향 암호 종류에는 키를 사용하는 메시지 인증 코드로 메시지의 무결성과 송신자의 인증을 보장하는 (①)와/과 키를 사용하지 않는 변경 감지 코드로 메시지의 무결성을 보장하는 (②)이/가 있다.

①: _____

②: _____

수제비 선/견/지/명 모의고사 23회

01 교육 과정, 학습 및 개발 프로그램을 관리하고, 기록하고, 추적하며, 종합 보고서를 만들기 위해 활용하는 소프트웨어 애플리케이션을 무엇이라 하는지 쓰시오.
▶ 13년 2회

_____

02 기존의 IP 주소 대신 Data의 이름을 활용하여 정보(콘텐츠)의 효율적인 검색 및 배포를 목적으로 하는 인터넷 기술로, IP 주소 대신 콘텐츠의 Name을 기반으로 정보를 획득하는 기술은 무엇인지 쓰시오.
▶ 15년 3회

_____

03 병행 제어 기법 중 트랜잭션의 타임스탬프와 접근하려는 데이터의 타임스탬프를 비교하여 직렬가능성이 보장되는 적절한 버전을 선택하여 접근하도록 하는 기법을 무엇이라고 하는지 쓰시오.

_____

04 다음은 애플리케이션에 대한 DDoS 공격이다. 괄호( ) 안에 들어갈 용어를 쓰시오.

- (①)은/는 공격자가 공격대상 웹 사이트 웹 페이지 주소(URL)를 지속적으로 변경하면서 다량으로 GET 요청을 발생시키는 서비스 거부 공격으로 임계치 기반의 디도스 대응 장비를 우회하기 위해서 주소(URL)를 지속적으로 변경시켜서 공격한다.
- (②)은/는 웹 서버는 클라이언트 HTTP 요청을 통해 전달되는 파라미터(매개 정보)를 효율적으로 저장하고 검색하기 위한 자료 구조로 해시 테이블을 주로 사용하고, 공격자는 이러한 특성을 악용하여 조작된 많은 수의 파라미터를 POST 방식으로 웹 서버로 전달하여 다수의 해시 충돌(Collision)을 발생시켜서 자원을 소모시키는 서비스 거부 공격이다.

①: _____
②: _____

05 다음은 [행성] 테이블이다. [행성] 테이블에서 거리가 5 이상이면서 무게가 10 이상인 튜플을 삭제하는 쿼리를 작성하시오.

[행성]

행성명	거리	무게
수성	0.39	0.0553
금성	0.72	0.815
지구	1	1
화성	1.52	0.107
목성	5.20	317.83
토성	9.54	95.16
천왕성	19.23	14.5
해왕성	30.06	17.135

_____

06 다음은 파이썬 코드이다. 출력 결과를 쓰시오.

```
01  z=0
02  a = [1, 2, 3, 4]
03  b = [2, 3, 4, 5]
04  c = [x*y for x in a for y in b]
05  for i in c[:7]:
06      z += i
07
08  print(z)
```

07 다음은 대칭 키 암호화 알고리즘에 대한 설명이다. 괄호 ( ) 안에 들어갈 용어를 쓰시오.

> - (①)은/는 시프트 레지스터의 일종으로, 레지스터에 입력되는 값이 이전 상태 값들의 선형 함수로 계산되는 구조로 되어 있는 스트림 암호화 알고리즘이다.
> - (②)은/는 미 국가안보국(NSA)에서 개발한 Clipper 칩에 내장된 블록 알고리즘으로 전화기와 같이 음성을 암호화하는 데 주로 사용되고 64비트의 입·출력, 80비트의 키, 32라운드를 갖는다.

①: _____

②: _____

08 다음은 신기술 용어에 대한 설명이다. 괄호 ( ) 안에 들어갈 용어를 쓰시오.

> - (①)은/는 서비스라고 정의되는 분할된 애플리케이션 조각들을 느슨하게 결합하고(Loosely-Coupled) 연결해 하나의 완성된 애플리케이션을 구현하기 위한 아키텍처이다.
> - (②)은/는 애플리케이션을 여러 개의 독립적인 서비스로 분할하여 개발, 배포, 확장할 수 있는 방식으로 특정 기능이나 비즈니스 로직에 집중하며, 독립적으로 개발 및 배포가 가능하다는 특징이 있다.

①: _____

②: _____

09 다음은 자바 코드이다. 출력 결과를 쓰시오.

```
01  public class Soojebi{
02    public static void main(String[] args){
03      int[] a = new int[10];
04      int sum=100;
05      for(int i=0; i<a.length; i++){
06        a[i] = i+1;
07      }
08      for(int i=0; i<a.length; i++){
09        if(i%3==1){
10          sum -= a[i];
11        }
12      }
13      System.out.print(sum);
14    }
15  }
```

10 다음은 자바 코드이다. 출력 결과를 쓰시오.

```
01  class A{
02    private int a = 5;
03    A(){
04      System.out.print("A");
05    }
06    A(int a){
07      System.out.print("B");
08    }
09    void fn() {
10      System.out.print("C");
11    }
12  }
13  class B{
14    private int b = 5;
15    B(){
16      System.out.print("D");
17    }
18    B(int b){
19      b = b;
20      System.out.print("E");
21    }
22    void fn() {
23      System.out.print("F"+b);
24    }
25  }
26
27  public class Soojebi {
28    public static void main(String[] args) {
29      B x = new B(10);
30      x.fn();
31    }
32  }
```

11 다음은 C언어 코드이다. 출력 결과를 쓰시오. (단, 답안지의 1칸에 문자, 숫자, 기호, 띄어쓰기 1글자가 들어간다.)

```c
#include <stdio.h>
int main( ){
    float a = 5.996;
    printf("%.2f\n", a);
    printf("%7.1f\n", a);
    printf("%02.1f\n", a);
    printf("%-05.4f\n", a);
    return 0;
}
```

12 다음은 AJAX의 주요 기술에 대한 설명이다. 괄호 ( ) 안에 들어갈 기술 요소를 쓰시오.

- (①)은/는 HTML의 단점을 보완한 인터넷 언어로서 SGML의 복잡한 단점을 개선한 특수한 목적을 갖는 마크업 언어이다.
- (②)은/는 웹 페이지의 구조화된 표현을 브라우저가 이해할 수 있도록 트리 구조로 만든 모델이다.

①: _____
②: _____

13 다음 괄호 ( ) 안에 알맞은 특성을 쓰시오.

보안의 3대 요소 중 (①)은/는 정당한 방법을 따르지 않고서는 데이터가 변경될 수 없으며, 데이터의 정확성 및 완전성과 고의/악의로 변경되거나 훼손 또는 파괴되지 않음을 보장하는 특성이고, (②)은/는 인가되지 않은 개인 혹은 시스템 접근에 따른 정보 공개 및 노출을 차단하는 특성이다.

①: _____
②: _____

14 다음 괄호 ( ) 안에 알맞은 값 및 클래스를 쓰시오.

- IPv4는 길이가 32bit이며, (①)비트씩 네 부분으로 나눈다.
- (②) 클래스는 128.0.0.0 ~ 191.255.255.255의 IP 범위를 갖고, (③) 클래스는 224.0.0.0 ~ 239.255.255.255의 IP 범위를 갖는다.

①: _____ ②: _____ ③: _____

15 다음은 C언어 코드이다. 출력 결과를 쓰시오.

```c
#include <stdio.h>
int fn(char *p){
    int s = 1, num=0;
    if(*p == '\n' )
        return 0;
    if(*p == '-')
        s = -1;
    while(*p){
        if(*p >= '0' && *p <= '9'){
            num = num * 8 + *p - '0';
        }
        p++;
    }
    return num*s;
}
int main(){
    char *x = "hi52";
    int a = fn(x);
    printf("%d", a);
    return 0;
}
```

16 다음은 IT 업무 프로세스 관련 용어이다. 괄호 ( ) 안에 공통으로 들어갈 용어를 쓰시오. ▶ 10년 2회

고객과 서비스 제공자 간 계약인 ( )의 품질 수준을 만족시키기 위한 모든 기법을 지칭하는 것으로 ( )의 내용에는 서비스 수준을 측정할 수 있는 세부 서비스 요소(SLO; Service Lever Object)들이 포함된다.

17 다음은 C언어 코드이다. 출력 결과를 쓰시오. (단, int 형은 4바이트로 가정한다.)

```c
#include <stdio.h>
int main(){
  int a[10];
  int b[10][10];

  printf("%d ", sizeof(a));
  printf("%d ", sizeof(b));
  printf("%d ", sizeof(b[1]));
  printf("%d ", sizeof(b[1][0]));
  return 0;
}
```

18 다음은 자바 코드이다. 출력 결과를 쓰시오.

```java
public class Soojebi{
  public static void main(String[] args){
    int[] arr = {1,2,3,4,5};
    int[] temp = {1,2,4,6,8};
    int idx=0;
    boolean flag;

    for(int i=0;i<arr.length;i++){
      flag = false;
      if( arr[i] == temp[i] ){
        flag = true;
      }

      if(!flag){
        temp[idx++] = arr[i];
        System.out.print(temp[idx]);
      }
    }
  }
}
```

19 다음은 시스템 보안 공격과 대응방안에 대한 설명이다. 괄호 ( ) 안에 들어갈 용어를 쓰시오.

> 버퍼 오버플로우 공격은 스택 영역에 할당된 버퍼 크기를 초과하는 양의 데이터(실행 가능 코드)를 입력하여 복귀 주소를 변경하고 공격자가 원하는 임의의 코드를 실행하는 공격 기법이다. 버퍼 오버플로우 공격 기법에 대한 대응 방안에는 (①)와/과 (②)이/가 있다. 먼저 (①)은/는 카나리(Canary)라고 불리는 무결성 체크용 값을 복귀 주소와 변수 사이에 삽입해 두고, 버퍼 오버플로우 발생 시 카나리 값을 체크, 변할 경우 복귀 주소를 호출하지 않는 방식으로 대응하는 기법이고, (②)은/는 함수 시작 시 복귀 주소를 Global RET라는 특수 스택에 저장해 두고, 함수 종료 시 저장된 값과 스택의 RET 값을 비교해 다를 경우 오버플로우로 간주하고 프로그램 실행을 중단하는 기법이다.

①: _____

②: _____

③: _____

20 다음은 아키텍처를 설계할 때 참조할 수 있는 전형적인 해결 방식인 아키텍처 패턴(Patterns)의 유형에 대한 설명이다. 괄호 ( ) 안에 들어갈 유형을 쓰시오.

> (①)은/는 각각의 서브 시스템들이 계층 구조를 이루며 서로 마주보는 두 개의 계층 사이에서만 상호작용이 이루어지는 패턴이고, (②)은/는 데이터 스트림을 생성하고 처리하는 시스템에서 사용 가능한 단방향 패턴으로 서브 시스템이 입력 데이터를 받아 처리하고, 결과를 다음 서브 시스템으로 넘겨주는 과정을 반복한다.

①: _____

②: _____

수제비 선/견/지/명 모의고사 24회

01 OTA(Over The Air; 휴대폰 무선 전송기술)를 이용하여 언제, 어디서나 모바일기기가 Power On 상태로 있으면 원격에서 모바일 기기를 관리할 수 있는 시스템으로 스마트폰이나 태블릿, 휴대용 컴퓨터와 같은 모바일 기기를 보호, 관리, 감시, 지원하는 기능의 시스템을 무엇이라고 하는지 쓰시오.
▶ 13년 3회

___

02 다음 괄호 ( ) 안에 공통으로 들어갈 용어를 쓰시오.
▶ 17년 3회

> (　　　)은/는 수집된 후 저장은 되어 있지만, 분석에 활용되지는 않는 다량의 데이터를 의미한다. (　　　)은/는 향후 사용될 가능성이 있다는 이유로 삭제되지 않아 공간만 차지하고 있으며, 보안 위협을 초래하기도 한다.

___

03 사설 네트워크에 속한 여러 개의 호스트가 하나의 공인 IP 주소를 사용하여 인터넷에 접속하기 위한 네트워크 주소 변환기술은 무엇인지 쓰시오.

___

04 다음은 분석 자동화 도구에 대한 설명이다. 괄호 (　) 안에 들어갈 용어를 쓰시오.

> - (　① 　)은/는 계획수립, 요구분석, 기본설계 단계를 다이어그램으로 표현한 도구로, 모델들 사이의 모순 검사 및 모델의 오류 검증, 일관성 검증을 지원하고, 자료흐름도 프로토타이핑 작성 지원 및 UI 설계를 지원한다.
> - (　② 　)은/는 구문 중심 편집 및 정적, 동적 테스트 지원하는 도구로 시스템 명세서 생성 및 소스 코드 생성 지원한다.

①: _____

②: _____

05 다음 [정처기] 테이블에서 쿼리를 실행했을 때 결과는 [결과] 테이블과 같다. [결과] 테이블의 밑줄 친 곳에 들어갈 값을 쓰시오.

[정처기]

이름	필기	실기
엑소	80	NULL
BTS	NULL	100
세븐틴	NULL	NULL

[쿼리]

SELECT COUNT(필기*실기) FROM 정처기;

[결과]

COUNT(필기*실기)
_____

06 다음은 C언어 코드이다. 출력 결과를 쓰시오.

```
01  #include <stdio.h>
02  int main(){
03      char A = 'A';
04      char B = 66;
05      char c[3] = {A, B};
06
07      if(c[2]);
08      printf("%c%d", A, B);
09
10      printf("%s", c);
11
12      if(c[1] == 'B');
13      printf("%c%c", A+1, B+1);
14
15      return 0;
16  }
```

07 다음은 소프트웨어 개발 방법론에 대한 설명이다. 괄호 ( ) 안에 들어갈 방법론을 보기에서 골라 기호로 쓰시오.

- (①)는 정보시스템 개발에 필요한 관리 절차와 작업 기법을 체계화한 방법론으로 대형 프로젝트를 수행하는 체계적인 방법론이다.
- (②)는 특정 제품에 적용하고 싶은 공통된 기능을 정의하여 개발하는 방법론으로 임베디드 소프트웨어를 작성하는 데 유용한 방법론이다.

보기
ⓐ Structured Development
ⓑ Information Engineering Development
ⓒ Object-Oriented Development
ⓓ Agile Development
ⓔ Product Line Development
ⓕ Spiral Development
ⓖ Prototyping Development

①: _____

②: _____

08 다음이 설명하는 개발 도구는 무엇인지 쓰시오.

- 소프트웨어 변경 사항을 관리하기 위해서 형상 식별, 통제, 감사, 기록을 수행하는 도구
- 개발자들이 작성한 코드와 리소스 등 산출물에 대한 관리를 위한 도구
- 프로젝트 진행 시 필수로 포함되는 도구
- 대표적으로 CVS, Subversion, Git이 있음

09 다음은 파이썬 코드이다. 출력 결과를 쓰시오.

```
01  x = [65, 66, 97, 98]
02  print(all(x))
03  print(any(x))
04  print(chr(x[0]))
05  print(divmod(x[1], x[0]))
```

10 다음은 [사전] 테이블이다. [결과] 테이블처럼 'sy'로 시작되고, 'm'으로 끝나는 문자열을 찾기 위한 쿼리를 작성하시오.

[사전]

단어	뜻
system	체계
symbol	상징
symmetry	대칭

[결과]

단어	뜻
system	체계

11 다음은 자바 코드이다. 출력 결과를 쓰시오.

```
01  class Parent{
02    int compute(int num){
03      if(num <= 1){
04        return 1;
05      }
06      return num*compute(num-1);
07    }
08  }
09  class Child extends Parent{
10    int compute(int num){
11      if(num <= 1){
12        return 1;
13      }
14      return num*compute(num-2);
15    }
16  }
17  public class Soojebi {
18    public static void main(String[] args) {
19      Parent obj = new Child();
20      System.out.print(obj.compute(4));
21    }
22  }
```

12 다음은 접근 통제와 관련한 용어이다. 괄호 ( ) 안에 들어갈 용어를 쓰시오.

- (①)은/는 자신이 누구라고 시스템에 밝히는 행위로 객체에게 주체가 자신의 정보를 제공하는 활동이다.
- (②)은/는 주체의 신원을 검증하기 위한 활동으로 주체의 신원을 객체가 인정해 주는 행위이다.
- (③)은/는 인증된 주체에게 접근을 허용하는 활동으로 특정 업무를 수행할 권리를 부여하는 행위이다.

①: _____
②: _____
③: _____

13 다음은 결합도의 종류에 대한 설명이다. 괄호 ( ) 안에 들어갈 용어를 쓰시오.

- (①)은/는 모듈 간의 인터페이스로 전달되는 파라미터를 통해서만 모듈 간의 상호 작용이 일어나는 경우의 결합도이다.
- (②)은/는 모듈 간의 인터페이스로 배열이나 객체, 구조 등이 전달되는 경우의 결합도로 두 모듈이 동일한 자료 구조를 조회하는 경우의 결합도이다.

①: _____
②: _____

14 요청 헤더의 Content-Length를 비정상적으로 크게 설정하여 메시지 바디 부문을 매우 소량으로 보내 계속 연결 상태를 유지시키는 공격은 무엇인지 쓰시오.

_____

15 다음은 자바 코드이다. 출력 결과를 쓰시오.

```java
public class Soojebi {
  public static void main(String[] args) {
    String str = "soojebiisgood";
    System.out.println(sjbMethod(str));
  }
  static String sjbMethod(String str) {
    String result = "";
    for(int i = 0; i < str.length(); i++) {
      char c = str.charAt(i);
      if (result.indexOf(c) == -1) {
        result += c;
      }
    }
    return result;
  }
}
```

_____

16 논리의 기술에 중점을 둔 도형식 표현 방법으로 조건이 복합되어 있는 곳의 처리를 시각적으로 명확히 식별하는 데 사용되는 구조적 방법론 도구를 무엇이라고 하는지 쓰시오.

_____

17 다음 괄호 ( ) 안에 들어갈 공격 기법을 쓰시오.

사용자들에게 랜섬웨어를 감염시키기 위한 다양한 공격 기법들을 활용하고 있다. 그 중 (①) 공격 기법은 악의적인 해커가 불특정 웹 서버와 웹 페이지에 악성 스크립트를 설치하고, 불특정 사용자 접속 시 사용자 동의 없이 실행되어 의도된 서버(멀웨어 서버)로 연결하여 감염시키는 공격 기법이고, (②)은/는 특정인에 대한 표적 공격을 목적으로 특정인이 잘 방문하는 웹 사이트에 악성 코드를 심거나 악성 코드를 배포하는 URL로 자동으로 유인하여 감염시키는 공격 기법이다.

①: _____
②: _____

18 다음은 C언어 코드이다. 출력 결과를 쓰시오.

```c
#include <stdio.h>
int isPrime(int number) {
  int i;
  for (i=2; i<number; i++) {
    if (number % i == 0) return 0;
  }
  return 1;
}
int main(){
  int number = 88711, max_div=0, i;
  for (i=2; i<number; i++)
    if (isPrime(i) == 1 && number % i == 0)
      max_div = i;
  printf("%d", max_div);
  return 0;
}
```

19 다음은 자바 코드이다. 출력 결과를 쓰시오.

```java
public class Soojebi {
  public static void main(String[] args) {
    int n = 5;
    for (int i = 1; i < n; i++) {
      System.out.print(soo(i) + " ");
    }
  }
  static int soo(int n) {
    if (n <= 1) return n;
    return soo(n - 1) + soo(n - 2);
  }
}
```

20 다음은 C언어 코드이다. 출력 결과를 쓰시오.

```c
#include <stdio.h>
int main(){
  char *p = "hello";
  int i;
  for(i=0; i<3; i++){
    printf("%c", *p);
    p++;
  }
  return 0;
}
```

모의고사 25회

01 금융과 기술의 합성어로 모바일, 소셜 네트워크, 빅데이터 등의 첨단 기술을 활용한 새로운 형태의 금융 기술을 무엇이라고 하는지 쓰시오. ▶ 15년 1회

_____

02 프로세스 관련 용어에 대한 설명이다. 괄호 ( ) 안에 들어갈 용어를 쓰시오. ▶ 15년 1회

(①)은/는 초당 처리 건수를 의미하며, 초당 몇 개의 트랜잭션을 처리할 수 있는지 나타내는 서비스 성능 지표이다. 또한 (②)은/는 프로세스들이 입력되어 수행하고 결과를 산출하기까지 소요되는 시간이다.

①: _____

②: _____

03 다음 괄호 ( ) 안에 들어갈 용어를 쓰시오.

(①)은/는 AS 상호 간(Inter-AS 또는 Inter-Domain)에 경로 정보를 교환하기 위한 라우팅 프로토콜로 변경 발생 시 대상까지의 가장 짧은 경로를 (②) 알고리즘을 통해 선정하고, TCP 연결(Port 179)을 통해 자치 시스템(AS)으로 라우팅 정보를 신뢰성 있게 전달하는 특징이 있다.

①: _____

②: _____

04 다음이 설명하는 용어를 쓰시오. ▶ 18년 2회

• 군중과 아웃소싱의 합성어로 클라우드 컴퓨팅이 실용화되면서 가능하게 된 정보 기술(IT) 아웃소싱 전략의 하나이다.
• 기업 활동의 전 과정에 소비자 또는 대중이 참여할 수 있도록 일부를 개방하고 참여자의 기여로 기업 활동 능력이 향상되면 그 수익을 참여자와 공유하는 방법이다.

_____

05 다음은 파이썬 코드이다. 출력 결과를 쓰시오.

```
01  print(('dog'*2)[ : -4 : -1])
02  print('ant'+'cat'*2)
```

06 전체 대상 레코드 중에서 특정 조건에 의해 선택될 것으로 예상되는 레코드 비율을 말하는 용어는 무엇인지 쓰시오. ▶ 15년 2회

_____

07 다음은 C언어 코드이다. 출력 결과를 쓰시오.

```
01  #include <stdio.h>
02  void Soojebi(int n) {
03    if( n <= 1 ) {
04      return;
05    }
06    printf("%d", n);
07    Soojebi(n-1);
08    printf("%d", n);
09  }
10  int main(){
11    Soojebi(3);
12    return 0;
13  }
```

08 다음은 자바 코드이다. 출력 결과를 쓰시오.

```
01  class A {
02    void display(int x) {
03      System.out.print("A1 ");
04    }
05    void display(String x) {
06      System.out.print("A2 ");
07    }
08    void show() {
09      System.out.print("A3 ");
10    }
11  }
12  class B extends A {
13    void display(int x) {
14      System.out.print("B1 ");
15    }
16    void display(double x) {
17      System.out.print("B2 ");
18    }
19    void show() {
20      System.out.print("B3 ");
21    }
22  }
23  public class Soojebi {
24    public static void main(String[] args) {
25      A obj1 = new B();
26      B obj2 = new B();
27      obj1.display(10);
28      obj1.display("test");
29      obj2.display(10.5);
30      obj2.show();
31    }
32  }
```

09 다음이 설명하는 보안 공격 기법은 무엇인지 쓰시오.

> 공격자는 출발지 IP를 공격 대상 IP로 위조하여 다수의 반사 서버로 요청 정보를 전송, 공격 대상자는 반사 서버로부터 다량의 응답을 받아서 서비스 거부(DoS)가 되는 공격 기법

10 다음이 설명하는 보안 관련 용어를 쓰시오. ▶ 19년 1회

> - 온라인상에서 범죄와 같은 불법적인 행위를 수행하기 위해 제작된 컴퓨터 프로그램으로, 공격용 툴킷으로 불림
> - 악성 코드로 구성된 프로그램이 사용자를 속여 PC에 설치되면 불법적으로 정보를 수집하거나 PC의 자원을 사용하여 원하는 대상을 공격하는 용도로 사용
> - 키로거, 스파이웨어, 브라우저 하이재커 등이 속함

11 다음은 파이썬 코드이다. 출력 결과를 쓰시오.

```
01  x=0
02  a=[1, 2, 3, 4, 5, 6, 7, 8]
03  b=a[ : : 2]
04  for i in range(0, 3):
05      x += b[i]
06  print(x)
```

12 다음은 블랙박스 테스트 기법에 대한 설명이다. 괄호( ) 안에 들어갈 유형을 보기에서 골라서 기호로 쓰시오.

> - (①)은 등가 분할 후 경곗값 부분에서 오류 발생 확률이 높기 때문에 경곗값을 포함하여 테스트 케이스를 설계하여 테스트하는 기법이다.
> - (②)은 SW의 일부 또는 전체를 트리 구조로 분석 및 표현하여 테스트 케이스를 설계하여 테스트하는 기법이다.

보기
㉠ Equivalence Partitioning Testing
㉡ Decision Table Testing
㉢ State Transition Testing
㉣ Use Case Testing
㉤ Classification Tree Method Testing
㉥ Cause-Effect Graph Testing
㉦ Boundary Value Analysis Testing

①: _____   ②: _____

13. 다음은 인증 기술의 유형이다. 괄호 ( ) 안에 들어갈 인증 기술의 유형을 쓰시오.

- (①)은/는 사용자가 기억하고 있는 것으로 Something You Know라고 표현할 수 있다.
- (②)은/는 사용자의 특징을 활용한 것으로 Something You Do라고 표현할 수 있다.

①: _____

②: _____

14. 다음 각각의 지문에서 설명하는 공격 기법 및 보안 용어를 보기에서 골라서 기호로 쓰시오.

① printf 등의 함수에서 문자열 입력 형식을 잘못 입력하는 경우에 나타난다. 이전까지 입력된 문자열의 길이만큼 해당 변수에 저장시키기 때문에 메모리의 내용도 변조 가능하다.
② 한정된 자원을 동시에 이용하려는 여러 프로세스가 자원의 이용을 위해 경쟁을 벌이는 현상을 이용하는 공격 기법이다.
③ 바이러스나 명백한 악성 코드를 포함하지 않는 합법적 프로그램이면서도 사용자를 귀찮게 하거나 위험한 상황에 빠뜨릴 수 있는 프로그램이다.

보기
ⓐ 키로거 공격(Key Logger Attack)
ⓑ 루트킷(Rootkit)
ⓒ 포맷 스트링 공격(Format String Attack)
ⓓ ROP(Return Oriented Programming)
ⓔ 스미싱(Smishing)
ⓕ 봇넷(Botnet)
ⓖ 레이스 컨디션 공격(Race Condition Attack)
ⓗ 스피어 피싱(Spear Phishing)
ⓘ 그레이웨어(Grayware)
ⓙ APT 공격(Advanced Persistent Threat)
ⓚ 제로데이 공격(Zero Day Attack)
ⓛ SQL 인젝션 공격(SQL Injection Attack)

①: _____

②: _____

15. [성적] 테이블을 이용하여 쿼리를 실행한 결과는 [결과] 테이블과 같다. [결과] 테이블에 밑줄 친 곳에 들어갈 값을 쓰시오.

[성적]

이름	과목
지기쌤	DB
두음쌤	DB
수제비쌤	알고리즘
보안쌤	알고리즘
클라우드쌤	알고리즘
빅데이터쌤	알고리즘

[쿼리]

```
SELECT COUNT(DISTINCT 과목) FROM 성적;
```

[결과]

COUNT(DISTINCT 과목)
_____

16. 다음은 자바 코드이다. 출력 결과를 쓰시오.

```java
public class Soojebi {
    public static void main(String[] args) {
        int x = 8;
        int y = 3;
        int z = 5;
        int result = (x|y)&(z<<y)%x\+z*y-(x^z)/y;
        System.out.println(result);
    }
}
```

17 정보 주체가 기관으로부터 자기 정보를 직접 내려 받아 이용하거나 제3자 제공을 허용하는 방식으로 정보 주체 중심의 데이터 활용체계이자 개인이 정보 관리의 주체가 되어 능동적으로 본인의 정보를 관리하고, 본인의 의지에 따라 신용 및 자산관리 등에 정보를 활용하는 일련의 과정을 무엇이라고 하는지 쓰시오.

---

18 다음은 C언어 코드이다. 출력 결과를 쓰시오.

```c
#include <stdio.h>
#include <string.h>
#define MAX_RECORDS 4
#define MAX_DIVISION_LENGTH 20
typedef struct {
  int id;
  int subid;
  char division[MAX_DIVISION_LENGTH];
  int score;
} Record;

int main() {
  int i, sum1 = 0, sum2 = 0;
  Record r[MAX_RECORDS] = {
      {1, 101, "computer", 100},
      {2, 101, "computer", 80},
      {3, 201, "marketing", 90},
      {4, 202, "marketing", 80}
  };
  for (i = 0; i < MAX_RECORDS; i++) {
    if (strcmp(r[i].division, "computer") == 0) {
      sum1 += r[i].score;
    }
    else if (strcmp(r[i].division, "marketing") == 0) {
      sum2 += r[i].score;
    }
  }
  printf("%d %d\n", sum1, sum2);
  return 0;
}
```

---

19 다음은 C언어 코드이다. 출력 결과를 쓰시오.

```c
#include <stdio.h>
char *Strrchr(char* str, int c) {
  char *last = NULL;
  while (*str != '\0') {
    if(*str == c) {
      last = str;
    }
    str++;
  }
  if(c == '\0') {
    return str;
  }
  return last;
}

int main() {
  char *x = "Hello";
  char ch = 'e';
  char *result = Strrchr(x, ch);

  if (result != NULL) {
    printf("%c%d\n", ch, result - x);
  }
  else {
    printf("%c\n", ch);
  }
  return 0;
}
```

20 다음 설명에서 괄호 ( ) 안에 알맞은 용어를 쓰시오.

책번호	도서 이름	도서 가격	출판사	홈페이지
1	C언어	30000	A사	www.a.com
2	C++언어	25000	B사	www.b.com
3	JAVA언어	40000	B사	www.c.com

↓

책번호	도서 이름	도서 가격	출판사
1	C언어	30000	A사
2	C++언어	25000	B사
3	JAVA언어	40000	B사

출판사	홈페이지
A사	www.a.com
B사	www.b.com

- 〈책번호〉가 〈출판사〉에 영향을 주고, 〈출판사〉가 〈홈페이지〉에 영향을 주는 관계인 A→B이고, B→C이면서 A→C 관계가 같이 있는 경우를 (①)(이)라고 한다.
- 〈책번호, 출판사, 홈페이지〉를 한 테이블에 두는 것은 (①)(으)로 인해 (②)을/를 만족하지 못한다.
- 〈책번호〉는 〈홈페이지〉에 직접 영향을 주는 관계가 아니기 때문에(A→C 관계), 〈책번호, 출판사〉 테이블, 〈출판사, 홈페이지〉 테이블로 분리하여 (①)을/를 제거하여 (②)을/를 만족한다.

①: _____

②: _____

수제비 선/견/지/명 모의고사 26회

01 다음 괄호 ( ) 안에 들어갈 용어를 쓰시오. ▶ 14년 1회

(①)은/는 정보 위주의 분석 처리를 의미하며, 다양한 비즈니스 관점에서 쉽고 빠르게 다차원적인 데이터에 접근하여 의사 결정에 활용할 수 있는 정보를 얻을 수 있게 해 주는 기술이고, (②)은/는 호스트 컴퓨터가 데이터베이스를 액세스하고, 바로 처리 결과를 돌려보내는 기술이다.

①: _____

②: _____

02 다음 괄호 ( ) 안에 알맞은 연산자 기호를 쓰시오.

순수 관계 연산자 중에서 두 테이블의 공통 속성을 기반으로 각 테이블의 튜플을 결합하여 새로운 튜플을 생성하는 관계형 연산자의 기호는 (①)이고, 릴레이션 R에서 조건을 만족하는 튜플 반환하는 연산자의 기호는 (②)이다.

①: _____

②: _____

03 다음은 C언어 코드이다. 출력 결과를 쓰시오.

```
01  #include <stdio.h>
02  int main( ){
03    if(0.5)
04      printf("A");
05    else if(1)
06      printf("B");
07      if(-1)
08        printf("C");
09    else
10      printf("D");
11
12    return 0;
13  }
```

04 다음 괄호 ( ) 안에 들어갈 용어를 쓰시오. ▶ 13년 3회

(①)은/는 ID와 패스워드를 종합적으로 관리해 주는 역할 기반의 사용자 계정 관리 솔루션으로 ID 도용이나 분실로 인한 보안 사고에 대비하여 보안 관리자에게는 사용자 역할에 따른 계정 관리를, 사용자에게는 자신의 패스워드에 대한 자체 관리 기능을 제공한다. 또한 (②)은/는 기업이 직면하는 주요 경영 위험들을 전사적인 차원에서 통합 관리하는 전사적 위험관리를 말한다.

①: _____

②: _____

05 다음은 자바 코드이다. 출력 결과를 쓰시오.

```
01  class Calc {
02    void func() {
03      System.out.println("AAA");
04    }
05    void func(int a) {
06      System.out.print(a);
07    }
08    void func(int a, int b) {
09      int c = a + b;
10      for(int i=0;i<c;i++){
11        if(i%3==0){
12          func(i);
13        }
14      }
15    }
16  }
17  class Soojebi{
18    public static void main(String[] args){
19      Calc c = new Calc();
20      c.func(2, 3);
21    }
22  }
```

06 다음은 파이썬 코드이다. 출력 결과를 쓰시오.

```
01  a = [2, 4, 6]
02  a.insert(0, 3)
03  print(a.pop())
04  print(a)
```

---

07 다음 괄호 ( ) 안에 공통으로 들어갈 용어를 쓰시오.

▶ 18년 2회

( )은/는 자동차와 정보통신기술을 연결시켜서 양방향 인터넷 및 모바일 서비스 이용이 가능한 차량을 말한다. ( )은/는 e-Mail, 동영상, SNS뿐만 아니라, 다른 차량이나 교통 및 통신 기반 시설과 무선으로 연결하여 원격 차량 제어 및 관리, 내비게이션, 위험경고 등의 서비스를 받을 수 있고, 또한 자동차 충전, 운전자 건강 상태 확인, 자율 주행, 혈중 농도 체크 등을 포함한 다양한 서비스가 추가되고 있다.

---

08 다음은 소프트웨어 테스트 원리에 대한 설명이다. 괄호 ( ) 안에 들어갈 원리를 보기에서 골라서 기호로 쓰시오.

- (①) 원리는 동일한 테스트 케이스에 의한 반복적 테스트는 새로운 버그를 찾지 못한다는 원리이다.
- (②) 원리는 요구사항을 충족시켜주지 못한다면, 결함이 없다고 해도 품질이 높다고 볼 수 없다는 원리이다.

ㅡ보기ㅡ
㉠ 결함 존재 증명   ㉡ 완벽 테스팅 불가능
㉢ 초기 집중   ㉣ 결함 집중
㉤ 살충제 패러독스   ㉥ 정황 의존성
㉦ 오류-부재의 궤변

①: _____
②: _____

---

09 다음은 [학생] 테이블이다. [학생] 테이블에서 이름이 '이광수'인 튜플의 상태를 '매국노'로 변경하는 쿼리를 작성하시오.

[학생]

학번	이름
321219	윤봉길
100326	안중근
571010	최남선
501025	이광수

---

10 다음은 C언어 코드이다. 출력 결과를 쓰시오.

```
01  #include <stdio.h>
02  int main(){
03    int a[3][4] = {1,2,3,4,5,6,1,2,3,4,5,6};
04    int *p = a[1]+2;
05    int *q = &a[2][1];
06
07    printf("%d", p[1]+1);
08    printf("%d", q[-1]-1);
09    return 0;
10  }
```

---

11 다음 괄호 ( ) 안에 들어갈 키의 종류를 쓰시오.

▶ 14년 2회

테이블의 튜플들을 고유하게 식별하는 컬럼으로 주민번호, 학번과 같이 중복되지 않는 값을 가지는 키는 (①)이고, 후보 키 중에서 (①)로 선택되지 않은 키는 (②) 이다.

①: _____
②: _____

12 다음 괄호 ( ) 안에 들어갈 공격 기법을 쓰시오.

> 컴퓨터 사용자의 키보드 움직임을 탐지해서 저장하고, ID나 패스워드, 계좌 번호, 카드 번호 등과 같은 개인의 중요한 정보를 몰래 빼가는 해킹 공격은 (①)이고, 악의적인 해커가 불특정 웹 서버와 웹 페이지에 악성 스크립트를 설치하고, 불특정 사용자 접속 시 사용자 동의 없이 실행되어 의도된 멀웨어 서버로 연결하여 감염시키는 공격 기법은 (②)이다.

①: _____

②: _____

13 다음은 C언어 코드이다. 출력 결과를 쓰시오.

```
01  #include <stdio.h>
02  int main(){
03    int ret = 4;
04
05    switch(++ret){
06    case 5: ret+=2;
07    case 3: ret++; break;
08    case 4: ret++;
09    default: ret*=2;
10    }
11
12    printf("%d\n", ret);
13    return 0;
14  }
```


14 다음은 파이썬 코드이다. 출력 결과를 쓰시오.

```
01  x = {2: 'apple', 1: 'banana', 3: 'cherry',\
       4: 'durian'}
02  print(x.pop(2))
03  print(x)
```


15 리눅스(Linux)에서 사용자에게 읽기/쓰기 권한을 부여하고, 그룹에게는 읽기/쓰기/실행을 부여하고, 그 이외에는 읽기 권한을 soojebi.txt 파일에 부여하기 위한 명령어는 다음과 같다. 빈칸에 들어갈 답을 작성하시오. (8진법을 사용)

> (①) (②) soojebi.txt

①: _____

②: _____

16 다음 괄호 ( ) 안에 들어갈 용어를 쓰시오.

> 소프트웨어 재사용 방법 중 (①) 방법은 전자 칩과 같은 소프트웨어 부품, 즉 블록(모듈)을 만들어서 끼워 맞추어 소프트웨어를 완성시키는 방법으로, 블록 구성 방법이라고 한다. 또한 (②) 방법은 추상화 형태로 쓰인 명세를 구체화하여 프로그램을 만드는 방법으로, 패턴 구성 방법이라고 한다.

①: _____

②: _____

17 소프트웨어 개발사의 네트워크에 침투하여 소스 코드의 수정 등을 통해 악의적인 코드를 삽입하거나 배포 서버에 접근하여 악의적인 파일로 변경하는 방식을 통해 사용자 PC에 소프트웨어를 설치 또는 업데이트 시에 자동적으로 감염되도록 하는 공격 기법을 무엇이라고 하는지 쓰시오.

18 다음에서 설명하는 네트워크 기반 공격 방법은 무엇인지 쓰시오.

- TCP 헤더 정보를 보고 패킷을 걸러내는 방화벽을 우회하기 위한 공격 방법이다.
- IP 단편 옵션을 이용하여 매우 작게 패킷을 나누어서 TCP 헤더 자체가 분리되도록 만든다.
- 일부 패킷 필터는 첫 번째 단편만 검사하고, 나머지 단편은 모두 통과시키기 때문에 이러한 공격 방법이 유효할 수 있다.

_____

19 다음은 자바 코드이다. 출력 결과를 쓰시오.

```java
public class Soojebi {
  public static void main (String[] args){
    Map h = new HashMap();
    h.put(1, "A");
    System.out.print(h);
    h.put(1, "C");
    System.out.print(h);
    h.put(2, "D");
    System.out.print(h);
    h.remove(1);
    System.out.print(h);
    System.out.print(h.get(2));
    System.out.print(h.size( ));
  }
}
```

20 다음은 IT 업무 프로세스 관련 용어에 대한 설명이다. 괄호 ( ) 안에 들어갈 용어를 쓰시오. ▶ 12년 1회

(   )은/는 모든 프로세스에 적용할 수 있는 전방위 경영혁신 운동으로 미국에서 새롭게 각광받던 품질관리법으로 경영성과 평균 및 산포를 동시에 개선하는 방법으로 모토로라에 근무하던 마이클 해리에 의해 1987년 창안되었다.

_____

수제비 선/견/지/명 모의고사 27회

01 네트워크상에서 자신이 아닌 다른 상대방들의 패킷 교환을 엿듣는 행위로, 공격 대상에게 직접 공격을 하지 않고 데이터만 몰래 들여다보는 수동적 공격 기법을 무엇이라고 하는지 쓰시오. ▶ 18년 1회

02 다음 괄호 ( ) 안에 들어갈 용어를 쓰시오.

(①)은/는 CAD 프로그램으로 설계한 파일, 산업용 스캐너, 의료용 스캐너, 비디오 게임 등의 3차원 설계 데이터를 기반으로 실물모형, 프로토타입, 툴 및 부품 등을 손으로 만질 수 있는 실제 물체로 만들어 내는 기술이고, (②)은/는 인간의 개입 없이 특정 시간이나 환경 조건이 갖춰지면 스스로 형태를 변화시키거나 제조되는 자가 조립 기술이 적용된 프린팅 기술로 다중적 (①)을/를 통해 복합물질을 형성하고, 자가 변환이라는 새로운 기능이 추가된 기술이다.

①: _____
②: _____

03 하나의 멀티미디어 콘텐츠(영화, 음악 등)를 N개의 기기에서 '연속적으로' 자유롭게 이용할 수 있는 서비스 및 기술을 무엇이라고 하는지 쓰시오. ▶ 18년 1회

04 CPU가 프로그램을 실행하고 있을 때, 입출력 하드웨어 등의 장치에 예외상황이 발생하여 처리가 필요할 경우, CPU가 처리하던 프로그램을 중단하고, 문제를 해결하도록 보내지는 제어 신호를 무엇이라고 하는지 쓰시오. ▶ 12년 1회

05 다음과 같이 '상품' 테이블이 존재할 때, 가격이 50000원보다 크거나 같고 100000원보다 작거나 같으면서 모델명이 L로 시작하는 상품의 모델명, 가격을 출력하는 쿼리를 작성하시오.

[상품]

제품번호	모델명	가격
100	L101-002	50000
200	L111-010	80000
300	C222-011	20000
400	L201-003	110000
500	P200-001	180000
600	L301-005	150000

06 다음은 파이썬 코드이다. 출력 결과를 쓰시오.

```
01  l = [2, 4, 6, 8]
02  l.append(10)
03  l.remove(2)
04  print(l[2]+l[3])
```

07 다음 괄호 ( ) 안에 들어갈 용어를 영어 약자 또는 영어로 쓰시오.

( )은/는 개발할 소프트웨어의 사용자 요구사항 및 시스템 요구사항을 상세하게 명세화한 산출물로 개발팀과 고객 간의 소통을 돕고, 개발 과정에서 참조할 기준을 제시하여 일관성을 유지하는 데 중요한 역할을 한다.

08 다음에서 설명하는 보안 공격 기법은 무엇인지 쓰시오.

공격자가 다량의 잘못된 MAC 주소 정보를 스위치로 전송하여 스위치의 MAC 주소 테이블을 가득 채우면 스위치가 더미 허브(Dummy Hub)처럼 동작하여 특정 수신자에게 전송해야 할 패킷을 모든 매체에 전송하게 되고, 공격자는 스위치를 통해 전송되는 패킷을 스니핑하여 네트워크 내의 트래픽을 감청하는 공격 기법이다.

_____

09 다음은 스키마 유형에 관한 설명이다. 괄호 ( ) 안에 들어갈 용어를 쓰시오. ▶ 18년 2회

- (①) 스키마는 사용자나 응용 프로그래머가 각 개인의 입장에서 필요로 하는 데이터베이스의 논리적 구조를 정의한 것이다. 전체 데이터베이스의 한 논리적인 부분으로 볼 수 있으므로 서브 스키마라고도 한다. 하나의 데이터베이스 관리 시스템에서는 여러 개가 존재할 수 있다.
- (②) 스키마는 개체 간의 관계와 제약 조건을 나타내고 데이터베이스의 접근 권한, 보안 정책 및 무결성 규정에 관한 명세를 정의한 것이다. 데이터베이스의 전체적인 논리적 구조로서, 모든 응용 프로그램이나 사용자들이 필요로 하는 데이터를 통합한 조직 전체의 데이터베이스 명세로서 하나만 존재한다.
- (③) 스키마는 데이터베이스의 물리적 구조를 정의한 것으로, 물리적 저장장치의 관점에서 본 전체 데이터베이스의 명세로서 하나만 존재한다. 물리적 저장 구조에 대한 정의를 기술하고, 시스템 프로그래머나 시스템 설계자가 보는 관점의 스키마이다.

①: _____
②: _____
③: _____

10 다음은 C언어 코드이다. 출력 결과를 쓰시오.

```c
#include <stdio.h>
#include <stdio.h>
#include <stdlib.h>

typedef struct Graph {
  int num;
  int a[4][4];
} Graph;

void initGraph(Graph* graph, int vertices) {
  int i, j;
  graph->num = vertices;
  for (i = 0; i < vertices; i++) {
    for(j = 0; j < vertices; j++) {
      graph->a[i][j] = 0;
    }
  }
}
void addEdge(Graph* graph, int src, int dest) {
  graph->a[src][dest] = 1;
  graph->a[dest][src] = 1;
}

void DFS(Graph* graph, int vertex, int v[]) {
  int i;
  v[vertex] = 1;
  printf("%d ", vertex);
  for(i = 0; i < graph->num; i++) {
    if (graph->a[vertex][i] == 1 && !v[i]) {
      DFS(graph, i, v);
    }
  }
}

int main() {
  Graph g;
  int v[4] = {0};
  initGraph(&g, 4);
  addEdge(&g, 0, 1);
  addEdge(&g, 0, 2);
  addEdge(&g, 1, 3);
  addEdge(&g, 2, 3);
  DFS(&g, 0, v);
  return 0;
}
```

_____

11 다음과 같은 세그먼트 테이블을 가지는 시스템에서 논리 주소(3, 325)에 대한 물리 주소는 몇 번지가 되는지 쓰시오.

세그먼트 번호	시작 주소	길이(바이트)
0	670	248
1	1752	422
2	222	198
3	996	604

(　　　　　　)번지

12 다음에서 설명하는 신기술 용어는 무엇인지 쓰시오.

- 리눅스 재단의 오픈소스 블록체인 프로젝트로, 프라이빗 블록체인 기술의 표준이다.
- 허가된 사용자만 사용이 가능하고, 각각의 사용자에 대한 권한 설정이 가능하다.
- 필요한 구성요소만 선택하여 사용할 수 있는 모듈화된 구성요소를 가지고 있다.
- Go, Java, JavaScript 등 다양한 언어로 개발할 수 있다.

13 다음은 자바 코드이다. 출력 결과를 쓰시오.

```
01  public class Soojebi {
02    public static void main(String[] args) {
03      int[] arr = {-2, 1, -3, 4, -1};
04      System.out.println(maxSubArray(arr));
05    }
06    static int maxSubArray(int[] nums) {
07      int maxCurrent = nums[0];
08      int maxEnd = nums[0];
09      for(int i = 1; i < nums.length; i++) {
10        maxEnd = Math.max(nums[i], maxEnd + nums[i]);
11        maxCurrent = Math.max(maxCurrent, maxEnd);
12      }
13      return maxCurrent;
14    }
15  }
```

14 주어진 '성적' 테이블에서 학점은 내림차순 정렬을 수행하고, 같은 값일 때 이름을 오름차순으로 정렬하는 SQL을 작성하시오.

[성적]

이름	과목
김창완	자료구조
이승환	설계패턴
이문세	소프트웨어 공학
이지은	공업수학

15 다음 중 [급여] 테이블에서 부서의 직원들 급여 평균이 500 이상이면서 연차 평균이 10 이상인 부서명을 구하는 쿼리를 작성하시오.

[급여]

이름	부서	연차	급여
민준	영업	20	2000
서준	영업	15	1500
주원	영업	12	1200
예준	전산	12	1200
시우	전산	10	1000
준서	전산	5	500

[결과]

부서	연차평균	급여평균
영업	20	2000

16 다음은 C언어 코드이다. 출력 결과를 쓰시오.

```
#include <stdio.h>
int main(){
  char a[8] = "Hello";

  a[3] = NULL;
  printf("%s\n", a+1);
  printf("%s\n", a+4);
  return 0;
}
```

17 다음은 자바 프로그램이다. 출력 결과를 쓰시오.

```
class Parent {
  void show() {
    System.out.print("Parent");
  }
}
class Child extends Parent {
  void show() {
    System.out.print("Child");
  }
}
public class Soojebi {
  public static void main(String[] args) {
    Parent obj = new Child();
    ((Child) obj).show();
    ((Parent) obj).show();
  }
}
```

18 다음은 자바 프로그램이다. 출력 결과를 쓰시오.

```
public class Soojebi {
  public static void main(String[] args) {
    int a = 6, b = 8;
    System.out.println(lcm(a, b));
  }
  static int gcd(int a, int b) {
    return b == 0 ? a : gcd(b, a % b);
  }
  static int lcm(int a, int b) {
    return (a * b) / gcd(a, b);
  }
}
```

19 다음은 C언어 코드이다. 출력 결과를 쓰시오.

```
#include <stdio.h>
void fn(){
  static int a = 3;
  a = a + 1;
  printf("%d ", a);
}
int main(){
  int a = 3, b = 4;
  {
    int a = 5;
    printf("%d %d ", a, b);
  }
  printf("%d %d ", a, b);
  fn();
  fn();
  return 0;
}
```

20 다음 괄호 ( ) 안에 들어갈 프로토콜의 기본 요소를 쓰시오.

> 서로 다른 시스템에 있는 두 개체 간의 데이터 교환을 원활히 하기 위한 일련의 통신규약인 프로토콜에는 세 가지 기본 요소가 있다.
> (①)은/는 시스템 간의 정보 전송을 위한 데이터 형식, 코딩, 신호 레벨 등의 규정이고, (②)은/는 시스템 간의 정보 전송을 위한 제어 정보로 조정과 에러 처리를 위한 규정이다. 그리고 (③)은/는 시스템 간의 정보 전송을 위한 속도 조절과 순서 관리 규정이다.

①: _____

②: _____

③: _____

수제비 선/견/지/명 모의고사 28회

01 비용 산정 모형 중 전문가의 경험적 지식을 통한 문제 해결 및 미래예측을 위한 기법으로 전문가 합의법이라고도 하는 용어는 무엇인지 쓰시오.

02 오픈 소스를 기반으로 한 분산 컴퓨팅 플랫폼으로 일반 PC급 컴퓨터들로 가상화된 대형 스토리지를 형성하고, 그 안에 보관된 거대한 데이터 세트를 병렬로 처리할 수 있도록 개발된 자바 소프트웨어 프레임워크를 무엇이라고 하는지 쓰시오.   ▶ 12년 2회

03 다음 괄호( ) 안에 들어갈 용어를 쓰시오.

> IPv4에서 IPv6로 전환하는 기술에는 세 가지가 있다. 먼저 (①) 기술은 IP 계층에 두 가지(IPv4, IPv6)의 프로토콜이 모두 탑재되어 있고 통신 상대방에 따라 해당 IP 스택을 선택하는 방법이고, (②) 기술은 IPv6 망에서 인접한 IPv4 망을 거쳐 다른 IPv6 망으로 통신할 때 IPv4 망에 터널을 만들고 IPv4에서 사용하는 프로토콜로 캡슐화하여 전송하는 방법이다. 마지막으로 (③) 기술은 IPv4 망과 IPv6 망 사이에 주소변환기(IPv4-IPv6 게이트웨이)를 사용하여 서로 다른 네트워크상의 패킷을 변환시키는 방법이다.

①: _____
②: _____
③: _____

04 다음은 클라우드 보안 관련 사항이다. 괄호( ) 안에 들어갈 용어를 쓰시오.

> (①)은/는 기업의 비용과 시간, 인력에 대한 리소스 투자를 최소화하기 위해 클라우드 인프라를 통해 전문화된 보안 기능을 클라우드 형태로 제공하는 서비스이고, (②)은/는 클라우드 서비스 이용 시 접근통제, 암호화, 로깅 등 사용자와 클라우드 사이에서 보안 기능을 수행하는 중개시스템(Broker)이다.

①: _____
②: _____

05 다음은 [급여] 테이블이다. 다음 [쿼리]를 실행했을 때 튜플의 수는 얼마인지 쓰시오.

[급여]

사번	이름	연봉
202101	유재석	2500
202102	박명수	8200
202103	하동훈	5500
202104	김종국	9800

[쿼리]
```
SELECT * FROM 직원 WHERE 연봉 >= 5500 UNION
SELECT * FROM 직원 WHERE 연봉 >= 7000;
```

06 병행 제어 기법 중 같은 자원을 액세스하는 다중 트랜잭션 환경에서 DB의 일관성과 무결성을 유지하기 위해 트랜잭션의 순차적 진행을 보장하는 직렬화 기법은 무엇인지 쓰시오.   ▶ 15년 2회

07 다음은 C언어 코드이다. 출력 결과를 쓰시오.

```c
#include <stdio.h>
int main( ){
  int a[5] = {2, 4, 1, 3, 0};
  printf("%d%d", a[a[4]], a[3]+a[1]);
  return 0;
}
```

08 다음은 C언어 코드이다. 출력 결과를 쓰시오.

```c
#include <stdio.h>
#define ROWS 2
#define COLS 2
int main() {
  int i, j;
  int m1[ROWS][COLS] = {{1, 2}, {4, 5}};
  int m2[ROWS][COLS] = {{9, 8}, {6, 5}};
  int result[ROWS][COLS];
  for (i = 0; i < ROWS; i++) {
    for (j = 0; j < COLS; j++) {
      result[i][j] = 0;
      for (int k = 0; k < COLS; k++) {
        result[i][j] += m1[i][k] * \
m2[k][j];
      }
    }
  }
  for (i = 0; i < ROWS; i++) {
    for (j = 0; j < COLS; j++) {
      printf("%d", result[i][j]);
    }
  }
  return 0;
}
```

09 다음은 자바 코드이다. 출력 결과를 쓰시오.

```java
public class Soojebi {
  public static void main(String[] args) {
    String str = "Soojebi is The Best";
    String[] arr = str.split(" ");
    for (String s : arr) {
      System.out.print(s.length());
    }
  }
}
```

10 다음은 자바 코드이다. 밑줄에 들어갈 알맞은 코드를 쓰시오.

```java
interface ICar{
  void move();
}
class ConCar _____ ICar{
  public void move(){
    System.out.print("이동");
  }
}

public class Soojebi{
  public static void main(String[] args){
    ICar c = new ConCar();
    c.move();
  }
}
```

11 다음은 파이썬 코드이다. 출력 결과를 쓰시오.

```python
country = ['Korea', 'USA']
for i in country:
  for j in i:
    print(j*2, end='')
```

12 다음 괄호 ( ) 안에 들어갈 소프트웨어 아키텍처 패턴의 유형을 쓰시오.

> 소프트웨어 아키텍처 패턴의 유형 중 (①)은/는 대화형 애플리케이션을 모델, 뷰, 컨트롤러 3개의 서브 시스템으로 구조화하는 소프트웨어 아키텍처이고, (②)은/는 주로 분산 시스템에서 사용되며, 서로 다른 컴포넌트들이 직접 연결되지 않고 중개자를 통해 상호작용하고, 원격 서비스 실행을 통해 상호작용할 수 있는 패턴으로 결합도를 낮추고 유연성이 높다.

① : _____

② : _____

13 다음은 IT와 기간산업의 융합, IoT 확산과 함께 점차 발전하는 기술에 대한 설명이다. 괄호 ( ) 안에 들어갈 용어를 쓰시오.　▶ 14년 2회

> ( )은/는 IEEE 802.15.4g 표준에 기반을 둔 기술로, 900MHz 대역을 활용한 근거리 무선 통신 기술로 스마트 그리드와 연계하여 전기, 수도, 가스 등의 공급자가 무선 네트워크를 이용하여 에너지를 효율적으로 관리할 수 있도록 특화된 무선 통신 기술이다.

_____

14 [급여] 테이블 명세는 다음과 같다.

[급여]

속성명	데이터타입
사번	INTEGER
직책	VARCHAR(20)
연봉	INTEGER

① [급여] 테이블의 모든 데이터를 삭제하는 쿼리를 DDL로 작성하시오.

② [급여] 테이블의 모든 데이터를 삭제하는 쿼리를 DML로 작성하시오.

① : _____

② : _____

15 MSA, BaaS, FaaS 등의 기술을 활용하여 서버가 없는 것과 같이 직접 해당 이벤트에 접근하여 처리하는 컴퓨팅 기술은 무엇인지 쓰시오.

_____

16 다음은 죽음의 핑(PoD; Ping of Death) 기법에 대한 설명이다. 괄호 ( ) 안에 들어갈 용어를 쓰시오.

> 죽음의 핑 공격은 ( ) 패킷을 정상적인 크기보다 아주 크게 만들어 전송하면 다수의 IP 단편화가 발생하고, 수신 측에서는 단편화된 패킷을 처리(재조합)하는 과정에서 많은 부하가 발생하거나, 재조합 버퍼의 오버플로우가 발생하여 정상적인 서비스를 하지 못하도록 하는 공격 기법이다.

_____

17 다음은 암호화 알고리즘에 대한 설명이다. 괄호 ( ) 안에 들어갈 암호화 알고리즘을 쓰시오.

> - (①) 암호화 알고리즘은 안전한 해시 알고리즘의 한 종류로서 256비트의 해시값을 생성하고, 출력 속도가 빠르다는 장점을 갖고 있고, 단방향성의 성질을 띠고 있는 암호화 방법으로 복호화가 불가능하다.
> - (②) 암호화 알고리즘은 1999년 국내 한국인터넷진흥원(KISA)이 개발한 블록 암호화 알고리즘으로 128비트 비밀키로부터 생성된 16개의 64비트 라운드 키를 사용하여 총 16회의 라운드를 거쳐 128비트의 평문 블록을 128비트 암호문 블록으로 암호화하여 출력하는 방식이다.

① : _____

② : _____

18 다음은 자바 코드이다. 출력 결과를 쓰시오.

```
01  class A {
02    A() {
03      C();
04      System.out.print("X");
05    }
06    void C() {
07      System.out.print("Y");
08    }
09  }
10  class B extends A {
11    String text = "Z";
12    B() {
13      super();
14      System.out.print("W");
15    }
16    void C() {
17      if (text != null) {
18        System.out.print(text.length());
19      }
20      else {
21        System.out.print("?");
22      }
23    }
24  }
25  public class Soojebi {
26    public static void main(String[] args) {
27      A obj = new B();
28    }
29  }
```

19 다음 C언어 코드이다. 출력 결과를 쓰시오.

```
01  #include <stdio.h>
02  #include <string.h>
03  int main(){
04    char str1[11] = "ABCDE";
05    char str2[6] = {'1', '2', '3', '4', '5'};
06    char* p1 = str1+1;
07    char* p2 = str2+3;
08    str1[1]=p2[-2];
09    str2[3]=p1[1];
10    strcpy(str1, str2);
11    printf("%s", p1+2);
12    return 0;
13  }
```

20 다음 괄호 ( ) 안에 들어갈 용어를 쓰시오.

(①)은/는 기존 무선 랜의 한계 극복을 위해 등장하였으며, 대규모 디바이스의 네트워크 생성에 최적화되어서 차세대 이동통신, 홈 네트워킹, 공공 안전 등의 특수목적을 위해 사용되는 새로운 방식의 네트워크 기술이다. 또한, (②)은/는 기기를 키오스크에 갖다 대면 원하는 데이터를 바로 가져올 수 있는 기술로 10cm 이내 근접 거리에서 기가급 속도로 데이터 전송이 가능한 초고속 근접 무선통신(NFC; Near Field Communication) 기술이다.

①: _____

②: _____

수제비 선/견/지/명 모의고사 29회

01 다음이 설명하는 통신 기술은 무엇인지 쓰시오.

▶ 12년 3회

- 13.56MHz 주파수를 사용하고, 424Kbps의 속도로 데이터를 전송하는 RFID의 확장 기술로, 10cm 이내에서 저전력, 비접촉식 무선 통신 기술
- 고주파(HF)를 이용하는 ISO/IEC 18092 표준으로 아주 가까운 거리에서 양방향 통신을 지원

---

02 다음은 자바 코드이다. 출력 결과를 쓰시오.

```
01  class Parent {
02    Parent() {
03      this.show();
04      System.out.print("A");
05    }
06    void show() {
07      System.out.print("B");
08    }
09  }
10  class Child extends Parent {
11    int value = 20;
12    Child() {
13      super();
14      System.out.print("C");
15    }
16    void show() {
17      System.out.print("D");
18    }
19  }
20  public class Soojebi {
21    public static void main(String[] args) {
22      Parent obj = new Child();
23    }
24  }
```

---

03 프로세스의 도착시간과 실행시간이 다음과 같을 때, SRT 스케줄링을 적용한 평균 반환시간과 평균 대기시간은 얼마인지 쓰시오.

작업	도착시간	실행시간
P1	0	3
P2	1	6
P3	2	2
P4	3	7

① 평균 반환시간: _____

② 평균 대기시간: _____

---

04 FTP(File Transfer Protocol)와 TFTP(Trivial File Transfer Protocol)가 사용하는 전송계층 프로토콜은 무엇인지 쓰시오.

① FTP: _____

② TFTP: _____

---

05 다음 괄호 ( ) 안에 들어갈 용어를 쓰시오.

(①)은/는 TCP 프로토콜의 구조적인 문제를 이용한 공격으로 서버의 동시 가용 사용자 수를 SYN 패킷만 보내 점유하여 다른 사용자가 서버를 사용 불가능하게 하는 공격이고, (②)은/는 출발지 주소를 공격 대상의 IP로 설정하여 네트워크 전체에게 ICMP Echo 패킷을 직접 브로드캐스팅하여 마비시키는 공격이다.

①: _____

②: _____

06 다음 중 [정처기] 테이블에서 필기 점수가 NULL이 아닌 '수험자명'을 출력하는 쿼리를 작성하시오.

[정처기]

수험자명	필기	실기
엑소	80	NULL
BTS	NULL	100
세븐틴	NULL	NULL
비투비	80	70

[결과]

수험자명
엑소
비투비

07 다음은 C언어 코드이다. 출력 결과를 쓰시오.

```
01  #include<stdio.h>
02
03  int main() {
04    int sum = 0;
05    int i = 329;
06    do {
07      sum = 999 % i;
08      i++;
09    }while (sum != 0);
10
11    printf("%d", i);
12    return 0;
13  }
```

08 데이터베이스 시스템에서 삽입, 갱신, 삭제 등의 이벤트가 발생할 때마다 관련 작업이 자동으로 수행되는 절차형 SQL은 무엇인지 쓰시오. ▶ 11년 3회, 19년 3회

09 다음은 C언어 코드이다. 첫 번째에는 string을 입력하고, 두 번째는 test를 입력했을 때 밑줄 친 곳의 출력 결과를 쓰시오.

```
01  #include <stdio.h>
02  #include <stdlib.h>
03  #include <string.h>
04
05  int main(){
06    char temp[128];
07    char *p[2];
08    int size;
09    int i, j;
10
11    for(i=0; i<2; i++){
12      printf("입력 %d: ", i+1);
13      scanf("%s", temp);
14      size = strlen(temp);
15
16      p[i] = (char*)malloc(sizeof(char)\
  *(size+1));
17
18      for(j=0; j<size; j++){
19        p[i][j] = temp[size-j-1];
20      }
21      p[i][size] = '\0';
22    }
23
24    for(i=1; i>=0; i--){
25      printf("출력 %d: ", i+1);
26      printf("%s\n", p[i]);
27      free(p[i]);
28    }
29
30    return 0;
31  }
```

[화면]
입력1: string
입력2: test

10 다음 괄호 ( ) 안에 들어갈 테스트 기법을 쓰시오.

테스트 목적에 따른 분류 중 (①)은/는 시스템에 고의로 실패를 유도하고, 시스템의 정상적 복귀 여부를 테스트하는 기법이고, (②)은/는 불법적인 소프트웨어가 접근하여 시스템을 파괴하지 못하도록 소스 코드 내의 보안적인 결함을 미리 점검하는 테스트 기법이다.
또한 (③)은/는 오류를 제거하거나 수정한 시스템에서 오류 제거와 수정에 의해 새로이 유입된 오류가 없는지 확인하는 일종의 반복 테스트 기법이다.

①: _____
②: _____
③: _____

11 다음은 파이썬 코드이다. 출력 결과를 쓰시오.

```python
a=[10,20,30,40,50,60,70,80,90]
print(a[3])
print(a[-5])
print(a[:7:2])
print(a[3:])
print(a[:5])
```

12 다음 ①, ②에 들어갈 웹 공격 기법을 쓰시오.

- (①)은/는 웹 해킹으로 서버 권한을 획득한 후, 해당 서버에서 공격자의 PC로 연결하고 공격자가 직접 명령을 입력하여 개인정보 전송 등의 악의적인 행위를 하는 공격이다. 이 기법은 방화벽의 내부에서 외부로 나가는 패킷에 대한 아웃바운드 필터링을 수행하지 않는 허점을 이용한다.
- (②)은/는 공격자가 웹 서버의 게시판 등에 악성 스크립트를 삽입한 후, 사용자의 쿠키와 같은 개인정보를 특정 사이트로 전송하게 하거나 악성 파일을 다운로드하여 실행하도록 유도하는 공격이다.

①: _____
②: _____

13 192.168.1.0/24 네트워크를 FLSM 방식을 이용하여 8개의 Subnet으로 나누고 IP Subnet-Zero를 적용했다. 이때 Subnetting 된 네트워크 중 7번째 네트워크의 3번째 사용 가능한 IP를 쓰시오.

_____

14 다음 괄호 ( ) 안에 들어갈 용어를 쓰시오.

테스트의 결과가 참인지 거짓인지를 판단하기 위해서 사전에 정의된 참값을 입력하여 비교하는 기법인 테스트 오라클의 종류에는 4가지가 있다. 그중 (①)은/는 모든 입력값에 대하여 기대하는 결과를 생성함으로써 발생된 오류를 모두 검출할 수 있는 오라클이고, (②)은/는 특정 몇 개의 입력값에 대해서만 기대하는 결과를 제공해 주는 오라클이다.

①: _____
②: _____

15 다음은 자바 코드이다. 출력 결과를 쓰시오.

```java
public class Soojebi {
  public static void main(String[] args) {
    int[][] n = {{1,2}, {4,2,6}, \
{2,2,3,4}};
    int sum=0;

    for(int i = 0; i < n.length; i++) {
      for(int var2 : n[i]){
        if(var2 > n[i][0])
          sum+=var2;
      }
    }
    System.out.println(sum);
  }
}
```

16 URL의 표기법과 구성요소는 다음과 같다. 괄호 ( ) 안에 들어갈 구성요소를 쓰시오.

```
scheme://[userinfo@] host [:port] [/path] [? query] [#fragment]
```

- (①)은/는 URL의 시작 부분으로 자원에 접근하는 프로토콜을 나타내는 요소이다.
- (②)은/는 선택적 요소로, 자원 내에서 특정 부분을 지정하는 요소로, 브라우저가 해당 위치로 스크롤 할 때 사용하는 html 내부 북마크 등에 사용된다.

①: _____

②: _____

17 다음에서 설명하는 용어를 쓰시오.

> 소프트웨어의 제어 흐름을 그래프로 표현하고 소스 코드의 복잡도를 노드 수와 간선 수의 계산을 통해 정량적으로 나타내는 지표이다.

18 다음은 C언어 코드이다. 출력 결과를 쓰시오.

```c
#include <stdio.h>
int main() {
    int x, y;
    int z[4][3] = {1, 2, 3, 4, 5, 6, 7, 8, 9};
    int* p[3] = { &z[0][1], &z[2][0], z[0]};
    printf("%d\n", p[1][1] + *(p[1]+2) + \*p[0]);
    return 0;
}
```

19 다음은 자바 프로그램이다. 이 코드를 실행했을 때 오류가 발생하는 지점의 줄 번호를 쓰시오.

```java
01  public class Soojebi {
02    public int calculate(int a, int b) {
03      return a + b;
04    }
05    public void calculate(int a, float b) {
06      System.out.println(a * b);
07    }
08    public void calculate(int a, int b) {
09      System.out.println(a * b);
10    }
11    public void calculate(int a, int b, int c) {
12      System.out.println(a * b);
13    }
14    public static void main(String[] args) {
15      Soojebi obj = new Soojebi();
16      System.out.println(obj.calculate(3, 5));
17    }
18  }
```

_____ 번째 줄에서 오류 발생

20 다음은 콘텐츠 보안과 관련된 내용이다. 괄호 ( ) 안에 들어갈 올바른 용어를 쓰시오. ▶ 15년 2회

> ( )은/는 디지털 콘텐츠에 대한 권리정보를 지정하고 암호화 기술을 이용하여 허가된 사용자의 허가된 권한 범위 내에서 콘텐츠의 이용이 가능하도록 통제하는 기술 및 시스템이다.

수제비 선/견/지/명 모의고사 30회

01 기업의 내부 환경과 외부 환경을 분석하여 기업의 강점, 약점, 기회, 위협 요인을 규정하고 이를 토대로 경영 전략을 수립하는 방법을 무엇이라고 하는지 쓰시오. ▶ 17년 1회

02 개념 관점, 역할기반 관점, 활동평가 관점, 활동구현 관점, 취약성 관점 등의 활동 중심, 역할기반의 프로세스로 구성된 보안 프레임워크로 이미 운영 중인 시스템에 적용하기 쉬운 보안 개발방법론을 무엇이라고 하는지 쓰시오. ▶ 18년 1회

03 다음은 통신 프로토콜에 대한 설명이다. 괄호 ( ) 안에 들어갈 용어를 쓰시오. ▶ 11년 1회

> (   )은/는 네트워크 계층(3계층)에서 IP 패킷을 처리할 때 발생되는 문제를 알려주고, 수신지 도달 불가 메시지를 사용하여 수신지 또는 서비스에 도달할 수 없는 호스트를 통지하는 데 사용하는 프로토콜이다.

04 다음은 무선 보안과 관련된 내용이다. 괄호 ( ) 안에 들어갈 올바른 용어를 쓰시오. ▶ 11년 2회

> (   )은/는 Wi-Fi 네트워크의 보안 기술이다. WEP(Wired Equivalent Privacy)의 약점에 대응하여 개발되었다. WEP의 인증 및 암호화 기능을 향상시켰다.

05 다음은 C언어 코드이다. 출력 결과를 쓰시오.

```
01  #include <stdio.h>
02  int main(){
03    char *p = "SOOJEBI";
04    printf("%s/n", p);
05    printf("%c", p[5]);
06    printf("%s", p+1);
07    printf("%c", *p);
08    printf("%c", *(p+2));
09    printf("%c", *p+3);
10    return 0;
11  }
```

06 다음은 자바 코드이다. 출력 결과를 쓰시오.

```
01  public class Soojebi {
02    public static void main(String[] args) {
03      String sentence = "bob arora teach \
malam";
04      int count = 0;
05      for (String word : sentence.split(" ")) {
06        if (soojebi(word)) count++;
07      }
08      System.out.println(count);
09    }
10    static boolean soojebi(String word) {
11      for (int i = 0; i < word.length() / 2; i++) {
12        if (word.charAt(i) != word.charAt\
(word.length() - 1 - i)) {
13          return false;
14        }
15      }
16      return true;
17    }
18  }
```

07 다음은 C언어 코드이다. 출력 결과를 쓰시오.

```
01  #include <stdio.h>
02  int main( ){
03    int a[4][4] = {{1, 2}, {3, 4, 5}, 6, 7};
04    int i,j;
05
06    for(i=0; i<4; i++){
07      for(j=0; j<4; j++){
08        printf("%d", a[i][j]);
09      }
10    }
11
12    return 0;
13  }
```

08 다음은 웹 및 인터페이스 관련 언어에 대한 설명이다. 괄호 ( ) 안에 들어갈 용어를 쓰시오.

- (①)은/는 웹을 이루는 가장 기초적인 구성요소로, 웹 콘텐츠의 의미와 구조를 정의할 때 사용하는 언어로 인터넷 웹(WWW) 문서를 표현하는 표준화된 언어이다.
- (②)은/는 웹 페이지의 스타일을 지정하기 위해 사용되는 언어로 콘텐츠가 화면에 어떻게 표시될지를 결정하는 역할을 하는 언어이다.
- (③)은/는 (①)의 단점을 보완한 인터넷 언어로, SGML의 복잡한 단점을 개선한 특수한 목적을 갖는 마크업 언어이다.

①: _____

②: _____

③: _____

09 UI 개발과 관련된 주요 기법에 대한 설명이다. 괄호 ( ) 안에 들어갈 용어를 쓰시오.

- (①)은/는 잠재적 사용자의 다양한 목적과 관찰된 행동 패턴을 응집시켜 놓은 가상의 사용자
- (②)은/는 집단적 창의적 발상 기법으로 집단에 소속된 인원들이 자발적으로 자연스럽게 제시된 아이디어 목록을 통해서 특정한 문제에 대한 해답을 찾고자 하는 회의 기법
- (③)은/는 사용자가 직접 제품을 사용하면서 미리 작성된 시나리오에 맞추어 과제를 수행한 후, 질문에 답하도록 하는 테스트

①: _____

②: _____

③: _____

10 다음은 C언어 코드이다. 출력 결과를 쓰시오.

```
01  #include <stdio.h>
02  int soojebi(char *str) {
03    int sum;
04    for(sum=0; str[sum]!=0; sum++);
05    return sum;
06  }
07  int main() {
08    char p[] = "Soojebi";
09    int sum = soojebi(p+3);
10    printf("%d\n", sum);
11    return 0;
12  }
```

11 다음은 자바 코드이다. 출력 결과를 쓰시오.

```
01  import java.util.Arrays;
02  import java.util.List;
03  public class Soojebi {
04    public static void main(String[] args) {
05      List<String> words = Arrays.\
asList("apple", "bird", "captain", "day");
06      words.stream()
07        .map(w -> w.toUpperCase().replace\
('A', '@'))
08        .forEach(w -> System.out.print\
(w + " "));
09    }
10  }
```

12 다음 괄호 ( ) 안에 들어갈 용어를 쓰시오.

> 클래스 간의 관계 중 (①)은/는 추상 클래스나 인터페이스를 상속받아 자식 클래스가 추상 메서드를 구현할 때 사용하는 관계로 사물이 할 수 있거나, 해야 하는 기능으로 서로를 그룹화할 수 있는 관계를 표현한다. (①)은/는 사물에서 기능 쪽으로 속이 빈 점선 화살표를 연결하여 표현한다.
> (②)은/는 하나의 객체에 여러 개의 독립적인 객체들이 구성되는 관계로 하나의 사물이 다른 사물에 포함되어 있는 관계를 표현하고 포함되는 쪽(부분)에서 포함하는 쪽(전체)으로 속이 빈 마름모를 연결하여 표현한다.

①: _____

②: _____

13 다음에서 설명하는 디자인 패턴의 유형을 쓰시오.

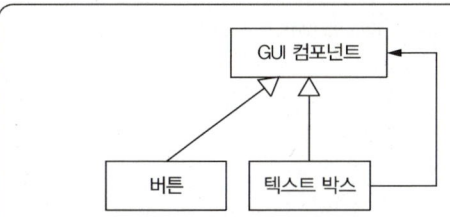

- 객체들의 관계를 트리 구조로 구성하여 부분-전체 계층을 표현하는 패턴
- 트리 구조가 생성된 후, 클라이언트가 복합 객체의 메서드를 호출하면, 이 메서드는 트리의 모든 하위 요소에게 재귀적으로 호출됨

_____

14 다음은 보안 관련 용어 설명이다. 괄호 ( ) 안에 들어갈 용어를 쓰시오.

- (①): 네트워크에서 전송되는 데이터를 몰래 가로채고 분석하는 행위로 공격 대상에게 직접 공격하지 않는 수동적 공격 기법이다.
- (②): 네트워크에서 신뢰할 수 있는 것으로 위장하여 접근 권한을 얻거나, 정보를 속이는 행위로 IP 주소, MAC 주소, 이메일 주소 등을 위조하여 합법적인 사용자처럼 행동하게 하는 공격 기법이다.

①: _____

②: _____

15 다음은 [자격증]과 [응시료] 테이블이다. [자격증]과 [응시료] 테이블을 조인하여 [결과] 테이블처럼 나오도록 쿼리를 작성하시오.

[자격증]

자격증번호	자격증명
1	정보처리기사
2	빅데이터분석기사
11	컴퓨터시스템응용기술사
12	정보관리기술사

[응시료]

자격증번호	응시료
1	20000
3	19000
12	60000
13	62000

[결과]

자격증번호	자격증명	자격증번호	응시료
1	정보처리기사	1	20000
2	빅데이터분석기사	1	20000
11	컴퓨터시스템응용기술사	1	20000
12	정보관리기술사	1	20000
1	정보처리기사	3	19000
2	빅데이터분석기사	3	19000
11	컴퓨터시스템응용기술사	3	19000
12	정보관리기술사	3	19000
1	정보처리기사	12	60000
2	빅데이터분석기사	12	60000
11	컴퓨터시스템응용기술사	12	60000
12	정보관리기술사	12	60000
1	정보처리기사	13	62000
2	빅데이터분석기사	13	62000
11	컴퓨터시스템응용기술사	13	62000
12	정보관리기술사	13	62000

_____

16 다음은 자바 코드이다. 출력 결과를 쓰시오.

```
01  class Parent{
02    public Parent( ){
03      System.out.print("A");
04    }
05    public void fn( ){
06      System.out.print("B");
07    }
08    public void fnA( ){
09      System.out.print("C");
10    }
11  }
12  class Child extends Parent{
13    public Child( ){
14      System.out.print("D");
15    }
16    public void fn( ){
17      System.out.print("E");
18    }
19    public void fnB( ){
20      System.out.print("F");
21    }
22  }
23  public class Soojebi{
24    public static void main(String args[]){
25      Child c = new Child();
26      c.fn();
27      c.fnA();
28    }
29  }
```

17 다음 괄호 ( ) 안에 들어갈 용어를 쓰시오.

최근 IoT 발전과 스마트 의료, 인공지능 발전과 함께 새로운 형태의 네트워크 기술이 부각되고 있다. 체내 혹은 인체 주변 3m 이내에서 일어나는 저비용, 저전력, 고속통신이 가능한 신체 접촉 근거리 무선 네트워크인 (①)와/과 기존의 IP 주소 대신 Data의 이름을 활용하여 정보(콘텐츠)의 효율적인 검색 및 배포를 목적으로 하는 미래 인터넷 기술인 (②)이/가 대표적이라고 할 수 있다.

①: _____
②: _____

18 다음 빈칸에 들어갈 알맞은 용어를 쓰시오.

(①) 프로토콜은 인터넷에서 같은 내용의 데이터를 여러 명의 특정한 그룹의 수신자들에게 동시에 전송할 수 있는 프로토콜이다.
(②) 프로토콜은 하나의 송신자가 같은 서브 네트워크 상의 모든 수신자에게 데이터를 전송하는 프로토콜이다.
(③) 프로토콜은 고유 주소로 식별된 하나의 네트워크 목적지에 1:1로(One-to-One) 트래픽 또는 메시지를 전송하는 프로토콜이다.

①: _____
②: _____
③: _____

19 다음은 파이썬 코드이다. 출력 결과를 쓰시오.

```
01  l = "KotaKinabalu"
02  m = "KualaLumpur"
03  for i in l:
04    flag = 0
05    for j in m:
06      if i == j:
07        flag = 1
08        break
09    if flag == 0:
10      print(i, end='')
```

20 다음은 IPv4 헤더이다. 괄호 ( )에 들어갈 길이를 쓰시오.

버전 4비트	헤더 길이 (①) 비트	ToS	패킷 길이	
식별자			플래그 3비트	오프셋
TTL	프로토콜 타입		체크섬	
출발지 주소 (②) 비트				
목적지 주소				

①: _____ ②: _____

기출문제 2020년 1회

01 살충제 패러독스의 개념에 관해서 서술하시오.

02 데이터 마이닝의 개념에 관해서 서술하시오.

03 프로토콜의 기본 요소 3가지를 쓰시오.

04 다음이 설명하는 용어는 무엇인지 쓰시오.

> W3C(World Wide Web Consortium)에서 개발되었고, 웹 브라우저 간 호환이 되지 않는 문제와 SGML(Standard Generalized Markup Language)의 복잡함을 해결하기 위해 개발된 다목적 마크업 언어이다.

05 속성-값(Attribute-Value Pair)으로 이루어진 데이터 오브젝트를 전달하기 위해 사용하는 개방형 표준 포맷이다. Ajax(Asynchronous JavaScript and XML)에서 많이 사용되고 XML(eXtensible Markup Language)을 대체하는 주요 데이터 포맷이다. 언어 독립형 데이터 포맷으로 다양한 데이터 프로그래밍 언어에서 사용하고 있는 기술은 무엇인가?

06 STUDENT 테이블에 컴퓨터과 학생 50명, 인터넷과 학생 100명, 사무자동화과 학생 50명의 정보가 저장되어 있을 때, 다음 SQL 문의 실행 결과에 따른 튜플의 수는? (단, DEPT 칼럼은 학과명이다.)

> ① SELECT DEPT FROM STUDENT;
> ② SELECT DISTINCT DEPT FROM STUDENT
> ③ SELECT COUNT(DISTINCT DEPT) FROM STUDENT WHERE DEPT='컴퓨터과';

①: ____
②: ____
③: ____

07 스케줄링 방식에서 HRN(Highest Response ratio Next) 우선순위 계산식을 쓰시오.

08 트랜잭션의 특성 중 일관성, 지속성 외 2개의 특성을 쓰시오.

_____

09 공격자가 패킷의 출발지 주소나 포트를 임의로 변경해 출발지와 목적지 주소를 동일하게 함으로써 공격 대상 컴퓨터의 실행속도를 느리게 하거나 동작을 마비시켜 서비스 거부 상태에 빠지도록 하는 공격 방법은 무엇인가?

_____

10 RFC 1321로 지정되어 있으며, 주로 프로그램이나 파일이 원본 그대로인지를 확인하는 무결성 검사 등에 사용된다. 1991년 로널드 라이베스트(Ronald Rivest)가 예전에 쓰이던 MD4를 대체하기 위해 고안된 128비트 암호화 해시 함수는 무엇인가?

_____

11 다음은 공통 모듈 구현의 개념에 대한 설명이다. 괄호( ) 안에 알맞은 용어를 쓰시오.

- 소프트웨어 개발에 있어 기능을 분할하고 추상화하여 성능을 향상시키고 유지보수를 효과적으로 하기 위한 공통 컴포넌트 구현 기법이다.
- 인터페이스 모듈, 데이터베이스 접근 모듈 등 필요한 공통 모듈을 구현한다.
- 모듈 간의 (①)은/는 줄이고, (②)은/는 높은 공통 모듈 구현을 권장하고 있다.

①: _____

②: _____

12 다음은 C 코드이다. 출력 결과를 쓰시오.

```c
#include <stdio.h>
int main( ){
  int i, j;
  int temp;
  int a[5] = {75, 95, 85, 100, 50};
  for(i=0; i<4; i++){
    for(j=0; j<4-i; j++){
      if(a[j] > a[j + 1]){
        temp = a[j];
        a[j] = a[j + 1];
        a[j + 1] = temp;
      }
    }
  }
  for(i=0; i<5; i++){
    printf("%d ", a[i]);
  }

  return 0;
}
```

_____

13 다음은 자바 코드이다. 출력 결과를 쓰시오.

```java
public class Soojebi{
  public static void main(String[] args){
    int i;
    int []a = {0, 1, 2, 3};
    for(i=0; i<4; i++){
      System.out.print(a[i] + " ");
    }
  }
}
```

_____

14 다음은 자바 코드이다. 출력 결과를 쓰시오.

```
01  public class Soojebi{
02    public static void main(String[] args){
03      int i = 3;
04      int k = 1;
05      switch(i){
06      case 0:
07      case 1:
08      case 2:
09      case 3: k=0;
10      case 4: k+=3;
11      case 5: k-=10;
12      default: k--;
13      }
14      System.out.print(k);
15    }
16  }
```

15 다음이 설명하는 제품 패키지 릴리스 노트의 작성 항목은 무엇인가?

> 문서 이름(릴리스 노트 이름), 제품 이름, 버전 번호, 릴리즈 날짜, 참고 날짜, 노트 버전 등의 정보

16 LoC(Line of Code)가 30,000라인이고, 개발자가 5명이며, 개발자가 월평균 300라인을 개발한다. 이때 프로젝트 개발 기간과 계산식을 쓰시오.

- 프로젝트 개발 기간: _____
- 계산식: _____

17 비정규화(De-Normalization)의 개념을 쓰시오.

18 OSI 계층 중 비트를 전송하는 계층은 무엇인가?

19 애플리케이션의 성능을 측정하기 위한 지표는 무엇인가?

지표	설명
(①)	• 애플리케이션이 주어진 시간에 처리할 수 있는 트랜잭션의 수 • 웹 애플리케이션의 경우 시간당 페이지 수로 표현
(②)	• 사용자 입력이 끝난 후, 애플리케이션의 응답 출력이 개시될 때까지의 시간 • 애플리케이션의 경우 메뉴 클릭 시 해당 메뉴가 나타나기까지 걸리는 시간
(③)	• 애플리케이션에 사용자가 요구를 입력한 시점부터 트랜잭션 처리 후 그 결과의 출력이 완료할 때까지 걸리는 시간
자원 사용률	• 애플리케이션이 트랜잭션을 처리하는 동안 사용하는 CPU 사용량, 메모리 사용량, 네트워크 사용량

①: _____
②: _____
③: _____

20 다음은 모듈의 관계를 나타낸 다이어그램이다. fan-in 개수가 2 이상인 모듈 명칭을 쓰시오.

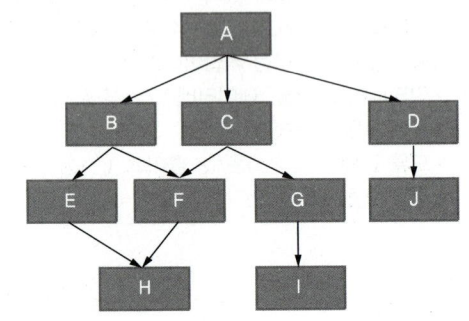

기출문제 2020년 2회

01 정보시스템 운영 중 서버가 다운되거나 자연재해나 시스템 장애 등의 이유로 고객에게 서비스가 불가능한 경우가 종종 발생한다. 이와 같은 상황에서 비상사태 또는 업무중단 시점부터 업무가 복구되어 다시 정상 가동될 때까지의 시간을 의미하는 용어가 무엇인지 쓰시오.

02 다음은 파이썬 코드이다. 출력 결과를 쓰시오.

```
01  a = {'한국', '중국', '일본'}
02  a.add('베트남')
03  a.add('중국')
04  a.remove('일본')
05  a.update({'홍콩', '한국', '태국'})
06  print(a)
```

03 브라우저가 가지고 있는 XMLHttpRequest 객체를 이용해서 전체 페이지를 새로 고치지 않고도 페이지의 일부분만을 위한 데이터를 로드하는 기법이며, 하이퍼 텍스트 표기 언어(HTML)만으로 어려운 다양한 작업을 웹 페이지에서 구현해 이용자가 웹 페이지와 자유롭게 상호작용할 수 있도록 하는 기술명을 쓰시오.

04 절차보다는 사람이 중심이 되어 변화에 유연하고 신속하게 적응하면서 효율적으로 시스템을 개발할 수 있는 신속 적응적 경량 개발방법론으로, 개발 기간이 짧고 신속하며, 워터폴에 대비되는 방법론으로 최근 회사에서 각광받는 방법론은 무엇인가?

05 다음은 자바 코드이다. 다음 밑줄에 들어갈 키워드를 쓰시오.

```
01  class Parent{
02    public void show( ){
03      System.out.println("Parent");
04    }
05  }
06  class Child extends Parent{
07    public void show( ){
08      System.out.println("Child");
09    }
10  }
11  public class Soojebi{
12    public static void main(String[] args){
13      Parent pa = _____ Child( );
14      pa.show( );
15    }
16  }
```

06 학생 테이블은 학번(VARCHAR), 이름(VARCHAR), 학년(NUMBER), 수강과목(VARCHAR), 점수(NUMBER), 연락처(VARCHAR)를 속성으로 가진다. 아래 조건을 만족하는 SQL 문을 작성하시오.

> 1) 학생 테이블에서 3, 4학년인 학번, 이름을 조회한다.
> 2) IN 연산자 사용해야 한다.

[학생 테이블]

학번	이름	학년	수강과목	점수	연락처
1000	김정미	1	알고리즘	90	010-1111-2222
2000	강은미	2	데이터베이스	95	010-2222-2222
3000	홍길동	3	전산수학	90	010-3333-3333
4000	장길산	4	운영체제	95	010-4444-4444

_____

_____

_____

07 트랜잭션 Rollback에 대해 설명하시오.

_____

_____

08 무결성과 인증을 보장하는 인증헤더(AH)와 기밀성을 보장하는 암호화(ESP)를 이용한 프로토콜로 네트워크 계층(Network Layer)인 인터넷 프로토콜(IP)에서 보안성을 제공해주는 표준화된 기술에 대해서 쓰시오.

_____

09 애플리케이션을 실행하지 않고, 소스 코드에 대한 코딩 표준, 코딩 스타일, 코드 복잡도 및 남은 결함을 발견하기 위해 사용하는 도구는 무엇인지 쓰시오.

_____

10 다음 보기가 설명하는 패턴을 쓰시오. (영문 Full-Name으로 작성하시오)

> 한 객체의 상태가 바뀌면 그 객체에 의존하는 다른 객체들에 연락이 가고 자동으로 내용이 갱신되는 방법으로 일대 다의 의존성을 가지며 상호작용하는 객체 사이에서는 가능하면 느슨하게 결합하는 디자인을 사용해야 한다.

_____

11 Linux 운영체제 위에서 구동하며 휴대폰 전화를 비롯한 휴대용 장치를 위한 운영체제와 미들웨어, 사용자 인터페이스 그리고 표준 응용 프로그램(웹 브라우저, 이메일 클라이언트, 단문 메시지 서비스(SMS), MMS) 등을 포함하고 있는 소프트웨어 스택이자 리눅스 모바일 운영체제로 개발자들이 자바와 코틀린 언어로 응용 프로그램을 작성할 수 있게 했고, 컴파일된 바이트 코드를 구동할 수 있는 런타임 라이브러리를 제공하는 운영체제는 무엇인지 쓰시오.

_____

12 STUDENT 테이블의 NAME 속성에 IDX_NAME 이름으로 인덱스 생성하는 SQL 문을 작성하시오.

[STUDENT] 테이블

STID	NAME	SCORE	DEPTID
1000	김정미	90	1
2000	강은미	95	2
3000	홍길동	90	3
4000	장길산	95	4

_____

_____

_____

13 다음 설명 중 빈칸에 들어갈 알맞은 용어를 작성하시오.

HTTP, HTTPS, SMTP를 통해서 XML 기반의 데이터를 주고받는 프로토콜로 웹 서비스 방식에서 HTTP 기반의 ( )을/를 사용하여 송수신한다. ( ) 대신 레스트풀(RESTful) 프로토콜로 대체할 수 있다.

_____

_____

_____

14 SQL Injection이 무엇인지 서술하시오.

_____

_____

_____

15 사용자에게 읽기/쓰기/실행 권한을 부여하고 그룹에게는 읽기/실행을 부여하고 그 이외에는 실행 권한을 a.txt에 부여하는 명령어를 한 줄로 작성하시오. (8진법을 사용하시오)

_____

16 UI 설계 원칙 중에서 정확하고 완벽하게 사용자의 목표가 달성될 수 있도록 제작할 수 있어야 한다는 원칙으로 다음 빈칸에 들어갈 용어는 무엇인가?

직관성	누구나 쉽게 이해하고 사용할 수 있어야 한다.
학습성	누구나 쉽게 배우고 익힐 수 있어야 한다.
유연성	사용자의 요구사항을 최대한 수용하며 오류를 최소화해야 한다.
( )	사용자의 목적을 정확하게 달성하여야 한다.

_____

17 전 세계 오픈된 정보를 하나로 묶는 방식으로 link data와 open data의 합성어가 무엇인지 쓰시오.

_____

18 다음은 데이터 모델링 절차이다. 절차에 맞도록 보기에서 찾아 채우시오.

ⓐ 물리적 데이터 모델링   ⓑ 개념적 데이터 모델링
ⓒ 논리적 데이터 모델링

• 요구사항 분석 → (①) → (②) → (③)

_____

19 다음은 자바 코드이다. 출력 결과를 쓰시오.

```
01  class A{
02    private int a;
03    public A(int a){
04      this.a=a;
05    }
06    public void display( ){
07      System.out.println("a="+a);
08    }
09  }
10  class B extends A{
11    public B(int a){
12      super(a);
13      super.display( );
14    }
15  }
16  public class Soojebi{
17    public static void main(String[] args){
18      B obj=new B(10);
19    }
20  }
```

20 소프트웨어 개발 과정에서 변경 사항을 관리하는 기법은 (   ) 기법이라고 하며, (   ) 기법을 활용한 도구로는 CVS, SVN, Git 등이 있다. 빈칸에 알맞은 용어를 쓰시오.

기출문제 2020년 3회

01 리팩토링의 목적에 대하여 서술하시오.

02 다음은 C 코드이다. 출력 결과를 쓰시오.

```
01  #include <stdio.h>
02  int main( ){
03    int i=0, c=0;
04    while(i<10){
05      i++;
06      c *= i;
07    }
08    printf("%d", c);
09    return 0;
10  }
```

03 대표적인 내부 라우팅 프로토콜로 다익스트라 알고리즘을 이용한 대규모 네트워크에 적합한 링크 상태 라우팅 프로토콜로도 불리는 라우팅 프로토콜은 무엇인가?

04 형상 통제를 설명하시오.

05 심리학자 톰 마릴은 컴퓨터가 메시지를 전달하고, 메시지가 제대로 도착했는지 확인하며, 도착하지 않았을 경우 메시지를 재전송하는 일련의 방법을 '기술적 은어'를 뜻하는 (   )이라는 용어로 정의했다. 괄호 (   ) 안에 들어갈 용어를 쓰시오.

06 TCP/IP에서 오류가 발생하면 (   ) 메시지를 보내서 오류가 발생했음을 알린다. 괄호 (   ) 안에 들어갈 용어를 쓰시오.

07 다음 아래 제어 흐름 그래프가 분기 커버리지를 만족하기 위한 테스팅 순서를 쓰시오.

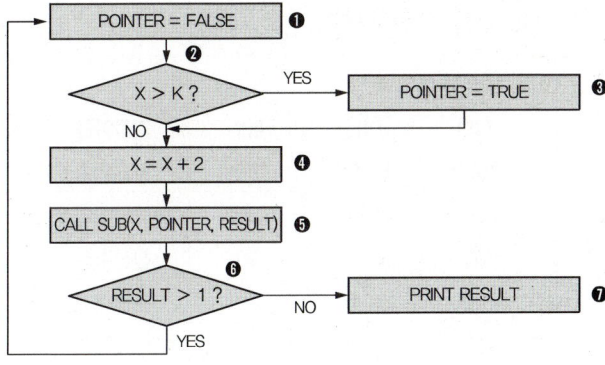

08 다음 조건을 만족하면서 과목별 점수의 평균이 90 이상인 과목이름, 최소점수, 최대점수를 구하는 SQL 문을 작성하시오.

- 대소문자를 구분하지 않는다.
- WHERE 구문을 사용하지 않는다.
- GROUP BY, HAVING 구문을 반드시 사용한다.
- 세미콜론(;)은 생략 가능하다.
- 별칭(AS)을 사용해야 한다.

[성적]

과목코드	과목이름	학점	점수
1000	컴퓨터과학	A+	95
2000	운영체제	B+	85
1000	컴퓨터과학	B+	85
2000	운영체제	B	80

[결과]

과목이름	최소점수	최대점수
컴퓨터과학	85	95

___

09 학생 테이블에서 이름이 민수인 튜플을 삭제하는 SQL 문을 작성하시오.

[학생] 테이블

학번	이름	점수	과목이름
1000	김정미	90	알고리즘
2000	강은미	95	데이터베이스
3000	홍길동	90	전산수학
4000	민수	95	운영체제

___

10 릴레이션 A, B가 있을 때 릴레이션 B 조건에 맞는 것들만 릴레이션 A에서 튜플을 꺼내 프로젝션하는 관계 대수의 기호는 무엇인가?

___

11 다음 중 헝가리안 표기법(Hungarian Case)에 대해서 서술하시오.

___

12 테스트의 종류 중 동치분할 테스트, 경곗값 분석 테스트 등의 종류가 있는 테스트 기법을 쓰시오.

___

13 다음은 C 코드이다. 출력 결과를 쓰시오.

```
01  #include <stdio.h>
02  int r1( ){
03     return 4;
04  }
05  int r10( ){
06     return (30+r1( ));
07  }
08  int r100( ){
09     return (200+r10( ));
10  }
11  int main( ){
12     printf("%d\n", r100( ));
13     return 0;
14  }
```

14 DB 스키마에 대해서 서술하시오.

_____

_____

15 다음은 자바 코드이다. 출력 결과를 쓰시오.

```
01  abstract class Vehicle {
02    String name;
03    abstract public String getName(String val);
04    public String getName() {
05      return "Vehicle name: " + name;
06    }
07    public void setName(String val){
08      name = val;
09    }
10  }
11
12  class Car extends Vehicle {
13    public Car(String val) {
14      setName(val);
15    }
16    public String getName(String val) {
17      return "Car name: " + val;
18    }
19    public String getName(byte val[]) {
20      return "Car name: " + val;
21    }
22  }
23
24  public class Soojebi {
25    public static void main(String[] args) {
26      Vehicle obj = new Car("Spark");
27      System.out.println(obj.getName());
28    }
29  }
```

_____

16 UI 설계 원칙 중 직관성에 대해서 쓰시오.

_____

_____

17 다음은 자바 코드이다. 출력 결과를 쓰시오.

```
01  public class Soojebi{
02    public static void main(String[] args){
03      int i=0;
04      int sum=0;
05      while(i<10){
06        i++;
07        if(i%2==1)
08          continue;
09        sum += i;
10      }
11      System.out.println(sum);
12    }
13  }
```

_____

18 EAI 유형에는 메시지 버스(Message Bus), 하이브리드(Hybrid), (①), (②) 4가지가 있다.

①: _____

②: _____

19 C++에서 생성자란 무엇인지 쓰시오.

_____

_____

20 학생 테이블에 주소 속성을 추가하는 SQL 문을 작성하시오.

(①) TABLE 학생 (②) 주소 VARCHAR(20);

①: _____

②: _____

기출문제 2020년 4회

01 현재 IPv4의 확장형으로 IPv4가 가지고 있는 주소 고갈, 보안성, 이동성 지원 등의 문제점을 해결하기 위해서 개발된 128비트 주소체계를 갖는 차세대 인터넷 프로토콜은 무엇인가?

02 목적에 따른 디자인 패턴의 유형에는 생성, 구조, ( ) 이/가 있다. 괄호 ( ) 안에 알맞은 유형을 쓰시오.

03 다음은 판매와 관련된 다이어그램이다. 해당 다이어그램의 명칭을 쓰시오.

```
Ordering ----> Pricing
    |
    | «import»
    v
 Products
```

04 데이터베이스의 회복(Recovery) 기법 중 Rollback 시 Redo, Undo가 모두 실행되는 트랜잭션 처리법으로 트랜잭션 수행 중 갱신 결과를 바로 DB에 반영하는 기법은 무엇인가?

05 다음은 n이 10일 때, 10을 이진수로 변환하는 자바 코드이다. ①, ②에 알맞은 값을 적으시오.

[출력 결과]
```
00001010
```

```
01  class Soojebi{
02    public static void main (String[] args) {
03      int [ ]a = new int[8];
04      int i=0;
05      int n=10;
06      while(   ①   ){
07        a[i++] =    ②   ;
08        n /= 2;
09      }
10      for(i=7; i>=0; i--){
11        System.out.print(a[i]);
12      }
13    }
14  }
```

①: _____
②: _____

06 다음은 자바 소스코드이다. 출력 결과를 보고, ①, ②에 알맞은 값을 적으시오.

```
[출력 결과]
1 4 7 10 13
2 5 8 11 14
3 6 9 12 15
```

```
01  class Soojebi{
02    public static void main (String[] args) {
03      int[ ][ ] a = new int[ ① ][ ② ];
04      for(int i=0; i<3; i++){
05        for(int j=0; j<5; j++){
06          a[i][j] = j*3+(i+1);
07          System.out.print(a[i][j] + " ");
08        }
09        System.out.println( );
10      }
11    }
12  }
```

①: _____

②: _____

07 스니핑(Sniffing)에 대하여 서술하시오.

08 IP 패킷에서 외부의 공인 IP 주소와 포트 주소에 해당하는 내부 IP 주소를 재기록하여 라우터를 통해 네트워크 트래픽을 주고받는 기술은 무엇인가?

09 다음은 파이썬 코드이다. 출력 결과를 쓰시오.

```
01  lol=[[1, 2, 3], [4, 5], [6, 7, 8, 9]]
02  print(lol[0])
03  print(lol[2][1])
04  for sub in lol:
05    for item in sub:
06      print(item, end='')
07    print()
```

10 분산 컴퓨팅 기술 기반의 데이터 위변조 방지 기술로 P2P 방식을 기반으로 하여 소규모 데이터들이 연결되어 형성된 '블록'이라는 분산 데이터 저장 환경에 관리 대상 데이터를 저장함으로써 누구도 임의로 수정할 수 없고 누구나 변경의 결과를 열람할 수 있게끔 만드는 기술은 무엇인가?

11 오픈 소스를 기반으로 한 분산 컴퓨팅 플랫폼으로, 일반 PC급 컴퓨터들로 가상화된 대형 스토리지를 형성하고 그 안에 보관된 거대한 데이터 세트를 병렬로 처리할 수 있도록 개발된 자바 소프트웨어 프레임워크로 구글, 야후 등에 적용한 기술은 무엇인가?

12 이상 현상의 종류 3가지를 쓰시오.

13 다음은 프로세스 상태 전이도이다. ①, ②, ③에 알맞은 상태를 쓰시오.

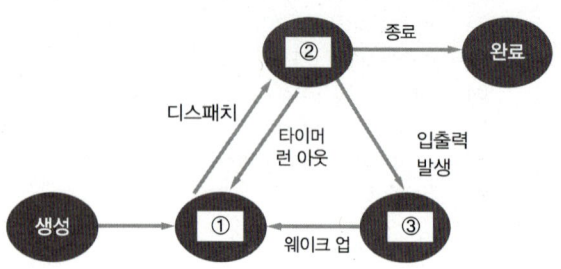

①: _____

②: _____

③: _____

14 테스트 오라클 중 특정한 몇 개의 입력값에 대해서만 기대하는 결과를 제공해 주는 오라클은 무엇인가?

_____

15 점수에 따른 성적 부여가 잘 되었는지 테스트하고자 한다. 아래에 알맞은 테스트 기법은 무엇인가?

점수	성적
0~59	가
60~69	양
70~79	미
80~89	우
90~100	수

테스트 값: -10점, 30점, 65점, 75점, 85점, 95점, 110점

_____

16 다음 조건을 만족하면서 학과별로 튜플 수가 얼마인지 구하는 SQL 문을 작성하시오.

- 대소문자를 구분하지 않는다.
- WHERE 구문을 사용하지 않는다.
- GROUP BY를 사용한다.
- 세미콜론(;)은 생략 가능하다.
- 별칭(AS)을 사용해야 한다.
- 집계 함수를 사용해야 한다.

[학생]

학과	학생
전기	이순신
컴퓨터	안중근
컴퓨터	윤봉길
전자	이봉창
전자	강우규

[결과]

학과	학과별튜플수
전기	1
컴퓨터	2
전자	2

_____

_____

_____

17 데니스 리치와 켄톰슨(Ken Thompson) 등이 함께 벨 연구소를 통해 만든 운영체제이며, 90% 이상 C언어로 구현되어 있고, 시스템 프로그램이 모듈화되어 있어서 다른 하드웨어 기종으로 쉽게 이식 가능하며 계층적 트리 구조를 가짐으로써 통합적인 파일 관리가 용이한 운영체제는 무엇인가?

_____

18 다음은 C언어 코드이다. 출력 결과를 쓰시오.

```c
#include <stdio.h>
int main(){
    char *p = "KOREA";
    printf("%s\n", p);
    printf("%s\n", p+3);
    printf("%c\n", *p);
    printf("%c\n", *(p+3));
    printf("%c\n", *p+2);
    return 0;
}
```

19 다음은 자바 코드이다. 출력 결과를 쓰시오.

```java
class Parent{
    public int compute(int num){
        if(num <= 1) return num;
        return compute(num-1)+compute(num-2);
    }
}
class Child extends Parent{
    public int compute(int num){
        if(num <= 1) return num;
        return compute(num-1)+compute(num-3);
    }
}
class Soojebi{
    public static void main(String[] args){
        Parent obj = new Child( );
        System.out.print(obj.compute(4));
    }
}
```

20 정보보안에서 가용성(Availability)에 대하여 서술하시오.

기출문제 2021년 1회

01 물리 네트워크(MAC) 주소에 해당하는 IP 주소를 알려주는 프로토콜로 역순 주소 결정 프로토콜을 무엇이라고 하는지 쓰시오.

_____

02 다음은 DB 설계 절차에 관한 설명이다. 다음 빈칸에 들어갈 알맞은 용어를 쓰시오.

- (①)은/는 특정 DBMS의 특성 및 성능을 고려하여 데이터베이스 저장 구조로 변환하는 과정으로 결과로 나오는 명세서는 테이블 정의서 등이 있다.
- (②)은/는 현실 세계에 대한 인식을 추상적, 개념적으로 표현하여 개념적 구조를 도출하는 과정으로 주요 산출물에는 E-R 다이어그램이 있다.
- (③)은/는 목표 DBMS에 맞는 스키마 설계, 트랜잭션 인터페이스를 설계하는 정규화 과정을 수행한다.

<보기>
구현 / 개념적 설계 / 논리적 설계 / 요구사항 분석 / 물리적 설계

①: _____

②: _____

③: _____

03 다음은 요구사항의 분류에 대한 설명이다. 괄호 ( ) 안에 들어갈 요구사항의 유형에 대해서 쓰시오.

- (①) 요구사항은 시스템이 제공하는 기능, 서비스에 대한 요구사항이다.
- (②) 요구사항은 시스템이 수행하는 기능 이외의 사항, 시스템 구축에 대한 제약사항에 관한 요구사항이다.

①: _____

②: _____

04 웹 서비스명, 제공 위치, 메시지 포맷, 프로토콜 정보 등 웹 서비스에 대한 상세 정보가 기술된 XML 형식으로 구성된 언어를 무엇이라고 하는지 쓰시오.

_____

05 다음은 파이썬 코드이다. 출력 결과를 쓰시오.

```
01  class Soojebi:
02      li = ["Seoul", "Kyeonggi", "Inchon",
03            "Daejeon", "Daegu", "Pusan"]
04  s = Soojebi()
05  str01 = ''
06  for i in s.li:
07      str01 = str01 + i[0]
08  print(str01)
```

_____

06 다음 SQL 실행 결과를 숫자만 쓰시오.

[급여]

EMPNO	SAL
100	1000
200	3000
300	1500

```
SELECT COUNT(*) FROM 급여
WHERE EMPNO > 100 AND SAL >= 3000 OR EMPNO = 200;
```

_____

07 다음은 자바 코드이다. 출력 결과를 쓰시오.

```java
01  public class Soojebi{
02    public static void main(String[] args){
03      int[][] arr=new int[][]{{45,50,75},{89}};
04      System.out.println(arr[0].length);
05      System.out.println(arr[1].length);
06      System.out.println(arr[0][0]);
07      System.out.println(arr[0][1]);
08      System.out.println(arr[1][0]);
09    }
10  }
```

08 정규화된 엔터티, 속성, 관계에 대해 성능 향상과 개발 운영의 단순화를 위해 중복, 통합, 분리 등을 수행하는 데이터 모델링의 기법을 무엇이라고 하는지 쓰시오.

09 다음은 블랙박스 기법에 대한 예제이다. 블랙박스 기법 두 가지를 쓰시오.

- ① 0 <= x <= 100이면 -1, 0, 10, 11 검사
- ② 입력 데이터의 영역을 유사한 도메인별로 유횻값/무횻값을 그룹핑하여 대푯값을 검사

①: _____

②: _____

10 다음은 테스트 종류에 대한 설명이다. 빈칸에 들어갈 알맞은 용어를 보기에서 찾아 기호로 쓰시오.

- (①)은/는 개별 모듈, 서브루틴이 정상적으로 실행되는지 확인
- (②)은/는 인터페이스 간 시스템이 정상적으로 실행되는지 확인

보기
ㄱ. 시스템 테스트   ㄴ. 인수 테스트
ㄷ. 알파 테스트   ㄹ. 단위 테스트
ㅁ. 통합 테스트   ㅂ. 회귀 테스트

①: _____

②: _____

11 다음 빈칸에 들어갈 알맞은 용어를 쓰시오.

- IPv6는 (①)비트 길이를 가진다.
- IPv4는 길이가 32bit며, (②)비트씩 네 부분으로 나눈다.

①: _____

②: _____

12 공유메모리, 소켓, 세마포어, 메시지 큐 등 프로세스 간 통신하는 기술을 무엇이라고 하는지 쓰시오.

13 시스템 통합에 사용되는 솔루션으로 구축 유형에는 Point to Point, Hub & Spoke, Message Bus가 있다. 기업에서 운영되는 서로 다른 플랫폼 및 애플리케이션 간의 정보를 전달, 연계, 통합이 가능하도록 해주는 솔루션을 무엇이라고 하는지 쓰시오.

14 주어진 테이블의 Cardinality, Degree를 구하시오.

학번	이름	학년	학과
202101	홍길동	3	컴퓨터공학
202102	김영희	1	전기공학
202103	이철수	4	건축공학
202104	임꺽정	2	전자공학
202105	장길산	3	토목공학

① Cardinality: _____

② Degree: _____

15 다음은 C언어 코드이다. 출력 결과를 쓰시오.

```c
#include <stdio.h>
struct Soojebi {
   char name[10];
   int age;
};
int main() {
   struct Soojebi s[] = {"Kim", 28, "Lee", 38,
                         "Seo", 50, "Park", 35};
   struct Soojebi *p;
   p = s;
   p++;
   printf("%s\n", p->name);
   printf("%d\n", p->age);
   return 0;
}
```

16 데이터 모델 구성요소 3가지를 쓰시오.

- 개체 데이터 모델에서는 (①)을/를 이용하여 실제 데이터를 처리하는 작업에 대한 명세를 나타내는데 논리 데이터 모델에서는 (②)을/를 어떻게 나타낼 것인지 표현한다.
- (③)은/는 데이터 무결성 유지를 위한 db의 보편적 방법으로 릴레이션의 특정 칼럼에 설정하는 제약을 의미하며, 개체무결성과 참조 무결성 등이 있다.

①: _____

②: _____

③: _____

17 다음은 자바 코드이다. 출력 결과를 쓰시오.

```java
public class Soojebi{
   public static void main(String[] args){
      int i, j;
      for(j=0, i=0; i<=5; i++) {
         j+=i;
         System.out.print(i);
         if(i == 5){
            System.out.print("=");
            System.out.print(j);
         }
         else {
            System.out.print("+");
         }
      }
   }
}
```

18 시스템 객체의 접근을 개인 또는 그룹의 식별자에 기반을 둔 방법, 어떤 종류의 접근 권한을 가진 사용자가 다른 사용자에 자신의 판단에 따라 권한을 허용하는 접근제어 방식은?

_____

19 다음은 결합도에 대한 설명이다. 빈칸에 들어갈 알맞은 용어를 보기에서 찾아 기호로 쓰시오.

- (①)은/는 다른 모듈 내부에 있는 변수나 기능을 다른 모듈에서 사용하는 경우의 결합도
- (②)은/는 모듈 간의 인터페이스로 배열이나 객체, 구조 등이 전달되는 경우의 결합도
- (③)은/는 파라미터가 아닌 모듈 밖에 선언된 전역 변수를 참조하고 전역 변수를 갱신하는 식으로 상호작용하는 경우의 결합도

| 보기 |
| ㄱ. 자료 결합도   ㄴ. 스탬프 결합도 |
| ㄷ. 제어 결합도   ㄹ. 공통 결합도 |
| ㅁ. 내용 결합도   ㅂ. 외부 결합도 |

①: _____

②: _____

③: _____

20 다음 괄호 ( ) 안에 공통으로 들어갈 공격 기법을 적으시오.

- ( )은/는 '세션을 가로채다'라는 의미로 정상적 연결을 RST 패킷을 통해 종료시킨 후 재연결 시 희생자가 아닌 공격자에게 연결한다.
- ( )은/는 세션 관리 취약점을 이용한 공격 기법이다.

_____

기출문제 2021년 2회

01 다음이 설명하는 네트워크의 이름을 쓰시오.

- 노드(Node)들에 의해 자율적으로 구성되는 기반 구조가 없는 네트워크로 구성 및 유지를 위해 기지국이나 액세스 포인트와 같은 기반 장치를 필요로 하지 않는 네트워크
- 노드들은 무선 인터페이스를 사용하여 서로 통신하고, 멀티 홉 라우팅 기능에 의해 무선 인터페이스가 가지는 통신 거리상의 제약을 극복하며, 노드들의 이동이 자유롭기 때문에 네트워크 토폴로지가 동적으로 변화되는 특징이 있음
- 응용 분야로는 긴급 구조, 긴급회의, 전쟁터에서의 군사 네트워크 등이 있음

02 다음이 설명하는 용어를 쓰시오.

(1) 사람의 감정이나 경험을 나타내는 개념
(2) 사용자 인터페이스, CLI가 대표적인 예시

(1) _____

(2) _____

03 다음은 파이썬 코드이다. 출력 결과를 쓰시오.

```
01  a=100
02  i=0
03  result=0
04  for i in range(1, 3):
05      result = a >> i
06      result += 1
07  print(result)
```

04 다음 [회원] 테이블에서 회원번호가 N4인 튜플의 전화번호를 수정하는 쿼리를 완성하시오.

[급여]

EMPNO	SAL
100	1000
200	3000
300	1500

[회원] 테이블

회원번호	이름	성별	전화번호
A1	홍길동	F	010-11
N4	임꺽정	M	010-12

____①____ 회원 ____②____ 전화번호 = '010-14'
WHERE 회원번호 = 'N4';

①: _____

②: _____

05 다음은 C언어 코드이다. 출력 결과를 쓰시오.

```
01  #include <stdio.h>
02  int main(){
03      int ary[3] = {1};
04      int s = 0;
05      int i = 0;
06      ary[1] = *(ary+0)+2;
07      ary[2] = *ary+3;
08      for(i=0; i<3; i++){
09          s = s + ary[i];
10      }
11      printf("%d", s);
12      return 0;
13  }
```

06 [학생정보] 테이블과 [학과정보] 테이블을 조인하려고 한다. 밑줄 친 곳을 채워 알맞은 쿼리를 작성하시오.

[학생정보] 테이블

학번	이름	학과
1001	홍길동	컴퓨터
1002	장길산	보안
1003	임꺽정	빅데이터
1004	강은미	인공지능

[학과정보] 테이블

학과	지도교수
컴퓨터	두음쌤
보안	보안쌤
빅데이터	지기쌤
인공지능	수제비쌤

```
SELECT 학생정보.학번, 학생정보.이름,
       학과정보.학과, 학과정보.지도교수
  FROM 학생정보 JOIN 학과정보
    ①    학생정보.학과=학과정보. ②   ;
```

①: _____

②: _____

07 트랜잭션 원자성에 대해 설명하시오.

_____

_____

_____

08 다음은 부분 함수 종속성을 제거하여 완전 함수 종속을 만족하는 ( ) 정규형이다. 괄호 ( ) 안에 알맞은 정규형을 쓰시오.

[수강강좌] 테이블

학생번호	강좌이름	강의실	성적
501	데이터베이스	공학관 110	3.5
401	데이터베이스	공학관 110	4.0
402	스포츠경영학	체육관 103	3.5
502	자료구조	공학관 111	4.0
501	자료구조	공학관 111	3.5

[수강] 테이블

학생번호	강좌이름	성적
501	데이터베이스	3.5
401	데이터베이스	4.0
402	스포츠경영학	3.5
502	자료구조	4.0
501	자료구조	3.5

[강의실] 테이블

강좌이름	강의실
데이터베이스	공학관 110
스포츠경영학	체육관 103
자료구조	공학관 111

_____

09 미국 표준 기술 연구소(NIST)에서 발표한 블록 암호화 알고리즘으로 DES의 성능문제를 극복하기 위해 개발된 128bit의 블록 크기를 갖는 보안 알고리즘은 무엇인가?

_____

10 다음은 자바 코드이다. 출력 결과를 쓰시오.

```java
class ovr1{
  public static void main (String[] args){
    ovr1 a1 = new ovr1();
    ovr2 a2 = new ovr2();
    System.out.print(a1.san(3, 2) + a2.san(3, 2));
  }
  int san(int x, int y){
    return x+y;
  }
}
class ovr2 extends ovr1{
  int san(int x, int y){
    return x - y + super.san(x, y);
  }
}
```

11 다음은 C언어 코드이다. 출력 결과를 쓰시오.

```c
#include <stdio.h>
int Soojebi(int base, int exp){
  int i, result = 1;
  for(i=0; i<exp; i++)
    result *= base;
  return result;
}
int main() {
  printf("%d", Soojebi(2, 10));
  return 0;
}
```

12 럼바우 데이터 모델링 중에서 다음이 설명하는 모델링 유형을 보기에서 골라서 쓰시오.

① 프로세스들의 자료 흐름을 중심으로 처리 과정을 표현하는 모델링으로 자료 흐름도(DFD)를 활용하여 표현
② 시간의 흐름에 따라 객체들 사이의 제어 흐름, 동작 순서 등의 동적인 행위를 표현하는 모델링으로 상태 다이어그램을 활용하여 표현
③ 시스템에서 요구하는 객체를 찾고 객체 간의 관계를 정의하여 ER 다이어그램을 만드는 과정까지의 모델링으로 객체 다이어그램을 활용하여 표현

┤보기├

Operation, Sequence, Information, Transaction, Functional, Dynamic, Architecture, Cause-Effect, Constraint, Rebuilding, Duration

①: _____
②: _____
③: _____

13 다음 설명에 맞는 화이트 박스 테스트 검증 기준(=커버리지)를 쓰시오.

① 최소 한 번은 모든 문장 수행
② 결정(Decision) 검증 기준이라고도 함. 조건별 True/False일 때 수행
③ 전체 조건식에 상관없이 개별 조건식의 True/False에 대해 수행

①: _____
②: _____
③: _____

14 다음 [학생] 테이블을 이용해 이름이 이로 시작하는 학생들에 대해 내림차순으로 정렬하려고 한다. 쿼리의 빈칸에 알맞은 키워드를 쓰시오.

[학생] 테이블

학번	이름	학년	학과
202101	이순신	3	컴퓨터공학
202102	김영희	1	전기공학
202103	이상	4	건축공학
202104	임꺽정	2	전자공학
202105	이정재	3	토목공학

[SQL]
```
SELECT *
  FROM 학생
 WHERE 이름 LIKE   ①   ORDER BY 이름   ②
;
```

①: _____

②: _____

15 같은 자원을 액세스하는 다중 트랜잭션 환경에서 DB의 일관성과 무결성을 유지하기 위해 트랜잭션의 순차적 진행을 보장하는 직렬화 기법은 무엇인지 쓰시오.

16 다음은 자바 코드이다. 밑줄 친 곳에 들어갈 키워드를 쓰시오.

[소스 코드]
```
01  public class Soojebi{
02    public static void main(String[] args){
03      System.out.print(Soojebi.check(1));
04    }
05    _____ String check(int num){
06      return (num >= 0) ? "positive" : "negative";
07    }
08  }
```

[출력값]

positive

17 디자인 패턴 중 (   ) 패턴은 반복적으로 사용되는 객체들의 상호 작용을 패턴화한 것으로 클래스나 객체들이 상호 작용하는 방법, 알고리즘 등과 관련된 패턴이다. 괄호 (   ) 안에 들어갈 용어를 쓰시오.

┤예시├
Interpreter, Observer, Command, Iterator, Strategy, Visitor

18 테스트 하네스 구성요소 중 모듈 통합 테스트에서 사용하는 요소로 상향식 통합 테스트에서는 테스트 드라이버, 하향식 통합 테스트에서는 테스트 (   )을/를 사용한다. 괄호 (   ) 안에 들어갈 용어를 쓰시오.

19 다음이 설명하는 패킷 교환 방식을 쓰시오.

> ① 목적지 호스트와 미리 연결 후 통신하는 연결형 교환 방식
> ② 헤더를 붙여서 개별적으로 전달하는 비연결형 교환 방식

①: _____

②: _____

20 다음이 설명하는 응집도의 종류를 쓰시오.

> ① 입출력 간 연관성은 없으나, 순서에 따라 수행될 필요가 있음
> ② 동일한 입력과 출력을 사용하여 다른 기능을 수행하는 활동
> ③ 모듈 내부의 모든 기능이 단일한 목적을 위해 수행

①: _____

②: _____

③: _____

기출문제 2021년 3회

01 다음은 자바 코드이다. 출력 결과를 쓰시오.

```
01  class Soojebi{
02    static private Soojebi instance = null;
03    private int count = 0;
04    static public Soojebi get(){
05      if(instance == null){
06        instance = new Soojebi( );
07      }
08      return instance;
09    }
10    public void count( ){ count++; }
11    public int getCount( ){ return count; }
12  }
13  public class Soojebi2{
14    public static void main(String[] args){
15      Soojebi s1 = Soojebi.get( );
16      s1.count( );
17      Soojebi s2 = Soojebi.get( );
18      s2.count( );
19      Soojebi s3 = Soojebi.get( );
20      s3.count( );
21      System.out.print(s1.getCount( ));
22    }
23  }
```

02 다음은 3A에 대한 설명이다. 각각이 설명하는 3A의 구성 요소를 쓰시오.

① 접근을 시도하는 가입자 또는 단말에 대한 식별 및 검증
② 검증된 가입자나 단말에게 어떤 수준의 권한과 서비스를 허용
③ 리소스 사용에 대한 정보를 수집하고 관리하는 서비스

①: _____
②: _____
③: _____

03 GRANT의 기능을 서술하시오.

_____

04 특정 호스트의 MAC 주소를 자신의 MAC 주소로 변경, 희생자로부터 특정 호스트로 나가는 패킷을 공격자가 가로채는 공격 기법은 (   ) Spoofing이다. 괄호 (   ) 안에 들어갈 용어를 쓰시오.

_____

05 결합도(Coupling) 종류 중 단순 처리할 대상인 값만 전달되는 게 아니라 어떻게 처리를 해야 한다는 제어 요소가 전달되는 경우의 결합도를 영어로 쓰시오.

_____

06 다음은 OSI 7 Layer에 대한 설명이다. 각 항목에 해당하는 계층을 쓰시오.

① 직접적으로 연결된 두 개의 노드 사이에 데이터 전송을 가능하게 하고, 오류를 수정
② 단말기 간 데이터 전송을 위한 최적화된 경로 제공
③ 데이터의 압축과 형식 설정, 암·복호화를 담당

①: _____
②: _____
③: _____

07 UML 관계(Relationships)에 대한 설명이다. 괄호 ( ) 안에 들어갈 용어를 쓰시오.

- 하나의 사물이 다른 사물에 포함되어 있는 관계 표현 : (①)
- 하나의 사물이 다른 사물에 비해 더 일반적인지 구체적인지를 표현 : (②)

보기
Aggregation, Classification, Generalization, Abstraction, Association

①: _____

②: _____

08 다음은 테스트 케이스 구성요소이다. 괄호 ( ) 안에 들어갈 구성 요소를 쓰시오.

(①)	테스트 간의 종속성, 테스트 수행 전 실행되어야 할 고려 사항 등
(②)	테스트 실행 시 입력할 입력값, 선택 버튼, 체크 리스트 값 등
(③)	테스트 실행 후 출력 데이터, 결과 화면, 기대 동작 등

①: _____

②: _____

③: _____

09 그래프를 활용하여 입력 데이터 간의 관계 및 출력에 미치는 영향을 분석하여 효용성이 높은 테스트 케이스를 선정하여 테스트하는 기법은 무엇인가?

_____

10 IBM에서 개발한 블록 암호화 알고리즘으로 블록의 크기는 64비트, 키 길이는 56비트, 16라운드 암호화 알고리즘은 무엇인가?

_____

11 다음은 자바 코드이다. 출력 결과를 쓰시오.

```
01  public class Soojebi{
02    public static void main(String[] args){
03      int a = 3, b = 4, c = 3, d = 5;
04      if((a == 2 | a == c) & !(c > d)
05        & (1 == b ^ c != d)) {
06        a = b + c;
07        if(7 == b ^ c != a) {
08          System.out.println(a);
09        }
10        else {
11          System.out.println(b);
12        }
13      }
14      else {
15        a = c + d;
16        if(7 == c ^ d != a) {
17          System.out.println(a);
18        }
19        else {
20          System.out.println(d);
21        }
22      }
23    }
24  }
```

12 다음은 C언어 코드이다. 출력 결과를 쓰시오.

```c
#include <stdio.h>
int main(){
    int *arr[3];
    int a = 12, b = 24, c = 36;
    arr[0] = &a;
    arr[1] = &b;
    arr[2] = &c;
    printf("%d\n", *arr[1] + **arr + 1);
    return 0;
}
```

13 다음 SQL의 실행 결과를 쓰시오.

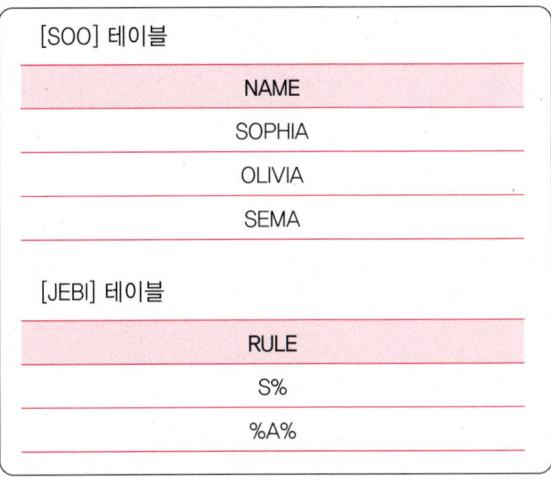

```
SELECT COUNT(*) CNT FROM SOO CROSS JOIN JEBI
WHERE SOO.NAME LIKE JEBI.RULE;
```

14 다음은 파이썬 코드이다. 출력 결과를 쓰시오.

```
a, b = 100, 200
print(a==b)
```

15 UML의 유형 중 (   ) 다이어그램은 속성, 메서드를 포함하는 다이어그램이다. 괄호 (   ) 안에 들어갈 용어를 쓰시오.

16 디자인 패턴의 종류 중 (   ) 패턴은 상위 클래스에서 인터페이스만 정의하고 실제 생성은 서브 클래스가 담당한다. 괄호 (   ) 안에 알맞은 패턴을 영어로 쓰시오.

17 다음은 C언어 코드이다. 출력 결과를 쓰시오.

```c
#include <stdio.h>
struct Soojebi{
    char name[20];
    int os, db, hab1, hab2;
};
int main(){
    struct Soojebi s[3] = {{"데이터1", 95, 88},
                          {"데이터2", 84, 91},
                          {"데이터3", 86, 75}};
    struct Soojebi *p;
    p = &s[0];
    (p+1)->hab1 = (p+1)->os+(p+2)->db;
    (p+1)->hab2 = (p+1)->hab1 + p->os + p->db;
    printf("%d\n", (p+1)->hab1 + (p+1)->hab2);
    return 0;
}
```

18 다음이 설명하는 용어를 쓰시오.

- ( )은/는 데이터베이스에서 〈키값, 주소〉 형태의 자료구조이다.
- 데이터베이스 파일 구조에는 순차, ( ), 해싱 접근 방법이 있다.

_____

19 사용자가 그래픽 환경을 기반으로 한 마우스, 전자펜 등을 이용하는 사용자 인터페이스는 무엇인가?

_____

20 (①) 테스트는 최하위 모듈로부터 위쪽 방향으로 제어의 경로를 따라 이동하면서 테스트와 통합을 수행하는 방식이고, 하위 모듈을 포함하는 (②)이/가 필요하다. 괄호 ( ) 안에 들어갈 용어를 쓰시오.

①: _____

②: _____

기출문제 2022년 1회

01 다음 설명에 맞는 RAID 단계를 숫자로 쓰시오.

- 패리티(오류 검출 기능)가 없는 중복 없는 스트라이핑 된 세트로 구성되어 있다.
- 개선된 성능에 추가적인 기억 장치를 제공하는 장점이 있지만, 장애 시 데이터의 안전을 보장할 수 없다.

_____

02 다음에 해당하는 DB 트랜잭션 연산을 [보기]에서 찾아 적으시오.

① 장애 발생 전 DB로 복구하는 기법으로 디스크에 저장된 로그를 분석하여 트랜잭션의 시작(Start)과 완료(Commit)에 대한 기록이 있는 트랜잭션들의 작업을 재실행하는 기법
② 장애 시 디스크에 저장된 로그를 분석하여 트랜잭션의 시작(Start)은 있지만, 완료(Commit) 기록이 없는 트랜잭션들이 작업한 변경 내용을 모두 취소하는 기법

| 보기 |
Rollback, Redo, Undo, Checkpoint Recovery, Shadow Paging Recovery

①: _____
②: _____

03 다음은 자바 코드이다. 출력 결과를 쓰시오.

```
01  class A {
02      int a;
03      int b;
04  }
05  public class Soojebi {
06      static void func1(A m){
07          m.a *= 10;
08      }
09      static void func2(A m){
10          m.a += m.b;
11      }
12      public static void main(String args[]){
13          A m = new A();
14          m.a = 100;
15          func1(m);
16          m.b = m.a;
17          func2(m);
18          System.out.printf("%d", m.a);
19      }
20  }
```

_____

04 다음은 점수에 대해 내림차순 하는 SQL이다. 괄호 ( ) 안에 들어갈 SQL 구문을 쓰시오.

SELECT name, score
FROM 성적
 (①) BY (②) (③)

①: _____
②: _____
③: _____

05 이상 현상 중 삭제 이상에 대해 서술하시오.

06 다음은 파이썬 코드이다. 출력 결과를 쓰시오.

```
01  def func(num1, num2=2):
02      print('a=', num1, 'b=', num2)
03  func(20)
```

07 다음은 리스트와 관련된 파이썬 함수이다. 각 항목에 해당하는 함수를 보기에서 골라서 쓰시오.

① 리스트 확장, 여러 값을 한 번에 추가할 수 있음
② 마지막 또는 지정 요소를 삭제하고 그 값을 반환함
③ 역순으로 뒤집음

┤보기├
remove(), reverse(), sort(), index(), insert(), select(), pop(), extend()

①: _____
②: _____
③: _____

08 임시 키 무결성 프로토콜의 약자를 쓰시오.

09 신체를 활용한 사용자 인터페이스(UI)를 무엇이라고 하는가?

10 다음은 분석 도구에 대한 설명이다. 각 항목에 해당하는 도구를 보기에서 골라서 쓰시오.

① 실행하지 않고 원시 코드 분석
② 프로그램 동작이나 반응을 추적하고 보고함. 프로그램 모니터, 스냅샷 생성

┤보기├
㉠ Static Analysis   ㉡ Running Analysis
㉢ Requirements Analysis   ㉣ Dynamic Analysis
㉤ React Analysis

①: _____
②: _____

11 다음은 스레드에 관한 코드이다. 다음 밑줄에 알맞은 코드를 쓰시오.

```
01  class Car implements Runnable{
02      int a;
03      public void run(){
04          System.out.println("run");
05      }
06  }
07  public class Soojebi{
08      public static void main(String args[]){
09          Thread t1 = new Thread(new _____( ));
10          t1.start();
11      }
12  }
```

12 다음에서 설명하는 인터페이스 도구를 쓰시오.

• 자바를 이용한 xUnit 테스트 도구이다.
• Erich Gamma와 Kent Beck 등이 작성한 오픈소스로 JAVA 단위 테스트 프레임워크이다.

13 다음에서 블랙박스 테스트 기법인 것을 3가지 골라 쓰시오.

- ㉠ Cause-Decision Graph
- ㉡ Statement Coverage
- ㉢ Boundary Value Analysis
- ㉣ Equivalence Partitioning
- ㉤ Cause-Effect Graph
- ㉥ Decision Coverage
- ㉦ Base Path Coverage
- ㉧ Base Path Testing

①: _____

②: _____

③: _____

14 다음 소스 코드에 입력값이 5가 들어왔을 때 출력값을 쓰시오.

```
01  #include <stdio.h>
02  int fn(int a) {
03    if (a <= 1) return 1;
04    return a * fn(a - 1);
05  }
06  int main() {
07    int a;
08    scanf("%d", &a);
09    printf("%d", fn(a));
10    return 0;
11  }
```

15 빈칸에 연산자를 써서 정수를 역순으로 출력하는 프로그램을 완성하시오. 예를 들어 1234의 역순은 4321이다. 단, 1230처럼 0으로 끝나는 정수는 고려하지 않는다.

```
01  #include <stdio.h>
02  int main() {
03    int number = 1234;
04    int div = 10;
05    int result = 0;
06    while (number ___①___ 0) {
07      result = result * div;
08      result = result + number ___②___ div;
09      number = number ___③___ div;
10    }
11    printf("%d", result);
12    return 0;
13  }
```

①: _____

②: _____

③: _____

16 정보보호 관리체계의 영문 약자는 무엇인가?

_____

17 다음은 키에 대한 설명이다. 괄호 ( ) 안에 들어갈 용어를 쓰시오.

- 슈퍼 키는 (　①　)의 속성을 갖는다.
- 후보 키는 (　①　)와/과 (　②　)의 속성을 갖는다.

①: _____

②: _____

18 공격 대상이 방문할 가능성이 있는 합법적 웹사이트를 미리 감염시켜 놓고, 피해자가 방문했을 때 피해자의 컴퓨터에 악성 프로그램을 배포하는 공격 기법을 보기에서 골라서 쓰시오.

```
┌ 보기 ┐
ⓐ Pharming        ⓑ Drive by Download
ⓒ Watering Hole   ⓓ Business SCAM
ⓔ Phishing        ⓕ Cyber Kill Chain
ⓖ Ransomware
```

19 다음은 C언어 코드이다. 출력 결과를 쓰시오.

```c
#include <stdio.h>
int isPrime(int number) {
    int i;
    for (i=2; i<number; i++) {
        if (number % i == 0) return 0;
    }
    return 1;
}
int main(){
    int number = 13195, max_div=0, i;
    for (i=2; i<number; i++)
        if (isPrime(i) == 1 && number % i == 0)
            max_div = i;
    printf("%d", max_div);
    return 0;
}
```

20 다음은 소프트웨어 개발 프로세스 중 V 모델에 대한 그림이다. ①~④까지 들어갈 테스트를 쓰시오.

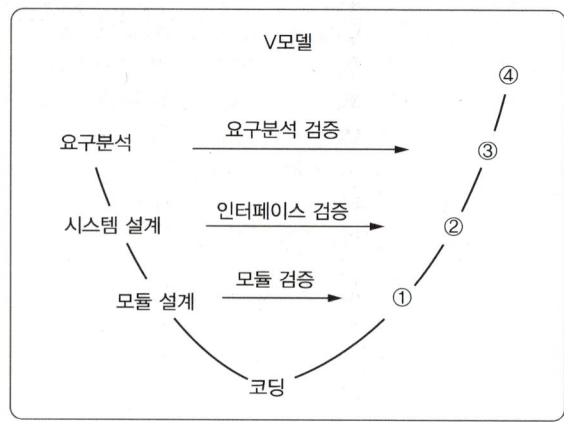

①: _____

②: _____

③: _____

④: _____

기출문제 2022년 2회

01 다음은 관계 데이터 모델과 관련된 설명이다. 괄호 ( ) 안에 공통적으로 들어갈 용어를 쓰시오.

- ( )은/는 관계 데이터베이스에 대한 비절차적 언어이며, 수학의 Predicate Calculus에 기반을 두고 있다.
- Codd 박사에 의하여 제시되었으며, 튜플 ( ), 도메인 ( )이/가 있다.

02 다음은 블록 암호화 알고리즘에 대한 설명이다. 괄호 ( ) 안에 들어갈 암호화 알고리즘을 쓰시오.

- Xuejia Lai와 James Messey가 초기에 제시한 블록 암호화 알고리즘으로 PES, IPES를 거쳐 (①)로 명명되었다. (①)은/는 128bit의 키를 사용하여 64bit의 평문을 8라운드에 거쳐 64bit의 암호문을 만든다.
- (②)은/는 미 국가안보국(NSA, National Security Agency)에서 개발한 Clipper 칩에 내장된 블록 알고리즘으로, 소프트웨어로 구현되는 것을 막고자 Fortezza Card에 칩 형태로 구현되었으며 전화기와 같이 음성을 암호화하는 데 주로 사용된다. 64비트의 입출력, 80비트의 키, 총 32라운드를 가진다.

①: _____

②: _____

03 다음 복수의 행을 출력하는 SQL 문을 사용하여 제품 테이블에서 H라는 제조사의 모든 제품의 단가보다 비싼 단가의 상품명, 단가, 제조사를 출력하는 SQL 구문이다. 괄호 ( )에 들어갈 내용은?

```
SELECT 상품명, 단가, 제조사
FROM 제품
WHERE 단가 > (    ) (SELECT 단가 FROM 제품
WHERE 제조사='H');
```

04 다음 TB 테이블에 대하여 다음 SQL을 실행하였을 때 [결과]의 괄호 ( ) 안에 출력되는 값은 무엇인가?

[TB] 테이블

SEQ	COL1	COL2
1	2	NULL
2	3	6
3	NULL	5
4	5	3
5	6	3

[SQL]
```
SELECT COUNT(COL2)
  FROM TB
  WHERE COL1 IN(2,3) OR COL2 IN(3,5);
```

[결과]

COUNT(COL2)
( )

05 괄호 ( ) 안에 공통으로 들어간 용어를 쓰시오.

- 여러 공중 인터넷망을 하나의 사설망처럼 사용할 수 있는 기술로 공중망과 사설망의 중간단계이고 방식으로는 SSL 방식과 IPSec 방식이 있다.
- SSL ( )은/는 4계층에서 소프트웨어적으로 동작하므로 별도의 장치가 필요 없으며 가격이 저렴하다.
- IPSec ( )은/는 3계층에서 동작하므로 IP 헤더를 조작해야 하므로 별도의 하드웨어 장치가 필요하나 보안성이 뛰어나다.

06 다음은 객체지향 설계 원칙 중 다음에서 설명하는 원칙을 보기에서 찾아서 쓰시오.

- 객체 설계 시 특정 기능에 대한 인터페이스는 그 기능과 상관없는 부분이 변해도 영향을 받지 않아야 한다는 원칙이다.
- 예를 들어, 복합기에 대한 객체가 있고 프린터, 복사기, 스캐닝 기능을 사용하는 사용자가 각각 있다고 하면 프린터 기능 인터페이스는 복사기나 스캐닝 기능이 변하여도 프린터 기능을 사용하는 데에는 문제가 없어야 한다.

보기
SRP, OCP, LSP, ISP, DIP

___

07 다음은 자바 코드이다. 출력 결과를 쓰시오.

```
01  public class Soojebi{
02    public static void main(String[] args){
03      int i = 3;
04      int k = 1;
05      switch(i){
06        case 0:
07        case 1:
08        case 2:
09        case 3: k=0;
10        case 4: k+=3;
11        case 5: k-=10;
12        default: k--;
13      }
14      System.out.print(k);
15    }
16  }
```

___

08 다음은 C언어 코드이다. 출력 결과를 쓰시오.

```
01  #include <stdio.h>
02  struct student {
03    int n, g;
04  };
05  int main(){
06    struct student st[2];
07    int i = 0;
08    for (i; i < 2; i++) {
09      st[i].n = i;
10      st[i].g = i + 1;
11    }
12    printf("%d", st[0].n + st[1].g);
13    return 0;
14  }
```

___

09 호스트 주소가 223.13.234.132이고, 서브넷 마스크는 255.255.255.192일 때, 괄호 ( ) 안에 들어가는 값을 쓰시오.

- 이 호스트의 네트워크 주소는 223.13.234.(①)이다.
- 이 네트워크 주소에서 사용 가능한 호스트 주소의 개수는 네트워크 주소와 브로드캐스트 주소를 뺀 (②)개이다.

①: _____

②: _____

___

10 다음은 테스팅에 대한 설명이다. 괄호 ( ) 안에 들어갈 올바른 답을 한 단어로 쓰시오.

- (①) 테스트는 사용자의 환경에서 개발자 없이 수행하는 테스트 방법으로, 사용자가 오류정보를 수집하여 개발자에게 보내면 개발자가 취합하여 오류를 수정하는 방식이다.
- (②) 테스트는 개발자 환경에서 통제된 상태로 개발자와 함께 수행하는 방법으로 사용자가 프로그램을 수행하는 것을 개발자가 모니터링하여 오류를 수정한다.

①: _____

②: _____

11 다음은 테스팅에 대한 설명이다. 맞는 답을 보기에서 골라서 쓰시오.

- ( ) 테스트는 소프트웨어의 변경 사항이 발생하면 수행하는 테스트로, 주로 유지보수 단계에서 수행한다.
- 소프트웨어 수정 시 다른 오류가 흘러들어오므로 이를 확인하기 위하여 소프트웨어에 변경 사항이 발생할 때마다 ( ) 테스트를 반복적으로 수행한다.

보기
White Box, Boundary, Partition, Black Box, Regression, Exhaust, Iterating

12 다음은 라우팅 프로토콜에 대한 설명이다. 괄호 ( )에 들어갈 말을 보기에서 골라 쓰시오.

- 라우팅 프로토콜은 범위에 따라 (①), (②)이/가 있다.
- 라우팅 프로토콜의 범위는 AS에 따라 나뉘는데 AS(Autonomous System; 자치 시스템)는 하나의 도메인에 속하는 라우터들의 집합을 말한다.
- 하나의 자치 시스템에 속한다는 것은 하나의 도메인에 속한다는 것과 같은 의미이다.
- (①)은/는 동일한 AS 내의 라우팅 프로토콜이며, 대표적으로 RIP와 (③)이/가 있다.
- (③)은/는 항상 상태를 주고받는 RIP와 다르게 변화가 있을 때만 상태를 주고받는 Linked State의 프로토콜이며 자치 시스템을 지역(Area)으로 나누어 라우팅을 효과적으로 관리할 수 있다.
- (②)은/는 서로 다른 AS 간 라우팅 프로토콜이며, 대표적으로 (④)이/가 있으며 초기에 라우터들이 연결될 때 전체 라우팅 테이블을 교환하고, 그 이후에는 변화된 정보만을 교환하는 방식이다.

보기
EGP, IGRP, BGP, IGP, OSPF, BCP

①: _____
②: _____
③: _____
④: _____

13 다음 [EMPLOYEE] 테이블에 대하여 π_{TTL}(EMPLOYEE) 연산을 수행하면 나타나는 결과를 채워 넣으시오.

[EMPLOYEE]

EMPNO	NAME	DEPT	TTL	JOIN_DATE
1001	홍길동	총무	부장	2001.03.01
1002	강감찬	총무	대리	2017.09.01
1003	을지문덕	회계	과장	2012.03.01
1004	이순신	기획	차장	2004.03.09

[결과]

①
②
③
④
⑤

①: _____
②: _____
③: _____
④: _____
⑤: _____

14 다음은 파이썬 코드이다. 출력 결과를 쓰시오.

```
01  a = "REMEMBER NOVEMBER"
02  b = a[:3] + a[12:16]
03  c = "R AND %s"%"STR"
04  print(b + c)
```

15 다음은 C언어 코드이다. 출력 결과를 쓰시오.

```c
#include <stdio.h>
int len(char* p);
int main(){
  char *p1 = "2022";
  char *p2 = "202207";
  printf("%d", len(p1) + len(p2));
  return 0;
}
int len(char* p) {
  int r = 0;
  while (*p != '\0') {
    p++;
    r++;
  }
  return r;
}
```

16 다음은 C언어 코드이다. 출력 결과를 쓰시오.

```c
#include <stdio.h>
int main(){
  int a[4] = {0, 2, 4, 8};
  int b[3];
  int* pl;
  int i, j;
  int sum = 0;
  for (i = 1; i < 4; i++) {
    pl = a + i;
    b[i-1] = *pl - a[i-1];
    sum = sum + a[i] + b[i-1];
  }
  printf("%d", sum);
  return 0;
}
```

17 다음은 자바 코드이다. 출력 결과를 쓰시오.

```java
public class Soojebi{
  int a;
  public Soojebi(int a) {
    this.a = a;
  }
  int func() {
    int b = 1;
    for (int i=1; i<a; i++){
      b = a * i + b;
    }
    return a + b;
  }
  public static void main(String[] args){
    Soojebi obj = new Soojebi(3);
    obj.a=5;
    int b = obj.func();
    System.out.print(obj.a + b);
  }
}
```

18 다음 설명 중 괄호 (   ) 안에 들어갈 단어를 보기에서 찾아 쓰시오.

- 관계 데이터베이스에서 X 속성에 의해 Y 속성이 유일하게 결정되면 Functional Dependency가 성립한다고 하며 X→Y라고 표현한다.

{학번, 과목번호} → 성적
학번 → 학년

- 성적은 {학번, 과목번호}에 의해 (①) Functional Dependency가 성립하지만 학년은 (②) Functional Dependency가 성립한다.
- 속성 X, Y, Z에 대하여 X→Y이고 Y→Z이면, X와 Z는 (③) Functional Dependency가 성립한다.

┌ 보기 ┐
㉠ Determinant   ㉡ Constraint   ㉢ Transitive
㉣ Full   ㉤ Dependent   ㉥ Partial
㉦ Consistency

①: _____
②: _____
③: _____

19 다음 설명에 해당하는 것을 보기에서 골라서 쓰시오.

- (①)은/는 인터넷에서 요청과 응답에 의해 처리하는 프로토콜로 GET, POST, PUT 등의 방식을 사용한다.
- (②)은/는 문장이나 단어 등이 링크를 통해 서로 연결된 네트워크처럼 구성된 문서로 이미지 등을 누르면 다른 사이트로 옮겨갈 수 있도록 하이퍼링크(hyperlink)가 걸려 있다.
- (③)은/는 운영체제에 상관없이 브라우저에서 실행되는 웹 문서를 표현하는 표준화된 마크업 언어로 웹 콘텐츠의 의미와 구조를 정의할 때 사용

> 보기
> ICMP, HTTP, Hypertext, XML, HTML 등

①: _____

②: _____

③: _____

20 다음 프로세스 구조에서 모듈 F의 Fan-In과 Fan-Out을 구하시오.

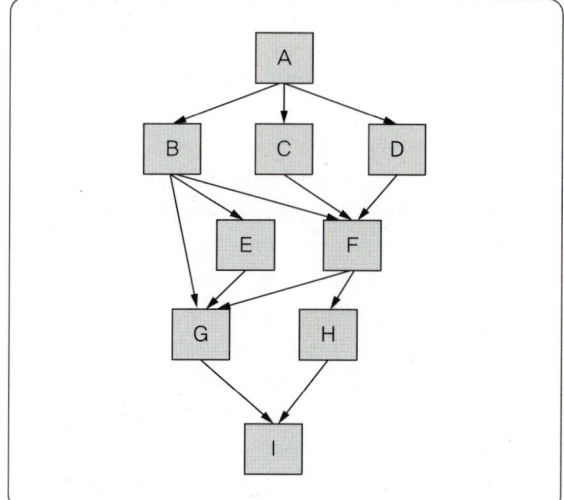

① Fan-In: _____

② Fan-Out: _____

기출문제 2022년 3회

01 다음은 C언어 코드이다. 출력 결과를 쓰시오.

```c
#include <stdio.h>
int calc(int w, int h, int j, int i){
    if(i>=0 && i<h && j>=0 && j<w)
        return 1;
    return 0;
}
int main(){
    int field[4][4] = {{0,1,0,1}, {0,0,0,1},
                       {1,1,1,0}, {0,1,1,1}};
    int mines[4][4] = {{0,0,0,0},{0,0,0,0},
                       {0,0,0,0},{0,0,0,0}};
    int w = 4, h = 4;
    int i, j, k, l;
    for(l=0;l<h;l++){
        for(k=0;k<w;k++){
            if(field[l][k] == 0)
                continue;
            for(i=l-1;i<=l+1;i++){
                for(j=k-1;j<=k+1;j++){
                    if(calc(w, h, j, i) == 1){
                        mines[i][j] += 1;
                    }
                }
            }
        }
    }
    for(l=0;l<h;l++){
        for(k=0;k<w;k++){
            printf("%d ", mines[l][k]);
        }
        printf("\n");
    }
    return 0;
}
```

02 올바른 관계대수 기호를 쓰시오.

- ( ): 합집합
- ( ): 차집합
- ( ): 카티션 프로덕트
- ( ): 프로젝트
- ( ): 조인

03 다음은 디자인 패턴에 대한 설명이다. 괄호 ( ) 안에 들어갈 디자인 패턴의 유형을 쓰시오.

- (①) 패턴은 기능의 클래스 계층과 구현의 클래스 계층을 연결하고, 구현부에서 추상 계층을 분리하여 추상화된 부분과 실제 구현 부분을 독립적으로 확장할 수 있는 디자인 패턴이다.
- (②) 패턴은 한 객체의 상태가 바뀌면 그 객체에 의존하는 다른 객체들에 연락이 가고 자동으로 내용이 갱신되는 방법으로 일대 다의 의존성을 가지며 상호 작용하는 객체 사이에서는 가능하면 느슨하게 결합하는 디자인 패턴이다.

04 다음은 자바 코드이다. 출력 결과를 쓰시오.

```java
class Soojebi{
    public static void main(String[] args) {
        int[] result= new int[5];
        int[] arr = {79, 34, 10, 99, 50};
        for(int i = 0; i < 5; i++) {
            result[i] = 1;
            for(int j = 0; j < 5; j++) {
                if(arr[i] <arr[j]) result[i]++;
            }
        }
        for(int k = 0; k < 5; k++) {
            System.out.print(result[k]);
        }
    }
}
```

05 192.168.1.0/24인 IP 주소를 FLSM 방식으로 3개의 Subnet으로 분할할 때 두 번째 Subnet의 브로드캐스트 IP 주소(10진수)를 쓰시오.

_____

06 다음의 테스트는 기법은 무엇인지 〈보기〉에서 고르시오.

- 등가 분할 후 경곗값 부분에서 오류 발생 확률이 높기 때문에 경곗값을 포함하여 테스트 케이스를 설계하여 테스트하는 기법이다.
- 예를 들어 0, 60, 80, 100으로 등가 분할 후 테스트데이터는 -1, 0, 59, 60, 61, 79, 80, 81, 99, 100이다.

보기
㉠ Equivalence Partitioning ㉡ Decision Table ㉢ State Transition ㉣ Use Case ㉤ Classification Tree Method ㉥ Cause-Effect Graph ㉦ Boundary Value Analysis

_____

07 직원 테이블과 부서 테이블이 다음과 같을 때 다음 쿼리를 수행한 결과를 쓰시오.

[부서] 테이블

부서코드	부서명
10	기획부
20	영업부
30	디자인부

[직원] 테이블

부서코드	직원코드	부서원
10	1	홍길동
10	2	장길산
20	3	임꺽정
20	4	김철수
20	5	이영희
30	6	이순신
30	7	안중근

[조건]
- [부서] 테이블 생성할 시 부서코드는 PRIMARY KEY로 선언되어 있고 CASCADE 함수를 사용
- [직원] 테이블의 부서코드는 [부서] 테이블의 부서코드를 FOREIGN KEY로 참조함

[쿼리]
① SELECT COUNT(DISTINCT 부서코드) FROM 직원;
② DELETE FROM 부서 WHERE 부서코드='20';
SELECT COUNT(DISTINCT 직원코드) FROM 직원;

①: _____

②: _____

08 괄호 ( ) 안에 들어갈 용어를 쓰시오.

- (①)은/는 사람들의 심리와 행동 양식을 교묘하게 이용해서 원하는 정보를 얻는 공격 기법이다.
- (②)은/는 정보를 수집한 후, 저장만 하고 분석에 활용하고 있지 않은 다량의 데이터이다.

①: _____

②: _____

09 다음은 파이썬 코드이다. 실행 결과를 쓰시오.

```
01  l = [1,2,3,4,5]
02  l = list(map(lambda num : num + 100, l))
03  print(l)
```

10 다음에서 설명하는 보안 장비는 무엇인가?

> 다양한 보안 장비와 서버, 네트워크 장비 등으로부터 보안 로그와 이벤트 정보를 수집한 후 정보 간의 연관성을 분석하여 위협 상황을 인지하고, 침해사고에 신속하게 대응하는 보안 관제 솔루션(solution)이다. 특히, 기업에서 생성되는 테라바이트(terabyte)급의 정형·비정형 데이터와 방화벽, 안티바이러스 시스템, 서버, 네트워크 장비 등으로부터 수집한 다양한 데이터 등을 빅데이터 기반의 로그 분석을 통하여 보안의 위협 징후를 빠르게 판단·대응할 수 있도록 해주는 보안 관제 솔루션이다.

_____

11 다음에서 형상 관리에 대한 설명이다. 괄호 ( ) 안에 들어갈 형상 관리 도구를 보기에서 고르시오.

- (①): 중앙집중형 클라이언트-서버 방식으로 하나의 서버에서 소스를 쉽고, 유용하게 관리할 수 있게 도와주는 도구로 저장소를 만들어 그곳에 소스를 저장해서 소스 중복이나 여러 문제를 해결하기 위한 도구
- (②): 가장 오래된 형상 관리 도구 중의 하나로서 중앙집중형 서버 저장소를 두고 클라이언트가 접속해서 버전 관리를 실행하는 형상 관리 도구로 파일 단위로 변경 사항 관리가 가능한 도구
- (③): 로컬 저장소와 원격 저장소로 분리되어 분산 저장하는 도구로 빠른 속도에 중점을 둔 분산형 버전 관리 시스템이며, 대형 프로젝트에서 효과적이고 유용한 도구

┌ 보기 ┐
ⓞ OLAP   ⓛ CVS
ⓒ Ant   ⓔ Maven
ⓜ Git   ⓗ Jenkins
ⓐ Spring   ⓞ SVN
ⓧ Cyber Kill Chain

①: _____
②: _____
③: _____

12 학생(STUDENT) 테이블에 정보과 학생 50명, 전기과 학생 100명, 전산과 학생 50명에 관한 데이터가 있다고 했을 때, 다음에 주어지는 SQL 문 ①, ②, ③을 각각 실행시켰을 때 튜플 수는 각각 몇 개인가? (단, DEPT는 학과 컬럼명이다.)

- 정보과 = 50명
- 전기과 = 100명
- 전산과 = 50명

[쿼리]
① SELECT DEPT FROM 학생;
② SELECT DISTINCT DEPT FROM 학생;
③ SELECT COUNT(DISTINCT DEPT) FROM 학생 WHERE DEPT = '전산과';

①: _____
②: _____
③: _____

13 다음은 C언어 코드이다. 출력 결과를 쓰시오.

```
01  #include <stdio.h>
02  int main() {
03    int i, j, k, s;
04    int el=0;
05    for (i=6; i<=30; i++){
06      s=0;
07      k=i/2;
08      for (j=1; j<=k; j++){
09        if (i%j==0){
10          s=s+j;
11        }
12      }
13      if (s==i){
14        el++;
15      }
16    }
17    printf("%d", el);
18    return 0;
19  }
```

14 다음 주요 IT 기술에 대한 용어 설명이다. 괄호 ( ) 안에 들어갈 용어를 보기에서 골라서 쓰시오.

- (①)은/는 프로세서(Processor) 안에 독립적인 보안구역을 따로 두어 중요한 정보를 보호하는 ARM 사에서 개발한 보안 기술로 프로세서(Processor) 안에 독립적인 보안구역을 따로 두어 중요한 정보를 보호하는 하드웨어 기반의 보안 기술이다.
- (②)은/는 네티즌들이 사이트에 접속할 때 주소를 잘못 입력하거나 철자를 빠뜨리는 실수를 이용하기 위해 이와 유사한 유명 도메인을 미리 등록하는 일로, URL 하이재킹(Hijacking)이라고도 부른다.

보기
- ㉠ 트러스트존(Trustzone)
- ㉡ 타이포스쿼팅(Typosquatting)
- ㉢ 키로거 공격(Key Logger Attack)
- ㉣ 레이스 컨디션 공격(Race Condition Attack)
- ㉤ APT 공격(Advanced Persistent Threat)
- ㉥ 공급망 공격(Supply Chain Attack)
- ㉦ 악성 봇(Malicious Bot)
- ㉧ 사이버 킬체인(Cyber Kill Chain)
- ㉨ 랜섬웨어(Ransomware)

①: _____

②: _____

15 다음에서 설명하는 용어를 쓰시오.

- 커버로스에서 사용되는 기술로 한 번의 인증 과정으로 여러 컴퓨터상의 자원을 이용할 수 있도록 해주는 인증 기술

16 다음은 프로세스 스케줄링에 대한 설명이다. 괄호 ( ) 안에 들어갈 스케줄링 기법을 쓰시오.

- (①): 프로세스가 도착하는 시점에 따라 그 당시 가장 작은 서비스 시간을 갖는 프로세스가 종료 시까지 자원을 점유하는 스케줄링 기법
- (②): 프로세스는 같은 크기의 CPU 시간을 할당(시간 할당량), 프로세스가 할당된 시간 내에 처리 완료를 못하면 준비 큐 리스트의 가장 뒤로 보내지고, CPU는 대기 중인 다음 프로세스로 넘어가는 스케줄링 기법
- (③): 가장 짧은 시간이 소요되는 프로세스를 먼저 수행, 남은 처리시간이 더 짧다고 판단되는 프로세스가 준비 큐에 생기면 언제라도 프로세스가 선점되는 스케줄링 기법으로 비선점 방식의 스케줄링 기법에 선점 방식을 도입한 기법

①: _____

②: _____

③: _____

17 다음 UML에 대한 설명이다. 괄호 ( ) 안에 들어갈 용어를 쓰시오.

- (①): UML의 구성 요소 중 사물의 의미를 확장하고 명확히 하는 요소로 사물과 사물을 연결하여 표현하는 요소
- (②): 공통의 속성, 연산(메서드), 관계, 의미를 공유하는 객체들의 집합
- (③): 기능을 모아놓은 클래스로 추상 메서드와 상수만을 포함하는 추상 클래스로 구현하는 모든 클래스에 대해 특정한 메서드가 반드시 존재하도록 강제하는 역할을 하는 클래스

①: _____

②: _____

③: _____

18 다음은 E-R 다이어그램이다. 괄호 ( ) 안에 들어갈 구성요소를 E-R 다이어그램의 보기에서 고르시오.

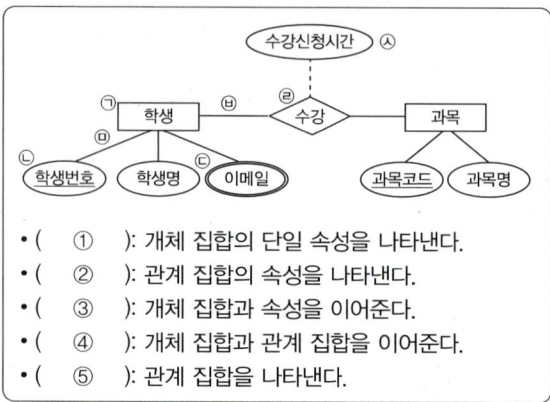

- (①): 개체 집합의 단일 속성을 나타낸다.
- (②): 관계 집합의 속성을 나타낸다.
- (③): 개체 집합과 속성을 이어준다.
- (④): 개체 집합과 관계 집합을 이어준다.
- (⑤): 관계 집합을 나타낸다.

①:
②:
③:
④:
⑤:

19 다음은 자바 코드이다. 출력 결과를 쓰시오.

```
01  public class Soojebi {
02    static int[] MakeArray(){
03      int[] tempArr = new int[4];
04      for(int i=0; i<tempArr.length;i++){
05        tempArr[i] = i;
06      }
07      return tempArr;
08    }
09    public static void main(String[] args){
10      int[] intArr;
11      intArr = MakeArray();
12      for(int i=0; i < intArr.length; i++){
13        System.out.print(intArr[i]);
14      }
15    }
16  }
```

20 다음은 자바 코드이다. 출력 결과를 쓰시오.

```
01  public class Soojebi {
02    public static void main(String[] args){
03      int a = 0;
04      for(int i=1; i<999; i++){
05        if(i%3==0 && i%2!=0)
06          a = i;
07      }
08      System.out.print(a);
09    }
10  }
```

기출문제 2023년 1회

01 다음은 자바 코드이다. 출력 결과를 쓰시오.

```java
class Static {
  public int a = 20;
  static int b = 0;
}
public class Soojebi{
  public static void main(String[] args) {
    int a;
    a = 10;
    Static.b = a;
    Static st = new Static();
    System.out.println(Static.b++);
    System.out.println(st.b);
    System.out.println(a);
    System.out.print(st.a);
  }
}
```

02 다음은 C 코드이다. 출력 결과를 쓰시오.

```c
#include <stdio.h>
int main(){
  char a[] = "Art";
  char* p = NULL;
  int i = 0;

  p = a;
  printf("%s\n", a);
  printf("%c\n", *p);
  printf("%c\n", *a);
  printf("%s\n", p);

  for(i = 0; a[i] != '\0'; i++)
    printf("%c", a[i]);
  return 0;
}
```

03 다음은 C 코드이다. 출력 결과를 쓰시오.

```c
#include <stdio.h>
int main(){
  char* a = "qwer";
  char* b = "qwety";
  int i, j;
  for(i = 0; a[i] != '\0' ; i++){
    for(j = 0; b[j] != '\0'; j++){
      if(a[i] == b[j])
        printf("%c", a[i]);
    }
  }
  return 0;
}
```

04 다음 중 빈칸에 공통으로 들어갈 용어를 쓰시오.

- (   )은/는 웹에서 Javascript, XML을 이용하여 비동기식으로 웹 페이지의 일부 콘텐츠만 리로드(Reload) 해오는 방식이다.
- (   )은/는 하이퍼텍스트 표기 언어(HTML)만으로는 어려운 다양한 작업을 웹 페이지에서 구현해서 이용자가 웹 페이지와 자유롭게 상호 작용할 수 있도록 구현하는 기법이다.
- Google Maps와 Google (   )에서 이러한 방식을 사용한다.

05 패킷 교환 방식에서 패킷이 전송되기 전에 송/수신 스테이션 간의 논리적인 통신 경로를 미리 설정하는 방식은 (①) 방식이며, 연결 경로를 확립하지 않고 각각의 패킷을 순서에 무관하게 독립적으로 전송하는 방식은 (②) 방식이다. 빈칸에 들어갈 알맞은 용어를 쓰시오.

①: _____

②: _____

06 VPN(Virtual Private Network)에서 사용되는 프로토콜 중 하나로, L2F(Layer 2 Forwarding Protocol)와 PPTP(Point-to-Point Tunneling Protocol)의 기능을 결합하여 인터넷상에서 두 지점 간에 가상의 터널을 만들어 통신을 안전하게 전송하는 기술은 무엇인가?

_____

07 포트 번호 22번을 사용하고 인증, 암호화, 압축, 무결성을 제공하며, Telnet보다 강력한 보안을 제공하는 원격 접속 프로토콜은 무엇인가?

_____

08 괄호에 들어갈 용어를 보기에서 찾아 기호로 쓰시오.

- (①)은/는 인터넷 또는 네트워크를 통해 컴퓨터에서 컴퓨터로 스스로 전파되는 악성 프로그램이다. 윈도우의 취약점 또는 응용 프로그램의 취약점을 이용하거나 이메일 또는 공유 폴더를 통해 전파되며, 최근에는 공유 프로그램인 P2P 등을 이용하여 전파되기도 한다. 가장 큰 특징은 자신을 복제하여 네트워크 연결을 통해서 다른 컴퓨터로 스스로 전파되고 확산된다는 것이다.
- (②)은/는 악성 루틴이 숨어 있는 프로그램으로 겉보기에는 정상적인 프로그램으로 보이지만 실행하면 악성 코드를 실행하는 프로그램이다. 자기 복제를 하지 않으며 다른 파일을 감염시키거나 변경시키지 않지만, 해당 프로그램이 포함된 프로그램이 실행되는 순간, 시스템은 공격자에게 시스템을 통제할 수 있는 권한을 부여하게 된다.
- (③)은/는 사용자 컴퓨터(네트워크로 공유된 컴퓨터 포함) 내에서 프로그램이나 실행 가능한 부분을 변형해서 감염(Infect)시키는 프로그램이다. 자신 또는 자신의 변형을 복사하는 프로그램으로 가장 큰 특성은 다른 네트워크의 컴퓨터로 스스로 전파되지는 않는다.

[보기]

㉠ 바이러스(Virus)
㉡ 웜(Worm)
㉢ 트로이목마(Trojan Horse)

①: _____

②: _____

③: _____

09
다음은 이진수를 십진수로 변환하는 C언어 코드이다. ⓐ, ⓑ에 적합한 코드를 작성하시오.

```
01  #include <stdio.h>
02  int main() {
03    int input = 101110;
04    int di = 1;
05    int sum = 0;
06
07    while (1){
08      if (input == 0) break;
09      else {
10        sum = sum + (input   ⓐ    ⓑ   ) * di;
11        di = di * 2;
12        input = input / 10;
13      }
14    }
15
16    printf("%d", sum);
17    return 0;
18  }
```

ⓐ: _____

ⓑ: _____

10
IP의 동작 과정에서의 전송 오류가 발생하는 경우에 오류 정보를 전송하는 목적으로 사용하는 프로토콜로, Ping-of-Death에서도 사용하는 프로토콜은 무엇인가?

11
디자인 패턴 중 객체의 대리자를 이용하여 원래 객체의 작업을 대신 처리하는 패턴을 [보기]에서 찾아 쓰시오.

┤보기├
- 생성 패턴: Builder, Prototype, Singleton, Abstract Factory
- 구조 패턴: Bridge, Decorator, Facade, Flyweight, Proxy, Composite, Adapter
- 행위 패턴: Observer, Mediator, Visitor, Strategy

12
다음은 데이터베이스에 관련된 내용이다. 각 괄호에 들어갈 답을 [보기]에서 골라 쓰시오.

- (①)은/는 테이블 내의 행을 의미하며, 레코드(Record)라고도 한다. 어떤 요소의 집합이지만 일반적인 집합과는 달리 중복이 허용될 수 있다.
- (②)은/는 릴레이션에 실제로 저장된 데이터의 집합을 의미한다. 릴레이션 또는 릴레이션 외연(Relation Extension)라고도 한다.
- (③)은/는 특정 데이터 집합의 유니크(Unique)한 값의 개수를 의미한다.

┤보기├
튜플(Tuple), 릴레이션 스키마(Relation Schema), 릴레이션 인스턴스(Relation Instance), 카디널리티(Cardinality), 디그리(Degree), 애트리뷰트(Attribute)

①: _____

②: _____

③: _____

13
[학생] 테이블에서 학생 이름이 '민수'인 튜플을 삭제하는 쿼리를 작성하시오.

[학생] 테이블

학번	학년	이름
100	3	현정
200	2	민수
300	1	현수
400	4	민정

14 다음은 자바 코드이다. 빈칸에 들어갈 코드를 쓰시오. (단, 변수명으로 쓰시오.)

```
01  class Soojebi{
02    static void swap(int[] a, int idx1, int idx2){
03      int t = a[idx1];
04      a[idx1] = a[idx2];
05      a[   ①   ] = t;
06    }
07
08    static void Usort(int[] a, int len){
09      for(int i=0; i<len; i++){
10        for(int j=0; j<len-i-1; j++){
11          if(a[j] > a[j+1]) {
12            swap(a, j, j+1);
13          }
14        }
15      }
16    }
17
18    public static void main(String[] args){
19      int []item = {5, 4, 9, 1, 3, 7};
20      int nx = 6;
21      Usort(item,   ②   );
22      for(int data : item) {
23        System.out.print(data + "");
24      }
25    }
26  }
```

①: _____

②: _____

15 다음은 파이썬 코드이다. 출력 결과를 쓰시오.

```
01  a = {'한국', '중국', '일본'}
02  a.add('베트남')
03  a.add('중국')
04  a.remove('일본')
05  a.update({'홍콩', '한국', '태국'})
06  print(a)
```

16 다음 중 [성적] 테이블에서 과목별로 그룹을 묶었을 때 과목 평균이 90 이상인 과목, 최소점수, 최대점수를 조회하는 쿼리를 작성하시오.

[성적] 테이블

순서	과목	점수
1	데이터베이스	91
2	데이터베이스	92
3	네트워크	78
4	소프트웨어 공학	60
5	네트워크	89
6	소프트웨어 공학	91

[결과]

과목	최소점수	최대점수
데이터베이스	91	92

[조건]

- SQL 문은 ISO/IEC 9075 표준을 기반으로 작성해야 한다.
- WHERE 절을 사용하지 않아야 한다.
- SELECT 절에 별칭을 사용하여 작성해야 한다.
- SQL 구문의 마지막에는 세미콜론(;) 생략이 가능하다.
- 반드시 GROUP BY와 HAVING을 사용해야 한다.
- 집계함수를 사용해야 한다.

①: _____

②: _____

③: _____

17 다음은 자바 코드이다. 출력 결과를 쓰시오.

```
01  abstract class Vehicle {
02    String name;
03    abstract public String getName(String val);
04    public String getName() {
05      return "Vehicle name: " + name;
06    }
07    public void setName(String val){
08      name = val;
09    }
10  }
11
12  class Car extends Vehicle {
13    public Car(String val) {
14      setName(val);
15    }
16    public String getName(String val) {
17      return "Car name: " + val;
18    }
19    public String getName(byte val[]) {
20      return "Car name: " + val;
21    }
22  }
23
24  public class Soojebi {
25   public static void main(String[] args) {
26     Vehicle obj = new Car("Spark");
27     System.out.println(obj.getName());
28   }
29  }
```

18 다음은 스키마와 관련된 내용이다. 각 괄호 안에 알맞은 답을 [보기]에서 찾아 작성하시오.

- (①) 스키마는 사용자나 개발자의 관점에서 필요로 하는 데이터베이스의 논리적 구조이고, 사용자 뷰를 나타내며, 서브 스키마로 불린다.
- (②) 스키마는 데이터베이스의 전체적인 논리적 구조이다. 전체적인 뷰를 나타내고, 개체 간의 관계, 제약조건, 접근 권한, 무결성, 보안에 대해 정의한다.
- (③) 스키마는 물리적 저장 장치의 관점에서 보는 데이터베이스 구조이고, 실제로 데이터베이스에 저장될 레코드의 형식을 정의한다. 데이터 항목의 표현 방법, 내부 레코드의 물리적 순서 등을 표현한다.

┌ 보기 ┐
외부, 개념, 내부

①: _____

②: _____

③: _____

19 다음 제어 흐름 그래프가 분기 커버리지를 만족하기 위한 테스팅 순서를 쓰시오.

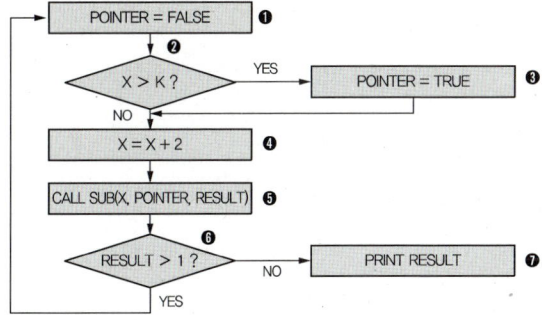

20 다음은 자바 코드이다. 출력 결과를 쓰시오.

```java
01  class Parent {
02    int x = 100;
03    Parent() {
04      this(500);
05    }
06    Parent(int x) {
07      this.x = x;
08    }
09    int getX() {
10      return x;
11    }
12  }
13
14  class Child extends Parent {
15    int x = 4000;
16    Child() {
17      this(5000);
18    }
19    Child(int x) {
20      this.x = x;
21    }
22  }
23
24  public class Soojebi {
25    public static void main(String[] args) {
26      Child obj = new Child();
27      System.out.println(obj.getX());
28    }
29  }
```

기출문제 2023년 2회

01 다음 프로그램에서 43215로 출력되도록 밑줄 친 곳에 들어갈 코드를 보기에서 골라 작성하시오.

```c
01  #include <stdio.h>
02  int main( ){
03    int n[5] = {5, 4, 3, 2, 1};
04    int i;
05    for(i=0; i<5; i++){
06      printf("%d", _____ );
07    }
08    return 0;
09  }
```

[보기]

| n | i | + | % | 1 | 5 | [|] | (|) |

[실행결과]

```
43215
```

02 다음은 C언어 코드이다. 출력 결과를 쓰시오.

```c
01  #include <stdio.h>
02
03  int main(){
04    int n[3] = {73, 95, 82};
05    int i, sum = 0;
06
07    for(i=0;i<3;i++){
08      sum += n[i];
09    }
10
11    switch(sum/30){
12    case 10:
13    case 9: printf("A");
14    case 8: printf("B");
15    case 7:
16    case 6: printf("C");
17    default: printf("D");
18    }
19    return 0;
20  }
```

03 다음 C 프로그램의 출력 결과를 쓰시오.

```c
01  #include <stdio.h>
02  #define MAX_SIZE 10
03
04  int isWhat[MAX_SIZE];
05  int point = -1;
06
07  int isEmpty(){
08    if(point == -1) return 1;
09    return 0;
10  }
11
12  int isFull(){
13    if(point == 10) return 1;
14    return 0;
15  }
16
17  void into(int num){
18    if(point >= 10) printf("Full");
19    isWhat[++point] = num;
20  }
21
22  int take( ){
23    if(isEmpty( ) == 1) printf("Empty");
24    return isWhat[point--];
25  }
26
27  int main( ){
28    into(5);
29    into(2);
30    while(!isEmpty()){
31      printf("%d", take());
32      into(4);
33      into(1);
34      printf("%d", take());
35      into(3);
36      printf("%d", take());
37      printf("%d", take());
38      into(6);
39      printf("%d", take());
40      printf("%d", take());
41    }
42    return 0;
43  }
```

04 [학생] 테이블의 스키마 이용해 [처리 조건]에 맞는 쿼리문을 작성하시오.

[학생] 테이블

속성명	데이터 타입	비고
학번	INT	PRIMARY KEY
이름	VARCHAR(20)	
학년	INT	
과목	VARCHAR(20)	
연락처	VARCHAR(20)	

[처리 조건]
- 학생 테이블에 학번이 9830287, 이름이 '한국산', 학년이 3, 과목이 '경영학개론', 연락처가 '050-1234-1234'인 학생의 정보를 입력하시오.
- 명령문 마지막의 세미콜론(;)은 생략이 가능하다.
- 인용 부호가 필요한 경우 작은 따옴표(')를 사용한다.

[입력]
홍길동
김철수
박영희

05 다음 C 프로그램에 홍길동, 김철수, 박영희 순서로 입력하였다. 프로그램의 출력 결과를 쓰시오.

```
01  #include <stdio.h>
02  char n[30];
03  char *soojebi(){
04    gets(n);
05    return n;
06  }
07  int main() {
08    char *p1 = soojebi();
09    char *p2 = soojebi();
10    char *p3 = soojebi();
11    printf("%s\n", p1);
12    printf("%s\n", p2);
13    printf("%s\n", p3);
14    return 0;
15  }
```

06 전체 조건식의 영향은 고려하지 않고, 결정 포인트 내의 각 개별 조건식이 적어도 한 번은 참과 거짓의 결과가 되도록 수행하는 테스트 커버리지는 무엇인지 보기에서 고르시오.

┤보기├
- ㉠ 구문 커버리지
- ㉡ 결정 커버리지
- ㉢ 조건/결정 커버리지
- ㉣ 다중 조건 커버리지
- ㉤ 변경 조건/결정 커버리지
- ㉥ 기본 경로 커버리지
- ㉦ 조건 커버리지
- ㉧ 제어 흐름 테스트
- ㉨ 데이터 흐름 테스트
- ㉩ 루프 테스트

07 다음은 잔돈의 개수를 구하는 프로그램이다. a는 1000원 개수, b는 500원 개수, c는 100원 개수, d는 10원 개수이다. 밑줄 ①, ②, ③, ④에 들어갈 코드를 보기에 있는 문자, 숫자, 기호를 이용해 순서대로 작성하시오. (코드의 길이를 최소화해서 구현해야 한다.)

```
01  #include <stdio.h>
02  int main() {
03    int m = 4620;
04    int a, b, c, d;
05    a = ____①____ ;
06    b = ____②____ ;
07    c = ____③____ ;
08    d = ____④____ ;
09    printf("1000원 : %d개\n", a);
10    printf("500원 : %d개\n", b);
11    printf("100원 : %d개\n", c);
12    printf("10원 : %d개\n", d);
13    return 0;
14  }
```

[조건]

| m | i | d | % | / | 0 ~ 9 | (|) |

[출력 결과]

```
1000원 : 4개
500원 : 1개
100원 : 1개
10원 : 2개
```

①: _____

②: _____

③: _____

④: _____

08 다음에서 설명하는 용어를 쓰시오.

- 소프트웨어, 시스템을 외부에서의 악의적인 조작으로부터 보호하는 보안 기술로 위·변조와 같은 이상 조작을 검출하고, 이상 감지 시 프로그램을 오작동하도록 만드는 기술이다.
- 구성 기술로는 해시 함수(Hash Function), 핑거 프린트(Fingerprint), 워터마크(Watermark), 소프트웨어 원본 비교, 프로그램 체킹, 실행코드 난독화 등이 있다.

09 다음은 선택정렬 코드이다. 밑줄에 알맞은 코드를 쓰시오.

```
01  #include <stdio.h>
02  int main( ) {
03    int arr[] = {64, 25, 12, 22, 11};
04    int n = sizeof(arr)/sizeof(arr[0]);
05    int i = 0, j, tmp;
06    do{
07      j = i + 1;
08      do{
09        if(arr[i] ____ arr[j]){
10          tmp = arr[i];
11          arr[i] = arr[j];
12          arr[j] = tmp;
13        }
14        j++;
15      } while (j < n);
16      i++;
17    } while (i < n-1);
18    for(i=0; i<=4; i++)
19      printf("%d ", arr[i]);
20    return 0;
21  }
```

[실행결과]

```
11 12 22 25 64
```

10 Database 구축 프로세스를 순서대로 나열하시오.

> ㉮ 논리적 설계
> ㉯ 구현
> ㉰ 요구사항 분석
> ㉱ 개념적 설계
> ㉲ 물리적 설계

---

11 다음은 디자인 패턴에 대한 설명이다. 괄호 ( ) 안에 들어가는 디자인 패턴의 종류를 보기에서 고르시오.

> - (①) 패턴은 전역변수를 사용하지 않고 객체를 하나만 생성하도록 하며, 생성된 객체를 어디에서든지 참조할 수 있도록 하는 디자인 패턴이다.
> - (②) 패턴은 각 클래스 데이터 구조로부터 처리 기능을 분리하여 별도의 클래스를 만들어 놓고 해당 클래스의 메서드가 각 클래스를 돌아다니며 특정 작업을 수행하도록 만드는 패턴이다.
> - (②) 패턴은 객체의 구조는 변경하지 않으면서 새로운 기능(연산)만 따로 추가하거나 확장할 때 사용하는 디자인 패턴이다.

┤보기├

Command, Memento, Singleton, Observer, Visitor, Iterator, Template Method, State, Strategy, Mediator, Adapter, Proxy, Bridge, Factory Method

①: _____

②: _____

---

12 다음은 오류 제어 방식에 대한 설명이다. 괄호 ( ) 안에 들어갈 용어를 보기에서 찾아서 쓰시오.

> - 오류 제어 방식에는 크게 (①) 방식과 (②) 방식이 있다.
> - (①) 방식은 데이터 전송 과정에서 발생한 오류를 검출하여 검출된 오류를 재전송 요구 없이 스스로 수정하는 방식이다. 대표적인 유형인 (③) 코드 방식은 수신측에서 오류가 발생한 비트를 찾아 재전송을 요구하지 않고 자신이 직접 오류를 수정하는 방식으로 1비트의 오류 수정이 가능하다.
> - (②) 방식은 데이터 전송 과정에서 오류가 발생하면 송신 측에 재전송을 요구하는 방식이다. 대표적인 유형에는 (④) 검사, (⑤) 등이 있다.
> - (④) 검사는 7~8개의 비트로 구성되는 전송 문자에 패리티 비트를 추가하여 오류를 검출하는 방식이다.
> - (⑤)은/는 다항식을 통해 산출된 값을 토대로 오류를 검사하는 방식으로 집단 오류를 해결하기 위한 방식이다.

┤보기├

NAK, BEC, Hamming, MD5, Parity, BCD, CRC, FEC

①: _____

②: _____

③: _____

④: _____

⑤: _____

13 다음은 비트(Bit) 위주의 프로토콜로, 각 프레임에 데이터 흐름을 제어하고 오류를 보정할 수 있는 비트 열을 삽입하여 전송하는 역할을 하는 HDLC에 대한 설명이다. 다음이 설명하는 용어를 보기에서 고르시오.

- HDLC 프레임의 구조는 플래그(Flag), 주소부(Address Field), 제어부(Control Field)로 구성되어 있다.
- 여기에서 제어부는 프레임의 종류를 식별하기 위해 사용되는데 제어부의 첫 번째, 두 번째 비트를 사용하여 프레임의 종류를 구별할 수 있다.
- 프레임의 종류 중 (①) 프레임은 제어부가 '0'으로 시작되는 프레임으로, 사용자 데이터를 전달하는 역할을 하고, (②) 프레임은 제어부가 '10'으로 시작하는 프레임으로, 오류 제어와 흐름 제어를 위해 사용된다. 또한, (③) 프레임은 제어부가 '11'로 시작하는 프레임으로, 링크의 동작 모드 설정과 관리를 한다.
- HDLC의 데이터 전송 모드는 세 가지로 구분되는데 (④)은/는 포인트 투 포인트 균형 링크에서 사용하고, 혼합국끼리 허가 없이 언제나 전송할 수 있도록 설정하는 특징이 있다.
- (⑤)은/는 전이중 통신을 하는 포인트 투 포인트 불균형 링크 구성에 사용하고, 종국은 주국의 허가 없이 송신할 수 있지만, 링크 설정이나 오류 복구 등의 제어 기능은 주국만 하는 특징이 있다.

┤보기├

감독, 익명, 정보, 비번호, 릴레이, 표준 응답 모드, 양방향 응답 모드, 동기 균형 모드, 비동기 응답 모드, 동기 응답 모드, 비동기 균형 모드

①: _____
②: _____
③: _____
④: _____
⑤: _____

14 다음은 C언어 코드이다. 출력 결과를 쓰시오.

```
01  #include <stdio.h>
02  int main(){
03    int c=0;
04    int i;
05
06    for(i=1; i<=2023; i++) {
07      if(i%4 == 0) c++;
08    }
09    printf("%d", c);
10    return 0;
11  }
```

15 다음은 암호화에 대한 설명이다. ①, ②가 설명하는 암호화 방식의 종류들을 보기에서 골라 쓰시오.

① 암호화와 복호화에 같은 암호 키를 쓰는 방식으로 비밀키 전달을 위한 키 교환이 필요하고, 암호화 및 복호화의 속도가 빠른 특징이 있는 암호화 방식이다.
② 공개키와 개인 키가 존재하며, 공개키는 누구나 알 수 있지만, 그에 대응하는 개인 키는 키의 소유자만이 알 수 있는 암호화 방식이다.

┤보기├

RSA, DES, AES, ECC, ARIA SEED

①: _____
②: _____

16 ( )은/는 임의의 길이를 갖는 임의의 데이터를 고정된 길이의 데이터로 매핑하는 단방향 함수를 말한다. 아무리 큰 숫자를 넣더라도 정해진 크기의 숫자가 나오는 함수이다. 괄호 ( ) 안에 들어갈 용어를 쓰시오.

_____

17 다음 [처리 조건]을 만족하는 SQL 문을 완성할 수 있도록 밑줄 안에 들어갈 옵션은 무엇인가?

[처리 조건]
- "soojebi" 뷰 테이블 제거
- "soojebi" 뷰 테이블을 참조하는 테이블도 연쇄적으로 제거

[SQL 문]
DROP VIEW soojebi _____ ;

_____

18 다음은 파이썬 코드이다. 출력 결과를 쓰시오.

```
01  a = "engineer information processing"
02  b = a[:3]
03  c = a[4:6]
04  d = a[29:]
05  e=b+c+d
06  print(e)
```

19 다음은 자바 코드이다. 출력 결과를 쓰시오.

```
01  class Soojebi {
02    public static void main(String[] args) {
03      String str1 = "soojebi";
04      String str2 = "soojebi";
05      String str3 = new String("soojebi");
06
07      System.out.println(str1==str2);
08      System.out.println(str1==str3);
09      System.out.println(str1.equals(str3));
10      System.out.println(str2.equals(str3));
11    }
12  }
```

_____

20 다음은 통합 테스트에 대한 설명이다. 괄호 ( ) 안에 들어갈 용어를 쓰시오.

- (①)은/는 제어 모듈이 호출하는 타 모듈의 기능을 단순히 수행하는 더미 모듈로 하향식 통합 테스트 수행 시 필요하다.
- (②)은/는 상위의 모듈에서 데이터의 입력과 출력을 확인하기 위한 더미 모듈로 상향식 통합 테스트 수행 시 필요하다.

①: _____

②: _____

기출문제 2023년 3회

01 다음은 자바 코드이다. 출력 결과를 쓰시오.

```
01  public class Soojebi {
02    public static void main(String[] args) {
03      Parent c = new Child();
04      c.paint();
05      c.draw();
06    }
07  }
08  class Parent {
09    public void paint() {
10      System.out.print("A");
11      draw();
12    }
13    public void draw() {
14      System.out.print("B");
15      draw();
16    }
17  }
18  class Child extends Parent {
19    public void paint() {
20      super.draw();
21      System.out.print("C");
22      this.draw();
23    }
24    public void draw() {
25      System.out.print("D");
26    }
27  }
```

02 다음에서 설명하는 용어를 쓰시오.

- 사용자가 비밀번호를 제공하지 않고 다른 웹사이트나 애플리케이션의 접근 권한을 부여할 수 있게 하는 개방형 표준기술이다.
- 구글, 페이스북 등의 외부 계정을 기반으로 토큰을 이용하여 간편하게 회원가입 및 로그인할 수 있는 기술이다.

03 리눅스(Linux)에서 사용자에게 읽기/쓰기/실행 권한을 부여하고, 그룹에게는 읽기/실행을 부여하고, 그 이외에는 실행 권한을 soojebi.txt 파일에 부여하는 위한 명령어는 다음과 같다. 빈칸에 들어갈 답을 작성하시오. (8진법을 사용)

(①) (②) soojebi.txt

①: _____

②: _____

04 다음은 C언어 코드이다. 출력 결과를 쓰시오.

```
01  #include <stdio.h>
02  int perfect_number(int n) {
03    int i, sum = 0;
04    for (i = 1; i <= n / 2; i++){
05      if (n % i == 0)
06        sum += i;
07    }
08    if (n == sum)
09      return 1;
10  
11    return 0;
12  }
13  int main(){
14    int i, sum=0;
15    for (i = 2; i <= 100; i++){
16      if (perfect_number(i))
17        sum += i;
18    }
19    printf("%d ", sum);
20  
21    return 0;
22  }
```

05 C언어에서 구조체의 포인터로 멤버에 접근하기 위한 기호를 쓰시오.

_____

06 다음 빈칸에 들어갈 UNION 연산에 대한 결괏값을 작성하시오.

[쿼리]
```
SELECT A FROM t1
UNION
SELECT A FROM t2
ORDER BY A DESC;
```

[t1 테이블]

A	B
3	x
1	y
4	z
2	z

[t2 테이블]

A	B
2	x
4	y
3	z
1	z

[출력 결과]

①
②
③
④
⑤

①: _____
②: _____
③: _____
④: _____
⑤: _____

07 다음은 서버 접근통제의 유형이다. 괄호 ( ) 안에 들어갈 용어를 쓰시오. (단, 영어 약어로 작성하시오.)

- (①)은/는 규칙 기반(Rule-Based) 접근통제 정책으로, 객체에 포함된 정보의 허용 등급과 접근 정보에 대하여 주체가 갖는 접근 허가 권한에 근거하여 객체에 대한 접근을 제한하는 방법이다.
- (②)은/는 중앙 관리자가 사용자와 시스템의 상호 관계를 통제하며 조직 내 맡은 역할(Role)에 기초하여 자원에 대한 접근을 제한하는 방법이다.
- (③)은/는 신분 기반(Identity-Based) 접근통제 정책으로, 주체나 그룹의 신분에 근거하여 객체에 대한 접근을 제한하는 방법이다.

①: _____
②: _____
③: _____

08 다음은 자바 코드이다. 출력 결과를 쓰시오.

```
01  public class Soojebi {
02    public static void main(String[] args) {
03      int sum = fact(7);
04      System.out.println(sum);
05    }
06    public static int fact(int n) {
07      if (n == 1) {
08        return 1;
09      }
10      else {
11        return n * fact(n-1);
12      }
13    }
14  }
```

09
정보전달의 기본단위를 53바이트 셀 단위로 사용하는 비동기식 시분할 다중화 방식의 패킷형 전송 기술은 무엇인지 영어 약자로 쓰시오.

10
다음은 C언어 코드이다. 출력 결과를 쓰시오.

```c
#include <stdio.h>
int main() {
    char* p = "KOREA";
    printf("%s\n", p);
    printf("%s\n", p+1);
    printf("%c\n", *p);
    printf("%c\n", *(p+3));
    printf("%c\n", *p+4);
    return 0;
}
```

11
다음은 C언어 코드이다. 출력 결과를 쓰시오.

```c
#include <stdio.h>
int soojebi(int n) {
    if(n<=1){
        return n;
    }
    else{
        return soojebi(n-1) + soojebi(n-3);
    }
}
int main() {
    printf("%d", soojebi(7));
    return 0;
}
```

12
다음에서 설명하는 네트워크 용어를 쓰시오.

- 사설 네트워크에 속한 IP를 공인 IP 주소로 바꿔주는 네트워크 주소 변환 기술이다.
- IPv4의 IP 주소 부족 문제를 해결할 수 있고, 보안을 강화하는 목적으로 사용한다.

13
다음은 자바 코드이다. 오류가 발생하는 라인의 번호를 쓰시오.

```java
class Person {
    private String name;
    public Person(String val) {
        name = val;
    }
    public static String get() {
        return name;
    }
    public void print() {
        System.out.println(name);
    }
}
class Soojebi {
    public static void main(String[] args) {
        Person p = new Person("soojebi");
        p.print();
    }
}
```

14 다음은 파이썬 언어이다. 밑줄 친 빈칸에 들어갈 메서드를 쓰시오.

```
01  num1, num2 = input()._____()
02  print(num1)
03  print(num2)
```

[입력값]
```
hello soojebi
```

[출력값]
```
hello
soojebi
```

15 다음은 판매와 관련된 다이어그램이다. 괄호 ( ) 안에 들어갈 다이어그램의 명칭을 쓰시오.

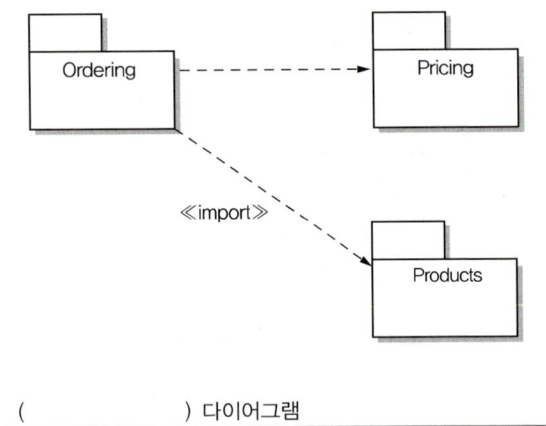

(   ) 다이어그램

16 다음에서 설명하는 테스트 기법을 보기에서 골라서 기호로 쓰시오.

- 입력 데이터의 영역을 유사한 도메인별로 유효값/무효값을 그룹핑하여 대푯값을 테스트 케이스로 도출하는 테스트 기법이다.
- 테스트 예상값을 설정해 놓고, 테스트 결과가 그 값과 비교해서 일치하는지 확인한다.

┤보기├
- ㉠ Equivalence Partitioning
- ㉡ Equivalence Analysis
- ㉢ Boundary Value Analysis
- ㉣ Decision Table
- ㉤ Equivalence Coverage
- ㉥ State Transition
- ㉦ Cause-Effect Graph
- ㉧ Comparison

17 기업이 운영하는 구역과 서비스를 제공해주는 구역을 다음과 같이 나누었을 때 괄호 ( ) 안에 들어갈 클라우드 유형을 보기 중에서 고르시오.

(①)	• 서버, 스토리지 같은 시스템 자원을 클라우드 서비스로 제공한다.
(②)	• 인프라를 생성, 관리하는 복잡함 없이 애플리케이션을 개발, 실행, 관리할 수 있게 하는 플랫폼을 클라우드 서비스로 제공한다.
(③)	• 소프트웨어 및 관련 데이터를 클라우드 서비스로 제공한다.

┤보기├
㉠ SaaS   ㉡ IaaS   ㉢ PaaS

①: _____
②: _____
③: _____

18 다음에서 설명하는 라우팅 프로토콜을 쓰시오.

- IGP(Interior Gateway Protocol) 중 거리벡터 알고리즘에 기초한 라우팅 프로토콜이다.
- 홉 수의 제한이 있고, UDP 프로토콜을 사용하는 라우팅 프로토콜이다.

_____

19 다음 괄호( ) 안에 들어갈 관계대수 연산자의 기호를 쓰시오.

ㄱ. Join   : (①)
ㄴ. Project : (②)
ㄷ. Select : (③)
ㄹ. Division: (④)

①: _____

②: _____

③: _____

④: _____

20 다음 릴레이션에 생기는 문제를 방지하기 위해서는 ( ) 무결성 제약 조건을 준수해야 한다. 괄호( ) 안에 들어갈 용어를 쓰시오.

고객 ID	고객 이름
A	홍길동
C	장길산
D	임꺽정

✗ A가 존재하지 않음

[구매 테이블]

고객 ID	고객 이름	수량
A	홍길동	10
C	장길산	5
D	임꺽정	20

(_____) 무결성 제약 조건

수제비 백/전/백/승 기출문제 2024년 1회

01 다음은 자바 코드이다. 출력 결과를 쓰시오.

```
01  class Soojebi{
02    static private Soojebi instance = null;
03    private int count = 0;
04    static public Soojebi get(){
05      if(instance == null){
06        instance = new Soojebi( );
07      }
08      return instance;
09    }
10    public void count( ){ count++; }
11    public int getCount( ){ return count; }
12  }
13  public class Soojebi2{
14    public static void main(String[] args){
15      Soojebi s1 = Soojebi.get( );
16      s1.count( );
17      Soojebi s2 = Soojebi.get( );
18      s2.count( );
19      Soojebi s3 = Soojebi.get( );
20      s3.count( );
21      s1.count( );
22      System.out.print(s1.getCount( ));
23    }
24  }
```

02 다음은 C언어 코드이다. 출력 결과를 쓰시오.

```
01  #include <stdio.h>
02
03  int main(){
04    int v1=0, v2=35, v3=29;
05    if ( v1 > v2 ? v2 : v1) {
06      v2 = v2 << 2;
07    }
08    else {
09      v3 = v3 << 2;
10    }
11    printf("%d", v2+v3);
12    return 0;
13  }
```

03 다음은 응집도의 유형이다. 응집도가 높은 유형부터 응집도가 낮은 유형까지 순서대로 기호로 쓰시오.

> ㉠ 기능적 응집도(Functional Cohesion)
> ㉡ 교환적 응집도(Communication Cohesion)
> ㉢ 우연적 응집도(Coincidental Cohesion)
> ㉣ 시간적 응집도(Temporal Cohesion)

04 다음은 C언어 코드이다. 출력 결과를 쓰시오.

```
01  #include <stdio.h>
02  #include <string.h>
03
04  void fn(char* str){
05    char t;
06    int len = strlen(str);
07    char* p1 = str;
08    char* p2 = str + len - 1;
09    while(p1<p2){
10      t = *p1;
11      *p1 = *p2;
12      *p2 = t;
13      p1++;
14      p2--;
15    }
16  }
17
18  int main(int argc, char*argv[]){
19    char str[100] = "ABCDEFGH";
20    int len, i;
21
22    fn(str);
23    len = strlen(str);
24
25    for(i=1; i<len; i+=2){
26      printf("%c", str[i]);
27    }
28    printf("\n");
29    return 0;
30  }
```

05 다음은 네트워크 구성도이다. 네트워크 대역을 고려하여 ②, ④, ⑥의 라우터 인터페이스 IP를 [보기]에서 고르시오.

① 192.168.35.XXX/24 ③ 129.200.10.XXX/22 ⑤ 192.168.36.XXX/24

┌ 보기 ┐
192.168.35.72	192.168.34.34	192.168.33.28
192.168.36.249	192.168.37.248	192.168.38.247
129.200.6.247	129.200.7.248	129.200.8.249

②: _____

④: _____

⑥: _____

06 관계형 데이터 모델에서 데이터의 중복성을 제거하여 이상 현상을 방지하고, 데이터의 일관성과 정확성을 유지하기 위해 정규화를 수행해야 한다. 다음은 [강좌신청] 릴레이션에 정규화를 수행해서 [고객담당강사] 릴레이션과 [강좌담당] 릴레이션으로 만들었다. 정규화를 수행하기 전 [강좌신청] 릴레이션은 몇 정규형이었는지 쓰시오.

[강좌신청]

고객아이디	인터넷강좌	담당강사번호
apple	영어회화	P001
banana	기초토익	P002
carrot	영어회화	P001
carrot	기초토익	P004
orange	영어회화	P003
orange	기초토익	P004

↓

[고객담당강사]

고객아이디	담당강사번호
apple	P001
banana	P002
carrot	P001
carrot	P004
orange	P003
orange	P004

[강좌담당]

담당강사번호	인터넷강좌
P001	영어회화
P002	기초토익
P003	영어회화
P004	기초토익

07 다음은 라우팅 프로토콜에 대한 설명이다. 괄호 ( ) 안에 공통으로 들어갈 라우팅 프로토콜의 유형을 쓰시오.

- ( )은/는 규모가 크고 복잡한 TCP/IP 네트워크에서 자신을 기준으로 링크 상태(Link-State) 알고리즘을 적용하여 최단 경로를 찾는 라우팅 프로토콜이다.
- ( )은/는 최단 경로 탐색에 다익스트라(Dijkstra) 알고리즘을 사용하고, 변경이 발생했을 때만 변경 정보를 한 지역(Area) 내 모든 라우터에 변경 정보를 보내서 라우팅 테이블을 구성하는 방식으로 동작한다.

08 조인은 두 릴레이션의 공통 속성을 기본으로 속성값이 같은 튜플을 수평으로 결합하는 연산이다. 다음에서 설명하는 조인의 종류를 쓰시오.

① : 조인에 참여하는 두 릴레이션의 속성값을 비교하여 조건을 만족하는 튜플만 반환하는 조인
② : ①에서 조건이 정확하게 (=) 등호로 일치하는 경우의 튜플만을 반환하는 조인
③ : ②에서 조인에 참여한 속성이 두 번 나오지 않도록 중복된 속성(두 번째 속성)을 제거한 결과를 반환하는 조인

①: _____

②: _____

③: _____

09 다음은 파이썬 코드이다. 출력 결과를 쓰시오.

```
01  a = ["Seoul", "Kyeonggi", "Incheon", \
        "Daejun", "Daegu", "Pusan"]
02  str01 = "S"
03  for i in a:
04      str01 = str01 + i[1]
05  print(str01)
```

10 3개의 프레임을 수용할 수 있는 주기억장치가 있으며, 초기에는 모두 비어 있다고 가정한다. 다음 순서로 페이지 참조가 발생할 때, 다음 질문에 대한 답을 쓰시오.

> 페이지 참조 순서: 1, 2, 3, 1, 2, 4, 1, 2, 5, 7

① LRU 페이지 교체 알고리즘을 사용할 경우, 페이지 결함의 발생 횟수는 얼마인가?

② LFU 페이지 교체 알고리즘을 사용할 경우, 페이지 결함의 발생 횟수는 얼마인가?

①: _____

②: _____

11 다음은 자바 코드이다. 프로그램 동작 순서를 ①~⑦의 번호로 쓰시오. (단, 번호는 중복되지 않아야 한다.)

```
01  class Parent {
02    int x, y;
03    Parent(int x, int y) { // ①
04      this.x = x;
05      this.y = y;
06    }
07    int getA() { // ②
08      return x * y;
09    }
10  }
11
12  class Child extends Parent {
13    int x;
14    Child(int x) { // ③
15      super(x + 1, x);
16    }
17    int getA(int n) { // ④
18      return x + x;
19    }
20  }
21
22  public class Soojebi {
23    public static void main(String[] args) { // ⑤
24      Parent parent = new Child(3); // ⑥
25      System.out.println(parent.getA()); // ⑦
26    }
27  }
```

12 다음은 C언어 코드이다. 출력 결과를 쓰시오.

```
01  #include <stdio.h>
02  typedef struct{
03    int acc;
04    double bal;
05  }Acc;
06
07  double fn(double b, int y){
08    int i;
09    double r = 1.0;
10    for(i=0; i < y; i++){
11      r = r*b;
12    }
13    return r;
14  }
15
16  void init(Acc *a, int x, double y){
17    a->acc = x;
18    a->bal = y;
19  }
20
21  void A(Acc *a, double en){
22    if (en > 0 && en < a->bal) {
23      a->bal = a->bal - en;
24    }
25    else {
26      a->bal = a->bal + en;
27    }
28  }
29
30  void B(Acc *a){
31    a->bal = a->bal * fn((1+0.1), 3);
32  }
33
34  int main(){
35    Acc ba;
36    init(&ba, 9981, 2200.0);
37    A(&ba, 100.0);
38    B(&ba);
39    printf("%d and %.2f", ba.acc, ba.bal);
40    return 0;
41  }
```

13 다음 SQL 쿼리의 결과를 쓰시오.

```
SELECT B
  FROM R1
  WHERE C IN (SELECT C FROM R2 WHERE D='k');
```

[R1]

A	B	C
1	a	x
2	b	x
1	c	w
3	d	w

[R2]

C	D	E
x	k	3
y	k	3
z	s	2

14 다음이 설명하는 테스트 기법을 보기에서 고르시오.

개별 조건식이 다른 개별 조건식에 영향을 받지 않고 전체 조건식에 독립적으로 영향을 주는 테스트 커버리지

┤보기├

Statement Coverage, Decision Coverage, Branch Coverage, Condition Coverage, MC/DC(Modified Condition/Decision Coverage), Multiple Condition Coverage, Condition/Decision Coverage, Base Path Coverage, Control Flow Testing, Data Flow Testing, Loop Testing

15 다음은 C언어 코드이다. 출력 결과를 쓰시오.

```c
#include <stdio.h>
#include <ctype.h>
int main(){
    char* p = "It is 8";
    char result[100];
    int i;
    for(i=0; p[i]!='\0'; i++){
        if(isupper(p[i]))
            result[i] = (p[i]-'A'+5) % 26 + 'A';
        else if(islower(p[i]))
            result[i] = (p[i]-'a'+10) % 26 + 'a';
        else if(isdigit(p[i]))
            result[i] = (p[i]-'0'+3) % 10 + '0';
        else if(!(isupper(p[i]) || \
islower(p[i]) || isdigit(p[i])))
            result[i] = p[i];
    }
    result[i] = '\0';
    printf("%s\n", result);
    return 0;
}
```

16 다음에서 설명하고 있는 보안 공격 기법을 [보기]에서 골라서 쓰시오.

- 특정 타깃을 목표로 하여 다양한 수단을 통한 지속적이고 지능적인 맞춤형 공격 기법이다.
- 공격 기법은 침투 → 검색 → 수집 → 유출 4단계의 절차로 진행된다.

┤보기├

㉠ 사회공학 기법   ㉡ Watering Hole
㉢ MITM   ㉣ XDR
㉤ Replace Attack ㉥ Key Logger
㉦ APT   ㉧ NAT
㉨ HeartBleed   ㉩ Smishing

17 다음은 자바 코드이다. 출력 결과를 쓰시오.

```
01  class A{
02    int a, b;
03    public A(int a, int b) {
04      this.a = a;
05      this.b = b;
06    }
07  }
08
09  class B extends A{
10    int c = 3;
11    public B(int i) {
12      super(i, i+1);
13    }
14    public void print() {
15      System.out.println(c*c);
16    }
17  }
18
19  public class Soojebi{
20    public static void main(String[] args) {
21      B a = new B(10);
22      a.print();
23    }
24  }
```

18 다음이 설명하는 보안 공격 관련 용어는 무엇인지 쓰시오.

- 시스템 침입 후 침입 사실을 숨긴 채 차후의 침입을 위한 백도어, 트로이 목마 설치, 원격 접근, 내부 사용 흔적 삭제, 관리자 권한 획득 등 주로 불법적인 해킹에 사용되는 기능을 제공하는 프로그램의 모음이자 해킹 도구이다.
- 시스템 이용자가 해킹당하고 있음을 인지하지 못하게 하고, 커널(Kernel)이라는 운영체제의 핵심 부분에 숨어서 동작하여 탐지 및 분석이 어렵다.

19 다음 SQL 쿼리의 결과를 쓰시오.

```
SELECT COUNT(*)
  FROM EMP
WHERE EMPNO > 100 AND SAL > 3000 OR EMPNO = 200;
```

[EMP]

EMPNO	SAL
100	1000
200	3000
300	1500

20 다음에서 설명하는 디자인 패턴은 무엇인지 [보기]에서 골라서 쓰시오.

- 구체적인 클래스에 의존하지 않고 서로 연관되거나 의존적인 객체들의 조합을 만드는 인터페이스를 제공하는 패턴으로 Kit라고 불림
- 패턴을 통해 생성된 클래스에서는 사용자에게 인터페이스(API)를 제공하고, 구체적인 구현은 Concrete Product 클래스에서 이루어짐

| 보기 |

Builder, Prototype, Factory Method, Abstract Factory, Singleton, Bridge, Decorator, Facade, Flyweight, Proxy, Composite, Adapter

기출문제 2024년 2회

01 다음은 자바 코드이다. 출력 결과를 쓰시오.

```java
class Soojebi {
  public static void check(int[] a, int[] b) {
    if(a==b)
      System.out.print("O");
    else
      System.out.print("N");
  }
  public static void main(String[] args) {
    int a[] = new int[] {1, 2, 3, 4};
    int b[] = new int[] {1, 2, 3, 4};
    int c[] = new int[] {1, 2, 3};
    check(a, b);
    check(b, c);
    check(a, c);
  }
}
```

02 다음에서 설명하는 데이터베이스 관련 기법은 무엇인지 쓰시오.

- 정규화된 엔터티, 속성, 관계에 대해 성능 향상과 개발 운영의 단순화를 위해 중복, 통합, 분리 등을 수행하는 데이터 모델링의 기법이다.
- 정규화의 원칙을 일부러 깨는 작업이기 때문에, 정규화를 배반하는 것처럼 보일 수 있지만, 정규화와 상반되는 개념이 아니라, 정규화를 기본적으로 따르면서도 성능 최적화를 위해 필요한 경우에 선택적으로 적용하는 기법이다.

03 사원 테이블과 부서 테이블은 다음과 같다. 다음 조건에 부합하는 SQL문을 작성하고자 할 때, 빈칸에 들어갈 SQL 쿼리를 쓰시오.

사원 테이블 [사원번호(PK), 이름, 나이, 부서]
○○부서 테이블 [사원번호(PK), 이름, 주소, 나이]

(1) 신입사원이 입사해서 사원 테이블에 추가 해야 하는 SQL 문 작성
INSERT INTO (사원번호, 이름, 나이) ____①____
(100, '이순신', 26);

(2) 신입사원을 검색하면서 추가하는 SQL문 작성
INSERT INTO 부서(부서번호, 부서명, 사원 번호)
____②____ 사원번호 FROM 사원;

(3) 사원이 퇴사해서 삭제해야 하는 SQL 문 작성
DELETE ____③____ 사원 WHERE 사원번호 = 100;

(4) 특정 부서의 데이터를 수정하는 SQL 문 작성
UPDATE 사원 ____④____ 주소='경기도 안양시'
WHERE 부서 = '기획부';

①: _____
②: _____
③: _____
④: _____

04 다음은 파이썬 코드이다. 출력 결과를 쓰시오.

```python
def fn(x, y):
  result = 0;
  for i in range(len(x)):
    s = x[i:i+len(y)]
    if s == y:
      result += 1;
  return result

str = "abdcabcabca"
p1 = "ca"
p2 = "ab"
print(f'ab{fn(str, p1)}' f'ca{fn(str, p2)}')
```

05 다음 릴레이션의 카디널리티와 차수를 구하시오.

학번	이름	나이	학과
2025111	홍길동	30	컴퓨터
2025112	장길산	31	기계
2025113	임꺽정	34	경영
2025114	이철수	28	전기
2025115	김영희	26	영어영문

카디널리티: (①), 차수: (②)

06 다음에서 설명하는 보안 기술은 무엇인지 쓰시오.

- 기업에서 공용 인터넷망을 회사 사설 인터넷망으로 사용할 수 있는 VPN 기술이다.
- IP 계층(3계층)에서 무결성과 인증을 보장하는 인증 헤더(AH)와 기밀성을 보장하는 암호화(ESP)를 이용한 보안 기술이다.

07 DES에 한계성과 성능 문제를 극복하기 위해 NIST에서 개발한 블록 알고리즘으로 128bit의 블록 크기를 가지며 키 길이에 따라 128bit, 192bit, 256bit로 분류할 수 있는 대칭 키 암호화 알고리즘은 무엇인지 쓰시오.

08 다음은 패킷 교환 방식의 세부 유형에 대한 설명이다. 괄호( ) 안에 들어갈 패킷 교환 방식의 세부 유형을 쓰시오.

- (①) 방식은 패킷이 전송되기 전에 송·수신 스테이션 간의 논리적인 통신 경로를 미리 설정하는 방식으로 목적지 호스트와 미리 연결 후 통신하는 연결형 교환 방식이다.
- (②) 방식은 연결 경로를 확립하지 않고 각각의 패킷을 순서에 무관하게 독립적으로 전송하는 방식으로 헤더를 붙여서 개별적으로 전달하는 비 연결형 교환 방식이다.

①: _____

②: _____

09 다음은 응집도 유형에 대한 설명이다. 괄호( ) 안에 공통으로 들어갈 응집도 유형을 쓰시오.

- ( ) 응집도는 이전 기능의 출력을 다음 기능의 입력으로 사용하는 경우의 응집도이다.
- ( ) 응집도는 한 기능이 작업을 수행한 결과가 다음 기능의 입력으로 연결되는 형태의 응집도로 기능 간의 의존성이 존재하기 때문에, 모듈의 기능들이 논리적으로 밀접하게 연결되어 있다.

10 다음에서 설명하는 디자인 패턴의 이름을 쓰시오.

- 컬렉션(예: 배열, 리스트) 내부구조를 노출하지 않고, 그 집합체 안에 들어있는 모든 요소를 순차적으로 탐색할 수 있는 디자인 패턴이다.
- 컬렉션 내부에서 현재 위치를 추적하는 방식이 커서와 유사하므로 'Cursor 패턴'이라고도 불린다.

11 RIP 알고리즘을 이용하여 라우터 A에서 라우터 F까지 어떤 경로를 거쳐야 최단 경로로 갈 수 있을지 경로의 순서를 쓰시오.

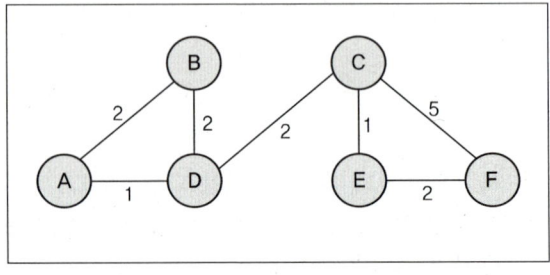

A → (_____)

12 프로세스의 도착시간과 서비스 시간은 다음과 같다. SRT 스케줄링을 적용할 때 평균 대기시간을 구하시오.

프로세스	도착시간	서비스 시간
P1	0	8
P2	1	4
P3	2	9
P4	3	5

13 다음은 자바 코드이다. 출력 결과를 쓰시오.

```
01  interface A {
02    int sum(int[] a, boolean odd);
03  }
04  class B implements A {
05    public int sum(int[] a, boolean odd) {
06      int result = 0;
07      for(int i=0; i<a.length; i++) {
08        if((odd && a[i] % 2 != 0) ||
                     (!odd && a[i] % 2 == 0))
09          result += a[i];
10        }
11      return result;
12    }
13  }
14
15  class Soojebi {
16    public static void main(String[] args) {
17      int a[] = {1, 2, 3, 4, 5, 6, 7, 8, 9};
18      B x = new B();
19      System.out.print(x.sum(a, true) + ", "
                             + x.sum(a, false));
20    }
21  }
```

14 다음은 C언어 코드이다. 출력 결과를 쓰시오.

```
01  #include <stdio.h>
02  void fn(char *d, const char *s) {
03    while(*s) {
04      *d = *s;
05      d++;
06      s++;
07    }
08    *d = '\0';
09  }
10  int main() {
11    const char* str1 = "first";
12    char str2[50] = "teststring";
13    int result = 0;
14    int i;
15
16    fn(str2, str1);
17    for(i=0; str2[i] != '\0'; i++) {
18      result += i;
19    }
20    printf("%d", result);
21    return 0;
22  }
```

15 다음은 C언어 코드이다. 출력 결과를 쓰시오.

```
01  #include <stdio.h>
02  int main() {
03    int arr[3][3] = {1, 2, 3, 4, 5, 6, 7, 8, 9};
04    int* parr[2] = {arr[1], arr[2]};
05    printf("%d", parr[1][1] + *(parr[1]+2) + **parr);
06    return 0;
07  }
```

16 다음이 설명하는 소프트웨어 모듈 관련 용어는 무엇인지 쓰시오.

> 어떤 모듈이 다른 모듈의 내부 논리 조직을 제어하기 위한 목적으로 제어 신호를 이용하여 통신하는 경우의 결합도이다.

( ) Coupling

17 다음은 자바 코드이다. 출력 결과를 쓰시오.

```java
class Soojebi {
  public static String fn(String str, int index, boolean[] seen) {
    if(index < 0) return "";
    char c = str.charAt(index);
    String result = fn(str, index-1, seen);
    if(!seen[c]) {
      seen[c] = true;
      return c + result;
    }
    return result;
  }
  public static void main(String[] args) {
    String str = "abacabcd";
    int length = str.length();
    boolean[] seen = new boolean[256];
    System.out.print(fn(str, length-1, seen));
  }
}
```

18 다음은 C언어 코드이다. 출력 결과를 쓰시오.

```c
#include <stdio.h>
void swap(int a, int b) {
  int t = a;
  a = b;
  b = t;
}
int main() {
  int a = 11;
  int b = 19;
  swap(a, b);
  switch(a) {
  case 19:
    b += 1;
  case 11:
    b += 2;
  default:
    b += 3;
  }
  printf("%d", a-b);
  return 0;
}
```

19 다음은 C언어 코드이다. 출력 결과를 쓰시오.

```c
#include <stdio.h>

struct node {
  int n1;
  struct node *n2;
};

int main() {
  struct node *head = NULL;
  struct node a = {10, 0};
  struct node b = {20, 0};
  struct node c = {30, 0};
  head = &a;
  a.n2 = &b;
  b.n2 = &c;
  printf("%d", head -> n2 -> n1);
  return 0;
}
```

20 다음은 파이썬 코드이다. 출력 결과를 쓰시오.

```python
def fn(str, k):
  s = str.split('T')
  return s[k]

str = "ITISTESTSTRING"
k=3
result = fn(str, k)
print(result)
```

기출문제 2024년 3회

01 다음은 자바 코드이다. 출력 결과를 쓰시오.

```
01  class Soojebi {
02    static void func(String[] sM, int size) {
03      for (int i = 1; i < size; i++) {
04        if (sM[i - 1].equals(sM[i])) {
05          System.out.print("O");
06        }
07        else {
08          System.out.print("N");
09        }
10      }
11      for (String m : sM) {
12        System.out.print(m);
13      }
14    }
15    public static void main(String[] args) {
16      String[] sM = new String[3];
17      sM[0] = "A";
18      sM[1] = "A";
19      sM[2] = new String("A");
20      func(sM, 3);
21    }
22  }
```

02 다음은 파이썬 코드이다. 출력 결과를 쓰시오.

```
01  def func(x):
02    for i in range(len(x) // 2):
03      x[i], x[-i-1] = x[-i-1], x[i]
04  
05  x = [1, 2, 3, 4, 5, 6]
06  func(x)
07  print(sum(x[::2]) - sum(x[1::2]))
```

03 다음은 employees, projects 테이블이다. SQL 결과에서 괄호 ( ) 안에 들어갈 값을 쓰시오.

[employees] 테이블

id	first_name	last_name	dept_id
1	John	Doe	10
2	Jim	Carry	20
3	Rachel	Redmond	10

[projects] 테이블

dept_id	name
10	Alpha
20	Beta
30	Charlie

[SQL]
```
select count(*)
from employees e join projects p
  on e.dept_id = p.dept_id
where p.name in(select name
                from projects
                where dept_id in(select dept_id
                                 from employees
                                 group by dept_id
                                 having count(*) < 2));
```

[결과]

count(*)
(   )

04 3개의 프레임을 수용할 수 있는 주기억장치가 있으며, 초기에는 모두 비어 있다고 가정한다. 다음 순서로 페이지 참조가 발생할 때, LRU 페이지 교체 알고리즘을 사용할 경우 페이지 결함은 몇 회 발생하는지 쓰시오.

> 페이지 참조 순서: 7, 0, 1, 2, 0, 1, 2, 7, 1, 0, 2, 1, 7, 0, 2, 1, 7

05 다음에서 설명하는 공격 기법을 한 단어로 쓰시오.

> 출발지 주소를 공격 대상의 IP로 변조하여 네트워크 전체에게 ICMP Echo 패킷을 직접 브로드 캐스팅(Directed Broadcasting)하여 타깃 시스템을 마비시키는 공격

06 다음은 GoF(Gang of Four) 디자인 패턴과 관련된 문제이다. 괄호 ( ) 안에 들어갈 용어를 쓰시오.

> (   ) 패턴은 클래스나 객체들이 상호 작용하는 방법과 역할 분담을 다루는 패턴으로 Mediator, Interpreter, Iterator, Observer, Visitor, State, Command 등의 패턴이 포함된다.

07 다음은 (   ) 무결성 제약 조건을 위반한 [고객] 릴레이션이다. 괄호 ( ) 안에 들어갈 용어를 쓰시오. (단, 고객 아이디는 기본키이다.)

[고객] 릴레이션

고객 아이디	고객 이름	나이	직업	포인트
apple	김길동	20	학생	1000
NULL	장길산	28	회사원	3000
carrot	홍길동	32	교사	2000
NULL	임꺽정	26	학생	4500

08 다음은 C언어 코드이다. 출력 결과를 쓰시오.

```c
#include <stdio.h>
int increase(){
    static int x = 0;
    x += 2;
    return x;
}

int main() {
    int x = 0;
    int sum = 0;
    int i = 0;
    for(i=0; i<4; i++){
        x++;
        sum += increase();
    }

    printf("%d", sum);
    return 0;
}
```

09 다음은 파이썬 코드이다. 출력 결과를 쓰시오.

```python
def func(value):
    if type(value) == type(100):
        return 100
    elif type(value) == type(""):
        return len(value)
    else:
        return 20

a = "100.0"
b = 100.0
c = (100, 200)

print(func(a) + func(b) + func(c))
```

10 다음 [보기]에서 올바른 URL 주소가 되도록 순서에 맞게 번호를 쓰시오.

① ?name=ferret (query)
② /over/there (path)
③ example.com:8042 (authority)
④ foo:// (scheme)
⑤ #nose (fragment)

(　) → (　) → (　) → (　) → (　)

11 다음은 C언어 코드이다. 출력 결과를 쓰시오.

```
01  #include <stdio.h>
02  struct Node {
03    int v;
04    struct Node* next;
05  };
06  void func(struct Node* n) {
07    while (n != NULL && n->next != NULL) {
08      int t = n->v;
09      n->v = n->next->v;
10      n->next->v = t;
11      n = n->next->next;
12    }
13  }
14
15  int main() {
16    struct Node n1 = {1, NULL};
17    struct Node n2 = {2, NULL};
18    struct Node n3 = {3, NULL};
19    struct Node* c = &n1;
20
21    n1.next = &n3;
22    n3.next = &n2;
23    func(&n1);
24    while (c != NULL) {
25      printf("%d", c->v);
26      c = c->next;
27    }
28    return 0;
29  }
```

12 다음은 자바 코드이다. 출력 결과를 쓰시오.

```
01  class Base{
02    public int x = 3;
03    int getX() {
04      return x*2;
05    }
06  }
07
08  class Derivate extends Base{
09    public int x = 7;
10    int getX() {
11      return x*3;
12    }
13  }
14
15  class Soojebi {
16    public static void main(String[] args) {
17      Base b = new Derivate();
18      Derivate d = new Derivate();
19      System.out.print(b.getX() + b.x +
                              d.getX() + d.x);
20    }
21  }
```

13 다음 설명을 보고 해당되는 테스트 커버리지 유형을 [보기]에서 찾아 쓰시오.

① 모든 명령문을 적어도 한 번 실행되도록 조합하는 커버리지
② 각 결정문이 참, 거짓을 한 번 이상 갖도록 조합하는 커버리지
③ 결정문 내의 각 조건이 참, 거짓을 한 번 이상 갖는 조합하는 커버리지

㉠ Statement   ㉡ Branch
㉢ Condition   ㉣ Decision
㉤ Condition/Decision   ㉥ Modified Condition/Decision

①: _____
②: _____
③: _____

14 UML 다이어그램의 관계를 표현한 그림이다. 괄호 ( ) 안에 들어갈 관계의 유형을 보기에서 골라서 기호로 쓰시오.

- (①): 2개 이상의 사물이 서로 관련되어 있는 상태를 표현하는 관계

  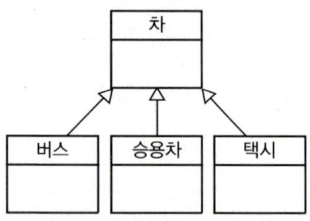

- (②): 하나의 사물이 다른 사물에 비해 더 일반적인지 구체적인지를 표현하는 관계

- (③): 사물 사이에 서로 연관은 있으나 필요에 따라 서로에게 영향을 주는 짧은 시간 동안만 연관을 유지하는 관계를 표현하고, 기존 객체가 변경되면 다른 객체도 변경되는 관계

┤보기├

㉠ 연관(Association) 관계
㉡ 일반화(Generalization) 관계
㉢ 의존(Dependency) 관계
㉣ 실체화(Realization) 관계
㉤ 포함(Composition) 관계
㉥ 집합(Aggregation) 관계

①: _____
②: _____
③: _____

15 다음은 키(Key)에 대한 설명이다. 괄호 ( ) 안에 들어갈 키의 종류를 [보기]에서 골라서 쓰시오.

- (①): 한 릴레이션의 컬럼이 다른 릴레이션의 기본 키로 이용되는 키로 테이블 간의 참조 데이터 무결성을 위한 제약 조건
- (②): 테이블에서 각 튜플을 구별하는 데 기준이 되는 키로 유일성과 최소성을 만족하는 키
- (③): 후보 키 중에서 기본 키로 선택되지 않은 키
- (④): 릴레이션을 구성하는 모든 튜플에 대해 유일성은 만족하지만, 최소성은 만족하지 못하는 키

┤보기├

㉠ 슈퍼 키(Super Key)
㉡ 외래 키(Foreign Key)
㉢ 대체 키(Alternate Key)
㉣ 후보 키(Candidate Key)
㉤ 기본 키(Primary Key)

①: _____
②: _____
③: _____
④: _____

16 다음은 C언어 코드이다. 출력 결과를 쓰시오.

```
01  #include <stdio.h>
02  void func(int **arr, int size){
03    int i;
04    for(i=0; i<size; i++){
05      *(*arr + i) = (*(*arr+i)+i) % size;
06    }
07  }
08  int main(){
09    int arr[] = {3, 1, 4, 1, 5};
10    int *p = arr;
11    int **pp = &p;
12  
13    func(pp, 5);
14    printf("%d", arr[2]);
15    return 0;
16  }
```

17 괄호 ( ) 안에 공통으로 들어갈 용어를 쓰시오.

- 여러 공중 인터넷망을 하나의 사설망처럼 사용할 수 있는 기술로 공중망과 사설망의 중간단계이고 방식으로는 SSL 방식과 IPSec 방식이 있다.
- SSL (　　)은/는 4계층에서 소프트웨어적으로 동작하므로 별도의 장치가 필요 없으며 가격이 저렴하다.
- IPSec (　　)은/는 3계층에서 동작하므로 IP 헤더를 조작해야 하므로 별도의 하드웨어 장치가 필요하나 보안성이 뛰어나다.

18 다음은 자바 코드이다. 출력 결과를 쓰시오.

```java
public class Soojebi {
    public static void main(String[] args) {
        int sum = 0;
        try {
            func();
        }
        catch (NullPointerException e) {
            sum = sum + 1;
        }
        catch (Exception e) {
            sum = sum + 10;
        }
        finally {
            sum = sum + 100;
        }
        System.out.print(sum);
    }
    static void func() throws Exception {
        throw new NullPointerException();
    }
}
```

19 다음은 자바 코드이다. 출력 결과를 쓰시오.

```java
class Printer{
    void print(Integer x) {
        System.out.print("A"+x);
    }
    void print(Object x) {
        System.out.print("B"+x);
    }
    void print(Number x) {
        System.out.print("C"+x);
    }
}
class Collection<T>{
    T value;
    public Collection(T t) {
        value = t;
    }
    public void print() {
        new Printer().print(value);
    }
}
class Soojebi {
    public static void main(String[] args) {
        new Collection<>(0).print();
    }
}
```

20 다음 괄호 (　　) 안에 들어갈 용어를 작성하시오.

(　　)은/는 네트워크의 구성 및 유지를 위해 기지국이나 액세스 포인트와 같은 기반 네트워크 장치를 필요로 하지 않는 네트워크로 노드(Node)들에 의해 자율적으로 구성되는 구조이다. 긴급 구조, 긴급회의, 전쟁터에서의 군사 네트워크로 활용된다.

수제비 2025

수험생 입장에서 제대로 쓴 비법서

#실전문제
#기출복원
#커뮤니티

제5판

정보처리기사 실기
FINAL 실전 모의고사

윤영빈 · 서용욱 · 김학배 · 박인상 공저

NCS 반영!!
기출문제 완벽 분석
실전 모의고사 수록

최신 기출문제 유형으로 실전 마무리!
- **Society 커뮤니티:** 집필진과 12만 명 회원이 함께하는 커뮤니티!
- **Strategy 학습 전략:** 수험생들에 의해 입증된 학습 플랜 제공!
- **Special 문제:** 기출문제(20년~24년 320제), 모의고사(600제)
- **Study 암기 및 이해:** 두음 기법을 통한 효율적 암기와 원리 이해

해설 편

도서출판 건기원

학습지원센터 가기
cafe.naver.com/soojebi

C·O·N·T·E·N·T·S

FINAL 실전 모의고사 해설 편

|선견지명 모의고사|

- 모의고사 01회 정답 및 해설 ·················· 6
- 모의고사 02회 정답 및 해설 ·················· 15
- 모의고사 03회 정답 및 해설 ·················· 24
- 모의고사 04회 정답 및 해설 ·················· 33
- 모의고사 05회 정답 및 해설 ·················· 42
- 모의고사 06회 정답 및 해설 ·················· 51
- 모의고사 07회 정답 및 해설 ·················· 59
- 모의고사 08회 정답 및 해설 ·················· 68
- 모의고사 09회 정답 및 해설 ·················· 75
- 모의고사 10회 정답 및 해설 ·················· 84
- 모의고사 11회 정답 및 해설 ·················· 91
- 모의고사 12회 정답 및 해설 ·················· 100
- 모의고사 13회 정답 및 해설 ·················· 108
- 모의고사 14회 정답 및 해설 ·················· 114
- 모의고사 15회 정답 및 해설 ·················· 123
- 모의고사 16회 정답 및 해설 ·················· 130
- 모의고사 17회 정답 및 해설 ·················· 139
- 모의고사 18회 정답 및 해설 ·················· 150
- 모의고사 19회 정답 및 해설 ·················· 158
- 모의고사 20회 정답 및 해설 ·················· 167
- 모의고사 21회 정답 및 해설 ·················· 177
- 모의고사 22회 정답 및 해설 ·················· 184
- 모의고사 23회 정답 및 해설 ·················· 190
- 모의고사 24회 정답 및 해설 ·················· 199
- 모의고사 25회 정답 및 해설 ·················· 208
- 모의고사 26회 정답 및 해설 ·················· 216
- 모의고사 27회 정답 및 해설 ·················· 222
- 모의고사 28회 정답 및 해설 ·················· 233
- 모의고사 29회 정답 및 해설 ·················· 241
- 모의고사 30회 정답 및 해설 ·················· 252

|백전백승 기출문제|

- 기출문제 2020년 1회 정답 및 해설 ········ 262
- 기출문제 2020년 2회 정답 및 해설 ········ 272
- 기출문제 2020년 3회 정답 및 해설 ········ 281
- 기출문제 2020년 4회 정답 및 해설 ········ 289
- 기출문제 2021년 1회 정답 및 해설 ········ 299
- 기출문제 2021년 2회 정답 및 해설 ········ 310
- 기출문제 2021년 3회 정답 및 해설 ········ 318
- 기출문제 2022년 1회 정답 및 해설 ········ 326
- 기출문제 2022년 2회 정답 및 해설 ········ 334
- 기출문제 2022년 3회 정답 및 해설 ········ 342
- 기출문제 2023년 1회 정답 및 해설 ········ 350
- 기출문제 2023년 2회 정답 및 해설 ········ 359
- 기출문제 2023년 3회 정답 및 해설 ········ 372
- 기출문제 2024년 1회 정답 및 해설 ········ 381
- 기출문제 2024년 2회 정답 및 해설 ········ 392
- 기출문제 2024년 3회 정답 및 해설 ········ 404

수제비 선/견/지/명 모의고사 01회 정답 및 해설

01
정답 서비스 지향 아키텍처(SOA; Service Oriented Architecture)

해설 서비스 지향 아키텍처(SOA; Service Oriented Architecture)는 프로세스 수행을 지원하는 정보 시스템의 구현을 위해 가장 선진화된 소프트웨어 아키텍처로, 서비스라고 정의되는 분할된 애플리케이션 조각들을 Loosely-Coupled 하게 연결해 하나의 완성된 Application을 구현하기 위한 아키텍처이다.

02
정답 데크(Deque; Double Ended Queue)

해설 데크는 큐의 양쪽 끝에서 삽입과 삭제를 할 수 있는 자료구조이다.

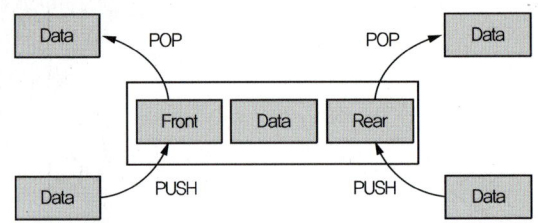

03
정답 ① 피코넷(PICONET), ② 지그비(Zigbee)

해설 피코넷과 지그비의 설명은 다음과 같다.

구분	설명
피코넷 (PICONET)	• 여러 개의 독립된 통신 장치가 블루투스 기술이나 UWB 통신 기술을 사용하여 통신망을 형성하는 무선 네트워크 기술 • 네트워크를 구성하는 장비 간에 사전에 네트워크의 정의와 계획이 없이 상황에 따라 조정 프로토콜에 의하여 마스터와 슬레이브의 역할을 하면서 네트워크를 형성하고, 주로 수십 미터 이내의 좁은 공간에서 네트워크를 형성하는 점과 정지 또는 이동하고 있는 장치를 모두 포함하는 특징을 가짐
지그비 (Zigbee)	• 저속 전송 속도를 갖는 홈오토메이션 및 데이터 네트워크를 위한 표준 기술 • 버튼 하나로 하나의 동작을 잡아 집안 어느 곳에서나 전등 제어 및 홈 보안 시스템 VCR on/off 등을 할 수 있고, 인터넷을 통한 전화 접속으로 홈오토메이션을 더욱 편리하게 이용하려는 것에서부터 출발한 기술 • IEEE 802.15 표준 기반, 메시 네트워크 방식을 사용

04
정답 74

해설

라인 수	설명
02	• main 함수부터 프로그램 시작
03	• a 배열을 선언 |	[0]	[1]	[2] | | --- | --- | --- | --- | | a[0] | 1 | 2 | 3 | | a[1] | 4 | 5 | 6 | | a[2] | 7 | 8 | 9 |

라인 수	설명
04	• p 포인터 변수에 주솟값 a[1]+2를 저장
05	• q 포인터 변수에 주솟값 &a[0][1]을 저장 • q는 a[0]+1과 같음 | &a[0][1] == a[0]+1 | &배열[i] == 배열+i이므로 배열 자리에 a[0]을, i 자리에 1을 넣음 |

07	• p[1] == a[2][0]이므로 a[2][0]의 값인 7을 출력
	• p[1]은 *(p+1)과 같음
	
	    | p[1] == *(p+1) | 배열[i] == *(배열+i)이므로 배열 자리에 p를 i 자리에 1을 넣음 |
	
	• *(p+1)은 *(a[1]+3)과 같음
	
	    | *(p+1) == *(a[1]+2+1) == *(a[1]+3) | p=a[1]+2이므로 p+1 == a[1]+2+1 == a[1]+3이 됨 |
	
	• *(a[1]+3)은 a[1][3]과 같음
	
	    | *(a[1]+3) == a[1][3] | *(배열+i) == 배열[i]이므로 배열 자리에 a[1]을 i 자리에 3을 넣음 |
	
	• a[1][3]은 a[2][0]과 같음
	
	    • a는 3×3 배열로 0~2행, 0~2열로 구성됨
	    • [1][3]은 1행의 3열 값인데, 3열이 없으므로 1행 2열의 다음인 2행 0열 값(a[2][0] 값)과 같음

08	• q[2] == a[1][0]과 같으므로 a[1][0]의 값인 4를 출력
	• q[2]는 *(q+2)와 같음
	
	    | q[2] == *(q+2) | 배열[i] == *(배열+i)이므로 배열 자리에 q를 i 자리에 2를 넣음 |
	
	• *(q+2)는 *(a[0]+3)과 같음
	
	    | *(q+2) == *(a[0]+1+2) == *(a[0]+3) | q=a[0]+1이므로 q+2 == a[0]+1+2 == a[0]+3이 됨 |
	
	• *(a[0]+3)은 a[0][3]과 같음
	
	    | *(a[0]+3) == a[0][3] | *(배열+i) == 배열[i]이므로 배열 자리에 a[0]을, i 자리에 3을 넣음 |
	
	• a[0][3]은 a[1][0]과 같음
	
	    • [0][3]은 0행의 3열 값인데, 3열이 없으므로 0행 2열의 다음인 1행 0열 값(a[1][0] 값)과 같음

05 **정답** SELECT * FROM 사전 WHERE 단어 LIKE '_symmetry';

해설 • WHERE 절 조건에서는 비교, 범위, 집합, 패턴, NULL, 복합조건이 있고, 패턴을 찾기 위해서는 LIKE 구문을 사용한다.
• LIKE 문법은 다음과 같다.

> 컬럼 LIKE 패턴

• 패턴을 사용하기 위한 와일드카드는 다음과 같다.

와일드카드	설명
%	• 0개 이상의 문자열과 일치
[ ]	• 1개의 문자와 일치
[^]	• 1개의 문자와 불일치
_	• 특정 위치의 1개의 문자와 일치

학습 Point 쿼리는 문제에서 제시하는 조건이 없으면 한 줄로 써도 되고 여러 줄로 써도 됩니다.

06 정답 ① 인스펙션(Inspection), ② 워크 스루(Walk Through)
해설

유형	설명
동료 검토 (Peer Review)	• 2~3명이 진행하는 리뷰의 형태로 요구사항 명세서 작성자가 요구사항 명세서를 설명하고, 이해관계자들이 설명을 들으면서 결함을 발견하는 형태로 진행하는 검토 기법
워크 스루 (Walk Through)	• 검토 자료를 회의 전에 배포해서 사전검토한 후 짧은 시간 동안 회의를 진행하는 형태로 리뷰를 통해 오류를 검출하고 문서로 만드는 기법
인스펙션 (Inspection)	• 소프트웨어 요구, 설계, 원시 코드 등의 저작자 외의 다른 전문가 또는 팀이 검사하여 오류를 찾아내는 공식적 검토 방법

07 정답 ① pf = add, ② pf = sub
해설
• pf는 함수 포인터로 int 변수 2개를 사용하는 사용자 정의 함수를 대신할 수 있다.
• pf = add를 하게 되면 add 함수를 pf라는 이름으로 호출할 수 있고, pf = sub를 하게 되면 sub 함수를 pf라는 이름으로 호출할 수 있다.

08 정답 5
해설
• fact 함수는 재귀함수로, 입력값인 5부터 재귀호출을 시작한다.
• fact 함수의 n값이 점차적으로 1씩 줄어들고, 가장 마지막에 호출되는 fact(1), fact(2)에서 리턴되는 값 1부터 역으로 값을 더해가면 fact(5)의 최종 리턴값이 5가 되고, 5를 sum에 저장하고 출력한다.

라인 수	설명
02	• main 메서드 실행
03	• sum이라는 정수형 변수에 fact(5)의 결괏값을 저장 • fact(5) 메서드를 호출
06	• n=5 전달
07	• if(5<=2)는 거짓이므로 else 문을 실행
08	• fact(5)를 호출한 부분에 fact(n-2)*fact(n-1);인 fact(3)*fact(4)를 전달 — 재귀 호출이 끝나고 fact(3)의 반환값은 2, fact(4)의 반환값은 3이 되어 2+3인 5가 됨 — 5를 fact(5)를 호출한 부분에 전달 • fact(3) 메서드, fact(4) 메서드를 호출
06	• n=4를 전달
07	• if(4<=2)는 거짓이므로 else 문을 실행

라인 수	설명
08	• fact(4)를 호출한 부분에 fact(n-2)*fact(n-1);인 fact(2)*fact(3)을 전달 　- 재귀 호출이 끝나고 fact(2)의 반환값은 1, fact(3)의 반환값은 2가 되어 1+2인 3이 됨 　- 3을 fact(4)를 호출한 부분에 전달 • fact(2) 메서드, fact(3) 메서드를 호출
06	• n=3을 전달
07	• if(3<=2)는 거짓이므로 else 문을 실행
08	• fact(3)을 호출한 부분에 fact(n-2)*fact(n-1);인 fact(1)*fact(2)를 전달 　- 재귀 호출이 끝나고 fact(1)의 반환값은 1, fact(2)의 반환값은 1이 되어 1+1인 2가 됨 　- 2를 fact(3)을 호출한 부분에 전달 • fact(1) 메서드, fact(2) 메서드를 호출
06	• n=2를 전달
07~08	• if(2<=2)는 참이므로 1을 반환
06	• n=1을 전달
07~08	• if(1<=2)는 참이므로 1을 반환
03	• fact(5)는 반환값이 5이므로 sum은 5가 됨
04	• sum 값은 5이므로 5를 출력

함수	리턴값	합계
fact(5)	fact(3) + fact(4)	5
fact(4)	fact(2) + fact(3)	3
fact(3)	fact(1) + fact(2)	2
fact(2)	1	1
fact(1)	1	1

09 **정답** DoS(Denial of Service) 공격

해설 • DoS 공격은 1대의 공격자 컴퓨터에서 타깃 시스템에 악성 패킷을 보내는 방식으로 공격하고, 타깃 시스템 측에서 공격자의 주소를 확인하고 차단하면 더 이상 공격을 하지 못하는 단점이 있다.
• DoS 공격에서 진화된 DDoS 공격은 더 효과적인 공격을 위해 공격자가 여러 대의 컴퓨터를 감염시키고, 분산된 좀비 PC들을 이용해 타깃 시스템을 집중적으로 공격해서 서비스를 마비시키는 차이점이 있다.

▲ DoS 공격 개념도　　　　　　　　　▲ DDoS 공격 개념도

10 정답 JSON(Javascript Object Notation)

해설
- JSON은 속성-값(Attribute-Value Pair) 쌍 또는 "키-값 쌍"으로 이루어진 데이터 오브젝트를 전달하기 위해 인간이 읽을 수 있는 텍스트를 사용하는 개방형 표준 포맷이다.
- JSON의 주요 특징은 다음과 같다.

> - AJAX(Asynchronous JavaScript and XML)에서 많이 사용
> - XML(eXtensible Markup Language)을 대체하는 주요 데이터 포맷
> - 언어 독립형 데이터 포맷으로 다양한 데이터 프로그래밍 언어에서 사용
> - 사람이 읽고 쓰기에 쉬우며, 기계가 분석하고 생성하기에 용이

11 정답 정형 명세 기법

해설 요구사항 명세 단계 주요 기법은 다음과 같다.

주요 기법	설명
비정형 명세 기법	• 비정형 명세 기법은 사용자의 요구를 표현할 때 자연어를 기반으로 서술하는 기법 • 사용자와 개발자의 이해가 용이 • 명확성 및 검증에 문제
정형 명세 기법	• 사용자의 요구를 표현할 때 수학적인 원리와 표기법으로 서술하는 기법 • 정형 명세 언어인 Z-스키마, Petri Nets, 상태 차트 활용 • 표현이 간결, 명확성 및 검증이 용이 • 기법의 이해가 어려움

12 정답 1431

해설

라인 수	설명
03	• 정수형 변수 a는 30, b는 15로 선언과 동시에 초기화

04	• a와 b의 AND 연산을 수행
	     11110
	 AND 01111
	 ―――――
	     01110 → 십진수 14를 화면에 출력

05	• a와 b의 OR 연산을 수행
	     11110
	 OR 01111
	 ―――――
	     11111 → 십진수 31을 화면에 출력

13 정답 ① 부분함수 종속 관계
② 2정규형(2NF)

해설 데이터베이스 정규화 단계는 다음과 같다.

단계	조건
1정규형(1NF)	• 원자값으로 구성
2정규형(2NF)	• 부분 함수 종속 제거(완전 함수적 종속 관계)
3정규형(3NF)	• 이행함수 종속 제거
보이스-코드 정규형(BCNF)	• 결정자 함수이면서 후보 키가 아닌 것 제거
4정규형(4NF)	• 다치(다중 값) 종속성 제거
5정규형(5NF)	• 조인 종속성 제거

두음쌤 한마디

데이터베이스 정규화 단계
「원부이 결다조」
원자화(1) / 부분함수 종속 제거(2) / 이행함수 종속 제거(3) / 결정자 함수 종속 제거(BCNF) / 다치 종속성 제거(4) / 조인 종속성 제거(5NF)

14 정답 ▶ 8520369

해설 ▶

라인 수	설명
01	• a 변수에 리스트 ["123", "456", "789"]를 저장
02	• str에 문자열 "0"을 대입
03	• for 문에서 a에 있는 값을 하나씩 i 변수에 저장하면서 반복 • i에 a의 0번지 값인 "123"을 대입
04	• i[1]은 i의 1번지 문자인 '2'이고, str은 '0'이고, i[2]는 i의 2번지 문자인 '3'이므로 '2'+'0'+'3'='203'이 되어 str에 '203'을 저장
03	• i에 a의 1번지 값인 "456"을 대입
04	• i[1]은 i의 1번지 문자인 '5'이고, str은 '0'이고, i[2]는 i의 2번지 문자인 '6'이므로 '5'+'203'+'6'='52036'이 되어 str에 '52036'을 저장
03	• i에 a의 2번지 값인 "789"를 대입
04	• i[1]은 i의 1번지 문자인 '8'이고, str은 '52036'이고, i[2]는 i의 2번지 문자인 '9'이므로 '8'+'52036'+'9'='8520369'가 되어 str에 '8520369'를 저장
05	• str 값인 문자열 '8520369'를 출력

15 정답 ▶ llogiee

해설 ▶

라인 수	설명
03	• a 배열에 hello를 저장 | a[0] | a[1] | a[2] | a[3] | a[4] | a[5] | |---|---|---|---|---|---| | h | e | l | l | o | NULL |
04	• a+2는 &a[2]이므로 a[2]의 값인 l부터 NULL 직전까지 문자를 출력(llo를 출력) | a+2 == &a[2] | 배열+i == &배열[i]이므로 배열 자리에 a를 i 자리에 2를 넣음 |
05	• a[1]의 값은 'e'이고, 'e'에 2를 더하므로 'e'+2는 'g'가 되어 g를 출력

라인 수	설명
06	• *a는 a[0]이고, a[0]의 값은 'h'이므로 a[0]+1은 'i'가 되어 i를 출력
07	• *(a+1)은 a[1]이므로 a[1]의 값인 'e'를 출력 　　*(a+1) == a[1]　　　*(배열+i) == 배열[i]이므로 배열 자리에 a를 i 자리에 1을 넣음
08	• a[1]의 값인 'e'를 출력

16 정답 ALTER TABLE SOOJEBI ALTER SOOJEBI_NUM NUMBER(6);

해설 • SOOJEBI_NUM이라는 컬럼은 NUMBER(5)로 5자리 숫자밖에 입력하지 못하기 때문에 200614라는 값을 INSERT 하게 되면 에러가 발생한다.
• 에러가 발생하지 않기 위해서는 NUMBER의 자릿수를 6으로 늘려주어야 한다.
• ALTER TABLE에서 컬럼을 수정하기 위해서는 ALTER라는 키워드를 쓰고 문법은 다음과 같다.

ALTER TABLE 테이블명 ALTER 컬럼명 데이터타입 [제약조건];

17 정답 ① Abstract Factory, ② Prototype

해설 • 구체적인 클래스에 의존하지 않고 서로 연관되거나 의존적인 객체들의 조합을 만드는 인터페이스를 제공하는 패턴은 Abstract Factory 패턴이다.
• 처음부터 일반적인 원형을 만들어 놓고, 그것을 복사한 후 필요한 부분만 수정하여 사용하는 패턴으로, 생성할 객체의 원형을 제공하는 인스턴스에서 생성할 객체들의 타입이 결정되도록 설정하며 객체를 생성할 때 갖추어야 할 기본 형태가 있을 때 사용되는 디자인 패턴은 Prototype 패턴이다.

18 정답 7

해설 • get 함수에서 instance가 null이 아니면 instance에 Soojebi 객체가 저장된 상태이므로 기존에 저장했던 Soojebi 객체를 반환해 준다.

라인 수	설명
16	• main 메서드부터 실행
17	• Soojebi.get(2) 메서드를 호출
04~07	• x는 매개변수로 2가 저장됨 • instance는 null인 상태이므로 instance = new Soojebi( );를 실행하여 instance 변수에 Soojebi 클래스를 저장
08	• instance 변수 안의 count 값은 0인데, x 값인 2를 더하므로 count는 2가 됨
09	• instance 변수를 반환
17	• get 메서드의 instance 반환 값을 s1에 저장
18	• s1의 count 메서드를 실행하면 Soojebi 클래스의 count 값이 1 증가하여 count 값이 3이 됨
19	• Soojebi.get(3) 메서드를 호출
04~07	• x는 매개변수로 3이 저장됨 • instance에 Soojebi 객체가 저장된 상태이므로 instance가 null이 아니게 되어 if 문의 조건이 거짓
08	• 기존 instance 변수의 count 값은 3인데, x 값인 3을 더하므로 count는 6이 됨
09	• instance 변수에는 기존에 저장했던 Soojebi 객체가 있으므로 Soojebi 객체를 반환

라인 수	설명
19	• instance는 Soojebi 클래스를 저장하고 있기 때문에 만들어놨던 instance 변수를 s2에 반환(s1에 저장된 것과 동일함)
20	• s2의 count 메서드를 실행하면 Soojebi 클래스의 count 값이 1 증가하여 count 값이 7이 됨
22	• s1의 count 값은 7이므로 getCount 메서드를 실행하면 7이 반환되어 7이 출력됨

• Soojebi.get( ) 메서드를 호출하면 반환되는 값이 instance이기 때문에 s1, s2에 저장되는 변수는 모두 instance에 저장된 값을 저장하게 되어 s1.count( ), s2.count( )를 하게 되면 instance에 저장된 Soojebi 객체의 count 값을 1 증가시키게 된다.

19 정답 ▶ SubSuper

해설

라인 수	설명
21	• main 메서드부터 실행
22	• SubObj 인스턴스를 s 변수에 대입
23	• s 변수의 show 메서드를 호출 • SubObj는 SuperObj를 상속하고 있고, SubObj와 SuperObj 클래스 모두 show 메서드를 가지고 있으므로 show 메서드에 대해 오버라이딩 관계 • 오버라이딩 관계이므로 자식 클래스인 SubObj의 show 메서드를 호출
12	• show 메서드를 호출
13	• 부모 클래스인 SuperObj의 print 메서드를 호출
05	• print 메서드를 호출
06	• print 메서드를 호출 • SubObj와 SuperObj 클래스 모두 print 메서드를 가지고 있으므로 print 메서드에 대해 오버라이딩 관계 • 오버라이딩 관계이므로 자식 클래스인 SubObj의 print 메서드를 호출
15	• print 메서드 호출
16	• Sub를 출력
17	• SubObj의 print 메서드가 종료되었으므로 print 메서드를 호출했던 부분으로 이동
07	• Super를 출력
08	• SuperObj의 print 메서드가 종료되었으므로 print 메서드를 호출했던 곳으로 이동
14	• super.print 호출이 끝나고, show 메서드가 종료되었으므로 show 메서드를 호출한 부분으로 이동
24	• s.show 메서드가 종료되었으므로 main 함수도 종료되어 프로그램 종료

20

정답 ① 개념 모델링, ② 논리 모델링

해설 모델링 절차는 요구사항 분석 → 개념 모델링 → 논리 모델링 → 물리 모델링 순이다.

절차	설명
요구사항 분석	• 현행 데이터의 문제점과 개선해야 할 점을 확인하고 향후 개선점을 도출하는 활동
개념 모델링	• 업무 중심의 포괄적인 모델링으로 추상화하는 활동으로 주제 영역과 핵심 데이터 간 관계 정의
논리 모델링	• 관계(Relationship), 속성(Attribute), 키(Key) 등을 도출하는 활동
물리 모델링	• 사용 DBMS 특성에 맞게 물리적 스키마를 만드는 활동

수제비 선/견/지/명 모의고사 02회 정답 및 해설

01 **정답** UWB(Ultra Wide Band; 초광대역)

해설 중심 주파수의 20% 이상의 점유 대역폭을 가지는 신호, 또는 점유 대역폭과 상관없이 500MHz 이상의 대역폭을 갖는 신호와 수 GHz대의 초광대역을 사용하는 초고속의 무선 데이터 전송 기술은 UWB이다.

02 **정답** 킬 스위치(Kill Switch)

해설 스마트폰 이용자가 도난당한 스마트폰의 작동을, 웹사이트를 통해 정지할 수 있도록 하는 일종의 자폭 기능으로 스마트폰의 유통, 도난이나 분실을 어느 정도 막을 수 있고, 원격 잠김, 개인 정보 삭제 기능 등이 있으며, 단말기의 펌웨어나 운영체제에 탑재되는 기술은 킬 스위치이다.

03 **정답** ① 검증(Verification), ② 확인(Validation)

해설 검증과 확인은 다음과 같다.

검증 (Verification)	• 소프트웨어 개발 과정을 테스트 • 올바른 제품을 생산하고 있는지 검증 • 이전 단계에서 설정된 개발 규격과 요구를 충족시키는지 판단 • 개발자 혹은 시험자의 시각으로 소프트웨어가 명세화된 기능을 올바로 수행하는지 알아보는 과정
확인 (Validation)	• 소프트웨어 결과를 테스트 • 만들어진 제품이 제대로 동작하는지 확인 • 최종 사용자 요구 또는 소프트웨어 요구에 적합한지 판단 • 사용자 시각으로 올바른 소프트웨어가 개발되었는지 입증하는 과정

04 **정답** CAB

해설

라인 수	설명
02~07	• p라는 이름의 구조체를 선언하고, 구조체 내부에 문자형 변수 name, 정수형 변수 s, w, 실수형 변수 p를 선언
09	• main 함수부터 시작
10~11	• p 구조체 타입으로 x라는 이름의 배열 생성
12	• p 구조체 타입으로 temp라는 변수 선언
13	• i, j 변수 선언
15~16	• i=0일 때부터 i는 1씩 증가하고, i<3을 만족하는 동안 반복하므로 i=0, 1, 2일 때 반복 • (x[i].w)는 정수이지만, (float)가 있어서 실수로 계산 • (x[i].w + x[i].s)는 정수 (float)(x[i].w)는 실수이므로 정수/실수가 되어 (x[i].w + x[i].s) / (float)(x[i].w)는 실수가 됨 | i	x[i].w	x[i].s	x[i].p | |---|---|---|---|
0	2	3	(2+3)/2.0 → 2.50
1	7	10	(7+10)/7.0 → 2.43
2	3	7	(3+7)/3.0 → 3.33	

라인 수	설명
	• x 배열은 다음과 같음 | x	name	s	w	p
---	---	---	---	---
x[0]	A	3	2	2.50
x[1]	B	10	7	2.43
x[2]	C	7	3	3.33	
18	• i=0일 때 i<2는 참이므로 반복문 실행
19	• j는 0부터 시작하고, j < 2-0이 참이므로 반복문을 실행
20	• if 조건식인 x[0].p < x[1].p (2.50 < 2.43)은 거짓이므로 조건문 안의 문장을 실행하지 않음
19	• j++에 의해 j=1이 되고, j<2-0을 만족하기 때문에 반복문을 실행
20	• if 조건식인 x[1].p < x[2].p (2.43 < 3.33)은 참이므로 조건식을 실행
21~23	• temp에 x[1] 구조체 값을 대입하고, x[1]에 x[2] 구조체 값을 대입하며, x[2]에 temp 구조체 값을 대입하면 결과적으로 x[1]과 x[2]의 값이 바뀌게 됨 • x 배열은 다음과 같음 | x	name	s	w	p
---	---	---	---	---
x[0]	A	3	2	2.50
x[1]	C	7	3	3.33
x[2]	B	10	7	2.43	
18	• i++에 의해 i=1이 되고, i<2를 만족하므로 반복문을 실행
19	• j는 0부터 시작하고, j < 2-1이 참이므로 반복문을 실행
20	• if 조건식인 x[0].p < x[1].p (2.50 < 3.33)은 참이므로 조건식을 실행
21~23	• temp에 x[0] 구조체 값을 대입하고, x[0]에 x[1] 구조체 값을 대입하며, x[1]에 temp 구조체 값을 대입하면 결과적으로 x[0]과 x[1]의 값이 바뀌게 됨 • x 배열은 다음과 같음 | x	name	s	w	p
---	---	---	---	---
x[0]	C	7	3	3.33
x[1]	A	3	2	2.50
x[2]	B	10	7	2.43	
28~29	• i=0일 때 x[0].name의 값인 C를 출력하고, i=1일 때 x[1].name의 값인 A를 출력하며, i=2일 때 x[2].name의 값인 B를 출력

05 **정답** ① 20, ② 40, ③ 70

해설 • 집계 함수는 NULL인 값은 제외하고 계산한다.
• 집계 함수의 종류는 다음과 같다.

집계 함수	내용
COUNT	• 복수 행의 줄 수
SUM	• 복수 행의 해당 컬럼 간의 합계
AVG	• 복수 행의 해당 컬럼 간의 평균

06 정답 DE123C5

해설

라인 수	설명
04	• 배열 str1을 선언
05	• 배열 str2를 선언
06	• 포인터 변수 p1에 str1+1(&str1[1])을 대입
07	• 포인터 변수 p2에 str2+3(&str2[3])을 대입
08	• p2[-2]는 &(p2-2)이고, p2는 str2+3이므로 str2[1]인 2가 되어 str1[1]에 2를 대입 &(p2-2) == &(str2+3-2) == &(str2+1) == str2[1] • str1은 다음과 같음 | [0]	[1]	[2]	[3]	[4]	[5]	[6]	[7]	[8]	[9]	[10]
---	---	---	---	---	---	---	---	---	---	---
A	2	C	D	E	\0	\0	\0	\0	\0	\0	
09	• p1[1]은 &(p1+1)이고, p1은 str1+1이므로 str1[2]인 C가 되어 str2[3]에 C를 대입 &(p1+1) == &(str1+1+1) == &(str1+2) == str1[2] • str2는 다음과 같음 	[0]	[1]	[2]	[3]	[4]	[5]
---	---	---	---	---	---
1	2	3	C	5	\0	
10	• strcat으로 문자열 str1에 str2를 붙임 • str1은 다음과 같음 | [0]	[1]	[2]	[3]	[4]	[5]	[6]	[7]	[8]	[9]	[10]
---	---	---	---	---	---	---	---	---	---	---
A	2	C	D	E	1	2	3	C	5	\0	
11	• p1은 str1 + 1이므로, p1 + 2는 str1 + 3을 가리켜 str1의 3번지부터 NULL 전까지 문자열인 DE123C5를 출력

07 정답 16

해설

라인 수	설명
01	• 변수 i를 0으로 초기화
02	• 변수 sum을 0으로 초기화
03	• i=0이므로 i<7이 참이 되어 반복문을 실행
04	• i 값을 1 증가시켜 i=1이 됨
05~10	• i 값인 1을 3으로 나눴을 때 나머지는 1이므로 if 문은 거짓이 되고, elif 문은 참이 되어 sum에 i 값인 1을 더해 sum=1이 됨
03	• i=1이므로 i<7이 참이 되어 반복문을 실행
04	• i 값을 1 증가시켜 i=2가 됨
05~10	• i 값인 2를 3으로 나눴을 때 나머지는 2이므로 if 문은 거짓이 되고, elif 문도 거짓이 되어 sum에 i 값인 2를 곱해 sum=2가 됨

라인 수	설명
03	• i=2이므로 i<7이 참이 되어 반복문을 실행
04	• i 값을 1 증가시켜 i=3이 됨
05~10	• i 값인 3을 3으로 나눴을 때 나머지는 0이므로 if 문은 참이 되고, sum에 i 값인 3을 빼면 sum=-1이 됨
03	• i=3이므로 i<7이 참이 되어 반복문을 실행
04	• i 값을 1 증가시켜 i=4가 됨
05~10	• i 값인 4를 3으로 나눴을 때 나머지는 1이므로 if 문은 거짓이 되고, elif 문은 참이 되어 sum에 i 값인 4를 더해 sum=3이 됨
03	• i=4이므로 i<7이 참이 되어 반복문을 실행
04	• i 값을 1 증가시켜 i=5가 됨
05~10	• i 값인 5를 3으로 나눴을 때 나머지는 2이므로 if 문은 거짓이 되고, elif 문도 거짓이 되어 sum에 i 값인 5를 곱해 sum=15가 됨
03	• i=5이므로 i<7이 참이 되어 반복문을 실행
04	• i 값을 1 증가시켜 i=6이 됨
05~10	• i 값인 6을 3으로 나눴을 때 나머지는 0이므로 if 문은 참이 되고, sum에 i 값인 6을 빼면 sum=9가 됨
03	• i=6이므로 i<7이 참이 되어 반복문을 실행
04	• i 값을 1 증가시켜 i=7이 됨
05~10	• i 값인 7을 3으로 나눴을 때 나머지는 1이므로 if 문은 거짓이 되고, elif 문은 참이 되어 sum에 i 값인 7을 더해 sum=16이 됨
03	• i=7이므로 i<7이 거짓이 되어 반복문을 종료
12	• sum 값인 16을 출력

08 정답 ▶ abstract

해설 ▶ • 추상 클래스로 선언을 하면 추상 메서드와 일반 메서드를 가질 수 있다.
• 추상 메서드는 선언만 하고 실제 구현은 상속받은 Dog 클래스에서 구현한다.
• abstract 키워드를 이용하여 추상 클래스와 추상 메서드를 선언할 수 있다.

라인 수	설명
10	• main 메서드부터 시작
11	• Dog 클래스의 인스턴스를 생성하고, 인스턴스를 d 변수에 대입
12	• d 인스턴스의 show 메서드를 호출 • show는 Animal 클래스와 Dog 클래스 모두에 있으므로 오버라이딩 관계이기 때문에 자식 클래스의 show 메서드를 호출
05~07	• show 메서드에서 dog를 출력

09 정답 ▶ 롤 플레잉(Role Playing)

해설 ▶ 요구사항 수집의 주요 기법은 다음과 같다.

주요 기법	설명
델파이 기법(Delphi Method)	• 전문가의 경험적 지식을 통한 문제 해결 및 미래예측을 위한 방법
롤 플레잉(Role Playing)	• 현실에 일어나는 장면을 설정하고 여러 사람이 각자가 맡은 역을 연기함으로써 요구사항을 분석하고 수집하는 방법

주요 기법	설명
워크숍(Workshop)	• 단기간의 집중적인 노력을 통해 다양하고 전문적인 정보를 획득하고 공유하는 방법
설문 조사(Survey)	• 설문지 또는 여론조사 등을 이용해 간접적으로 정보를 수집하는 방법

10 정답 SELECT 부서, 직책, SUM(급여) AS 급여합계 FROM 직원 GROUP BY 부서, 직책

해설
• GROUP BY 절은 속성값을 그룹으로 분류하고자 할 때 사용한다.
• GROUP BY 절의 속성값에 해당하는 값들끼리 그룹을 형성하고, SUM(급여)를 통해서 그룹별 합계를 구할 수 있다.

11 정답 ① arr[i], ② arr[i]

해설

라인 수	설명
02	• main 메서드부터 시작
03	• 1차원 정수형 배열 arr을 선언하고 10, 30, 50, 70, 90으로 초기화
04	• 정수형 변수 i, max, min을 선언
05	• arr[0]의 값을 max, min에 대입
06~11	• for 문은 i=0부터 값이 1씩 증가하고, i<5가 참인 동안에 반복(i=0, 1, 2, 3, 4일 때 반복) • 만약 arr[i] 값이 max보다 크면 max에 arr[i] 값을 대입 • 만약 arr[i] 값이 min보다 작으면 min에 arr[i] 값을 대입 | i	max	min	arr
---	---	---	---
0	10	10	10
1	30	10	30
2	50	10	50
3	70	10	70
4	90	10	90	
12	• System.out.printf 메서드에서 max와 min 값을 화면에 출력

12 정답 허브 앤 스포크(Hub & Spoke)

해설 EAI의 구축 유형은 다음과 같다.

구축 유형	설명
포인트 투 포인트 (Point-to-Point)	• 가장 기초적인 애플리케이션 통합방법으로 1 : 1 단순 통합 방법
허브 앤 스포크 (Hub & Spoke)	• 단일한 접점의 허브 시스템을 통하여 데이터를 전송하는 중앙 집중식 방식 • 허브 장애 시 전체 장애 발생
메시지 버스 (Message Bus)	• 애플리케이션 사이 미들웨어(버스)를 두어 연계하는 미들웨어 통합 방식 • 뛰어난 확장성과 대용량 데이터 처리 가능
하이브리드 (Hybrid)	• 그룹 내부는 허브 앤 스포크 방식을 사용하고, 그룹 간에는 메시지 버스 방식을 사용하는 통합 방식

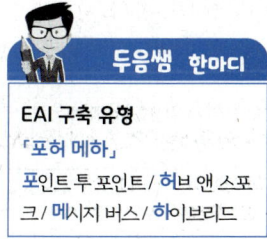

두음쌤 한마디

EAI 구축 유형
「포허 메하」
포인트 투 포인트 / 허브 앤 스포크 / 메시지 버스 / 하이브리드

13 정답 이상 현상(Anomaly)

해설 이상 현상은 데이터의 중복성으로 인해 릴레이션을 조작할 때 발생하는 비합리적 현상이다.

14 정답 1024

해설

라인 수	설명
11	• main 함수에서 Soojebi(2, 10)을 호출
02	• Soojebi 함수의 base와 exp에 2, 10을 각각 전달
03	• i 변수를 선언하고, result 변수를 1로 초기화
04	• i=0으로 초기화하고, i<10을 만족하므로 반복문 실행
05	• result에 base 값인 2를 곱하므로 result는 2가 됨
04	• i++에 의해 i=1이 되고, i<10을 만족하므로 반복문 실행
05	• result에 base 값인 2를 곱하므로 result는 4가 됨
⋮	
04	• i++에 의해 i=9이 되고, i<10을 만족하므로 반복문 실행
05	• result에 base 값인 2를 곱하므로 result는 1024가 됨
04	• i++에 의해 i=10이 되고, i<10을 만족하지 않으므로 반복문 종료
06	• 사용자 정의 함수는 return을 만나면 바로 함수가 종료되는데, result 값인 1024를 Soojebi(2, 10)을 호출한 곳에 반환
11	• Soojebi(2, 10)는 1024가 되므로 1024를 출력

15 정답 200.1.1.159

해설 • IP 주소를 2진수로 바꾸면 다음과 같다.

10진수	200.1.1.0
2진수	11001000.00000001.00000001.00000000

• /24이므로 서브넷 마스크는 1을 24개 채운다.

2진수	11111111.11111111.11111111.00000000

• IP 주소와 서브넷 마스크를 AND 연산한 결과가 네트워크 주소이다.

```
        11001000.00000001.00000001.00000000
      & 11111111.11111111.11111111.00000000
  2진수  11001000.00000001.00000001.00000000
```

• 10개의 Subnet으로 나누기 때문에 $2^n \geq 10$을 만족하는 n은 4이므로 서브넷 마스크 중 25번째 ~ 28번째 비트(4비트)는 Subnet을 위해 사용한다.

1번째 서브넷	11001000.00000001.00000001.00000000
2번째 서브넷	1001000.00000001.00000001.00010000

3번째 서브넷	11001000.00000001.00000001.00100000
4번째 서브넷	11001000.00000001.00000001.00110000
5번째 서브넷	11001000.00000001.00000001.01000000
6번째 서브넷	11001000.00000001.00000001.01010000
7번째 서브넷	11001000.00000001.00000001.01100000
8번째 서브넷	11001000.00000001.00000001.01110000
9번째 서브넷	11001000.00000001.00000001.10000000
10번째 서브넷	11001000.00000001.00000001.10010000

- 10번째 서브넷은 11001000.00000001.00000001.10010000이고, 호스트 ID는 29번째 비트~32번째 비트(4비트)이다. (브로드캐스트일 때 호스트 ID는 모두 1로 채움)

10번째 서브넷 브로드캐스트 IP 주소	• 11001000.00000001.00000001.10011111

- 10번째 서브넷 브로드캐스트 IP 주소는 11001000.00000001.00000001.10011111이므로 10진수로 200.1.1.159이다.

16 정답 ① 스프린트(Sprint), ② 번 다운 차트(Burn Down Chart)

해설
- 스크럼(SCRUM)은 매일 정해진 시간, 장소에서 짧은 시간의 개발을 하는 팀을 위한 프로젝트 관리 중심 방법론이다.
- 스크럼의 주요 요소에는 백로그, 스프린트, 스크럼 미팅, 스크럼 마스터, 스프린트 회고, 번 다운 차트가 있다.

구분	설명
스프린트(Sprint)	• 2~4주의 짧은 개발 기간
번 다운 차트(Burn Down Chart)	• 백로그 대비 시간을 그래픽적으로 표현한 차트

17 정답 방화벽(Firewall)

해설 네트워크 보안에 필요한 대표적인 솔루션은 방화벽, IDS, IPS가 있다.

솔루션	설명
방화벽(Firewall)	• 미리 정의된 보안 규칙을 기반으로 외부로부터 불법 침입과 내부의 불법 정보 유출을 방지하고, 내/외부 네트워크의 상호 간 영향을 차단하기 위한 보안 시스템
침입 탐지 시스템 (IDS; Intrusion Detection System)	• 네트워크에서 발생하는 이벤트를 모니터링하고 비인가 사용자에 의한 자원 접근과 보안정책 위반 행위(침입)를 실시간으로 탐지하는 시스템
침입 방지 시스템 (IPS; Intrusion Prevention System)	• 네트워크에 대한 공격이나 침입을 실시간적으로 차단하고, 유해 트래픽에 대한 조치를 능동적으로 처리하는 시스템

18 정답 ① LRU(Least Recently Used), ② LFU(Least Frequently Used)

해설 페이지 교체 기법의 유형은 다음과 같다.

기법	설명
LRU (Least Recently Used)	• 사용된 시간을 확인하여 가장 오랫동안 사용되지 않은 페이지를 선택하여 교체하는 기법으로 최근에 참조된 페이지는 앞으로도 참조될 가능성이 크고, 최근에 참조되지 않은 페이지는 앞으로도 참조되지 않을 가능성이 크다는 전제로 구현된 기법
LFU (Least Frequently Used)	• 사용된 횟수를 확인하여 참조 횟수가 가장 적은 페이지를 선택하여 교체하는 기법으로 기억장치에 저장된 페이지 중에서 사용한 횟수가 가장 적은 페이지를 교체하는 기법

19 정답 214

해설 for 문 안에서 break를 만나면 for 문을 탈출하고, switch case 문에서도 break를 만나면 switch case 문을 탈출하지만, break가 해당되는 블록이 switch case에 해당하므로 switch case 문만 탈출한다.

라인 수	설명
03	• i, j 변수 선언
04	• i=1로 초기화한 후에, i<3은 참이므로 반복문 실행
05	• j=1로 초기화한 후에, j<=i는 1<=1이므로 참이 되어 바깥쪽 for 문을 실행
06	• i=1, j=1인 상태에서 i+j는 1+1로 2이므로 (i+j)%2는 0이 되기 때문에 case 0으로 이동
07	• case 0으로 진입
08	• i+j 값인 2를 출력
09	• break를 만났으므로 switch~case 문을 탈출
05	• j++로 인해 j가 2가 된 후에, j<=i는 2<=1이므로 거짓이 되어 안쪽 for 문을 종료
04	• i++로 인해 i가 2가 된 후에, i<3은 참이므로 바깥쪽 for 문을 실행
05	• j=1로 초기화한 후에, j<=i는 1<=2이므로 참이 되어 바깥쪽 for 문을 실행
06	• i=2, j=1인 상태에서 i+j는 2+1로 3이므로 (i+j)%2는 1이 되기 때문에 case 1로 이동
10	• case 1로 진입
11	• i-j 값인 1을 출력
05	• j++로 인해 j가 2가 된 후에, j<=i는 2<=2이므로 참이 되어 안쪽 for 문을 실행
06	• i=2, j=2인 상태에서 i+j는 2+2로 4이므로 (i+j)%2는 0이 되기 때문에 case 0으로 이동
07	• case 0으로 진입
08	• i+j 값인 4를 출력
09	• break를 만났으므로 switch~case 문을 탈출
05	• j++로 인해 j가 3이 된 후에, j<=i는 3<=2이므로 거짓이 되어 안쪽 for 문을 종료
04	• i++로 인해 i가 3이 된 후에, i<3은 거짓이므로 바깥쪽 for 문을 종료
15	• return 0을 만나 main 함수 종료

20 정답 ▶ 4정규형(4NF)

해설 ▶ 데이터베이스 정규화 단계는 다음과 같다.

단계	조건
1정규형(1NF)	• 원잣값으로 구성
2정규형(2NF)	• 부분 함수 종속 제거(완전 함수적 종속 관계)
3정규형(3NF)	• 이행함수 종속 제거
보이스-코드 정규형(BCNF)	• 결정자 함수이면서 후보 키가 아닌 것 제거
4정규형(4NF)	• 다치(다중 값) 종속성 제거
5정규형(5NF)	• 조인 종속성 제거

 두음쌤 한마디

데이터베이스 정규화 단계
「원부이 결다조」
원자화(1) / **부**분함수 종속 제거(2) / **이**행함수 종속 제거(3) / **결**정자 함수 종속 제거(BCNF) / **다**치 종속성 제거(4) / **조**인 종속성 제거(5NF)

수제비 선/견/지/명 모의고사 03회 정답 및 해설

01 정답 ① 데이터 마트(DM; Data Mart), ② 데이터 웨어하우스(DW; Data Warehouse)

해설 데이터 마트와 데이터 웨어하우스에 대한 설명은 다음과 같다.

구분	설명
데이터 마트	• 전사적으로 구축된 데이터 속의 특정 주제, 부서 중심으로 구축된 소규모 단위 주제의 데이터 웨어하우스
데이터 웨어하우스	• 사용자의 의사결정에 도움을 주기 위하여, 기간 시스템의 데이터베이스에 축적된 데이터를 공통 형식으로 변환해서 관리하는 데이터베이스

02 정답 로킹(Locking)

해설 병행 제어 기법에는 로킹, 타임 스탬프 순서, 다중버전 동시성 제어, 2PC 등이 있다.

기법	설명
로킹 (Locking)	• 하나의 트랜잭션을 실행하는 동안 특정 데이터 항목에 대해서 다른 트랜잭션이 동시에 접근하지 못하도록 상호배제(Mutual Exclusion) 기능을 제공하는 기법
낙관적 검증 (Optimistic Validation)	• 트랜잭션이 어떠한 검증도 수행하지 않고 일단 트랜잭션을 수행하고, 트랜잭션 종료 시 검증을 수행하여 데이터베이스에 반영하는 기법
타임 스탬프 순서 (Time Stamp Ordering)	• 트랜잭션과 트랜잭션이 읽거나 갱신한 데이터에 대해 트랜잭션이 실행을 시작하기 전에 타임 스탬프(Time Stamp)를 부여하여 부여된 시간에 따라 트랜잭션 작업을 수행하는 기법
다중버전 동시성 제어 (MVCC; Multi Version Concurrency Control)	• 트랜잭션의 타임스탬프와 접근하려는 데이터의 타임스탬프를 비교하여 직렬가능성이 보장되는 적절한 버전을 선택하여 접근하도록 하는 기법
2PC (2 Phase Commit)	• 데이터베이스 동시성 제어 기술 중 하나로, 여러 개의 분산 데이터베이스 시스템에서 트랜잭션의 일관성을 유지하기 위한 기법

03 정답 ① MQTT(Message Queuing Telemetry Transport), ② CoAP(Constrained Application Protocol)

해설 IoT와 관련된 용어는 다음과 같다.

용어	설명
사물 인터넷 (IoT; Internet of Things)	• 각종 사물에 센서와 통신 기능을 내장하여 무선 통신을 통해 각종 사물을 인터넷에 연결하는 기술
MQTT (Message Queuing Telemetry Transport)	• IoT 장치, 텔레메트리 장치 등에서 최적화되어 사용할 수 있도록 개발된 프로토콜로, 브로커를 사용한 발행(Publish)/구독(Subscribe) 방식의 경량 메시징을 전송하는 프로토콜
CoAP (Constrained Application Protocol)	• M2M 노드들 사이에서 이벤트에 대한 송수신을 비동기적으로 전송하는 REST 기반의 프로토콜이자 제약이 있는(Constrained) 장치들을 위한 특수한 인터넷 애플리케이션 프로토콜

04 정답
① CSMA/CD(Carrier Sense Multiple Access with Collision Detection; 반송파 감지 다중 접속 / 충돌탐지)
② CSMA/CA(Carrier Sense Multiple Access with Collision Avoidance; 반송파 감지 다중 접속 / 충돌 회피)

해설 전송 매체 접속 제어는 CSMA/CD, CSMA/CA가 있다.

방식	설명
CSMA/CD	• IEEE802.3 유선 LAN의 반이중 방식(Half Duplex)에서 사용하는 방식으로 각 단말이 신호 전송 전에 현재 채널이 사용 중인지 체크하여 사용하지 않을 때 전송하는 전송 매체 접속제어(MAC) 방식
CSMA/CA	• IEEE 802.11 무선 LAN의 반이중 방식(Half Duplex)에서 사용하는 방식으로 데이터 전송 시, 매체가 비어있음을 확인한 뒤 충돌을 회피하기 위해서 임의 시간을 기다린 후 데이터를 전송하는 방식

05 정답
INSERT INTO 학생
VALUES('202101', '임꺽정', '프로그래밍', '010-1234-5678');
또는
INSERT INTO 학생(학번, 성명, 과목명, 전화번호)
VALUES('202101', '임꺽정', '프로그래밍', '010-1234-5678');

해설 INSERT는 데이터의 내용을 삽입할 때 사용하는 명령어이다.

INSERT INTO 테이블명(속성명1, …) VALUES (데이터1, …);	• 속성과 데이터 개수, 데이터 타입이 일치해야 함 • 속성명은 생략 가능

학습 Point DB에서 속성의 타입이 숫자인 경우 데이터는 따옴표를 붙이지 않아도 되며, 문자열인 경우 따옴표를 붙여야 한다. 그리고 테이블명, 인덱스명, 속성명과 같이 객체와 관련된 요소들은 일반적으로 따옴표를 붙이지 않는다.

06 정답
5 5

해설

라인 수	설명
08	• main 함수부터 시작
09	• 정수형 변수 a는 10, b는 5로 초깃값을 대입
10	• fn 함수를 호출할 때 main 함수의 a 변수에 대한 주솟값과 b 변수의 값인 5를 전달
02	• main 함수의 a 변수 주솟값을 fn 함수의 포인터 변수 a에, 5를 fn 함수의 b 변수에 대입
03	• temp 변수를 0으로 초기화
04	• fn 함수의 포인터 변수 a는 main 함수의 a 변수 주소를 가지고 있으므로, *a는 main 함수의 a 변수 값인 10이 되어 10을 temp 변수에 대입
05	• b는 5이므로 5를 *a에 대입 • *a는 main 함수의 a 변수이므로 main 함수의 a 변수에 5를 대입
06	• temp는 10이므로 temp+1인 11을 b에 대입 • b 변수는 fn 함수의 지역 변수이므로 fn 함수가 끝나면서 소멸됨
11	• main 함수의 a 값은 5이고, main 함수의 b 값은 변경된 적이 없으므로 5가 되어 5 5를 출력

07 정답 A

해설

라인 수	설명
04	• f 문자형 배열을 "549+*"로 초기화 <table><tr><th>f[0]</th><th>f[1]</th><th>f[2]</th><th>f[3]</th><th>f[4]</th><th>f[5]</th></tr><tr><td>'5'</td><td>'4'</td><td>'9'</td><td>'+'</td><td>'*'</td><td>NULL</td></tr></table>
05	• s 문자형 배열 선언 • NULL은 아스키 코드에 의해 정수 0과 같다. <table><tr><th>s[0]</th><th>s[1]</th><th>s[2]</th><th>s[3]</th><th>s[4]</th><th>s[5]</th></tr><tr><td>0</td><td>0</td><td>0</td><td>0</td><td>0</td><td>0</td></tr></table>
06	• i, p 변수 선언 및 p 변수는 -1로 초기화
07	• strlen(f)는 f의 길이이므로 5를 반환 • i=0으로 초기화한 후에, i<5는 참이므로 for 문을 실행
08	• f[i]인 f[0]은 '5'이므로 '+'와 '*'에 해당하지 않아 default로 이동
17~18	• ++p를 수행하면 p는 0이 되고, p가 0인 상태에서 s[p] = f[i]-'0'이므로 s[0] = f[0]-'0'이 됨 • f[0]은 '5'이므로 '5'-'0'을 하면 5가 되어 s[0]에 5를 대입
07	• i++에 의해 i=1이 된 후에, i<5는 참이므로 for 문을 실행
08	• f[i]인 f[1]은 '4'이므로 '+'와 '*'에 해당하지 않아 default로 이동
17~18	• ++p를 수행하면 p는 1이 되고, p가 1인 상태에서 s[p] = f[i]-'0'이므로 s[1] = f[1]-'0'이 됨 • f[1]은 '4'이므로 '4'-'0'을 하면 4가 되어 s[1]에 4를 대입
07	• i++에 의해 i=2가 된 후에, i<5는 참이므로 for 문을 실행
08	• f[i]인 f[2]는 '9'이므로 '+'와 '*'에 해당하지 않아 default로 이동
17~18	• ++p를 수행하면 p는 2가 되고, p가 2인 상태에서 s[p] = f[i]-'0'이므로 s[2] = f[2]-'0'이 됨 • f[2]는 '9'이므로 '9'-'0'을 하면 9가 되어 s[2]에 9를 대입 <table><tr><th>s[0]</th><th>s[1]</th><th>s[2]</th><th>s[3]</th><th>s[4]</th><th>s[5]</th></tr><tr><td>5</td><td>4</td><td>9</td><td>0</td><td>0</td><td>0</td></tr></table>
07	• i++에 의해 i=3이 된 후에, i<5는 참이므로 for 문을 실행
08	• f[i]인 f[3]은 '+'이므로 case '+'로 이동
09	• case '+'로 이동
10	• p=2이므로 s[1] = s[2]+s[1];이 되고, s[2]는 9, s[1]은 4이므로 9+4인 13을 s[1]에 대입 <table><tr><th>s[0]</th><th>s[1]</th><th>s[2]</th><th>s[3]</th><th>s[4]</th><th>s[5]</th></tr><tr><td>5</td><td>13</td><td>9</td><td>0</td><td>0</td><td>0</td></tr></table>
11	• p를 1 감소시켜 p=1이 됨
12	• break를 만나 switch case 문을 종료
07	• i++에 의해 i=4가 된 후에, i<5는 참이므로 for 문을 실행
08	• f[i]인 f[4]는 '*'이므로 case '*'로 이동
13	• case '*'로 이동

라인 수	설명
10	• p=1이므로 s[0] = s[1]+s[0];이 되고, s[1]는 13, s[0]은 5이므로 13*5인 65을 s[0]에 대입 | s[0]	s[1]	s[2]	s[3]	s[4]	s[5]
---	---	---	---	---	---
65	13	9	0	0	0	
11	• p를 1 감소시켜 p=0이 됨
12	• break를 만나 switch case 문을 종료
07	• i++에 의해 i=5가 된 후에, i<5는 거짓이므로 for 문을 종료
21	• s[0]인 65를 문자형으로 출력하므로 정수 65에 대응하는 아스키 코드 문자형인 'A'를 출력

08 **정답** ① > 또는 !=, ② /=

해설 • for 문이 반복할 때마다 1의 자릿수를 더하고 있으므로, 반복문의 증감식에서 x를 10으로 나누면서, 마지막 자릿수를 제거한다.
• 각 자릿수를 분리해 t에 더한다.

라인 수	설명
03	• x, t 변수 선언 및 t=0으로 초기화
04	• x=1209로 초기화한 후, x>0은 참이므로 for 문을 실행
05	• x % 10을 하면 x의 1의 자리 숫자가 계산됨 • x는 1209이므로 1209%10은 9가 되어 t에 9를 더함
04	• x/=10은 x = x/10과 같고, x, 10 둘 다 정수이기 때문에 결괏값은 정수가 됨 • x = 1209/10이므로 x=120이 됨 • x=120이면 x>0이 참이 되므로 for 문을 실행
05	• x는 120이므로 120%10은 0이 되어 t에 0을 더해 t=9가 됨
04	• x = 120/10이므로 x=12가 됨 • x=12이면 x>0이 참이 되므로 for 문을 실행
05	• x는 12이므로 12%10은 2가 되어 t에 2를 더해 t=11이 됨
04	• x = 12/10이므로 x=1이 됨 • x=1이면 x>0이 참이 되므로 for 문을 실행
05	• x는 1이므로 1%10은 1이 되어 t에 1을 더해 t=12가 됨
04	• x = 1/10이므로 x=0이 됨 • x=1이면 x>0이 거짓이 되므로 for 문을 종료
07	• t 값인 12를 출력

09 정답: 거리 벡터 알고리즘(Distance Vector Algorithm)

해설
- 목적지까지의 최적 경로를 산출하기 위한 법칙이 라우팅 알고리즘이다.
- 라우팅 알고리즘의 유형은 다음과 같다.

유형	설명
거리 벡터 알고리즘 (Distance Vector Algorithm)	• 인접 라우터와 정보를 공유하여 목적지까지의 거리와 방향을 결정하는 라우팅 프로토콜 알고리즘 • 벨만-포드(Bellman-Ford) 알고리즘 사용 • 각 라우터가 업데이트될 경우마다 전체 라우팅 테이블을 보내라고 요청하지만 수신된 경로 비용 정보는 이웃 라우터에게만 보내짐
링크 상태 알고리즘 (Link State Algorithm)	• 링크 상태 정보를 모든 라우터에 전달하여 최단 경로 트리를 구성하는 라우팅 프로토콜 알고리즘 • 다익스트라(Dijkstra) 알고리즘 사용 • 링크 상태 알고리즘을 사용하면 네트워크를 일관성 있게 파악할 수 있으나 거리 벡터 알고리즘에 비하여 계산이 더 복잡하고 트래픽을 광범위한 범위까지 전달

10 정답: sojsoj2222

해설

라인 수	설명
01	• "soojebi"[0:2]는 0번지부터 2번지 직전까지의 문자열인 "so"가 되고, "soojebi"[3:4]는 3번지부터 4번지 직전까지의 문자열인 "j"가 되어 a = "soj"가 됨 <table><tr><td>[0]</td><td>[1]</td><td>[2]</td><td>[3]</td><td>[4]</td><td>[5]</td><td>[6]</td></tr><tr><td>s</td><td>o</td><td>o</td><td>j</td><td>e</td><td>b</td><td>i</td></tr></table>
02	• b에 1111을 대입
03	• a는 "soj"이므로 a*2는 문자열인 "soj"를 2번 반복하고, b는 1111이므로 a*2는 1111에 2를 곱한 2222가 되어 sojsoj2222가 출력됨

11 정답: 27

해설

라인 수	설명
10	• 사용자 정의함수인 soojebi 함수에 1, 3, 4를 전달
01	• begin=1, diff=3, n=4가 됨
02	• cnt를 1로 초기화
03	• ret는 begin 값인 1을 대입
04	• while의 조건이 참이므로 while 문 실행
05	• cnt를 1 증가시켜 cnt는 2가 됨
06	• ret 값에 diff 값인 3을 곱하므로 ret는 3이 됨
07	• cnt는 2이고, n은 4이므로 거짓이 되어 if 문을 실행하지 않음
04	• while의 조건이 참이므로 while 문 실행
05	• cnt를 1 증가시켜 cnt는 3이 됨

라인 수	설명
06	• ret 값에 diff 값인 3을 곱하므로 ret는 9가 됨
07	• cnt는 3이고, n은 4이므로 거짓이 되어 if 문을 실행하지 않음
04	• while의 조건이 참이므로 while 문 실행
05	• cnt를 1 증가시켜 cnt는 4가 됨
06	• ret 값에 diff 값인 3을 곱하므로 ret는 27이 됨
07	• cnt는 4이고, n은 4이므로 참이 되어 if 문을 실행
08	• ret 값인 27을 반환
10	• soojebi(1, 3, 4)가 27이므로 27을 출력

12 정답 ▶ 클리어링 하우스(Clearing House)

해설 ▶ 디지털 저작권 관리(DRM)를 위한 구성요소는 다음과 같다.

구성요소	설명
콘텐츠 제공자 (Contents Provider)	• 콘텐츠를 제공하는 저작권자
콘텐츠 소비자 (Contents Customer)	• 콘텐츠를 구매해서 사용하는 주체
콘텐츠 분배자 (Contents Distributor)	• 쇼핑몰 등으로써 암호화된 콘텐츠 제공
클리어링 하우스 (Clearing House)	• 저작권에 대한 사용 권한, 라이선스 발급/관리, 사용량에 따른 관리 등을 수행하는 곳
DRM 콘텐츠 (DRM Contents)	• 서비스하고자 하는 암호화된 콘텐츠, 콘텐츠와 관련된 메타 데이터, 콘텐츠 사용 정보를 패키징하여 구성된 콘텐츠
패키저 (Packager)	• 콘텐츠를 메타 데이터와 함께 배포 가능한 단위로 묶는 도구
DRM 컨트롤러 (DRM Controller)	• 배포된 콘텐츠의 이용 권한을 통제하는 시스템
보안 컨테이너 (Security Container)	• 원본 콘텐츠를 안전하게 유통하기 위한 전자적 보안장치

13 정답 ▶ 트리거(Trigger)

해설 ▶ 절차형 SQL은 프로시저, 사용자 정의함수, 트리거가 있다.

종류	설명
프로시저 (Procedure)	• 일련의 쿼리들을 마치 하나의 함수처럼 실행하기 위한 쿼리의 집합
사용자 정의함수 (User-Defined Function)	• 일련의 SQL 처리를 수행하고, 수행 결과를 단일 값으로 반환할 수 있는 절차형 SQL
트리거 (Trigger)	• 데이터베이스 시스템에서 삽입, 갱신, 삭제 등의 이벤트가 발생할 때마다 관련 작업이 자동으로 수행되는 절차형 SQL

14 정답 ▶ Parent 클래스에서 매개변수가 없는 생성자가 존재하지 않기 때문에 에러가 발생한다. 또는 Child 클래스에서 상위 클래스 Parent의 기본 생성자가 호출되지 않아 오류가 발생한다.

해설 ▶ 오류가 발생하지 않으려면 Parent 클래스에 Parent() 생성자가 있어야 한다.

```
class Parent{
  String name="Parent";
  public Parent(){ }
  public Parent(String name){
    System.out.print("A");
  }
}
```

15 정답 ▶ CREATE VIEW 사원뷰 AS SELECT 사번, 이름 FROM 사원 WHERE 성별 = 'M';

해설 ▶ • 사원 테이블에서 성별 값이 'M'을 가진 사원의 사번, 이름을 출력하는 조회 쿼리를 먼저 작성한다.

```
SELECT 사번, 이름 FROM 사원 WHERE 성별 = 'M';
```

• 뷰를 생성하는 명령은 다음과 같다.

```
CREATE VIEW 뷰이름 AS 조회쿼리;
```

• 조회쿼리 앞에 CREATE VIEW 사원뷰 AS를 붙이면 뷰 생성 쿼리가 생성된다.

16 정답 ▶ ① 의존성 역전의 원칙(Dependency Inversion Principle)
② 리스코프 치환의 원칙(LSP; Liskov Substitution Principle)

해설 ▶ 객체지향 설계 원칙(SOLID)은 다음과 같다.

원칙	설명
단일 책임의 원칙 (SRP; Single Responsibility Principle)	• 하나의 클래스는 하나의 목적을 위해서 생성되며, 클래스가 제공하는 모든 서비스는 하나의 책임을 수행하는 데 집중되어 있어야 한다는 원칙 • 객체 지향 프로그래밍의 5원칙 중 나머지 4원칙의 기초 원칙
개방 폐쇄 원칙 (OCP; Open Close Principle)	• 소프트웨어의 구성요소(컴포넌트, 클래스, 모듈, 함수)는 확장에는 열려 있고, 변경에는 닫혀 있어야 한다는 원칙
리스코프 치환의 원칙 (LSP; Liskov Substitution Principle)	• 서브 타입(상속받은 하위 클래스)은 어디서나 자신의 기반 타입(상위 클래스)으로 교체할 수 있어야 한다는 원칙
인터페이스 분리의 원칙 (ISP; Interface Segregation Principle)	• 한 클래스는 자신이 사용하지 않는 인터페이스는 구현하지 말아야 한다는 원칙 • 객체 설계 시 특정 기능에 대한 인터페이스는 그 기능과 상관없는 부분이 변해도 영향을 받지 않아야 한다는 원칙
의존성 역전의 원칙 (DIP; Dependency Inversion Principle)	• 객체에서 어떤 클래스를 참조해서 사용하는 경우, 그 클래스를 직접 참조하는 것이 아니라 그 대상의 상위 요소인 추상 클래스나 인터페이스로 참조하라는 원칙

17
정답 제로데이 공격(Zero-Day Attack)

해설 제로데이 공격은 보안 취약점이 발견되어 널리 공표되기 전에 해당 취약점을 악용하여 이루어지는 보안 공격이다.

18
정답 ① Man Month, ② COCOMO(COnstructive COst MOdel)

해설 비용 산정 모형 종류는 다음과 같다.

종류	설명
LoC(Lines of Code) 모형	• 소프트웨어 각 기능의 원시 코드 라인 수의 낙관치, 중간치, 비관치를 측정하여 예측치를 구하고 이를 이용하여 비용을 산정하는 방식
Man Month 모형	• 한 사람이 1개월 동안 할 수 있는 일의 양을 기준으로 프로젝트 비용을 산정하는 방식
COCOMO(COnstructive COst MOdel) 모형	• 보헴(Boehm)이 제안한 모형으로 프로그램 규모에 따라 비용을 산정하는 방식
푸트남(Putnam) 모형	• 소프트웨어 개발 주기의 단계별로 요구할 인력의 분포를 가정하는 방식
기능점수(FP; Function Point) 모형	• 요구 기능을 증가시키는 인자별로 가중치를 부여하고, 요인별 가중치를 합산하여 총 기능의 점수를 계산하여 비용을 산정하는 방식

19
정답 30

해설

라인 수	설명
02	• main 메서드부터 시작
03	• i, sum 변수를 선언하고, i=0, sum=0으로 초기화
04	• i=0이므로 i<10이 참이 되어 while 문을 실행
05	• i++에 의해 i는 1이 됨
06	• i%2는 1이므로 if 조건식이 참이 되어 if 문 안의 명령어를 실행
07	• continue를 실행하여 while 문 시작점으로 이동
04	• i=1이므로 i<10이 참이 되어 while 문을 실행
05	• i++에 의해 i는 2가 됨
06~07	• i%2는 0이므로 if 조건식이 거짓이 되어 if 문을 실행하지 않음
08	• i 변숫값인 2를 sum에 더해 sum은 2가 됨
04	• i=2이므로 i<10이 참이 되어 while 문을 실행
05	• i++에 의해 i는 3이 됨
06	• i%2는 3이므로 if 조건식이 참이 되어 if 문 안의 명령어를 실행
07	• continue를 실행하여 while 문 시작점으로 이동
04	• i=3이므로 i<10이 참이 되어 while 문을 실행
05	• i++에 의해 i는 4가 됨
06~07	• i%2는 0이므로 if 조건식이 거짓이 되어 if 문을 실행하지 않음
08	• i 변숫값인 4를 sum에 더해 sum은 6이 됨

⋮

라인 수	설명
04	• i=9일 때 i<10이 참이 되어 while 문을 실행
05	• i++에 의해 i는 10이 됨
06~07	• i%2는 0이므로 if 조건식이 거짓이 되어 if 문을 실행하지 않음
08	• i 변숫값인 10을 sum에 더해 sum은 30이 됨
04	• i=10이므로 i<10이 거짓이 되어 while 문을 종료
10	• sum 값인 30을 출력

• i가 2, 4, 6, 8, 10일 때 sum += i를 실행하므로, sum은 2, 4, 6, 8, 10이 더해지기 때문에 sum은 2+4+6+8+10인 30이 된다.

20 정답 ① 시간(Temporal), ② 공간(Spatial), ③ 순차(Sequential)

해설 지역성의 유형에는 시간 지역성, 공간 지역성, 순차 지역성이 있다.

유형	설명
시간(Temporal) 지역성	• 최근 사용되었던 기억장소들이 집중적으로 액세스하는 현상 • 참조했던 메모리는 빠른 시간에 다시 참조될 확률이 높은 특성
공간(Spatial) 지역성	• 프로세스 실행 시 일정 위치의 페이지를 집중적으로 액세스하는 현상 • 참조된 메모리 근처의 메모리를 참조하는 특성
순차(Sequential) 지역성	• 데이터가 순차적으로 액세스 되는 현상 • 프로그램 내의 명령어가 순차적으로 구성된 특성 • 공간 지역성에 편입되어 설명되기도 함

두음쌤 한마디

지역성의 유형
시공순
시간 지역성 / **공**간 지역성 / **순**차 지역성

수제비 선/견/지/명 모의고사 04회 정답 및 해설

01
정답 온라인 분석 처리(OLAP; Online Analytical Processing)

해설 데이터 웨어하우스의 데이터를 전략적인 정보로 변환시켜서 의사결정을 지원하는 역할을 하는 시스템은 OLAP이다.

02
정답 ① 시맨틱 웹(Semantic Web), ② 온톨로지(Ontology)

해설 시맨틱 웹(Semantic Web)과 온톨로지(Ontology)는 다음과 같다.

기술	설명
시맨틱 웹(Semantic Web)	• 인터넷과 같은 분산 환경에서 리소스에 대한 정보와 자원 사이의 관계-의미 정보를 기계(컴퓨터)가 처리할 수 있는 온톨로지 형태로 표현하고, 이를 자동화된 기계(컴퓨터)가 처리하도록 하는 지능형 웹
온톨로지(Ontology)	• 실세계에 존재하는 모든 개념과 개념들의 속성, 그리고 개념 간의 관계 정보를 컴퓨터가 이해할 수 있도록 서술해 놓은 개념화 명세서

03
정답 2.25

해설 HRN 스케줄링 우선순위는 다음과 같이 계산한다.

$$우선순위 = \frac{대기시간 + 서비스\ 시간}{서비스\ 시간}$$

시간	설명
0	• 도착한 프로세스가 P1밖에 없으므로 P1을 실행 • P1은 도착하자마자 서비스하므로 대기시간은 0 • P1은 서비스 시간이 2이므로 2까지 실행
2	• 도착한 프로세스가 P2, P3가 있음 | 프로세스	설명	우선순위
---	---	---
P2	• 도착 시간이 1이고, 현재 시간이 2이므로 대기시간은 1 • 서비스 시간은 3	$P2 = \frac{1+3}{3} = 1.33$
P3	• 도착 시간이 2이고, 현재 시간이 2이므로 대기시간은 0 • 서비스 시간은 5	$P3 = \frac{0+5}{5} = 1$	 • P2의 우선순위가 높으므로 P2를 실행 • P2는 서비스 시간이 3이므로 5까지 실행
5	• 도착한 프로세스가 P3, P4가 있음 | 프로세스	설명	우선순위
---	---	---
P3	• 도착 시간이 2이고, 현재 시간이 5이므로 대기시간은 3 • 서비스 시간은 5	$P3 = \frac{3+5}{5} = 1.6$
P4	• 도착 시간이 3이고, 현재 시간이 5이므로 대기시간은 2 • 서비스 시간은 3	$P4 = \frac{2+3}{3} = 1.67$	

시간	설명
	• P4의 우선순위가 높으므로 P4를 실행 • P4는 서비스 시간이 3이므로 8까지 실행
8	• 도착한 프로세스가 P3밖에 없으므로 P3을 실행 • P3는 도착 시간이 2이고, 현재 시간이 8이므로 대기시간은 6

• P1의 대기시간은 0, P2의 대기시간은 1, P4의 대기시간은 2, P3의 대기시간은 6이므로 (0+1+2+6)/4=2.25이다.

04

정답 ① 사전(Dictionary), ② 무차별(Brute Force), ③ ARP 스푸핑(ARP Spoofing)

해설 네트워크 서비스 공격 기법 중 사전 크래킹, 무차별 크래킹, ARP 스푸핑은 다음과 같다.

공격 기법	설명
사전 공격 (Dictionary Attack)	• 시스템 또는 서비스의 ID와 패스워드를 알아내기 위해서 ID와 패스워드가 될 가능성이 있는 단어를 파일로 만들어 놓고 이 파일의 단어를 대입하여 패스워드를 알아내는 공격 기법
무차별 공격 (Brute Force Attack)	• 패스워드로 사용될 수 있는 영문자(대소문자), 숫자, 특수문자 등을 무작위로 패스워드 자리에 대입하여 패스워드를 알아내는 공격 기법
ARP 스푸핑 (ARP Spoofing)	• 공격자가 특정 호스트의 MAC 주소를 자신의 MAC 주소로 위조한 ARP Reply를 만들어 희생자에게 지속적으로 전송하여 희생자의 ARP Cache table에 특정 호스트의 MAC 정보를 공격자의 MAC 정보로 변경, 희생자로부터 특정 호스트로 나가는 패킷을 공격자가 스니핑 하는 기법

05

정답 bcd
abcd

해설

라인 수	설명
06	• main 함수부터 시작
07	• a라는 이름의 문자형 배열 선언
08	• p라는 이름의 문자형 포인터에 a 배열의 주솟값을 대입
09	• fn(p)를 호출
02	• fn 함수의 p 변수에 main 함수의 a 배열 주솟값을 대입
03	• p++;를 하면 p=p+1;과 같음 • fn 함수의 p는 a 배열의 주솟값(p=a)이므로 p+1을 하게 되면 a+1이 됨 p+1 == a+1 == &a[1]
04	• fn 함수의 p 값인 &a[1]을 fn(p)를 호출한 곳으로 반환
09	• fn(p)는 &a[1]이므로 a의 1번지부터 NULL 전까지 출력하기 때문에 bcd를 출력
10	• main 함수의 p는 a이므로 a의 0번지부터 NULL 전까지 출력하기 때문에 abcd를 출력

06 정답 ④

해설

라인 수	설명
02	• main 함수부터 시작
03	• i라는 이름의 변수를 2로 초기화
04	• sum이라는 이름의 변수를 0으로 초기화
05	• 초기식은 없으므로 조건식만 확인함 • i=2이므로 i<4는 참이 되어 for 문을 실행
06	• i=2이므로 i%2는 0이 되기 때문에 case 0으로 이동
07~08	• sum 값에 i 값을 더하므로 sum은 2가 됨 • break가 없으므로 switch case 문을 탈출하지 못함
09~10	• sum 값에 i 값을 더하므로 sum은 4가 됨
12	• i 값에 3을 더하므로 i는 5가 됨
05	• 증감식은 없으므로 조건식만 확인함 • i=5이므로 i<4는 거짓이 되어 for 문을 종료
14	• sum 값인 4를 출력

07 정답 ① ㄴ, ② ㅁ, ③ ㄷ

해설 결합도의 유형은 다음과 같다.

유형	설명
내용 결합도 (Content Coupling)	• 다른 모듈 내부에 있는 변수나 기능을 다른 모듈에서 사용하는 경우의 결합도
공통 결합도 (Common Coupling)	• 파라미터가 아닌 모듈 밖에 선언되어 있는 전역 변수를 참조하고 전역 변수를 갱신하는 식으로 상호 작용하는 경우의 결합도
외부 결합도 (External Coupling)	• 두 개의 모듈이 외부에서 도입된 데이터 포맷, 통신 프로토콜, 또는 디바이스 • 인터페이스를 공유할 경우의 결합도
제어 결합도 (Control Coupling)	• 어떤 모듈이 다른 모듈의 내부 논리 조직을 제어하기 위한 목적으로 제어 신호를 이용하여 통신하는 경우의 결합도
스탬프 결합도 (Stamp Coupling)	• 모듈 간의 인터페이스로 배열이나 객체, 구조 등이 전달되는 경우의 결합도
자료 결합도 (Data Coupling)	• 모듈 간의 인터페이스로 전달되는 파라미터를 통해서만 모듈 간의 상호 작용이 일어나는 경우의 결합도

 두음쌤 한마디

결합도의 유형
「내공외제 스자」
내용 / 공통 / 외부 / 제어 / 스탬프 / 자료 결합도

08

정답 ① 낙관적 검증(Optimistic Validation), ② 2PC(2 Phase Commit)

해설 병행 제어 기법의 종류는 다음과 같다.

기법	설명
로킹 (Locking)	• 하나의 트랜잭션이 실행하는 동안 특정 데이터 항목에 대해서 다른 트랜잭션이 동시에 접근하지 못하도록 상호 배제(Mutual Exclusive) 기능을 제공하는 기법
2PC (2 Phase Commit)	• 데이터베이스 동시성 제어 기술 중 하나로, 여러 개의 분산 데이터베이스 시스템에서 트랜잭션의 일관성을 유지하기 위한 기법 • 트랜잭션을 두 단계로 분리하여 제어
낙관적 검증 (Optimistic Validation)	• 트랜잭션이 어떠한 검증도 수행하지 않고 일단 트랜잭션을 수행하고, 트랜잭션 종료 시 검증을 수행하여 데이터베이스에 반영하는 기법
타임 스탬프 순서 (Time Stamp Ordering)	• 트랜잭션과 트랜잭션이 읽거나 갱신한 데이터에 대해 트랜잭션이 실행을 시작하기 전에 타임스탬프(Time Stamp)를 부여하여 부여된 시간에 따라 트랜잭션 작업을 수행하는 기법
다중 버전 동시성 제어 (MVCC; Multi-Version Concurrency Control)	• 트랜잭션의 타임스탬프와 접근하려는 데이터의 타임스탬프를 비교하여 직렬가능성이 보장되는 적절한 버전을 선택하여 접근하도록 하는 기법

두음쌤 한마디

병행 제어 기법
「로2 낙타다」
로킹 / 2PC / 낙관적 검증 / 타임 스탬프 순서 / 다중 버전 동시성

09

정답 ABCHIJ
XYZSTUVW

해설

라인 수	설명
14	• A 클래스를 생성하면서 생성자를 호출 • 인스턴스를 a 변수에 대입
03	• 생성자의 x 변수에 "HI"를 전달
04	• self.x는 클래스 내의 변수로 "ABC"이고, x 변수는 "HI"이므로 self.x = "ABC"+"HI"가 되어 self.x는 "ABCHI"가 됨
15	• a의 fn("J") 메서드를 호출
05	• fn 메서드의 x 변수에 "J"를 전달
06	• self.x는 "ABCHI"이고, x 변수는 "J"이므로 {0}은 "ABCHI", {1}은 "J"가 되어 ABCHIJ를 출력
17	• B 클래스를 생성하면서 생성자를 호출 • B 클래스는 생성자가 없으므로 A 클래스의 생성자를 그대로 사용 • 인스턴스를 b 변수에 대입
03	• 생성자의 x 변수에 "ST"를 전달
04	• self.x는 클래스 내의 변수인데, self.x는 부모 클래스인 A의 x와 자식 클래스인 B의 x이므로 자식 클래스인 B의 x를 참조함 • self.x는 "XYZ"이고, x 변수는 "ST"이므로 self.x = "XYZ"+"ST"가 되어 self.x는 "XYZST"가 됨
18	• b의 fn("UV", "W") 메서드를 호출
10	• fn 메서드의 x 변수에 "UV"를, y 변수에 "W"를 전달

라인 수	설명
11	• self.x는 클래스 내의 변수로 "XYZST"이고, x 변수는 "UV"이고, y 변수는 "W"이므로 {0}은 "XYZST", {1}은 "UV", {2}는 "W"가 되어 XYZSTUVW를 출력

10 정답 [2][1, 2][1, 2][2]1

해설

라인 수	설명
03	• h라는 변수에 HashSet 클래스 생성
04	• HashSet에 2가 추가
05	• [2]가 출력됨
06	• HashSet에 1이 추가
07	• HashSet에 1, 2가 있으므로 [1, 2]가 출력됨(집합에서 순서는 중요하지 않음)
08	• HashSet에 1이 추가되었지만 이미 1이 있으므로 추가되지 않음
09	• HashSet에 1, 2가 있으므로 [1, 2]가 출력됨
10	• HashSet에서 1을 제거
11	• HashSet에 2만 남았으므로 [2]가 출력됨
12	• HashSet에 2라는 원소 1개만 있으므로 1이 출력

• 자바 HashSet 메서드는 다음과 같다.

메서드	설명
add(값)	• 값을 추가하는 메서드 • 중복된 값이 들어오면 추가하지 않음
remove(값)	• 값을 제거하는 메서드
size( )	• HashSet에 들어 있는 원소의 개수를 얻는 메서드

11 정답 SELECT 부서, SUM(급여) AS 급여합계 FROM 직원 GROUP BY 부서;

해설
• GROUP BY 절은 속성값을 그룹으로 분류하고자 할 때 사용한다.
• GROUP BY 절의 속성값에 해당하는 값들끼리 그룹을 형성하고, SUM(급여)를 통해서 그룹별 합계를 구할 수 있다.

12 정답 33

해설

라인 수	설명
08	• main 메서드부터 시작
09	• func 메서드는 매개변수를 1개 받는 메서드, 2개 받는 메서드가 있으므로 오버로딩 관계 • func(5)는 매개변수가 1개이므로 매개변수를 1개 받는 func 메서드를 호출
02	• func 함수의 n에 5를 전달
03	• n=5이므로 5*9인 45를 반환
09	• func(2, 3)은 매개변수가 2개이므로 매개변수를 2개 받는 func 메서드를 호출

라인 수	설명
05	• func 함수의 a에 2를, b에 3을 전달
06	• a=2, b=3이므로 2*3인 6을 반환
09	• func(5)는 45이고 func(2, 3)은 6이므로 10진수로 51이 됨 • 16진수(%x)로 출력해야 하므로 10진수 51을 16진수로 변환하면 33이 되어 33을 화면에 출력

13 정답 1정규형(1NF)

해설
- 도메인은 하나의 값이어야 1정규형을 만족하는데, {서울, 부산}과 같이 한 도메인에 여러 개의 값이 있는 경우 1정규형을 만족하지 않는다.
- {서울}, {부산}과 같이 한 도메인에 한 개의 값이 있는 경우 1정규형을 만족한다.
- 데이터베이스 정규화 단계는 다음과 같다.

단계	조건
1정규형(1NF)	• 원자값으로 구성
2정규형(2NF)	• 부분 함수 종속 제거(완전 함수적 종속 관계)
3정규형(3NF)	• 이행함수 종속 제거
보이스-코드 정규형(BCNF)	• 결정자 함수이면서 후보 키가 아닌 것 제거
4정규형(4NF)	• 다치(다중 값) 종속성 제거
5정규형(5NF)	• 조인 종속성 제거

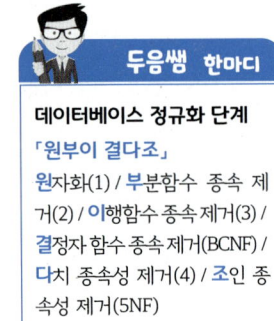

두음쌤 한마디

데이터베이스 정규화 단계
「원부이 결다조」
원자화(1) / 부분함수 종속 제거(2) / 이행함수 종속 제거(3) / 결정자 함수 종속 제거(BCNF) / 다치 종속성 제거(4) / 조인 종속성 제거(5NF)

14 정답 246

해설

라인 수	설명			
02	• main 메서드부터 실행			
03	• i, j, sum 변수를 선언하고, j=0, sum=0으로 초기화			
04	• i=1일 때부터 i++에 의해 i가 1씩 증가하면서 i<=110을 만족할 때까지 for 문을 실행			
05~08	• i%4 == 0이 참이 되려면 i는 4의 배수이어야 함			
	i	j	sum	
	4	4	1	
	8	8	2	
	12	12	3	
	⋮			
	100	100	25	
	104	104	26	
	108	108	27	
	109			
	110			

⋮

라인 수	설명
04	• i++에 의해 i=110이 되고, i<=110은 참이므로 반복문 실행
05	• i%4 == 0은 거짓이므로 if 문을 실행하지 않음
04	• i++에 의해 i=111이 되고, i<=110은 거짓이므로 반복문 실행
10	• i 값은 111이고, j는 108이며, sum은 27이므로 111+108+27인 246이 되어 246을 출력

15

정답 200 Man Month

해설 개발기간이 아닌 Man Month를 구해야 하므로, (LoC)/(프로그래머 월간 생산성)으로 계산한다.

- (Man Month) = (LoC) / (프로그래머 월간 생산성) = 20,000 / 100 = 200
- (프로젝트 기간) = (Man Month) / (프로젝트 인력)

16

정답 ① 주 공정법(CPM; Critical Path Method), ② PERT(Program Evaluation and Review Technique)

해설 일정 관리 모델의 종류는 다음과 같다.

모델	설명
주 공정법 (CPM; Critical Path Method)	• 여러 작업의 수행 순서가 얽혀 있는 프로젝트의 일정을 계산하는 기법 • 모든 자원 제약사항을 배제한 상태로 프로젝트의 시작과 끝을 나타내는 노드(Node)와 노드 간의 연결을 통해 공정을 계산하기 위한 액티비티(Activity) 표기법
PERT (Program Evaluation and Review Technique)	• 일의 순서를 계획적으로 정리하기 위한 수렴 기법으로 비관치, 중간치, 낙관치의 3점 추정 방식을 통해 일정을 관리하는 기법 • 과거에 경험이 없어 소요 기간 예측이 어려운 소프트웨어에서 사용 • 노드와 간선으로 구성되며, 원 노드에는 작업을 화살표 간선에는 낙관치, 중간치, 비관치를 표시 작업 예측치 = (비관치 + (4 기대치) + 낙관치) / 6
중요 연쇄 프로젝트 관리 (CCPM; Critical Chain Project Management)	• 주 공정 연쇄법으로 자원 제약사항을 고려하여 일정을 작성하는 기법
간트 차트 (Gantt Chart; 시간선 차트; Time Line Chart)	• 업무별로 일정의 시작과 끝을 그래픽으로 표시하여 전체 일정을 한눈에 볼 수 있는 프로젝트 일정 관리를 위한 바(Bar) 형태의 차트

17

정답 ① 회선 제어, ② 흐름 제어, ③ 오류 제어

해설 데이터 링크 계층의 기법은 다음과 같다.

기법	설명
회선 제어	• 두 개의 스테이션이 동시에 신호를 전송하는 경우 신호 간 충돌이 발생하지 않도록 제어하는 기술로 ENQ/ACK 기법과 풀링(Pooling) 기법이 있음
흐름 제어	• 전송 스테이션으로 하여금 전송 데이터의 양을 제한하기 위해서 사용되는 기술로 정지-대기(Stop And Wait) 기법과 슬라이딩 윈도우(Sliding Window) 기법이 있음
오류 제어	• OSI 7 Layer의 하위의 두 계층 사이에서 데이터의 전송 오류를 검출하여 복구하는 기술로 해밍 코드와 같은 전진 오류 수정(FEC) 기법과 체크섬, CRC, ARQ과 같은 후진 오류 수정(BEC) 기법이 있음

18 정답 3

해설

라인 수	설명
10	• main 함수부터 실행
11	• num, cnt, i 변수를 선언하고, num=7로, cnt=0으로 초기화
12	• i=2일 때 i<num인 2<7은 참이 되므로 for 문을 실행
13	• Soojebi(2) 함수를 호출
02~08	• Soojebi 함수의 num에 2를 전달 • i=2일 때, i<num인 2<2는 거짓이므로 for 문을 실행하지 않으므로 return 1을 만나 1을 반환
13	• Soojebi(2)는 1이므로 cnt += 1이 되어 cnt는 1이 됨
12	• i++에 의해 i=3이 되고, i<num인 3<7은 참이 되어 for 문을 실행
13	• Soojebi(3) 함수를 호출
02~08	• Soojebi 함수의 num에 3을 전달 • i=2일 때, i<num인 2<3은 참이므로 for 문을 실행하고 3%2==0이 거짓이므로 if 문을 실행하지 않음 • i++에 의해 i=3이 되고, i=3일 때, i<num인 3<3은 거짓이므로 for 문을 실행하지 않으므로 return 1을 만나 1을 반환
13	• Soojebi(3)은 1이므로 cnt += 1이 되어 cnt는 2가 됨
12	• i++에 의해 i=4가 되고, i<num인 4<7은 참이 되어 for 문을 실행
13	• Soojebi(4) 함수를 호출
02~08	• Soojebi 함수의 num에 4를 전달 • i=2일 때, i<num인 2<4는 참이므로 for 문을 실행하고 4%2==0이 참이므로 if 문을 실행 • return 0을 만났으므로 0을 반환하고, 함수를 종료
13	• Soojebi(4)는 0이므로 cnt += 0이 되어 cnt는 2가 됨
12	• i++에 의해 i=5가 되고, i<num인 5<7은 참이 되어 for 문을 실행
13	• Soojebi(5) 함수를 호출
02~08	• Soojebi 함수의 num에 5를 전달 • i=2일 때, i<num인 2<5는 참이므로 for 문을 실행하고 5%2==0이 거짓이므로 if 문을 실행하지 않음 • i++에 의해 i=3이 되고, i=3일 때, i<num인 3<5는 참이므로 for 문을 실행하고 5%3==0이 거짓이므로 if 문을 실행하지 않음 • i++에 의해 i=4가 되고, i=4일 때, i<num인 4<5는 참이므로 for 문을 실행하고 5%4==0이 거짓이므로 if 문을 실행하지 않음 • i++에 의해 i=5가 되고, i=5일 때, i<num인 5<5는 거짓이므로 for 문을 실행하지 않으므로 return 1을 만나 1을 반환
13	• Soojebi(5)는 1이므로 cnt += 1이 되어 cnt는 3이 됨
12	• i++에 의해 i=6이 되고, i<num인 6<7은 참이 되어 for 문을 실행
13	• Soojebi(6) 함수를 호출
02~08	• Soojebi 함수의 num에 6을 전달 • i=2일 때, i<num인 2<6은 참이므로 for 문을 실행하고 6%2==0이 참이므로 if 문을 실행 • return 0을 만났으므로 0을 반환하고, 함수를 종료
13	• Soojebi(6)은 0이므로 cnt += 0이 되어 cnt는 3이 됨
12	• i++에 의해 i=7이 되고, i<num인 7<7은 거짓이 되어 for 문을 종료
14	• cnt 값인 3을 출력

19. 정답 ① 커밋(Commit), ② 롤백(Rollback)

해설 트랜잭션 연산에는 Commit과 Rollback이 있고, 이 명령어들에 의해 원자성을 보장받는다.

연산	설명
커밋(Commit)	• 하나의 트랜잭션이 성공적으로 끝나고, 데이터베이스가 일관성 있는 상태에 있거나 하나의 트랜잭션이 끝났을 때 사용하는 연산
롤백(Rollback)	• 하나의 트랜잭션이 비정상적으로 종료되어 트랜잭션 원자성이 깨질 경우 모든 변경사항이 취소되고, 트랜잭션이 시작되기 전의 상태로 되돌리는 연산

20. 정답 ① XSS(Cross Site Scripting), ② SQL 삽입(SQL Injection)

해설 입력 데이터 검증 및 표현 취약점에 대한 설명은 다음과 같다.

취약점	설명
XSS (Cross Site Scripting)	• 검증되지 않은 외부 입력 데이터가 포함된 웹 페이지가 전송되는 경우, 사용자가 해당 웹 페이지를 열람함으로써 웹 페이지에 포함된 부적절한 스크립트가 실행되는 공격
사이트 간 요청 위조 (CSRF; Cross-Site Request Forgery)	• 사용자가 자신의 의지와는 무관하게 공격자가 의도한 행위를 특정 웹 사이트에 요청하게 하는 공격
SQL 삽입 (SQL Injection)	• 응용 프로그램의 보안 취약점을 이용해서 악의적인 SQL 구문을 삽입, 실행시켜서 데이터베이스(DB)의 접근을 통해 정보를 탈취하거나 조작 등의 행위를 하는 공격 기법

수제비 선/견/지/명 모의고사 05회 정답 및 해설

01 정답 디지털 포렌식(Digital Forensics)

해설
- 디지털 포렌식의 원칙은 정당성, 재현성, 연계성, 신속성, 무결성이다.
- 디지털 포렌식은 범죄 행위에 대한 사실을 사법기관에 제출하기 위해 디지털 증거자료를 획득, 분석, 보관, 제출, 기록하는 일련의 과정을 지칭하는 용어이다.

02 정답 ① 디지털 아카이빙(Digital Archiving), ② CEP(Complex Event Processing)

해설 디지털 아카이빙과 CEP의 개념은 다음과 같다.

용어	설명
디지털 아카이빙(Digital Archiving)	지속적으로 보존할 가치를 가진 디지털 객체를 장기간 관리하여 이후의 이용을 보장할 수 있도록 변환, 압축 저장하여 DB화하는 작업
CEP(Complex Event Processing)	실시간으로 발생하는 이벤트 처리에 대한 결괏값을 수집하고 처리하는 기술로 IoT 센싱 데이터, 로그, 음성 데이터 등 실시간 데이터의 처리 기술

03 정답 SELECT 부서, SUM(급여) AS 급여합계 FROM 급여
GROUP BY 부서 HAVING SUM(급여) >= 6000;

해설
- GROUP BY 구문은 실제 구체적 데이터 분석값을 보고자 하는 컬럼 단위를 선정할 때 사용되는 기준이 된다.
- HAVING 구문은 WHERE 구문 내에는 사용할 수 없는 집계 함수의 구문을 적용하여 복수 행의 계산 결과를 조건별로 적용하는 데 사용된다.
- 급여합계를 출력하기 위해서는 집계 함수인 SUM을 사용한다.

04 정답 노모포비아(Nomophobia)

해설 노모포비아는 스마트폰이 곁에 없으면, 불안감과 공포감에 휩싸이게 되는 증상을 말한다.

05 정답 B10AC

해설 A 클래스 타입으로만 인스턴스를 생성하였기 때문에 자식 클래스인 B 클래스는 고려하지 않는다.

라인 수	설명
15	main 메서드부터 실행
16	A 클래스를 생성하므로 A 클래스의 생성자를 호출 new A()이므로 매개변수가 없는 생성자를 호출
02	A 클래스의 생성자를 실행
03	this(10)이므로 매개변수가 있는 생성자를 호출
06	x에 10을 전달하므로 "B"+10인 B10을 출력 this(10)에 대한 실행이 끝났으므로 this(10) 호출한 부분으로 이동
04	A를 출력 A 클래스의 생성자를 종료
16	A 클래스의 인스턴스를 x 변수에 대입

라인 수	설명
17	• x는 A 클래스(new A()로 인스턴스를 생성)이므로 A 클래스의 display 메서드를 호출
07	• C를 출력

06 정답 ▶ 4 3 56 65 78

해설

라인 수	설명
02	• main 메서드부터 실행
03	• a 배열을 {56, 4, 3, 65, 78}로 초기화
04	• temp 변수를 선언
05	• i=0으로 초기화하고, i<1은 참이므로 바깥쪽 반복문 실행
06	• a.length는 a의 개수이므로 5 • j=0으로 초기화하고, j<5-0-1은 참이므로 안쪽 반복문 실행
07	• a[0]인 56은 a[1]인 4보다 크므로 a[0]>a[1]은 참이기 때문에 if 문 실행
08	• temp에 a[0] 값인 56을 대입
09	• a[0]에 a[1] 값인 4를 대입
10	• a[1]에 temp 값인 56을 대입 <table><tr><td>a[0]</td><td>a[1]</td><td>a[2]</td><td>a[3]</td><td>a[4]</td></tr><tr><td>4</td><td>56</td><td>3</td><td>65</td><td>78</td></tr></table>
06	• j++에 의해 j=1이 되고, j<5-0-1은 참이므로 안쪽 반복문 실행
07	• a[1]인 56은 a[2]인 3보다 크므로 a[1]>a[2]는 참이기 때문에 if 문 실행
08	• temp에 a[1] 값인 56을 대입
09	• a[1]에 a[2] 값인 3을 대입
10	• a[2]에 temp 값인 56을 대입 <table><tr><td>a[0]</td><td>a[1]</td><td>a[2]</td><td>a[3]</td><td>a[4]</td></tr><tr><td>4</td><td>3</td><td>56</td><td>65</td><td>78</td></tr></table>
06	• j++에 의해 j=2가 되고, j<5-0-1은 참이므로 안쪽 반복문 실행
07	• a[2]인 56은 a[3]인 65보다 작으므로 a[2]>a[3]은 거짓이기 때문에 if 문 실행하지 않음
06	• j++에 의해 j=3이 되고, j<5-0-1은 참이므로 안쪽 반복문 실행
07	• a[3]인 65는 a[4]인 78보다 작으므로 a[3]>a[4]는 거짓이기 때문에 if 문 실행하지 않음
06	• j++에 의해 j=4가 되고, j<5-0-1은 거짓이므로 안쪽 반복문 종료
05	• i++에 의해 i=1이 되고, i<1은 거짓이므로 바깥쪽 반복문 종료
14~16	• a[0] 값부터 a[4] 값을 출력

07 정답 ▶ 사이트 간 요청 위조(CSRF; Cross-Site Request Forgery)

해설 ▶ 입력 데이터 검증 및 표현에 대한 취약점은 다음과 같다.

취약점	설명
XSS (Cross Site Scripting)	• 검증되지 않은 외부 입력 데이터가 포함된 웹페이지가 전송되는 경우, 사용자가 해당 웹페이지를 열람함으로써 웹페이지에 포함된 부적절한 스크립트가 실행되는 공격
사이트 간 요청 위조 (CSRF)	• 사용자가 자신의 의지와는 무관하게 공격자가 의도한 행위를 특정 웹 사이트에 요청하게 하는 공격
SQL 삽입 (Injection)	• 응용 프로그램의 보안 취약점을 이용해서 악의적인 SQL 구문을 삽입, 실행시켜서 데이터베이스(DB)의 접근을 통해 정보를 탈취하거나 조작 등의 행위를 하는 공격 기법

08 정답 ▶ ① 완전 함수 종속(Full Functional Dependency), ② 이행 함수 종속(Transitive Functional Dependency)

해설 ▶ 함수 종속에는 부분 함수 종속, 완전 함수 종속, 이행 함수 종속이 있다.

종류	설명
부분 함수 종속 (Partial Functional Dependency)	• 릴레이션에서 기본 키가 복합 키일 경우 기본 키를 구성하는 속성 중 일부에게 종속된 경우
완전 함수 종속 (Full Functional Dependency)	• 릴레이션에서 X→Y 관계가 있을 때, Y는 X의 전체 속성에 대해 종속하고, 부분 집합 속성에 종속하지 않는 경우
이행 함수 종속 (Transitive Functional Dependency)	• 릴레이션에서 X→Y, Y→Z 종속 관계가 있을 때, X→Z가 성립되는 경우

09 정답 ▶ 24

해설 ▶ for 문에 세미콜론(;)이 있으므로 for(i=0, sum=1; i<x; ++i, sum *= i);는 for 문을 만족했을 때 실행할 명령어가 없는 for 문 형태이다.

```
for(i=0, sum=1; i<x; ++i, sum *= i){ }
```

라인 수	설명
08	• main 함수부터 시작
09	• fn(4)를 호출
02	• fn 함수를 호출하고 x에 4를 전달
03	• i, sum 변수를 선언
04	• i=0, sum=1로 초기화 • i=0이고, x=4이므로 i<x는 참이 되어 반복문을 실행
04	• ++i에 의해 i는 1이 되고, sum *= i에 의해 i 값인 1을 sum에 곱해 sum은 1이 됨 • i=1이고, x=4이므로 i<x는 참이 되어 반복문을 실행
04	• ++i에 의해 i는 2가 되고, sum *= i에 의해 i 값인 2를 sum에 곱해 sum은 2가 됨 • i=2이고, x=4이므로 i<x는 참이 되어 반복문을 실행

라인 수	설명
04	• ++i에 의해 i는 3이 되고, sum *= i에 의해 i 값인 3을 sum에 곱해 sum은 6이 됨 • i=3이고, x=4이므로 i<x는 참이 되어 반복문을 실행
04	• ++i에 의해 i는 4가 되고, sum *= i에 의해 i 값인 4를 sum에 곱해 sum은 24가 됨 • i=4이고, x=4이므로 i<x는 거짓이 되어 반복문을 종료
05	• sum 값인 24를 반환
09	• fn(4)의 반환값이 24이므로 24를 출력

10 정답 ① n-1, ② hist[i]

해설

라인 수	설명
05	• main 함수부터 실행
06	• 크기가 6인 1차원 정수 배열 hist를 선언하고 0으로 초기화
07	• 정수형 변수 n을 선언 • 정수형 변수 i를 선언하고 0으로 초기화
08	• time 함수에서 구해온 시간 값을 srand 함수의 파라미터로 전달하여 랜덤한 값을 생성
11	• i 값을 1 증가시킴
12	• 랜덤 함수에서 생성한 값을 6으로 나눈 나머지와 1을 합한 값을 n에 대입 • 랜덤 값을 6으로 나누면 0~5 중 1개의 숫자가 나오고 해당 숫자에 1을 더하면 1~6 중 1개의 숫자가 됨
13	• hist는 int 형 6개의 배열이고, 랜덤 숫자는 1~6이므로 n에서 1을 뺀 값의 번지를 1 증가시킴 • hist 배열은 n-1이라는 랜덤 숫자가 몇 번 나왔는지를 표시
10~14	• i가 10 미만일 때까지 반복하므로 do ~ while 문은 총 10번 반복 • n 값이 5, 2, 4, 1, 5, 4, 4, 5, 6, 2라고 가정하면 다음과 같이 수행 	i	n	hist[n-1]
---	---	---
1	5	hist[4] = 1
2	2	hist[1] = 1
3	4	hist[3] = 1
4	1	hist[0] = 1
5	5	hist[4] = 2
6	4	hist[3] = 2
7	4	hist[3] = 3
8	5	hist[4] = 3
9	6	hist[5] = 1
10	2	hist[1] = 2 | | hist[0]	hist[1]	hist[2]	hist[3]	hist[4]	hist[5]
---	---	---	---	---	---
1	2	0	3	3	1	
16~17	• i는 0부터 6보다 작을 때까지 1씩 증가하며 hist 배열의 값을 화면에 출력

11 정답 ALTER TABLE 부서 ALTER 부서번호 INTEGER PRIMARY KEY;

해설 • ALTER TABLE 컬럼 수정은 다음과 같다.

> ALTER TABLE 테이블명 ALTER 컬럼명 데이터타입 [제약조건];

- 테이블에 필요한 컬럼을 수정하는 문법이다.
- 테이블 생성을 위한 CREATE 문에 제약조건을 명시 후에 ALTER를 통해 테이블 제약조건의 변경이 가능하다.
- 제약조건은 다음과 같다.

제약조건	설명
PRIMARY KEY	• 테이블의 기본 키를 정의 • 유일하게 테이블의 각 행을 식별
FOREIGN KEY	• 외래 키를 정의 • 참조 대상을 테이블(컬럼명)로 명시 • 열과 참조된 테이블의 열 사이의 외래 키 관계를 적용하고 설정
UNIQUE	• 테이블 내에서 얻은 유일한 값을 갖도록 하는 제약조건
NOT NULL	• 해당 컬럼은 NULL 값을 포함하지 않도록 하는 제약조건
CHECK	• 개발자가 정의하는 제약조건 • 참(TRUE)이어야 하는 조건을 지정
DEFAULT	• 데이터를 INSERT 할 때 해당 컬럼의 값을 넣지 않는 경우 기본값으로 설정해 주는 제약조건

12 정답 체크 포인트 회복 기법(Checkpoint Recovery)

해설 회복 기법 종류에는 다음과 같다.

기법		설명
로그 기반 회복 기법	지연 갱신 회복 기법 (Deferred Update)	• 트랜잭션이 완료되기 전까지 데이터베이스에 기록하지 않는 기법
	즉각 갱신 회복 기법 (Immediate Update)	• 트랜잭션 수행 중 갱신 결과를 바로 DB에 반영하는 기법
체크 포인트 회복 기법 (Checkpoint Recovery)		• 장애 발생 시 검사점 이후에 처리된 트랜잭션에 대해서만 장애 발생 이전의 상태로 복원시키는 회복 기법
그림자 페이징 회복 기법 (Shadow Paging Recovery)		• 데이터베이스 트랜잭션 수행 시 복제본을 생성하여 데이터베이스 장애 시 이를 이용해 복구하는 기법

 두음쌤 한마디

회복 기법 종류
「회로체그」
회복 기법(로그 기반 회복 기법 / 체크 포인트 회복 기법 / 그림자 페이징 회복 기법)

13 정답 6

해설

라인 수	설명
02	• main 함수부터 시작
03	• i, j 변수 선언
04	• sum 변수 선언 및 0으로 초기화

라인 수	설명
05	• arr 배열을 3행 3열로 선언
07~17	• for 반복문에서 i와 j를 더한 값을 arr[i][j]에 대입 • 만약 i를 2로 나눈 나머지가 0이면 sum에 arr[i][j]의 누적합을 대입하고 그렇지 않은 경우 sum에 arr[i][j]의 누적 차이를 대입 | i	j	arr	i%2	sum
---	---	---	---	---
0	0	0	0	0
0	1	1	0	1
0	2	2	0	3
1	0	1	1	2
1	1	2	1	0
1	2	3	1	−3
2	0	2	0	−1
2	1	3	0	2
2	2	4	0	6	
18	• sum 값인 6을 출력

14 정답 ▶ 루트킷(Rootkit)

해설 ▶ 루트킷과 크라임웨어는 해킹에 사용되는 공격용 도구로 개념을 구분할 수 있어야 한다.

공격용 도구	설명
루트킷 (Rootkit)	• 시스템 침입 후 침입 사실을 숨긴 채 차후의 침입을 위한 백도어, 트로이 목마 설치, 원격 접근, 내부 사용 흔적 삭제, 관리자 권한 획득 등 주로 불법적인 해킹에 사용되는 기능을 제공하는 프로그램의 모음 • 해커가 시스템의 민감한 정보를 수집하거나, 네트워크상의 다른 시스템을 공격 또는 추적 회피를 위한 중간 지점으로 이용하더라도 로그를 지워버릴 수 있어 탐지하기 어려운 도구
크라임웨어 (Crimeware)	• 온라인상에서 범죄와 같은 불법적인 행위를 수행하기 위해 제작된 컴퓨터 프로그램으로, 공격용 툴킷으로 불림 • 악성 코드로 구성된 프로그램이 사용자를 속여 PC에 설치되면 불법적으로 정보를 수집하거나 PC의 자원을 사용하여 원하는 대상을 공격하는 용도로 사용 • 키로거, 스파이웨어, 브라우저 하이재커 등이 속함

15 정답 ▶ COMMIT

해설 ▶ 트랜잭션 제어언어는 TCL(Transaction Control Language)이라고 하며, 트랜잭션의 결과를 허용하거나 취소하는 목적으로 사용되는 언어이다.

명령어	설명
커밋(COMMIT)	• 확정 트랜잭션을 메모리에 영구적으로 저장하는 명령어
롤백(ROLLBACK)	• 취소 트랜잭션 내역을 저장 무효화시키는 명령어
체크 포인트 (CHECKPOINT)	• ROLLBACK을 위한 시점을 지정하는 명령어

두음쌤 한마디

TCL 명령어
「커롤체」
커밋 / 롤백 / 체크 포인트

16 정답 ① 결함 집중, ② 살충제 패러독스

해설 소프트웨어 테스트 원리는 다음과 같다.

원리	설명
결함 존재 증명	• 테스트는 결함이 존재함을 밝히는 활동 • 결함이 없다는 것을 증명할 수 없음
완벽 테스팅은 불가능	• 무한 경로(한 프로그램 내의 내부 조건은 무수히 많을 수 있음), 무한 입력값(입력이 가질 수 있는 모든 값의 조합이 무수히 많음)으로 인한 완벽한 테스트가 어렵다는 원리
초기 집중	• 개발 초기에 체계적인 분석 및 설계가 수행되면 테스팅 기간 단축, 재작업을 줄여 개발 기간을 단축 및 결함을 예방할 수 있는 원리 • SW 개발 초기 체계적인 분석 및 설계가 수행되지 못하면 그 결과가 프로젝트 후반에 영향을 미치게 되어 비용이 커진다는 요르돈 법칙 적용(Snowball Effect; 눈덩이 법칙)
결함 집중	• 적은 수의 모듈(20% 모듈)에서 대다수 결함(80% 결함)이 발견된다는 원리 • 파레토 법칙(Pareto Principle)의 내용인 80 대 20 법칙 적용
살충제 패러독스	• 동일한 테스트 케이스에 의한 반복적 테스트는 새로운 버그를 찾지 못한다는 원리
정황 의존성	• 소프트웨어의 성격에 맞게 테스트를 수행해야 한다는 원리
오류-부재의 궤변	• 요구사항을 충족시켜주지 못한다면, 결함이 없다고 해도 품질이 높다고 볼 수 없다는 원리

두음쌤 한마디

소프트웨어 테스트의 원리

「**결완초집 살정오**」

결함 존재 증명 / **완**벽 테스팅은 불가능 / **초**기 집중 / **결**함 **집**중 / **살**충제 패러독스 / **정**황 의존성 / **오**류-부재의 궤변

17 정답 [10, 104, 6, 102, 2]

해설

라인 수	설명
01	• 변수 x에 리스트 [5, 4, 3, 2, 1] 값을 대입
02	• map 함수는 리스트 요소를 함수에 전달하여 반복적으로 적용 • x의 0번째 값은 5이므로 lambda 함수 num에 5를 전달 `5 + 100 if 5 % 2 == 0 else 5 * 2` • 5 % 2 == 0은 거짓이므로 5*2인 10을 반환
02	• x의 1번째 값은 4이므로 lambda 함수 num에 4를 전달 `4 + 100 if 4 % 2 == 0 else 4 * 2` • 4 % 2 == 0은 참이므로 4+100인 104를 반환
02	• x의 2번째 값은 3이므로 lambda 함수 num에 3을 전달 `3 + 100 if 3 % 2 == 0 else 3 * 2` • 3 % 2 == 0은 거짓이므로 3*2인 6을 반환

라인 수	설명
02	• x의 3번째 값은 2이므로 lambda 함수 num에 2를 전달 `2 + 100 if 2 % 2 == 0 else 2 * 2` • 2 % 2 == 0은 참이므로 2+100인 102를 반환
02	• x의 4번째 값은 1이므로 lambda 함수 num에 1을 전달 `1 + 100 if 1 % 2 == 0 else 1 * 2` • 1 % 2 == 0은 거짓이므로 1*2인 2를 반환
02	• map 함수에 의해 반환된 값들이 10, 104, 6, 102, 2이므로 list(10, 104, 6, 102, 2)가 되어 x 변수에 리스트 [10, 104, 6, 102, 2]를 대입
03	• [10, 104, 6, 102, 2]가 출력됨

18

정답
False
True
b
(2, 1)

해설

라인 수	설명
01	• x 변수에 리스트 [97, 98, 0]를 대입
02	• 0이 아닌 값은 참(True)으로 간주, 0은 거짓(False)로 간주 • 모든 요소가 참이기 아니기 때문에 결과는 False이므로 False를 출력
03	• 요소 중 하나라도 참이 있기 때문에 결과는 True이므로 True를 출력
04	• 아스키 코드 값 98에 해당하는 문자 'b'를 반환하므로 b를 출력
05	• divmod(5, 2)는 5를 2로 나눈 몫은 2이고 나머지는 1이 됨 • 출력 결과는 (2, 1)

• 파이썬의 내장 함수는 다음과 같다.

함수	설명
all	• 모든 요소가 참(True)인지 확인하는 함수 • 모든 요소가 참일 경우 True를 반환하고, 하나라도 거짓(False)이면 False를 반환
any	• 하나 이상의 요소가 참(True)인지 확인하는 함수 • 하나라도 참인 요소가 있으면 True를 반환하고, 모든 요소가 거짓(False)이면 False를 반환
chr	• 정수형 값에 해당하는 문자로 변환
divmod	• 두 수의 몫과 나머지를 튜플로 반환하는 함수 • divmod(a, b)는 a를 b로 나누었을 때 몫과 나머지를 반환하며, 반환 값은 (몫, 나머지) 형태의 튜플을 반환

19 정답: XML(Extensible Markup Language)

해설
- XML은 HTML의 단점을 보완한 인터넷 언어로, SGML의 복잡한 단점을 개선한 특수한 목적을 갖는 마크업 언어이다.
- XML의 특징은 송·수신 시스템 간 데이터 연계의 편의성을 위해서 전송되는 데이터 구조를 동일한 형태로 정의하고, 인간과 기계가 모두 이해할 수 있는 텍스트 형태로 마크업 포맷을 정의하기 위한 메타언어이다.

20 정답: ① 유스케이스 다이어그램(Usecase Diagram), ② 시퀀스 다이어그램(Sequence Diagram)

해설 행위적/동적 다이어그램의 종류는 다음과 같다.

다이어그램	설명
유스케이스 (Usecase)	• 시스템이 제공하고 있는 기능 및 그와 관련된 외부 요소를 사용자의 관점에서 표현하는 다이어그램 • 시스템의 기능적 요구 정의에 활용
시퀀스 (Sequence)	• 객체 간 동적 상호 작용을 시간적 개념을 중심으로 메시지 흐름으로 표현한 다이어그램 • 교류 다이어그램(Interaction Diagram)의 한 종류로 볼 수 있음
커뮤니케이션 (Communication)	• 동작에 참여하는 객체들이 주고받는 메시지를 표현하고, 메시지뿐만 아니라 객체 간의 연관까지 표현하는 다이어그램
상태 (State)	• 하나의 객체가 자신이 속한 클래스의 상태 변화 혹은 다른 객체와의 상호 작용에 따라 상태가 어떻게 변화하는지 표현하는 다이어그램 • 모든 가능한 상태와 전이를 표현
활동 (Activity)	• 시스템이 어떤 기능을 수행하는지를 객체의 처리 로직이나 조건에 따른 처리의 흐름을 순서대로 표현하는 다이어그램
타이밍 (Timing)	• 객체 상태 변화와 시간 제약을 명시적으로 표현하는 다이어그램

수제비 선/견/지/명 모의고사 06회 정답 및 해설

01
정답 RAID(Redundant Array of Independent Disks; 복수 배열 독립 디스크)

해설
- RAID는 여러 개의 하드 디스크에 일부 중복된 데이터를 나눠서 저장하는 기술이고 디스크 어레이(Disk Array)라고도 한다.
- 데이터를 나누는 다양한 방법이 존재하며, 이 방법들을 레벨이라 하는데, 레벨에 따라 저장장치의 신뢰성을 높이거나 전체적인 성능을 향상시키는 등의 다양한 목적을 만족시킬 수 있다.
- RAID의 레벨은 다음과 같다.

레벨	설명
RAID 0	• 데이터를 여러 디스크에 나눠서 저장(스트라이핑)
RAID 1	• 동일한 데이터를 각 디스크에 복제(미러링)
RAID 2	• 비트 단위로 스트라이핑 및 해밍 코드로 오류 복구
RAID 3	• 바이트 단위로 스트라이핑 및 패리티 코드로 오류 복구 • 별도의 디스크에 패리티 코드 저장
RAID 4	• 블록 단위로 스트라이핑 및 패리티 코드로 오류 복구 • 별도의 디스크에 패리티 코드 저장
RAID 5	• 블록 단위로 스트라이핑 및 패리티 코드로 오류 복구 • 패리티 코드를 모든 디스크에 분산해서 저장
RAID 6	• 블록 단위로 스트라이핑 및 패리티 코드로 오류 복구 • 패리티 코드를 모든 디스크에 이중으로 분산해서 저장

02
정답 ITIL(Information Technology Infrastructure Library; 정보기술 인프라 라이브러리)

해설
- ITIL은 IT 서비스의 운영 및 관리를 돕기 위한 문서들의 집합이다.
- ITIL은 기업 IT 서비스와 관련하여 영국 정부가 다양한 IT 서비스들의 관리 방법들(Best Practice)을 모아 만든 표준적인 참고문서이다.

03
정답 마이크로 커널(Micro Kernel)

해설 커널의 유형에는 마이크로커널과 모놀리식 커널이 있다.

유형	설명
마이크로커널 (Micro Kernel)	• 장치 드라이버, 프로토콜 스택, 파일 시스템과 같은 전통적인 OS의 기능들을 사용자 영역에 놓고 하드웨어 추상화를 최소화한 커널 • 목적이 분명한 임베디드 시스템이나 성능 최적화가 필요한 영역에서 활용
모놀리식 커널 (Monolithic Kernel)	• 하드웨어 위에 높은 수준의 가상 계층을 제공하는 커널 • 프로세스 관리, 동시성 관리, 메모리 관리 등을 관리자 모드에서 작동하여 사용자에게 고수준의 플랫폼을 제공하는 커널 • 다수의 복잡한 애플리케이션을 동적으로 수행할 경우에 활용하기 좋음

04 정답 ① 스피어피싱(Spear Phishing), ② APT 공격(Advanced Persistent Threat)

해설 특정 타깃을 노리는 공격 기법 중 스피어피싱과 APT에 대한 개념은 아래와 같다.

공격 기법	설명
스피어피싱 (Spear Phishing)	• 사회 공학의 한 기법으로, 특정 대상을 선정한 후 그 대상에게 일반적인 이메일로 위장한 메일을 지속적으로 발송하여, 발송 메일의 본문 링크나 첨부된 파일을 클릭하도록 유도하여 사용자의 개인정보 탈취하는 공격 기법
APT 공격 (Advanced Persistent Threat)	• 특정 타깃을 목표로 하여 다양한 수단을 통한 지속적이고 지능적인 맞춤형 공격 기법으로 특수목적의 조직이 하나의 표적에 대해 다양한 IT 기술을 이용하여, 지속적으로 정보를 수집하고, 취약점을 분석하여 피해를 주는 공격 기법

05 정답 1

해설 학생 테이블에서 3학년 이상(SELECT * FROM 학생 WHERE 학년 >= 3;)인 쿼리 결과는 다음과 같다.

학번	이름	학년
200102	안중근	3
200104	홍범도	3
200105	김좌진	4
200106	유관순	3

• COUNT(*)를 하면 레코드의 개수가 4이므로 결과는 다음과 같다.

COUNT(*)
4

• COUNT(*)에 의한 결괏값은 4라는 값 1행만 나오게 되므로 레코드 수는 1이다.

06 정답 7
　　　　4
　　　　3

해설

라인 수	설명
01	• 리스트 [1, 2, 3, 4, 5, 6, 7]을 x라는 변수에 대입 | x[0]	x[1]	x[2]	x[3]	x[4]	x[5]	x[6] | |---|---|---|---|---|---|---| | 1 | 2 | 3 | 4 | 5 | 6 | 7 |
02	• pop 함수를 이용하면 x의 리스트 맨 뒤에서 있는 값인 7이 빠지면서 7이 출력됨 | x[0]	x[1]	x[2]	x[3]	x[4]	x[5] | |---|---|---|---|---|---| | 1 | 2 | 3 | 4 | 5 | 6 |
03	• pop(-3)을 하게 되면 x[-3] 값인 4가 빠지면서 4가 출력됨 	x[0]	x[1]	x[2]	x[3]	x[4]	 |---|---|---|---|---| | 1 | 2 | 3 | 5 | 6 |

라인 수	설명
04	• pop(2)를 하게 되면 x[2]인 3이 빠지면서 3이 출력됨 | x[0]	x[1]	x[2]	x[3] | |---|---|---|---| | 1 | 2 | 5 | 6 |

07 정답 ① REDO, ② UNDO

해설 데이터베이스 회복 기법 관련 용어 중 REDO, UNDO 용어는 다음과 같다.

용어	설명
REDO	• 데이터베이스가 비정상적으로 종료되었을 때 디스크에 저장된 로그를 분석하여 트랜잭션의 시작(Start)과 완료(Commit)에 대한 기록이 있는 트랜잭션들의 작업을 재작업하는 기법
UNDO	• 데이터베이스가 비정상적으로 종료되었을 때 디스크에 저장된 로그를 분석하여 트랜잭션의 시작(Start)은 있지만, 완료(Commit) 기록이 없는 트랜잭션들이 작업한 변경 내용들을 모두 취소하는 기법

08 정답 ① 정적 분석(Static Analysis), ② 성능 테스트(Performance Test)

해설 테스트 자동화 도구의 종류 중 정적 분석 도구, 성능 테스트 도구는 다음과 같다.

종류	설명
정적 분석 도구 (Static Analysis Tools)	• 만들어진 애플리케이션을 실행하지 않고 분석하는 도구 • 대부분의 경우 소스 코드에 대한 코딩 표준, 코딩 스타일, 코드 복잡도 및 남은 결함을 발견하기 위하여 사용 • 테스트를 수행하는 사람이 작성된 소스 코드에 대한 이해를 바탕으로 도구를 이용해서 분석함
성능 테스트 도구 (Performance Test Tools)	• 애플리케이션의 처리량, 응답 시간, 경과 시간, 자원 사용률에 대해 가상의 사용자를 생성하고 테스트를 수행함으로써 성능 목표를 달성하였는지를 확인하는 도구

09 정답 10회

해설
• LRU는 사용된 시간을 확인하여 가장 오랫동안 사용되지 않은 페이지를 선택하여 교체하는 알고리즘이다.
• 3개의 프레임에 LRU 페이지 교체 알고리즘을 사용할 경우, 페이지 결함은 10번 발생한다.

참조 페이지	6	0	5	2	0	5	2	6	5	0	2	5	6	0	2
페이지 프레임	6	0	5	2	0	5	2	6	5	0	2	5	6	0	2
		6	0	5	2	0	5	2	6	5	0	2	5	6	0
			6	0	5	2	0	5	2	6	5	0	2	5	6
페이지 부재	F	F	F	F			F		F	F			F	F	F

10 정답 7

해설

라인 수	설명
02~05	• Soojebi 구조체를 정의, int 타입의 멤버 x, y를 가짐
06	• main 함수를 시작
07	• 구조체 변수 p1을 {1,2}로 초기화
08	• 구조체 변수 p2을 {3,4}로 초기화
09	• Soojebi 포인터 p3를 선언하고 p1의 주소를 가리키도록 초기화
10	• result 변수에 p3->x + p3->y + p2.y = 1 + 2 + 4인 7을 대입
11	• result 값인 7을 출력

11 정답 1050

해설

라인 수	설명		
02	• main 메서드부터 시작		
03	• x 배열은 "Hi"를 대입		
	x[0]	x[1]	x[2]
	'H' (72)	'i' (105)	'\0' (NULL, 0)
	• i 변수는 0으로 초기화		
04	• i=0이므로 x[i]==x[0]=='H'이기 때문에 0이 아니라 참이 됨 • 참이므로 for 문 실행		
05	• ++i를 먼저 실행해서 i는 1이 되고, x[1]의 10진수인 105를 출력		
04	• i=1이므로 x[i]==x[1]=='i'이기 때문에 0이 아니라 참이 됨 • 참이므로 for 문 실행		
05	• ++i를 먼저 실행해서 i는 2가 되고, x[2]의 10진수인 0을 출력		
04	• i=2이므로 x[i]==x[2]=='\0'이기 때문에 0이라 거짓이 됨 • 거짓이므로 for 문 종료		

12 정답 ① 메서드(Method), ② 메시지(Message), ③ 인스턴스(Instance)

해설 객체 지향 구성요소는 다음과 같다.

구성요소	설명
클래스 (Class)	• 특정 객체 내에 있는 변수와 메서드를 정의하는 일종의 틀 • 객체 지향 프로그래밍에서 데이터를 추상화하는 단위 • 하나 이상의 유사한 객체들을 묶어서 하나의 공통된 특성을 표현 • 속성은 변수의 형태로, 행위는 메서드 형태로 선언
객체 (Object)	• 물리적, 추상적으로 자신과 다른 것을 식별 가능한 대상 • 클래스에서 정의한 것을 토대로 메모리에 할당됨 • 객체마다 각각의 상태와 식별성을 가짐

구성요소	설명
메서드 (Method)	• 클래스로부터 생성된 객체를 사용하는 방법 • 객체가 메시지를 받아 실행해야 할 객체의 구체적인 연산 • 전통적 시스템의 함수(Function) 또는 프로시저(Procedure)에 해당하는 연산 기능
메시지 (Message)	• 객체 간 상호 작용을 하기 위한 수단 • 객체에게 어떤 행위를 하도록 지시하는 방법 • 객체 간의 상호 작용은 메시지를 통해 이루어짐 • 메시지는 객체에서 객체로 전달됨
인스턴스 (Instance)	• 객체 지향 기법에서 클래스를 통해 만든 실제의 실형 객체 • 클래스에 속한 각각의 객체 • 실제로 메모리상에 할당
속성 (Property)	• 한 클래스 내에 속한 객체들이 가지고 있는 데이터 값들을 단위별로 정의 • 성질, 분류, 식별, 수량, 현재 상태 등에 대한 표현 값

13 정답 Book2Book2Book3

해설

라인 수	설명
20	• main 메서드부터 시작
21	• Book2 클래스의 인스턴스를 Book1 타입인 a 변수에 대입
22	• Book2 클래스의 인스턴스를 Book2 타입인 b 변수에 대입
23	• a 인스턴스의 setName 메서드를 호출하고, 전달 인자로 "Book3"을 전달 • setName은 오버라이딩 관계이므로 자식 클래스의 setName을 호출
12~14	• super는 부모 클래스이므로 super.name은 부모 클래스인 Book1의 name 변수 • name에 저장된 "Book3"을 Book1의 name 변수에 대입
24	• b 인스턴스의 setName 메서드를 호출하고, 전달 인자로 "Book4"를 전달 • setName은 오버라이딩 관계이므로 자식 클래스의 setName을 호출
12~14	• super.name은 부모 클래스인 Book1의 name 변수 • name에 저장된 "Book4"를 Book1의 name 변수에 대입
25	• a 인스턴스의 getName 메서드를 호출 • getName은 오버라이딩 관계이므로 자식 클래스의 getName을 호출
15~17	• Book2의 name은 "Book2"이므로 "Book2"를 반환
25	• 반환값인 "Book2"를 출력
26	• b 인스턴스의 getName 메서드를 호출 • getName은 오버라이딩 관계이므로 자식 클래스의 getName을 호출
15~17	• Book2의 name은 "Book2"이므로 "Book2"를 반환
26	• 반환값인 "Book2"를 출력
27	• a 인스턴스의 name을 출력 • a 인스턴스의 Book1의 name 변수는 "Book3"이므로 "Book3"을 출력

14 정답: ① API 방식, ② TDE 방식

해설 데이터베이스 암호화 기법은 다음과 같다.

구분	설명
API 방식	• 애플리케이션 레벨에서 암호 모듈(API)을 적용하는 애플리케이션 수정 방식 • 애플리케이션 서버에 암·복호화, 정책 관리, 키 관리 등의 부하 발생
Plug-in 방식	• 암·복호화 모듈이 DB 서버에 설치된 방식 • DB 서버에 암·복호화, 정책 관리, 키 관리 등의 부하 발생
TDE 방식	• DB 서버의 DBMS 커널이 자체적으로 암·복호화 기능을 수행하는 방식 • 내장되어 있는 암호화 기능(TDE; Transparent Data Encryption)을 이용
Hybrid 방식	• API 방식과 Plug-In 방식을 결합하는 방식 • DB 서버와 애플리케이션 서버로 부하 분산

15 정답: MVC 패턴(Model View Controller Pattern)

해설 소프트웨어 아키텍처 패턴의 유형은 다음과 같다.

용어	설명
브로커 패턴 (Broker Pattern)	• 분리된 컴포넌트들로 이루어진 분산 시스템에서 사용되고, 컴포넌트들은 원격 서비스 실행을 통해 상호작용이 가능한 패턴
계층화 패턴 (Layered Pattern)	• 계층화 패턴은 시스템을 계층(Layer)으로 구분하여 구성하는 패턴 • 각 하위 모듈들은 특정한 수준의 추상화를 제공하고, 각 계층은 다음 상위 계층에 서비스를 제공
클라이언트-서버 패턴 (Client-Server Pattern)	• 하나의 서버와 다수의 클라이언트로 구성된 패턴
파이프-필터 패턴 (Pipe-Filter Pattern)	• 데이터 스트림을 생성하고 처리하는 시스템에서 사용 가능한 패턴
MVC 패턴 (Model View Controller Pattern)	• 대화형 애플리케이션을 모델, 뷰, 컨트롤러 3개의 서브 시스템으로 구조화하는 패턴

16 정답: CE

해설

라인 수	설명
03	• a=1, b=3으로 초기화
04	• switch에서 ++a + b는 연산자 우선순위에 따라서 ++이 가장 먼저 실행 • ++a이므로 a는 2가 되고, a 값인 2와 b 값인 3을 더한 5가 되어 case 5로 이동
08	• switch 문은 break를 만날 때까지 순차적으로 실행하게 되는데 case 5 뒤에는 break가 없으므로 case 5부터 switch 문이 끝나는 곳까지 모두 실행 • printf("C");를 실행하여 C를 출력
09	• printf("E");를 실행하여 E를 출력

17 정답 0115
110
1113
210

해설

라인 수	설명
02	• main 함수부터 시작
03~05	• 변수 선언
07	• i=0일 때 i<3은 참이므로 for 문 실행
08~15	• j=5일 때 y[i][j]==y[0][5]==NULL이므로 if 문은 거짓이고, else if 문도 거짓이 되어 if, else if 문 안의 명령어를 실행하지 않음 • j=4일 때 y[i][j]==y[0][4]=='e'이므로 if 문은 거짓이고, else if 문이 참이 되어 x[0][1][4]의 값을 1 증가 • j=3일 때 y[i][j]==y[0][3]=='l'이므로 if 문은 거짓이고, else if 문이 참이 되어 x[0][1][11]의 값을 1 증가 • j=2일 때 y[i][j]==y[0][2]=='p'이므로 if 문은 거짓이고, else if 문이 참이 되어 x[0][1][15]의 값을 1 증가 • j=1일 때 y[i][j]==y[0][1]=='p'이므로 if 문은 if 문은 거짓이고, else if 문이 참이 되어 x[0][1][15]의 값을 1 증가 • j=0일 때 y[i][j]==y[0][0]=='A'이므로 if 문은 참이 되어 x[0][0][0]의 값을 1 증가
07	• i++에 의해 i=1일 때 i<3은 참이므로 for 문 실행
08	• j=5일 때 y[i][j]==y[1][5]=='a'이므로 if 문은 거짓이고, else if 문이 참이 되어 x[1][1][0]의 값을 1 증가 • j=4일 때 y[i][j]==y[1][4]=='n'이므로 if 문은 거짓이고, else if 문이 참이 되어 x[1][1][13]의 값을 1 증가 • j=3일 때 y[i][j]==y[1][3]=='a'이므로 if 문은 거짓이고, else if 문이 참이 되어 x[1][1][0]의 값을 1 증가 • j=2일 때 y[i][j]==y[1][2]=='n'이므로 if 문은 거짓이고, else if 문이 참이 되어 x[1][1][13]의 값을 1 증가 • j=1일 때 y[i][j]==y[1][1]=='a'이므로 if 문은 거짓이고, else if 문이 참이 되어 x[1][1][0]의 값을 1 증가 • j=0일 때 y[i][j]==y[1][0]=='B'이므로 if 문은 참이 되어 x[1][0][1]의 값을 1 증가
07	• i++에 의해 i=2일 때 i<3은 참이므로 for 문 실행
08	• j=5일 때 y[i][j]==y[2][5]=='a'이므로 if 문은 거짓이고, else if 문이 참이 되어 x[2][1][0]의 값을 1 증가 • j=4일 때 y[i][j]==y[2][4]=='r'이므로 if 문은 거짓이고, else if 문이 참이 되어 x[2][1][17]의 값을 1 증가 • j=3일 때 y[i][j]==y[2][3]=='e'이므로 if 문은 거짓이고, else if 문이 참이 되어 x[2][1][4]의 값을 1 증가 • j=2일 때 y[i][j]==y[2][2]=='m'이므로 if 문은 거짓이고, else if 문이 참이 되어 x[2][1][12]의 값을 1 증가 • j=1일 때 y[i][j]==y[2][1]=='a'이므로 if 문은 거짓이고, else if 문이 참이 되어 x[2][1][0]의 값을 1 증가 • j=0일 때 y[i][j]==y[2][0]=='C'이므로 if 문은 참이 되어 x[2][0][2]의 값을 1 증가
18~22	• x[0][1][15]가 2이고, x[1][1][0]이 3이고, x[1][1][13]이 2이고, x[2][1][0]이 2이므로, i=0, j=1, k=15일 때 if 문이 참이 되어 0115를 출력하고, i=1, j=1, k=0일 때 if 문이 참이 되어 110을 출력하고, i=1, j=1, k=13일 때 if 문이 참이 되어 1113을 출력하고, i=2, j=1, k=0일 때 if 문이 참이 되어 210을 출력

18 정답 블록체인(Block Chain)

해설 블록체인은 분산 데이터베이스의 한 형태로 분산 노드의 운영자에 의한 임의조작이 불가능하도록 고안되어 지속적으로 성장하는 데이터 기록 리스트인 블록을 연결한 모음으로 비트 코인의 기반 기술이다.

19 **정답** ① 빅데이터(Big Data), ② NoSQL(Not Only SQL), ③ 데이터 마이닝(Data Mining)

해설 데이터베이스 관련 용어는 다음과 같다.

용어	설명
빅데이터 (Big Data)	• 시스템, 서비스, 조직(회사) 등에서 주어진 비용, 시간 내에 처리 가능한 데이터 범위를 넘어서는 수십 페타바이트(PB) 크기의 비정형 데이터
NoSQL (Not Only SQL)	• 전통적인 RDBMS와 다른 DBMS를 지칭하기 위한 용어로 데이터 저장에 고정된 테이블 스키마가 필요하지 않고 조인(Join) 연산을 사용할 수 없으며, 수평적으로 확장이 가능한 DBMS
데이터 마이닝 (Data Mining)	• 대규모로 저장된 데이터 안에서 체계적이고 자동적으로 통계적 규칙이나 패턴을 찾아내는 기술

20 **정답** ① Slowloris(Slow HTTP Header DoS), ② RUDY(Slow HTTP POST DoS), ③ Slow HTTP Read DoS

해설 애플리케이션에 대한 DDoS 공격은 다음과 같다.

공격 기법	설명
Slowloris (Slow HTTP Header DoS)	• HTTP GET 메서드를 사용하여 헤더의 최종 끝을 알리는 개행 문자열인 \r\n\r\n(Hex: 0d 0a 0d 0a)을 전송하지 않고, \r\n(Hex: 0d 0a)만 전송하여 대상 웹 서버와 연결 상태를 장시간 지속시키고 연결 자원을 모두 소진시키는 서비스 거부 공격
RUDY (Slow HTTP POST DoS)	• 요청 헤더의 Content-length를 비정상적으로 크게 설정하여 메시지 바디 부분을 매우 소량으로 보내 계속 연결 상태를 유지시키는 공격 기법
Slow HTTP Read DoS	• TCP 윈도 크기와 데이터 처리율을 감소시킨 상태에서 (Zero Window Packet) 다수 HTTP 패킷을 지속적으로 전송하여 대상 웹 서버의 연결 상태가 장시간 지속, 연결 자원을 소진시키는 서비스 거부 공격

수제비 선/견/지/명 모의고사 07회 정답 및 해설

01 <u>정답</u> 오픈스택(OpenStack)

<u>해설</u>
- 오픈스택(OpenStack)은 아파치 라이선스 형태로 배포되고 있는 오픈 소스 소프트웨어 기반의 클라우드 플랫폼 프로젝트이다.
- 오픈스택은 프로세싱, 저장공간, 네트워킹의 가용자원을 제어하는 목적의 여러 개의 하위 프로젝트로 이루어져 있다.

02 <u>정답</u> 해시 함수(Hash Function)

<u>해설</u>
- 해시 함수(Hash Function)는 임의의 길이를 갖는 값을 입력받으면 고정된 길이의 값을 출력하는 함수이다.
- 직접 접근할 수 있는 짧은 길이의 값이나 키가 존재하여 해당 주소에 빠른 접근이 가능하며, 메시지의 오류나 변조를 탐지하는 데 활용된다.

03 <u>정답</u> ① 논리 뷰(Logical View), ② 프로세스 뷰(Process View), ③ 구현 뷰(Implementation View)

<u>해설</u> 소프트웨어 아키텍처 4+1 뷰는 다음과 같다.

뷰	설명
유스케이스 뷰 (Usecase View)	• 유스케이스 또는 아키텍처를 도출하고 설계하며 다른 뷰를 검증하는 데 사용되는 뷰 • 외부 행위자에 의해 인식되는 시스템의 기능 요구사항을 보여 주는 데 초점 • 사용자, 설계자, 개발자, 테스트 관점
논리 뷰 (Logical View)	• 시스템의 기능적인 요구사항이 어떻게 제공되는지 설명해 주는 뷰 • 설계자, 개발자 관점
프로세스 뷰 (Process View)	• 시스템의 비기능적인 속성으로서 자원의 효율적인 사용, 병행 실행, 비동기, 이벤트 처리 등을 표현한 뷰 • 개발자, 시스템 통합자 관점
구현 뷰 (Implementation View)	• 개발 환경 안에서 정적인 소프트웨어 모듈의 구성을 보여 주는 뷰 • 컴포넌트 구조와 의존성을 보여 주고 컴포넌트에 관한 부가적인 정보 정의
배포 뷰 (Deployment View)	• 컴포넌트가 물리적인 아키텍처에 어떻게 배치되는가를 매핑해서 보여 주는 뷰 • 물리적 시스템을 구성하고 있는 각 부분들의 분산 형태와 설치에 초점

04 <u>정답</u> TC1, TC3

<u>해설</u>
- 구문 커버리지(Statement Coverage; 문장 커버리지)는 프로그램 내의 모든 명령문을 적어도 한 번 수행하는 커버리지 테스트이다.
- 구문 커버리지는 조건문 결과와 관계없이 구문 실행 개수로 계산한다.
- 100% 문장 커버리지를 만족하는 테스트 케이스를 고르기 위해서는 프로그램 내의 모든 명령문을 적어도 한 번 수행하는 TC를 골라야 한다.

TC1 : X=5, Y=2, Z=15	①번 구문 실행 (X는 T, Y는 T : T 실행) ②번 구문 실행 (Z=15/5= 3) ③번 구문 실행 (X는 2가 아니라서 F, Z은 3이므로 1보다 커서 T : T 실행) ④번 구문 실행 (z=3+5=8) 4개의 전체 구문을 실행함

| TC3 : X=4, Y=2, Z=8 | ①번 구문 실행 (X는 T, Y는 T : T 실행)
②번 구문 실행 (Z=8/4= 2)
③번 구문 실행 (X는 2가 아니라서 F, Z는 8이므로 1보다 커서 T : T 실행)
④번 구문 실행 (z=2+5=7)
4개의 전체 구문을 실행함 |

- 100% 문장 커버리지를 만족하는 테스트 케이스는 TC1, TC3이다.

05 정답 B
C

해설

라인 수	설명
01	• 예외 처리를 위한 블록을 시작
02	• 예외가 발생하지 않기 때문에 x에 2.0을 대입
05~06	• 예외가 발생하지 않았을 때 실행되는 코드 블록으로 B를 출력
07~08	• 예외 발생 여부와 관계없이 항상 실행되므로 C를 출력

```
try:
    # 예외가 발생할 가능성이 있는 코드
except 예외종류:
    # 예외 발생 시 처리할 코드
else:
    # 예외가 발생하지 않았을 때 실행할 코드
finally:
    # 예외 발생 여부와 상관없이 항상 실행할 코드
```

- try는 예외가 발생할 가능성이 있는 코드를 작성하는 블록이다.
- except는 try 블록에서 예외가 발생했을 때 실행할 코드를 정의하는 블록이다. 예외 종류를 지정해 특정 예외에 대해 다른 처리를 할 수 있다.
- else는 예외가 발생하지 않았을 때 실행되는 코드이다.
- finally는 예외 발생 여부와 상관없이 항상 실행되는 코드이다. 주로 리소스를 해제하거나 파일을 닫는 등의 작업에 사용된다.

06 정답 SELECT 학번 FROM 학생 WHERE 이름 LIKE '유%' ORDER BY 학년 DESC;

해설
- WHERE 절 조건에서는 비교, 범위, 집합, 패턴, NULL, 복합조건이 있고, 패턴을 찾기 위해서는 LIKE 구문을 사용한다.
- LIKE 문법은 다음과 같다.

```
컬럼 LIKE 패턴
```

- 패턴을 사용하기 위한 와일드 카드는 다음과 같다.

와일드 카드	설명
%	• 0개 이상의 문자열과 일치
[ ]	• 1개의 문자와 일치
[^]	• 1개의 문자와 불일치
_	• 특정 위치의 1개의 문자와 일치

07 정답 ① IPSec(IP Security), ② SSL/TLS

해설 데이터 암호화 전송을 위한 주요 기술은 다음과 같다.

기술	설명
IPSec	• IP 계층에서 무결성과 인증을 보장하는 인증 헤더(AH)와 기밀성을 보장 하는 암호화(ESP)를 이용하여 양 종단 간(End Point) 구간에 보안 서비스를 제공하는 터널링 프로토콜
SSL/TLS	• 전송계층과 응용계층 사이에서 클라이언트와 서버 간의 웹 데이터 암호화, 상호 인증 및 전송 시 데이터 무결성을 보장하는 보안 프로토콜
S-HTTP	• 웹상에서 네트워크 트래픽을 암호화하는 주요 방법 중 하나로서 클라이언트와 서버 간에 전송되는 모든 메시지를 각각 암호화하여 전송하는 프로토콜

08 정답 ① Decorator Pattern, ② Memento Pattern

해설 Decorator는 구조 패턴이고, Memento는 행위 패턴이다.

패턴	설명
Decorator	• 기존에 구현되어 있는 클래스에 필요한 기능을 추가해 나가는 설계 패턴 • 기능 확장이 필요할 때 객체 간의 결합을 통해 기능을 동적으로 유연하게 확장할 수 있게 해 주어 상속의 대안으로 사용하는 디자인 패턴 • 객체의 결합을 통해 기능을 동적으로 유연하게 확장
Memento	• 클래스 설계 관점에서 객체의 정보를 저장할 필요가 있을 때 적용하는 디자인 패턴으로 Undo 기능을 개발할 때 사용하는 디자인 패턴 • 객체를 이전 상태로 복구시켜야 하는 경우, '작업취소(Undo)' 요청 가능

09 정답

과목이름
기초영어
기초영어
대중문화론

해설
• WHERE EXISTS 조건은 서브 쿼리의 결과가 존재하는지를 확인하여, 조건에 맞는 행이 하나라도 있을 경우, TRUE로 평가된다.
• 학생 테이블과 성적 테이블의 학번이 같고, 학생 테이블에서 학과가 '교육', '행정'이고 학생 테이블에서 주소가 '제주'인 학번을 조회하고, 조회된 학번이 성적 테이블에 존재하는 경우 과목이름을 출력한다.

10 정답 ① LSP(Liskov Substitution Principle), ② DIP(Dependency Inversion Principle)

해설 객체 지향 설계 원칙(SOLID)은 다음과 같다.

원칙	설명
단일 책임의 원칙 (SRP; Single Responsibility Principle)	• 하나의 클래스는 하나의 목적을 위해서 생성되며, 클래스가 제공하는 모든 서비스는 하나의 책임을 수행하는 데 집중되어 있어야 한다는 원칙 • 객체 지향 프로그래밍의 5원칙 중 나머지 4원칙의 기초 원칙

원칙	설명
개방 폐쇄 원칙 (OCP; Open Close Principle)	• 소프트웨어의 구성요소(컴포넌트, 클래스, 모듈, 함수)는 확장에는 열려 있고, 변경에는 닫혀 있어야 한다는 원칙
리스코프 치환의 원칙 (LSP; Liskov Substitution Principle)	• 서브 타입(상속받은 하위 클래스)은 어디서나 자신의 기반 타입(상위 클래스)으로 교체할 수 있어야 한다는 원칙
인터페이스 분리의 원칙 (ISP; Interface Segregation Principle)	• 한 클래스는 자신이 사용하지 않는 인터페이스는 구현하지 말아야 한다는 원칙 • 객체 설계 시 특정 기능에 대한 인터페이스는 그 기능과 상관없는 부분이 변해도 영향을 받지 않아야 한다는 원칙
의존성 역전의 원칙 (DIP; Dependency Inversion Principle)	• 객체에서 어떤 클래스를 참조해서 사용하는 경우, 그 클래스를 직접 참조하는 것이 아니라 그 대상의 상위 요소인 추상 클래스나 인터페이스로 참조하라는 원칙

11 정답 Welcome to Soojebi!
Wow
Wow
Hello

해설

라인 수	설명
15	• main 메서드를 호출
16	• Soojebi 클래스의 객체 a 생성
17	• Jebi 클래스의 객체를 Soojebi 타입으로 참조하는 객체 b 생성
18	• Jebi 클래스의 객체 c 생성
19	• a 객체의 make() 호출하여 "Welcome to Soojebi!" 출력
20	• b 객체의 make() 호출하여 "Wow" 출력 • (동적 바인딩에 의해 Jebi 메서드 호출)
21	• c 객체의 make() 호출하여 "Wow" 출력
22	• c 객체의 오버로딩된 make() 호출하여 "Hello" 출력

12 정답 num[i]

해설

라인 수	설명
03	• 크기가 10인 정수형 배열 변수 num을 선언
04	• 정수형 변수 min 값은 선언과 동시에 9999로 초기화
05	• for 반복문에서 사용할 정수형 변수 i를 선언
06~08	• for 반복문에서 0부터 10보다 작을 때까지 1씩 i 값을 증가시키며 반복을 수행 • scanf 함수에서는 사용자의 입력을 키보드로부터 받은 후 num 배열에 저장

라인 수	설명
09~13	• for 반복문에서 0부터 10보다 작을 때까지 i 값을 1씩 증가시키며 반복을 수행 • if 문에서 min 값과 num[i] 값을 비교하여 min 값이 더 크면 num[i] 값을 min 변수에 대입 • scanf에서 "1 2 3 4 5 6 7 8 9 10"을 입력하면 아래와 같은 동작을 수행함 | i	num	min
---	---	---
	1 2 3 4 5 6 7 8 9 10	9999
0	1	1
1	2	1
2	3	1
3	4	1
4	5	1
5	6	1
6	7	1
7	8	1
8	9	1
9	10	1	 • for 반복문이 종료되고 가장 작은 수가 min 변수에 저장
14	• min 값을 화면에 출력

13 정답 ▶ BCCJEFG

해설

라인 수	설명
03	• 크기가 100인 문자(char)형 배열 변수 x를 선언하고 빈 문자열("")로 초기화
04	• for 반복문에서 사용할 변수 i를 선언
06~08	• i 값은 0부터 1씩 증가시키며 99보다 작을 때까지 반복을 수행 • x[0]=0, x[1]=1, x[2]=2 … x[98]=98 | x[65]	x[66]	x[67]	x[68]	x[69]	x[70]	x[71]	x[72]
---	---	---	---	---	---	---	---
x['A']	x['B']	x['C']	x['D']	x['E']	x['F']	x['G']	x['H']
65	66	67	68	69	70	71	72	
10	• 아스키코드 'B'는 66이므로 x[66] = x[66] + 1을 계산 • x[66] 값 66에 1을 더한 67을 x[66]에 대입 | x[65]	x[66]	x[67]	x[68]	x[69]	x[70]	x[71]	x[72]
---	---	---	---	---	---	---	---
x['A']	x['B']	x['C']	x['D']	x['E']	x['F']	x['G']	x['H']
65	67	67	68	69	70	71	72	
11	• x['B']-'B'에서 x['B']은 67이고 'B'은 66이므로 67-66인 1을 계산 • x['A'] += 1을 계산하므로 x[65]에 1을 더한 66을 x[65]에 대입 | x[65]	x[66]	x[67]	x[68]	x[69]	x[70]	x[71]	x[72]
---	---	---	---	---	---	---	---
x['A']	x['B']	x['C']	x['D']	x['E']	x['F']	x['G']	x['H']
66	67	67	68	69	70	71	72	

라인 수	설명
12	• 'g'는 103이고 'a'는 97이므로 103-97은 6이 됨 • x['D']은 x[68]에 6을 누적하므로 x[68]은 74가 됨 | x[65]	x[66]	x[67]	x[68]	x[69]	x[70]	x[71]	x[72] | |---|---|---|---|---|---|---|---| | x['A'] | x['B'] | x['C'] | x['D'] | x['E'] | x['F'] | x['G'] | x['H'] | | 66 | 67 | 67 | 74 | 69 | 70 | 71 | 72 |
13	• x['G'+1]은 x[71+1]이므로 x[72]에 0을 대입 | x[65]	x[66]	x[67]	x[68]	x[69]	x[70]	x[71]	x[72] | |---|---|---|---|---|---|---|---| | x['A'] | x['B'] | x['C'] | x['D'] | x['E'] | x['F'] | x['G'] | x['H'] | | 66 | 67 | 67 | 74 | 69 | 70 | 71 | 0 |
15	• x+'A'은 %s로 출력해야 하므로 x[65]부터 NULL 직전까지 출력

14

정답 200 and 220.00

해설

라인 수	설명
02~05	• Acc 구조체 선언
29	• Acc 타입 변수 ba를 선언
30	• ba변수의 주솟값인 &ba, 200, 100.0을 매개변수로 전달하여 init 함수 호출
16~19	• a->acc에 x를 대입하므로 200을 대입 • a->bal에 y를 대입하므로 100.0을 대입
31	• ba변수의 주솟값인 &ba와 ba.bal을 매개변수로 전달하여 A 함수를 호출
21~23	• (en > 0 && en < a->bal)의 결과가 참이면 -en, 거짓이면 en값을 a->bal에 누적하여 더함 • en은 100.0이므로 en > 0은 참이고, en < a->bal은 거짓이 됨 • (en > 0 && en < a->bal)의 결과는 거짓이므로 en값 100.0을 a->bal에 누적하여 더함 • a->bal에 en값 100.0을 더하여 200.0이 됨
32	• ba변수의 주솟값인 &ba를 매개변수로 전달하여 B 함수를 호출
25	• B 함수 실행
26	• 1+0.1과 1을 매개변수로 전달하여 fn 함수를 실행
07~13	• 매개변수 b는 1.1, y는 1이 되고 fn 함수를 실행 • 정수형 변수 i 선언, double형 변수 r 선언하고 1.0 대입 • for 반복문에서 i는 0부터 i가 y보다 작을 때까지 1씩 증가하며 반복을 수행 • r*=b에서 r은 1.0이고 b는 1.1이므로 r*b한 결과인 1.1을 r에 대입함 • r값 1.1을 리턴함
26	• a->bal 200.0과 fn결괏값인 1.1을 곱한 값인 220을 a->bal에 대입
33	• %d는 ba.acc값을 출력하고, %.2f는 ba.bal을 출력 • ba.acc값 200을 출력하고 " and "를 출력하고 ba.bal 값 220을 출력해야 하지만 %.2f이므로 소숫점 둘째 자리까지 출력하므로 220.00을 출력

15 정답 ▶ 14 22 1

해설 ▶

라인 수	설명
03	• 정수형 변수 i, j를 선언
04	• 정수형 변수 temp를 선언
05	• 크기가 5인 정수형 변수 a를 선언하고 초기화
07~15	• 이중 for문이 동작하며 앞의 인덱스의 값이 바로 뒤의 인덱스값보다 크면 두 값을 교환함
17~19	• i 값이 0부터 3보다 작을 때까지 1씩 증가하며 a[i] 값 14 22 1을 출력

라인 05 배열 초기화:

a[0]	a[1]	a[2]	a[3]	a[4]
14	22	53	45	1

라인 07~15 동작:

i	j	a[j]	a[j+1]	
0	0	a[0] = 14	a[1] = 22	
0	1	a[1] = 22	a[2] = 53	
0	2	a[2] = 45	a[3] = 53	교환
0	3	a[3] = 1	a[4] = 53	교환
1	0	a[0] = 14	a[1] = 22	
1	1	a[1] = 22	a[2] = 45	
1	2	a[2] = 1	a[3] = 45	교환

16 정답 ▶ ① 배치(Deployment), ② 패키지(Package)

해설 ▶ UML 다이어그램의 구분에 따른 구조적(정적) 다이어그램의 특징은 다음과 같다.

종류	설명
클래스 (Class)	• 객체 지향 모델링 시 클래스의 속성 및 연산과 클래스 간 정적인 관계를 표현한 다이어그램 • 시스템의 구조를 파악하고 구조상의 문제점 도출 가능 • 클래스와 클래스, 클래스의 속성 사이의 관계를 표현
객체 (Object)	• 클래스에 속한 사물(객체)들 • 인스턴스(Instance)를 특정 시점의 객체와 객체 사이의 관계로 표현 • 객체 인스턴스를 나타내는 대신 실제 클래스를 사용 • 연관된 모든 인스턴스를 표현
컴포넌트 (Component)	• 시스템을 구성하는 컴포넌트와 그들 사이의 의존 관계를 나타내는 다이어그램
배치 (Deployment)	• 컴포넌트 사이의 종속성을 표현하고, 결과물, 프로세스, 컴포넌트 등 물리적 요소들의 위치를 표현하는 다이어그램
복합체 구조 (Composite Structure)	• 클래스나 컴포넌트가 복합 구조를 갖는 경우 그 내부 구조를 표현하는 다이어그램
패키지 (Package)	• 유스케이스나 클래스 등의 모델 요소들을 그룹화한 패키지들의 관계를 표현한 다이어그램

17 정답 ① 흐름 제어(Flow Control), ② 정지-대기(Stop & Wait)

해설 TCP 흐름 제어 기법과 정지-대기 기법은 다음과 같다.

기법	설명
흐름 제어	• 전송 계층에서 데이터 패킷을 전송할 때 수신 한도를 넘는 과잉 패킷의 입력으로 패킷 분실이 일어나지 않도록 패킷의 흐름을 조절하는 기법
정지-대기(Stop & Wait)	• 프레임이 손실되었을 때, 손실된 프레임 1개를 전송하고 수신자의 응답을 기다리는 방식으로 한 번에 프레임 1개만 전송할 수 있음

18 정답 ① SJF(Shortest Job First), ② HRN(Highest Response Ratio Next)

해설
• 프로세스 스케줄링 유형에는 선점형 스케줄링과 비선점형 스케줄링 있다.
• 비선점형 스케줄링 알고리즘 유형에는 우선순위(Priority), 기한부(Deadline), FCFS(Fist Come First Service), SJF(Shortest Job First), HRN(Highest Response Ratio Next)가 있다.

용어	설명
SJF(Shortest Job First)	• 프로세스가 도착하는 시점에 따라 그 당시 가장 작은 서비스 시간을 갖는 프로세스가 종료 시까지 자원을 점유하는 스케줄링 알고리즘으로, CPU 요구 시간이 긴 작업과 짧은 작업 간의 불평등 심하여, 기아 현상이 발생
HRN (Highest Response Ratio Next)	• SJF의 약점인 기아 현상을 보완한 기법으로 긴 작업과 짧은 작업 간의 지나친 불평등을 해소하기 위하여, 대기 중인 프로세스 중 대기시간이 긴 프로세스일 경우 우선순위가 높아지게 하여 우선순위를 결정하는 스케줄링 기법

19 정답 ① 절차적 응집도(Procedural Cohesion), ② 통신적 응집도(Communication Cohesion), ③ 순차적 응집도(Sequential Cohesion)

해설 응집도의 유형은 다음과 같다.

유형	설명
우연적 응집도 (Coincidental Cohesion)	• 모듈 내부의 각 구성요소가 연관이 없을 경우의 응집도
논리적 응집도 (Logical Cohesion)	• 유사한 성격을 갖거나 특정 형태로 분류되는 처리 요소들이 한 모듈에서 처리되는 경우의 응집도
시간적 응집도 (Temporal Cohesion)	• 연관된 기능이라기보다는 특정 시간에 처리되어야 하는 활동들을 한 모듈에서 처리할 경우의 응집도
절차적 응집도 (Procedural Cohesion)	• 모듈이 다수의 관련 기능을 가질 때 모듈 안의 구성요소들이 그 기능을 순차적으로 수행할 경우의 응집도
통신적 응집도 (Communication Cohesion)	• 동일한 입력과 출력을 사용하여 다른 기능을 수행하는 활동들이 모여 있을 경우의 응집도
순차적 응집도 (Sequential Cohesion)	• 모듈 내에서 한 활동으로부터 나온 출력값을 다른 활동이 사용할 경우의 응집도
기능적 응집도 (Functional Cohesion)	• 모듈 내부의 모든 기능이 단일한 목적을 위해 수행되는 경우의 응집도

20 **정답** SET(Secure Electronic Transaction)

해설 해시 함수와 SET의 개념은 다음과 같다.

보안 용어	설명
해시 함수 (Hash Function)	• 임의의 길이를 갖는 값을 입력받으면 고정된 길이의 값을 출력하는 함수 • 직접 접근할 수 있는 짧은 길이의 값이나 키가 존재하여 해당 주소에 빠른 접근이 가능하며, 메시지의 오류나 변조를 탐지하는 데 활용
SET (Secure Electronic Transaction)	• 온라인상의 안전한 거래를 위해 Visa와 Master Card에서 개발한 프로토콜 • 개인 계좌 정보나 신용 정보 등이 네트워크를 통해 노출되거나 위·변조되는 것을 막으며, 메시지 암호화 방법과 2중 전자서명 등에 활용되어 기밀성과 무결성 보장

수제비 선/견/지/명 모의고사 08회 정답 및 해설

01 정답 ▶ BCP(Business Continuity Planning; 업무 연속성 계획)

해설 ▶ 기업의 비즈니스 연속성 관리를 위한 용어는 다음과 같다.

용어	설명
BCP (Business Continuity Planning)	• 재난 및 재해 상황을 대비하여 기업의 비즈니스 연속성을 유지하기 위한 업무 복구에 대한 계획
BIA (Business Impact Analysis)	• 장애나 재해로 인해 운영상의 주요 손실을 볼 것을 가정하여 시간 흐름에 따른 영향도 및 손실평가를 조사하는 BCP를 구축하기 위한 비즈니스 영향 분석
RTO (Recovery Time Objective)	• 업무중단 시점부터 업무가 복구되어 다시 가동될 때까지의 시간
RPO (Recovery Point Objective)	• 업무중단 시점부터 데이터가 복구되어 다시 정상 가동될 때 데이터의 손실 허용 시점

02 정답 ▶ 트러스트 존(Trustzone)

해설 ▶ 칩 설계회사인 ARM에서 개발한 기술로, 하나의 프로세서 내에 일반 애플리케이션을 처리하는 일반 구역과 보안이 필요한 애플리케이션을 처리하는 보안 구역으로 분할하여 관리하는 하드웨어 기반의 보안 기술은 트러스트 존이다.

03 정답 ▶ SELECT 학번, 이름 FROM 학생 WHERE 학년 IN (3, 4);

해설 ▶ • WHERE 절 조건에서는 비교, 범위, 집합, 패턴, NULL, 복합조건이 있고, 여러 값을 찾을 때 IN을 사용한다.
• IN 문법은 다음과 같다.

```
컬럼 IN (값1, 값2, ...)
```

04 정답 ▶ ① Seven TouchPoints, ② MS SDL(Security Development Lifecycle)

해설 ▶ Secure SDLC 모델 및 방법론은 다음과 같다.

구분	설명
BSIMM (Building Security In Maturity Model)	• 미국 국토안보국의 지원을 받아 수행된 소프트웨어 보증(Software Assurance) 프로젝트의 결과물 중 하나 • 보안 활동의 성숙도 수준을 영역별로 측정함으로써 소프트웨어 개발에 필요한 보안 능력 향상을 목표로 하는 개발 프레임워크
Open SAMM (Software Assurance Maturity Model)	• OWASP에서 개발한 개방형 보완 프레임워크 • 개방을 원칙으로 소규모, 중규모, 대규모로 점진적인 확대가 가능한 융통성 있는 프레임워크 • BSIMM과는 달리 설계 리뷰와 코드 리뷰, 그리고 보안 테스팅을 3개의 중요한 검증 활동으로 정의함으로써 이들 활동 간의 연계성 강조
Seven TouchPoints	• 실무적으로 검증된 개발 보안 방법론 중 하나로서 SW 보안의 모범 사례를 SDLC(Software Development Life Cycle)에 통합한 소프트웨어 개발 보안 생명주기 방법론
MS SDL (Security Development Lifecycle)	• 마이크로소프트사가 2004년 이후 자사의 소프트웨어 개발에 의무적으로 적용하도록 고안한 보안 강화 프레임워크 • SDL은 개발 중인 제품이 보안 위협에 대해 얼마나 강인한가를 측정하기 위해 동일한 제품에 대해 'pre-SDL'과 'post-SDL'의 두 개의 버전으로 테스트

구분	설명
OWASP CLASP (CLASP)	• 개념 관점, 역할 기반 관점, 활동 평가 관점, 활동 구현 관점, 취약성 관점 등의 활동 중심, 역할 기반의 프로세스로 구성된 보안 프레임워크로 이미 운영 중인 시스템에 적용하기 쉬운 보안 개발 방법론 • 프로그램 설계나 코딩 오류를 찾아내어 개선하기 위해 개발팀에 취약점 목록을 제공

05

정답 ① SDDC(Software-Defined Data Center), ② SDS(Software-Defined Storage)

해설
- 모든 하드웨어가 가상화되어 가상 자원의 풀(Pool)을 구성하고, 데이터센터 전체를 운영하는 소프트웨어가 필요한 기능 및 규모에 따라 동적으로 자원을 할당, 관리하는 역할을 수행하는 데이터 센터는 SDDC이다.
- SDDC의 구성요소는 다음과 같다.

구성요소	설명
SDC (Software Defined Computing)	• 소프트웨어 정의 컴퓨팅 환경으로 서버의 CPU, 메모리에 대해서 소프트웨어 명령어 기반으로 제어할 수 있는 컴퓨터
SDN (Software Defined Networking)	• 개방형 API를 통해 네트워크의 트래픽 전달 동작을 소프트웨어 기반 컨트롤러에서 제어/관리하는 가상화 네트워크 기술
SDS (Software Defined Storage)	• 서버와 전통적인 스토리지 장치에 장착된 물리적 디스크 드라이브를 가상화 기술을 적용하여 필요한 공간만큼 나눠서 사용할 수 있도록 논리적인 스토리지로 통합한 가상화 기술 • 컴퓨팅 소프트웨어로 규정하는 데이터 스토리지 체계이며, 일정 조직 내 여러 스토리지를 하나의 스토리지처럼 관리하고 운용하는 컴퓨터 이용 환경
프로비저닝 (Provisioning)	• SDDC 자원에 대한 할당 관리 기술

06

정답 Hello
None

해설 파이썬은 값을 명시적으로 반환하지 않으면 None을 반환한다.

라인 수	설명
06	• fn 함수를 호출
01	• fn 함수 실행
02	• Hello를 출력
03	• 반환값이 없으므로 None을 반환
06	• fn() 반환값이 None이므로 None을 출력

07

정답 ① APT 공격(Advanced Persistent Threat), ② 사이버 킬체인(Cyber Kill Chain)

해설

구분	설명
APT 공격 (Advanced Persistent Threat)	• 특정 타깃을 목표로 하여 다양한 수단을 통한 지속적이고 지능적인 맞춤형 공격 기법
사이버 킬체인 (Cyber Kill Chain)	• 록히드 마틴의 사이버 킬체인은 공격형 방위시스템으로 지능적, 지속적 사이버 공격에 대해 7단계 프로세스별 공격 분석 및 대응을 체계화한 APT 공격 방어 분석 모델

08
정답 ① ARP 스푸핑(ARP Spoofing), ② IP 스푸핑(IP Spoofing)

해설 네트워크 공격은 다음과 같다.

공격 기법	설명
IP 스푸핑 (IP Spoofing)	• 타깃 시스템의 정보를 빼내기 위해 침입자가 인증된 시스템으로 속여 자신의 패킷 헤더를 인증된 호스트의 IP 주소로 위조하여 타깃에 전송하는 공격 기법
ARP 스푸핑 (ARP Spoofing)	• ARP 메시지를 이용하여 상대방의 데이터 패킷을 중간에서 가로채는 중간자 공격 기법(MITM) • ARP 프로토콜의 허점을 이용하여 자신의MAC(Media Access Control) 주소를 다른 컴퓨터의 MAC인 것처럼 속임
ICMP Redirect 공격	• ICMP Redirect 메시지를 공격자가 원하는 형태로 만들어서 특정 목적지로 가는 패킷을 공격자가 스니핑하는 공격 기법

09
정답 ① AH(Authentication Header), ② ESP(Encapsulating Security Payload)

해설 IPSec의 AH와 ESP 주요 기능은 다음과 같다.

프로토콜	기능
AH	• 강력한 무결성, 데이터 인증을 제공 • 발신자가 보낸 컨텐츠를 그대로 수신자가 수신가능
ESP	• 암호화 옵션을 사용하여 IP 페이로드를 암호화 • 캡슐화 기반 페이로드 기밀성 제공

10
정답 SELECT DISTINCT 학년 FROM R1;

해설
- DISTINCT(중복 제거)의 경우 동일한 튜플을 제거하고 검색한다.
- SELECT DISTINCT 학년 FROM R1;의 경우 R1 테이블에서 학년을 출력할 때 튜플이 중복된 경우를 제거한다.

11
정답
3
5
4
2

해설

라인 수	설명
03	• 2차원 배열 선언
04	• 1차원 포인터 변수 p에 a[1]을 대입 • a는 2차원 포인터이고, 2차원 포인터에서 [1]는 1행 떨어진 곳의 값을 가리키므로 a[1]은 a[1][0]의 주소와 같음
05	• a[1]이 가리키는 값은 3
06	• a+2는 2차원 포인터 a에서 2행 떨어진 곳의 주소가 되므로 a[2]가 되어 a[2]가 가리키는 값인 5가 됨
07	• p+1은 1차원 포인터 a[1]에서 +1을 했으므로 기준으로부터 +1 요소 떨어진 a[1][1]의 주소가 되고, *(p+1)은 a[1][1]인 4가 됨
08	• p[-1]은 1차원 포인터 a[1]에서 [-1]을 했으므로 기준으로부터 -1 요소 떨어진 a[0][1]의 값인 2가 됨

12 정답: helloSOOJEbiJ@v@

해설

라인 수	설명
02	• main 함수를 선언
03	• 문자열 str을 "HelloSoojebiJava"로 초기화
04	• str의 첫 5글자 "Hello"를 소문자로 변환하여 "hello"로 변경
05	• 5번째부터 9번째 문자 "Sooje"를 대문자로 변환하여 "SOOJE"로 변경
06	• 10번째 이후의 문자열 "Java"에서 'a'를 '@'로 변경하여 "J@v@"로 변경
07	• result의 값인 "helloSOOJEbiJ@v@"를 출력

13 정답: 피터슨 알고리즘(Peterson's Algorithm)

해설
- 피터슨 알고리즘은 두 개의 프로세스 간 상호배제를 구현하는 간단하면서도 효율적인 알고리즘이다.
- 피터슨 알고리즘은 두 개의 공유 변수를 사용하여 상호배제를 보장하는 방식으로 동작한다.
- 임계 구역 접근 시 프로세스는 상대방의 플래그(Flag)와 턴(Turn) 변수를 확인하면서 임계 구역 진입 여부를 결정한다.

14 정답: TC1

해설
- 구문 커버리지(Statement Coverage; 문장 커버리지)는 프로그램 내의 모든 명령문을 적어도 한 번 수행하는 커버리지 테스트이다.
- 구문 커버리지는 조건문 결과와 관계없이 구문 실행 개수로 계산한다.
- 문장 커버리지(%)=테스트 케이스 집합에 의해 (실행된 문장의 수) / (전체 실행 가능한 프로그램 문장의 수)×100
- TC1일 경우, 4개의 문장을 모두 수행하는 100% 문장 커버리지를 만족할 수 있다.

15 정답: ① 형상 감사, ② 형상 식별

해설 형상 관리의 절차는 다음과 같다.

절차	설명
형상 식별	• 형상 관리 대상을 정의 및 식별하는 활동 • 추적성 부여를 위해 ID와 관리번호를 부여 • 변경 관련 이슈 발생 시 ID와 관리번호를 이용하여 추적
형상 통제	• 변경 요구 관리, 변경 제어, 형상 관리 등의 통제를 지원하는 활동 • 형상 항목의 버전 관리를 위한 형상통제위원회(CCB) 운영 • 베이스라인에 대한 관리 및 형상 통제 수행 가능
형상 감사	• 소프트웨어 베이스라인의 무결성을 평가하는 활동 • 베이스라인 변경 시 요구사항과 일치 여부 검토
형상 기록	• 소프트웨어 형상 및 변경 관리에 대한 각종 수행 결과를 기록하는 활동 • 베이스라인 변경 시 요구사항과 일치 여부 검토

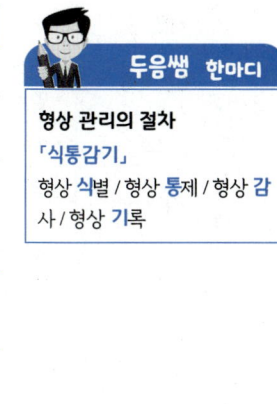

두음쌤 한마디

형상 관리의 절차
「식통감기」
형상 **식**별 / 형상 **통**제 / 형상 **감**사 / 형상 **기**록

16 정답 ▶ FGH

해설 ▶

라인 수	설명
22	• main 함수에서 프로그램 시작
23	• char* 타입의 포인터 변수 p를 선언하고 "ABC" 로 초기화
24	• 크기가 8인 char 타입의 배열 변수 result 선언
25	• p와 result를 매개변수로 전달하여 fn 함수를 호출
05	• fn 함수 실행
06	• 정수형 변수 i를 선언
07~16	• i는 0부터 시작하여 p[i]가 '\0' 같지 않을 때까지 1씩 증가하며 for 반복문 수행

i	pResult[i]	(p[i]-'A'+5) % 26 + 'A'
0	F	p[0]은 'A'이므로 (p[0]-'A'+5)은 5가 됨 5%26은 5이고, 'A'를 더하면 'F' 가 됨
1	G	p[1]은 'B'이므로 (p[1]-'A'+5)은 6이 됨 6%26은 6이고, 'A'를 더하면 'G' 가 됨
2	H	p[2]은 'C'이므로 (p[2]-'A'+5)은 7이 됨 7%26은 7이고, 'A'를 더하면 'H' 가 됨

라인 수	설명
17	• i값은 3이므로 pResult[3]에 '\0'을 대입하여 문자열의 끝으로 만듦
19	• 1을 리턴
25	• fn 함수를 호출한 지점으로 리턴
26	• result 값을 화면에 출력

17 정답 ▶ 1243

해설 ▶

라인 수	설명
02~06	• 구조체 Node 선언 • 멤버 변수로 정수형 변수 v, 구조체 포인터 타입(struct Node*) 변수 left와 right 선언
13	• main 함수에서 프로그램 시작
14	• 크기가 4인 구조체(struct Node) 변수 a를 선언 및 초기화

a	a[0]	a[1]	a[2]	a[3]
v	1	2	3	4
left	NULL	NULL	NULL	NULL
right	NULL	NULL	NULL	NULL

라인 수	설명
15	• a[0].left에 &a[1] 대입

a	a[0]	a[1]	a[2]	a[3]
v	1	2	3	4
left	&a[1]	NULL	NULL	NULL
right	NULL	NULL	NULL	NULL

라인 수	설명
16	• a[0].right에 &a[2] 대입 <table><tr><td>a</td><td>a[0]</td><td>a[1]</td><td>a[2]</td><td>a[3]</td></tr><tr><td>v</td><td>1</td><td>2</td><td>3</td><td>4</td></tr><tr><td>left</td><td>&a[1]</td><td>NULL</td><td>NULL</td><td>NULL</td></tr><tr><td>right</td><td>&a[2]</td><td>NULL</td><td>NULL</td><td>NULL</td></tr></table>
17	• a[1].left에 &a[3] 대입 <table><tr><td>a</td><td>a[0]</td><td>a[1]</td><td>a[2]</td><td>a[3]</td></tr><tr><td>v</td><td>1</td><td>2</td><td>3</td><td>4</td></tr><tr><td>left</td><td>&a[1]</td><td>&a[3]</td><td>NULL</td><td>NULL</td></tr><tr><td>right</td><td>&a[2]</td><td>NULL</td><td>NULL</td><td>NULL</td></tr></table>
18	• &a[0]를 매개변수로 fn 함수를 호출
07~12	• node->v를 화면에 출력 • node->left 매개변수로 전달하여 fn 메서드 실행 • node->right 매개변수로 전달하여 fn 메서드 실행

18 정답 ① 3, ② 5

해설

라인 수	설명
03	• int[][] arr = new int[][] 에서 2차원 배열을 선언
04	• 바깥쪽 for 반복문에서는 i에 0을 대입하고 3보다 작을 때까지 1씩 증가
05	• 안쪽 for 반복문에서는 j에 0을 대입하고 5보다 작을 때까지 1씩 증가
06	• arr[i][j]에는 i와 j를 더한 값을 대입
07	• "%d" 포맷 스트링을 이용하여 arr[i][j] 값을 출력 <table><tr><td>i</td><td>0</td><td>0</td><td>0</td><td>0</td><td>0</td><td>1</td><td>1</td><td>1</td><td>1</td><td>1</td><td>2</td><td>2</td><td>2</td><td>2</td><td>2</td></tr><tr><td>j</td><td>0</td><td>1</td><td>2</td><td>3</td><td>4</td><td>0</td><td>1</td><td>2</td><td>3</td><td>4</td><td>0</td><td>1</td><td>2</td><td>3</td><td>4</td></tr><tr><td>arr</td><td>0</td><td>1</td><td>2</td><td>3</td><td>4</td><td>1</td><td>2</td><td>3</td><td>4</td><td>5</td><td>2</td><td>3</td><td>4</td><td>5</td><td>6</td></tr></table>
09	• 안쪽 for 반복문이 종료되면 System.out.println();을 실행하여 화면 출력에 개행(줄바꿈)

19 정답 3

10

해설
• 가변 위치 인자로 전달된 값들은 함수 내부에서 튜플 형태로 저장된다.
• 관습적으로 *args라는 이름이 많이 사용되지만, * 뒤에 다른 이름을 사용할 수도 있다.

라인 수	설명
07	• fn 함수에 1, 2를 전달
01	• *는 가변 인자로 전달된 값들은 튜플 형태로 저장되기 때문에 args = (1, 2)가 됨
02	• total은 0

라인 수	설명
03~04	• args에 있는 값들을 total 값에 더함
05	• total은 1, 2를 더한 3이므로 3을 반환
07	• fn(1, 2)의 반환값인 3을 출력
08	• fn 함수에 1, 2, 3, 4를 전달
01	• *는 가변 인자로 전달된 값들은 튜플 형태로 저장되기 때문에 args = (1, 2, 3, 4)가 됨
02	• total은 0
03~04	• args에 있는 값들을 total 값에 더함
05	• total은 1, 2, 3, 4를 더한 10이므로 10을 반환
07	• fn(1, 2, 3, 4)의 반환값인 10을 출력

20 정답 ① 집합 관계(Aggregation), ② 복합 관계(Composition; 포함 관계)

해설 집합 관계와 복합 관계는 다음과 같은 관계를 가진다.

구분	설명	예시
집합 (Aggregation) 관계	• 하나의 객체에 여러 개의 독립적인 객체들이 구성되는 관계 • 하나의 사물이 다른 사물에 포함되어 있는 관계 표현 • 포함되는 쪽(부분)에서 포함하는 쪽(Whole)으로 속이 빈 마름모를 연결하여 표현	차 / 엔진, 바퀴
포함 (Composition) 관계	• 집합 관계의 특수한 형태로, 포함하는 사물의 변화가 포함되는 사물에게 영향을 미치는 관계를 표현 • 영구적이고, 집합 관계보다 더 강한 관계로 구성 • 복합 관계라고도 함 • 포함되는 쪽(부분)에서 포함하는 쪽(전체)으로 속이 채워진 마름모를 연결하여 표현	엔진 / 피스톤, 플러그

수제비 선/견/지/명 모의고사 09회 정답 및 해설

01
정답 ① 사회공학(Social Engineering), ② 피싱(Phishing)

해설 보안 공격 관련 용어 중 사회공학과 피싱은 다음과 같다.

용어	설명
사회공학 (Social Engineering)	• 컴퓨터 보안에 있어서, 인간 상호 작용의 깊은 신뢰를 바탕으로 사람들을 속여서 정상 보안 절차를 깨트리기 위한 비기술적 시스템 침입 수단
피싱 (Phishing)	• 사회공학을 통해 탈취한 정보를 이용하는 기법 • 이메일이나 웹 사이트를 통해 공격자가 지인 또는 특정 유명인으로 가장하여 사용자의 민감한 정보를 입력하도록 유도하는 공격 기법

02
정답 ① 스마트 그리드(Smart Grid), ② Wi-SUN(Wireless Smart Utility Network)

해설 신기술 용어 중에서 스마트 그리드와 Wi-SUN의 개념은 다음과 같다.

용어	설명
스마트 그리드 (Smart Grid)	• 전기 및 정보통신기술을 활용하여 전력망을 지능화, 고도화함으로써 고품질의 전력 서비스를 제공하고 에너지 이용 효율을 극대화하는 전력망
Wi-SUN (Wireless Smart Utility Network)	• IEEE 802.15.4g 표준에 기반을 둔 기술로, 900 MHz 대역을 활용한 근거리 무선 통신 기술로 스마트 그리드와 연계하여 전기, 수도, 가스 등의 공급자가 무선네트워크를 이용하여 에너지를 효율적으로 관리할 수 있도록 특화된 무선 통신 기술

03
정답 ① 재공학, ② 재개발

해설 재사용의 종류에는 단위 모듈의 재사용성의 개념이 확장된 재공학, 역공학, 재개발 기법이 존재한다.

용어	설명
재공학 (Re-Engineering)	• 기존 소프트웨어를 버리지 않고 기능을 개선시키거나 기능을 새로운 소프트웨어로 재활용하는 소프트웨어 재사용 기법 • 재공학의 장점으로는 위험부담 감소, 비용 절감, 개발 기간 단축, 시스템 명세의 오류 억제가 있음
재개발 (Re-Development)	• 기존 시스템 내용을 참조하여 완전히 새로운 시스템을 개발, 기존 시스템에 새로운 기능을 추가, 기존 시스템의 기능을 변경하는 기법

04
정답 ① 체크인(Check-In), ② 체크아웃(Check-Out), ③ 커밋(Commit)

해설 형상 관리 도구의 기능은 체크인, 체크아웃, 커밋이 있다.

기능	설명
체크인(Check-In)	• 개발자가 수정한 소스를 형상 관리 저장소로 업로드 하는 기능
체크아웃(Check-Out)	• 형상 관리 저장소로부터 최신 버전을 개발자 PC로 다운로드 받는 기능
커밋(Commit)	• 개발자가 소스를 형상 관리 저장소에 업로드 후 최종적으로 업데이트가 되었을 때 형상 관리 서버에서 반영하도록 하는 기능

05

정답 CREATE INDEX 학번인덱스 ON 학생(학번);

해설
- CREATE INDEX는 인덱스를 생성하는 명령이다.
- UNIQUE는 생략 가능하고, 인덱스 걸린 컬럼에 중복 값을 허용하지 않는다.
- 복수 컬럼을 인덱스로 걸 수 있다.
- CREATE INDEX 문법은 다음과 같다.

> CREATE [UNIQUE] INDEX 인덱스명 ON 테이블명(컬럼명1, 컬럼명2, …);

06

정답 not found 15

해설

라인 수	설명
03	• i 변수를 선언하고 0으로 초기화
04	• find_num 변수를 선언하고 15로 초기화
05	• find_flag을 0으로 초기화
06	• 정수형 arr 배열을 크기를 10개로 선언
08~10	• for 반복문에서 i 값과 10을 더한 후 arr[i]에 대입 | i	0	1	2	3	4	5	6	7	8	9
---	---	---	---	---	---	---	---	---	---	---
arr[i]	10	11	12	13	14	15	16	17	18	19	
08	• i=10일 때 i<10이 거짓이 되어 for 문 종료
12	• i<10은 거짓이므로 while 문을 실행하지 않음
20	• find_flag는 0이므로 find_flag == 0은 참이 되어 if 문을 실행
21	• not found 15를 출력

07

정답 ① Job Scheduler, ② CPU Scheduler, ③ Dispatcher

해설 프로세스 스케줄러는 프로세스들이 CPU를 할당받을 수 있도록 관리해 주는 프로세스이다.

작업 스케줄러 (Job Scheduler)	• 시작 프로세스 중에서 어떤 프로세스를 준비 큐에 보낼지 결정 • 메모리에 올라가 있는 프로세스의 수를 제어 • 메모리와 디스크 사이의 스케줄링 담당
CPU 스케줄러 (CPU Scheduler)	• 준비 상태의 프로세스 중에서 어떤 프로세스를 선택하여 CPU를 할당할 것인지 결정 • CPU와 메모리 사이의 스케줄링 담당
디스패처 (Dispatcher)	• 준비 상태에서 대기 중인 프로세스 중 어떤 프로세스를 실행상태로 옮기는 작업 수행 • CPU 스케줄러가 선택한 프로세스에 실질적으로 CPU를 할당하는 역할 수행

08 정답 ▶ bjO

해설

라인 수	설명
22	• 프로그램 시작
23	• 크기가 100인 char형 변수 str에 문자열 "Soojebi"로 초기화 <table><tr><td>str[0]</td><td>str[1]</td><td>str[2]</td><td>str[3]</td><td>str[4]</td><td>str[5]</td><td>str[6]</td></tr><tr><td>S</td><td>o</td><td>o</td><td>j</td><td>e</td><td>b</td><td>i</td></tr></table>
24	• len, i 변수를 선언
25	• str을 매개변수로 전달하여 fn 함수를 호출
03	• fn 함수 실행
04	• char형 변수 t 선언
05	• strlen 함수를 이용하여 str의 길이인 7을 len 변수에 대입
06	• char* 타입으로 선언한 변수 p1에 매개변수 str로 전달받은 주솟값을 대입(p1=str) <table><tr><td>str[0]</td><td>str[1]</td><td>str[2]</td><td>str[3]</td><td>str[4]</td><td>str[5]</td><td>str[6]</td></tr><tr><td>S</td><td>o</td><td>o</td><td>j</td><td>e</td><td>b</td><td>i</td></tr></table>
07	• len은 7이므로 str+7-1인 str+6을 p2에 대입(p2=str+6) <table><tr><td>str[0]</td><td>str[1]</td><td>str[2]</td><td>str[3]</td><td>str[4]</td><td>str[5]</td><td>str[6]</td></tr><tr><td>S</td><td>o</td><td>o</td><td>j</td><td>e</td><td>b</td><td>i</td></tr></table>
08	• p1은 str이고, p2는 str+6이므로 p1<p2는 참이기 때문에 while 문 실행
09~19	• if 문에서 p1이 가리키는 값이 대문자 A보다 크거나 같고, Z보다 작거나 같으면 p1이 가리키는 값을 소문자로 변환 <table><tr><td>str[0]</td><td>str[1]</td><td>str[2]</td><td>str[3]</td><td>str[4]</td><td>str[5]</td><td>str[6]</td></tr><tr><td>s</td><td>o</td><td>o</td><td>j</td><td>e</td><td>b</td><td>i</td></tr></table> • p1이 가리키는 값인 str[0]과 p2가 가리키는 값인 str[6]을 교환 <table><tr><td>str[0]</td><td>str[1]</td><td>str[2]</td><td>str[3]</td><td>str[4]</td><td>str[5]</td><td>str[6]</td></tr><tr><td>i</td><td>o</td><td>o</td><td>j</td><td>e</td><td>b</td><td>s</td></tr></table> • p1++에 의해 p1=str+1이 됨 • p2--에 의해 p2=str+5가 됨
08	• p1은 str+1이고, p2는 str+5이므로 p1<p2는 참이기 때문에 while 문 실행
09~19	• else if 문에서 p1이 가리키는 값이 소문자 a보다 크거나 같고 소문자 z보다 작거나 같으면 p1 값을 대문자로 변환 <table><tr><td>str[0]</td><td>str[1]</td><td>str[2]</td><td>str[3]</td><td>str[4]</td><td>str[5]</td><td>str[6]</td></tr><tr><td>i</td><td>O</td><td>o</td><td>j</td><td>e</td><td>b</td><td>s</td></tr></table> • p1이 가리키는 값인 str[1]과 p2가 가리키는 값인 str[5]를 교환 <table><tr><td>str[0]</td><td>str[1]</td><td>str[2]</td><td>str[3]</td><td>str[4]</td><td>str[5]</td><td>str[6]</td></tr><tr><td>i</td><td>b</td><td>o</td><td>j</td><td>e</td><td>O</td><td>s</td></tr></table> • p1++에 의해 p1=str+2가 됨 • p2--에 의해 p2=str+4가 됨

라인 수	설명
08	• p1은 str+2이고, p2는 str+4이므로 p1<p2는 참이기 때문에 while 문 실행
09~19	• else if문에서 p1이 가리키는 값이 소문자 a보다 크거나 같고 소문자 z보다 작거나 같으면 p1 값을 대문자로 변환 | str[0] | str[1] | str[2] | str[3] | str[4] | str[5] | str[6] | |---|---|---|---|---|---|---| | i | b | O | j | e | O | s | • p1이 가리키는 값인 str[2]와 p2가 가리키는 값인 str[4]를 교환 | str[0] | str[1] | str[2] | str[3] | str[4] | str[5] | str[6] | |---|---|---|---|---|---|---| | i | b | e | j | O | O | s | • p1++에 의해 p1=str+3이 됨 • p2--에 의해 p2=str+3이 됨
08	• p1은 str+3이고, p2는 str+3이므로 p1<p2는 거짓이기 때문에 while 문 종료
26	• strlen 함수를 이용하여 str의 길이 7을 len 변수에 값을 대입
27~29	• i는 1부터 2씩 증가하면서 len보다 작을 때까지 반복하면서 str[i] 값을 출력 | str[0] | str[1] | str[2] | str[3] | str[4] | str[5] | str[6] | |---|---|---|---|---|---|---| | i | b | e | j | O | O | s | | | 출력 | | 출력 | | 출력 | |

09 정답 ① 1, ② 2

해설
- 구문 커버리지의 경우 결정 포인트인 IF 절 문장을 두 개 모두 참으로 설계한 테스트 케이스 하나만 있으면 모든 문장을 실행할 수 있어서 최소 1개면 충분하다.
- 분기 커버리지를 100% 커버하기 위해서는 결정 포인트의 전체조건식을 참 한 번, 거짓 한 번을 달성해야 하므로 모두 참인 테스트 케이스 1개, 모두 거짓인 테스트 케이스 1개로 만들어도 되고, 각각 참/거짓, 참/거짓을 달성할 수 있는 조합의 테스트 케이스를 만들어도 된다.
- 분기 커버리지를 100% 달성할 수 있는 최소 개수는 2개이다.

10 정답 SELECT 특성, AVG(무게) AS 무게평균 FROM 행성 GROUP BY 특성;

해설
- 특성에 대해서 그룹을 구성해야 하므로 GROUP BY 절에는 '특성'이라는 컬럼이 들어가야 한다.
- 집계 함수의 종류는 다음과 같다.

집계 함수	내용
COUNT	• 복수 행의 줄 수
SUM	• 복수 행의 해당 컬럼 간의 합계
AVG	• 복수 행의 해당 컬럼 간의 평균
MAX	• 복수 행의 해당 컬럼 중 최댓값
MIN	• 복수 행의 해당 컬럼 중 최솟값
STDDEV	• 복수 행의 해당 컬럼 간의 표준편차
VARIAN	• 복수 행의 해당 컬럼 간의 분산

11 정답 ▶ False
　　　　　False
　　　　　True
　　　　　True

해설 ▶

라인 수	설명
01	• type(1.0)은 실수형 float 타입이고, type(1)은 정수형 int 타입이므로 False를 출력
02	• type((1, 2, 3))은 튜플형이고, type({1, 2, 3})은 세트형이므로 False를 출력
03	• type([1, 2, 3])은 리스트형, type(list())도 리스트형이므로 True를 출력
04	• "ABC"와 'A'는 둘 다 문자열 str 타입이므로 True를 출력

12 정답 ▶ ① 대체 키(Alternate Key), ② 슈퍼 키(Super Key), ③ 외래 키(Foreign Key)

해설 ▶ 키의 종류는 다음과 같다.

종류	설명
기본 키 (Primary Key)	• 테이블의 각 튜플들을 고유하게 식별하는 키
대체 키 (Alternate Key)	• 후보 키 중에서 기본 키로 선택되지 않은 키
후보 키 (Candidate Key)	• 테이블에서 각 튜플을 구별하는 데 기준이 되는 키 • 기본 키와 대체 키를 합친 키(기본 키⊃후보 키, 대체 키⊃후보 키)
슈퍼 키 (Super Key)	• 릴레이션을 구성하는 모든 튜플에 대해 유일성은 만족하지만, 최소성은 만족하지 못하는 키
외래 키 (Foreign Key)	• 한 릴레이션의 컬럼이 다른 릴레이션의 기본 키로 이용되는 키 • 테이블 간의 참조 데이터 무결성을 위한 제약 조건

13 정답 ▶ 1

해설 ▶

라인 수	설명
03	• i=2로 초기화
04	• while이 참인 동안 반복되는데, 0이 아니면 참이고, 0이면 거짓이므로 0이 되면 반복문을 종료 • --i에 의해 i는 1이 되고, 1은 참이므로 while 내의 문장을 실행
05	• i 값인 1을 출력
04	• --i에 의해 i는 0이 되고, 0은 거짓이므로 while 문을 탈출

14 정답 ▶ SELECT * FROM 성적 ORDER BY 수학 DESC, 과학 DESC;

해설 ▶ • ORDER BY 절은 속성값을 정렬하고자 할 때 사용한다.
　　　• 속성값을 정렬하고자 할 때 오름차순인 경우 ASC, 내림차순인 경우 DESC를 사용하고, 키워드 생략 시 오름차순 정렬이다.

15 정답 C@PT@IN

해설

라인 수	설명
01	• Arrays 클래스를 사용하기 위한 패키지를 호출
02	• List 인터페이스를 사용하기 위한 패키지를 호출
04	• main 메서드부터 시작
05	• 문자열 리스트 words를 초기화
06	• words 리스트에 대해 스트림을 생성
07	• 리스트의 단어들 중 "a"를 포함하고 길이가 5보다 큰 단어들만 필터링되어 "captain"만 필터링됨
08	• 필터링된 "captain"을 대문자로 바꾸어 "CAPTAIN"이 되고, "CAPTAIN" 문자열에서 A를 @로 변경하면 "C@PT@IN"이 됨
09	• 필터링된 요소인 "C@PT@IN"을 print 함수를 이용해 출력

16 정답 [32][71, 89]

해설

라인 수	설명
03	• main 메서드부터 시작
03	• set이라는 변수에 TreeSet 클래스 생성
04	• 89 값을 저장
05	• 32 값을 저장
06	• 71 값을 저장
07	• headSet(50)에 의해 50 미만의 값이 출력
08	• tailSet(50)에 의해 50 이상의 값이 출력

• 자바 TreeSet 메서드는 다음과 같다.

메서드	설명
add(값)	• 값을 추가하는 메서드 • 중복된 값이 들어오면 추가하지 않음
remove(값)	• 값을 제거하는 메서드
size( )	• TreeSet에 들어 있는 원소의 개수를 얻는 메서드
headSet(값)	• 값보다 작은 객체들을 반환하는 메서드
tailSet(값)	• 값보다 큰 객체들을 반환하는 메서드

17 정답 [80, 70, 60]
[80, 70, 60, 50, 40, 30, 20, 10]
[90, 80, 70, 60]
[90, 80, 70, 60, 50, 40, 30, 20, 10]

해설

라인 수	설명
01	• a 변수에 [10, 20, 30, 40, 50, 60, 70, 80, 90]을 대입 | a[-9]	a[-8]	a[-7]	a[-6]	a[-5]	a[-4]	a[-3]	a[-2]	a[-1]
---	---	---	---	---	---	---	---	---
10	20	30	40	50	60	70	80	90	
02	• 인덱스 -2부터 -5 이전인 -4까지 역순으로, 뒤에서 앞으로 한 글자씩 슬라이싱 • 인덱스 -2는 80, -3은 70, -4는 60이므로, 출력 결과는 [80, 70, 60]
03	• 인덱스 -2부터 문자열의 처음까지 역순으로 한 글자씩 슬라이싱 • 인덱스 -2인 80부터 인덱스 -9인 10까지 모두 추출되므로, 출력 결과는 [80, 70, 60, 50, 40, 30, 20, 10]
04	• 인덱스 -1부터 -5 이전인 -4까지, 문자열 끝에서 인덱스가 -4까지 역순으로 슬라이싱 • 인덱스 -1은 90, -2는 80, -3은 70, -4는 60이므로, 출력 결과는 [90, 80, 70, 60]
05	• 인덱스 -1부터 시작해서 인덱스 -9까지 값을 역순으로 추출하므로, 출력 결과는 [90, 80, 70, 60, 50, 40, 30, 20, 10]

18 정답 ▶ 10 5 4 3 2

해설

라인 수	설명
02	• main 메서드부터 시작
03	• arr 배열 선언
04	• temp 변수 선언
05	• i=0일 때 i<=3은 참이므로 바깥쪽 for 문을 실행
06	• j=1일 때 j<=4는 참이므로 안쪽 for 문을 실행
07~11	• arr[0] < arr[1]은 참이므로 arr[0]과 arr[1]의 값을 교환 | arr[0]	arr[1]	arr[2]	arr[3]	arr[4]
---	---	---	---	---
4	3	10	2	5	
06	• j++에 의해 j=2일 때 j<=4는 참이므로 안쪽 for 문을 실행
07~11	• arr[0] < arr[2]는 참이므로 arr[0]과 arr[2]의 값을 교환 | arr[0]	arr[1]	arr[2]	arr[3]	arr[4]
---	---	---	---	---
10	3	4	2	5	
06	• j++에 의해 j=3일 때 j<=4는 참이므로 안쪽 for 문을 실행
07~11	• arr[0] < arr[3]은 거짓이므로 if 문 안의 명령어를 실행하지 않음
06	• j++에 의해 j=4일 때 j<=4는 참이므로 안쪽 for 문을 실행
07~11	• arr[0] < arr[4]는 거짓이므로 if 문 안의 명령어를 실행하지 않음
06	• j++에 의해 j=5일 때 j<=4는 거짓이므로 안쪽 for 문을 종료
05	• i++에 의해 i=1일 때 i<=3은 참이므로 바깥쪽 for 문을 실행

라인 수	설명
06	• j=2일 때 j<=4는 참이므로 안쪽 for 문을 실행
07~11	• arr[1] < arr[2]는 참이므로 arr[1]과 arr[2]의 값을 교환 | arr[0]	arr[1]	arr[2]	arr[3]	arr[4]
---	---	---	---	---
10	4	3	2	5	
06	• j++에 의해 j=3일 때 j<=4는 참이므로 안쪽 for 문을 실행
07~11	• arr[1] < arr[3]은 거짓이므로 if 문 안의 명령어를 실행하지 않음
06	• j++에 의해 j=4일 때 j<=4는 참이므로 안쪽 for 문을 실행
07~11	• arr[1] < arr[4]는 참이므로 arr[1]과 arr[4]의 값을 교환 | arr[0]	arr[1]	arr[2]	arr[3]	arr[4]
---	---	---	---	---
10	5	3	2	4	
06	• j++에 의해 j=5일 때 j<=4는 거짓이므로 안쪽 for 문을 종료
05	• i++에 의해 i=2일 때 i<=3은 참이므로 바깥쪽 for 문을 실행
06	• j=3일 때 j<=4는 참이므로 안쪽 for 문을 실행
07~11	• arr[2] < arr[3]은 거짓이므로 if 문 안의 명령어를 실행하지 않음
06	• j++에 의해 j=4일 때 j<=4는 참이므로 안쪽 for 문을 실행
07~11	• arr[2] < arr[4]는 참이므로 arr[2]와 arr[4]의 값을 교환 | arr[0]	arr[1]	arr[2]	arr[3]	arr[4]
---	---	---	---	---
10	5	4	2	3	
06	• j++에 의해 j=5일 때 j<=4는 거짓이므로 안쪽 for 문을 종료
05	• i++에 의해 i=3일 때 i<=3은 참이므로 바깥쪽 for 문을 실행
06	• j=4일 때 j<=4는 참이므로 안쪽 for 문을 실행
07~11	• arr[3] < arr[4]는 참이므로 arr[3]과 arr[4]의 값을 교환 | arr[0]	arr[1]	arr[2]	arr[3]	arr[4]
---	---	---	---	---
10	5	4	3	2	
06	• j++에 의해 j=5일 때 j<=4는 거짓이므로 안쪽 for 문을 종료
05	• i++에 의해 i=4일 때 i<=3은 거짓이므로 바깥쪽 for 문을 종료
14~16	• arr[0] ~ arr[4] 값을 출력

19 **정답** ① SMTP(Simple Mail Transfer Protocol), ② POP3(Post Office Protocol Version 3), ③ IMAP(Internet Messaging Access Protocol)

해설 이메일 관련 프로토콜은 다음과 같다.

프로토콜	설명
SMTP (Simple Mail Transfer Protocol)	• 인터넷에서 이메일을 보내기 위해 이용되는 프로토콜 • TCP 포트 번호 25번 사용
POP3 (Post Office Protocol Version 3)	• 원격 서버로부터 TCP/IP 연결을 통해 이메일을 가져오는데 사용하는 프로토콜 • 이메일 공급업체 서버에서 단말로 이메일을 내려받아서 사용자의 단말에서 이메일을 관리 • 이메일 서버와 동기화가 이루어지지 않고 오프라인에서도 사용 가능 • 110번 포트 사용
IMAP (Internet Messaging Access Protocol	• 원격 서버로부터 TCP/IP 연결을 통해 이메일을 가져오는데 사용하는 프로토콜 • 중앙 서버에서 동기화가 이루어지기 때문에 모든 단말에서 동일한 이메일 폴더를 확인할 수 있는 프로토콜 • 이메일 서버와 동기화가 이루어지고 온라인 및 오프라인에서 모두 사용 가능 • 143번 포트 사용

20 **정답** 멀티 클라우드(Multi Cloud)

해설 2곳 이상의 클라우드 벤더가 제공하는 Public 클라우드를 조합하여 구성하는 클라우드 서비스 제공 모델은 멀티 클라우드(Multi Cloud)이다.

수제비 선/견/지/명 모의고사 10회 정답 및 해설

01
정답 DLP(Data Loss Prevention)

해설 콘텐츠 보안 관련 기술 및 시스템은 다음과 같다.

시스템 유형	설명
DLP (Data Loss Prevention)	• 조직 내부의 중요 자료가 외부로 빠져나가는 것을 탐지하고 차단하는 시스템으로 정보 유출 방지를 위해 정보의 흐름에 대한 모니터링과 실시간 차단 기능을 제공
DRM (Digital Right Management)	• 디지털 콘텐츠에 대한 권리정보를 지정하고 암호화 기술을 이용하여 허가된 사용자의 허가된 권한 범위 내에서 콘텐츠의 이용이 가능하도록 통제하는 기술 및 시스템

02
정답 125 40

해설

라인 수	설명
02	• main 함수부터 시작
03	• 0x는 16진수를 의미하며, 0x6C는 16진수로 6C를 나타냄 • 0이 앞에 붙으면 8진수를 의미하며, 071은 8진수로 71을 나타냄 • a = 0x6C = 108 (10진수) = 0110 1100 (2진수) • b = 071 = 57 (10진수) = 0011 1001 (2진수)
04	• a | b는 같은 자리의 비트 중 하나라도 1이면 1이 됨 　　　0 1 1 0 1 1 0 0 　OR　0 0 1 1 1 0 0 1 　　　0 1 1 1 1 1 0 1 • a | b는 2진수로 11111101이므로 10진수로 125가 됨 • a & b는 같은 자리의 비트가 모두 1이면 1이 됨 　　　0 1 1 0 1 1 0 0 　AND　0 0 1 1 1 0 0 1 　　　0 0 1 0 1 0 0 0 • a & b는 2진수로 101000이므로 10진수로 40이 됨

03
정답 ① 도커(Docker), ② 하이퍼바이저(Hypervisor)

해설 가상화 기술인 도커와 하이퍼바이저 기술은 다음과 같다.

기술	설명
도커(Docker)	• 하이퍼바이저 없이 리눅스 컨테이너(LXC) 기술을 바탕으로 애플리케이션을 격리된 상태에서 실행하는 가상화 솔루션
하이퍼바이저 (Hypervisor)	• 하나의 호스트 컴퓨터상에서 동시에 다수의 운영체제를 구동시킬 수 있는 HW와 OS 사이의 SW 가상화 플랫폼

04 정답 ECC(Elliptic Curve Cryptography)

해설 비대칭 키 암호화 알고리즘인 RSA와 ECC, ElGamal에 대한 설명은 다음과 같다.

알고리즘	설명
RSA (Rivest-Shamir-Adleman)	• 1977년 3명의 MIT 수학 교수가 고안한 큰 인수의 곱을 소인수 분해하는 수학적 알고리즘을 이용하는 공개키 암호화 알고리즘
ECC (Elliptic Curve Cryptography)	• 1985년 코블리치와 밀러가 RSA 암호 방식에 대한 대안으로 처음 제안한 알고리즘으로 유한체 위에서 정의된 타원곡선 군에서의 이산대수의 문제에 기초한 공개키 암호화 알고리즘
ElGamal	• 1984년에 제안한 공개키 알고리즘으로 이산대수의 계산이 어려운 문제를 기본 원리로 하고 있으며, RSA와 유사하게 전자서명과 데이터 암·복호화에 함께 사용 가능

05 정답 DELETE FROM 위인 WHERE 이름= '이광수';

해설
• DELETE는 데이터의 내용을 삭제할 때 사용하는 명령어이다.
• DELETE 명령어 문법은 다음과 같다.

DELETE FROM 테이블명 WHERE 조건;	• 모든 레코드를 삭제할 때는 WHERE 절 없이 DELETE만 사용 • 레코드를 삭제해도 테이블 구조는 남아 있어서 디스크에서 테이블을 완전히 삭제하는 DROP 명령과는 다름

06 정답 7530

해설

라인 수	설명
12	• Student 클래스의 인스턴스를 a 변수에 대입
13	• info 메서드를 호출 • 오버라이딩 관계이므로 자식 클래스인 Student 클래스의 info 메서드를 호출
08	• num=30이 전달됨
09	• super().info(30)이므로 부모 클래스인 Person 클래스에 info 메서드를 호출
02	• num=30이 전달됨
03~04	• range(1, 10) 1부터 10 미만일 때까지이므로 i는 1부터 9까지 반복문을 실행하면서 num에 더함 • 원래 num인 30에 45(=1+2+3+…+9)를 더하면 75가 됨
05	• 75를 출력
10	• Student의 num 값은 30이므로 30을 출력

07 정답 ① 핑거 프린트(Fingerprint), ② 워터마크(Watermark), ③ 코드 난독화(Code Obfuscation)

해설 • 템퍼 프루핑은 소프트웨어, 시스템을 외부에서의 악의적인 조작으로부터 보호하는 보안 기술이다.

• 위·변조와 같은 이상 조작을 검출하고, 이상 감지 시 프로그램을 오작동하도록 만드는 기술로 주요 기술요소는 다음과 같다.

종류	설명
해시 함수 (Hash Function)	• 일정한 크기의 문자열을 생성하여 무결성을 검증할 수 있는 함수
워터마크 (Watermark)	• 디지털 콘텐츠에 저작권자 정보를 삽입하여, 불법 복제 시 워터마크를 추출, 원소유자를 증명할 수 있는 콘텐츠 보호 기술
핑거 프린트 (Fingerprint)	• 멀티미디어 콘텐츠에 저작권 정보와 구매한 사용자 정보를 삽입하여 콘텐츠 불법 배포자에 대한 위치 추적이 가능한 기술
코드 난독화 (Code Obfuscation)	• 실행 코드를 알아보기 힘든 형태로 난독화하여 처리하는 기술

08

정답 ① SNMP(Simple Network Management Protocol), ② DHCP(Dynamic Host Configuration Protocol)

해설 응용 계층(7계층) 프로토콜인 SNMP, DHCP의 주요 특징은 다음과 같다.

프로토콜	설명
SNMP (Simple Network Management Protocol)	• TCP/IP의 네트워크 관리 프로토콜로, 라우터나 허브 등 네트워크 장치로부터 정보를 수집 및 관리하며, 정보를 네트워크 관리 시스템에 보내는 데 사용하는 인터넷 표준 프로토콜
DHCP (Dynamic Host Configuration Protocol)	• 각 컴퓨터에서 IP 관리를 쉽게 하기 위한 프로토콜이며, TCP/IP 통신을 실행하기 위해 필요한 정보를 자동적으로 할당, 관리하기 위한 프로토콜

09

정답 27

해설

라인 수	설명
02	• int에 새롭게 llong이라는 별칭을 부여
22	• fn(3, 3)을 호출
03	• fn 함수에 base=3, exp=3을 전달
06~07	• exp==1은 거짓이므로 if 문을 실행하지 않음
08~09	• base==0은 거짓이므로 if 문을 실행하지 않음
11~14	• exp%2는 1이므로 if 문은 거짓
16	• fn(3, (3-1)/2)인 fn(3, 1)을 호출 <table><tr><th>라인 수</th><th>설명</th></tr><tr><td>03</td><td>fn 함수에 base=3, exp=1을 전달</td></tr><tr><td>06</td><td>exp==1은 참이므로 base 값인 3을 반환</td></tr></table> • fn(3, 1)을 실행한 후 fn 함수의 결과는 3이므로 base2는 3이 됨
17	• base2*base2*base는 3*3*3이므로 27을 반환
22	• result에 27을 대입
24	• result 값인 27을 출력

10 정답 ① 이블 트윈(Evil Twin) 공격, ② 크리덴셜 스터핑(Credential Stuffing)

해설 보안 관련 용어는 다음과 같다.

용어	설명
이블 트윈 (Evil Twin) 공격	• 무선 Wifi 피싱 기법으로 공격자는 합법적인 Wifi 제공자처럼 행세하며 노트북이나 휴대전화로 핫스팟에 연결한 무선 사용자들의 정보를 탈취하는 무선 네트워크 공격 기법
크리덴셜 스터핑 (Credential Stuffing))	• 사용자 계정을 탈취해서 공격하는 유형 중 하나로, 다른 곳에서 유출된 아이디와 비밀번호 등의 로그인 정보를 다른 웹 사이트나 앱에 무작위로 대입해서 로그인이 이루어지면 타인의 정보를 유출하는 기법

11 정답

3	.	1	4				
		3	.	1			
0	0	3	.	1			
3	.	1					

해설

라인 수	설명
02	• main 함수부터 시작
03	• a라는 이름의 float(실수)형 변수를 선언하고, a는 3.14로 초기화
04	• 소수점 둘째 자리까지 출력하므로 3.14를 출력
05	• 소수점 첫째 자리까지 출력하므로 3.14를 반올림한 3.1을 출력 • 전체 공간은 5자리, 3.1은 3자리인데, -가 없으므로 왼쪽에서 2자리를 띄고 3.1을 출력
06	• 소수점 첫째 자리까지 출력하므로 3.14를 반올림한 3.1을 출력 • 전체 공간은 5자리, 3.1은 3자리인데, 0이 있으므로 왼쪽에서 2자리는 0으로 채우고 3.1을 출력
07	• 소수점 첫째 자리까지 출력하므로 3.14를 반올림한 3.1을 출력 • 전체 공간은 5자리, 3.1은 3자리인데, -가 있으므로(0은 무시) 왼쪽 정렬해서 3.1을 출력

12 정답 벨-라파둘라 모델(BLP; Bell-LaPadula Policy)

해설
• 벨-라파둘라 모델은 미 국방부 지원 보안 모델로 보안 요소 중 기밀성을 강조하며 강제적 정책에 의해 접근 통제하는 모델이다.
• 벨-라파둘라 모델의 주요 속성은 다음과 같다.

속성	설명
No Read Up	• 보안수준이 낮은 주체는 보안수준이 높은 객체를 읽어서는 안 됨 • 주체는 객체와 동일한 등급이거나 객체가 낮은 등급일 때 읽음
No Write Down	• 보안수준이 높은 주체는 보안수준이 낮은 객체에 기록하면 안 됨 • 주체의 등급이 객체와 동일하거나 객체보다 낮아야 기록 가능

두음쌤 한마디

접근 통제 보호 모델
「벨기비무」
벨-라파둘라 / **기**밀성 / **비**바 모델 / **무**결성 보장

• 비바(Biba) 모델은 벨-라파둘라 모델의 단점을 보완한 무결성을 보장하는 최초의 모델이다.
• 비바 모델의 주요 속성은 다음과 같다.

속성	설명
No Read Down	• 높은 등급의 주체는 낮은 등급의 객체를 읽을 수 없음
No Write Up	• 낮은 등급의 주체는 상위 등급의 객체를 수정할 수 없음

13 정답: 파이프-필터 패턴(Pipe-Filter Pattern)

해설: MVC 패턴과 파이프-필터 패턴은 다음과 같다.

패턴	설명
MVC 패턴 (Model View Controller Pattern)	• 사용자 인터페이스로부터 비즈니스 로직을 분리하여 애플리케이션의 시각적 요소나 그 이면에서 실행되는 비즈니스 로직을 서로 영향 없이 쉽게 고칠 수 있는 패턴
파이프-필터 패턴 (Pipe-Filter Pattern)	• 데이터 스트림을 생성하고 처리하는 시스템에서 사용 가능한 패턴으로 서브 시스템이 입력 데이터를 받아 처리하고, 결과를 다음 서브 시스템으로 넘겨주는 과정을 반복하는 패턴

14 정답: implements

해설:
- Animal 인터페이스는 Dog 클래스에서 구현을 한다.
- 구현은 implements 키워드를 이용한다.
- main 메서드에서는 Dog 클래스의 생성자를 이용하여 객체를 생성한다.
- show 메서드를 호출하여 화면에 "dog"를 출력한다.

15 정답: 트랜잭션 장애

해설: 데이터베이스 장애 유형은 다음과 같다.

유형	설명
실행 장애	• 데이터 발견하지 못하거나 연산 실패
트랜잭션 장애	• 트랜잭션 내의 오류 or 내부조건 (입력 데이터의 불량, 데이터의 불명, 시스템 자원의 과다 사용 요구 등)
시스템 장애	• 하드웨어 오동작으로, 메인 메모리에 있는 정보 손실 or 교착 (메모리)
미디어 장애	• 디스크 헤드 붕괴 or 저장장치의 데이터 베이스 손상 (저장장치)

두음쌤 한마디

TCL 명령어
「커롤체」
커밋 / 롤백 / 체크 포인트

16 정답: ① 디스패치(Dispatch), ② 문맥교환(Context Switching)

해설: 디스패치와 문맥교환의 개념은 다음과 같다.

용어	설명
디스패치 (Dispatch)	• 프로세스(Process) 상태 전이 시, 준비 상태에 있는 여러 프로세스(Ready List) 중 실행될 프로세스를 선정(Scheduling)하여 CPU를 할당(Dispatching)하는 동작
문맥교환 (Context switching)	• CPU가 현재 실행하고 있는 프로세스의 문맥 상태를 프로세스 제어블록(PCB)에 저장하고, 다음 프로세스의 문맥을 PCB로부터 복원하는 작업

17

정답 ① MQTT(Message Queuing Telemetry Transport), ② CoAP(Constrained Application Protocol)

해설 IoT 관련 프로토콜은 다음과 같다.

프로토콜	설명
MQTT (Message Queuing Telemetry Transport)	• IoT 장치, 텔레메트리 장치 등에서 최적화되어 사용할 수 있도록 개발된 프로토콜로, 브로커를 사용한 발행(Publish)/구독(Subscribe) 방식의 경량 메시징을 전송하는 프로토콜
CoAP (Constrained Application Protocol)	• M2M 노드들 사이에서 이벤트에 대한 송수신을 비동기적으로 전송하는 REST 기반의 프로토콜이자 제약이 있는(Constrained) 장치들을 위한 특수한 인터넷 애플리케이션 프로토콜

18

정답 year % 400

해설

라인 수	설명
02	• main 메서드부터 시작
03	• year를 선언하고 1600으로 초기화
04	• 윤년 여부를 저장할 논리형 변수 leap을 false로 초기화
05	• if 문으로 year가 4로 나누어지는지 확인 • 4로 나누어지지 않으면 평년(윤년이 아님)
06~11	• year가 4로 나누어지면, 두 번째 조건으로 year가 100으로 나누어지는지 확인 • year가 100으로 나누어지면 윤년이 되려면 추가적으로 400으로도 나누어져야 함 • year % 400 == 0이면 leap = true가 되어 윤년이고, year % 400 != 0이면 leap = false가 되어 윤년이 아님을 나타냄
12~13	• year가 4로 나누어지지만 100으로는 나누어지지 않으면 윤년
15~16	• year가 4로도 나누어지지 않으면 평년이므로, leap = false
17~20	• leap이 true이면, 주어진 연도가 윤년 • leap이 false이면, 주어진 연도가 평년

19

정답 12

해설

라인 수	설명
02	• main 메서드부터 시작
03	• 정수형 변수 a, b, c, sum을 선언
04	• a와 b에 1을 대입
05	• sum에는 a와 b를 더한 결과인 2를 대입

라인 수	설명
07~12	• for 반복문은 i 값을 3부터 5보다 작거나 같을 때까지 i 값을 1씩 증가하면서 반복을 수행한다. a와 b를 더한 값을 c에 대입 • sum에는 c와의 누적합을 대입한다. b 값을 a, c 값을 b에 대입 | i	a	b	c	sum
---	---	---	---	---
	1	1	0	2
3	1	2	2	4
4	2	3	3	7
5	3	5	5	12	
13	• sum 값인 12를 출력

20 **정답** ① 브룩스의 법칙(Brooks' Law), ② 파레토 법칙(Pareto Principle)

해설 소프트웨어 공학의 원칙과 관련한 법칙은 다음과 같다.

법칙	설명
브룩스의 법칙 (Brooks' Law)	• "지체되는 소프트웨어 개발 프로젝트에 인력을 추가하는 것은 개발을 늦출 뿐이다"라고 주장한 법칙 • 인력이 추가돼서 개발 생산성이 향상되지 않고, 오히려 그 인력 때문에 방해된다는 의미 내포
파레토 법칙 (Pareto Principle)	• '전체 결과의 80%가 전체 원인의 20%에서 일어나는 현상'을 나타낸 법칙 • 소프트웨어 테스트 원리 중 20%의 모듈에서 80%의 결함이 발견된다는 '결함 집중'의 원리를 내포
롱테일 법칙 (Long Tail)	• 사소해 보이는 80%의 다수가 20%의 소수 핵심보다도 뛰어난 가치를 창출해 낸다는 법칙 • 파레토 법칙의 반대 법칙

수제비 선/견/지/명 모의고사 11회 정답 및 해설

01
정답 메타데이터(Metadata)

해설
- 자료 그 자체가 아닌 자료의 속성 등을 설명하는 데이터로 데이터에 관한 정보의 기술, 데이터 구성의 정의, 데이터 분류 등을 위한 데이터는 메타데이터(Metadata)라고 한다.
- 메타데이터는 데이터의 데이터라고 부른다.

02
정답 SSH(Secure Shell)

해설 SSH에 대한 설명은 다음과 같다.

- Telnet보다 강력한 보안을 제공하는 원격접속 프로토콜
- 서로 연결되어 있는 컴퓨터 간 원격 명령 실행이나 쉘 서비스 등을 수행
- 키를 통한 인증은 클라이언트의 공개키를 서버에 등록해야 하고 전송되는 데이터는 암호화됨
- SSH는 인증, 암호화, 압축, 무결성을 제공하고 기본 네트워크 포트는 22번을 사용

03
정답 A X C

해설

라인 수	설명
01	• ArrayList 클래스를 사용하기 위한 패키지 Import
02	• Soojebi 클래스를 정의
03	• main 메서드를 선언
04	• 문자열을 저장할 수 있는 ArrayList 객체 생성
05	• 리스트에 "A" 추가
06	• 리스트에 "B" 추가, 리스트 상태: ["A", "B"]
07	• 인덱스 1에 "X" 삽입, 리스트 상태: ["A", "X", "B"]
08	• "B" 제거, 리스트 상태: ["A", "X"]
09	• 리스트에 "C" 추가, 리스트 상태: ["A", "X", "C"]
10	• 리스트의 각 요소에 대해 반복문 시작
11	• 리스트의 각 요소인 "A X C"를 순차적으로 출력

04
정답 ① 웜(Worm), ② 악성 봇(Malicious Bot)

해설 보안 공격 시 많이 활용되는 도구인 웜과 악성 봇의 개념은 다음과 같다.

구분	설명
웜 (Worm)	• 스스로를 복제하여 네트워크 등의 연결을 통하여 전파하는 악성 소프트웨어 컴퓨터 프로그램으로 컴퓨터 바이러스와 비슷하지만, 바이러스가 다른 실행 프로그램에 기생하여 실행되는 데 반해 웜은 독자적으로 실행되며 다른 실행 프로그램이 필요하지 않은 특징이 있음
악성 봇	• 스스로 실행되지 못하고, 해커의 명령에 의해 원격에서 제어 또는 실행이 가능한 프로그램

구분	설명
(Malicious Bot)	혹은 코드로 주로 취약점이나 백도어 등을 이용하여 전파되며, 스팸 메일 전송이나 분산 서비스 거부 공격(DDoS) 등에 악용됨

05 정답 ① 1, ② 30, ③ 20

해설
- 집계 함수는 NULL인 값은 제외하고 계산한다.
- 집계 함수의 종류는 다음과 같다.

집계 함수	내용
COUNT	• 복수 행의 줄 수
SUM	• 복수 행의 해당 컬럼 간의 합계
AVG	• 복수 행의 해당 컬럼 간의 평균
MAX	• 복수 행의 해당 컬럼 중 최댓값
MIN	• 복수 행의 해당 컬럼 중 최솟값
STDDEV	• 복수 행의 해당 컬럼 간의 표준편차
VARIAN	• 복수 행의 해당 컬럼 간의 분산

06 정답 [2]: 1 2 [3]: 1 3 [4]: 1 2 4 [5]: 1 5

해설

라인 수	설명
02	• main 함수부터 시작
03	• i, j 변수를 선언
04	• i=2일 때 i<=5는 참이므로 for 문 실행
05	• i=2이므로 [2]:를 출력
06~09	• j=1부터 j<=2일 때까지 j 값을 1씩 증가시키면서 반복 | i%j == 0	출력
2%1 == 0(참)	1
2%2 == 0(참)	2	
04	• i++에 의해 i=3이 되면 i<=5는 참이므로 for 문 실행
05	• i=3이므로 [3]:을 출력
06~09	• j=1부터 j<=3일 때까지 j 값을 1씩 증가시키면서 반복 | i%j == 0	출력
3%1 == 0(참)	1
3%2 == 0(거짓)	
3%3 == 0(참)	3	
04	• i++에 의해 i=4가 되면 i<=5는 참이므로 for 문 실행
05	• i=4이므로 [4]:를 출력

라인 수	설명
06~09	• j=1부터 j<=4일 때까지 j 값을 1씩 증가시키면서 반복 | i%j == 0	출력
4%1 == 0(참)	1
4%2 == 0(참)	2
4%3 == 0(거짓)	
4%4 == 0(참)	4	
04	• i++에 의해 i=5가 되면 i<=5는 참이므로 for 문 실행
05	• i=5이므로 [5]:를 출력
06~09	• j=1부터 j<=5일 때까지 j 값을 1씩 증가시키면서 반복 | i%j == 0	출력
5%1 == 0(참)	1
5%2 == 0(거짓)	
5%3 == 0(거짓)	
5%4 == 0(거짓)	
5%5 == 0(참)	5	
04	• i++에 의해 i=6이 되면 i<=5는 거짓이므로 for 문 종료

07

정답 ① 대칭 키, ② $\dfrac{n(n-1)}{2}$

해설 대칭 키 및 비대칭 키 암호화 알고리즘의 특징은 다음과 같다.

구분	대칭 키 암호방식	비대칭 키 암호방식
키	• 대칭 키(비밀 키)	• 비대칭 키(공개키, 사설 키)
키의 관계	• 암호화 키=복호화 키	• 암호화 키≠복호화 키
키 개수	• $\dfrac{n(n-1)}{2}$ 예) 10명이 공개키 암호를 사용할 경우 45개의 키가 필요하다.	• $2n$ 예) 10명이 공개키 암호를 사용할 경우 20개의 키가 필요하다.
암호 알고리즘	• 공개	• 공개
장점	• 계산 속도가 빠름	• 암호화 키 사전 공유 불필요 • 관리해야 할 키 개수가 적음
단점	• 키 분배 및 관리의 어려움 • 기밀성만 보장	• 계산 속도 느림
알고리즘	• DES, AES, SEED	• 디피-헬만, RSA

08
정답 ① 포함(Composition) 관계, ② 의존(Dependency) 관계

해설 클래스 간의 관계에서 포함 관계와 의존 관계는 다음과 같다.

구분	설명
포함(Composition) 관계	• 집합 관계의 특수한 형태로, 포함하는 사물의 변화가 포함되는 사물에게 영향을 미치는 관계를 표현 • 영구적이고, 집합 관계보다 더 강한 관계로 구성 • 복합 관계라고도 함
의존(Dependency) 관계	• 하나의 클래스가 또 다른 클래스를 사용하는 관계 • 사물 사이에 서로 연관은 있으나 필요에 따라 서로에게 영향을 주는 짧은 시간 동안만 연관을 유지하는 관계를 표현 • 하나의 클래스에 있는 멤버 함수의 인자가 변함에 따라 다른 클래스에 영향을 미칠 때의 관계

09
정답 ① Hot Site, ② Cold Site

해설 DRS의 유형은 다음과 같다.

유형	설명
Mirror site	• 주 센터와 데이터복구센터 모두 운영 상태로 실시간 동시 서비스가 가능한 재해복구 센터 • 재해 발생 시 복구까지의 소요 시간(RTO)은 즉시(이론적으로 0)
Hot Site	• 주 센터와 동일한 수준의 자원을 대기 상태로 원격지에 보유하면서 동기, 비동기 방식의 미러링을 통하여 데이터의 최신 상태를 유지하고 있는 재해복구센터 • 재해 발생 시 복구까지의 소요 시간(RTO)은 4시간 이내
Warm Site	• Hot Site와 유사하나 재해복구센터에 주 센터와 동일한 수준의 자원을 보유하는 대신 중요성이 높은 자원만 부분적으로 재해복구센터에 보유하고 있는 센터 • 데이터 백업 주기가 수 시간~1일 • 재해 발생 시 복구까지의 소요 시간(RTO)은 수일~수주
Cold Site	• 데이터만 원격지에 보관하고, 재해 시 데이터를 근간으로 필요 자원을 조달하여 복구할 수 있는 재해복구센터 • 재해 발생 시 복구까지의 소요 시간(RTO)은 수주~수개월 • 구축 비용이 저렴하나 복구 소요 시간이 길고 신뢰성이 낮음

10
정답 sooBCjebiB

해설

라인 수	설명
16	• B 클래스의 인스턴스를 생성해서 b 변수에 대입
17	• C 클래스의 인스턴스를 생성해서 c 변수에 대입
18	• B 클래스의 인스턴스를 생성해서 d 변수에 대입
19	• s1에 "soo je bi"를 대입
20	• 문자열 s1을 공백(스페이스)을 기준으로 나누어, 각 단어를 s2 문자열 배열에 저장 • s2 = {"soo", "je", "bi"};

라인 수	설명
21	• i 변수에 0을 대입
22	• s2[0]은 "soo"이므로 b.fn("soo")을 호출하고 i 값을 1 증가시켜서 i는 1이 됨
05~07	• s="soo"이므로 "soo"+"B"인 sooB를 출력
23	• s2[1]은 "je"이므로 b.fn("je")을 호출하고 i 값을 1 증가시켜서 i는 2가 됨
10~12	• s="je"이므로 "C"+"je"인 Cje를 출력
24	• s2[2]는 "bi"이므로 b.fn("bi")을 호출하고 i 값을 1 증가시켜서 i는 3이 됨
05~07	• s="bi"이므로 "bi"+"B"인 biB를 출력

11 정답 ▶ AS SELECT

해설 ▶ • CREATE VIEW는 뷰를 생성하는 명령이다.
• CREATE VIEW 문법은 다음과 같다.

> CREATE VIEW 뷰이름 AS 조회쿼리;

• 조회 쿼리는 SELECT ~ FROM ~ WHERE 구문을 사용한다.

12 정답 ▶ ① 리피터(Repeater), ② 라우터(Router)

해설 ▶ 네트워크 장비 중 리피터, 라우터의 특징은 다음과 같다.

유형	설명
리피터 (Repeater)	• 디지털 신호를 증폭시켜 주는 역할을 하여 신호가 약해지지 않고 컴퓨터로 수신되도록 하는 장비
라우터 (Router)	• LAN과 LAN을 연결하거나 LAN과 WAN을 연결하기 위한 인터넷 네트워킹 장비 • 패킷의 위치를 추출하여, 그 위치에 대한 최적의 경로를 지정하며, 이 경로를 따라 데이터 패킷을 다음 장치로 전송시키는 장비

13 정답 ▶ 8회

해설 ▶ • LRU는 사용된 시간을 확인하여 가장 오랫동안 사용되지 않은 페이지를 선택하여 교체하는 알고리즘이다.
• 4개의 프레임에 LRU 페이지 교체 알고리즘을 사용할 경우, 페이지 결함은 8번 발생한다.

참조 페이지	1	2	3	1	2	4	5	1	4	2	3	1	4	5	2
페이지 프레임	1	2	3	1	2	4	5	1	4	2	3	1	4	5	2
		1	2	3	1	2	4	5	1	4	2	3	1	4	5
			1	2	3	1	2	4	5	1	4	2	3	1	4
						3	1	2	2	5	1	4	2	3	1
페이지 부재	F	F	F			F	F				F			F	F

14 정답 140 256

해설

라인 수	설명
02	• main 함수부터 시작
03	• 10×10 크기의 x 배열을 선언
04	• 2차원 포인터 p에 x를 대입
05	• 1차원 포인터 q에 x[4]를 대입
07	• p는 2차원 포인터이므로 1을 증가시키면 p=x+1이 됨
08	• q는 1차원 포인터이므로 1을 감소시키면 q=x[4]-1=&x[3][9]가 됨
10	• p는 x[1][0]의 주솟값이므로 x[0][0]의 주소인 100에서 4×10 바이트 떨어진 140이 됨(x[1][0]은 x[0][0]을 기준으로 int 형 변수 10개만큼 떨어져 있음) • q는 x[3][9]의 주솟값이므로 x[0][0]의 주소인 100에서 4×39 바이트 떨어진 256이 됨(x[3][9]은 x[0][0]을 기준으로 3행 9열 떨어져 있으므로 3×10+9개 만큼 떨어져 있음)

15 정답 홍길동
홍길동
홍길동

해설

라인 수	설명							
03	• n이라는 이름의 문자형 배열 선언							
05	• soojebi 함수 내의 i 변수는 0으로 초기화 • static 변수는 처음에 한 번만 초기화							
14	• 메인 함수부터 시작							
15	• soojebi 함수를 호출							
04	• soojebi 함수 실행(반환하는 타입이 문자형 포인터 char*)							
05	• static 변수는 이미 초기화했으므로 초기화되지 않음							
06	• i=0이므로 case 0으로 이동							
07	• n 배열에 "임꺽정" 문자열을 저장(한글을 문자형 2개 변수에 1글자 저장)							
	n[0]	n[1]	n[2]	n[3]	n[4]	n[5]	n[6]	...
	임		꺽		정		\0	
11	• i 값을 1 증가시키므로 i는 1이 됨							
12	• n 배열의 시작주소(&n[0])를 반환							
15	• p1 변수에 soojebi() 함수의 반환값인 n[0]의 주솟값을 저장							
16	• soojebi 함수를 호출							
04	• soojebi 함수 실행(반환하는 타입이 문자형 포인터 char*)							
05	• static 변수는 이미 초기화했으므로 초기화되지 않음							
06	• i=1이므로 case 1로 이동							

라인 수	설명
08	• n 배열에 "장길산" 문자열을 저장(한글을 문자형 2개 변수에 1글자 저장) | n[0] | n[1] | n[2] | n[3] | n[4] | n[5] | n[6] | … | |---|---|---|---|---|---|---|---| | 장 | | 길 | | 산 | | \0 | |
11	• i 값을 1 증가시키므로 i는 2가 됨
12	• n 배열의 시작주소(&n[0])를 반환
16	• p2 변수에 soojebi() 함수의 반환값인 n[0]의 주솟값을 저장
17	• soojebi 함수를 호출
04	• soojebi 함수 실행(반환하는 타입이 문자형 포인터 char*)
05	• static 변수는 이미 초기화했으므로 초기화되지 않음
06	• i=2이므로 default로 이동
09	• n 배열에 "홍길동" 문자열을 저장(한글을 문자형 2개 변수에 1글자 저장) | n[0] | n[1] | n[2] | n[3] | n[4] | n[5] | n[6] | … | |---|---|---|---|---|---|---|---| | 홍 | | 길 | | 동 | | \0 | |
11	• i 값을 1 증가시키므로 i는 3이 됨
12	• n 배열의 시작주소(&n[0])를 반환
17	• p3 변수에 soojebi() 함수의 반환값인 n[0]의 주솟값을 저장
18	• p1 변수에는 n[0]의 주솟값이 저장되어 있고, printf에서 문자열(%s)로 출력하라고 했으므로 n[0]부터 NULL 전까지의 문자열을 출력 | n[0] | n[1] | n[2] | n[3] | n[4] | n[5] | n[6] | … | |---|---|---|---|---|---|---|---| | 홍 | | 길 | | 동 | | \0 | | • n[6]에 NULL이 있고, n[0]~n[5]는 홍길동이 저장되어 있으므로 홍길동을 출력
19	• p2 변수도 p1 변수와 마찬가지로 n[0]의 주솟값이 저장되어 있고, printf에서 문자열(%s)로 출력하라고 했으므로 n[0]부터 NULL 전까지의 문자열을 출력 | n[0] | n[1] | n[2] | n[3] | n[4] | n[5] | n[6] | … | |---|---|---|---|---|---|---|---| | 홍 | | 길 | | 동 | | \0 | | • n[6]에 NULL이 있고, n[0]~n[5]는 홍길동이 저장되어 있으므로 홍길동을 출력
20	• p3 변수도 p1, p2 변수와 마찬가지로 n[0]의 주솟값이 저장되어 있으므로 홍길동을 출력

16 정답 ① LoC(Lines of Code), ② 200 Man Month

해설 • 소프트웨어 각 기능의 원시 코드 라인 수의 낙관치, 중간치, 비관치를 측정하여 예측치를 구하고 이를 이용하여 비용을 산정하는 방법으로 측정이 쉽고 이해하기 쉬워 많이 사용하는 비용산정 모델은 LoC이다.
• Man Month를 구하기 위해서는 (LoC)/(프로그래머의 월간 생산성)으로 계산한다.

(LoC)/(프로그래머의 월간 생산성)=50,000/250=200

17 정답 B

해설
- B 클래스는 A 클래스를 상속받고 있고, C 클래스도 A 클래스를 상속받고 있다.
- pass는 아무것도 하지 않는 명령어이다.

라인 수	설명
13	• b 변수에 B 클래스의 인스턴스를 대입
14	• c 변수에 C 클래스의 인스턴스를 대입
15	• b 변수의 fn 메서드를 호출하면 자식 클래스인 B 클래스의 fn 메서드를 실행
06~07	• pass는 아무것도 실행하지 않으므로 아무 일이 발생하지 않음
16	• c 변수의 fn 메서드를 호출하면 자식 클래스인 C 클래스의 fn 메서드를 실행
10~11	• B를 출력

18 정답 C

해설

라인 수	설명
01	• x 변수에 35를 대입
02	• x>=90이 거짓이므로 else에 있는 명령어인 "B" if x >= 60 else "C"를 실행 • "B" if x >= 60 else "C"에서 x >= 60은 거짓이므로 C를 실행

19 정답 ① IP(Internet Protocol), ② ICMP(Internet Control Message Protocol)

해설 네트워크 계층의 프로토콜은 다음과 같다.

프로토콜	설명
IP (Internet Protocol)	• 송수신 간의 패킷 단위로 데이터를 교환하는 네트워크에서 정보를 주고받는 데 사용하는 통신 프로토콜
ARP (Address Resolution Protocol)	• IP 네트워크상에서 IP 주소를 MAC 주소(물리 주소)로 변환하는 프로토콜
RARP (Reverse Address Resolution Protocol)	• IP 호스트가 자신의 물리 네트워크 주소(MAC)는 알지만 IP 주소를 모르는 경우, 서버로부터 IP 주소를 요청하기 위해 사용하는 프로토콜 • 물리 네트워크(MAC) 주소에 해당하는 IP 주소를 알려주는 역순 주소 결정 프로토콜
ICMP (Internet Control Message Protocol)	• IP의 동작 과정에서의 전송 오류가 발생하는 경우에 오류 정보를 전송하는 목적으로 사용하는 프로토콜 • 메시지 형식은 8바이트의 헤더와 가변 길이의 데이터 영역으로 분리 • 수신지 도달 불가 메시지는 수신지 또는 서비스에 도달할 수 없는 호스트를 통지하는 데 사용 • ICMP 프로토콜을 사용해서 ping 유틸리티의 구현을 통해 오류가 발생했음을 알리는 기능을 수행
IGMP (Internet Group Management Protocol)	• 인터넷 그룹 관리 프로토콜은 호스트 컴퓨터와 인접 라우터가 멀티캐스트 그룹 멤버십을 구성하는 데 사용하는 통신 프로토콜 • 화상회의, IPTV에서 활용되는 프로토콜 • IGMP 기능에는 그룹 가입, 멤버십 감시, 멤버십 응답, 멤버쉽 탈퇴가 있음

프로토콜	설명
라우팅 프로토콜 (Routing Protocol)	• 데이터 전송을 위해 목적지까지 갈 수 있는 여러 경로 중 최적의 경로를 설정해 주는 라우터 간의 상호 통신 프로토콜
NAT (Network Address Translation)	• 사설 네트워크에 속한 IP를 공인 IP 주소로 바꿔주는 네트워크 주소 변환 기술 • 기업 내부에서 사설 IP를 부여해서 사용하다가 기업 외부로 통신할 때는 NAT를 통해서 공인 IP로 변환해서 통신함으로써 부족한 IPv4의 주소 문제를 해결하고 기업 내부의 보안을 강화할 수 있음

20

정답 ① 척와(Chukwa), ② 스쿱(Sqoop)

해설 빅데이터 수집기술 중 척와와 스쿱의 특징은 다음과 같다.

수집기술	설명
척와(Chukwa)	• 비정형 데이터 수집 기술로 분산된 각 서버에서 에이전트를 실행하고, 컬렉터(Collector)가 에이전트로부터 데이터를 받아 HDFS에 저장하는 기술
스쿱(Sqoop)	• 정형 데이터 수집기술로 커넥터(Connector)를 사용하여 관계형 데이터베이스 시스템(RDBMS)에서 HDFS로 데이터를 수집하는 기술

수제비 선/견/지/명 모의고사 12회 정답 및 해설

01. 정답 ▶ ITSM(IT Service Management; IT 서비스 관리)

해설 ▶ IT 업무 프로세스 관련 용어는 다음과 같다.

용어	설명
ITSM (IT Service Management)	• 정보 시스템 사용자가 만족할 수 있는 서비스를 제공하고 지속적인 관리를 통해 서비스의 품질을 유지 및 증진시키기 위한 일련의 활동, 즉 기업 내의 기존 정보통신 관리 역할을 서비스 관점으로 바꿔서 고객 중심의 IT 서비스를 관리하는 기법
SLA (Service Level Agreement)	• 고객과 서비스 제공자 간 계약인 서비스 수준 관리 • 서비스 수준을 측정할 수 있는 세부 서비스 요소(SLO; Service Lever Object)들이 포함됨

02. 정답 ▶ SELECT * FROM 성적 ORDER BY 성적 ASC;

해설 ▶ SELECT 명령어는 다음과 같다.

구분	설명		
SELECT절	• 검색하고자 하는 속성명, 계산식을 기술 • 속성명 별칭은 AS를 사용하며 생략 가능함 • 2개 이상의 테이블을 대상으로 검색할 때는 '테이블명.속성명'으로 표현 • 술어 부분은 ALL이 기본값		
		ALL	• 모든 튜플을 검색할 때 사용 • SELECT 뒤에 명시하지 않은 경우 ALL로 인식
		DISTINCT	• 중복된 속성이 조회될 경우 그중 한 개만 검색 (SELECT 뒤에 명시된 속성이 중복될 경우 한 개만 검색)
FROM절	• 질의에 의해 검색될 데이터들을 포함하는 테이블명을 기술		
WHERE절	• 검색할 조건을 기술		
GROUP BY절	• 속성값을 그룹으로 분류하고자 할 때 사용		
HAVING절	• GROUP BY에 의해 분류한 후 그룹에 대한 조건 지정		
ORDER BY절	• 속성값을 정렬하고자 할 때(ASC: 오름차순, DESC: 내림차순, ASC, DESC 키워드 생략 시 오름차순 정렬) 사용		

> **두음쌤 한마디**
>
> **SELECT 명령문**
> 「셀프 웨 구해오」
> SELECT / FROM / WHERE /
> GROUP BY / HAVING /
> ORDER BY

03. 정답 ▶ CBD(Component Based Development) 개발방법론

해설 ▶
- 기존의 시스템 및 소프트웨어를 구성하고 있는 컴포넌트를 조립해서 하나의 새로운 애플리케이션을 만드는 소프트웨어 개발 방법론은 CBD 개발방법론이다.
- CBD 방법론은 소프트웨어를 완제품으로 개발하던 방식과 달리 부품 역할을 하는 소프트웨어 컴포넌트를 기능별로 개발하고 각자 필요한 것을 선택하여 조립함으로써 소프트웨어 개발에 드는 노력과 시간을 절약할 수 있다.

04 정답 !=

해설

라인 수	설명
02	• main 함수부터 시작
03	• 변수 i, cnt를 선언하고, cnt를 0으로 초기화
04	• 크기가 5인 1차원 정수형 배열 arr을 선언
06~07	• for 문에서 i 값이 0부터 5 미만일 때 i 값을 1씩 증가시키면서 scanf 함수를 호출 • scanf 함수는 키보드로부터 입력받은 값을 arr 배열에 대입
09~12	• for 문에서 i 값이 0부터 5 미만일 때 i 값을 1씩 증가시키면서 반복을 수행 • arr[i]를 2로 나눈 나머지가 0이 아닌 경우 cnt 값을 1 증가
14	• 화면에 cnt 값을 출력

• 키보드에 1 2 3 4 5를 입력한 경우 다음과 같이 동작하며 화면에 2를 출력한다.

i	0	1	2	3	4
arr	arr[0] = 1	arr[1] = 2	arr[2] = 3	arr[3] = 4	arr[4] = 5
cnt	0	1	1	2	2

05 정답 ① 피그(Pig), ② 하이브(Hive)

해설 빅데이터 가공 기술 중 피그와 하이브의 특징은 다음과 같다.

수집 기술	설명
피그(Pig)	• 대용량 데이터 집합을 분석하기 위한 플랫폼으로 하둡을 이용하여 맵리듀스를 사용하기 위한 높은 수준의 스크립트 언어인 피그 라틴이라는 자체 언어를 제공하는 기술
하이브(Hive)	• 하둡 기반의 DW 솔루션으로 SQL과 매우 유사한 HiveQL이라는 쿼리를 제공하는 기술

06 정답 ① 강제적 접근 통제(MAC; Mandatory Access Control), ② 역할 기반 접근 통제(RBAC; Role Based Access Control)

해설 접근 통제의 유형은 다음과 같다.

유형	설명
임의적 접근 통제 (DAC; Discretionary Access Control)	• 주체나 그룹의 신분(신원)에 근거하여 객체에 대한 접근을 제한하는 방법 • 신분 기반(Identity-Based) 접근통제 정책 • DAC에서 사용자는 자원과 관련된 ACL(Access Control List)이 수정됨으로써 자원에 대한 권한을 부여
강제적 접근 통제 (MAC; Mandatory Access Control)	• 객체에 포함된 정보의 허용등급과 접근 정보에 대하여 주체가 갖는 접근 허가 권한에 근거하여 객체에 대한 접근을 제한하는 방법 • 규칙 기반(Rule-Based) 접근통제 정책
역할 기반 접근 통제 (RBAC; Role Based Access Control)	• 중앙 관리자가 사용자와 시스템의 상호관계를 통제하며 조직 내 맡은 역할(Role)에 기초하여 자원에 대한 접근을 제한하는 방법 • RBAC에서 자원에 대한 접근은 사용자에게 할당된 역할에 기반 • 관리자는 사용자에게 특정한 권리와 권한이 정의된 역할을 할당

07 정답 ① Frame, ② Packet, ③ Segment

해설 계층별 PDU는 다음과 같다.

계층		PDU
7	응용 계층(Application Layer)	메시지(Message)
6	표현 계층(Presentation Layer)	데이터(Data)
5	세션 계층(Session Layer)	
4	전송 계층(Transport Layer)	세그먼트(Segment)
3	네트워크 계층(Network Layer)	패킷(Packet)
2	데이터 링크 계층(Data Link Layer)	프레임(Frame)
1	물리 계층(Physical Layer)	비트(Bit)

08 정답 ① PPTP(Point to Point Tunneling Protocol), ② L2TP(Layer 2 Tunneling Protocol)

해설 데이터 링크 계층의 암호화 전송 기술은 다음과 같다.

기술	설명
PPTP (Point to Point Tunneling Protocol)	• 마이크로소프트사(Microsoft)가 개발한 프로토콜로 IP, IPX 페이로드를 암호화하고, IP 헤더로 캡슐화하여 전송하는 프로토콜 • PPP(Point-to-Point Protocol)에 기초하여 두 대의 컴퓨터가 직렬 인터페이스를 이용하여 통신할 때 사용 • 하나의 터널에 하나의 연결만을 지원하여 일대일 통신만 가능 • 데이터 링크 계층(2계층)에서 사용하는 보안 프로토콜
L2F (Layer 2 Forwarding)	• 시스코사(Cisco)에서 개발한 프로토콜로 하나의 터널에 여러 개의 연결을 지원하여 다자간 통신이 가능하도록 하는 프로토콜 • 전송 계층 프로토콜로 TCP가 아닌 UDP를 사용 • 데이터 링크 계층(2계층)에서 사용하는 보안 프로토콜
L2TP (Layer 2 Tunneling Protocol)	• L2F와 PPTP의 결합한 방법으로 마이크로소프트사와 시스코에서 지원하고 있으며 호환성이 뛰어난 프로토콜 • UDP 포트가 사용되고 터널링에 대한 인증을 수행 • 암호화 및 기밀성과 같은 데이터 보안을 제공하지 않기 때문에 IPSec(Internet Protocol Security) 기술과 함께 사용 • 데이터 링크 계층(2계층)에서 사용하는 보안 프로토콜

09 정답 ban

해설

라인 수	설명
13	• main 함수부터 시작
14	• str 배열에 "banana" 문자열 대입
15	• fn 함수 호출
02	• fn의 str 포인터 변수에 main 함수의 str 배열의 시작 주소를 전달
03	• 크기가 256인 hash 배열을 선언하고, 요소들을 0으로 초기화
04	• index, i 변수를 선언
05	• i=0부터 시작하고, i=0일 때 str[0]은 'b'이므로 거짓이 아니기 때문에 반복문 실행
06	• hash['b']인 hash[98]이 0이므로 if 문이 참이 되어 if 문을 실행

라인 수	설명
07	• hash[98] 값을 1 증가
08	• index는 0이고, i는 0이므로 str[0]에 str[0] 값인 'b'를 대입하고, index 값을 1 증가시켜 index=1이 됨
05	• i=1일 때 str[1]은 'a'이므로 거짓이 아니기 때문에 반복문 실행
06	• hash['a']인 hash[97]이 0이므로 if 문이 참이 되어 if 문을 실행
07	• hash[97] 값을 1 증가
08	• index는 1이고, i는 1이므로 str[1]에 str[1] 값인 'a'를 대입하고, index 값을 1 증가시켜 index=2가 됨
05	• i=2일 때 str[2]은 'n'이므로 거짓이 아니기 때문에 반복문 실행
06	• hash['n']인 hash[110]이 0이므로 if 문이 참이 되어 if 문을 실행
07	• hash[110] 값을 1 증가
08	• index는 2이고, i는 2이므로 str[2]에 str[2] 값인 'n'을 대입하고, index 값을 1 증가시켜 index=3이 됨
05	• i=3일 때 str[3]은 'a'이므로 거짓이 아니기 때문에 반복문 실행
06~09	• hash['a']인 hash[97]이 1이므로 if 문이 거짓이 되어 if 문을 실행하지 않음
05	• i=4일 때 str[4]는 'n'이므로 거짓이 아니기 때문에 반복문 실행
06~09	• hash['n']인 hash[110]이 1이므로 if 문이 거짓이 되어 if 문을 실행하지 않음
05	• i=5일 때 str[5]는 'a'이므로 거짓이 아니기 때문에 반복문 실행
06~09	• hash['a']인 hash[97]이 1이므로 if 문이 거짓이 되어 if 문을 실행하지 않음
05	• i=6일 때 str[6]은 NULL이므로 거짓이 되어 반복문을 종료
11	• index=3이므로 str[3]은 NULL을 대입 | str[0] | str[1] | str[2] | str[3] | |---|---|---|---| | 'b' | 'a' | 'n' | NULL |
16	• str을 문자열로 출력하면 ban이 출력됨

10 정답 ▶ 110

해설

라인 수	설명
08	• soojebi(6)을 호출
01	• num=6을 전달받음
02	• num<2는 거짓이므로 if 문을 실행하지 않음

04	• soojebi(3)을 호출
	
	| 라인 수 | 설명 |
	|---|---|
	| 01 | • num=3을 전달받음 |
	| 02 | • num<2는 거짓이므로 if 문을 실행하지 않음 |
	| 04 | • soojebi(1)을 호출
	
	  | 라인 수 | 설명 |
	  |---|---|
	  | 01 | • num=1을 전달받음 |
	  | 02 | • num<2는 참이므로 num 값인 1을 출력 |
	
	• soojebi(1)이 끝나고 난 후에 3%2인 1을 출력 |

	• soojebi(6)이 끝나고 난 후에 6%2인 0을 출력

11

정답 a=10
a=40
540

해설

라인 수	설명
21	• main 메서드부터 시작
22	• B(10) 생성자 호출
13	• a=10이므로 super(5)인 A(5) 생성자를 호출
03	• A(5)이므로 a=5가 되어 A 클래스의 a 변수에 5를 대입
14	• B 생성자에서 a=10이므로 B 클래스의 a 변수에 10을 대입
22	• B 클래스의 인스턴스를 A 클래스 타입의 c 변수에 대입
23	• B(40) 생성자 호출
13	• a=40이므로 super(20)인 A(20) 생성자를 호출
03	• A(20)이므로 a=20이 되어 A 클래스의 a 변수에 20를 대입
14	• B 생성자에서 a=40이므로 B 클래스의 a 변수에 40을 대입
23	• B 클래스의 인스턴스를 B 클래스 타입의 d 변수에 대입
24	• c 변수의 인스턴스의 display 메서드를 호출 • 오버라이딩 관계이므로 자식 클래스인 B 클래스의 display를 호출
16~18	• c 인스턴스에 대한 B 클래스의 a 값이 10이므로 "a="+10인 a=10을 출력
25	• d 변수의 인스턴스의 display 메서드를 호출 • 오버라이딩 관계이므로 자식 클래스인 B 클래스의 display를 호출
16~18	• d 인스턴스에 대한 B 클래스의 a 값이 40이므로 "a="+40인 a=40을 출력
26	• c 변수는 A 클래스 타입이므로 c.a는 A 클래스의 a 값인 5가 됨 • d 변수는 B 클래스 타입이므로 d.a는 B 클래스의 a 값인 40이 됨 • 5 + "" + 40 == "5" + 40이므로 "540"이 되어 540을 출력

12

정답 ① 레이스 컨디션 공격(Race Condition Attack), ② 키로거 공격(Key Logger Attack)

해설 주요 시스템 보안 공격 기법은 다음과 같다.

공격 기법	설명
포맷 스트링 공격 (Format String Attack)	• 포맷 스트링을 인자로 하는 함수의 취약점을 이용한 공격으로 외부로부터 입력된 값을 검증하지 않고 입출력 함수의 포맷 스트링을 그대로 사용하는 경우 발생하는 취약점 공격 기법
레이스 컨디션 공격 (Race Condition Attack)	• 실행되는 프로세스가 임시파일을 만드는 경우 악의적인 프로그램을 통해 그 프로세스의 실행 중에 끼어들어 임시파일을 심볼릭 링크하여 악의적인 행위를 수행하게 하는 공격 기법
키로거 공격 (Key Logger Attack)	• 컴퓨터 사용자의 키보드 움직임을 탐지해서 저장하고, ID나 패스워드, 계좌 번호, 카드 번호 등과 같은 개인의 중요한 정보를 몰래 빼가는 해킹 공격
루트킷(Rootkit)	• 시스템 침입 후 침입 사실을 숨긴 채 차후의 침입을 위한 백도어, 트로이 목마 설치, 원격 접근, 내부 사용 흔적 삭제, 관리자 권한 획득 등 주로 불법적인 해킹에 사용되는 기능을 제공하는 프로그램의 모음

13 **정답** ① AJAX(Asynchronous JavaScript and XML), ② JSON(Javascript Object Notation), ③ YAML(YAML Ain't Markup Language)

해설 인터페이스 데이터 교환을 위한 기술은 다음과 같다.

구분	설명
AJAX (Asynchronous JavaScript and XML)	• 자바스크립트를 사용하여 웹 서버와 클라이언트 간 비동기적으로 XML 데이터를 교환하고 조작하기 위한 웹 기술
JSON (Javascript Object Notation)	• 비동기 브라우저/서버 통신(AJAX)을 위해 '속성-값 쌍', '키-값 쌍'으로 이루어진 데이터 오브젝트를 전달하기 위해 인간이 읽을 수 있는 텍스트를 사용하는 개방형 표준 포맷
YAML (YAML Ain't Markup Language)	• 데이터를 직관적이고 사람이 읽기 쉽게 표현하기 위한 데이터 직렬화 형식으로 중괄호나 태그를 사용하지 않고 공백과 줄 바꿈을 활용해 데이터를 간결하게 표현할 수 있고, 주로 구성 파일에서 많이 사용됨

14 **정답** ① 실패 상태(Failed), ② 철회 상태(Aborted)

해설 트랜잭션의 상태 변화는 다음과 같다.

상태	설명
활동 상태 (Active)	• 초기 상태, 트랜잭션이 실행 중일 때 가지는 상태
부분 완료 상태 (Partially Committed)	• 마지막 명령문이 실행된 후에 가지는 상태
완료 상태 (Committed)	• 트랜잭션이 성공적으로 완료된 후 가지는 상태
실패 상태 (Failed)	• 정상적인 실행이 더 이상 진행될 수 없을 때 가지는 상태
철회 상태 (Aborted)	• 트랜잭션이 취소되고 데이터베이스가 트랜잭션 시작 전 상태로 환원된 상태

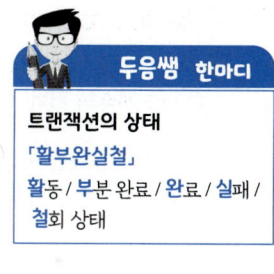

두음쌤 한마디
트랜잭션의 상태
「활부완실철」
활동 / 부분 완료 / 완료 / 실패 / 철회 상태

15 **정답** 차수: 4, 카디널리티: 5

해설

구성요소	설명
릴레이션	• 행(Row)과 열(Column)로 구성된 테이블
튜플(Tuple)	• 릴레이션의 행(Row)에 해당되는 요소
속성(Attribute)	• 릴레이션의 열(Column)에 해당되는 요소
카디널리티(Cardinality)	• 튜플(Row)의 수
차수(Degree)	• 애트리뷰트(Column)의 수

16 정답 0

해설

라인 수	설명
02	• main 함수 시작
03	• 정수형 변수 a, b, c를 각각 5, 10, 15로 초기화
04	• 포인터 배열 arr을 선언하고 &a, &b, &c로 초기화 <table><tr><th>arr[0]</th><th>arr[1]</th><th>arr[2]</th></tr><tr><td>&a</td><td>&b</td><td>&c</td></tr></table>
05	• 이중 포인터 ptr을 선언하고 arr을 대입
06	• ptr=arr이므로 *ptr[0]은 *arr[0]이고, arr[0]은 &a이므로 *arr[0]은 *(&a)이기 되기 때문에 a 값인 5가 됨 • arr[1]은 &b이므로 *(arr[1])은 *(&b)가 되기 때문에 b 값인 10이 됨 • **(ptr + 2)는 **(arr+2)이고, *(arr+2)는 arr[2]인 &c이기 때문에 **(arr+2)는 *(&c)가 되어 c 값인 15가 됨 • 5+10-15인 0을 출력

17 정답 TC1, TC2, TC3

해설
• 조건 커버리지는 (각 분기의) 결정 포인트 내의 각 개별 조건식이 적어도 한 번은 참과 거짓의 결과가 되도록 수행하는 테스트 커버리지이다.

조건 커버리지

테스트 케이스		첫 번째 분기문		두 번째 분기문	
		X>1	Y>3	X<4	Y>1
TC 1	1) X=3, Y=4, Z=2	T	T	T	T
TC 2	2) X=1, Y=5, Z=1	F	T	T	T
TC 3	3) X=5, Y=1, Z=3	T	F	F	F

• T1부터 순차적으로 실행해야 해서, T1 → T2 → T3을 모두 수행해야지 조건 커버리지를 100% 만족할 수 있다.
• 만일, 순차 실행이라는 조건이 없으면 T2, TC3을 수행해도 100% 만족한다.

18 정답 (1, 2, 3, [4, 5, 7], 6)

해설

라인 수	설명
06	• soojebi 메서드를 호출한 결과를 변수 result에 대입
01	• soojebi() 메서드를 정의
02	• 변수 a에 리스트 [4, 5]를 포함하여 1, 2, 3, [4, 5], 6을 튜플 형태로 저장
03	• a[3]에 7을 추가하여 [4, 5, 7]이 됨 • a[3]은 리스트형이므로 append가 가능함
04	• a를 반환
07	• result의 값인 (1, 2, 3, [4, 5, 7], 6)을 출력

19 정답: A0CE10

해설

라인 수	설명
29	• main 메서드부터 시작
30	• C 객체를 생성하고 생성자를 호출 • C 클래스는 B 클래스를 상속하고 B 클래스는 A 클래스를 상속
20	• C 클래스 생성자에 super가 없으므로 B 클래스의 매개변수가 없는 생성자를 호출
11	• B 클래스 생성자에 super가 없으므로 A 클래스의 매개변수가 없는 생성자를 호출
03	• A를 출력
04	• method 메서드를 호출 • method는 메서드는 오버라이딩 관계이므로 C 클래스의 method 메서드를 호출
24~26	• value는 아직 초기화되지 않아 기본값인 0을 출력
05	• A 클래스 생성자가 끝났으므로 B 클래스 생성자를 이어서 실행
12	• B 클래스 생성자를 이어서 실행하여 C를 출력 • B 클래스 생성자가 끝났으므로 C 클래스 생성자를 이어서 실행
21	• C 클래스 생성자를 이어서 실행하여 E를 출력
22	• method는 메서드는 오버라이딩 관계이므로 C 클래스의 method 메서드를 호출
24~26	• C 클래스의 value 값인 10을 출력

20 정답: CC(Common Criteria)

해설
- 보안 기능이 있는 IT 제품(정보보호제품)의 국제표준(ISO/IEC 15408)에 기반하여 보안성을 평가기관에서 평가하고 이에 대한 결과를 인증기관에서 인증하는 제도는 CC(Common Criteria)이다.
- IT 제품(H/W, F/W, S/W)의 보안 기능성과 평가 과정에서 그 제품들에 적용되는 보증수단에 대한 공통의 요구 사항들을 제시함으로써, 독립적으로 수행된 보안성 평가의 결과들을 비교하는 게 가능하다.

수제비 선/견/지/명 모의고사 13회 정답 및 해설

01
정답 초소형 전자 기계 시스템(MEMS; Micro Electro Mechanical System)

해설
- MEMS는 초정밀 반도체 제조 기술을 바탕으로 전자기계 소자를 육안으로는 보이지 않을 정도로 작은 수 mm에서 수㎛의 크기로 제작하는 초미세 장치이다.
- MEMS는 나노기술을 이용해 제작되는 매우 작은 기계를 의미한다.

02
정답 매시업(Mashup)

해설
- 매시업(Mashup)은 웹으로 제공하고 있는 정보와 서비스를 융합하여 새로운 소프트웨어나 서비스, 데이터베이스 등을 만드는 기술이다.
- 서로 다른 웹 사이트의 콘텐츠를 조합하여 새로운 차원의 콘텐츠나 서비스를 창출하는 웹 사이트 또는 애플리케이션 기술이다.

03
정답 hhhh

해설

라인 수	설명
10	• main 메서드부터 시작
11	• "hello soojebi" 문자열의 시작주소를 p 포인터 변수에 대입
13	• strlen(p)는 p 포인터가 가리키는 문자열의 길이이므로 13 • soojebi(p, 13) 호출
03	• p 포인터 변수에 main 함수의 p 포인터 변수에 저장된 주솟값을 전달, size에 13을 전달
04	• i 변수 선언
05~07	• i%4==0을 만족할 때마다 *p의 값인 'h'를 출력 • i=0, 4, 8, 12일 때 if 문을 만족하므로 'h'를 4번 출력

04
정답 ① 전체 백업(Full Backup), ② 차등 백업(Differential Backup; 차분 백업)

해설 백업 유형 중 전체 백업과 차등 백업은 다음과 같다.

유형	설명
전체 백업 (Full Backup)	• 백업받고자 하는 데이터 전체에 대해 백업하는 방식
차등 백업((Differential Backup; 차분 백업))	• 전체 백업 이후로 다음 전체 백업이 실시되기 직전까지 이전 전체 백업 이후 변화된 데이터를 백업하는 방식
증분 백업 (Incremental Backup)	• 차등 백업과 유사하나 전체 백업 이후 변경분이 누적되어 백업되는 방식

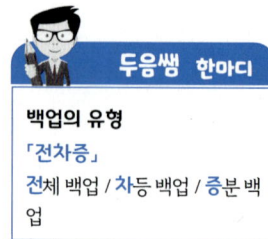

두음쌤 한마디

백업의 유형
「전차증」
전체 백업 / 차등 백업 / 증분 백업

05
정답 DROP TABLE 학생 CASCADE;

해설
- DROP TABLE은 테이블을 삭제하는 명령이다.

• DROP TABLE 문법은 다음과 같다.

```
DROP TABLE 테이블명 [CASCADE | RESTRICT];
```

• DROP TABLE 명령어의 옵션에는 CASCADE와 RESTRICT가 있다.
• CASCADE와 RESTRICT의 경우 외래 키(FOREIGN KEY)가 걸려 있을 때 해당한다.

옵션	설명
CASCADE	• 참조하는 테이블까지 연쇄적으로 제거하는 옵션
RESTRICT	• 다른 테이블이 삭제할 테이블을 참조 중이면 제거하지 않는 옵션

06 정답: def

해설: 클래스 내의 메서드나 사용자 정의함수를 선언하는 문법은 다음과 같다.

```
def 메서드명(self, 매개변수):
    명령어
```

07 정답: 스트레스 테스트(Stress Testing)

해설: 성능 테스트의 상세 유형은 다음과 같다.

유형	설명
부하 테스트 (Load Testing)	• 시스템에 부하를 계속 증가시키면서 시스템의 임계점을 찾는 테스트 부하 테스트를 통해 병목 지점을 찾아서 병목 현상을 제거하는 과정을 반복
스트레스 테스트 (Stress Testing)	• 시스템 처리 능력 이상의 부하, 즉 임계점 이상의 부하를 가하여 비정상적인 상황에서의 처리를 테스트
스파이크 테스트 (Spike Testing)	• 짧은 시간에 사용자가 몰릴 때 시스템의 반응 측정 테스트
내구성 테스트 (Endurance Testing)	• 오랜 시간 동안 시스템에 높은 부하를 가하여 시스템 반응 테스트

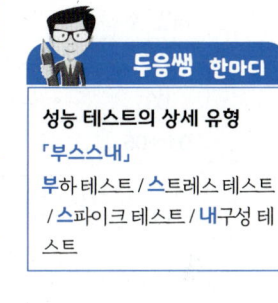

두음쌤 한마디

성능 테스트의 상세 유형
「부스스내」
부하 테스트 / 스트레스 테스트 / 스파이크 테스트 / 내구성 테스트

08 정답: ⓒ, ⓒ, ⓔ

해설: 파이썬은 다음과 같은 특징을 가지고 있다.

• 파이썬은 변수 선언 시 자료형을 명시적으로 사용할 필요가 없다.
• 파이썬은 인터프리터 언어로 분류된다.
• 세미콜론(;)을 사용하지 않아도 된다.
• 하나의 변수에 연속하여 값을 저장할 수 있다.
• 같은 수준의 코드는 반드시 동일한 여백을 가져야 한다.

09 정답: JVM(Java Virtual Machine)

해설: JVM은 Java Byte Code를 OS에 맞게 해석해 주는 역할을 수행한다.

10 정답 puts⟩soojebi

해설 C언어 입출력 함수는 다음과 같다.

함수명	내용
gets()	• 문자열을 키보드로부터 입력받는 함수
puts()	• 문자열을 화면에 출력하는 함수
getchar()	• 문자를 키보드로부터 입력받는 함수
putchar()	• 문자를 화면에 출력하는 함수

11 정답 Shared Data

해설

특징	설명
통합된 데이터(Integrated Data)	• 자료의 중복을 배제한 데이터의 모임
저장된 데이터(Stored Data)	• 저장 매체에 저장된 데이터
운영 데이터(Operational Data)	• 조직의 업무를 수행하는 데 필요한 데이터
공용 데이터(Shared Data)	• 여러 애플리케이션, 시스템들이 공동으로 사용하는 데이터

12 정답 1 2 3 4 5

해설

라인 수	설명
02	• main 메서드부터 시작
03	• arr 배열을 {3, 5, 4, 2, 1}로 초기화
04~05	• i, temp 변수를 선언하고 0으로 초기화
07~18	• 2중 do-while 구문이 수행 • 바깥쪽 do-while에서 i 값을 j에 대입 • 안쪽 do-while 반복문에서 arr[i]와 arr[j] 값을 비교하여 arr[i]가 더 크면 두 값을 교환 | i	j	arr[i]	arr[j]	비고 | |---|---|---|---|---| | 0 | 0 | 3 | 3 | | | 0 | 1 | 3 | 5 | | | 0 | 2 | 3 | 4 | | | 0 | 3 | 2 | 3 | 교환 | | 0 | 4 | 1 | 2 | 교환 | | 1 | 1 | 5 | 5 | | | 1 | 2 | 4 | 5 | 교환 | | 1 | 3 | 3 | 4 | 교환 | | 1 | 4 | 2 | 3 | 교환 | | 2 | 2 | 5 | 5 | | | 2 | 3 | 4 | 5 | 교환 | | 2 | 4 | 3 | 4 | 교환 | | 3 | 3 | 5 | 5 | | | 3 | 4 | 4 | 5 | 교환 |
20~22	• arr[0] ~ arr[4] 출력

13 정답 [Hello, World, Hello]

해설

라인 수	설명
02	• main 메서드부터 시작
03	• String 타입을 갖는 링크드 리스트 객체 list를 생성
04	• list에 Hello 문자열을 추가(0번지에 추가됨)
05	• list에 Hello 문자열을 추가(1번지에 추가됨)
06	• list의 1번지에 World 문자열을 추가 • 기존의 0번지와 1번지 사이에 값 추가
07	• list를 출력

• 자바 LinkedList 메서드는 다음과 같다.

메서드	설명
add(값)	• 값을 추가하는 메서드
add(인덱스, 값)	• 해당 인덱스(번지)에 값을 추가하는 메서드
remove(인덱스)	• 해당 인덱스(번지)에 값을 제거하는 메서드
size( )	• 원소 개수를 출력하는 메서드

14 정답 ① 공급망 공격(Supply Chain Attack), ② 부 채널 공격(Side Channel Attack)

해설 보안 관련 용어는 다음과 같다.

용어	설명
공급망 공격 (Supply Chain Attack)	• 소프트웨어 개발사의 네트워크에 침투하여 소스 코드의 수정 등을 통해 악의적인 코드를 삽입하거나 배포 서버에 접근하여 악의적인 파일로 변경하는 방식을 통해 사용자 PC에 소프트웨어를 설치 또는 업데이트 시에 자동적으로 감염되도록 하는 공격 기법
부 채널 공격 (Side Channel Attack)	• 암호화 알고리즘의 실행 시기의 전력 소비, 전자기파 방사 등의 물리적 특성을 측정하여 암호 키 등 내부 비밀 정보를 부 채널에서 획득하는 공격 기법
제로데이 공격 (Zero Day Attack)	• 보안 취약점이 발견되어 널리 공표되기 전에 해당 취약점을 악용하여 이루어지는 보안 공격 기법

15 정답 ① 선점형 스케줄링(Preemptive Scheduling), ② SRT(Shortest Remaining Time First)

해설
• 프로세스 스케줄링 유형에는 선점형 스케줄링과 비선점형 스케줄링이 있다.
• 선점형 스케줄링 알고리즘 유형에는 라운드 로빈(Round Robin), SRT(Shortest Remaining Time First), 다단계 큐(Multi Level Queue), 다단계 피드백 큐(Multi Level Feedback Queue)가 있다.

용어	설명
선점형 스케줄링	• 하나의 프로세스가 CPU를 차지하고 있을 때, 우선순위가 높은 다른 프로세스가 현재 프로세스를 중단시키고 CPU를 점유하는 스케줄링 방식
SRT (Shortest Remaining Time First)	• 가장 짧은 시간이 소요되는 프로세스를 먼저 수행하고, 남은 처리 시간이 더 짧다고 판단되는 프로세스가 준비 큐에 생기면 언제라도 프로세스가 선점되는 스케줄링 알고리즘

16 정답 SELECT 학번, 이름 FROM 학생 WHERE 학년 BETWEEN 2 AND 4;

해설
- WHERE 절 조건에서는 비교, 범위, 집합, 패턴, NULL, 복합조건이 있고, 범위를 찾기 위해서는 BETWEEN을 사용한다.
- BETWEEN 문법은 다음과 같다.

| 컬럼 BETWEEN 값1 AND 값2 | • 값1보다 크거나 같고, 값2보다 작거나 같은 데이터 조회 |

- 다음은 BETWEEN 구문과 동일한 결과를 나타낸다.

| 컬럼 >= 값1 AND 컬럼 <= 값2 |

17 정답 ① 커버로스(Kerberos), ② OAuth

해설 인증 관련 보안 기술은 다음과 같다.

기술	설명
SSO (Single Sign On)	• 커버로스에서 사용되는 기술로 한 번의 인증 과정으로 여러 컴퓨터상의 자원을 이용할 수 있도록 해 주는 인증 기술
커버로스 (Kerberos)	• 1980년대 중반 MIT의 Athena 프로젝트의 일환으로 개발되었으며 클라이언트/서버 모델에서 동작하고 대칭 키 암호기법에 바탕을 둔 티켓 기반의 프로토콜
OAuth	• 사용자가 비밀번호를 제공하지 않고 다른 웹사이트나 애플리케이션의 접근 권한을 부여할 수 있게 하는 개방형 표준기술 • 네이버, 카카오톡, Google과 Facebook 등의 외부 계정을 기반으로 토큰을 이용하여 간편하게 회원가입 및 로그인할 수 있게 해 주는 기술

18 정답 22

해설

라인 수	설명
02	• main 함수부터 시작
03	• 2차원 배열 선언
04	• i, sum 변수 선언
05	• 1차원 포인터 변수 p에 a[0]인 1차원 포인터 주솟값을 대입
06	• int형은 4바이트일 때 a 배열은 int 형 4개(a[0][0] ~ a[1][1])이므로 16이고, a[0]은 int형 2개(a[0][0], a[0][1])이므로 8바이트이기 때문에 16/8인 2가 되어 length=2가 됨
08	• i=1일 때 i<2가 참이 되므로 반복문 수행
09	• p는 a[0]이므로 *(a[0]+1)은 a[0]으로부터 1열 떨어진 곳의 값이기 때문에 a[0][1]이 되어 22가 됨 • sum에 22를 더함
08	• i++에 의해 i=2가 되고, i<2는 거짓이므로 반복문 종료
10	• sum 값인 22를 출력

19
정답 ① HDLC(High-level Data Link Control), ② PPP(Point-to-Point Protocol)

해설 데이터 링크 계층의 프로토콜 중 HDLC와 PPP는 다음과 같다.

프로토콜	설명
HDLC (High-level Data Link Control)	• 점대점 방식이나 다중방식의 통신에 사용되는 ISO에서 표준화한 동기식 비트 중심의 데이터 링크 프로토콜
PPP(Point-to-Point Protocol)	• 네트워크 분야에서 두 통신 노드 간의 직접적인 연결을 위해 일반적으로 사용되는 데이터 링크 프로토콜

20
정답 ① 테스트 슈트(Test Suites), ② 테스트 시나리오(Test Scenario)

해설 테스트 하네스의 구성 요소는 다음과 같다.

구성 요소	설명
테스트 드라이버 (Test Driver)	• 상위 모듈에서 데이터의 입력과 출력을 확인하기 위한 더미 모듈
테스트 스텁 (Test Stub)	• 하위 모듈에서 반환 값을 전달하기 위한 더미 모듈
테스트 슈트 (Test Suites)	• 테스트 대상 컴포넌트나 모듈, 시스템에 사용되는 테스트 케이스의 집합
테스트 케이스 (Test Case)	• 입력값, 실행 조건, 기대 결과 등의 집합
테스트 시나리오 (Test Scenario)	• 애플리케이션의 테스트 되어야 할 기능 및 특징, 테스트가 필요한 상황을 작성한 문서 • 하나의 단일 테스트 시나리오가 하나 또는 여러 개의 테스트 케이스들을 포함할 수 있음
테스트 스크립트 (Test Script)	• 자동화된 테스트 실행 절차에 대한 명세
목 오브젝트 (Mock Object)	• 사용자의 행위를 조건부로 사전에 입력해 두면, 그 상황에 예정된 행위를 수행하는 객체

수제비 선/견/지/명 모의고사 14회 정답 및 해설

01 **정답** ① MOLAP(Multi-dimensional On-line Analytical Processing), ② HOLAP(Hybrid OnLine Analytical Processing)

해설 다차원 데이터베이스 관련 용어는 다음과 같다.

유형	설명
MOLAP (Multi-dimensional On-line Analytical Processing)	• 다차원 데이터베이스를 중심으로 다차원적인 분석을 하도록 만들어진 OLAP 구현방식의 시스템으로 데이터베이스가 물리적으로 여러 개의 차원을 갖고, 이 공간에 데이터를 저장하여 사용자가 각각의 차원 축들에 대한 값을 지정하여 필요한 데이터를 검색할 수 있는 특징이 있음 • 대용량의 시스템에 적합하지 않는 반면에 셀 단위의 데이터 비교가 가능하다는 장점이 있음
HOLAP (Hybrid OnLine Analytical Processing)	• 데이터를 관계형 데이터베이스와 다차원 데이터베이스 둘 모두에 저장하고, 요구되는 처리 형태에 가장 잘 맞는 것을 사용하는 방식의 시스템으로 ROLAP의 대용량 데이터 저장능력, OLAP의 뛰어난 처리능력과 결합하기 위해 개발됨
OLAP (On-line Analytical Processing)	• 기업의 고객 데이터 및 판매 데이터를 축적한 데이터베이스를 다차원적으로 분석하고 시각화하는 시스템
ROLAP (Relational On-line Analytical Processing)	• 기업의 축적된 데이터베이스를 다차원적으로 분석하는 OLAP 시스템 형태의 하나로 서버 측의 관계형 데이터베이스에 저장된 데이터를 직접 검색/집계하고, 그 결과를 클라이언트에서 다차원 데이터로 구성하고 시각화하는 시스템

02 **정답** ① 패킷 교환(Packet Switching) 방식, ② 데이터그램(Datagram) 방식, ③ 가상 회선(Virtual Circuit) 방식

해설
• 데이터를 패킷 단위로 보내는 방식으로 회선 효율이 우수하고 비동기 전송이 가능한 방식은 패킷 교환 방식이다.
• 패킷 교환 방식의 유형은 다음과 같다.

구분	데이터그램(Datagram) 방식	가상 회선(Virtual Circuit) 방식
개념	• 연결 경로를 확립하지 않고 각각의 패킷을 순서에 무관하게 독립적으로 전송하는 방식	• 패킷이 전송되기 전에 송·수신 스테이션 간의 논리적인 통신 경로를 미리 설정하는 방식
동작 원리 및 특징	• 각각의 패킷을 독립적으로 취급하는 방식으로 앞에 보낸 메시지나 앞으로 보낼 메시지의 어떠한 결과와도 관계가 없는 단일 패킷 단위로 전송하고 수신하는 방식 • 헤더를 붙여서 개별적으로 전달하는 비연결형 교환 방식	• 많은 이용자들이 상호 통신을 할 때 하나의 통신 설비를 공유하여 여러 개의 논리적인 채널을 확정한 후 통신을 할 수 있는 방식 • 목적지 호스트와 미리 연결 후 통신하는 연결형 교환 방식

03 **정답** 스턱스넷(Stuxnet)

해설
• 스턱스넷(Stuxnet)은 독일 지멘스사의 원격 감시 제어 시스템의 소프트웨어에 침투하여 시스템을 마비하게 하는 악성코드이다.
• 스턱스넷은 원자력 발전소와 송/배전망, 화학공장, 송유/가스관과 같은 산업기반 시설에 사용되는 제어시스템에 침투하여 오동작을 유도하는 명령코드를 입력해서 시스템을 마비시킨다.

04 정답 ① CASCADE, ② RESTRICT

해설
- DROP TABLE 명령어의 옵션에는 CASCADE와 RESTRICT가 있다.
- CASCADE와 RESTRICT의 경우 외래 키(FOREIGN KEY)가 걸려 있을 때 해당한다.
- DROP TABLE 명령어 옵션은 다음과 같다.

옵션	설명
CASCADE	• 참조하는 테이블까지 연쇄적으로 제거하는 옵션
RESTRICT	• 다른 테이블이 삭제할 테이블을 참조 중이면 제거하지 않는 옵션

05 정답
abc
abc
abc

해설

라인 수	설명
01	• 리스트 a 선언 및 초기화
02	• a의 첫 번째 요소인 "Hello"를 i 변수에 대입
03	• abc를 화면에 출력
02	• a의 두 번째 요소인 "Python"를 i 변수에 대입
03	• abc를 화면에 출력
02	• a의 세 번째 요소인 "World"를 i 변수에 대입
03	• abc를 화면에 출력

06 정답 지그비(Zigbee)

해설
- 지그비는 저속 전송 속도를 갖는 홈오토메이션 및 데이터 네트워크를 위한 표준 기술이다.
- 지그비는 버튼 하나로 하나의 동작을 잡아 집안 어느 곳에서나 전등 제어 및 홈보안 시스템 on/off를 할 수 있고, IEEE802.15.4에서 표준화가 진행되며, 듀얼 PHY 형태로 주파수 대역은 2.4GHz, 868/915MHz를 사용하고, 전송 속도는 20 ~ 250Kbps이다.

07 정답 ① 상호 배제(Mutual Exclusion), ② 세마포어(Semaphore)

해설

구분	설명
상호배제 (Mutual Exclusion)	• 프로세스가 자원을 배타적으로 점유하여 다른 프로세스가 그 자원을 사용할 수 없는 상태
세마포어 (Semaphore)	• 프로세스 간의 동기화와 상호 배제를 위해 사용되는 변수나 신호 • 공유 자원에 여러 프로세스가 동시에 자원의 접근을 제어하고 P(임계 구역 들어가기 전 수행), V(임계 구역에서 나올 때 수행) 연산을 기반으로 구현됨

08
정답 ① 스파게티 코드(Spaghetti Code), ② 외계인 코드(Alien Code)

해설 배드 코드 유형은 다음과 같다.

사례	설명
스파게티 코드 (Spaghetti Code)	• 컴퓨터 프로그램의 소스 코드가 복잡하게 얽힌 모습을 스파게티의 면발에 비유한 표현 • 작동은 정상적으로 하지만, 사람이 코드를 읽으면서 그 코드의 작동을 파악하기는 어려운 코드
외계인 코드 (Alien Code)	• 매우 오래되거나 참고 문서 또는 개발자가 없어 유지보수 작업이 몹시 어려운 코드

09
정답 4

해설
- 맥케이브의 순환 복잡도는 제어 흐름의 복잡한 정보를 정량적으로 표시하는 기법이다.
- 맥케이브의 순환복잡도 측정 방법은 다음과 같다.

구분	항목	설명
계산식	V(G)=E-N+2	• 복잡도 V(G)는 노드(N) 수와 간선(E) 수로 계산
	V(G)=P+1	• 복잡도 V(G)는 조건 분기문(P)의 수로 계산
그래프 구성	Node	• 프로세싱 태스크 표현
	Edge	• 태스크 간의 제어 흐름 표현

- 제어 흐름에 의한 그래프를 통하여 원시코드의 회전수를 구하여 복잡도를 계산하면 다음과 같다.

> V(G) = E-N+2 = 6-4+2 = 4

10
정답 Cannot divide by zero
No Problem

해설

라인 수	설명
03	• try~catch 문을 실행
04	• 10/0은 0으로 나눌 때 발생하는 예외인 ArithmeticException가 발생하므로 ArithmeticException를 처리할 수 있는 catch 문으로 이동
07~09	• ArithmeticException을 처리하는 catch 문으로 Cannot divide by zero를 출력
16~18	• finally 블록은 반드시 실행되므로 No Problem을 출력

- 코드에서 발생하는 예외 처리는 특정 상황에서 호출될 수 있다.

예외 처리	설명
ArrayIndexOutOfBoundsException	• 배열의 잘못된 인덱스 접근 시 발생하는 예외 처리
NullPointerException	• 객체의 메서드를 호출할 때 발생하는 예외 처리
ArithmeticException	• 0으로 나눌 때 발생하는 예외 처리

11 정답 페르소나(Persona)

해설
- 사용자 요구사항을 도출하기 위한 세부 수행 활동 중 하나로 페르소나를 정의하는 단계가 존재한다.
- 사용자 요구사항 도출 세부 활동은 다음과 같다.

세부 활동	설명
페르소나 정의	• 잠재적 사용자의 다양한 목적과 관찰된 행동 패턴을 응집시켜 놓은 가상의 사용자를 정의
콘셉트 모델 정의	• 여러 가지 추상적인 콘셉트들 사이의 관계를 보여주는 다이어그램을 정의
사용자 요구사항 정의	• 리서치 및 페르소나 결과물을 토대로 요구사항을 도출하고, 우선순위를 정함
UI 컨셉션	• 정리된 요구사항을 구체화하는 단계로 화면 디자인 단계 전에 대표 화면 설계를 진행하는 단계

12 정답 3

해설

라인 수	설명
16	• main 메서드부터 시작
17	• str 배열에 "sooje" 문자열을 저장
18	• soojebi(str) 함수 호출
02	• soojebi 함수의 x 포인터 변수에 main 함수의 str 배열의 시작 주소를 대입
03	• count 변수를 0으로 초기화
04	• words 배열에 "aeiou" 문자열을 저장
05	• x = str일 때 *x인 str[0]는 's'가 됨 • 's'는 NULL이 아니기 때문에 while 문은 참이 되어 while 문을 실행
06~11	• *x인 's'와 words에 있는 'a', 'e', 'i', 'o', 'u'는 같지 않아 for 문 실행하는 동안 if 문을 실행하지 않음 <table><tr><th>i</th><th>x</th><th>*x</th><th>words[i]</th><th>if 문</th></tr><tr><td>0</td><td>str</td><td>'s'</td><td>'a'</td><td>거짓</td></tr><tr><td>1</td><td>str</td><td>'s'</td><td>'e'</td><td>거짓</td></tr><tr><td>2</td><td>str</td><td>'s'</td><td>'i'</td><td>거짓</td></tr><tr><td>3</td><td>str</td><td>'s'</td><td>'o'</td><td>거짓</td></tr><tr><td>4</td><td>str</td><td>'s'</td><td>'u'</td><td>거짓</td></tr></table>
12	• x++를 하면 x는 str+1이 됨
05	• x = str+1일 때 *x는 str[1]은 'o'가 됨 • 'o'는 NULL이 아니기 때문에 while 문은 참이 되어 while 문을 실행
06~11	• i=3일 때 words[3]에 있는 'o'와 *x인 'o'는 같으므로 if 문이 참이 되어 count 값을 1 증가시켜 count=1이 되고, for 문을 탈출 <table><tr><th>i</th><th>x</th><th>*x</th><th>words[i]</th><th>if 문</th></tr><tr><td>0</td><td>str+1</td><td>'o'</td><td>'a'</td><td>거짓</td></tr><tr><td>1</td><td>str+1</td><td>'o'</td><td>'e'</td><td>거짓</td></tr><tr><td>2</td><td>str+1</td><td>'o'</td><td>'i'</td><td>거짓</td></tr><tr><td>3</td><td>str+1</td><td>'o'</td><td>'o'</td><td>참</td></tr></table>

라인 수	설명
12	• x++를 하면 x는 str+2가 됨
05	• x = str+2일 때 *x인 str[2]는 'o'가 됨 • 'o'는 NULL이 아니기 때문에 while 문은 참이 되어 while 문을 실행
06~11	• i=3일 때 words[3]에 있는 'o'와 *x인 'o'는 같으므로 if 문이 참이 되어 count 값을 1 증가시켜 count=2가 되고, for 문을 탈출 | i	x	*x	words[i]	if 문
---	---	---	---	---
0	str+2	'o'	'a'	거짓
1	str+2	'o'	'e'	거짓
2	str+2	'o'	'i'	거짓
3	str+2	'o'	'o'	참	
12	• x++를 하면 x는 str+3이 됨
05	• x = str+3일 때 *x인 str[3]은 'j'가 됨 • 'j'는 NULL이 아니기 때문에 while 문은 참이 되어 while 문을 실행
06~11	• *x인 'j'와 words에 있는 'a', 'e', 'i', 'o', 'u'는 같지 않아 for 문 실행하는 동안 if 문을 실행하지 않음 | i	x	*x	words[i]	if 문
---	---	---	---	---
0	str+3	'j'	'a'	거짓
1	str+3	'j'	'e'	거짓
2	str+3	'j'	'i'	거짓
3	str+3	'j'	'o'	거짓
4	str+3	'j'	'u'	거짓	
12	• x++를 하면 x는 str+4가 됨
05	• x = str+4일 때 *x인 str[4]는 'e'가 됨 • 'e'는 NULL이 아니기 때문에 while 문은 참이 되어 while 문을 실행
06~11	• i=1일 때 words[1]에 있는 'e'와 *x인 'e'는 같으므로 if 문이 참이 되어 count 값을 1 증가시켜 count=3이 되고, for 문을 탈출 | i	x	*x	words[i]	if 문
---	---	---	---	---
0	str+4	'e'	'a'	거짓
1	str+4	'e'	'e'	참	
12	• x++를 하면 x는 str+4가 됨
05	• x = str+5일 때 *x인 str[5]는 NULL이 됨 • NULL이기 때문에 while 문은 거짓이 되어 while 문을 종료
14	• count 값인 3을 반환
18	• soojebi(str)의 반환값은 3이므로 result에 3을 대입
19	• result 값인 3을 출력

13 정답 5

해설

라인 수	설명
08	• a 배열에 Hello라는 문자열을 저장
09	• fn 함수에 a라는 문자열 포인터를 전달
02	• main 함수로부터 넘겨받은 a 배열을 a라는 포인터로 전달받음
03	• a라는 문자열 포인터는 Hello라는 문자열을 가리킴
04	• for 문 뒤에 세미콜론이 있으므로 for 문 내에 명령어가 없는 것과 동일하게 동작. a[i]가 NULL이 아닐 때까지 반복하면서 반복할 때마다 i 값이 1씩 증가 | a[0] | a[1] | a[2] | a[3] | a[4] | a[5] | | --- | --- | --- | --- | --- | --- | | H | e | l | l | o | \\0 | • i가 5일 때 a[5] == '\\0'이 되어 조건식인 a[i] != '\\0'이 거짓이 됨
05	• i 값인 5를 반환
09	• fn(a)의 반환값인 5를 출력

14 정답 ① 포인트 투 포인트(Point-to-Point), ② 메시지 버스(Message Bus)

해설 EAI의 구축 유형은 다음과 같다.

구축 유형	설명
포인트 투 포인트 (Point-to-Point)	• 가장 기초적인 애플리케이션 통합방법으로 1:1 단순 통합방법
허브 앤 스포크 (Hub & Spoke)	• 단일한 접점의 허브 시스템을 통하여 데이터를 전송하는 중앙 집중식 방식 • 허브 장애 시 전체 장애 발생
메시지 버스 (Message Bus)	• 애플리케이션 사이 미들웨어(버스)를 두어 연계하는 미들웨어 통합 방식 • 뛰어난 확장성과 대용량 데이터 처리 가능
하이브리드 (Hybrid)	• 그룹 내부는 허브 앤 스포크 방식을 사용하고, 그룹 간에는 메시지 버스 방식을 사용하는 통합 방식

두음쌤 한마디

EAI 구축 유형
「포허 메하」
포인트 투 포인트 / 허브 앤 스포크 / 메시지 버스 / 하이브리드

15 정답 BAC

해설 클래스는 부모가 하나 밖에 안되지만, 인터페이스는 부모가 여러 개일 수 있다.

라인 수	설명
26	• main 메서드부터 시작
27	• C 클래스를 생성하고, 인스턴스를 obj1 변수에 대입 • new C()이기 때문에 C의 자식 클래스인 D 클래스는 사용하지 않음
28	• obj1.show()를 호출 • 오버라이딩 관계이기 때문에 C 클래스의 show 메서드를 호출
12	• show 메서드 실행
13	• B 인터페이스의 show 메서드를 호출

라인 수	설명
07~09	• B를 출력
14	• A 인터페이스의 show 메서드를 호출
02~04	• A를 출력
15	• C를 출력

16 **정답** ① SEED, ② AES(Advanced Encryption Standard)

해설 대칭 키 알고리즘인 SEED와 AES에 대한 설명은 다음과 같다.

알고리즘	설명
SEED	• 1999년 국내 한국인터넷진흥원(KISA)이 개발한 블록 암호화 알고리즘으로, 128비트 비밀키로부터 생성된 16개의 64비트 라운드 키를 사용하여 총 16회의 라운드를 거쳐 128비트의 평문 블록을 128비트 암호문 블록으로 암호화하여 출력하는 방식
AES (Advanced Encryption Standard)	• 2001년 미국 표준 기술 연구소(NIST)에서 발표한 블록 암호화 알고리즘으로, 블록 크기는 128비트이며, 키 길이에 따라 128비트, 192비트, 256비트로 분류되고, 라운드 수는 10, 12, 14라운드로 분류되며, 한 라운드는 SubBytes, ShiftRows, MixColumns, AddRoundKey의 4가지 계층으로 구성

17 **정답** ① 속성(Attribute), ② 연산(Operation; 메서드; Method)

해설 클래스 다이어그램 구성요소는 다음과 같다.

구성요소	설명		
클래스 이름 (Class Name)	• 공통의 속성, 연산(메서드), 관계, 의미를 공유하는 객체들의 집합		
속성 (Attribute)	• 클래스의 구조적 특성에 이름을 붙인 것으로 특성에 해당하는 인스턴스가 보유할 수 있는 값의 범위를 기술		
연산(Operation)/ 메서드(Method)	• 이름, 타입, 매개변수들과 연관된 행위를 호출하는 데 요구되는 제약사항들을 명시하는 클래스의 행위적 특징 • 객체에 요청하여 행동에 영향을 줄 수 있는 서비스		
접근 제어자 (Access Modifier)	• 클래스에 접근할 수 있는 정도를 표현		
	−	• 클래스 내부 접근만 허용(private)	
	+	• 클래스 외부 접근을 허용(public)	
	#	• 동일 패키지·파생 클래스에서 접근 가능(protected)	
	~	• 동일 패키지 클래스에서 접근 가능(default)	

18 정답 ① 스레드(Thread), ② 프로세스(Process)

해설 • 프로세스와 스레드 개념은 다음과 같다.

용어	설명
프로세스	• 스레드는 CPU에 의해 처리되는 사용자 프로그램
스레드	• 프로세스보다 가벼운, 독립적으로 수행되는 순차적인 제어의 흐름

• 한 개의 프로세스는 여러 개의 스레드를 가질 수 있다.

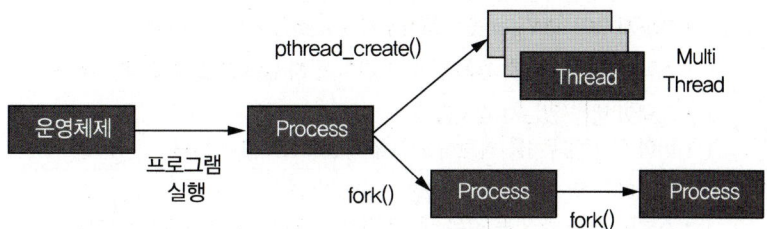

19 정답 soojebi1soojebi2

해설

라인 수	설명
29	• main 메서드부터 시작
30	• SoojebiFactory 클래스의 인스턴스를 sf 변수에 대입
31	• sf.createSoojebi("soojebi1") 메서드를 호출하면 SoojebiFactory 클래스의 createSoojebi 메서드를 호출
18	• name에 "soojebi1"을 전달
19	• name은 "soojebi1"이므로 case "soojebi1"로 이동
20~21	• new Soojebi1()을 실행하면 Soojebi1 클래스의 인스턴스가 생성되고, 해당 인스턴스를 반환
31	• s1 변수에 createSoojebi 메서드 반환값인 Soojebi1 클래스의 인스턴스를 대입
32	• sf.createSoojebi("soojebi2") 메서드를 호출하면 SoojebiFactory 클래스의 createSoojebi 메서드를 호출
18	• name에 "soojebi2"를 전달
19	• name은 "soojebi2"이므로 case "soojebi2"로 이동
22~23	• new Soojebi2()을 실행하면 Soojebi2 클래스의 인스턴스가 생성되고, 해당 인스턴스를 반환
32	• s2 변수에 createSoojebi 메서드 반환값인 Soojebi2 클래스의 인스턴스를 대입
33	• s1은 Soojebi1 클래스의 인스턴스이므로 s1.getName은 Soojebi1 클래스의 getName 메서드를 호출
05~07	• "soojebi1"을 반환
33	• s2는 Soojebi2 클래스의 인스턴스이므로 s2.getName은 Soojebi2 클래스의 getName 메서드를 호출
10~12	• "soojebi2"를 반환
33	• s1.getName()의 반환값인 "soojebi1"과 s2.getName()의 반환값인 "soojebi2"를 더하면 "soojebi1soojebi2"가 되어 soojebi1soojebi2를 출력

20

정답 ① MAX_SIZE-1 또는 9, ② -1

해설
- MAX_SIZE를 10으로 정의한다.
- 정수형 1차원 배열 stack을 선언한다.
- 스택의 끝을 가리키는 스택포인터 top은 초깃값으로 -1을 대입한다.
- 스택에는 push, pop, is_empty, is_full 함수가 있다.

함수	기능
push	• 스택이 가득 차 있는지 검사를 한다. 스택 포인터인 top이 스택의 최대 사이즈인 MAX_SIZE보다 크거나 같으면 "stack is full"을 화면에 출력함 • 그렇지 않은 경우 top을 1 증가시키고 item을 스택에 대입함
pop	• 스택이 비어 있는지 검사를 하고 비어 있지 않으면 값을 하나 꺼냄
is_empty	• 스택이 비어 있는지 검사를 함 • 비어 있는 경우 1을 리턴하고 그렇지 않으면 0을 리턴함
is_full	• 스택이 가득 차 있는지 검사함 • 스택이 가득 차 있는 경우 1을 리턴하고 그렇지 않으면 0을 리턴함

- main 함수에서는 push 함수에서 20, 30, 40을 스택에 넣는다.
- while 반복문에서는 is_empty 함수가 참이 아닐 경우 반복을 수행한다. while 반복문 내부에서는 print 함수에서 pop 함수를 호출하며 pop 된 값을 화면에 출력한다.

수제비 선/견/지/명 모의고사 15회 정답 및 해설

01
정답 5 Force

해설 IT 업무 프로세스 관련 용어 중 5 Force, Sixsigma는 다음과 같다.

용어	설명
5 Force	• 사업경쟁요인 분석을 통하여 경쟁의 강도를 알아내고 수익성을 추출할 때 유용하게 사용되는 도구로 마이클포터에 의해 처음 소개됨 • 소비자의 구매력, 생산자의 구매력 대체품에 대한 위험 진입장벽이라는 요인을 통해 어떤 잠재적 경쟁자가 있는지에 대한 경쟁력분석 도구임
Sixsigma	• 모든 프로세스에 적용할 수 있는 전방위 경영혁신 운동이자 미국에서 새롭게 각광받던 품질관리법으로 경영성과 평균 및 산포를 동시에 개선하는 방법 • 모토로라에 근무하던 마이클 해리에 의해 1987년 창안됨

02
정답 건물에너지관리시스템(BEMS; Building Energy Management System)

해설
- BEMS란 건물 운영의 에너지 효율화 및 온실가스 배출량 감축을 위한 건물에너지관리시스템(BEMS; Building Energy Management System)이다.
- BEMS는 건물에 IT 기술을 활용하여 전기, 공조, 방범, 방재 같은 여러 건축설비를 관리하는 시스템으로 건물에서 사용하는 여러 가지 설비를 IT 기술을 활용하여 관리하고 건물의 에너지 절감, 인건비 절약은 물론 건물의 수명 연장도 가능하게 한다.

03
정답 ① RIP(Routing Information Protocol), ② 벨만-포드(Bellman-Ford)

해설 라우팅 프로토콜인 RIP의 개념과 특징은 다음과 같다.

용어	설명
RIP의 개념	• AS(Autonomous System; 자치 시스템; 자율 시스템) 내에서 사용하는 거리 벡터 알고리즘에 기초하여 개발된 내부 라우팅 프로토콜
RIP의 특징	• 거리 벡터 라우팅 기반 메트릭 정보를 인접 라우터와 주기적으로 교환하여 라우팅 테이블을 구성 및 갱신하고 계산하는 벨만-포드(Bellman-Ford) 알고리즘을 사용하고, 최대 홉 수(Hop Count)를 15개로 제한

04
정답 ① 전용 회선 방식(Dedicated Line), ② 회선 교환 방식(Circuit Switching), ③ 패킷 교환 방식(Packet Switching)

해설 원거리 통신망 연결 기술은 다음과 같다.

방식	설명
전용 회선 방식 (Dedicated Line)	• 전용 회선 방식은 통신 사업자가 사전에 계약을 체결한 송신자와 수신자끼리만 데이터를 교환하는 방식으로 점대점 프로토콜(PPP), HDLC 프로토콜이 쓰임
회선 교환 방식 (Circuit Switching)	• 물리적 전용선을 활용하여 데이터 전달 경로가 정해진 후 동일 경로로만 전달되는 방식으로 데이터를 동시에 전송할 수 있는 양을 의미하는 대역폭이 고정되고 안정적인 전송률을 확보할 수 있고, ISDN 프로토콜이 쓰임
패킷 교환 방식 (Packet Switching)	• 전체 메시지를 각 노드가 수용할 수 있는 크기(패킷)로 잘라서 보내는 방식으로 X.25, 프레임 릴레이 프로토콜이 쓰임

05 정답 ▶ B

해설

라인 수	설명
02	• main 함수부터 시작
03	• s 배열에 "" 문자열을 선언 • 큰 따옴표 안에 값이 없으므로 문자열 끝인 s[0]이 NULL이 됨
04~06	• s[0]은 NULL인 0이므로 거짓이 되어 if 문 안의 명령어를 실행하지 않음
07~09	• B를 출력

06 정답 ▶ ahpla BETA ammag

해설

라인 수	설명
01	• Arrays를 사용하기 위해 java.util.Arrays를 가져옴
02	• List를 사용하기 위해 java.util.List를 가져옴
04	• main 메서드부터 시작
05	• words라는 이름의 List〈String〉 객체를 생성하고 초기화 • Arrays.asList 메서드를 사용해 "alpha", "beta", "gamma" 문자열들을 리스트로 만듦
06~07	• 문자열 s의 길이가 짝수(s.length() % 2 == 0)이면, s.toUpperCase()를 호출하여 대문자로 변환 • 문자열 s의 길이가 홀수라면, new StringBuilder(s).reverse().toString()를 사용하여 문자열을 뒤집음
08	• forEach 메서드를 사용해 words 리스트의 각 문자열을 출력

07 정답 ▶ ① 취약점(Vulnerability), ② 위험(Risk)

해설 소프트웨어 개발 보안의 주요 용어는 다음과 같다.

용어	설명
자산 (Assets)	• 조직의 데이터 또는 조직의 소유자가 가치를 부여한 대상 ◀예 서버의 하드웨어, 기업의 중요 데이터
위협 (Threat)	• 조직이나 기업의 자산에 악영향을 끼칠 수 있는 사건이나 행위 ◀예 해킹, 삭제, 자산의 불법적인 유출, 위/변조, 파손
취약점 (Vulnerability)	• 위협이 발생하기 위한 사전 조건으로 시스템의 정보 보증을 낮추는 데 사용되는 약점 ◀예 평문 전송, 입력값 미검증, 비밀번호를 공유
위험 (Risk)	• 위협이 취약점을 이용하여 조직의 자산 손실 피해를 가져올 가능성

두음쌤 한마디

SW 개발 보안 용어
「자위취위」
자산 / 위협 / 취약점 / 위험

08 정답▶ 반 정규화(De-Normalization)

해설▶
- 반 정규화는 비 정규화, 역 정규화라고도 불린다.
- 반 정규화의 주요 기법은 다음과 같다.

수행방법	설명
테이블 병합	• 1:1 관계, 1:M 관계를 통합하여 조인 횟수를 줄여 성능을 향상
테이블 분할	• 테이블을 수직 또는 수평으로 분할하는 것으로 파티셔닝이라고 함
중복 테이블 추가	• 대량의 데이터들에 대한 집계함수(GROUP BY, SUM 등)를 사용하여 실시간 통계정보를 계산하는 경우에 효과적인 수행을 위해 별도의 통계 테이블을 두거나 중복 테이블을 추가
컬럼 중복화	• 조인 성능 향상을 위한 중복 허용
중복 관계 추가	• 데이터를 처리하기 위한 여러 경로를 거쳐 조인이 가능하지만 이때 발생 할 수 있는 성능 저하를 예방하기 위해 추가적 관계를 맺는 방법

09 정답▶ num % i

해설▶

라인 수	설명
02	• main 메서드부터 시작
03	• num을 35로 초기화하고, i를 2로 초기화
04	• 논리형 변수 flag를 false로 초기화
05~07	• num==0은 거짓이고, num==1은 거짓이므로 if 문은 거짓이 되어 if 문 안의 명령어를 실행하지 않음
08	• num/2=35/2=17 (정수끼리 연산한 결과는 정수가 됨)
09~12	• if 문으로 num이 i로 나누어떨어지는지 확인 • num=35이고, i=5일 때 num % i == 0이 참이 되어 flag를 true로 설정하고 break로 while 루프를 종료
13	• i를 1 증가시킴
15~16	• flag가 true이므로 !flag는 거짓이 되어 if 문을 실행하지 않음
17~18	• if 문이 거짓이므로 35 + " is not a prime number"인 "35 is not a prime number"를 출력

10 정답▶ [1, 3]

해설▶

라인 수	설명
01	• range(5)는 0부터 4까지의 숫자를 생성 • lambda x: x % 2 == 1은 입력된 x가 홀수인지 확인하므로 range(5)에서 홀수인 [1, 3]이 필터링 됨 • 필터링된 [1, 3]을 list 함수에 의해 리스트형으로 변환하여 result 변수에 대입
02	• result 값인 [1, 3]을 출력

11 정답 ▶ WSDL(Web Services Description Language)

해설 • WSDL은 웹 서비스명, 제공 위치, 메시지 포맷, 프로토콜 정보 등 웹 서비스에 대한 상세 정보가 기술된 XML 형식으로 구현된 언어이다.
• WSDL은 SOAP과 XML 스키마와 결합하여 인터넷상에 웹 서비스를 제공하기 위해 사용되기도 한다.

12 정답 ▶ REVOKE UPDATE ON STUDENT FROM USER;

해설 • REVOKE는 데이터베이스 관리자(DBA)가 사용자에게 부여했던 권한을 회수하기 위한 명령어이다.

REVOKE 권한 ON 테이블 FROM 사용자 CASCADE CONSTRAINTS;	• 관리자가 사용자에게 부여했던 테이블에 대한 권한을 회수 • CASCADE CONSTRAINTS는 연쇄적인 권한을 해제할 때 입력(WITH GRANT OPTION으로 부여된 사용자들의 권한까지 취소)

두음쌤 한마디
REVOKE 명령어
「리온프」
REVOKE 권한 ON 테이블 FROM 사용자

• 권한은 UPDATE, 테이블 이름은 STUDENT, 사용자는 USER이므로 REVOKE UPDATE ON STUDENT FROM USER이다.

13 정답 ▶ 270

해설

라인 수	설명
02~05	• Score라는 이름의 구조체를 정의
06	• main 함수부터 시작
07	• x 변수를 70으로 초기화
08	• Score 타입의 구조체 배열 data를 초기화 |	num	score
---	---	---
data[0]	1	60
data[1]	2	70
data[2]	3	90
data[3]	4	95
data[4]	5	100	
09	• sizeof(data)는 배열 전체의 크기(5×(Score 크기))이고, sizeof(data[0])는 배열의 0번지 요소 크기(1×(Score 크기))이므로 sizeof(data)/sizeof(data[0])=5가 됨
10	• left=0, right=4, mid 변수를 선언
12	• left<=right는 참이므로 while 문 실행
13	• mid = (0+4)/2 = 2
14~15	• x=70이고, data[2].score는 90이므로 if 문은 거짓이기 때문에 if 문 안의 명령어를 실행하지 않음
16~17	• x=70이고, data[2].score는 90이므로 else if 문은 거짓이기 때문에 else if 문 안의 명령어를 실행하지 않음
18~19	• right=2-1=1

라인 수	설명
12	• left=0, right=1이므로 left<=right는 참이 되기 때문에 while 문 실행
13	• mid = (0+1)/2 = 0
14~15	• x=70이고, data[0].score는 60이므로 if 문은 거짓이기 때문에 if 문 안의 명령어를 실행하지 않음
16~17	• x=70이고, data[0].score는 60이므로 else if 문은 참이기 때문에 else if 문 안의 명령어를 실행 • left=0+1=1
12	• left=1 right=1이므로 left<=right는 참이 되기 때문에 while 문 실행
13	• mid = (1+1)/2 = 1
14~15	• x=70이고, data[1].score는 70이므로 if 문은 참이기 때문에 if 문 안의 명령어를 실행 • break를 만나 while 문 종료
21	• data[1].num인 2와 data[1].score인 70을 출력

14 정답 ① Sequence, ② State

해설 행위적 다이어그램은 다음과 같다.

종류	설명
유스케이스 (Usecase)	• 시스템이 제공하고 있는 기능 및 그와 관련된 외부 요소를 사용자의 관점에서 표현하는 다이어그램 • 시스템의 기능적 요구 정의에 활용
시퀀스 (Sequence)	• 객체 간 동적 상호 작용을 시간적 개념을 중심으로 메시지 흐름으로 표현한 다이어그램 • 교류 다이어그램(Interaction Diagram)의 한 종류로 볼 수 있음
커뮤니케이션 (Communication)	• 동작에 참여하는 객체들이 주고받는 메시지를 표현하고, 메시지뿐만 아니라 객체 간의 연관까지 표현하는 다이어그램
상태 (State)	• 하나의 객체가 자신이 속한 클래스의 상태 변화 혹은 다른 객체와의 상호 작용에 따라 상태가 어떻게 변화하는지 표현하는 다이어그램 • 모든 가능한 상태와 전이를 표현
활동 (Activity)	• 시스템이 어떤 기능을 수행하는지를 객체의 처리 로직이나 조건에 따른 처리의 흐름을 순서대로 표현하는 다이어그램
타이밍 (Timing)	• 객체 상태 변화와 시간 제약을 명시적으로 표현하는 다이어그램

두음쌤 한마디

행위적 다이어그램 / 동적 다이어그램

「유시커 상활타」

유스케이스 / **시**퀀스 / **커**뮤니케이션 / **상**태 / **활**동 / **타**이밍

15 정답 ① extends, ② new

해설
• Child 클래스는 자식 클래스로 Parent 클래스를 상속받기 위해 extends를 쓴다. (자바에서는 인터페이스 상속 시에만 implements를 사용)
• super는 부모 클래스 접근할 때 사용한다.
• Parent 클래스와 Child 클래스의 객체를 생성하기 위해 new 키워드를 사용한다.

16 정답 ▶ DELETE FROM 학생 WHERE 수강과목 = '유체역학';

해설 ▶ DELETE는 데이터의 내용을 삭제할 때 사용하는 명령어이다.

DELETE FROM 테이블명 　WHERE 조건;	• 모든 레코드를 삭제할 때는 WHERE 절 없이 DELETE를 사용 • 레코드를 삭제해도 테이블 구조는 남아 있어서 디스크에서 테이블을 완전히 삭제하는 DROP 명령과는 다름

17 정답 ▶ ① 나선형 모델(Spiral Model), ② 위험 분석

해설 ▶ 소프트웨어 생명주기 모델 종류는 다음과 같다.

종류	설명
폭포수 모델 (Waterfall Model)	• 소프트웨어 개발 시 각 단계를 확실히 마무리 지은 후에 다음 단계로 넘어가는 모델 • 모형의 적용 경험과 성공 사례가 많음 • 단계별 정의와 산출물이 명확 　절차 ｜ 타당성 검토 → 계획 → 요구사항 분석 → 설계 → 구현 → 테스트 → 유지보수
프로토타이핑 모델 (Prototyping Model)	• 고객이 요구한 주요 기능을 프로토타입으로 구현하여, 고객의 피드백을 반영하여 소프트웨어를 만들어 가는 모델
나선형 모델 (Spiral Model)	• 시스템 개발 시 위험을 최소화하기 위해 점진적으로 완벽한 시스템으로 개발해 나가는 모델 　절차 ｜ 계획 및 정의 → 위험 분석 → 개발 → 고객 평가
반복적 모델 (Iteration Model)	• 구축 대상을 나누어 병렬적으로 개발 후 통합하거나, 반복적으로 개발하여 점증적으로 완성하는 SDLC 모델 • 사용자의 요구사항 일부분 혹은 제품 일부분을 반복적으로 개발하여 최종 시스템으로 완성하는 모델

18 정답 ▶ Strategy Pattern

해설 ▶ 알고리즘 군을 정의하고(추상 클래스) 같은 알고리즘을 각각 하나의 클래스로 캡슐화한 다음, 필요할 때 서로 교환해서 사용할 수 있게 하는 패턴은 전략 패턴(Strategy Pattern)이다.

 두음쌤 한마디

목적에 따른 디자인 패턴 종류-행위 패턴
「**행** 미인이 템옵 스테 비커 스트 메체」
행위(**미**디에이터 / **인**터프리터 / **이**터레이터 / **템**플릿 메서드 / **옵**저버 / **스**테이트 / **비**지터 / **커**맨드 / **스**트레티지 / **메**멘토 / **체**인 오브 리스판서빌리티)

19 정답 ① ==, ② '0'

해설

라인 수	설명
02	• main 함수부터 시작
03	• 문자형 변수 ch를 선언 • 문자열 타입 배열 변수 str을 선언하고 "12345000"으로 초기화
04	• 정수형 변수 i, j를 선언
06~10	• for 문에서 i는 0부터 8 미만일 때까지 i 값을 1씩 증가시키며 str[i] 값을 ch에 대입 | i	0	1	2	3	4	5	6	7
---	---	---	---	---	---	---	---	---
str	1	2	3	4	5	0	0	0
						break			 • for 문이 종료되고 i 값은 5가 됨
12~17	• for 문은 j 값이 0부터 i 값인 5 미만일 때까지 반복을 수행 • str[j] 값을 ch에 대입하고 str[i] 값을 str[j]에 대입하고 ch 값을 str[i]에 대입하여 두 값을 교환(swap)한다. i 값을 1 감소시킨다. 	j	0	1	2	3	4
---	---	---	---	---	---
i	4	3	2		
str[j]	str[0] = 1	str[1] = 2	str[3] = 3		
str[i]	str[4] = 5	str[3] = 4	str[2] = 3		
str	52341000	54321000	54321000			
19	• 화면에 str 배열의 값인 "54321000"을 출력

20 정답 ① 정규화(Normalization), ② 이상 현상(Anomaly)

해설 정규화와 이상 현상은 다음과 같다.

용어	설명
정규화(Normalization)	• 관계형 데이터 모델에서 데이터의 중복성을 제거하여 이상 현상을 방지하고, 데이터의 일관성과 정확성을 유지하기 위해 무손실 분해하는 과정
이상 현상(Anomaly)	• 데이터의 중복성으로 인해 릴레이션을 조작할 때 발생하는 비합리적 현상

수제비 선/견/지/명 모의고사 16회 정답 및 해설

01
정답 ① 동료 검토(Peer Review), ② 인스펙션(Inspection), ③ 워크 스루(Walk Through)

해설 동적 테스트의 유형은 다음과 같다.

유형	설명
동료 검토 (Peer Review)	• 2~3명이 진행하는 리뷰의 형태로 요구사항 명세서 작성자가 요구사항 명세서를 설명하고, 이해관계자들이 설명을 들으면서 결함을 발견하는 형태로 진행하는 검토 기법
워크 스루 (Walk Through)	• 검토 자료를 회의 전에 배포해서 사전 검토한 후 짧은 시간 동안 회의를 진행하는 형태로 리뷰를 통해 문제 식별, 대안 조사, 개선 활동, 학습 기회를 제공하는 가장 비공식적인 검토 기법
인스펙션 (Inspection)	• 소프트웨어 요구, 설계, 원시 코드 등의 저작자 외의 다른 전문가 또는 팀이 검사하여 문제를 식별하고 문제에 대한 올바른 해결을 찾아내는 공식적인 검토 기법

02
정답 ① 멀웨어(Malware), ② APT(Advanced Persistent Threat)

해설 보안 공격 관련 용어는 다음과 같다.

용어	설명
멀웨어(Malware)	• 악의적인 목적을 위해 작성된 실행 가능한 코드로 악성 코드 또는 악성 프로그램 등으로 불리고, 실행 가능한 코드에는 프로그램 매크로, 스크립트가 아니라 취약점을 이용한 데이터 형태로 표현
APT (Advanced Persistent Threat)	• 특정 타깃을 목표로 하여 다양한 수단을 통한 지속적이고 지능적인 맞춤형 공격 기법으로 특수목적의 조직이 하나의 표적에 대해 다양한 IT 기술을 이용하여, 지속적으로 정보를 수집하고, 취약점을 분석하여 피해를 주는 공격 기법

03
정답 ① 메타포어(Metaphor), ② 리팩토링(Refactoring)

해설 XP(eXtreme Programming)의 12가지 기본원리 중 메타포어(Metaphor)와 리팩토링(Refactoring)의 개념은 다음과 같다.

기본원리	설명
메타포어 (Metaphor)	• 공통적인 이름 체계와 시스템 서술서를 통해 고객과 개발자 간의 의사소통을 원활하게 한다는 원리
리팩토링 (Refactoring)	• 프로그램의 기능을 바꾸지 않으면서 중복제거, 단순화 등을 통해 시스템을 재구성한다는 원리

04
정답 ① Flyweight, ② Template Method

해설 디자인 패턴 중 Flyweight와 Template Method의 특징은 다음과 같다.

유형	설명
Flyweight	• 다수의 객체로 생성될 경우 모두가 갖는 본질적인 요소를 클래스 화하여 공유함으로써 메모리를 절약하고, '클래스의 경량화'를 목적으로 하는 디자인 패턴

유형	설명
Template Method	• 어떤 작업을 처리하는 일부분을 서브 클래스로 캡슐화해 전체 일을 수행하는 구조는 바꾸지 않으면서 특정 단계에서 수행하는 내역을 바꾸는 패턴으로 일반적으로 상위 클래스(추상 클래스)에는 추상 메서드를 통해 기능의 골격을 제공하고, 하위 클래스(구체 클래스)의 메서드에는 세부 처리를 구체화하는 방식으로 사용

05 정답 DROP TABLE 학생 RESTRICT;

해설 • DROP TABLE은 테이블을 삭제하는 명령이다.
• DROP TABLE 문법은 다음과 같다.

```
DROP TABLE 테이블명 [CASCADE | RESTRICT];
```

• DROP TABLE 명령어의 옵션에는 CASCADE와 RESTRICT가 있다.
• CASCADE와 RESTRICT의 경우 외래 키(FOREIGN KEY)가 걸려 있을 때 해당한다.

옵션	설명
CASCADE	• 참조하는 테이블까지 연쇄적으로 제거하는 옵션
RESTRICT	• 다른 테이블이 삭제할 테이블을 참조 중이면 제거하지 않는 옵션

06 정답 ① input, ② 10

해설

라인 수	설명
03	• input, sum 변수를 선언하고, sum 변수는 0으로 초기화
04	• scanf 함수는 키보드로부터 값을 입력받는 함수이며, 숫자를 입력받고, 입력받은 숫자는 input 변수에 저장
05	• C언어에서 1은 참을 의미하므로 while 반복문은 무한반복을 수행
06~07	• if 문에서는 만약 ①이 0과 같은 경우 break 문을 수행하여 while 문 반복을 멈추고 while 문 탈출
08	• 오른쪽의 sum 값과 input 변수를 10으로 나눈 나머지 값을 더하여 왼쪽의 sum 변수에 대입
09	• 오른쪽 input 값을 ②로 나눈 값을 왼쪽의 input에 대입 • 각 자릿수별로 합계를 계산하면서 sum 변수에 누적
11	• while 문을 탈출하고 sum 변수의 값을 화면에 출력

07 정답 ① utmp/utmpx, ② btmp/btmpx

해설 유닉스/리눅스 주요 로그 파일은 다음과 같다.

로그 파일명	설명
wtmp/wtmpx	• 사용자 로그인/로그아웃 정보 • 시스템 shutdown/reboot 정보 • last 명령어로 내용 확인 가능
utmp/utmpx	• 현재 시스템에 로그인한 사용자 정보 • who, w, users, finger 명령어로 내용 확인 가능

로그 파일명	설명
btmp/btmpx	• 로그인에 실패한 정보 • lastb 명령어로 내용 확인 가능
lastlog	• 사용자별 최근 로그인 시간 및 접근한 소스 호스트에 대한 정보 • lastlog 명령어로 내용 확인 가능
sulog	• su(Switch user) 명령어 실행 성공/실패 결과에 대한 정보 • 텍스트 파일이라서 별도 명령어 없음
acct/pacct	• 사용자별로 실행되는 모든 명령어에 대한 로그 • lastcomm, acctcom 명령어로 내용 확인 가능

08 정답 ① 와이어 프레임 (Wireframe), ② 프로토타입(Prototype)

해설 UI 화면 설계를 위한 도구는 다음과 같다.

도구	설명
와이어 프레임 (Wireframe)	• 이해관계자들과의 화면구성을 협의하거나 서비스의 간략한 흐름을 공유하기 위해 화면 단위의 레이아웃을 설계하는 작업
스토리 보드 (Storyboard)	• 정책, 프로세스, 콘텐츠 구성, 와이어 프레임(UI, UX), 기능 정의, 데이터베이스 연동 등 서비스 구축을 위한 모든 정보가 담겨 있는 설계 산출물
프로토타입 (Prototype)	• 정적인 화면으로 설계된 와이어 프레임 또는 스토리 보드에 동적 효과를 적용함으로써 실제 구현된 것처럼 시뮬레이션할 수 있는 모형
목업 (Mockup)	• 디자인, 사용 방법 설명, 평가 등을 위해 실제 화면과 유사하게 만든 정적인 형태의 모형 • 시각적으로만 구성요소를 배치하는 것으로 일반적으로 실제로 구현되지는 않음

두음쌤 한마디

UI 화면 설계 도구
「와스프목」
와이어 프레임 / 스토리 보드 / 프로토타입 / 목업

09 정답 ① 정보(I; Information), ② 비번호(U; Unnumbered)

해설 HDLC 프레임 구조의 특징은 다음과 같다.

프레임	설명
정보 프레임 (I 프레임; Information Frame)	• 피기백킹(Piggybacking) 기법을 통해 데이터에 대한 확인 응답을 보낼 때 사용되는 프레임
감시 프레임 (S 프레임; Supervisory Frame)	• 프레임 수신 확인, 프레임의 전송 요구, 프레임 전송의 일시 연기 요구와 같은 제어 기능을 수행하는 프레임
비번호 프레임 (U 프레임; Unnumbered Frame)	• 링크의 동작 모드 설정 및 관리, 오류 회복 기능을 수행하는 프레임

10 정답: 321012

해설

라인 수	설명
16	• fn(3)을 호출
02~10	• ① n에 3을 전달해서 3을 출력하고, n<=1은 거짓이므로 return fn(2)-fn(1)을 반환해야 하므로 fn(2), fn(1)을 호출 • ② n에 2를 전달해서 2를 출력하고, n<=1은 거짓이므로 return fn(1)-fn(0)을 반환해야 하므로 fn(1), fn(0)을 호출 • ③ n에 1을 전달해서 1을 출력하고, n<=1은 참이므로 1을 반환 • ④ n에 0을 전달해서 0을 출력하고, n<=1은 참이므로 0을 반환 • ⑤ n에 1을 전달해서 1을 출력하고, n<=1은 참이므로 1을 반환 • 최종 반환값은 1+0+1이므로 2가 됨
16	• fn(3)이 2이므로 2를 출력

11 정답: ibejoosel13
soesoe

해설

라인 수	설명
01	• "soojebi" 문자열을 슬라이싱을 통해 역순으로 뒤집어 변수 a에 대입 	a[0]	a[1]	a[2]	a[3]	a[4]	a[5]	a[6]
---	---	---	---	---	---	---
a[-7]	a[-6]	a[-5]	a[-4]	a[-3]	a[-2]	a[-1]
i	b	e	j	o	o	s	
02	• %s와 %d 포맷팅을 사용하여 문자열을 만듦 • "hello"는 %s에, 123은 %d에 삽입 | b[0]	b[1]	b[2]	b[3]	b[4]	b[5]	b[6]	b[7]
---	---	---	---	---	---	---	---
h	e	l	l	o	1	2	3	
03	• a는 'ibejoos'이고, b는 [1::2]는 인덱스 1부터 끝까지의 2칸씩 건너뛰며 슬라이싱하므로 'el13'이므로 a+b[1::2]는 'ibejoosel13'가 됨 • format 함수 안에 0번째 인자가 'ibejoosel13'이므로 {0}이 'ibejoosel13'가 되므로 'ibejoosel13'를 출력
04	• a[-1:-6:-2]는 a 문자열의 인덱스 -1부터 -6 직전까지 뒤에서부터 2칸씩 슬라이싱하므로 'soe'가 되고, a[-1:-6:-2]를 2번 반복하므로 'soesoe'가 됨 • f 문자열은 괄호 안의 값을 출력하므로 'soesoe'를 출력

12 정답 100

해설

라인 수	설명
03	• main 함수부터 시작
04	• 문자열 "Soojebi 123"을 p라는 char 포인터에 할당
05	• i, t, a, A, z, Z 변수를 0으로 초기화
06	• i=0일 때 i<4는 참이므로 for 문을 실행
07~08	• p[0]은 'A'이고, A=0, Z=0이므로 if 문은 거짓
09~10	• p[0]은 'A'이므로 p[0] <= 'a'는 참이고, p[0] >= 'z'는 거짓이므로 else if 문은 거짓
11~12	• p[0]이 0~9에 포함되지 않기 때문에 else if 문은 거짓
06	• i++에 의해 i=1이 되고, i<4는 참이므로 for 문을 실행
07~08	• p[1]은 'x'이고, A=0, Z=0이므로 if 문은 거짓
09~10	• p[1]은 'x'이므로 p[0] <= 'a'는 거짓이고, p[0] >= 'z'는 참이므로 else if 문은 거짓
11~12	• 0~9에 포함되지 않기 때문에 else if 문은 거짓
06	• i++에 의해 i=2가 되고, i<4는 참이므로 for 문을 실행
07~08	• p[2]는 '0'이고, A=0, Z=0이므로 if 문은 거짓
09~10	• p[2]는 '0'이므로 p[0] <= 'a'는 참이고, p[0] >= 'z'는 거짓이므로 else if 문은 거짓
11~12	• p[2]는 문자형 '0'이기 때문에 정수형 0~9에 포함되지 않아 else if 문은 거짓
06	• i++에 의해 i=3이 되고, i<4는 참이므로 for 문을 실행
07~08	• p[3]은 NULL이기 때문에 아스키 코드는 0이고, A=0, Z=0이므로 p[3] >= 0은 참, p[3] <= 0은 참이므로 if 문은 참 • t에 100을 더함
06	• i++에 의해 i=4가 되고, i<4는 거짓이므로 for 문을 종료
14	• t 값인 100을 출력

13 정답 ① OSPF(Open Shortest Path First), ② BGP(Border Gateway Protocol), ③ 메트릭(Metric)

해설
- OSPF는 규모가 크고 복잡한 TCP/IP 네트워크에서 사용하는 프로토콜로 자신을 기준으로 링크 상태(Link-State) 알고리즘을 적용하여 최단 경로를 찾는 라우팅 프로토콜이다.
- BGP는 AS 상호 간에 경로 정보를 교환하기 위한 라우팅 프로토콜로 변경 발생 시 대상까지의 가장 짧은 경로를 경로 벡터(Path Vector) 알고리즘을 통해 선정하고, TCP 연결(Port 179)을 통해 자치 시스템(AS)으로 라우팅 정보를 신뢰성 있게 전달한다.
- 라우팅 프로토콜이 최적의 경로를 선택하는 기준이 되는 최적 경로 선택 기준값을 메트릭(Metric)이라고 부른다.

14 정답 34

해설

라인 수	설명
02	• main 메서드부터 시작
03	• 정수형 10개인 배열 x를 생성
04	• i 변수를 0으로 초기화
05	• x[1]에 1을 대입하고, x[1] 값인 1을 x[0]에 대입
06	• for(초기식; 조건식; 증감식); 끝에 세미콜론이 있으므로 조건식이 참일 때 실행할 명령어가 없음 • for 문은 첫 번째 반복일 때 초기식, 조건식 순으로 실행하고, 두 번째 반복일 때 증감식, 조건식 순으로 실행 • 첫 번째 반복일 때 조건식인 i<8이 참이므로 for 문을 실행 • 두 번째 반복일 때부터 증감식, 조건식 순으로 실행
07	• i=8이므로 x[8] 값인 34를 출력

증감식 / 조건식 표:

증감식		조건식
x[i+2]=x[i+1]+x[i]	i++	i<8
x[2]=x[1]+x[0]=1+1=2	i=1	참
x[3]=x[2]+x[1]=2+1=3	i=2	참
x[4]=x[3]+x[2]=3+2=5	i=3	참
x[5]=x[4]+x[3]=5+3=8	i=4	참
x[6]=x[5]+x[4]=8+5=13	i=5	참
x[7]=x[6]+x[5]=13+8=21	i=6	참
x[8]=x[7]+x[6]=21+13=34	i=7	참
x[9]=x[8]+x[7]=34+21=55	i=8	거짓

15 정답 3

해설
• 집합 연산자는 테이블을 집합 개념으로 보고, 두 테이블 연산에 집합 연산자를 사용하는 방식이다.
• 집합 연산자는 여러 질의 결과를 연결하여 하나로 결합하는 방식을 사용한다. (집합 연산자는 2개 이상의 질의 결과를 하나의 결과로 만들어 준다.)

집합 연산자	구성도	설명
UNION	Query 1, Query 2 (중복 레코드를 제외)	• 중복 행이 제거된 쿼리 결과를 반환하는 집합 연산자
UNION ALL	Query 1, Query 2 (중복 레코드도 허용)	• 중복 행이 제거되지 않은 쿼리 결과를 반환하는 집합 연산자

집합 연산자	구성도	설명
INTERSECT	Query 1, Query 2 (중복 레코드만 포함)	• 두 쿼리 결과에 공통적으로 존재하는 결과를 반환하는 집합 연산자
MINUS	Query 1, Query 2 (비교 레코드 제외)	• 첫 쿼리에 있고, 두 번째 쿼리에는 없는 결과를 반환하는 집합 연산자

• SELECT 학번 FROM 학생 WHERE 학년 >= '3' 결과는 다음과 같다.

학번
200102
200104
200105
200106
200108

• SELECT 학번 FROM 학생 WHERE 학년 >= '4' 결과는 다음과 같다.

학번
200105
200106

• 둘을 MINUS한 결과는 다음과 같다.

학번
200102
200104
200108

16 **정답** ① 스트림(Stream) 암호, ② 블록(Block) 암호

해설 대칭 키 암호화 방식은 다음과 같다.

구분	설명
스트림(Stream) 암호	• 평문과 같은 길이의 키 스트림을 연속적으로 생성하여 평문과 이진 수열을 비트 단위로 XOR 연산, 암호문을 생성하는 대칭 키 암호화 기법
블록(Block) 암호	• 평문을 일정한 블록 단위로 나누어서 각 블록마다 암호화 과정을 수행하여 고정된 크기의 블록 단위의 암호문을 생성하는 대칭 키 암호화 기법

17 정답 ▶ BCDE

해설

라인 수	설명
02	• main 메서드부터 시작
03	• i, k 변수를 선언하고, i 변수를 4로 초기화
04	• i 값을 1 증가시킨 후 i 값인 4를 k에 대입
06	• k는 4이므로 case 4로 이동한 후, k 값을 1 증가하여 k는 5가 됨
08	• B를 출력 • switch ~ case 문에서는 break를 만나기 전까지 switch ~ case 문 안의 명령어를 순차적으로 실행
09	• C를 출력
10	• D를 출력
11	• E를 출력

18 정답 ▶ [2, 3, 5, 8]

해설

라인 수	설명
12	• x 변수에 [5, 8, 2, 3]을 저장
13	• fn 메서드에 x 변수 전달
01	• fn 메서드 안의 x 변수에 fn 메서드 밖에서 전달받은 x를 대입
02	• x의 개수는 4이므로 len(x)는 4가 되어 n은 4가 됨
04	• i=1부터 n 미만일 때까지 반복 • i=1부터 반복문 실행
05	• i=1이므로 x[1]은 8이 되어 now는 8이 됨
06	• i−1은 1−1=0이므로 j는 0이 됨
07	• j=0이므로 j >= 0은 참이고, x[j]인 x[0]은 5, now는 8이므로 x[j] > now는 거짓이 되어 반복문을 실행하지 않음
10	• j=0이므로 x[1]에 now 값인 8을 대입 | x[0]	x[1]	x[2]	x[3] | |---|---|---|---| | 5 | 8 | 2 | 3 |
04	• i=2가 됨
05	• now는 x[2]의 값인 2를 대입
06	• i−1은 2−1=1이므로 j는 1이 됨
07	• j=1이므로 j >= 0은 참이고, x[j]인 x[1]은 8, now는 2이므로 x[j] > now는 참이 되어 반복문을 실행
08	• x[2] = x[1]이므로 x[1]인 8을 x[2]에 대입 | x[0]	x[1]	x[2]	x[3] | |---|---|---|---| | 5 | 2 | 8 | 3 |
09	• j를 1 감소시켜 j는 0이 됨

라인 수	설명
07	• j=0이므로 j >= 0은 참이고, x[j]인 x[0]은 5, now는 2이므로 x[j] > now는 참이 되어 반복문을 실행
08	• x[1] = x[0]이므로 x[0]인 5를 x[1]에 대입 <table><tr><td>x[0]</td><td>x[1]</td><td>x[2]</td><td>x[3]</td></tr><tr><td>5</td><td>5</td><td>8</td><td>3</td></tr></table>
09	• j를 1 감소시켜 j는 -1이 됨
07	• j=-1이므로 j >= 0은 거짓이므로 거짓이 되어 반복문을 실행하지 않음
10	• j=-1이므로 x[0]에 now 값인 2를 대입 <table><tr><td>x[0]</td><td>x[1]</td><td>x[2]</td><td>x[3]</td></tr><tr><td>2</td><td>5</td><td>8</td><td>3</td></tr></table>
04	• i=3이 됨
05	• now는 x[3]의 값인 3을 대입
06	• i-1은 3-1=2이므로 j는 2가 됨
07	• j=2이므로 j >= 0은 참이고, x[j]인 x[2]은 8, now는 3이므로 x[j] > now는 참이 되어 반복문을 실행
08	• x[3] = x[2]이므로 x[2]인 8을 x[3]에 대입 <table><tr><td>x[0]</td><td>x[1]</td><td>x[2]</td><td>x[3]</td></tr><tr><td>2</td><td>5</td><td>8</td><td>8</td></tr></table>
09	• j를 1 감소시켜 j는 1이 됨
07	• j=1이므로 j >= 0은 참이고, x[j]인 x[1]은 5, now는 3이므로 x[j] > now는 참이 되어 반복문을 실행
08	• x[2] = x[1]이므로 x[1]인 5를 x[2]에 대입 <table><tr><td>x[0]</td><td>x[1]</td><td>x[2]</td><td>x[3]</td></tr><tr><td>2</td><td>5</td><td>5</td><td>8</td></tr></table>
09	• j를 1 감소시켜 j는 0이 됨
07	• j=0이므로 j >= 0은 참이고, x[j]인 x[0]은 2, now는 3이므로 x[j] > now는 거짓이 되어 반복문을 실행하지 않음
10	• j=0이므로 x[1]에 now 값인 3을 대입 <table><tr><td>x[0]</td><td>x[1]</td><td>x[2]</td><td>x[3]</td></tr><tr><td>2</td><td>3</td><td>5</td><td>8</td></tr></table>
14	• x 값을 출력

19 **정답** SAN(Storage Area Network)

해설 SAN은 서버가 광섬유 채널(Fiber Channel)을 통하여 스토리지를 연결하는 기법으로 DAS 방식의 접속 한계성을 극복하여, n개의 서버가 m개의 저장장치에 접속이 가능한 스토리지 기술이다.

20 **정답** 쿠버네티스(Kubernetes)

해설 리눅스 재단에 의해 관리되는 컨테이너화된 애플리케이션의 자동 배포, 스케일링 등을 제공하는 오픈 소스 기반의 관리 시스템은 쿠버네티스이다.

수제비 선/견/지/명 모의고사 17회 정답 및 해설

01
정답 클라우드 컴퓨팅(Cloud Computing)

해설 클라우드 컴퓨팅 유형은 다음과 같다.

유형	설명
인프라형 서비스 (IaaS; Infrastructure as a Service)	• 서버, 스토리지 같은 시스템 자원을 클라우드로 제공하는 서비스 • 컴퓨팅 자원에 운영체제나 애플리케이션 등의 소프트웨어 탑재 및 실행 • 하위의 클라우드 인프라를 제어하거나 관리하지 않지만 스토리지, 애플리케이션에 대해서는 제어권을 가짐
플랫폼형 서비스 (PaaS; Platform as a Service)	• 인프라를 생성, 관리 하는 복잡함 없이 애플리케이션을 개발, 실행, 관리할 수 있게 하는 플랫폼을 제공하는 서비스 • SaaS의 개념을 개발 플랫폼에도 확장한 방식으로 개발을 위한 플랫폼을 구축할 필요 없이, 필요한 개발 요소를 웹에서 빌려 쓸 수 있게 하는 모델 • OS, 애플리케이션과 애플리케이션 호스팅 환경 구성의 제어권을 가짐
소프트웨어형 서비스 (SaaS; Software as a Service)	• 소프트웨어 및 관련 데이터는 중앙에 호스팅되고 사용자는 웹 브라우저 등의 클라이언트를 통해 접속하여 소프트웨어를 서비스 형태로 이용하는 서비스 • 주문형 소프트웨어라고도 함

 두음쌤 한마디

클라우드 컴퓨팅 유형
「인플소」
인프라형 서비스(IaaS) / **플**랫폼형 서비스(PaaS) / **소**프트웨어형 서비스(SaaS)

02
정답 클래스(Class)

해설 객체 지향 구성요소는 다음과 같다.

구성요소	설명
클래스 (Class)	• 특정 객체 내에 있는 변수와 메서드를 정의하는 일종의 틀 • 객체 지향 프로그래밍에서 데이터를 추상화하는 단위 • 하나 이상의 유사한 객체들을 묶어서 하나의 공통된 특성을 표현 • 속성은 변수의 형태로, 행위는 메서드 형태로 선언
객체 (Object)	• 물리적, 추상적으로 자신과 다른 것을 식별할 수 있는 대상 • 클래스에서 정의한 것을 토대로 메모리에 할당됨 • 객체마다 각각의 상태와 식별성을 가짐
메서드 (Method)	• 클래스로부터 생성된 객체를 사용하는 방법 • 객체가 메시지를 받아 실행해야 할 객체의 구체적인 연산 • 전통적 시스템의 함수(Function) 또는 프로시저(Procedure)에 해당하는 연산 기능
메시지 (Message)	• 객체 간 상호 작용을 하기 위한 수단 • 객체에게 어떤 행위를 하도록 지시하는 방법 • 객체 간의 상호 작용은 메시지를 통해 이루어짐 • 메시지는 객체에서 객체로 전달됨
인스턴스	• 객체 지향 기법에서 클래스를 통해 만든 실제의 실형 객체

구성요소	설명
(Instance)	• 클래스에 속한 각각의 객체 • 실제로 메모리상에 할당
속성 (Property)	• 한 클래스 내에 속한 객체들이 가지고 있는 데이터 값들을 단위별로 정의 • 성질, 분류, 식별, 수량, 현재 상태 등에 대한 표현 값

03

정답 ① 가상 현실(VR; Virtual Reality), ② 증강 현실(AR; Augmented Reality), ③ 혼합 현실(MR; Mixed Reality)

해설 VR, AR, MR 기술은 다음과 같다.

구분	설명
가상 현실 (VR; Virtual Reality)	• 컴퓨터 등을 사용한 인공적인 기술로 만들어낸 실제와 유사하지만 실제가 아닌 어떤 특정한 환경이나 상황 혹은 그 기술 자체를 의미
증강 현실 (AR; Augmented Reality)	• 가상 현실(VR)의 한 분야로 실제로 존재하는 환경에 가상의 사물이나 정보를 합성하여 마치 원래의 환경에 존재하는 사물처럼 보이도록 하는 컴퓨터 그래픽 기술
혼합 현실 (MR; Mixed Reality)	• 실세계의 물리적 환경과 가상환경을 혼합한 경험을 제공하는 하이브리드 현실

04

정답 ① TCP(Transmission Control Protocol), ② UDP(User Datagram Protocol)

해설 • 전송 계층은 상위 계층들이 데이터 전달의 유효성이나 효율성을 생각하지 않도록 해 주면서 종단 간의 사용자들에게 신뢰성 있는 데이터를 전달하는 계층이다.
• 전송 계층의 프로토콜은 다음과 같다.

프로토콜	설명
TCP (Transmission Control Protocol)	• 전송 계층에 위치하면서 근거리 통신망이나 인트라넷, 인터넷에 연결된 컴퓨터에서 실행되는 프로그램 간에 일련의 옥텟을 안정적으로, 순서대로, 에러 없이 교환할 수 있게 해 주는 프로토콜
UDP (User Datagram Protocol)	• 비연결성이고, 신뢰성이 없으며, 순서화되지 않은 데이터그램 서비스를 제공하는 전송(Transport; 4계층) 계층의 통신 프로토콜

05

정답 ① 40, ② 20, ③ 40

해설 • 집계 함수는 NULL인 값은 제외하고 계산한다.
• 집계 함수의 종류는 다음과 같다.

집계 함수	내용
COUNT	• 복수 행의 줄 수
SUM	• 복수 행의 해당 컬럼 간의 합계
AVG	• 복수 행의 해당 컬럼 간의 평균
MAX	• 복수 행의 해당 컬럼 중 최댓값
MIN	• 복수 행의 해당 컬럼 중 최솟값

06 정답 ▶ 105432

해설 ▶

라인 수	설명
20	• main 메서드부터 시작
21	• i 변수 선언
22	• int[] n = {4, 3, 5, 2, 10};에서 크기가 5인 배열 n을 선언하고 초기화
23	• arr 메서드를 호출하고, arr 메서드에 n 배열을 전달
02	• a 배열에 n 배열의 값을 전달받음(main 메서드의 n 배열을 arr 메서드에서 a로 사용) <table><tr><th>a[0]</th><th>a[1]</th><th>a[2]</th><th>a[3]</th><th>a[4]</th></tr><tr><td>4</td><td>3</td><td>5</td><td>2</td><td>10</td></tr></table>
03~05	• i, j, sw, temp, n 변수를 선언
07	• 바깥쪽 for 반복문에서 i 값이 0부터 n-1인 4 미만일 때까지 i 값을 1씩 증가 • i=0일 때부터 반복문 시작
08	• sw에 0을 대입
09~12	• j 값을 i+1인 1부터 5 미만일 때까지 1씩 증가 <table><tr><th>j</th><th>if(a[j] > a[sw])</th><th>sw</th></tr><tr><td>1</td><td>a[1] > a[0] (거짓)</td><td></td></tr><tr><td>2</td><td>a[2] > a[0] (참)</td><td>2</td></tr><tr><td>3</td><td>a[3] > a[2] (거짓)</td><td></td></tr><tr><td>4</td><td>a[4] > a[2] (참)</td><td>4</td></tr></table>
13~15	• i=0, sw=4이므로 a[0]과 a[4]의 값을 서로 교환 <table><tr><th>a[0]</th><th>a[1]</th><th>a[2]</th><th>a[3]</th><th>a[4]</th></tr><tr><td>10</td><td>3</td><td>5</td><td>2</td><td>4</td></tr></table>
07	• i++에 의해 i=1이 되고, i<4는 참이므로 반복문 실행
08	• sw에 1을 대입
09~12	• j 값을 i+1인 2부터 5 미만일 때까지 1씩 증가 <table><tr><th>j</th><th>if(a[j] > a[sw])</th><th>sw</th></tr><tr><td>2</td><td>a[2] > a[1] (참)</td><td>2</td></tr><tr><td>3</td><td>a[3] > a[2] (거짓)</td><td></td></tr><tr><td>4</td><td>a[4] > a[2] (거짓)</td><td></td></tr></table>
13~15	• i=1, sw=2이므로 a[1]과 a[2]의 값을 서로 교환 <table><tr><th>a[0]</th><th>a[1]</th><th>a[2]</th><th>a[3]</th><th>a[4]</th></tr><tr><td>10</td><td>5</td><td>3</td><td>2</td><td>4</td></tr></table>
07	• i++에 의해 i=2가 되고, i<4는 참이므로 반복문 실행
08	• sw에 2를 대입
09~12	• j 값을 i+1인 3부터 5 미만일 때까지 1씩 증가

라인 수	설명
		j	if(a[j] > a[sw])	sw
		3	a[3] > a[2] (거짓)	
		4	a[4] > a[2] (참)	4
13~15	• i=2, sw=4이므로 a[2]와 a[4]의 값을 서로 교환
		a[0]	a[1]	a[2]	a[3]	a[4]
		10	5	4	2	3
07	• i++에 의해 i=3이 되고, i<4는 참이므로 반복문 실행
08	• sw에 3을 대입
09~12	• j 값을 i+1인 4부터 5 미만일 때까지 1씩 증가
		j	if(a[j] > a[sw])	sw
		4	a[4] > a[3] (참)	4
13~15	• i=3, sw=4이므로 a[3]와 a[4]의 값을 서로 교환
		a[0]	a[1]	a[2]	a[3]	a[4]
		10	5	4	3	2
07	• i++에 의해 i=4가 되고, i<4는 참이므로 반복문 종료
17	• a 배열을 반환
24~25	• n 배열의 값을 차례대로 출력

07

정답 ① 클리어링 하우스(Clearing House), ② 패키저(Packager), ③ DRM 컨트롤러(DRM Controller)

해설 DRM 구성요소는 다음과 같다.

구성요소	설명
콘텐츠 제공자(Contents Provider)	• 콘텐츠를 제공하는 저작권자
콘텐츠 소비자(Contents Customer)	• 콘텐츠를 구매해서 사용하는 주체
콘텐츠 분배자(Contents Distributor)	• 암호화된 콘텐츠를 유통하는 곳이나 사람
클리어링 하우스(Clearing House)	• 저작권에 대한 사용 권한, 라이선스 발급/관리, 사용량에 따른 관리 등을 수행하는 곳
DRM 콘텐츠(DRM Contents)	• 서비스하고자 하는 암호화된 콘텐츠, 콘텐츠와 관련된 메타데이터, 콘텐츠 사용 정보를 패키징하여 구성된 콘텐츠
패키저(Packager)	• 콘텐츠를 메타데이터와 함께 배포할 수 있는 단위로 묶는 도구
DRM 컨트롤러(DRM Controller)	• 배포된 디지털 콘텐츠의 이용 권한을 통제하는 장치
보안 컨테이너(Security Container)	• 원본 콘텐츠를 안전하게 유통하기 위한 전자적 보안장치

08 정답 ▶ 192.168.1.95

해설 • 192.168.1.0/24 네트워크를 FLSM 방식을 이용하여 5개의 서브넷으로 나누고, 세 번째 서브넷의 브로드캐스트 IP 주소를 계산하려면 다음과 같이 순차적으로 계산해야 한다.
• 10진수 192.168.1.0을 2진수로 바꾸면 다음과 같다.

10진수	192.168.1.0
2진수	11000000.10101000.00000001.00000000

① 서브넷을 위한 비트 수 결정
• Host ID의 상위 n개의 비트를 이용하여 2^n 개의 서브넷으로 분할한다. ($2^n \geq$ 서브넷 개수)
• 5개의 서브넷으로 나누기 때문에 $2^n \geq 5$를 만족하는 n은 3이 된다.
• n이 3이면 서브넷 마스크 중 25번째 비트 ~ 27번째 비트(3비트)는 서브넷을 위해 사용한다.

② 서브넷 ID를 변경하여 유효 서브넷 ID 계산
• 서브넷 ID를 2진수로 모두 0이 채워진 값부터 모두 1이 채워진 값까지 1씩 증가시킨다.

1번째 서브넷	11000000.10101000.00000001.00000000
2번째 서브넷	11000000.10101000.00000001.00100000
3번째 서브넷	11000000.10101000.00000001.01000000
4번째 서브넷	11000000.10101000.00000001.01100000
5번째 서브넷	11000000.10101000.00000001.10000000

③ 호스트 ID를 변경하여 사용 가능한 IP 주소를 계산
• 호스트 ID를 2진수로 모두 0이 채워진 값은 네트워크 주소이고, 모두 1이 채워진 값은 브로드캐스트 주소이므로 호스트 ID로 사용할 수 없다.
• 여기에서 호스트 ID는 2진수로 모두 0이 채워진 값에서 1 큰 값부터 모두 1이 채워진 값에서 1 작은 값까지 1씩 증가시키면서 부여한다.
• 구해야 하는 것은 3번째 서브넷의 브로드캐스트 IP이므로 3번째 서브넷은 11000000.10101000.00000001.01000000이고, 여기에서 호스트 ID 부분을 모두 1로 채운 값이 브로드캐스트 주소가 된다.
• 11000000.10101000.00000001.01011111을 10진수로 바꾸면 192.168.1.95이다.

09 정답 ▶ 1

해설 get 함수는 호출할 때마다 새로운 인스턴스를 생성하므로 s1, s2는 다른 인스턴스를 가진다.

라인 수	설명
13	• main 메서드부터 실행
14	• Soojebi.get() 메서드를 호출
04	• get() 메서드 실행
05	• instance = new Soojebi( );를 실행하여 instance 변수에 Soojebi 클래스를 저장
06	• instance 변수를 반환
14	• get 메서드의 instance 반환 값을 s1에 저장
15	• s1의 count 메서드를 실행하면 Soojebi 클래스의 count 값이 1 증가하여 count 값이 1이 됨
16	• Soojebi.get() 메서드를 호출

라인 수	설명
04	• get() 메서드 실행
05	• instance = new Soojebi( );를 실행하여 instance 변수에 Soojebi 클래스를 저장
06	• instance 변수를 반환
16	• get 메서드의 instance 반환 값을 s2에 저장(get 함수에서 새로 new를 했으므로 s1에 저장된 인스턴스와 다름)
17	• s2의 count 메서드를 실행하면 Soojebi 클래스의 count 값이 1 증가하여 count 값이 1이 됨
19	• s1의 count 값은 1이므로 getCount 메서드를 실행하면 1이 반환되어 1이 출력됨

10

정답 5911

해설

라인 수	설명
01	• 1부터 10 미만의 숫자를 2씩 증가시킨 값인 [1, 3, 5, 7, 9]를 a 변수에 대입 | a[0]	a[1]	a[2]	a[3]	a[4]
---	---	---	---	---
1	3	5	7	9	
02~03	• i=2일 때부터 4 미만일 때까지 반복 • i=2일 때 a.pop(2)를 하면 a[2]번지 값인 5를 리스트에서 제거하고, 제거한 값인 5를 출력 	a[0]	a[1]	a[2]	a[3]
---	---	---	---
1	3	7	9 | • i=3일 때 a.pop(3)을 하면 a[3]번지 값인 9를 리스트에서 제거하고, 제거한 값인 9를 출력 | a[0]	a[1]	a[2]
---	---	---
1	3	7	
05	• a 리스트 값이 [1, 3, 7]이므로 모든 요소의 값을 더하면 1+3+7=11이 되어 11을 출력

11

정답 10

해설

라인 수	설명
04	• f 문자형 배열을 "AC-5*"로 초기화 | f[0]	f[1]	f[2]	f[3]	f[4]	f[5]
---	---	---	---	---	---
'A'	'C'	'-'	'5'	'*'	NULL	
05	• s 문자형 배열 선언 • NULL은 아스키 코드에 의해 정수 0과 같다. | s[0]	s[1]	s[2]	s[3]	s[4]	s[5]
---	---	---	---	---	---
0	0	0	0	0	0	
06	• i, p 변수 선언 및 p 변수는 -1로 초기화

라인 수	설명
07	• strlen(f)는 f의 길이이므로 5를 반환 • i=0으로 초기화한 후에, i<5는 참이므로 for 문을 실행
08	• f[i]인 f[0]은 'A'이므로 '−'와 '*'에 해당하지 않아 default로 이동
17~18	• ++p를 수행하면 p는 0이 되고, p가 0인 상태에서 s[p] = f[i]−'0'이므로 s[0] = f[0]−'0'이 됨 • f[0]은 'A'이므로 'A'−'0'==65−48을 하면 17이 되어 s[0]에 17을 대입
07	• i++에 의해 i=1이 된 후에, i<5는 참이므로 for 문을 실행
08	• f[i]인 f[1]은 'C'이므로 '−'와 '*'에 해당하지 않아 default로 이동
17~18	• ++p를 수행하면 p는 1이 되고, p가 1인 상태에서 s[p] = f[i]−'0'이므로 s[1] = f[1]−'0'이 됨 • f[1]은 'C'이므로 'C'−'0'==67−48을 하면 19가 되어 s[1]에 19를 대입
07	• i++에 의해 i=2가 된 후에, i<5는 참이므로 for 문을 실행
08	• f[i]인 f[2]는 '−'이므로 case '+'로 이동
09	• case '−'로 이동
10	• p=1이므로 s[0] = s[1]−s[0];이 되고, s[1]는 19, s[0]은 17이므로 19−17인 2를 s[0]에 대입 | s[0]	s[1]	s[2]	s[3]	s[4]	s[5]
---	---	---	---	---	---
2	19	0	0	0	0	
11	• p를 1 감소시켜 p=0이 됨
12	• break를 만나 switch case 문을 종료
07	• i++에 의해 i=3이 된 후에, i<5는 참이므로 for 문을 실행
08	• f[i]인 f[3]는 '5'이므로 '−'와 '*'에 해당하지 않아 default로 이동
17~18	• ++p를 수행하면 p는 1이 되고, p가 1인 상태에서 s[p] = f[i]−'0'이므로 s[1] = f[3]−'0'이 됨 • f[3]은 '5'이므로 '5'−'0'을 하면 5가 되어 s[1]에 5를 대입 | s[0]	s[1]	s[2]	s[3]	s[4]	s[5]
---	---	---	---	---	---
2	5	0	0	0	0	
07	• i++에 의해 i=4가 된 후에, i<5는 참이므로 for 문을 실행
08	• f[i]인 f[4]은 '*'이므로 case '*'로 이동
13	• case '*'로 이동
10	• p=1이므로 s[0] = s[1]+s[0];이 되고, s[1]는 5, s[0]은 2이므로 5*2인 10을 s[0]에 대입 | s[0]	s[1]	s[2]	s[3]	s[4]	s[5]
---	---	---	---	---	---
10	13	9	0	0	0	
11	• p를 1 감소시켜 p=0이 됨
12	• break를 만나 switch case 문을 종료
07	• i++에 의해 i=5가 된 후에, i<5는 거짓이므로 for 문을 종료
21	• s[p]인 10을 출력

12
정답 HTTP GET 플러딩(Flooding) 공격 또는 Cache Control Attack 공격

해설 HTTP GET 플러딩 공격은 HTTP 캐시 옵션을 조작하여 캐싱 서버가 아닌 웹 서버가 직접 처리하도록 유도하여 웹 서버 자원을 소진시키는 서비스 거부 공격이다.

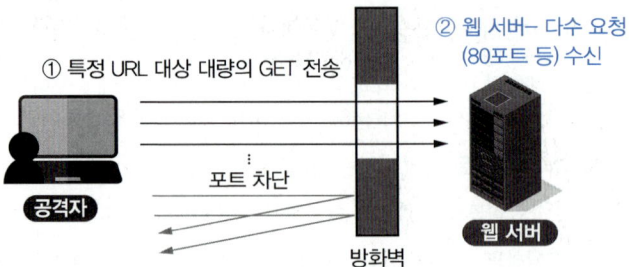

13
정답 ① 외부 스키마(External Schema), ② 내부 스키마(Internal Schema)

해설 스키마의 구성은 다음과 같다.

구성	설명
외부 스키마 (External Schema)	• 사용자나 개발자의 관점에서 필요로 하는 데이터베이스의 논리적 구조 • 사용자 뷰를 나타냄 • 서브 스키마로 불림
개념 스키마 (Conceptual Schema)	• 데이터베이스의 전체적인 논리적 구조 • 전체적인 뷰를 나타냄 • 개체 간의 관계, 제약조건, 접근 권한, 무결성, 보안에 대해 정의
내부 스키마 (Internal Schema)	• 물리적 저장 장치의 관점에서 보는 데이터베이스 구조 • 실제로 데이터베이스에 저장될 레코드의 형식을 정의하고 저장 데이터 항목의 표현 방법, 내부 레코드의 물리적 순서 등을 표현

14
정답 BD

해설

라인 수	설명
03	• try~catch 문을 실행
04	• x 배열 값을 10, 20, 30으로 초기화
05	• 배열 x는 길이가 3이므로 유효한 인덱스는 0, 1, 2이기 때문에 x[01]은 배열의 길이를 초과하는 잘못된 인덱스 • 잘못된 인덱스를 접근했으므로 ArrayIndexOutOfBoundsException가 발생하므로 ArrayIndexOutOfBoundsException을 처리할 수 있는 catch 문으로 이동
10~12	• ArrayIndexOutOfBoundsException을 처리하는 catch 문으로 B를 출력
16~18	• finally 블록은 반드시 실행되므로 D를 출력

• 코드에서 발생하는 예외처리는 특정 상황에서 호출될 수 있다.

ArrayIndexOutOfBoundsException	• 배열의 잘못된 인덱스 접근 시 발생하는 예외 처리
NullPointerException	• 객체의 메서드를 호출할 때 발생하는 예외 처리
ArithmeticException	• 0으로 나눌 때 발생하는 예외 처리

15

정답 ① 대체 키(Alternate Key), ② 슈퍼 키(Super Key)

해설 키의 종류는 다음과 같다.

종류	설명
기본 키(Primary Key)	• 테이블의 각 튜플들을 고유하게 식별하는 키
대체 키(Alternate Key)	• 후보 키 중에서 기본 키로 선택되지 않은 키
후보 키(Candidate Key)	• 테이블에서 각 튜플을 구별하는 데 기준이 되는 키 • 기본 키와 대체 키를 합친 키(기본 키⊂후보 키, 대체 키⊂후보 키)
슈퍼 키(Super Key)	• 릴레이션을 구성하는 모든 튜플에 대해 유일성은 만족하지만, 최소성은 만족하지 못하는 키
외래 키(Foreign Key)	• 한 릴레이션의 컬럼이 다른 릴레이션의 기본 키로 이용되는 키 • 테이블 간의 참조 데이터 무결성을 위한 제약 조건

16

정답 SELECT 학번 FROM 학생 WHERE 학년 != 3; 또는 SELECT 학번 FROM 학생 WHERE 학년 <> 3;

해설
• WHERE 절에서 값이 다른 경우를 조회하기 위해서 <>, != 연산자를 사용한다.
• WHERE 절에서 비교 연산자는 다음과 같다.

연산자	설명
=	• 값이 같은 경우 조회
<>, !=	• 값이 다른 경우 조회
<, <=, >, >=	• 비교 연산에 해당하는 데이터 조회

17

정답 ① 5K, ② 4K, ③ 6K

해설

기법	설명
최초 적합 (First Fit)	• 프로세스가 적재될 수 있는 가용 공간 중에서 첫 번째 분할에 할당하는 방식 • 최초 적합일 때 22K 공간에 적재하므로 내부 단편화는 5K(22K-17K)
최적 적합 (Best Fit)	• 가용 공간 중에서 가장 크기가 비슷한 공간을 선택하여 프로세스를 적재하는 방식 • 최적 적합일 때 21K 공간에 적재하므로 내부 단편화는 4K(21K-17K)
최악 적합 (Worst-Fit)	• 프로세스의 가용 공간 중에서 가장 큰 공간에 할당하는 방식 • 최악 적합일 때 23K 공간에 적재하므로 내부 단편화는 6K(23K-17K)

18

정답 ① 런타임(Runtime), ② 라이브러리(Library)

해설 런타임과 라이브러리 개념은 다음과 같다.

용어	설명
런타임 (Runtime)	• 파일 과정을 마친 프로그램은 사용자에 의해 실행되어 지며, 이러한 응용 프로그램이 동작되어지는 시점
라이브러리 (Library)	• 소프트웨어 개발 시 공통으로 사용될 수 있는 특정한 기능을 모듈화한 기법 • 유형에는 표준 라이브러리와 런타임 라이브러리가 있다.

19 정답 2

해설

라인 수	설명
11	• main 함수에서 Soojebi(2, 10)을 호출
02	• Soojebi 함수의 base와 exp에 2, 10을 각각 전달
03	• i 변수를 선언하고, result 변수를 1로 초기화
04	• for(i=0; i<10; i++)에서 i=0으로 초기화하고, i<10을 만족할 때까지 반복
05	• result에 base 값인 2를 곱하므로 result는 2가 됨
06	• 사용자 정의 함수는 return을 만나면 바로 함수가 종료되는데, result 값인 2를 Soojebi(2, 10)을 호출한 곳에 반환
11	• Soojebi(2, 10)는 2가 되므로 2를 출력

20 정답 [2, 3, 5, 7, 11]

해설

라인 수	설명
15	• fn(11)을 호출
01	• fn 함수에 n=11을 전달
02	• x = [True] * 12이므로 True가 12개인 리스트를 x 변수에 대입
03	• x[0]과 x[1]에 False를 대입
05	• p 변수에 2를 대입
06	• p*p는 4이고, n은 12이므로 p*p <= n이 참이 되어 while 문을 실행
07	• x[2]는 참이므로 if 문을 실행
08~09	• range(4, 12, 2)이므로 i가 4, 6, 8, 10일 때 for 문을 실행 • x[4], x[6], x[8], x[10]에 False를 대입 | x[0]	x[1]	x[2]	x[3]	x[4]	x[5] | |---|---|---|---|---|---| | False | False | True | True | False | True | | x[6] | x[7] | x[8] | x[9] | x[10] | x[11] | |---|---|---|---|---|---| | False | True | False | True | False | True |
10	• p 값을 1 증가시켜 p는 3이 됨
06	• p*p는 9이고, n은 12이므로 p*p <= n이 참이 되어 while 문을 실행
07	• x[3]은 참이므로 if 문을 실행
08~09	• range(9, 12, 3)이므로 i가 9일 때 for 문을 실행 • x[9]에 False를 대입 | x[0]	x[1]	x[2]	x[3]	x[4]	x[5] | |---|---|---|---|---|---| | False | False | True | True | False | True | | x[6] | x[7] | x[8] | x[9] | x[10] | x[11] | |---|---|---|---|---|---| | False | True | False | False | False | True |

라인 수	설명
10	• p 값을 1 증가시켜 p는 4가 됨
06	• p*p는 16이고, n은 12이므로 p*p <= n이 거짓이 되어 while 문을 종료
12	• x 리스트에서 True로 남아 있는 인덱스(소수)에 해당하는 값들만 추출한 리스트인 [2, 3, 5, 7, 11]을 primes 변수에 대입
13	• primes인 [2, 3, 5, 7, 11]을 반환
15	• fn(20)은 [2, 3, 5, 7, 11]이므로 p 변수에 [2, 3, 5, 7, 11]을 대입
16	• p 변수를 출력하면 [2, 3, 5, 7, 11]이 출력됨

수제비 선/견/지/명 모의고사 18회 정답 및 해설

01 정답 ▶ KPI(Key Performance Indicator)

해설 ▶ KPI는 사업, 부서, 혹은 개인 차원의 목표가 달성되었는지 그 실적을 추적하기 위한 정량화된 측정 지표이다.

02 정답 ▶ SSID(Service Set IDentifier)

해설 ▶ 무선 보안과 관련된 주요용어는 다음과 같다.

용어	설명
SSID (Service Set IDentifier)	• 무선 랜을 통해 전송되는 패킷들의 각 헤더에 덧붙여지는 32바이트 길이의 고유 식별자 • SSID는 하나의 무선 랜을 다른 무선 랜으로부터 구분
WPA (Wi-Fi Protected Access)	• Wi-Fi 얼라이언스에서 Wi-Fi의 송출 신호에 대한 보안을 위해 고안된 물리 계층에서의 패킷 암호화 방식 • TKIP과 AES의 두 가지 표준 기술 중 하나를 사용하여 WEP보다 강력한 암호화를 제공

03 정답 ▶ INSERT INTO 급여(부서명, 직책, 급여) VALUES('마케팅부', '부장', '100');

해설 ▶ INSERT는 데이터의 내용을 삽입할 때 사용하는 명령어이다.

INSERT INTO 테이블명(속성명1, …) VALUES (데이터1, …);	• 속성과 데이터 개수, 데이터 타입이 일치해야 함 • 속성명은 생략 가능 • 속성의 타입이 숫자인 경우 데이터는 따옴표를 붙이지 않아도 되며, 문자열인 경우 따옴표를 붙여야 함

04 정답 ▶ 20개

해설 ▶

방향 그래프의 최대 간선 수 구하는 공식	
m = n(n-1)	• m: 간선의 개수 • n: 노드의 개수(정점의 개수)

m = n(n-1) = 5(5-1) = 20

• 최대 간선의 수는 20개이다.

05 정답 ▶ [2][2, 1][2, 1, 1][2, 3, 1, 1][2, 3, 1]13

해설

라인 수	설명
02	• main 메서드부터 시작
03	• a라는 변수에 ArrayList 클래스 생성
04	• ArrayList에 2 추가
05	• [2]가 출력됨
06	• ArrayList에 1이 추가
07	• [2, 1]이 출력됨(순서가 중요함)
08	• ArrayList에 1이 추가
09	• [2, 1, 1]이 출력됨(중복 값 허용)
10	• ArrayList의 1번지에 3이라는 값이 추가되어 현재 0번지인 2와 1번지인 1 사이에 값 추가
11	• [2, 3, 1, 1]이 출력됨
12	• ArrayList의 2번지에 있는 값인 1을 제거
13	• [2, 3, 1]이 출력됨
14	• ArrayList의 2번지에 있는 값 출력
15	• 원소 개수 출력

• 자바 ArrayList 메서드는 다음과 같다.

메서드	설명
add(값)	• 값을 추가하는 메서드
add(인덱스, 값)	• 해당 인덱스(번지)에 값을 추가하는 메서드
remove(인덱스)	• 해당 인덱스(번지)에 값을 제거하는 메서드
size( )	• 원소 개수 출력하는 메서드
get(인덱스)	• 해당 인덱스(번지)에 값을 얻는 메서드

06 **정답** 243

해설

라인 수	설명
03	• a=0, i=3으로 초기화
04	• i=3이므로 i<100은 참이기 때문에 for 문을 반복
05	• i 값인 3을 a 변수에 더해 a는 3이 됨
04	• i에 3을 곱하면 i=9이므로 i<100은 참이기 때문에 for 문을 반복
05	• i 값인 9를 a 변수에 더해 a는 12가 됨
04	• i에 3을 곱하면 i=27이므로 i<100은 참이기 때문에 for 문을 반복
05	• i 값인 27을 a 변수에 더해 a는 39가 됨
04	• i에 3을 곱하면 i=81이므로 i<100은 참이기 때문에 for 문을 반복
05	• i 값인 81을 a 변수에 더해 a는 120이 됨
04	• i에 3을 곱하면 i=243이므로 i<100은 거짓이기 때문에 for 문을 종료
06	• i 값인 243을 출력

07
정답 ① 네트워크 접근 제어(NAC; Network Access Control), ② 침입 탐지 시스템(IDS; Intrusion Detection System)

해설 네트워크 접근제어를 위한 대표적인 보안 솔루션은 다음과 같다.

솔루션	설명
방화벽(Firewall)	• 기업 내부, 외부 간 트래픽을 모니터링하여 시스템의 접근을 허용하거나 차단하는 시스템
침입 탐지 시스템 (IDS; Intrusion Detection System)	• 네트워크에서 발생하는 이벤트를 모니터링하고 비인가 사용자에 의한 자원 접근과 보안정책 위반 행위(침입)를 실시간으로 탐지하는 시스템
침입 방지 시스템 (IPS; Intrusion Prevention System)	• 네트워크에 대한 공격이나 침입을 실시간적으로 차단하고, 유해 트래픽에 대한 조치를 능동적으로 처리하는 시스템
통합 보안 시스템 (UTM; Unified Threat Management)	• 방화벽, 침입 탐지 시스템(IDS), 침입 방지 시스템(IPS), VPN, 안티바이러스, 이메일 필터링 등 다양한 보안 장비의 기능을 하나의 장비로 통합하여 제공하는 시스템

08
정답 SSL/TLS 또는 SSL, TLS

해설
- 전송 계층과 응용 계층 사이에서 클라이언트와 서버 간의 웹 데이터 암호화(기밀성), 상호 인증 및 전송 시 데이터 무결성을 보장하는 보안 프로토콜은 SSL/TLS이다.
- SSL(Secure Socket Layer)/TLS(Transport Layer Security)의 주요 기능은 다음과 같다.

보안 기능	설명
기밀성	• Triple DES, AES 같은 대칭 키 암호화 알고리즘 제공
상호 인증	• 연결 설정 과정에서 서버와 클라이언트 간에 신뢰할 수 있도록 인증 사용 • RSA(비대칭 키), DSS(전자서명) 알고리즘, X.509 공개키 인증서 사용
메시지 무결성	• 안전한 해시 알고리즘을 사용하여 메시지 인증코드 생성

09
정답 ① 회복 테스트(Recovery Testing), ② 회귀 테스트(Regression Testing)

해설 테스트 목적에 따른 분류는 다음과 같다.

분류	설명
회복 테스트 (Recovery Testing)	• 시스템에 고의로 실패를 유도하고, 시스템의 정상적 복귀 여부를 테스트하는 기법
안전 테스트 (Security Testing)	• 불법적인 소프트웨어가 접근하여 시스템을 파괴하지 못하도록 소스 코드 내의 보안적인 결함을 미리 점검하는 테스트 기법
성능 테스트 (Performance Testing)	• 사용자의 이벤트에 시스템이 응답하는 시간, 특정 시간 내에 처리하는 업무량, 사용자 요구에 시스템이 반응하는 속도 등을 측정하는 테스트 기법
구조 테스트 (Structure Testing)	• 시스템의 내부 논리 경로, 소스 코드의 복잡도를 평가하는 테스트 기법
회귀 테스트 (Regression Testing)	• 오류를 제거하거나 수정한 시스템에서 오류 제거와 수정에 의해 새로이 유입된 오류가 없는지 확인하는 일종의 반복 테스트 기법
병행 테스트 (Parallel Testing)	• 변경된 시스템과 기존 시스템에 동일한 데이터를 입력 후 결과를 비교하는 테스트 기법

10 정답 ▶ -15

해설

라인 수	설명
01	• range 함수에서 스텝이 -4이므로 역순 • 시작값이 -1, 끝값이 -10 직전까지, 4씩 감소하는 숫자를 생성하므로 [-1, -5, -9]가 됨 • sum 함수를 이용하면 리스트 요소들을 모두 더하므로 -1-5-9=-15가 되어 -15를 출력

• 파이썬 리스트 내포는 다음과 같다.

> 반복가능객체 = [표현식 for 항목 in range()]

• range 함수는 for 문에서 범위를 지정하기 위해 사용하며 3개의 파라미터를 가질 수 있다. start, step 파라미터는 생략할 수 있다.

range 함수	내용
range(stop)	• 0부터 (stop-1)까지
range(start, stop)	• start부터 (stop-1)까지
range(start, stop, step)	• start부터 (stop-1)까지 step만큼 간격

11 정답 ▶ ① UML(Unified Modeling Language), ② 사물(Things)

해설 UML의 구성요소는 다음과 같다.

구성요소	설명
사물 (Things)	• 추상적인 개념으로, 주제를 나타내는 요소 • 단어 관점에서 '명사' 또는 '동사'를 의미
관계 (Relationships)	• 사물과 사물을 연결하여 관계를 표현하는 요소 • 단어 관점에서 '형용사' 또는 '부사'를 의미
다이어그램 (Diagrams)	• 사물과 관계를 모아 그림으로 표현한 형태 • 형식과 목적에 따라 정의

두음쌤 한마디

UML 구성요소
「사관다」
사물 / 관계 / 다이어그램

12 정답 ▶ ① SEED, ② ECC

해설 암호화 알고리즘 SEED와 ECC의 특징은 다음과 같다.

알고리즘	설명
SEED	• 1999년 국내 한국인터넷진흥원(KISA)이 개발한 블록 암호화 알고리즘 • 128bit 비밀키로부터 생성된 16개의 64bit 라운드 키를 사용하여 총 16회의 라운드를 거쳐 128bit의 평문 블록을 128bit 암호문 블록으로 암호화하여 출력하는 방식 • 블록 크기는 128bit이며, 키 길이에 따라 128bit, 256bit로 분류
ECC (Elliptic Curve Cryptography)	• 1985년 코블리치와 밀러가 RSA 암호 방식에 대한 대안으로 제안한 공개키 암호화 알고리즘 • 유한체 위에서 정의된 타원곡선 군에서의 이산대수의 문제에 기초한 공개키 암호화 알고리즘 • PKI 기반의 RSA의 문제점인 속도와 안전성 해결하기 위해 타원 기반 구조체의 안정성과 효율성을 기반으로 생성되었고, RSA보다 키의 비트 수를 적게 하면서 동일한 성능을 제공

13 정답 ① Roll-Up, ② Drill-Down, ③ Slicing, ④ Dicing

해설
- OLAP은 의사결정 지원 시스템으로, 사용자가 동일한 데이터를 여러 기준을 이용하는 다양한 방식으로 바라보면서 다차원 데이터 분석을 할 수 있도록 도와주는 기술이다.
- OLAP 연산은 다음과 같다.

연산	설명
Roll-Up	• 분석할 항목에 대해 구체적인 데이터로부터 요약된 형태의 데이터로 접근하는 연산
Drill-Down	• 분석할 항목에 대해 요약된 형태의 데이터로부터 구체적인 데이터로 접근하는 연산
Slicing	• 온라인 분석처리를 위한 자료 구조인 데이터 큐브의 한 조각을 볼 수 있게 해 주는 연산
Dicing	• 고정된 다차원 값에 대한 연산
Pivoting	• 다차원 분석 테이블인 크로스 테이블에서 차원 변경을 위해 사용되는 연산

14 정답 7

해설

라인 수	설명
02	• main 함수부터 시작
03	• 정수형 변수 i를 선언하고 1로 초기화
04	• 정수형 변수 sum을 선언하고 0으로 초기화
05	• i=1이므로 i<10은 참이 되어 for 문을 실행
06	• i%2는 1이므로 default로 이동
09	• default로 이동
10	• sum에 2를 더해 sum은 2가 됨
12	• i에 3을 더해 i는 4가 됨
05	• i=4이므로 i<10은 참이 되어 for 문을 실행
06	• i%2는 0이므로 case 0으로 이동
07	• case 0으로 이동
08	• sum에 1을 더해 sum은 3이 됨
09	• break를 안 만났으므로 switch~case 문을 탈출하지 않고 실행
10	• sum에 2를 더해 sum은 5가 됨
12	• i에 3을 더해 i는 7이 됨
05	• i=7이므로 i<10은 참이 되어 for 문을 실행
06	• i%2는 1이므로 default로 이동
09	• default로 이동
10	• sum에 2를 더해 sum은 7이 됨
12	• i에 3을 더해 i는 10이 됨
05	• i=10이므로 i<10은 거짓이 되어 for 문을 종료
14	• sum 값인 7을 출력

15 정답: 푸트남(Putnam) 모형

해설 소프트웨어 개발 주기의 단계별로 요구할 인력의 분포를 가정하는 모형으로 시간에 따른 함수로 표현되는 Rayleigh-Norden 곡선의 노력 분포도를 기초로 하는 비용산정 모형은 푸트남 모형이다.

16 정답: 65-1

해설

라인 수	설명
03	• a 배열에 "ABC" 문자열을 저장 <table><tr><td>a[0]</td><td>a[1]</td><td>a[2]</td><td>a[3]</td></tr><tr><td>'A'</td><td>'B'</td><td>'C'</td><td>NULL</td></tr></table>
04	• i 변수 선언
06	• i=0일 때 a[i]는 'A'이므로 a[i]!='\0'은 참이기 때문에 반복문 실행
07	• *(a+0)은 a[0]이므로 'A'이지만, %d로 출력해야 하므로 A의 아스키 코드 값인 65를 출력
08	• i를 1 증가시켜 i는 1이 됨
06	• i=1이므로 a[1]은 'B'이므로 a[i] -= 'C'에 의해 'B'에서 'C'를 빼면 -1이 됨 • a[1]은 -1이므로 a[i]!='\0'은 참이기 때문에 반복문 실행
07	• *(a+1)은 a[1]이므로 -1을 출력
08	• i를 1 증가시켜 i는 2가 됨
06	• i=2이므로 a[2]는 'C'이므로 a[i] -= 'C'에 의해 'C'에서 'C'를 빼면 0이 됨 • a[2]는 0이므로 '\0'과 같아서 a[i]!='\0'은 거짓이기 때문에 반복문을 종료

17 정답: 60

해설

라인 수	설명
02	• main 메서드 실행
03	• sum이라는 정수형 변수에 fact(3, 5)의 결괏값을 저장 • fact(3, 5) 메서드를 호출
06	• a=3, b=5 전달
07	• if(5<3)은 거짓이므로 else 문을 실행
08	• fact(3, 5)을 호출한 부분에 5*fact(3, 4) 값을 반환 　• 재귀 호출이 끝나고 fact(3, 4)의 반환값은 12가 되어 5*12인 60이 됨 　• 60을 fact(3, 5)를 호출한 부분에 전달 • fact(3, 4) 메서드를 호출
06	• a=3, b=4 전달
07	• if(4<3)은 거짓이므로 else 문을 실행
08	• fact(3, 4)를 호출한 부분에 4*fact(3, 3) 값을 반환 　• 재귀 호출이 끝나고 fact(3, 3)의 반환값은 3이 되어 4*3인 12가 됨 　• 12를 fact(3, 4)를 호출한 부분에 전달 • fact(3, 3) 메서드를 호출

라인 수	설명
06	• a=3, b=3 전달
07	• if(3<3)은 거짓이므로 else 문을 실행
08	• fact(3, 3)을 호출한 부분에 3*fact(3, 2) 값을 반환 • 재귀 호출이 끝나고 fact(3, 2)의 반환값은 1이 되어 3*1인 3이 됨 • 3을 fact(3, 3)을 호출한 부분에 전달 • fact(3, 2) 메서드를 호출
06	• a=3, b=2 전달
07~08	• if(2<3)은 참이므로 1을 반환
06	• n=1을 전달
03	• fact(3, 5) 반환값은 60이므로 sum은 60이 됨
04	• sum 값인 60을 출력

함수	리턴값	합계
fact(3, 5)	5*fact(3, 4)	60
fact(3, 4)	4*fact(3, 3)	12
fact(3, 3)	3*fact(3, 2)	3
fact(3, 2)	1	1

18 정답 9

해설

라인 수	설명
02	• main 메서드부터 시작
03	• 배열의 크기가 5인 1차원 정수형 배열 numArr을 선언
04	• 정수형 변수 result를 선언하고 0으로 초기화
05	• i=0일 때 i<5는 참이므로 for 문 수행
06	• numArr[0]에 ++i를 대입하므로, ++i를 하면 i=1이 되고 numArr[0] = 1이 됨
05	• i++에 의해 i=2가 되므로 i<5는 참이기 때문에 for 문 수행
06	• numArr[2]에 ++i를 대입하므로, ++i를 하면 i=3이 되고 numArr[2] = 3이 됨
05	• i++에 의해 i=4가 되므로 i<5는 참이기 때문에 for 문 수행
06	• numArr[4]에 ++i를 대입하므로, ++i를 하면 i=5가 되고 numArr[4] = 5가 됨
05	• i++에 의해 i=6이 되므로 i<5는 거짓이기 때문에 for 문 종료
09	• numArr 배열의 요소를 i 변수에 대입하고, i 변수 값을 result에 더함 • result는 1+0+3+0+5인 9가 됨
12	• result 값인 9를 출력

19 **정답** ① CPS(Cyber-Physical System), ② 디지털 트윈(Digital Twin)

해설 CPS와 디지털 트윈 기술은 다음과 같다.

구분	설명
CPS (Cyber-Physical System)	• 가상 물리 시스템으로 인간의 개입 없이 대규모 센서·액추에이터를 갖는 물리적인 요소들과 통신 기술, 응용·시스템 소프트웨어 기술을 활용하여 실시간으로 물리적 요소들을 제어하는 컴퓨팅 요소가 결합된 복합 시스템
디지털 트윈 (Digital Twin)	• 물리적인 사물과 컴퓨터에 동일하게 표현되는 가상 모델로 실제 물리적인 자산 대신 소프트웨어로 가상화함으로써 실제 자산의 특성에 대한 정확한 정보를 얻을 수 있고, 자산 최적화, 돌발사고 최소화, 생산성 증가 등 설계부터 제조, 서비스에 이르는 모든 과정의 효율성을 향상시킬 수 있는 모델

20 **정답** ① Bridge, ② Adapter

해설 Bridge 패턴과 Adapter 패턴은 다음과 같다.

패턴	설명
Bridge	• 기능의 클래스 계층과 구현의 클래스 계층을 연결하고, 구현부에서 추상 계층을 분리하여 추상화된 부분과 실제 구현 부분을 독립적으로 확장할 수 있는 디자인 패턴 • 구현뿐만 아니라, 추상화된 부분까지 변경해야 하는 경우 활용
Adapter	• 기존에 생성된 클래스를 재사용할 수 있도록 중간에서 맞춰주는 역할을 하는 인터페이스를 만드는 패턴 • 상속을 이용하는 클래스 패턴과 위임을 이용하는 인스턴스 패턴의 두 가지 형태로 사용되는 디자인 패턴 • 인터페이스가 호환되지 않는 클래스들을 함께 이용할 수 있도록 타 클래스의 인터페이스를 기존 인터페이스에 덧씌움

수제비 선/견/지/명 모의고사 19회 정답 및 해설

01 정답 ▶ 메타데이터 레지스트리(MDR; Metadata Registry)

해설 ▶ MDR은 메타데이터(Metadata; 데이터의 의미 파악을 위한 데이터)의 등록과 인증을 통하여 표준화된 메타데이터를 유지·관리하며, 메타데이터의 명세와 의미의 공유를 목적으로 하는 데이터베이스이다.

02 정답 ▶ 균형 성과표(BSC; Balanced Score Card)

해설 ▶ BSC의 네 가지 관점은 다음과 같다.

관점	설명
재무	• 기업의 주요 이해 관계자들에게 재무적인 지표를 통해 조직의 성과를 보여 주기 위한 관점
고객	• 고객 관계 관리를 위한 관점 • 기업에 수익을 가져다줄 수 있는 고객을 파악해 내고, 이들을 위한 고객 지향적 프로세스를 만들어나가는 것이 고객 관계 관리의 핵심 성공 요인
내부 프로세스	• 성과를 극대화하기 위하여 기업의 핵심 프로세스 및 핵심 역량을 규명하는 과정에 관련한 관점
학습과 성장	• BSC의 4가지 관점 중에서 가장 미래 지향적인 관점 • 현재에는 그 가치가 보이지 않지만, 회사의 장기적인 잠재력에 대한 투자가 기업 성장에 얼마나 영향을 미칠 수 있을지를 파악

03 정답 ▶ ① 객체(Object), ② 생명선(Lifeline)

해설 ▶ 시퀀스 다이어그램 구성요소는 다음과 같다.

구성요소	설명	표기법
객체 (Object)	• 객체는 위쪽에 표시되며 아래로 생명선을 가짐 • 객체는 사각형 안에 밑줄 친 이름으로 명시	Object
생명선 (Lifeline)	• 객체로부터 뻗어 나가는 점선 • 실제 시간이 흐름에 따라 객체의 생명주기 동안 발생하는 이벤트를 명시	
실행 (Activation)	• 직사각형은 오퍼레이션(함수)이 실행되는 시간을 의미 • 직사각형이 길어질수록 오퍼레이션 수행시간이 긺	
메시지 (Message)	• 객체 간의 상호 작용은 메시지 교환으로 이루어짐 • 한 객체에서 다른 객체로의 메시지를 전달하여 전달받은 객체의 오퍼레이션을 수행	1.1 Do →
회귀 메시지 (Self-Message)	• 같은 객체에 대한 함수(메서드)를 호출 • 본인의 Lifeline으로 회귀하는 화살표로 표현	

04 정답 GRANT SELECT ON STUDENT TO HONG;

해설 데이터베이스 관리자(DBA; Database Administrator)가 사용자에게 데이터베이스에 대한 권한을 부여하는 명령어이다.

GRANT 권한 ON 테이블 TO 사용자 [WITH GRANT OPTION];	• 관리자가 사용자에게 테이블에 대한 권한을 부여 • WITH GRANT OPTION은 사용자가 권한을 받고 난 후 다른 사람들과 권한을 나누어 가질 수 있는 옵션

두음쌤 한마디

GRANT 명령
「그온투」
GRANT 권한 ON 테이블 TO 사용자;

05 정답 스테레오 타입(Stereotype)

해설
• UML 스테레오 타입은 UML의 기본적 요소 이외의 새로운 요소를 만들어 내기 위한 확장 메커니즘이다.
• 형태는 기존 UML의 요소를 그대로 사용하지만, 내부 의미는 다른 목적으로 사용하도록 확장한다.
• UML의 스테레오 타입은 '《 》' (길러멧; Guillemet) 기호를 사용하여 표현한다.
• UML 스테레오 타입의 유형은 다음과 같다.

타입	설명	예시
《include》	• 하나의 유스케이스가 어떤 시점에 반드시 다른 유스케이스를 실행하는 포함 관계	고객 — 주문 ⋯《include》⋯▶ 사용자 확인
《extend》	• 하나의 유스케이스가 어떤 시점에 다른 유스케이스를 실행할 수도 있고, 그렇지 않을 수도 있는 확장 관계 • 기본 유스케이스 수행 시 특별한 조건을 만족할 때 수행	고객 — 주문 ◀⋯《extend》⋯ 고객등록
《interface》	• 모든 메서드가 추상 메서드이며, 바로 인스턴스를 만들 수 없는 클래스로 추상 메서드와 상수만으로 구성된 클래스	《interface》 customer + save Customer() : void

06 정답 Hell, Sjebi!

해설

라인 수	설명
04	• string 변수를 선언하고 "Hello, Soojebi!"로 초기화
05	• chr 변수를 선언하고 'o'로 초기화
06	• soojebi 함수를 호출하여 string에서 chr('o')을 제거한 결과를 result 변수에 대입
01~02	• s.replace(char, '')를 사용하여 문자열 "Hello, Soojebi!"에서 'o'를 찾아 빈 문자열('')로 대체하므로 "Hell, Sjejbi!"가 됨 • "Hell, Sjejbi!"를 반환
06	• result에 soojebi(string, chr) 반환 값인 "Hell, Sjejbi!"를 대입
07	• result인 "Hell, Sjejbi!"를 출력

07 정답 {1=A, 2=B, 3=C, 4=D}

해설

라인 수	설명
02	• main 메서드부터 시작
03	• map이라는 변수에 TreeMap 클래스 생성
04	• map에 4에 해당하는 값으로 D를 추가
05	• map에 3에 해당하는 값으로 C를 추가
06	• map에 1에 해당하는 값으로 A를 추가
07	• map에 2에 해당하는 값으로 B를 추가
08	• TreeMap은 자동정렬 되어 {1=A, 2=B, 3=C, 4=D}로 출력

• 자바 TreeMap 메서드는 다음과 같다.

메서드	설명
put(키, 값)	• 해당 키에 해당하는 값을 추가하는 메서드
remove(키)	• 해당 키에 해당하는 값을 제거하는 메서드
get(키)	• 해당 키에 해당하는 값을 얻는 메서드
size( )	• TreeMap에 들어 있는 원소의 개수를 얻는 메서드

08 정답 ① 체크 포인트 회복 기법(Checkpoint Recovery), ② 그림자 페이징 회복 기법(Shadow Paging Recovery)

해설 데이터베이스 회복 기법은 아래와 같다.

기법		설명
로그 기반 회복 기법	지연 갱신 회복 기법 (Deferred Update)	• 트랜잭션이 완료되기 전까지 데이터베이스에 기록하지 않는 기법
	즉각 갱신 회복 기법 (Immediate Update)	• 트랜잭션 수행 중 갱신 결과를 바로 DB에 반영하는 기법
체크 포인트 회복 기법 (Checkpoint Recovery)		• 장애 발생 시 검사점 이후에 처리된 트랜잭션에 대해서만 장애 발생 이전의 상태로 복원시키는 회복 기법
그림자 페이징 회복 기법 (Shadow Paging Recovery)		• 데이터베이스 트랜잭션 수행 시 복제본을 생성하여 데이터베이스 장애 시 이를 이용해 복구하는 기법

두음쌤 한마디

회복 기법 종류
「회로체그」
회복 기법(로그 기반 회복 기법 / 체크 포인트 회복 기법 / 그림자 페이징 회복 기법)

09 정답 DELETE FROM 부서 WHERE 부서명 IN ('DT부', '보안부');

또는

DELETE FROM 부서 WHERE 부서명 = 'DT부' OR 부서명='보안부';

해설 • DELETE는 데이터의 내용을 삭제할 때 사용하는 명령어이다.

- DELETE 명령어 문법은 다음과 같다.

DELETE FROM 테이블명 WHERE 조건;	• 모든 레코드를 삭제할 때는 WHERE 절 없이 DELETE만 사용 • 레코드를 삭제해도 테이블 구조는 남아 있어서 디스크에서 테이블을 완전히 삭제하는 DROP 명령과는 다름

10 정답 ① PaaS(Platform as a Service), ② BaaS(Blockchain as a Service)

해설 클라우드 서비스 유형은 다음과 같다.

유형	설명
인프라형 서비스 (IaaS; Infrastructure as a Service)	• 서버, 스토리지 같은 시스템 자원을 클라우드로 제공하는 서비스
플랫폼형 서비스 (PaaS; Platform as a Service)	• 인프라를 생성, 관리하는 복잡함 없이 애플리케이션을 개발, 실행, 관리할 수 있게 하는 플랫폼을 제공하는 서비스
소프트웨어형 서비스 (SaaS; Software as a Service)	• 소프트웨어 및 관련 데이터는 중앙에 호스팅되고 사용자는 웹 브라우저 등의 클라이언트를 통해 접속하여 소프트웨어를 서비스 형태로 이용하는 서비스
BaaS (Blockchain-as-a-Service)	• 블록체인의 기본 인프라를 추상화하여 블록체인 응용 프로그램을 만들 수 있는 클라우드 컴퓨팅 플랫폼

11 정답 3

해설

라인 수	설명
25	• main 메서드부터 실행
26	• a 배열에 92, 100, 215, 341, 625, 716, 812, 813, 820, 901, 902 값을 초기화
27	• fn 메서드에 92, a 배열의 시작주소인 &a[0], 11을 전달
02	• key에 92를 전달하고, arr에 a 배열의 시작 주소, cnt에 11을 전달 • arr을 이용해 main 함수의 a 배열에 접근할 수 있음
03	• min 변수 선언
04	• low=0, cnt가 11이므로 high=10으로 초기화
05	• i=0으로 초기화
07	• low=0이고, high=10이므로 low <= high가 참이 되어 반복문 실행
08	• i를 1 증가시켜서 i는 1이 됨
09	• low=0이고, high=10이므로 mid는 (0+10)/2인 5가 됨
11	• key는 92이고, mid가 5이므로 arr[5]는 716이기 때문에 key == arr[mid]가 거짓이 되어 if 문을 실행하지 않음
14	• key는 92이고, arr[5]는 716이기 때문에 key < arr[mid]가 참이 되어 if 문을 실행
15	• mid는 5이므로 high는 5-1인 4가 됨
07	• low=0이고, high=4이므로 low <= high가 참이 되어 반복문 실행
08	• i를 1 증가시켜서 i는 2가 됨
09	• low=0이고, high=4이므로 mid는 (0+4)/2인 2가 됨

라인 수	설명
11	• key는 92이고, mid가 2이므로 arr[2]는 215이기 때문에 key == arr[mid]가 거짓이 되어 if 문을 실행하지 않음
14	• key는 92이고, arr[2]는 215이기 때문에 key < arr[mid]가 참이 되어 if 문을 실행
15	• mid는 2이므로 high는 2-1인 1이 됨
07	• low=0이고, high=1이므로 low <= high가 참이 되어 반복문 실행
08	• i를 1 증가시켜서 i는 3이 됨
09	• low=0이고, high=1이므로 mid는 (0+1)/2인 0이 됨
11	• key는 92이고, mid가 0이므로 arr[0]은 92이기 때문에 key == arr[mid]가 참이 되어 if 문 실행
12	• i 값인 3을 전달
27	• fn(92, a, 11)의 반환값이 3이므로 cnt는 3이 됨
28	• 3을 출력

12 정답 ▶ Seven TouchPoints

해설 ▶ Secure SDLC 방법론은 다음과 같다.

방법론	설명
Seven TouchPoints	• 실무적으로 검증된 개발 보안 방법론 중 하나로서 SW 보안의 모범 사례를 SDLC(Software Development Life Cycle)에 통합한 소프트웨어 개발 보안 생명주기 방법론
MS SDL (Security Development Lifecycle)	• 마이크로소프트사가 2004년 이후 자사의 소프트웨어 개발에 의무적으로 적용하도록 고안한 보안 강화 프레임워크
OWASP CLASP	• 개념 관점, 역할기반 관점, 활동평가 관점, 활동구현 관점, 취약성 관점 등의 활동 중심, 역할기반의 프로세스로 구성된 보안 프레임워크로 이미 운영 중인 시스템에 적용하기 쉬운 보안 개발방법론

13 정답 ▶ ① Validation, ② Verification

해설 ▶ 테스트 시각에 따른 분류는 다음과 같다.

분류	설명
검증(Verification)	• 소프트웨어 개발 과정을 테스트 • 올바른 제품을 생산하고 있는지 검증 • 이전 단계에서 설정된 개발 규격과 요구를 충족시키는지 판단 • 개발자 혹은 시험자의 시각으로 소프트웨어가 명세화된 기능을 올바로 수행하는지 알아보는 과정
확인(Validation)	• 소프트웨어 결과를 테스트 • 만들어진 제품이 제대로 동작하는지 확인 • 최종 사용자 요구 또는 소프트웨어 요구에 적합한지 판단 • 사용자 시각으로 올바른 소프트웨어가 개발되었는지 입증하는 과정

14 정답 ▶ 110

해설 ▶

라인 수	설명
05	• p라는 이름의 포인터 변수에 "So 1" 문자열의 시작 주소를 저장
06	• i, t 변수를 선언하고, t는 0으로 초기화
08	• strlen(p)는 "So 1" 문자열의 길이인 4 • i=0일 때 i<5는 참이므로 반복문 실행
09	• p[0]은 'S'이므로 0≤p[0]≤9를 만족하지 않으므로 if 문은 거짓
11	• p[0]은 'S'이므로 'A'≤p[0]≤'Z'를 만족하므로 if 문은 참
12	• t에 10을 더하여 t는 10이 됨
08	• i++에 의해 i=1이 되고, i<5는 참이므로 반복문 실행
09	• p[1]은 'o'이므로 0≤p[1]≤9를 만족하지 않으므로 if 문은 거짓
11	• p[1]은 'o'이므로 'A'≤p[1]≤'Z'를 만족하지 않으므로 if 문은 거짓
13	• p[1]은 'o'이므로 p[1]≤'a'도 거짓이고, p[1]≥'z'도 거짓이기 때문에 if 문은 거짓
08	• i++에 의해 i=2가 되고, i<5는 참이므로 반복문 실행
09	• p[2]는 ' '이므로 0≤p[2]≤9를 만족하지 않으므로 if 문은 거짓
11	• p[2]는 ' '이므로 'A'≤p[2]≤'Z'를 만족하지 않으므로 if 문은 거짓
13	• p[2]는 ' '이므로 p[2]≤'a'도 거짓이고, p[2]≥'z'도 거짓이기 때문에 if 문은 거짓
08	• i++에 의해 i=3이 되고, i<5는 참이므로 반복문 실행
09	• p[3]은 '1'이므로 0≤p[3]≤9를 만족하지 않으므로 if 문은 거짓 • '1'은 아스키 코드로 49이기 때문에 0≤p[3]≤9를 만족하지 않음
11	• p[3]은 '1'이므로 'A'≤p[3]≤'Z'를 만족하지 않으므로 if 문은 거짓
13	• p[3]은 '1'이므로 p[3]≤'a'도 거짓이고, p[3]≥'z'도 거짓이기 때문에 if 문은 거짓
08	• i++에 의해 i=4가 되고, i<5는 참이므로 반복문 실행
09	• p[4]은 NULL이므로 0≤p[1]≤9를 만족하기 때문에 if 문은 참 • NULL은 아스키 코드로 0이기 때문에 0≤p[4]≤9를 만족
10	• t에 100을 더하여 t는 110이 됨
08	• i++에 의해 i=5가 되고, i<5는 거짓이므로 반복문 종료
17	• t를 출력

15 정답 Hi
py

해설

라인 수	설명
02	• nextToken 문자형 포인터를 NULL로 초기화
35	• main 함수부터 시작
36	• "Hi.py!" 문자열을 str 배열에 저장
37	• ",.!"; 문자열을 delim 배열에 저장
38	• Strtok(str, delim) 호출
03	• str은 main 함수의 str 배열의 시작 주소, delim은 main 함수의 delim
04	• 문자형 포인터 변수 tokenStart, d 선언
05~06	• str은 NULL이 아니므로 nextToken을 str로 초기화
08~09	• nextToken=str이므로, nextToken은 NULL이 아니고, *nextToken는 str[0]인 'H'이기 때문에 NULL이 아니므로 거짓이 되어 if 문을 실행하지 않음
11	• tokenStart 변수에 nextToken 값인 str을 대입
13	• *nextToken는 str[0]인 'H'이기 때문에 NULL이 아니므로 참이기 때문에 while 문을 실행
14	• for 문을 반복할 때마다 delim의 각 문자를 d에 대입하고 *nextToken을 비교 • d='.'이고, nextToken이 가리키는 값이 str[2]인 '.'일 때 if 문 조건이 참이므로 if 문을 실행해서 해당 nextToken이 가리키고 있는 값인 str[2]를 NULL로 바꿈 | str[0] | str[1] | str[2] | str[3] | str[4] | str[5] | str[6] | |---|---|---|---|---|---|---| | 'H' | 'i' | NULL | 'p' | 'y' | '!' | NULL | • nextToken 값을 1 증가시키면 str+3이 되고, tokenStart 값인 str을 반환
38	• 문자형 포인터 변수 token에 Strtok 반환값인 str을 대입
39	• token은 NULL이 아니므로 while 문 실행
40	• token은 str이므로 str[0]부터 NULL 직전까지인 "Hi"를 출력
41	• Strtok(NULL, delim) 호출
03	• str은 NULL, delim은 main 함수의 delim을 전달
04	• 문자형 포인터 변수 tokenStart, d 선언
05~06	• str은 NULL이므로 if 문을 실행하지 않음
08~09	• nextToken=str+3이므로, nextToken은 NULL이 아니고, *nextToken는 str[3]인 'p'이기 때문에 NULL이 아니므로 거짓이 되어 if 문을 실행하지 않음
11	• nextToken의 값인 str+3을 tokenStart에 대입
13	• *nextToken는 str[3]인 'p'이기 때문에 NULL이 아니므로 참이기 때문에 while 문을 실행
14	• for 문을 반복할 때마다 delim의 각 문자를 d에 대입하고 *nextToken을 비교 • d='!'이고, nextToken이 가리키는 값이 str[5]인 '!'일 때 if 문 조건이 참이므로 if 문을 실행해서 해당

라인 수	설명
	nextToken이 가리키고 있는 값인 str[5]를 NULL로 바꿈 | str[0]	str[1]	str[2]	str[3]	str[4]	str[5]	str[6]
---	---	---	---	---	---	---
'H'	'i'	NULL	'p'	'y'	NULL	NULL	 • nextToken 값을 1 증가시키면 str+6이 되고, tokenStart 값인 str+3을 반환
41	• Strtok(NULL, delim)의 반환값인 str+3을 token 변수에 대입
39	• token은 str+3이기 때문에 NULL이 아니므로 while 문 실행
40	• token은 str+3이므로 str[3]부터 NULL 직전까지인 "py"를 출력
41	• Strtok(NULL, delim) 호출
03	• str은 NULL, delim은 main 함수의 delim을 전달
04	• 문자형 포인터 변수 tokenStart, d 선언
05~06	• str은 NULL이므로 if 문을 실행하지 않음
08~09	• nextToken=str+6이므로, nextToken은 NULL이 아니고, *nextToken는 str[6]인 NULL이기 때문에 if 문 조건이 참이 되어 if 문을 실행 • NULL을 반환
41	• Strtok(NULL, delim)의 반환값인 NULL을 token 변수에 대입
39	• token은 NULL이므로 while 문 종료

16 정답 2

해설 C언어에서 0이 아니면 참, 0이면 거짓으로 인식하고, 계산한 결과는 참이면 1로, 거짓이면 0이 된다.

라인 수	설명
03	• a=5, b=3, c=12로 초기화
04	• t1, t2, t3 변수를 선언
05	• a는 5이므로 참, b는 3이므로 참이기 때문에 (참 && 참)은 참이므로 t1은 1
06	• a는 5이므로 참, b는 3이므로 참이기 때문에 (참 || 참)은 참이므로 t2는 1
07	• c는 12이므로 참이지만 !(NOT) 연산에 의해 참은 거짓이 되므로 t3는 0
08	• t1은 1, t2는 1, t3는 0이므로 1+1+0 값인 2가 출력됨

17 정답 i

해설
• i는 구하려는 소수이고, j는 소수인지 판별하기 위해 나누어 떨어지는지 확인하는 용도로 사용하는 값이다.
• if(i%j == 0)이 참이 되면 i가 j로 나누어 떨어지기 때문에 소수가 아니다.
• if(j==t)가 참이 되는 경우는 if(i%j == 0)가 모두 거짓이라 한 번도 break가 되지 않은 경우가 되고, if(i%j == 0)가 모두 거짓이면 소수이므로 p에 구하려는 소수 값인 i를 대입해준다.

18
정답 ① 허니팟(Honeypot), ② 이상금융거래 탐지시스템(FDS; Fraud Detection System)

해설 허니팟과 이상금융거래 탐지시스템의 특징은 다음과 같다.

구분	설명
허니팟 (Honeypot)	• 비정상적인 접근을 탐지하기 위해 의도적으로 설치해 둔 시스템으로 일부러 허술하게 만들어서 해커에게 노출하는 유인시스템
이상금융거래 탐지시스템 (FDS; Fraud Detection System)	• 전자금융거래에 사용되는 단말기 정보, 접속 정보, 거래 정보 등을 종합적으로 분석하여 의심 거래를 탐지하고, 이상 거래를 차단하는 시스템

19
정답 ① 프로젝트(Project), ② 조인(Join)

해설 순수 관계 연산자는 다음과 같다.

연산자	기호	표현	설명
셀렉트 (Select)	σ	$\sigma_{조건}(R)$	• 릴레이션 R에서 조건을 만족하는 튜플 반환
프로젝트 (Project)	π	$\pi_{속성리스트}(R)$	• 릴레이션 R에서 주어진 속성들의 값으로만 구성된 튜플 반환
조인 (Join)	$\bowtie$	$R \bowtie S$	• 공통 속성을 이용해 R과 S의 튜플들을 연결해 만들어진 튜플 반환
디비전 (Division)	$\div$	$R \div S$	• 릴레이션 S의 모든 튜플과 관련 있는 R의 튜플 반환

두음쌤 한마디

순수 관계 연산자
「셀프조디」
셀렉트 / 프로젝트 / 조인 / 디비전

20
정답 고가용성(HA; High Availability)

해설 두 개 이상의 시스템을 클러스터로 구성하여 하나의 시스템이 장애 시 최소한의 서비스 중단을 위해 다른 시스템으로 신속하게 시스템 대체 작동(Fail Over)하는 기술은 고가용성이라고 한다.

수제비 선/견/지/명 모의고사 20회 정답 및 해설

01
정답 데브옵스(Devops)

해설 데브옵스는 소프트웨어 개발조직과 운영조직 간의 상호 의존적 대응이며, 조직이 소프트웨어 제품과 서비스를 빠른 시간에 개발 및 배포하는 것을 목적으로 한다.

02
정답 파밍(Pharming)

해설 피싱과 관련된 주요 용어는 다음과 같다.

용어	설명
파밍 (Pharming)	• 새로운 피싱 기법의 하나로, 사용자가 자신의 웹 브라우저에서 정확한 웹 페이지 주소를 입력해도 가짜 웹 페이지에 접속하게 하여 개인 정보를 훔치는 공격 기법
스미싱 (Smishing)	• 문자메시지를 이용하여 신뢰할 수 있는 사람 또는 기업이 보낸 것처럼 가장하여 개인 비밀정보를 요구하거나 휴대폰 소액 결제를 유도하는 공격 기법
큐싱 (Qshing)	• 스마트 폰을 이용하여 금융 업무를 처리하는 사용자에게 인증 등이 필요한 것처럼 속여 QR 코드(Quick Response Code)를 통해 악성 앱을 내려받도록 유도하여 금융 정보를 빼내는 공격 기법
스피어 피싱 (Spear Phishing)	• 사회공학의 한 기법으로, 특정 대상을 선정한 후 그 대상에게 일반적인 이메일로 위장한 메일을 지속적으로 발송하여, 발송 메일의 본문 링크나 첨부된 파일을 클릭하도록 유도하여 사용자의 개인 정보 탈취하는 공격 기법

03
정답 ① 시간 분할 다중화(TDM; Time Division Multiplexing), ② 주파수 분할 다중화(FDM; Frequency Division Multiplexing), ③ 코드 분할 다중화(CDM; Code Division Multiplexing)

해설 다중화기의 종류는 다음과 같다.

종류	설명
주파수 분할 다중화 (FDM; Frequency Division Multiplexing)	• 하나의 주파수 대역폭을 다수의 작은 대역폭으로 분할하여 전송하는 방식
시간 분할 다중화 (TDM; Time Division Multiplexing)	• 회선의 대역폭을 일정 시간으로 분할하여 전송하는 방식
코드 분할 다중화 (CDM; Code Division Multiplexing)	• 정해진 주파수 대역에 다수의 사용자가 서로 다른 코드를 사용함으로써 동일한 주파수로 동시에 다수가 접속해서 전송하는 방식

04
정답 ① Tripwire, ② Tcpdump

해설 보안 분석 도구 중 Tripwire, Tcpdump은 다음과 같다.

도구	설명
Tripwire	• 크래커가 침입하여 시스템에 백도어를 만들어 놓거나 설정 파일을 변경해 놓았을 때 이러한 사실을 알 수 있게 분석하는 도구로 시스템 내의 지정한 중요한 디렉토리와 파일에 대한 데이터베이스를 생성한 후에 Tripwire를 실행할 때 새로 생성된 데이터베이스와 비교하여 그 차이점을 체크함으로써 시스템 관리자가 시스템 내에서 어떠한 변화가 있는지 감지할 수 있게 해주는 도구

도구	설명
Tcpdump	• 네트워크 인터페이스를 거치는 패킷의 내용을 출력해주는 프로그램으로 스니핑 도구의 일종으로 자신의 컴퓨터로 들어오는 모든 패킷의 내용을 도청할 수 있으며, 공격자에 대한 추적 및 공격 유형 분석을 위한 패킷 분석 시 활용할 수 있는 도구

05 **정답** ① 경곗값 분석 테스트(Boundary Value Analysis Testing; 한곗값 테스트), ② 결정 테이블 테스트(Decision Table Testing), ③ 분류 트리 테스트(Classification Tree Method Testing)

해설 블랙박스 테스트의 유형은 다음과 같다.

유형	설명
동등 분할 테스트 (Equivalence Partitioning Testing)	• 입력 데이터의 영역을 유사한 도메인별로 유횻값/무횻값을 그룹핑하여 대푯값 테스트 케이스를 도출하여 테스트하는 기법
경곗값 분석 테스트 (Boundary Value Analysis Testing; 한곗값 테스트)	• 등가 분할 후 경곗값 부분에서 오류 발생 확률이 높기 때문에 경곗값을 포함하여 테스트 케이스를 설계하여 테스트하는 기법 • 최솟값 바로 위, 최대치 바로 아래 등 입력값의 극한 한계를 테스트하는 기법
결정 테이블 테스트 (Decision Table Testing)	• 요구사항의 논리와 발생조건을 테이블 형태로 나열하여, 조건과 행위를 모두 조합하여 테스트하는 기법
상태 전이 테스트 (State Transition Testing)	• 테스트 대상·시스템이나 객체의 상태를 구분하고, 이벤트에 의해 어느 한 상태에서 다른 상태로 전이되는 경우의 수를 테스트하는 기법
유스케이스 테스트 (Use Case Testing)	• 시스템이 실제 사용되는 유스케이스로 모델링 되어 있을 때 프로세스 흐름을 기반으로 테스트 케이스를 명세화하여 테스트하는 기법
분류 트리 테스트 (Classification Tree Method Testing)	• SW의 일부 또는 전체를 트리 구조로 분석 및 표현하여 테스트 케이스를 설계하여 테스트하는 기법
페어와이즈 테스트 (Pairwise Testing)	• 테스트 데이터값들 간에 최소한 한 번씩을 조합하는 방식이며, 이는 커버해야 할 기능적 범위를 모든 조합에 비해 상대적으로 적은 양의 테스트 세트로 구성하기 위한 테스트 기법
원인-결과 그래프 테스트 (Cause-Effect Graph Testing)	• 그래프를 활용하여 입력 데이터 간의 관계 및 출력에 미치는 영향을 분석하여 효용성이 높은 테스트 케이스를 선정하여 테스트하는 기법
비교 테스트 (Comparison Testing)	• 여러 버전의 프로그램에 같은 입력값을 넣어서 동일한 결과 데이터가 나오는지 비교해 보는 테스트 기법
오류 추정 테스트 (Error Guessing Testing)	• 개발자가 범할 수 있는 실수를 추정하고 이에 따른 결함이 검출되도록 테스트 케이스를 설계하여 테스트하는 기법 • 특정 테스트 대상이 주어지면 테스터의 경험과 직관을 바탕으로 개발자가 범할 수 있는 실수들을 나열하고, 해당 실수에 따른 결함을 노출하는 테스트로 다른 블랙박스 테스트 기법을 보완할 때 사용하는 기법

 두음쌤 한마디

블랙박스 테스트 유형
「**동경결상 유분페원비**」
동등분할 테스트 / **경**곗값 분석 테스트 / **결**정 테이블 테스트 / **상**태 전이 테스트 / **유**스케이스 테스트 / **분**류 트리 테스트 / **페**어와이즈 테스트 / **원**인-결과 그래프 테스트 / **비**교 테스트

06 정답 5

해설
- 학생 테이블에서 3학년 이상(SELECT * FROM 학생 WHERE 학년 >= 3;)인 쿼리 결과는 다음과 같다.

학번	이름	학년
200102	안중근	3
200104	홍범도	3
200105	김좌진	4
200106	유관순	3

- 학생 테이블에서 학번이 202106보다 큰 경우(SELECT * FROM 학생 WHERE 학번 >= 202106;)의 쿼리 결과는 다음과 같다.

학번	이름	학년
202106	유관순	3
202107	이봉창	2

- 학생 테이블에서 3학년 이상이면서 학번이 202106 이상인 결과(WHERE 학년 >= 3 OR 학번 >= 202106)는 다음과 같다.

학번	이름	학년
200102	안중근	3
200104	홍범도	3
200105	김좌진	4
200106	유관순	3
202107	이봉창	2

- COUNT(*)를 하면 레코드의 개수가 5이므로 결과는 다음과 같다.

COUNT(*)
5

07 정답 ALTER TABLE SOOJEBI ALTER GRADE NUMBER(1) DEFAULT 1;

해설
- ALTER TABLE은 테이블을 수정하는 명령이다.
- ALTER TABLE에서 컬럼을 수정하기 위해서는 ALTER라는 키워드를 쓰고 문법은 다음과 같다.

> ALTER TABLE 테이블명 ALTER 컬럼명 데이터타입 [제약조건];

- 추가로 제약조건은 다음과 같다.

제약조건	설명
PRIMARY KEY	• 테이블의 기본 키를 정의 • 유일하게 테이블의 각 행을 식별
FOREIGN KEY	• 외래 키를 정의 • 참조 대상을 테이블(컬럼명)로 명시 • 열과 참조된 테이블의 열 사이의 외래 키 관계를 적용하고 설정
UNIQUE	• 테이블 내에서 얻은 유일한 값을 갖도록 하는 제약조건

제약조건	설명
NOT NULL	• 해당 컬럼은 NULL 값을 포함하지 않도록 하는 제약조건
CHECK	• 개발자가 정의하는 제약조건 • 참(TRUE)이어야 하는 조건을 지정
DEFAULT	• 데이터를 INSERT 할 때 해당 컬럼의 값을 넣지 않는 경우 기본값으로 설정해 주는 제약조건

08 정답 ▶ 23451

해설 ▶

라인 수	설명
02~05	• soojebi 구조체 선언
07	• main 함수부터 시작
08	• soojebi 구조체 포인터 p를 선언하고, NULL로 초기화
09	• 크기가 5인 s 배열 선언
10	• i 변수 선언
11	• sizeof(s)는 배열 s의 전체 크기((구조체 크기)×5)이고, sizeof(s[0])는 s[0] 크기((구조체 크기)×1)이므로, (구조체 크기)×5/(구조체 크기)=5가 되어 length 값은 5가 됨
13~16	• length는 5이므로 i=0부터 i<5일 때까지 반복 • i=0일 때 s[0].num = 1이고, (i+1 == length)는 거짓이므로 s[0].p = &s[1] 됨 • i=1일 때 s[1].num = 2, (i+1 == length)는 거짓이므로 s[1].p = &s[2] 됨 • i=2일 때 s[2].num = 3, (i+1 == length)는 거짓이므로 s[2].p = &s[3] 됨 • i=3일 때 s[3].num = 4, (i+1 == length)는 거짓이므로 s[3].p = &s[4] 됨 • i=4일 때 s[4].num = 5, (i+1 == length)는 참이므로 s[4].p = &s[0] 됨
17	• 포인터 변수 p에 s를 대입
19~23	• length는 5이므로 i=0부터 i<5일 때까지 반복 • p=s이므로 p[i].p->num은 s[i].p->num과 같음 • i=0일 때 s[0].p는 &s[1]가 되고, &s[1]->num은 s[1].num과 같으므로 2가 됨 • i=1일 때 s[1].p는 &s[2]가 되고, &s[2]->num은 s[2].num과 같으므로 3이 됨 • i=2일 때 s[2].p는 &s[3]가 되고, &s[3]->num은 s[3].num과 같으므로 4가 됨 • i=3일 때 s[3].p는 &s[4]가 되고, &s[4]->num은 s[4].num과 같으므로 5가 됨 • i=4일 때 s[4].p는 &s[0]이 되고, &s[0]->num은 s[0].num과 같으므로 1이 됨

09 정답 ▶ ① 죽음의 핑(PoD; Ping of Death), ② 티어 드롭(Tear Drop)

해설 ▶ 죽음의 핑과 티어 드롭의 특징은 다음과 같다.

구분	설명
죽음의 핑 (PoD; Ping of Death)	• ICMP 패킷(Ping)을 정상적인 크기보다 아주 크게 만들어 전송하면 다수의 IP 단편화가 발생하고, 수신 측에서는 단편화된 패킷을 처리(재조합)하는 과정에서 많은 부하가 발생하거나, 재조합 버퍼의 오버플로가 발생하여 정상적인 서비스를 하지 못하도록 하는 공격 기법

구분	설명
티어 드롭 (Tear Drop)	• IP 패킷의 재조합 과정에서 잘못된 Fragment Offset 정보로 인해 수신시스템이 문제를 발생하도록 만드는 DoS 공격 • 공격자는 IP Fragment Offset 값을 서로 중첩되도록 조작하여 전송하고, 이를 수신한 시스템이 재조합하는 과정에서 오류가 발생, 시스템의 기능을 마비시키는 공격 기법

10 정답 192.168.1.164

해설
• IP 주소를 2진수로 바꾸면 다음과 같다.

10진수	192.168.1.0
2진수	11000000.10101000.00000001.00000000

• /24이므로 서브넷 마스크는 1을 24개 채운다.

2진수	11111111.11111111.11111111.00000000

• IP 주소와 서브넷 마스크를 AND 연산한 결과가 네트워크 주소이다.

```
        11000000.10101000.00000001.00000000
     &  11111111.11111111.11111111.00000000
2진수    11000000.10101000.00000001.00000000
```

• 6개의 Subnet으로 나누기 때문에 $2^n \geq 4$를 만족하는 n은 3이므로 서브넷 마스크 중 25번째 비트~ 27번째 비트(3비트)는 Subnet을 위해 사용한다.
• 여기서 IP Subnet Zero를 적용한다는 조건이 있으므로 서브넷 비트가 모두 0인 1번째 서브넷도 사용할 수 있다.

1번째 서브넷	11000000.10101000.00000001.00000000
2번째 서브넷	11000000.10101000.00000001.01000000
3번째 서브넷	11000000.10101000.00000001.10000000
4번째 서브넷	11000000.10101000.00000001.11000000
5번째 서브넷	11000000.10101000.00000001.10000000
6번째 서브넷	11000000.10101000.00000001.10100000

• 6번째 서브넷의 네트워크 주소는 11000000.10101000.00000001.10100000이고, 브로드캐스트 주소는 11000000.10101000.00000001.10111111이므로 사용 가능한 IP주소에서 제외한다.
• 6번째 서브넷의 사용 가능한 IP는 다음과 같다.

6번째 서브넷 1번째 IP 주소	11000000.10101000.00000001.10100001
6번째 서브넷 2번째 IP 주소	11000000.10101000.00000001.10100010
6번째 서브넷 3번째 IP 주소	11000000.10101000.00000001.10100011
6번째 서브넷 4번째 IP 주소	11000000.10101000.00000001.10100100

⋮

• 6번째 서브넷의 4번째 사용 가능한 IP 주소는 11000000.10101000.00000001.10100100이므로 10진수로 192.168.1.164이다.

11 정답 13.0

해설

라인 수	설명
02	• main 메서드부터 시작
03	• 정수형 2차원 배열 a를 생성
04	• sum은 0으로 초기화
05~10	• 2중 for 문이 반복하면서 a[i][j]와 sum 값을 계산한다. <table><tr><td>i</td><td>j</td><td>i*j</td><td>a[i][j]</td><td>sum</td></tr><tr><td>5</td><td>5</td><td>25</td><td>40</td><td>40</td></tr><tr><td>5</td><td>6</td><td>30</td><td>45</td><td>85</td></tr><tr><td>5</td><td>7</td><td>35</td><td>50</td><td>135</td></tr></table>
11	• num은 sum/a.length이므로 135/10을 하면 13.0
12	• 정수형끼리 계산하면 결과도 정수형이 되어 135/10를 계산한 13이 되어야 하지만, num이 double이라 13.0이 됨

12 정답 08 라인, p1은 const int이므로 p1이 가리키는 대상의 값을 바꿀 수 없기 때문에 p1[0] = 15;를 그대로 실행하면 컴파일 에러가 발생한다.

해설

라인 수	설명
03	• a 배열을 10, 20, 30으로 초기화
04~05	• p1, p2 포인터 변수에 a+1인 주솟값을 저장 • p1, p2가 가리키는 대상의 값을 변경하지 못하도록 제한
06	• p3 포인터 변수에 a 배열의 주솟값을 저장 • p3 값 자체를 변경하지 못하도록 제한
08	• p1이 가리키는 대상의 값을 바꿀 수 없기 때문에 p1[0] = 15;를 그대로 실행하면 컴파일 에러가 발생
09	• p1은 변수 자체의 값을 바꿀 수 있기 때문에 p1을 a로 변경
10	• const와 관련된 것을 출력하는 것은 컴파일 에러가 발생하지 않음

• 포인터와 const에 대한 선언은 다음과 같다.

포인터가 가리키는 대상의 값을 변경하지 못하도록 제한	const 자료형 *변수명 = 초깃값;
	자료형 const *변수명 = 초깃값;
포인터가 다른 주소를 가리키지 못하도록 제한	자료형* const 변수명 = 초깃값;

13 정답 19

해설 • SJF(Shortest Job First)는 비선점형 스케줄링 방식으로 프로세스가 도착하는 시점에 따라 그 당시 가장 작은 서비스 시간을 갖는 프로세스가 종료 시까지 자원을 점유하는 방식이다.

- 프로세스 상태 그래프를 통해 종료 시간을 계산한다.

작업	0	1	2	3	4	5	6	7	8	9	10	11	12	13	14	15	16	17	18	19
1	■	■	■	■	■	■	■	■	■	■										
2															▨	▨	▨	▨	▨	
3											■	■	■	■						

시간	사건
0	• 0시간에 작업 1이 도착해서 자원 점유 • 작업 1이 10시간까지 자원을 점유
10	• 10시간에 작업 1 종료 • 2시간에 작업 2, 작업 3이 도착했지만, 작업 2는 서비스 시간이 5이고, 작업 3은 서비스 시간이 4이므로 서비스 시간이 가장 짧은 작업 3이 자원을 점유
14	• 14시간에 작업 3 종료 • 마지막으로 남아 있는 작업 2가 자원을 점유하여 19시간까지 서비스를 수행하고 종료

프로세스	도착시간	서비스 시간 (실행 시간)	종료시간
작업 1	0	10	10
작업 2	2	5	19
작업 3	2	4	14

- 작업 2의 종료시간은 19이다.

14 정답 소단위 명세서(Mini-Spec)

해설 요구사항 분석에 사용되는 기법 중에서 데이터 흐름도, 자료 사전, 소단위 명세서의 개념은 연계해서 함께 알고 있어야 한다.

구분	설명
소단위 명세서	• 데이터 흐름도에 나타나 있는 처리 항목을 1~2페이지 정도의 소규모 분량으로 요약하여 작성하는 논리적 명세서
자료 사전	• 자료 요소, 자료 요소들의 집합, 자료의 흐름, 자료 저장소의 의미와 그들 간의 관계, 관계 값, 범위, 단위들을 구체적으로 명시하는 사전
요구사항 명세서	• 소프트웨어 개발 프로세스의 시작인 소프트웨어의 요구사항을 분석하고 정의하는 단계에서 작성되는 최종 산출물

15 정답 3

해설

라인 수	설명
16	• main 함수 시작
17	• 배열 arr을 {1, 2, 3, 4, 5}로 초기화
18	• func 함수를 호출

라인 수	설명
07	• func 함수에서 arr은 main 함수에 arr 배열의 주솟값이고, n은 5
08	• ptr1에 &arr[0]인 arr을 대입
09	• ptr2에 &arr[4]인 arr+4를 대입
10	• ptr1은 arr이고, ptr2는 arr+4이므로 arr<arr+4는 참이 되어 반복문을 수행
11	• swap 함수를 호출
02~06	• 정수 포인터 ptr1과 ptr2를 매개변수로 받아 ptr1과 ptr2가 가리키는 값을 서로 교환 • *ptr1은 arr[0]이고, *ptr2는 arr[4]이므로 arr[0]과 arr[4]의 값을 서로 교환 | arr[0] | arr[1] | arr[2] | arr[3] | arr[4] | |---|---|---|---|---| | 5 | 2 | 3 | 4 | 1 |
12	• ptr1을 1 증가시켜 ptr1은 arr+1이 됨
13	• ptr2를 1 감소시켜 ptr2는 arr+3이 됨
10	• ptr1은 arr+1이고, ptr2는 arr+3이므로 arr+1<arr+3은 참이 되어 반복문을 수행
11	• swap 함수를 호출
02~06	• 정수 포인터 ptr1과 ptr2를 매개변수로 받아 ptr1과 ptr2가 가리키는 값을 서로 교환 • *ptr1은 arr[1]이고, *ptr2는 arr[3]이므로 arr[1]과 arr[3]의 값을 서로 교환 | arr[0] | arr[1] | arr[2] | arr[3] | arr[4] | |---|---|---|---|---| | 5 | 4 | 3 | 2 | 1 |
12	• ptr1을 1 증가시켜 ptr1은 arr+2가 됨
13	• ptr2를 1 감소시켜 ptr2는 arr+2가 됨
10	• ptr1은 arr+2이고, ptr2는 arr+2이므로 arr+2<arr+2는 거짓이 되어 반복문 종료
17	• arr[2]인 3을 출력함

16 정답 ▶ WelcxmetoSooSoOJEBI

해설 ▶

라인 수	설명
02	• main 메서드부터 시작
03	• 문자열 str을 "WelcomeToSoojebi"로 초기화
04	• 문자열의 0~5번째 인덱스를 추출한 후, o를 x로 대체
05	• 문자열의 6~7번째 인덱스를 추출하여 소문자로 변환
06	• 문자열의 8~10번째 인덱스를 추출하여 두 번 반복
07	• 문자열의 11번째 인덱스부터 끝까지 추출하여 대문자로 변환
08	• 문자열 result를 출력

17 정답: defaultmodel : 화물차

해설

라인 수	설명
14	• main 메서드부터 시작
15	• Car 클래스 타입의 인스턴스를 생성 • new Car("승용차")이므로 String 형을 매개변수로 받을 수 있는 Car(String model) 생성자를 호출
06~08	• Car 생성자에서 model에 "승용차"를 전달 • this.model은 Car 클래스 내부의 변수이고, model은 매개변수로 받은 "승용차"이므로 "승용차"를 Car 클래스 내부의 model 변수에 대입
15	• new Car("승용차")의 인스턴스를 c 변수에 대입
16	• Car 클래스 타입의 인스턴스를 생성 • new Car()이므로 매개변수가 없는 생성자를 호출
03~05	• default를 출력
16	• (new Car()) 인스턴스의 getModel 메서드를 호출
09~11	• this.model은 기본값인 "화물차"이므로 "model : " + "화물차"인 "model : 화물차"를 출력

• new Car("승용차")로 생성한 인스턴스의 model 변수는 생성자의 this.model = model; 명령어에 의해 "승용차"이지만, new Car()로 생성한 인스턴스의 model 변수는 model 값을 바꾼적이 없으므로 초깃값인 "화물차"가 된다.

18 정답: 11235

해설

라인 수	설명
06~07	• range(0, 5)는 0부터 5 미만의 숫자를 생성하므로, i 변수에는 0, 1, 2, 3, 4가 순서대로 할당 • i=0일 때 soojebi(0)을 실행
01	• num=0을 대입
02~03	• num == 0 or num == 1은 참이므로 1을 반환
07	• soojebi(0)의 반환값은 1이므로 1을 출력
06~07	• i=1일 때 soojebi(1)을 실행
01	• num=1을 대입
02~03	• num == 0 or num == 1은 참이므로 1을 반환
07	• soojebi(1)의 반환값은 1이므로 1을 출력
06~07	• i=2일 때 soojebi(2)를 실행
01	• num=2을 대입
02	• num == 0 or num == 1은 거짓
04	• soojebi(0)+soojebi(1)을 반환 • soojebi(0)을 실행하면 반환값이 1이고, soojebi(1)을 실행하면 반환값이 1이므로 1+1인 2를 반환
07	• soojebi(2)의 반환값은 2이므로 2를 출력
06~07	• i=3일 때 soojebi(3)을 실행
01	• num=3을 대입

라인 수	설명
02	• num == 0 or num == 1은 거짓
04	• soojebi(1)+soojebi(2)를 반환 • soojebi(1)을 실행하면 반환값이 1이고, soojebi(2)를 실행하면 반환값이 2이므로 1+2인 3을 반환
07	• soojebi(3)의 반환값은 3이므로 3을 출력
06~07	• i=4일 때 soojebi(4)를 실행
01	• num=4를 대입
02	• num == 0 or num == 1은 거짓
04	• soojebi(2)+soojebi(3)을 반환 • soojebi(2)를 실행하면 반환값이 2이고, soojebi(3)을 실행하면 반환값이 3이므로 2+3인 5를 반환
07	• soojebi(4)의 반환값은 5이므로 5를 출력

19 정답 ① 스레싱(Thrashing), ② 워킹 세트(Working Set), ③ 페이지 부재 빈도(PFF; Page-Fault Frequency)

해설 페이징 기법의 문제점과 해결 방안은 다음과 같다.

해결 방안	설명
스레싱 (Thrashing)	• 어떤 프로세스가 계속적으로 페이지 부재가 발생하여 프로세스의 실제 처리 시간보다 페이지 교체 시간이 더 많아지는 현상
워킹 세트 (Working Set)	• 각 프로세스가 많이 참조하는 페이지들의 집합을 주기억장치 공간에 계속 상주하게 하여 빈번한 페이지 교체 현상을 줄이고자 하는 기법
페이지 부재 빈도 (PFF; Page-Fault Frequency)	• 페이지 부재율의 상한과 하한을 정해서 직접적으로 페이지 부재율을 예측하고 조절하는 기법

20 정답 ① 관계 데이터 모델, ② 네트워크 데이터 모델

해설 논리적 데이터 모델링의 종류는 다음과 같다.

종류	설명
관계 데이터 모델	• 논리적 구조가 2차원 테이블 형태로 구성된 모델 • 기본키(PK)와 이를 참조하는 외래키(FK)로 관계 표현 • 1:1, 1:N, N:M 관계를 자유롭게 표현
계층 데이터 모델	• 논리적 구조가 트리 형태로 구성된 모델 • 상하 관계가 존재(부모 개체-자식 개체) • 1:N 관계만 허용
네트워크 데이터 모델	• 논리적 구조가 그래프 형태로 구성된 모델 • CODASYL DBTG 모델이라고 불림 • 상위와 하위 레코드 사이에 다대다(N:M) 관계를 만족하는 구조

수제비 선/견/지/명 모의고사 21회 정답 및 해설

01 정답 ▶ SSL(Secure Socket Layer)/TLS(Transport Layer Security)

해설 ▶ SSL은 Netscape 사가 1990년대 초반 웹 보안을 위해서 처음 개발 하였고 보안 기능으로 기밀성, 상호인증, 메시지 무결성 등을 제공한다.

02 정답 ▶ ① 랜섬웨어(Ransomware), ② 비트코인(Bitcoin)

해설 ▶ • 랜섬웨어는 사용자 디바이스 또는 네트워크 스토리지 디바이스의 파일을 암호화하는 멀웨어의 한 가지 유형이다.
• 암호화된 파일에 대한 접속 권한을 복구하려면 사용자가 일반적으로 추적이 어려운 비트코인과 같은 전자 결제 방식을 통해 몸값을 사이버 범죄자에게 지불해야 한다.

03 정답 ▶ iebi

해설 ▶

라인 수	설명
02	• main 함수부터 시작
03	• b 배열에 문자열 "soojebi"로 선언과 동시에 초기화
04	• b 배열의 시작 주소를 포인터 변수 p에 대입

b[0]	b[1]	b[2]	b[3]	b[4]	b[5]	b[6]	b[7]
*p	*(p+1)	*(p+2)	*(p+3)	*(p+4)	*(p+5)	*(p+6)	*(p+7)
s	o	o	j	e	b	i	'\0'

05	• b[6]부터 NULL 직전까지인 i를 출력
06	• p=b이므로 p+4==b+4와 같고, b+4==&b[4]이므로 b[4]인 e부터 NULL 직전까지인 ebi를 출력

04 정답 ▶ 은행가 알고리즘(Banker's Algorithm)

해설 ▶ • 교착상태 회피(Avoidance) 기법에는 은행가 알고리즘(Banker's Algorithm)과 Wound-Wait, Wait-Die가 있다.
• 은행가 알고리즘은 사용자 프로세스는 사전에 자기 작업에 필요한 자원의 수를 제시하고 운영체제가 자원의 상태를 감시, 안정상태일 때만 자원을 할당하는 기법이다.

05 정답 ▶ SELECT 학번, 이름, 학년 FROM 학생 WHERE 이름 LIKE '%John%';

해설 ▶ • WHERE 절 조건에서는 비교, 범위, 집합, 패턴, NULL, 복합조건이 있고, 패턴을 찾기 위해서는 LIKE 구문을 사용한다.
• LIKE 문법은 다음과 같다.

> 컬럼 LIKE 패턴

• 패턴을 사용하기 위한 와일드 카드는 다음과 같다.

와일드 카드	설명
%	• 0개 이상의 문자열과 일치
[ ]	• 1개의 문자와 일치

06 정답 2

해설

라인 수	설명
01	• s 변수에 리스트 [1, 2, 3]을 대입
02	• s 변수에 4를 추가하면 s=[1, 2, 3, 4]가 됨
03	• 맨 뒤의 값인 4를 제거하고, top 변수에 4를 대입
04	• 맨 뒤의 값인 3을 제거하고, top 변수에 3을 대입
05	• 맨 뒤의 값인 2를 제거하고, top 변수에 2를 대입
06	• top 변수의 값인 2를 출력

07 정답 ① 인스펙션 (Inspection), ② 동료 검토(Peer Review)

해설 리뷰의 유형은 다음과 같다.

유형	설명
인스펙션 (Inspection)	• 소프트웨어 요구, 설계, 원시 코드 등의 저작자 외의 다른 전문가 또는 팀이 검사하여 문제를 식별하고 문제에 대한 올바른 해결을 찾아내는 형식적인 검토 기법
워크스루 (Walk Throughs)	• 검토 자료를 회의 전에 배포해서 사전 검토한 후 짧은 시간 동안 회의를 진행하는 형태로 리뷰를 통해 문제 식별, 대안 조사, 개선 활동, 학습 기회를 제공하는 가장 비형식적인 검토 기법
동료 검토 (Peer Review)	• 2~3명이 진행하는 리뷰의 형태로 요구사항 명세서 작성자가 요구사항 명세서를 설명하고 이해관계자들이 설명을 들으면서 결함을 발견하는 형태로 진행하는 검토 기법

08 정답 arr[1][4]=4

해설

라인 수	설명
02	• main 함수부터 시작
03	• 크기가 2×5인 2차원 arr 배열을 선언
04	• 정수형 변수 i, j를 선언
05	• num 변수를 4로 초기화

라인 수	설명
07~11	• for 문에서 i와 j를 곱한 값을 arr 배열에 대입한다. | i	j	arr[i][j]
---	---	---
0	0	0
0	1	0
0	2	0
0	3	0
0	4	0
1	0	0
1	1	1
1	2	2
1	3	3
1	4	4	
12~19	• 2중 for 문에서 arr[i][j] 와 find_num 값과 비교 후 값이 같을 경우 출력 • i=1, j=4일 때 arr[1][4]는 4이므로 if 문 조건인 arr[i][j] == num이 참이 되어 화면에 'arr[1][4]=4'를 출력

09 정답 ① 20, ② 10

해설
- 집계 함수는 NULL인 값은 제외하고 계산한다.
- 집계 함수의 종류는 다음과 같다.

집계 함수	내용
COUNT	• 복수 행의 줄 수
SUM	• 복수 행의 해당 컬럼 간의 합계
AVG	• 복수 행의 해당 컬럼 간의 평균
MAX	• 복수 행의 해당 컬럼 중 최댓값
MIN	• 복수 행의 해당 컬럼 중 최솟값
STDDEV	• 복수 행의 해당 컬럼 간의 표준편차
VARIAN	• 복수 행의 해당 컬럼 간의 분산

10 정답 65

해설

라인 수	설명
02	• main 메서드부터 시작
03	• Z 변수를 80으로 초기화
04	• c 변수를 'Z' 문자로 초기화
06	• c 변수인 'Z'는 90이므로 90/10은 9가 되어 case 9로 이동
07	• c='A'이고, break를 만나 switch~case 문 종료
12	• c 값을 %d인 정수로 출력하면 A의 아스키 코드에 대응하는 65를 출력

11

정답 ① 변경 조건/결정 커버리지(MC/DC; Modified Condition/ Decision Coverage), ② 데이터 흐름 테스트(Data Flow Testing)

해설 화이트박스 테스트 중 변경 조건/결정 커버리지, 데이터 흐름 테스트는 다음과 같다.

유형	설명
변경 조건/결정 커버리지 (MC/DC; Modified Condition/ Decision Coverage)	• 개별 조건식이 다른 개별 조건식에 영향을 받지 않고 전체 조건식에 독립적으로 영향을 주도록 함으로써 조건/결정 커버리지를 향상시킨 커버리지
데이터 흐름 테스트 (Data Flow Testing)	• 제어 흐름 그래프에 데이터 사용현황을 추가한 그래프를 통해 테스트하는 기법

12

정답 ① Visitor, ② Singleton

해설 디자인 패턴의 유형 중 Visitor와 Singleton의 특징은 다음과 같다.

유형	설명
Visitor	• 각 클래스 데이터 구조로부터 처리 기능을 분리하여 별도의 클래스를 만들어 놓고, 해당 클래스의 메서드가 각 클래스를 돌아다니며 특정 작업을 수행하도록 만드는 패턴 • 객체의 구조는 변경하지 않으면서 기능만 따로 추가하거나 확장할 때 사용하는 디자인 패턴 • 특정 구조를 이루는 복합 객체의 원소 특성에 따라 동작을 수행할 수 있도록 지원하는 행위
Singleton	• 전역 변수를 사용하지 않고 객체를 하나만 생성하도록 하며, 생성된 객체를 어디에서든지 참조할 수 있도록 하는 디자인 패턴 • 한 클래스에 한 객체만 존재하도록 제한

13

정답 11회

해설
• LRU(Least Recently Used)는 사용된 시간을 확인하여 가장 오랫동안 사용되지 않은 페이지를 선택하여 교체하는 알고리즘이다.
• 다음의 참조 스트링을 처리하는 동안 알고리즘별 페이지 부재가 몇 회 발생하는지 계산한다.

참조 스트링	7	0	1	2	0	3	0	4	2	3	0	3	0	1	7	0
페이지 프레임	7	0	1	2	0	3	0	4	2	3	0	3	0	1	7	0
		7	0	1	2	0	3	0	4	2	3	0	3	0	1	7
			7	0	1	2	2	3	0	4	2	2	2	3	0	1
페이지 부재	F	F	F	F		F		F	F	F	F			F	F	

• 페이지 부재는 11회가 발생한다.

14

정답 ① LOD(Linked Open Data), ② URL(Uniform Resource Locator)

해설 LOD와 URL의 설명은 다음과 같다.

구분	설명
LOD (Linked Open Data)	• 웹상에 존재하는 데이터를 개별 URI(Uniform Resource Identifier)로 식별하고, 각 URI에 링크 정보를 부여함으로써 상호 연결된 웹을 지향하는 아키텍처
URL (Uniform Resource Locator)	• 인터넷에서 자원의 위치를 지정하는 주소 체계로 웹사이트, 이미지, 비디오 등 다양한 자원에 접근하기 위해 사용됨

15 정답 [5, 4, 3, 2, 1]

해설

라인 수	설명
01	• 배열을 문자열 형식으로 출력하기 위해 java.util.Arrays를 import
03	• main 메서드부터 시작
04	• arr 배열을 {1, 2, 3, 4, 5}로 초기화
06	• rotate(arr)를 호출
09	• arr은 main 메서드의 arr 배열
10	• arr.length는 arr의 요소 개수인 5이므로 n=5가 됨
11	• x(arr, 0, 4)를 호출
13	• arr은 main 메서드의 arr 배열이고, start=0, end=4가 됨
14	• start=0, end=4이기 때문에 start < end는 참이므로 while 문 실행
15~17	• arr[start]와 arr[end]의 값을 교환 • arr[0]과 arr[4]의 값을 교환 | arr[0] | arr[1] | arr[2] | arr[3] | arr[4] | |---|---|---|---|---| | 5 | 2 | 3 | 4 | 1 |
18	• start를 1 증가시켜 start=1이 됨
19	• end를 1 감소시켜 end=3이 됨
14	• start=1, end=3이기 때문에 start < end는 참이므로 while 문 실행
15~17	• arr[start]와 arr[end]의 값을 교환 • arr[1]과 arr[3]의 값을 교환 | arr[0] | arr[1] | arr[2] | arr[3] | arr[4] | |---|---|---|---|---| | 5 | 4 | 3 | 2 | 1 |
18	• start를 1 증가시켜 start=2가 됨
19	• end를 1 감소시켜 end=2가 됨
14	• start=2, end=2이기 때문에 start < end는 거짓이므로 while 문 종료
07	• Arrays.toString(arr)를 사용하여 arr 배열의 정수값을 문자열 형식으로 변환하고 출력

16 정답 ① No Read Up, ② No Write Down

해설 벨-라파듈라 모델의 속성은 다음과 같다.

속성	설명
No Read Up	• 보안 수준이 낮은 주체는 보안 수준이 높은 객체를 읽어서는 안 됨 • 주체는 객체와 동일한 등급이거나 객체가 낮은 등급일 때 읽음
No Write Down	• 보안 수준이 높은 주체는 보안 수준이 낮은 객체에 기록하면 안 됨 • 주체의 등급이 객체와 동일하거나 객체보다 낮아야 기록가능

17 정답 ▶ 90

해설 ▶

라인 수	설명
02	• main 메서드부터 시작
03	• num 배열에 {50, 40, 60, 88, 90} 값을 초기화
04	• 정수형 변수 m은 선언하고 num[0] 값인 50을 대입
05~08	• for 문은 배열의 값을 첫 번째부터 마지막까지 반복하면서 m보다 var가 크면 var를 m에 대입 • var이 50일 때, 50 < 50은 거짓이므로 if 문 안의 명령어를 실행하지 않음 • var이 40일 때, 50 < 40이 거짓이므로 if 문 안의 명령어를 실행하지 않음 • var이 60일 때, 50 < 60은 참이므로 m=60 • var이 88일 때, 60 < 88은 참이므로 m=88 • var이 90일 때, 88 < 90은 참이므로 m=90
10	• m 값인 90을 출력

18 정답 ▶ Soojebi Observer2:notify msg

해설 ▶ 디자인 패턴 중 Observer Pattern 코드이다.

라인 수	설명
01	• ArrayList를 사용하기 위해 java.util 패키지를 Import
38	• main 메서드부터 시작
39	• SoojebiData 클래스의 인스턴스를 sd 변수에 대입
40	• SooOb1 클래스의 인스턴스를 o1 변수에 대입
41	• SooOb1 클래스의 인스턴스를 o2 변수에 대입
42	• sd.register(o1)을 호출
25~27	• main 메서드에서 전달받은 o1 인스턴스를 observers ArrayList에 추가
43	• sd.register(o2)를 호출
25~27	• main 메서드에서 전달받은 o2 인스턴스를 observers ArrayList에 추가 • observers 리스트에는 o1, o2가 있음
44	• sd.remove(o1)을 호출
28~30	• observers 리스트에서 o1을 제거 • observers 리스트에는 o2가 있음
45	• sd.notify("notify msg")를 호출
31	• msg에 "notify msg"를 전달받음
32	• observers에 o2만 있으므로 1번 반복 • 첫 번째 요소인 o2를 o에 대입
33	• o.update("notify msg")를 호출
11	• msg에 "notify msg"를 전달받음
12	• "Soojebi Observer2:"+"notify msg"인 "Soojebi Observer2:notify msg"를 출력
46	• sd.remove(o2)를 호출
28~30	• observers 리스트에서 o2를 제거 • observers 리스트는 비어 있음

19 **정답** ① ATAM(Architecture Trade-off Analysis Method), ② CBAM(Cost Benefit Analysis Method)

해설 소프트웨어 아키텍처 비용 평가 모델의 종류는 다음과 같다.

종류	설명
SAAM (Software Architecture Analysis Method)	• 변경 용이성과 기능성에 집중, 평가가 용이하여 경험이 없는 조직에서도 활용 가능한 비용 평가모델
ATAM (Architecture Trade-off Analysis Method)	• 아키텍처 품질 속성을 만족시키는지 판단 및 품질 속성들의 이해 상충 관계까지 평가하는 모델
CBAM (Cost Benefit Analysis Method)	• ATAM 바탕의 시스템 아키텍처 분석 중심으로 경제적 의사결정에 대한 요구를 충족하는 비용 평가모델

20 **정답** 양자 키 분배(QKD; Quantum Key Distribution)

해설 양자 키 분배(Quantum Key Distribution)는 양자 통신을 위해 비밀키를 분배하여 관리하는 기술로 키 분배를 위해 얽힘 상태 광자 또는 단일 광자를 이용하는 기술이다.

수제비 선/견/지/명 모의고사 22회 정답 및 해설

01 정답 ▶ bbbbdckdckdkc

해설

라인 수	설명
02	• main 함수부터 시작
03	• a 포인터에 다음과 같이 문자열이 저장<table><tr><th>a[0]</th><th>a[1]</th><th>a[2]</th><th>a[3]</th><th>a[4]</th></tr><tr><td>b</td><td>o</td><td>o</td><td>k</td><td>NULL</td></tr></table>
04	• b 포인터에 다음과 같이 문자열이 저장<table><tr><th>a[0]</th><th>a[1]</th><th>a[2]</th><th>a[3]</th><th>a[4]</th></tr><tr><td>d</td><td>o</td><td>c</td><td>k</td><td>NULL</td></tr></table>
05	• i와 j라는 이름의 정수형 변수를 선언
06~13	• for(i = 0; a[i] != '\0' ; i++) 명령어를 통해 i=0부터 a[i] != '\0'가 거짓일 때까지 반복하고, for(j = 0; b[j] != '\0'; j++) 명령어를 통해 j=0부터 b[j] != '\0'가 거짓일 때까지 반복 • a[i], a[j] 중 아스키 코드 값이 작은 문자를 출력<table><tr><th>i</th><th>j</th><th>a[i]</th><th>b[j]</th><th>비고</th></tr><tr><td>0</td><td>0</td><td>b</td><td>d</td><td>'b'<'d'이므로 'b'를 출력</td></tr><tr><td>0</td><td>1</td><td>b</td><td>o</td><td>'b'<'o'이므로 'b'를 출력</td></tr><tr><td>0</td><td>2</td><td>b</td><td>c</td><td>'b'<'c'이므로 'b'를 출력</td></tr><tr><td>0</td><td>3</td><td>b</td><td>k</td><td>'b'<'k'이므로 'b'를 출력</td></tr><tr><td>0</td><td>4</td><td>b</td><td>NULL</td><td>안쪽 for 문 종료(b[j] != '\0'이 거짓)</td></tr><tr><td>1</td><td>0</td><td>o</td><td>d</td><td>'o'>'d'이므로 'd'를 출력</td></tr><tr><td>1</td><td>1</td><td>o</td><td>o</td><td>'o'=='o'이므로 if, else if 둘 다 거짓</td></tr><tr><td>1</td><td>2</td><td>o</td><td>c</td><td>'o'>'c'이므로 'c'를 출력</td></tr><tr><td>1</td><td>3</td><td>o</td><td>k</td><td>'o'>'k'이므로 'k'를 출력</td></tr><tr><td>1</td><td>4</td><td>o</td><td>NULL</td><td>안쪽 for 문 종료(b[j] != '\0'이 거짓)</td></tr><tr><td>2</td><td>0</td><td>o</td><td>d</td><td>'o'>'d'이므로 'd'를 출력</td></tr><tr><td>2</td><td>1</td><td>o</td><td>o</td><td>'o'=='o'이므로 if, else if 둘 다 거짓</td></tr><tr><td>2</td><td>2</td><td>o</td><td>c</td><td>'o'>'c'이므로 'c'를 출력</td></tr><tr><td>2</td><td>3</td><td>o</td><td>k</td><td>'o'>'k'이므로 'k'를 출력</td></tr><tr><td>2</td><td>4</td><td>o</td><td>NULL</td><td>안쪽 for 문 종료(b[j] != '\0'이 거짓)</td></tr><tr><td>3</td><td>0</td><td>k</td><td>d</td><td>'k'>'d'이므로 'd'를 출력</td></tr><tr><td>3</td><td>1</td><td>k</td><td>o</td><td>'k'<'o'이므로 'k'를 출력</td></tr><tr><td>3</td><td>2</td><td>k</td><td>c</td><td>'k'>'c'이므로 'c'를 출력</td></tr><tr><td>3</td><td>3</td><td>k</td><td>k</td><td>'k'=='k'이므로 if, else if 둘 다 거짓</td></tr><tr><td>3</td><td>4</td><td>k</td><td>NULL</td><td>안쪽 for 문 종료(b[j] != '\0'이 거짓)</td></tr><tr><td>4</td><td></td><td></td><td></td><td>바깥쪽 for 문 종료(a[i] != '\0'이 거짓)</td></tr></table>

02 정답 ▶ 디지털 발자국(Digital Footprint)

해설 ▶
- 디지털 발자국은 사람들이 PC나 모바일 기기, 인터넷을 사용하면서 남긴 흔적들을 말한다.
- 디지털 발자국은 데이터베이스에 축적되어 사생활을 드러내는 정보가 되어 이를 기반으로 특정 고객에 맞는 맞춤형 마케팅이 가능하다.

03 정답 ▶ VPN(Virtual Private Network)

해설 ▶ 인터넷과 같은 공중망을 사용하여 사설 네트워크를 구축하게 해 주는 기술 혹은 통신망으로 두 개 이상의 물리적 네트워크(또는 장치) 사이의 인터넷을 통해 생성된 가상 네트워크는 VPN이다.

04 정답 ▶ ① 관계 대수, ② 관계 해석

해설 ▶ 관계 대수와 관계 해석의 개념은 다음과 같다.

구분	설명
관계 대수	• 원하는 정보가 무엇인가를 정의하고 원하는 정보를 유도하기 위한 과정을 정의한 절차적 언어
관계 해석	• 원하는 정보가 무엇인지만을 정의하는 비절차적인 언어

05 정답 ▶ CREATE INDEX 이름인덱스 ON 학생(성명, 성별);

해설 ▶
- CREATE INDEX는 인덱스를 생성하는 명령이다.
- UNIQUE는 생략 가능하고, 인덱스 걸린 컬럼에 중복 값을 허용하지 않는다.
- 복수 컬럼을 인덱스로 걸 수 있다.
- CREATE INDEX 문법은 다음과 같다.

```
CREATE [UNIQUE] INDEX 인덱스명 ON 테이블명(컬럼명1, 컬럼명2, …);
```

06 정답 ▶ [2, 3, 4, 5]

해설 ▶

라인 수	설명
01	• 리스트 a를 선언하고 1, 2, 3, 4, 5로 초기화
02	• num : num >= 2에서 매개변수인 왼쪽 num 값으로 리스트 a의 값이 순차적으로 전달되며, 이 값은 오른쪽의 num >= 2에 전달됨 • 1, 2, 3, 4, 5가 순차적으로 전달되어 2 이상인 값을 list 함수 매개변수로 전달 • 리스트로 변환한 결과를 m에 대입
03	• print 함수에서 리스트 m을 출력

07 정답 ▶ ① CRC(순환잉여검사; Cycle Redundancy Check), ② 블록합 검사(Block Sum Check)

해설 ▶ 오류제어 기법 중 후진(역방향) 오류 수정 기법은 다음과 같다.

방식	설명
패리티 검사 (Parity Check)	• 7~8개의 비트로 구성되는 전송 문자에 패리티 비트를 추가하여 오류를 검출하는 방식
CRC (순환잉여검사; Cycle Redundancy Check)	• 다항식을 통해 산출된 값을 토대로 오류를 검사하는 방식으로 집단 오류를 해결하기 위한 방식

방식	설명
블록합 검사 (Block Sum Check)	• 프레임의 모든 문자로부터 계산되는 잉여 패리티 비트들을 사용하는 이차원(가로/세로) 패리티 검사 방식
자동반복 요청 방식 (ARQ; Automatic Repeat Request)	• 신뢰성 있는 데이터 전달을 위해, 재전송을 기반으로 하는 에러제어 방식

08

정답 ① 나선형 모델(Spiral Model), ② 폭포수 모델(Waterfall Model)

해설 소프트웨어 생명주기 모델은 다음과 같다.

종류	설명
폭포수 모델 (Waterfall Model)	• 소프트웨어 개발 시 각 단계를 확실히 마무리 지은 후에 다음 단계로 넘어가는 모델 • 선형 순차적 모형으로 고전적 생명주기 모형이라고도 함
프로토타이핑 모델 (Prototyping Model)	• 고객이 요구한 주요 기능을 프로토타입으로 구현하여, 고객의 피드백을 반영하여 소프트웨어를 만들어가는 모델
나선형 모델 (Spiral Model)	• 시스템 개발 시 위험을 최소화하기 위해 점진적으로 완벽한 시스템으로 개발해 나가는 모델 • 계획 및 정의→위험분석→개발→고객평가의 절차를 가짐
반복적 모델 (Iteration Model)	• 구축대상을 나누어 병렬적으로 개발 후 통합하거나, 반복적으로 개발하여 점증 완성시키는 모델

두음쌤 한마디

소프트웨어 생명주기 모델 종류
「폭프나반」
폭포수 모델 / 프로토타이핑 모델 / 나선형 모델 / 반복적 모델

나선형 모델 절차
「계위개고」
계획 및 정의 / 위험 분석 / 개발 / 고객 평가

09

정답 4

해설 • final로 선언된 x는 값이 한 번 초기화된 이후 변경할 수 없다.(C언어의 const와 비슷함)

```
x=10;
```

• 4번째 줄의 코드 부분에서 'error: cannot assign a value to final variable x'라는 컴파일 오류가 발생한다.

10

정답 동시 공용(Concurrent Sharing)

해설 데이터베이스 특성은 다음과 같다.

특성	설명
실시간 접근성 (Real-Time Accessibility)	• 쿼리에 대하여 실시간 응답이 가능해야 함
계속적인 변화 (Continuous Evolution)	• 새로운 데이터의 삽입(Insert), 삭제(Delete), 갱신(Update)으로 항상 최신의 데이터를 유지함
동시 공용 (Concurrent Sharing)	• 다수의 사용자가 동시에 같은 내용의 데이터를 이용할 수 있어야 함
내용 참조 (Content Reference)	• 데이터베이스에 있는 데이터를 참조할 때 데이터 레코드의 주소나 위치에 의해서가 아니라, 사용자가 요구하는 데이터 내용으로 데이터를 찾음

11 정답 ▶ n[i%3+2]

해설

라인 수	설명
03	• n이라는 이름의 정수형 5개를 저장하는 배열 선언 <table><tr><td>n[0]</td><td>n[1]</td><td>n[2]</td><td>n[3]</td><td>n[4]</td></tr><tr><td>5</td><td>4</td><td>3</td><td>2</td><td>1</td></tr></table>
04	• i라는 이름의 int(정수)형 변수를 선언
05	• i=0일 때 i<5는 참이므로 반복문 수행
06	• printf에 의해 10진수(%d) 값이 출력되는데, 3을 출력하려면 n[2]번지 값이 출력되어야 함
05	• i++에 의해 i는 1이 되고, i<5는 참이므로 반복문 수행
06	• printf에 의해 10진수(%d) 값이 출력되는데, 2를 출력하려면 n[3]번지 값이 출력되어야 함
05	• i++에 의해 i는 2가 되고, i<5는 참이므로 반복문 수행
06	• printf에 의해 10진수(%d) 값이 출력되는데, 1을 출력하려면 n[4]번지 값이 출력되어야 함
05	• i++에 의해 i는 3이 되고, i<5는 참이므로 반복문 수행
06	• printf에 의해 10진수(%d) 값이 출력되는데, 3을 출력하려면 n[2]번지 값이 출력되어야 함
05	• i++에 의해 i는 4가 되고, i<5는 참이므로 반복문 수행
06	• printf에 의해 10진수(%d) 값이 출력되는데, 2를 출력하려면 n[3]번지 값이 출력되어야 함
08	• 메인 함수의 return 0을 만나 프로그램 종료

• i=0일 때 n[2], i=1일 때 n[3], i=2일 때 n[4], i=3일 때 n[2], i=4일 때 n[3]을 출력해야 하므로 i를 3으로 나눴을 때 나머지 값에 2를 더한 번지인 i%3+2 번지의 값을 출력한다.

12 정답 ▶ ① SDN(Software Defined Network), ② NFV(Network Function Virtualization)

해설 네트워크 가상화 관련 기술은 다음과 같다.

기술	설명
SDN (Software Defined Network)	• 개방형 API(오픈플로우) 기반으로 네트워크 장비의 트래픽 경로를 지정하는 컨트롤 플레인(Control Plane)과 트래픽 전송을 수행하는 데이터 플레인(Data Plane)을 분리하여 네트워크 트래픽을 중앙 집중적으로 관리하는 기술
NFV (Network Function Virtualization)	• 범용 하드웨어(서버/스토리지/스위치)에 가상화 기술을 적용하여 네트워크 기능을 가상 기능(Function)으로 모듈화하여 필요한 곳에 제공(스위치, 라우터 등)하는 기술

13 정답 ▶ ① 1, ② n*fn(n-1)

해설 • fn이라는 함수는 팩토리얼을 계산하는 함수로 n이 1일 때, 첫 번째 수열 값인 1이 반환되어야 한다.
• n이 2 이상일 때 else에 있는 return이 실행되고, 팩토리얼은 현재 값부터 작은 작은 값들을 곱해야 하므로 바로 앞의 값인 n과 fn(n-1)을 곱한 값을 반환해야 한다.

14 정답 ▶ 4

해설

라인 수	설명
01	• HashSet 클래스를 사용하기 위해 해당 클래스를 가져온다.
03	• main 메서드부터 시작
04	• HashSet 객체 set을 생성 • HashSet은 중복된 값을 저장하지 않고, 요소의 순서를 유지하지 않는 컬렉션 클래스
05	• set에 문자열 "Java"를 추가
06	• set에 문자열 "Python"을 추가
07	• "Java"는 이미 set에 존재하기 때문에 중복이 무시되고 추가되지 않음
08	• set에 문자열 "java"를 추가("Java"와 "java"는 대소문자를 구분하기 때문에 서로 다른 값)
09	• set에 문자열 "python"을 추가
10	• "Java", "Python", "java", "python" 네 개의 고유한 문자열이 저장되어 있으므로 출력 결과는 4

15 **정답** SELECT 수험자명 FROM 정처기 WHERE 필기 IS NULL OR 필기 = 0;

해설 • WHERE 절 조건에서는 비교, 범위, 집합, 패턴, NULL, 복합조건이 있고, NULL이 아닌 값을 찾을 때는 IS NULL 문법을 사용한다.
• IS NULL 문법은 다음과 같다.

```
컬럼 IS NULL
```

• 조건1과 조건2 둘 중 하나를 만족하는 데이터 조회하는 복합 조건일 경우에는 OR을 이용한다.

```
조건1 OR 조건2
```

16 **정답** ① Roll-up, ② Drill-down

해설 OLAP 연산에서 Roll-up, Drill-down 용어는 다음과 같다.

용어	설명
Roll-up	• 분석할 항목에 대해 한 차원의 계층 구조를 따라 단계적으로 구체적인 내용의 상세 데이터로부터 요약된 형태의 데이터로 접근하는 기능
Drill-down	• 분석할 항목에 대해 한 차원의 계층 구조를 따라 단계적으로 요약된 형태의 데이터로부터 구체적인 내용의 상세 데이터로 접근하는 기능

17 **정답** ① 스몰 셀(Small Cell), ② 애드 혹 네트워크(Ad-hoc Network)

해설 무선 관련 기술은 다음과 같다.

기술	설명
스몰 셀(Small Cell)	• 기존의 높은 전송 파워와 넓은 커버리지를 갖는 매크로 셀(Macro Cell)과 달리 낮은 전송 파워와 좁은 커버리지를 가지는 소형 기지국으로 안테나당 10W급 이하의 소출력 기지국 장비나 피코 셀, 펨토 셀 등을 통칭하는 용어
애드 혹 네트워크	• 고정된 기반 망의 도움 없이 이동 노드 간에 자율적으로 구성되는 망으로서, 네트워크

기술	설명
(Ad-hoc Network)	에 자율성과 융통성을 부여한 네트워크로 Peer-to-Peer 통신, 다중 홉, 이동 노드 간 동적 네트워크를 구성할 수 있는 네트워크

18 정답 12
3

해설

라인 수	설명
03	• 문자열 다음에 숫자가 '+'연산자로 연결되면 숫자를 문자열로 처리함 • ""와 1을 더하면 "1"이 되고, "1"에 "2"를 더하면 "12"가 됨
04	• 숫자 다음에 문자열이 '+'연산자로 연결되면 숫자를 먼저 계산하고 그다음 문자열과 '+'로 연결함 • 1과 2를 더하면 3이 되고, 3에 ""를 더하면 "3"이 됨

19 정답 ① DAS(Direct Attached Storage), ② SAN(Storage Area Network)

해설 스토리지 시스템의 유형은 다음과 같다.

유형	설명
DAS (Direct Attached Storage)	• 하드 디스크와 같은 데이터 저장 장치를 호스트 버스 어댑터에 직접 연결하는 스토리지 • 저장 장치와 호스트 기기 사이에는 네트워크 디바이스가 있지 말아야 하고 직접 연결하는 방식으로 구성된 기술
NAS (Network Attached Storage)	• 서버와 저장 장치를 네트워크로 연결하여 구성하는 스토리지 • 구성 설정이 간편하며 별도의 운영 체제를 가진 서버 한 곳에서 파일을 관리하기 때문에 서버 간에 스토리지 및 파일 공유가 용이 • 저장 장치와 서버를 직접 연결하는 것이 아니라 네트워크를 통해 스토리지에 접속하고, 파일 단위로 관리
SAN (Storage Area Network)	• 서버와 스토리지를 저장 장치 전용 네트워크로 상호 구성하여 고가용성, 고성능, 융통성, 확장성을 보장하고 데이터를 블록(Block) 단위로 관리하는 스토리지 • DAS의 빠른 처리와 NAS의 스토리지 공유 방식의 장점을 합친 방식으로, 광케이블 및 광 채널 스위치를 통해 근거리 네트워크 환경을 구성하여 빠른 속도로 데이터를 처리할 수 있으며, 스토리지 공유가 가능한 기술

20 정답 ① MAC(Message Authentication Code), ② MDC(Modification Detection Code)

해설 일방향 암호인 MAC와 MDC의 특징은 다음과 같다.

항목	특징
MAC (Message Authentication Code)	• 키를 사용하는 메시지 인증 코드로 메시지의 무결성과 송신자의 인증을 보장
MDC (Modification Detection Code)	• 키를 사용하지 않는 변경 감지 코드로 메시지의 무결성을 보장

수제비 선/견/지/명 모의고사 23회 정답 및 해설

01
정답 LMS(Learning Management System)

해설 LMS는 교육 과정의 전반적인 관리기능뿐만 아니라, 교육에 필요한 콘텐츠 생성 및 관리, 커뮤니케이션 기능도 포함한다.

02
정답 NDN(Named Data Network)

해설
- NDN은 콘텐츠 기반 네트워킹, 데이터 중심 네트워킹 또는 정보 중심 네트워킹과 동일한 개념으로 인터넷에서 콘텐츠 자체의 정보와 라우터 기능만을 이용하여 목적지로 데이터를 전송하는 기술이다.
- 사용자의 요청에 따라 빠른 정보 전달이 가능한 네트워크로 콘텐츠 종류에 따라 식별자 체계를 계층적으로 만들어 정보를 식별한다.

03
정답 다중버전 동시성 제어(MVCC; Multi Version Concurrency Control)

해설 병행 제어 기법의 종류는 다음과 같다.

상태	설명
로킹 (Locking)	• 하나의 트랜잭션을 실행하는 동안 특정 데이터 항목에 대해서 다른 트랜잭션이 동시에 접근하지 못하도록 상호배제(Mutual Exclusion) 기능을 제공하는 기법 • 로킹의 특징은 다음과 같음 　• 데이터베이스, 파일, 레코드 등은 로킹 단위가 될 수 있음 　• 로킹 단위가 작아지면 데이터베이스 공유도가 증가 　• 로킹 단위가 작아지면 로킹 오버헤드가 증가 　• 한꺼번에 로킹할 수 있는 객체의 크기를 로킹 단위라고 함
낙관적 검증 (Optimistic Validation)	• 트랜잭션이 어떠한 검증도 수행하지 않고 일단 트랜잭션을 수행하고, 트랜잭션 종료 시 검증을 수행하여 데이터베이스에 반영하는 기법
타임 스탬프 순서 (Time Stamp Ordering)	• 트랜잭션과 트랜잭션이 읽거나 갱신한 데이터에 대해 트랜잭션이 실행을 시작하기 전에 타임 스탬프(Time Stamp)를 부여하여 부여된 시간에 따라 트랜잭션 작업을 수행하는 기법
다중버전 동시성 제어 (MVCC; Multi Version Concurrency Control)	• 트랜잭션의 타임스탬프와 접근하려는 데이터의 타임스탬프를 비교하여 직렬가능성이 보장되는 적절한 버전을 선택하여 접근하도록 하는 기법
2PC (2 Phase Commit)	• 데이터베이스 동시성 제어 기술 중 하나로, 여러 개의 분산 데이터베이스 시스템에서 트랜잭션의 일관성을 유지하기 위한 기법 • 트랜잭션을 두 단계로 분리하여 제어 　**1단계 (준비 단계)**: • 트랜잭션 수행 결과를 다른 분산 시스템에 알리는 과정 　**2단계 (커밋 단계)**: • 모든 분산 시스템에서 트랜잭션 수행 결과가 일치하는지 확인하는 과정 　• 모든 분산 시스템이 트랜잭션을 성공적으로 수행했다면, 커밋을 수행하고, 그렇지 않다면 롤백을 수행

04
정답 ① Hulk DoS, ② Hash DoS

해설 애플리케이션에 대한 DDoS 공격은 다음과 같다.

공격 기법	설명
Hulk DoS	• 공격자가 공격 대상 웹 사이트 웹 페이지 주소(URL)를 지속적으로 변경하면서 다량으로 GET 요청을 발생시키는 서비스 거부 공격으로 임계치 기반의 디도스 대응 장비를 우회하기 위해서 주소(URL)를 지속적으로 변경시켜서 공격
Hash DoS	• 웹 서버는 클라이언트 HTTP 요청을 통해 전달되는 파라미터(매개 정보)를 효율적으로 저장하고 검색하기 위한 자료 구조로 해시 테이블을 주로 사용하고, 공격자는 이러한 특성을 악용하여 조작된 많은 수의 파라미터를 POST 방식으로 웹 서버로 전달하여 다수의 해시 충돌(Collision)을 발생시켜서 자원을 소모시키는 서비스 거부 공격

05
정답 DELETE FROM 행성 WHERE 거리 >= 5 AND 무게 >= 10;

해설
• DELETE는 데이터의 내용을 삭제할 때 사용하는 명령어이다.
• DELETE 명령어 문법은 다음과 같다.

DELETE FROM 테이블명 WHERE 조건;	• 모든 레코드를 삭제할 때는 WHERE 절 없이 DELETE만 사용 • 레코드를 삭제해도 테이블 구조는 남아 있어서 디스크에서 테이블을 완전히 삭제하는 DROP 명령과는 다름

06
정답 32

해설

라인 수	설명
01	• z는 0으로 초기화
02	• a는 [1, 2, 3, 4]로 초기화
03	• b는 [2, 3, 4, 5]로 초기화
04	• c는 리스트 내포로 a와 b의 각 원소를 곱한 값을 리스트 c의 원소로 대입 | a	1	1	1	1	2	2	2	2	3	3	3	3	4	4	4	4
---	---	---	---	---	---	---	---	---	---	---	---	---	---	---	---	---
b	2	3	4	5	2	3	4	5	2	3	4	5	2	3	4	5
c	2	3	4	5	4	6	8	10	6	9	12	15	8	12	16	20	
05~06	• 마지막으로 for 반복문은 리스트 c의 7개 원소(2, 3, 4, 5, 6, 4, 6)의 합계를 계산 	c	c[0]=2	c[1]=3	c[2]=4	c[3]=5	c[4]=4	c[5]=6	c[6]=8
---	---	---	---	---	---	---	---
i	2	3	4	5	4	6	8
z	2	5	9	14	18	24	32	
08	• z 값인 32를 출력

07

정답 ① LFSR(Linear Feedback Shift Register), ② Skipjack

해설 LFSR과 Skipjack의 특징은 다음과 같다.

구분	설명
LFSR (Linear Feedback Shift Register)	• 시프트 레지스터의 일종으로, 레지스터에 입력되는 값이 이전 상태 값들의 선형 함수로 계산되는 구조로 되어 있는 스트림 암호화 알고리즘 • LFSR에서 사용되는 선형 함수는 주로 배타적 논리합(XOR)이고, LFSR의 초기 비트 값은 시드(Seed)라고 함
Skipjack	• 미 국가안보국(NSA; National Security Agency)에서 개발한 Clipper 칩에 내장된 블록 알고리즘 • 소프트웨어로 구현되는 것을 막고자 Fortezza Card에 칩 형태로 구현됨 • 전화기와 같이 음성을 암호화하는 데 주로 사용되고 64비트의 입·출력, 80비트의 키, 32라운드를 가짐

08

정답 ① 서비스 지향 아키텍처(SOA; Service Oriented Architecture), ② 마이크로서비스 아키텍처(MSA; Micro Services Architecture)

해설 서비스 지향 아키텍처와 마이크로서비스 아키텍처의 특징은 다음과 같다.

구분	설명
서비스 지향 아키텍처 (SOA; Service Oriented Architecture)	• 서비스라고 정의되는 분할된 애플리케이션 조각들을 느슨하게 결합하고(Loosely-Coupled) 연결해 하나의 완성된 애플리케이션을 구현하기 위한 아키텍처
마이크로서비스 아키텍처 (Microservices Architecture)	• 애플리케이션을 여러 개의 독립적인 서비스로 분할하여 개발, 배포, 확장할 수 있는 방식으로 특정 기능이나 비즈니스 로직에 집중하며, 독립적으로 개발 및 배포가 가능하다는 특징이 있음

09

정답 85

해설

라인 수	설명
02	• main 메서드부터 시작
03	• 크기가 10인 a 배열을 생성
04	• sum을 100으로 초기화
05~07	• for 반복문에서 a 배열에 i 값을 1씩 증가하면서 i+1한 값을 대입 <table><tr><td>a[0]</td><td>a[1]</td><td>a[2]</td><td>a[3]</td><td>a[4]</td><td>a[5]</td><td>a[6]</td><td>a[7]</td><td>a[8]</td><td>a[9]</td></tr><tr><td>1</td><td>2</td><td>3</td><td>4</td><td>5</td><td>6</td><td>7</td><td>8</td><td>9</td><td>10</td></tr></table>
08~12	• for 문에서 i 값을 3으로 나눈 나머지 1인 경우 sum 값 100에서 a[i] 값을 뺄셈을 해서 누적 • i=1일 때 if 문이 참이 되어 a[1] 값인 2를 sum에서 빼면 sum은 98가 됨 • i=4일 때 if 문이 참이 되어 a[1] 값인 5를 sum에서 빼면 sum은 93가 됨 • i=7일 때 if 문이 참이 되어 a[1] 값인 8을 sum에서 빼면 sum은 85가 됨
13	• sum 값인 85를 출력

10 정답 ▶ EF5

해설

라인 수	설명
28	• main 메서드부터 시작
29	• new B(10)에서 전달 인자가 있으므로 B(int b) 생성자를 호출
18	• B(int b)를 호출하므로 b=10이 됨 • A와 B는 상속 관계가 아니므로 A 클래스의 생성자를 호출하지 않음
19	• b는 매개변수이므로 b=10이 됨(의미없는 코드) • B 클래스 내의 b 변수(private int b = 5;)에 전달받은 10을 대입하려면 this.b=b;가 되어야 함
20	• E를 출력
29	• B 클래스의 인스턴스를 x 변수에 대입
30	• x.fn() 메서드를 호출
22~24	• B 클래스의 b 변수는 5이므로 "F"+5인 F5를 출력

11 정답 ▶

6	.	0	0				
				6	.	0	
6	.	0					
5	.	9	9	6	0		

해설

라인 수	설명
02	• main 함수부터 시작
03	• a라는 이름의 float(실수)형 변수를 선언하고, a는 5.996으로 초기화
04	• 소수점 둘째 자리까지 출력하므로 5.996을 반올림한 6.00을 출력
05	• 소수점 첫째 자리까지 출력하므로 5.996을 반올림한 6.0을 출력 • 전체 공간은 7자리, 6.0은 3자리인데, -가 없으므로 왼쪽에서 4자리를 띄고 6.0을 출력
06	• 소수점 첫째 자리까지 출력하므로 5.996을 반올림한 6.0을 출력 • 전체 공간은 2자리, 6.0은 3자리인데, 3자리는 무조건 출력해야하기 때문에 공간이 부족하더라도 6.0은 무조건 출력 • 공간이 부족하기 때문에 빈자리에 0을 채우지 않음
07	• 소수점 넷째 자리를 출력하므로 5.996을 5.9960으로 출력 • 전체 공간은 5자리, 5.9960은 6자리인데, 6자리는 무조건 출력해야 하기 때문에 공간이 부족하더라도 5.9960은 무조건 출력 • 공간이 부족하기 때문에 빈자리에 0을 채우지 않음

12
정답 ① XML(Extensible Markup Language), ② DOM(Document Object Model)

해설 AJAX의 주요 기술은 다음과 같다.

주요 기술	사례
XMLHttpRequest	• 웹 브라우저와 웹 서버 간에 메서드가 데이터를 전송하는 객체 폼의 API • 비동기 통신을 담당하는 자바스크립트 객체
JavaScript	• 객체 기반의 스크립트 프로그래밍 언어 • 웹 브라우저 내에서 주로 사용하며, 다른 응용 프로그램의 내장 객체에도 접근할 수 있는 기능 소유
XML (Extensible Markup Language)	• HTML의 단점을 보완한 인터넷 언어로서 SGML의 복잡한 단점을 개선한 특수한 목적을 갖는 마크업 언어
DOM (Document Object Model)	• XML 문서를 트리 구조의 형태로 접근할 수 있게 해주는 API • 플랫폼/언어 중립적으로 구조화된 문서를 표현하는 객체 지향 모델
HTML (HyperText Markup Language)	• 인터넷 웹(WWW) 문서를 표현하는 표준화된 마크업 언어
CSS (Cascading Style Sheets)	• 마크업 언어가 실제 표시되는 방법을 기술하는 언어 • 운영체제나 사용 프로그램과 관계없이 글자 크기, 글자체, 줄 간격, 색상 등을 자유롭게 선택할 수 있는 스타일 시트

13
정답 ① 무결성(Integrity), ② 기밀성(Confidentiality)

해설 SW 개발 보안의 3대 요소는 다음과 같다.

요소	설명
기밀성 (Confidentiality)	• 인가되지 않은 개인 혹은 시스템 접근에 따른 정보 공개 및 노출을 차단하는 특성
무결성 (Integrity)	• 정당한 방법을 따르지 않고서는 데이터가 변경될 수 없으며, 데이터의 정확성 및 완전성과 고의/악의로 변경되거나 훼손 또는 파괴되지 않음을 보장하는 특성
가용성 (Availability)	• 권한을 가진 사용자나 애플리케이션이 원하는 서비스를 지속해서 사용할 수 있도록 보장하는 특성

두음쌤 한마디
SW 개발 보안의 3대 요소
「기무가」
기밀성 / 무결성 / 가용성

14
정답 ① 8, ② B, ③ D

해설
• IPv4는 길이가 32bit이며, 8비트씩 네 부분으로 나눈다.
• IPv4의 클래스는 다음과 같이 분류된다.

분류	설명	범위
A 클래스	가장 높은 단위의 클래스	0.0.0.0 ~ 127.255.255.255
B 클래스	두 번째로 높은 단위의 클래스	128.0.0.0 ~ 191.255.255.255
C 클래스	최하위의 클래스	192.0.0.0 ~ 223.255.255.255
D 클래스	멀티캐스트 용도로 예약된 주소	224.0.0.0 ~ 239.255.255.255
E 클래스	연구를 위해 예약된 주소	240.0.0.0 ~ 255.255.255.255

15 정답 42

해설

라인 수	설명
17	• p 변수에 "hi52"를 대입
18	• fn 함수에 주솟값 x를 전달
02	• fn 함수의 p 변수에 main 함수의 x 주솟값을 전달받음(p=x)
03	• s=1, num=0으로 초기화
04~05	• *p==*x==x[0]은 'h'이므로 '\n'이 아니기 때문에 if 문은 거짓이므로 if 문을 실행하지 않음
06~07	• *p는 'h'이므로 '-'이 아니기 때문에 if 문은 거짓이므로 if 문을 실행하지 않음
08	• *p는 'h'이므로 0이 아니기 때문에 while 문은 참이라 while 문을 실행
09~11	• *p는 'h'이므로 '0'~'9'에 해당하지 않기 때문에 if 문은 거짓이라 if 문을 실행하지 않음
12	• p 값을 1 증가시키면 p=x+1이 됨
08	• *p==*(x+1)==x[1]은 'i'이므로 0이 아니기 때문에 while 문은 참이라 while 문을 실행
09~11	• *p는 'i'이므로 '0'~'9'에 해당하지 않기 때문에 if 문은 거짓이라 if 문을 실행하지 않음
12	• p 값을 1 증가시키면 p=x+2가 됨
08	• *p==*(x+2)==x[2]은 '5'이므로 0이 아니기 때문에 while 문은 참이라 while 문을 실행
09~11	• *p는 '5'이므로 '0'~'9'에 해당하기 때문에 if 문은 참이라 if 문 안의 명령어를 실행 • num=0이므로 0*8+'5'-'0'=0+5=5가 되어 num=5가 됨
12	• p 값을 1 증가시키면 p=x+3이 됨
08	• *p==*(x+3)==x[3]은 '2'이므로 0이 아니기 때문에 while 문은 참이라 while 문을 실행
09~11	• *p는 '2'이므로 '0'~'9'에 해당하기 때문에 if 문은 참이라 if 문 안의 명령어를 실행 • num=5이므로 5*8+'2'-'0'=40+2=42가 되어 num=42가 됨
12	• p 값을 1 증가시키면 p=x+4가 됨
08	• *p==*(x+4)==x[4]은 NULL이므로 0이기 때문에 while 문은 거짓이라 while 문을 종료
14	• num 값인 42를 반환
18	• fn(x)의 반환값이 42이므로 42를 a 변수에 대입
19	• a 변수의 값인 42를 출력

16 정답 SLA(Service Level Agreement)

해설 IT 업무 프로세스 관련 용어는 다음과 같다.

용어	설명
ITSM (IT Service Management)	• 정보시스템 사용자가 만족할 수 있는 서비스를 제공하고 지속적인 관리를 통해 서비스의 품질을 유지 및 증진시키기 위한 일련의 활동, 즉 기업 내의 기존 정보통신 관리 역할을 서비스 관점으로 바꿔서 고객 중심의 IT서비스를 관리하는 기법
SLA (Service Level Agreement)	• 고객과 서비스 제공자 간 계약인 서비스 수준 관리 • 서비스 수준을 측정할 수 있는 세부 서비스 요소(SLO; Service Lever Object)들이 포함됨

17 정답 40 400 40 4

해설

라인 수	설명
02	• main 메서드부터 시작
03	• 크기가 10인 a 배열을 선언
04	• 크기가 10×10인 b 배열을 선언
06	• a는 int형 10개이므로 4×10=40바이트이기 때문에 40을 출력
07	• b는 int형 10×10개이므로 4×100=400바이트이기 때문에 400을 출력
08	• b[1]는 int형 10개(b[1][0] ~ b[1][9])이므로 4×10=40바이트이기 때문에 40을 출력
09	• b[1][0]은 int형 1개이므로 4×1=4바이트이기 때문에 4를 출력

18 정답 246

해설

라인 수	설명
02	• main 메서드부터 시작
03	• 정수형 배열 arr은 선언과 동시에 1, 2, 3, 4, 5로 초기
04	• 정수형 배열 temp는 1, 2, 4, 6, 8로 초기화
05	• idx 변수는 0으로 초기화
06	• boolean 변수 flag 선언
08	• i=0일 때 i<5는 참이므로 for 문을 실행
09	• flag에 false를 대입
10~12	• arr[0] == temp[0]이므로 if 문이 참이 되어 flag가 true가 됨
14~17	• !flag는 false이므로 if 문을 실행하지 않음
08	• i++에 의해 i=1이 되고, i=1일 때 i<5는 참이므로 for 문을 실행
09	• flag에 false를 대입
10~12	• arr[1] == temp[1]이므로 if 문이 참이 되어 flag가 true가 됨
14~17	• !flag는 false이므로 if 문을 실행하지 않음
08	• i++에 의해 i=2가 되고, i=2일 때 i<5는 참이므로 for 문을 실행
09	• flag에 false를 대입
10~12	• arr[2] == temp[2]는 거짓이므로 if 문이 거짓이 되어 if 문 안의 명령어를 실행하지 않음
14~17	• !flag는 true이므로 if 문을 실행 • temp[0] = arr[2]이므로 temp[0] = 3이 되고, idx 값을 1 증가시킴 • temp[idx]인 temp[1]은 2이므로 2를 출력 | temp[0]	temp[1]	temp[2]	temp[3]	temp[4]
---	---	---	---	---
3	2	4	6	8	
08	• i++에 의해 i=3이 되고, i=3일 때 i<5는 참이므로 for 문을 실행
09	• flag에 false를 대입

라인 수	설명
10~12	• arr[3] == temp[3]은 거짓이므로 if 문이 거짓이 되어 if 문 안의 명령어를 실행하지 않음
14~17	• !flag는 true이므로 if 문을 실행 • temp[1] = arr[3]이므로 temp[1] = 4가 되고, idx 값을 1 증가시켜 idx는 2가 됨 • temp[idx]인 temp[2]는 4이므로 4를 출력 | temp[0] | temp[1] | temp[2] | temp[3] | temp[4] | | 3 | 4 | 4 | 6 | 8 |
08	• i++에 의해 i=4가 되고, i=4일 때 i<5는 참이므로 for 문을 실행
09	• flag에 false를 대입
10~12	• arr[4] == temp[4]는 거짓이므로 if 문이 거짓이 되어 if 문 안의 명령어를 실행하지 않음
14~17	• !flag는 true이므로 if 문을 실행 • temp[2] = arr[4]이므로 temp[2] = 5가 되고, idx 값을 1 증가시켜 idx는 3이 됨 • temp[idx]인 temp[3]은 6이므로 6을 출력 | temp[0] | temp[1] | temp[2] | temp[3] | temp[4] | | 3 | 4 | 5 | 6 | 8 |
08	• i++에 의해 i=5가 되고, i=5일 때 i<5는 거짓이므로 for 문을 종료

19

정답 ① 스택 가드(Stackguard), ② 스택 쉴드(Stack Shield)

해설 시스템 보안 공격 중 스택 버퍼 오버플로우 공격과 대응 기법인 스택 가드 방법, 스택 쉴드 방법에 대한 내용은 다음과 같다.

구분	설명
스택 버퍼 오버플로우(Stack Buffer Overflow) 공격	• 스택 영역에 할당된 버퍼 크기를 초과하는 양의 데이터(실행 가능 코드)를 입력하여 복귀 주소를 변경하고 공격자가 원하는 임의의 코드를 실행하는 공격 기법
스택 가드(Stackguard) 활용	• 카나리(Canary)라고 불리는 무결성 체크용 값을 복귀 주소와 변수 사이에 삽입해 두고, 버퍼 오버플로우 발생 시 카나리 값을 체크, 변할 경우 복귀 주소를 호출하지 않는 방식으로 대응하는 기법
스택 쉴드(Stack Shield) 활용	• 함수 시작 시 복귀 주소를 Global RET라는 특수 스택에 저장해 두고, 함수 종료 시 저장된 값과 스택의 RET 값을 비교해 다를 경우 오버플로우로 간주하고 프로그램 실행을 중단하는 기법

20

정답 ① 계층화 패턴(Layers Pattern), ② 파이프-필터 패턴(Pipe-Filter Pattern)

해설 소프트웨어 아키텍처 패턴 유형은 다음과 같다.

유형	설명	개념도
계층화 패턴 (Layered Pattern)	• 시스템을 계층(Layer)으로 구분하여 구성하는 패턴 • 각 하위 모듈들은 특정한 수준의 추상화를 제공하고, 각 계층은 다음 상위 계층에 서비스를 제공 • 서로 마주 보는 두 개의 계층 사이에서만 상호 작용이 이루어짐	Layer n → Layer n-1 → ⋮ → Layer 1

유형	설명	개념도
클라이언트-서버 패턴 (Client-Server Pattern)	• 하나의 서버와 다수의 클라이언트로 구성된 패턴 • 사용자가 클라이언트를 통해서 서버에 서비스를 요청하면 서버는 클라이언트에게 서비스 제공 • 서버는 계속 클라이언트로부터 요청을 대기	Client ⇄ Server (응답/요청)
파이프-필터 패턴 (Pipe-Filter Pattern)	• 데이터 스트림을 생성하고 처리하는 시스템에서 사용 가능한 단방향 패턴 • 서브 시스템이 입력 데이터를 받아 처리하고, 결과를 다음 서브 시스템으로 넘겨 주는 과정을 반복 • 필터 컴포넌트는 재사용성이 좋고, 추가가 쉽기 때문에 확장이 용이하나, 필터 간 데이터 이동에서 데이터 변환 오버헤드가 발생	Source → Pipe 1 → Filter 1 → Pipe 2 → Sink
브로커 패턴 (Broker Pattern)	• 분리된 컴포넌트들로 이루어진 분산 시스템에서 사용되고, 이 컴포넌트들은 원격 서비스 실행을 통해 상호 작용이 가능한 패턴 • 컴포넌트 간의 통신을 조정하는 역할 수행 • 서버는 자신의 기능들(서비스 및 특성)을 브로커에 넘겨주며(Publish), 클라이언트가 브로커에 서비스를 요청하면 브로커는 클라이언트를 자신의 레지스트리에 있는 적합한 서비스로 리다이렉션(Redirection) 함	Client ↔ Broker ↔ Server 1, Server 2
모델-뷰-컨트롤러 패턴 (MVC; Model View Controller Pattern)	• 대화형 애플리케이션을 모델, 뷰, 컨트롤러 3개의 서브 시스템으로 구조화하는 패턴 | 모델(Model) | • 핵심 기능과 데이터 보관 | | 뷰(View) | • 사용자에게 정보 표시(하나 이상의 뷰가 정의될 수 있음) | | 컨트롤러(Controller) | • 사용자로부터 요청을 입력받아 처리 • 모델과 뷰 사이에서 전달자 역할을 수행 | • 각 부분이 별도의 컴포넌트로 분리되어 있어서 서로 영향을 받지 않고 개발 작업 수행 가능 • 컴포넌트를 분리하며 코드의 효율적인 재사용을 가능하게 하고, 여러 개의 뷰가 있어야 하는 대화형 애플리케이션 구축에 적합	Client ⇄ Controller(Servlet), View(JSP), Model
마스터-슬레이브 패턴 (Master-Slave Pattern)	• 연산, 통신, 조정을 책임지는 마스터와 제어되고 동기화되는 대상인 슬레이브로 구성되는 패턴 • 일반적으로 실시간 시스템에서 사용	Master → Server 1, Server 2, Server 3

수제비 선/견/지/명 모의고사 24회 정답 및 해설

01
정답 MDM(Mobile Device Management)

해설 OTA(Over The Air; 휴대폰 무선 전송기술)을 이용하여 언제, 어디서나 모바일기기가 Power On 상태로 있으면 원격에서 모바일 기기를 관리할 수 있는 시스템으로 스마트폰이나 태블릿, 휴대용 컴퓨터와 같은 모바일 기기를 보호, 관리, 감시, 지원하는 기능의 시스템은 MDM이라고 한다.

02
정답 다크 데이터(Dark Data)

해설 수집된 후 저장은 되어 있지만, 분석에 활용되지는 않는 다량의 데이터는 다크 데이터이다.

03
정답 NAT(Network Address Translation)

해설 사설 네트워크에 속한 여러 개의 호스트가 하나의 공인 IP 주소를 사용하여 인터넷에 접속하기 위한 네트워크 주소 변환 기술은 NAT이다.

04
정답 ① 상위 CASE (Upper CASE), ② 하위 CASE (Lower CASE)

해설 분석 자동화 도구는 다음과 같다.

도구	설명
상위 CASE(Upper CASE)	• 계획수립, 요구분석, 기본설계 단계를 다이어그램으로 표현 • 모델들 사이의 모순 검사 및 모델의 오류 검증, 일관성 검증 지원 • 자료흐름도 프로토타이핑 작성 지원 및 UI 설계 지원
하위 CASE(Lower CASE)	• 구문 중심 편집 및 정적, 동적 테스트 지원 • 시스템 명세서 생성 및 소스 코드 생성 지원

05
정답 0

해설
• SELECT 필기*실기 FROM 정처기; 쿼리를 동작시키면 같은 레코드의 필기와 실기 값을 곱한다. (NULL은 연산을 할 경우 결괏값은 NULL이다.)

필기*실기
NULL
NULL
NULL

• COUNT 함수를 사용하면 NULL 값을 제외한 튜플들의 숫자를 반환하므로 0이 된다.

COUNT(필기*실기)
0

06
정답 A66ABBC

해설 if 문에 세미콜론(;)이 있으므로 if(c[1] == 'B');는 if 문을 만족했을 때 실행할 명령어가 없는 if 문 형태이다.

| if(c[2]){ } |
| if(c[1] == 'B'){ } |

라인 수	설명
02	• main 함수부터 시작
03	• A 변수에 'A'를 대입
04	• B 변수에 66을 대입
05	• c 배열에 A 변수의 값인 'A'를, B 변수의 값인 66으로 초기화 |	c[0]	c[1]	c[2]
---	---	---	---
	65('A')	66('B')	0(NULL)	
07	• c[2]는 0이므로 거짓이기 때문에 if 문 안의 명령어를 실행하지 않음 • if 문 뒤에 세미콜론이 있으므로 if 문이 참이거나 거짓일 때 실행할 문장이 없음
08	• if 문과 관련 없는 명령어 • A 변수는 %c로 출력하므로 'A'가 출력되고, B 변수는 %d로 출력하므로 66이 출력됨
10	• c 문자열을 출력하면 c[0]부터 NULL 직전까지 출력하므로 AB를 출력
12	• c[1]은 'B'이므로 if 문은 참이 됨 • if 문 뒤에 세미콜론이 있으므로 if 문이 참이거나 거짓일 때 실행할 문장이 없음
13	• A+1=66이지만 %c로 출력하므로 'B'가 출력되고, B+1=67이지만 %c로 출력하므로 'C'가 출력됨

07 정답 ① ⓑ, ② ⓔ

해설 소프트웨어 개발 방법론의 종류는 다음과 같다.

종류	설명
구조적 방법론 (Structured Development)	• 전체 시스템을 기능에 따라 나누어 개발하고, 이를 통합하는 분할과 정복 접근 방식의 방법론 • 프로세스 중심의 하향식 방법론 • 구조적 프로그래밍 표현을 위해 나씨-슈나이더만(Nassi-Shneiderman) 차트 사용
정보공학 방법론 (Information Engineering Development)	• 정보시스템 개발에 필요한 관리 절차와 작업 기법을 체계화한 방법론 • 개발 주기를 이용해 대형 프로젝트를 수행하는 체계적인 방법론
객체 지향 방법론 (Object-Oriented Development)	• '객체'라는 기본 단위로 시스템을 분석 및 설계하는 방법론 • 복잡한 현실 세계를 사람이 이해하는 방식으로 시스템에 적용하는 방법론 • 객체, 클래스, 메시지를 사용
컴포넌트 기반 방법론 (CBD; Component Based Development)	• 소프트웨어를 구성하는 컴포넌트를 조립해서 하나의 새로운 응용 프로그램을 작성하는 방법론 • 개발 기간 단축으로 인한 생산성 향상 • 새로운 기능 추가 쉬움(확장성) • 소프트웨어 재사용이 가능
애자일 방법론 (Agile Development)	• 절차보다는 사람이 중심이 되어 변화에 유연하고 신속하게 적응하면서 효율적으로 시스템을 개발할 수 있는 신속 적응적 경량 개발 방법론 • 애자일은 개발 과정의 어려움을 극복하기 위해 적극적으로 모색한 방법론

종류	설명
제품 계열 방법론 (Product Line Development)	• 특정 제품에 적용하고 싶은 공통된 기능을 정의하여 개발하는 방법론 • 임베디드 소프트웨어를 작성하는 데 유용한 방법론

08 정답 ▶ 형상관리 도구

해설 ▶ 개발 도구의 분류는 다음과 같다.

분류	설명
빌드 도구	• 작성한 코드의 빌드 및 배포를 수행하는 도구 • 각각의 구성요소와 모듈에 대한 의존성 관리를 지원하는 도구
구현 도구	• 코드의 작성과 디버깅, 수정 등과 같은 작업 시 사용되는 도구 • 프로그램을 개발할 때 가장 많이 사용되는 도구
테스트 도구	• 코드의 기능 검증과 전체의 품질을 높이기 위해 사용하는 도구 • 코드의 테스트, 테스트에 대한 계획, 수행 및 분석 등의 작업 수행
형상 관리 도구	• 개발자들이 작성한 코드와 리소스 등 산출물에 대한 버전 관리를 위한 도구 • 프로젝트 진행 시 필수로 포함되는 도구

두음쌤 한마디

개발 도구의 분류
「빌구테형」
빌드 도구 / 구현 도구 / 테스트 도구 / 형상 관리 도구

09 정답 ▶ True
True
A
(1, 1)

해설 ▶

라인 수	설명
01	• x 변수에 리스트 [65, 66, 97, 98]을 대입
02	• x의 요소는 모두 정수이며, 0이 아닌 값은 모두 참(True)으로 간주 • 모든 요소가 참이기 때문에 결과는 True이므로 True를 출력
03	• x의 요소는 모두 정수이며, 0이 아닌 값은 모두 참(True)으로 간주 • 요소 중 하나라도 참이 있기 때문에 결과는 True이므로 True를 출력
04	• 아스키 코드 값 65에 해당하는 문자 'A'를 반환하므로 A를 출력
05	• divmod(66, 65)는 66을 65로 나눈 몫은 1이고 나머지는 1이 됨 • 출력 결과는 (1, 1)

• 파이썬의 내장 함수는 다음과 같다.

함수	설명
all	• 모든 요소가 참(True)인지 확인하는 함수 • 모든 요소가 참일 경우 True를 반환하고, 하나라도 거짓(False)이면 False를 반환
any	• 하나 이상의 요소가 참(True)인지 확인하는 함수 • 하나라도 참인 요소가 있으면 True를 반환하고, 모든 요소가 거짓(False)이면 False를 반환
chr	• 정수형 값에 해당하는 문자로 변환
divmod	• 두 수의 몫과 나머지를 튜플로 반환하는 함수 • divmod(a, b)는 a를 b로 나누었을 때 몫과 나머지를 반환하며, 반환 값은 (몫, 나머지) 형태의 튜플을 반환

10 정답: SELECT * FROM 사전 WHERE 단어 LIKE 'sy%m';

해설
- WHERE 절 조건에서는 비교, 범위, 집합, 패턴, NULL, 복합조건이 있고, 패턴을 찾기 위해서는 LIKE 구문을 사용한다.
- LIKE 문법은 다음과 같다.

> 컬럼 LIKE 패턴

- 패턴을 사용하기 위한 와일드 카드는 다음과 같다.

와일드 카드	설명
%	• 0개 이상의 문자열과 일치
[ ]	• 1개의 문자와 일치
[^]	• 1개의 문자와 불일치
_	• 특정 위치의 1개의 문자와 일치

11 정답: 8

해설

라인 수	설명
18	• main 메서드부터 시작
19	• Child 클래스의 인스턴스를 생성하고 obj 변수에 대입
20	• obj.compute(4)를 호출 • compute는 오버라이딩 관계이므로 Child 클래스의 compute 메서드를 호출 **라인 수 10~15**: num에 4를 전달하면 num <= 1은 거짓이므로 if 문은 안의 명령어를 실행하지 않고 return 4*compute(2)를 실행 **라인 수 10~15**: num에 2를 전달하면 num <= 1은 거짓이므로 if 문은 안의 명령어를 실행하지 않고 return 2*compute(0)을 실행 **라인 수 10~15**: num에 0을 전달하면 num <= 1은 참이므로 1을 compute(0) 호출한 부분에 전달 • compute(0) 메서드 호출하면 반환값이 1이므로 return 2*1인 2를 compute(2)를 호출한 부분에 전달 • compute(2) 메서드 호출하면 반환값이 2이므로 return 4*2인 8을 compute(4)를 호출한 부분에 전달 • obj.compute(4)는 8을 반환하므로 8을 출력

12

정답 ① 식별(Identification), ② 인증(Authentication), ③ 인가(Authorization)

해설 접근 통제 관련 용어 중 식별, 인증, 인가에 대한 설명은 다음과 같다.

구분	설명
식별(Identification)	• 자신이 누구라고 시스템에 밝히는 행위로 객체에게 주체가 자신의 정보를 제공하는 활동
인증(Authentication)	• 주체의 신원을 검증하기 위한 활동으로 주체의 신원을 객체가 인정해 주는 행위
인가(Authorization)	• 인증된 주체에게 접근을 허용하는 활동으로 특정 업무를 수행할 권리를 부여하는 행위

13

정답 ① 자료 결합도(Data Coupling), ② 스탬프 결합도(Stamp Coupling)

해설 결합도의 유형은 다음과 같다.

유형	설명
내용 결합도 (Content Coupling)	• 다른 모듈 내부에 있는 변수나 기능을 다른 모듈에서 사용하는 경우의 결합도 • 하나의 모듈이 직접적으로 다른 모듈의 내용을 참조할 때 두 모듈은 내용적으로 결합되어 있는 경우의 결합도
공통 결합도 (Common Coupling)	• 파라미터가 아닌 모듈 밖에 선언되어 있는 전역 변수를 참조하고 전역 변수를 갱신하는 식으로 상호 작용하는 경우의 결합도 • 공유되는 공통 데이터 영역을 여러 모듈이 사용할 때의 결합도
외부 결합도 (External Coupling)	• 두 개의 모듈이 외부에서 도입된 데이터 포맷, 통신 프로토콜, 또는 디바이스 인터페이스를 공유할 경우의 결합도 • 외부 모듈에서 선언한 데이터(변수)를 외부의 다른 모듈에서 참조할 때의 결합도
제어 결합도 (Control Coupling)	• 어떤 모듈이 다른 모듈의 내부 논리 조직을 제어하기 위한 목적으로 제어 신호를 이용하여 통신하는 경우의 결합도 • 하위 모듈에서 상위 모듈로 제어 신호가 이동하여 상위 모듈에게 처리 명령을 부여하는 권리 전도 현상이 발생하는 결합도
스탬프 결합도 (Stamp Coupling)	• 모듈 간의 인터페이스로 배열이나 객체, 구조 등이 전달되는 경우의 결합도 • 두 모듈이 동일한 자료 구조를 조회하는 경우의 결합도이며, 자료 구조의 어떠한 변화는 모든 모듈에 영향을 미치게 됨
자료 결합도 (Data Coupling)	• 모듈 간의 인터페이스로 전달되는 파라미터를 통해서만 모듈 간의 상호 작용이 일어나는 경우의 결합도 • 한 모듈의 내용을 변경하더라도 다른 모듈에는 영향을 미치지 않는 상태로 가장 바람직한 결합도

14

정답 RUDY(Slow HTTP POST DoS)

해설 애플리케이션 공격 기법의 유형은 다음과 같다.

공격 기법	설명
HTTP GET 플러딩 (Flooding)	• HTTP 캐시 옵션을 조작하여 캐싱 서버가 아닌 웹 서버가 직접 처리하도록 유도, 웹 서버 자원을 소진시키는 서비스 거부 공격

공격 기법	설명
Slowloris (Slow HTTP Header DoS)	• HTTP GET 메서드를 사용하여 헤더의 최종 끝을 알리는 개행 문자열인 \r\n\r\n(Hex: 0d 0a 0d 0a)을 전송하지 않고, \r\n(Hex: 0d 0a)만 전송하여 대상 웹 서버와 연결 상태를 장시간 지속시키고 연결 자원을 모두 소진시키는 서비스 거부 공격
RUDY (Slow HTTP POST DoS)	• 요청 헤더의 Content-Length를 비정상적으로 크게 설정하여 메시지 바디 부분을 매우 소량으로 보내 계속 연결 상태를 유지시키는 공격
Slow HTTP Read DoS	• TCP 윈도 크기와 데이터 처리율을 감소시킨 상태에서 (Zero Window Packet) 다수 HTTP 패킷을 지속적으로 전송하여 대상 웹 서버의 연결 상태가 장시간 지속, 연결 자원을 소진시키는 서비스 거부 공격
Hulk DoS	• 공격자가 공격대상 웹 사이트 웹 페이지 주소(URL)를 지속적으로 변경하면서 다량으로 GET 요청을 발생시키는 서비스 거부 공격
Hash DoS	• 조작된 많은 수의 파라미터를 POST 방식으로 웹 서버로 전달하여 다수의 해시 충돌(Collision)을 발생시켜서 자원을 소모시키는 서비스 거부 공격

15 정답 ▶ sojebigd

해설

라인 수	설명
02	• main 메서드부터 시작
03	• str 변수에 "soojebiisgood" 문자열을 초기화
04	• sjbMethod(str)를 호출하여 결과를 출력
06	• str 변수에 main 메서드의 str을 전달
07	• result 변수 선언 및 빈 문자열로 초기화
08~13	• str의 길이는 13글자이므로 i=0부터 i<13일 때까지 반복 • str.charAt(i)는 인덱스가 i 번째인 글자를 추출하여 c 변수에 대입 • c 변수의 값이 result 문자열에 없으면 result에 c 변수의 값을 연결

i	str.charAt(i)	result.indexOf(c)	result
0	's'	-1	"s"
1	'o'	-1	"so"
2	'o'	1 ('o'가 있으므로 'o'의 위치를 반환)	"so"
3	'j'	-1	"soj"
4	'e'	-1	"soje"
5	'b'	-1	"sojeb"
6	'i'	-1	"sojebi"
7	'i'	5 ('i'가 있으므로 'i'의 위치를 반환)	"sojebi"
8	's'	0 ('s'가 있으므로 's'의 위치를 반환)	"sojebi"
9	'g'	-1	"sojebig"
10	'o'	1 ('o'가 있으므로 'o'의 위치를 반환)	"sojebig"
11	'o'	1 ('o'가 있으므로 'o'의 위치를 반환)	"sojebig"
12	'd'	-1	"sojebigd"

라인 수	설명
14	• result 변수에 저장된 문자열 sojebigd를 반환
04	• sjbMethod(str)의 반환값인 sojebigd를 출력

- indexOf 메서드는 문자열에서 특정 문자나 문자열이 처음으로 등장하는 위치(인덱스)를 반환하고, 특정 문자나 문자열이 등장하지 않으면 -1을 반환하는 메서드이다.

16 정답 ▶ 나씨-슈나이더만(Nassi-Shneiderman) 차트

해설 ▶ 나씨-슈나이더만 차트는 논리의 기술에 중점을 둔 도형식 표현 방법으로 조건이 복합되어 있는 곳의 처리를 시각적으로 명확히 식별하는 데 사용되는 구조적 방법론 도구이다.

17 정답 ▶ ① 드라이브 바이 다운로드(Drive By Download), ② 워터링 홀(Watering Hole)

해설 ▶ 드라이브 바이 다운로드와 워터링 홀의 개념은 다음과 같다.

공격 기법	설명
드라이브 바이 다운로드 (Drive By Download)	• 악의적인 해커가 불특정 웹 서버와 웹 페이지에 악성 스크립트를 설치하고, 불특정 사용자 접속 시 사용자 동의 없이 실행되어 의도된 서버(멀웨어 서버)로 연결하여 감염시키는 공격 기법
워터링 홀 (Watering Hole)	• 특정인에 대한 표적 공격을 목적으로 특정인이 잘 방문하는 웹 사이트에 악성 코드를 심거나 악성 코드를 배포하는 URL로 자동으로 유인하여 감염시키는 공격 기법

18 정답 ▶ 29

해설 ▶

라인 수	설명
09	• main 함수부터 실행
10	• number=88711, max_div=0, i 변수를 선언
11	• i=2부터 i<number를 만족할 때까지 반복
12	• isPrime(i) 함수의 반환값이 1이면서 number % i == 0을 만족하면 if 문 안의 명령어를 실행 • isPrime 함수를 통해 i가 소수이면 1을, 소수가 아니면 0을 반환하므로 i가 소수이면 isPrime(i)==1은 참 • number % i == 0은 number를 i로 나눴을 때 나머지가 0이라는 의미이므로, i는 number의 약수 • i가 소수이면서 88711의 약수이면 if 문은 참이 됨
13	• if 문이 7, 19, 23, 29일 때 참이 되는데, i=7일 때 max_div는 7이 되고, i=19일 때 max_div는 19가 되고, i=23일 때 max_div는 23이 되고, i=29일 때 max_div는 29가 됨
14	• max_div 값인 29를 출력

- number % i는 88711을 i로 나눴을 때 나머지가 없는 수이므로 i가 88711의 약수를 찾아야 한다.

```
 7 | 88711
19 | 12673
23 |   667
        29
```

- 88711 = 7×19×23×29이기 때문에 29가 가장 큰 소수이므로 max_div는 29가 되어 29를 출력한다.

19 정답 ▶ 1 1 2 3

해설 ▶

라인 수	설명
02	• main 메서드부터 시작
03	• n=5로 초기화
04	• i=1일 때 i<5는 참이 되므로 for 문 실행
05	• soo(1)을 호출
08~11	• n=1일 때 n<=1은 참이므로 1을 반환
05	• soo(1) 값은 1이므로 1을 출력
04	• i++에 의해 i=2가 되고, i=2일 때 i<5는 참이 되므로 for 문 실행
05	• soo(2)를 호출
08~11	• n=2일 때 n<=1은 거짓이므로 soo(1)+soo(0)=1+0=1을 반환 soo(1)을 호출하면 반환값이 1이고, soo(0)을 호출하면 n<=1은 참이라 0을 반환하므로 반환값이 0이기 때문에 soo(1)+soo(0)=1+0이 됨
05	• soo(2) 값은 1이므로 1을 출력
04	• i++에 의해 i=3이 되고, i=3일 때 i<5는 참이 되므로 for 문 실행
05	• soo(3)을 호출
08~11	• n=3일 때 n<=1은 거짓이므로 soo(2)+soo(1)=1+1=2를 반환 soo(2)을 호출하면 반환값이 1이고, soo(1)을 호출하면 반환값이 1이기 때문에 soo(2)+soo(1)=1+1이 됨
05	• soo(3) 값은 2이므로 2를 출력
04	• i++에 의해 i=4가 되고, i=4일 때 i<5는 참이 되므로 for 문 실행
05	• soo(4)를 호출
08~11	• n=4일 때 n<=1은 거짓이므로 soo(3)+soo(2)=2+1=3을 반환 soo(3)을 호출하면 반환값이 2이고, soo(2)을 호출하면 반환값이 1이기 때문에 soo(3)+soo(2)=2+1이 됨
05	• soo(4) 값은 3이므로 3을 출력
04	• i++에 의해 i=5가 되고, i=5일 때 i<5는 거짓이 되므로 for 문 종료

20
정답 hel

해설

라인 수	설명
02	• main 함수부터 시작
03	• char *형 변수인 p를 선언과 동시에 문자열 "hello"로 초기화 • p는 "hello" 문자열의 시작 값인 'h'의 주솟값을 가짐
04	• i 변수 선언
05	• i=0일 때 i<3은 참이므로 for 문 실행
06	• p는 "hello" 문자열의 시작 값인 'h'의 주솟값을 가지고 있으므로 h를 출력
07	• p++를 하면 p는 "hello" 문자열에서 'h' 다음 값인 'e'의 주솟값을 가짐
05	• i++에 의해 i=1이 되고, i=1일 때 i<3은 참이므로 for 문 실행
06	• p는 "hello" 문자열의 시작 값인 'e'의 주솟값을 가지고 있으므로 e를 출력
07	• p++를 하면 p는 "hello" 문자열에서 'e' 다음 값인 'l'의 주솟값을 가짐
05	• i++에 의해 i=2가 되고, i=2일 때 i<3은 참이므로 for 문 실행
06	• p는 "hello" 문자열의 시작 값인 'l'의 주솟값을 가지고 있으므로 e를 출력
07	• p++를 하면 p는 "hello" 문자열에서 'l' 다음 값인 'l'의 주솟값을 가짐
05	• i++에 의해 i=3이 되고, i=3일 때 i<3은 거짓이므로 for 문 종료

수제비 선/견/지/명 모의고사 25회 정답 및 해설

01 **정답** 핀테크(Fintech)

해설 '금융(Finance)'과 '기술(Technology)'의 합성어로, 모바일 앱, 빅데이터, 인공지능(AI), 블록체인 등 첨단 기술을 활용해 금융 서비스를 혁신적으로 변화시키는 산업이다.

02 **정답** ① TPS(Transaction Per Second), ② 반환시간(Turnaround Time)

해설 프로세스 관련 용어는 다음과 같다.

용어	설명
TPS (Transaction Per Second)	• 초당 몇 개의 트랜잭션을 처리할 수 있는지 나타내는 서비스 성능 지표
반환시간 (Turnaround Time)	• 프로세스들이 입력되어 수행하고 결과를 산출하기까지 소요되는 시간

03 **정답** ① BGP(Border Gateway Protocol), ② 경로 벡터(Path Vector)

해설 BGP는 AS 상호 간(Inter-AS 또는 Inter-Domain)에 경로 정보를 교환하기 위한 라우팅 프로토콜로 변경 발생 시 대상까지의 가장 짧은 경로를 경로 벡터(Path Vector) 알고리즘을 통해 선정하고, TCP 연결(Port 179)을 통해 자치 시스템(AS)으로 라우팅 정보를 신뢰성 있게 전달하는 특징이 있다.

04 **정답** 크라우드소싱(Crowdsourcing)

해설 군중과 아웃소싱의 합성어로 클라우드 컴퓨팅이 실용화되면서 가능하게 된 정보 기술(IT) 아웃소싱 전략의 하나로 기업 활동의 전 과정에 소비자 또는 대중이 참여할 수 있도록 일부를 개방하고 참여자의 기여로 기업 활동 능력이 향상되면 그 수익을 참여자와 공유하는 방법은 크라우드소싱이다.

05 **정답** god
antcatcat

해설

라인 수	설명
01	• ('dog' * 2)는 문자열 'dog'를 2번 반복 | [0] / [-6]	[1] / [-5]	[2] / [-4]	[3] / [-3]	[4] / [-2]	[5] / [-1] | | --- | --- | --- | --- | --- | --- | | d | o | g | d | o | g | • [: -4 : -1]를 하면 역순으로 끝에서부터 -4번지 직전까지 슬라이싱하므로 god가 됨
02	• +랑 *가 같이 있을 때 *가 우선순위가 높으므로 cat*2가 먼저 계산되어 'catcat'가 되고, 'ant'+'catcat'가 되면 두 문자열을 연결하므로 'antcatcat'가 되어 antcatcat를 출력

06

정답 선택도(Selectivity) 또는 분포도

해설 인덱스 분포도가 10~15% 이내인 경우 아래 수식을 참고한다.

> 분포도 = (1 / (컬럼 값의 종류)) ×100 (단위는 %)
> 분포도 = (컬럼 값의 평균 Row 수) / (테이블의 총 Row 수) ×100

07

정답 3223

해설

라인 수	설명
10	• main 함수부터 시작
11	• Soojebi(3)을 호출
02	• Soojebi 함수의 n에 3을 대입
03~05	• if 문은 거짓이므로 return을 실행하지 않음
06	• n 값인 3을 출력
07	• Soojebi(2)를 호출 … ①
08	• Soojebi(2)가 끝나면 n 값인 3을 출력

• Soojebi(2)를 호출했을 때는 다음과 같이 동작한다.

라인 수	설명
02	• Soojebi 함수의 n에 2를 대입
03~05	• if 문은 거짓이므로 return을 실행하지 않음
06	• n 값인 2를 출력
07	• Soojebi(1)을 호출
08	• Soojebi(1)이 끝나면 n 값인 2를 출력 … ②
09	• Soojebi(2)가 끝났으므로 Soojebi(4) 호출한 곳인 ①로 이동

• Soojebi(1)을 호출했을 때는 다음과 같이 동작한다.

라인 수	설명
02	• Soojebi 함수의 n에 4를 대입
03~05	• if 문은 참이므로 return을 만나 사용자 정의 함수 종료

08

정답 B1 A2 B2 B3

해설

라인 수	설명
24	• main 메서드부터 시작
25	• B 클래스의 인스턴스를 A 타입 변수 obj1에 대입
26	• B 클래스의 인스턴스를 B 타입 변수 obj2에 대입
27	• 10은 정수(int)이므로 B 클래스의 display(int x) 메서드 호출하여 "B1 "을 출력
28	• "test"는 문자열(String)이므로 A 클래스의 display(String x) 메서드 호출하여 "A2 "를 출력

라인 수	설명
29	• 10.5는 부동소수점이므로 B 클래스의 display(double x) 메서드 호출하여 "B2 "를 출력
30	• B 클래스의 show 메서드를 호출하여 "B3 "을 출력

09 정답 ▶ DRDoS(Distributed Reflection DoS)

해설
- DRDoS는 공격자는 출발지 IP를 공격 대상 IP로 위조하여 다수의 반사 서버로 요청 정보를 전송, 공격 대상자는 반사 서버로부터 다량의 응답을 받아서 서비스 거부(DoS)가 되는 공격이다.
- DRDoS의 공격 방식은 다음과 같다.

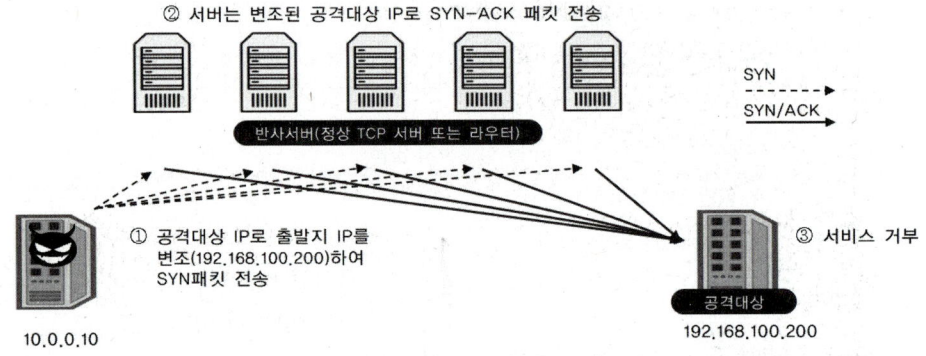

순서	공격 절차	설명
1	출발지 IP 변조	• 공격자는 출발지 IP를 공격 대상자 IP로 Spoofing하여 SYN 패킷을 공격 경유지 서버로 전송
2	공격 대상자 서버로 응답	• SYN 패킷을 받은 경유지 서버는 Spoofing 된 IP(공격 대상자 서버)로 SYN/ACK를 전송
3	서비스 거부	• 공격 대상자 서버는 수많은 SYN/ACK를 받게 되어 서비스 거부가 됨

10 정답 ▶ 크라임웨어(Crimeware)

해설 ▶ 루트킷과 크라임웨어는 해킹에 사용되는 공격용 도구로 개념을 구분할 수 있어야 함

공격용 도구	설명
루트킷(Rootkit)	• 시스템 침입 후 침입 사실을 숨긴 채 차후의 침입을 위한 백도어, 트로이 목마 설치, 원격 접근, 내부 사용 흔적 삭제, 관리자 권한 획득 등 주로 불법적인 해킹에 사용되는 기능을 제공하는 프로그램의 모음 • 해커가 시스템의 민감한 정보를 수집하거나, 네트워크상의 다른 시스템을 공격 또는 추적 회피를 위한 중간 지점으로 이용하더라도 로그를 지워버릴 수 있어 탐지하기 어려운 도구
크라임웨어 (Crimeware)	• 온라인상에서 범죄와 같은 불법적인 행위를 수행하기 위해 제작된 컴퓨터 프로그램으로, 공격용 툴 킷으로 불림 • 악성 코드로 구성된 프로그램이 사용자를 속여 PC에 설치되면 불법적으로 정보를 수집하거나 PC의 자원을 사용하여 원하는 대상을 공격하는 용도로 사용 • 키로거, 스파이웨어, 브라우저 하이잭커 등이 속함

11 정답 9

해설

라인 수	설명
01	• x 변수에 0을 대입
02	• a 변수에 리스트 [1, 2, 3, 4, 5, 6, 7, 8]을 대입
03	• a 리스트의 시작부터 끝까지 2개씩 건너뛰어 슬라이싱하므로 b = [1, 3, 5, 7]이 됨
04~05	• range(0, 3)이므로 i=0일 때 b[0]의 값인 1을 x에 더해 x는 1이 되고, i=1일 때 b[1]의 값인 3을 x에 더해 x는 4가 되고, i=2일 때 b[2]의 값인 5를 x에 더해 x는 9가 됨
06	• x 값인 9를 출력

12 정답 ① ⓐ, ② ⓓ

해설 블랙박스 테스트 유형은 다음과 같다.

유형	설명
동등 분할 테스트 (Equivalence Partitioning Testing; 동치 분할 테스트; 균등 분할 테스트; 동치 클래스 분해 테스트)	• 입력 데이터의 영역을 유사한 도메인별로 유횻값/무횻값을 그룹핑하여 대푯값 테스트 케이스를 도출하여 테스트하는 기법
경곗값 분석 테스트 (Boundary Value Analysis Testing; 한곗값 테스트)	• 등가 분할 후 경곗값 부분에서 오류 발생 확률이 높기 때문에 경곗값을 포함하여 테스트 케이스를 설계하여 테스트하는 기법 • 최솟값 바로 위, 최대치 바로 아래 등 입력값의 극한 한계를 테스트하는 기법
결정 테이블 테스트 (Decision Table Testing)	• 요구사항의 논리와 발생조건을 테이블 형태로 나열하여, 조건과 행위를 모두 조합하여 테스트하는 기법
상태 전이 테스트 (State Transition Testing)	• 테스트 대상·시스템이나 객체의 상태를 구분하고, 이벤트에 의해 어느 한 상태에서 다른 상태로 전이되는 경우의 수를 테스트하는 기법
유스케이스 테스트 (Use Case Testing)	• 시스템이 실제 사용되는 유스케이스로 모델링 되어 있을 때 프로세스 흐름을 기반으로 테스트 케이스를 명세화하여 테스트하는 기법
분류 트리 테스트 (Classification Tree Method Testing)	• SW의 일부 또는 전체를 트리 구조로 분석 및 표현하여 테스트 케이스를 설계하여 테스트하는 기법
페어와이즈 테스트 (Pairwise Testing)	• 테스트 데이터값들 간에 최소한 한 번씩을 조합하는 방식이며, 이는 커버해야 할 기능적 범위를 모든 조합에 비해 상대적으로 적은 양의 테스트 세트로 구성하기 위한 테스트 기법
원인-결과 그래프 테스트 (Cause-Effect Graph Testing)	• 그래프를 활용하여 입력 데이터 간의 관계 및 출력에 미치는 영향을 분석하여 효용성이 높은 테스트 케이스를 선정하여 테스트하는 기법
비교 테스트 (Comparison Testing)	• 여러 버전의 프로그램에 같은 입력값을 넣어서 동일한 결과 데이터가 나오는지 비교해 보는 테스트 기법
오류 추정 테스트 (Error Guessing Testing)	• 개발자가 범할 수 있는 실수를 추정하고 이에 따른 결함이 검출되도록 테스트 케이스를 설계하여 테스트하는 기법 • 특정 테스트 대상이 주어지면 테스터의 경험과 직관을 바탕으로 개발자가 범할 수 있는 실수들을 나열하고, 해당 실수에 따른 결함을 노출하는 테스트로 다른 블랙박스 테스트 기법을 보완할 때 사용하는 기법

13 정답 ① 지식기반 인증, ② 특징기반 인증(행위기반 인증)

해설 인증 기술의 유형은 다음과 같다.

유형	설명
지식기반 인증	• 사용자가 기억하고 있는 지식 • 그가 알고 있는 것(Something You Know) 　예 ID/패스워드
소지기반 인증	• 소지하고 있는 사용자 물품 • 그가 가지고 있는 것(Something You Have) 　예 공인인증서, OTP
생체기반 인증	• 고유한 사용자의 생체 정보 • 그를 대체하는 것(Something You Are) 　예 홍채, 정맥, 얼굴, 지문
특징기반 인증 (행위기반 인증)	• 사용자의 특징을 활용 • 그가 하는 것(Something You Do) 　예 서명, 발걸음, 몸짓

14 정답 ① ⓒ, ② ⓖ, ③ ⓘ

해설 포맷 스트링 공격, 레이스 컨디션 공격, 그레이웨어는 다음과 같다.

공격 기법	설명
포맷 스트링 공격 (Format String Attack)	• printf 등의 함수에서 문자열 입력 형식을 잘못 입력하는 경우에 나타남 • 이전까지 입력된 문자열의 길이만큼 해당 변수에 저장시키기 때문에 메모리의 내용도 변조 가능
레이스 컨디션 공격 (Race Condition Attack)	• 한정된 자원을 동시에 이용하려는 여러 프로세스가 자원의 이용을 위해 경쟁을 벌이는 현상을 이용하는 공격 기법
그레이웨어 (Grayware)	• 바이러스나 명백한 악성 코드를 포함하지 않는 합법적 프로그램이면서도 사용자를 귀찮게 하거나 위험한 상황에 빠뜨릴 수 있는 프로그램

15 정답 2

해설 • DISTINCT(중복 제거)의 경우 동일한 튜플을 제거하고 검색한다.
• 쿼리가 SELECT DISTINCT 과목 FROM 성적;일 경우 과목명에서 동일한 튜플들이 하나만 조회된다.

DISTINCT 과목
DB
알고리즘

• DISTINCT된 결과가 DB, 알고리즘 2개이므로 COUNT 값은 2가 된다.

COUNT(DISTINCT 과목)
2

16 정답 11

해설

라인 수	설명
02	• main 메서드부터 시작
03	• 정수형 변수 x에 8 대입
04	• 정수형 변수 y에 3 대입
05	• 정수형 변수 z에 5 대입

06	(x | y) & (z << y) % x + z * y − (x ^ z) / y;
	• 괄호 안의 값들을 먼저 계산
	
	연산 / 설명
	x|y : OR 연산
	  1 0 0 0
	      1 1
	  1 0 1 1
	• 2진수 1011은 10진수로 11
	
	z<<y :
	• z는 2진수로 101이고, 왼쪽으로 3비트 이동하면 2진수로 101000이 됨
	• 2진수 101000은 10진수로 40
	
	x^z : XOR 연산
	  1 0 0 0
	    1 0 1
	  1 1 0 1
	• 2진수 1101은 10진수로 13
	
	11 & 40 % x + z * y − 13 / y;
	• 산술 연산자 중에서 곱하기 나누기와 관련된 연산자 우선 수행
	
	연산 / 설명
	40 % x : • 40을 8로 나누면 나머지는 0
	z * y : • 5×3=15
	13 / y : • 13/y은 정수끼리 연산이므로 결과도 정수가 됨 • 13/3=4
	
	11 & 0 + 15 − 4;
	• 산술 연산자 우선 수행하면 0+15−4=11이 됨
	
	11 & 11;
	• 11과 11을 비트 연산하면 11이 되므로 result는 11이 됨

07	• result 값인 11을 출력

17 정답 마이 데이터(MyData)

해설 마이 데이터는 정보 주체가 기관으로부터 자기 정보를 직접 내려 받아 이용하거나 제3자 제공을 허용하는 방식으로 정보 주체 중심의 데이터 활용체계이자 개인이 정보 관리의 주체가 되어 능동적으로 본인의 정보를 관리하고, 본인의 의지에 따라 신용 및 자산관리 등에 정보를 활용하는 일련의 과정이다.

18 정답 180 170

해설

라인 수	설명
02	• MAX_RECORDS를 4로 정의
03	• MAX_DIVISION_LENGTH를 20으로 정의
05~10	• Record라는 구조체를 정의
12	• main 메서드부터 시작
13~19	• 구조체 배열 r을 선언하고 값을 초기화 |	id	subid	division	score
---	---	---	---	---
r[0]	1	101	"computer"	100
r[1]	2	101	"computer"	80
r[2]	3	201	"marketing"	90
r[3]	4	202	"marketing"	80	
20~27	• division이 "computer"일 경우, 해당 구조체의 score를 sum1에 더하고, division이 "marketing"일 경우, 해당 구조체의 score를 sum2에 더함 • i=0 : r[0].division은 "computer"이므로 if 문이 참이 되어 sum1에 r[0].score인 100을 더하여 sum1은 100이 됨 • i=1 : r[1].division은 "computer"이므로 if 문이 참이 되어 sum1에 r[1].score인 80을 더하여 sum1은 180이 됨 • i=2 : r[2].division은 "marketing"이므로 if 문이 거짓이 되고, else if 문이 참이 되어 sum2에 r[2].score인 90을 더하여 sum2는 90이 됨 • i=3 : r[3].division은 "marketing"이므로 if 문이 거짓이 되고, else if 문이 참이 되어 sum2에 r[3].score인 80을 더하여 sum2는 170이 됨
28	• sum1의 값인 180, sum2의 값인 170을 출력

19 정답 e1

해설

라인 수	설명
16	• main 함수부터 시작
17	• "Hello" 문자열의 시작주소를 x 변수에 대입
18	• ch 변수를 'e'로 초기화
19	• Strrchr(x, ch) 함수 실행
02	• str 변수에 x를, c 변수에 'e'를 전달
03	• 문자형 포인터 변수 last를 NULL로 초기화
04	• str 변수는 x이므로 *x는 x[0]인 'H'가 됨 • *str은 NULL이 아니므로 참이 되어 while 문을 실행
05~07	• *str은 'H'이고, c는 'e'이므로 거짓이 되어 if 문을 실행하지 않음
08	• str++를 하면 str 값은 x+1이 됨

라인 수	설명
04	• str 변수는 x+1이므로 *(x+1)은 x[1]인 'e'가 됨
05	• *str은 'e'이고, c는 'e'이므로 참이 되어 if 문을 실행 • last 포인터 변수에 str의 값인 x+1을 대입
08	• str++를 하면 str 값은 x+2가 됨
04	• str 변수는 x+2이므로 *x는 x[2]인 'l'이 됨 • *str은 NULL이 아니므로 참이 되어 while 문을 실행
05~07	• *str은 'l'이고, c는 'e'이므로 거짓이 되어 if 문을 실행하지 않음
08	• str++를 하면 str 값은 x+3이 됨
04	• str 변수는 x+3이므로 *x는 x[3]인 'l'이 됨 • *str은 NULL이 아니므로 참이 되어 while 문을 실행
05~07	• *str은 'l'이고, c는 'e'이므로 거짓이 되어 if 문을 실행하지 않음
08	• str++를 하면 str 값은 x+4가 됨
04	• str 변수는 x+4이므로 *x는 x[4]인 'o'가 됨 • *str은 NULL이 아니므로 참이 되어 while 문을 실행
05~07	• *str은 'o'이고, c는 'e'이므로 거짓이 되어 if 문을 실행하지 않음
08	• str++를 하면 str 값은 x+5가 됨
04	• str 변수는 x+5이므로 *x는 x[5]인 NULL 됨 • *str은 NULL이므로 거짓이 되어 while 문을 종료
10~12	• c는 'e'이므로 NULL이 아니라 if 문은 거짓이 되어 if 문을 실행하지 않음
13	• last 값인 x+1을 반환
19	• Strrchr(x, ch)의 반환값이 x+1이므로 result는 x+1이 됨
21	• result는 x+1이므로 NULL이 아니기 때문에 if 문 안의 명령어를 실행
22	• ch는 'e' • result는 x+1이므로 result-x는 x+1-x이므로 1 • ch의 결과인 e와 result-x의 결과인 1을 출력

20 정답 ① 이행함수 종속 관계, ② 3정규형(3NF)

해설 데이터베이스 정규화 단계는 다음과 같다.

단계	조건
1정규형(1NF)	원자값으로 구성
2정규형(2NF)	부분 함수 종속 제거(완전 함수적 종속 관계)
3정규형(3NF)	이행함수 종속 제거
보이스-코드 정규형(BCNF)	결정자 함수이면서 후보 키가 아닌 것 제거
4정규형(4NF)	다치(다중 값) 종속성 제거
5정규형(5NF)	조인 종속성 제거

두음쌤 한마디

데이터베이스 정규화 단계
「원부이 결다조」
원자화(1) / **부분**함수 종속 제거(2) / **이**행함수 종속제거(3) / **결**정자 함수 종속 제거(BCNF) / **다**치 종속성 제거(4) / **조**인 종속성 제거(5NF)

수제비 선/견/지/명 모의고사 26회 정답 및 해설

01 정답 ① OLAP(On-Line Analytical Processing), ② OLTP(On-Line Transaction Processing)

해설 OLAP와 OLTP에 대한 개념은 다음과 같다.

용어	설명
OLAP (On-Line Analytical Processing)	• 정보 위주의 분석 처리를 의미하며, 다양한 비지니스 관점에서 쉽고 빠르게 다차원적인 데이터에 접근하여 의사 결정에 활용할 수 있는 정보를 얻을 수 있게 해 주는 기술
OLTP (Online Transaction Processing)	• 호스트 컴퓨터가 데이터베이스를 액세스하고, 바로 처리 결과를 돌려보내는 기술

02 정답 ① ⋈, ② σ

해설 순수 관계 연산자 기호는 다음과 같다.

연산자	기호	표현	설명
셀렉트 (Select)	σ	$\sigma_{조건}(R)$	• 릴레이션 R에서 조건을 만족하는 튜플 반환
프로젝트 (Project)	π	$\pi_{속성리스트}(R)$	• 릴레이션 R에서 주어진 속성들의 값으로만 구성된 튜플 반환
조인 (Join)	⋈	$R \bowtie S$	• 공통 속성을 이용해 R과 S의 튜플들을 연결해 만들어진 튜플 반환
디비전 (Division)	$\div$	$R \div S$	• 릴레이션 S의 모든 튜플과 관련 있는 R의 튜플 반환

03 정답 AC

해설

라인 수	설명
03	• C언어에서 0이 아니면 참이고, 0이면 거짓 • 0.5는 0이 아니므로 참
04	• A를 출력
05	• if가 참이었으므로 else if는 실행하지 않음
07	• if는 -1이므로 참
08	• C를 출력
09~10	• if가 참이었으므로 else는 실행하지 않음

04 정답 ① IAM(Identity & Access Management), ② ERM(Enterprise Risk Management)

해설 IAM과 ERM 용어의 개념은 다음과 같다.

용어	설명
IAM (Identity & Access Management)	• ID와 패스워드를 종합적으로 관리해 주는 역할 기반의 사용자 계정 관리 솔루션으로 ID 도용이나 분실로 인한 보안 사고에 대비하여 보안 관리자에게는 사용자 역할에 따른 계정 관리를, 사용자에게는 자신의 패스워드에 대한 자체 관리 기능을 제공
ERM (Enterprise Risk Management)	• 기업이 직면하는 주요 경영 위험들을 전사적인 차원에서 통합 관리하는 전사적 위험관리

05 정답 03

해설

라인 수	설명
18	• main 메서드부터 시작
19	• Calc 클래스의 인스턴스를 생성하고 c 변수에 대입
20	• func는 오버로딩 관계이므로 매개변수 개수와 타입이 맞는 메서드를 호출 • c.func(2, 3)의 매개변수는 2개이므로 void func(int a, int b) 메서드를 호출
08	• func 메서드에 a=2, b=3을 전달 • c에는 5가 대입되며 for 반복문은 0부터 5까지 반복하며 3으로 나눈 나머지가 0인 0과 3을 func(i)에 넘겨주어 화면에 0과 3을 출력한다.
09	• c=2+3=5가 됨
10	• i=0부터 5 미만일 때까지 반복
11~13	• i=0일 때 if 문을 만족하므로 func(0)을 호출
05~07	• 전달받은 값 a인 0을 출력
11~13	• i=3일 때 if 문을 만족하므로 func(3)을 호출
05~07	• 전달받은 값 a인 3을 출력

06 정답 6
[3, 2, 4]

해설

라인 수	설명
01	• a 변수에 리스트 [2, 4, 6]을 대입
02	• a.insert(0, 3)에서 a[0]번째에 3을 삽입 <table><tr><td>a[0]</td><td>a[1]</td><td>a[2]</td><td>a[3]</td></tr><tr><td>3</td><td>2</td><td>4</td><td>6</td></tr></table>
03	• a.pop()을 호출하면 리스트의 가장 뒤에 있는 요소인 6이 제거되면서 제거된 값인 6을 출력 <table><tr><td>a[0]</td><td>a[1]</td><td>a[2]</td></tr><tr><td>3</td><td>2</td><td>4</td></tr></table>
04	• a 변수의 리스트 값인 [3, 2, 4]를 출력

07
정답 커넥티드 카(Connected Car)

해설
- 커넥티드 카는 자동차와 정보통신기술을 연결시켜서 양방향 인터넷 및 모바일 서비스 이용이 가능한 차량을 말한다.
- 커넥티드 카는 e-Mail, 동영상, SNS뿐만 아니라, 다른 차량이나 교통 및 통신 기반 시설과 무선으로 연결하여 원격 차량 제어 및 관리, 내비게이션, 위험경고 등의 서비스를 받을 수 있고, 또한 자동차 충전, 운전자 건강 상태 확인, 자율 주행, 혈중 농도 체크 등을 포함한 다양한 서비스가 추가되고 있다.

08
정답 ① ⓑ, ② ⓐ

해설 소프트웨어 테스트의 원리는 다음과 같다.

원리	설명
결함 존재 증명	• 테스트는 결함이 존재함을 밝히는 활동
완벽 테스팅 불가능	• 무한 경로(한 프로그램 내의 내부 조건은 무수히 많을 수 있음), 무한 입력값(입력이 가질 수 있는 모든 값의 조합이 무수히 많음)으로 인한 완벽한 테스트가 어렵다는 원리
초기 집중	• 개발 초기에 체계적인 분석 및 설계가 수행되면 테스팅 기간 단축, 재작업을 줄여 개발기간을 단축 및 결함을 예방할 수 있는 원리
결함 집중	• 적은 수의 모듈(20% 모듈)에서 대다수 결함 (80% 결함)이 발견된다는 원리 • 파레토 법칙(Pareto Principle)의 내용인 80대 20 법칙 적용
살충제 패러독스	• 동일한 테스트 케이스에 의한 반복적 테스트는 새로운 버그를 찾지 못한다는 원리
정황 의존성	• 소프트웨어의 성격에 맞게 테스트를 수행해야 한다는 원리
오류-부재의 궤변	• 요구사항을 충족시켜주지 못한다면, 결함이 없다고 해도 품질이 높다고 볼 수 없다는 원리

두음쌤 한마디

소프트웨어 테스트의 원리
「**결완초집 살정오**」
결함 존재 / **완**벽한 테스팅 불가능 / **초**기 집중 / 결함 **집**중 / **살**충제 패러독스 / **정**황에 의존 / **오**류-부재의 궤변

09
정답 UPDATE 학생 SET 상태='매국노' WHERE 이름 = '이광수';

해설
- UPDATE는 데이터의 내용을 변경할 때 사용하는 명령어이다.
- UPDATE 명령어 문법은 다음과 같다.

UPDATE 테이블명 　SET 속성명 = 데이터, … WHERE 조건;	• UPDATE 명령문은 WHERE 절을 통해 어떤 조건이 만족할 경우에만 특정 컬럼의 값을 수정하는 용도로 자주 사용됨

10
정답 32

해설

라인 수	설명
02	• main 함수부터 프로그램 시작

라인 수	설명
03	• a 배열을 선언 |	[0]	[1]	[2]	[3]
---	---	---	---	---
a[0]	1	2	3	4
a[1]	5	6	1	2
a[2]	3	4	5	6	
04	• p 포인터 변수에 주솟값 a[1]+2 == &a[1][2]를 대입
05	• q 포인터 변수에 주솟값 &a[2][1] == a[2]+1을 대입
07	• p는 1차원 포인터이므로 p[1]은 1열 떨어진 곳의 값인 a[1][3]==2가 됨 • p[1]+1은 2+1=3이 되어 3을 출력
08	• q는 1차원 포인터이므로 q[-1]은 -1열 떨어진 곳의 값인 a[2][0]==3이 됨 • q[-1]-1은 3-1=2가 되어 2를 출력

11

정답 ① 기본 키(Primary Key), ② 대체 키(Alternate Key)

해설 키의 종류는 다음과 같다.

종류	설명
기본 키 (Primary Key)	• 테이블의 각 튜플들을 고유하게 식별하는 컬럼
대체 키 (Alternate Key)	• 후보 키 중에서 기본 키로 선택되지 않은 키
후보 키 (Candidate Key)	• 테이블에서 각 튜플들을 구별하는 데 기준이 되는 컬럼 • 기본 키와 대체 키를 합친 키(기본 키⊂후보 키, 대체 키⊂후보 키)
슈퍼 키 (Super Key)	• 릴레이션을 구성하는 모든 튜플에 대해 유일성은 만족하지만, 최소성은 만족하지 못하는 키
외래 키 (Foreign Key)	• 테이블 간의 참조 데이터 무결성을 위한 제약 조건 • 한 릴레이션의 컬럼이 다른 릴레이션의 기본 키로 이용되는 키

12

정답 ① 키로거 공격(Key Logger Attack), ② 드라이브 바이 다운로드(Drive By Download)

해설 키로거 공격과 드라이브 바이 다운로드 공격의 특징은 다음과 같다.

공격 기법	설명
키 로거 공격 (Key Logger Attack)	• 컴퓨터 사용자의 키보드 움직임을 탐지해서 저장하고, ID나 패스워드, 계좌 번호, 카드 번호 등과 같은 개인의 중요한 정보를 몰래 빼가는 해킹 공격 • 키보드 활동을 기록하는 것을 키 로깅 또는 키 스트로크 로깅이라 함
드라이브 바이 다운로드 (Drive By Download)	• 악의적인 해커가 불특정 웹 서버와 웹 페이지에 악성 스크립트를 설치하고, 불특정 사용자 접속 시 사용자 동의 없이 실행되어 의도된 서버(멀웨어 서버)로 연결하여 감염시키는 공격 기법

13 **정답** 8

> 해설

라인 수	설명
02	• main 함수부터 시작
03	• ret 변수를 4로 초기화
05	• ++ret을 하면 ret이 5가 되면서 case 5로 이동
06	• case 5에서 ret에 2를 더하면 ret은 7이 됨
07	• break가 없으므로 그 다음 case 3의 ret++이 실행이 되며 ret는 8이 되고 break 문을 만나 switch 가 종료
12	• ret 값인 8을 출력

14 > 정답 apple
{1: 'banana', 3: 'cherry', 4: 'durian'}

> 해설

라인 수	설명
01	• x 변수에 딕셔너리형 {2: 'apple', 1: 'banana', 3: 'cherry', 4: 'durian'}을 대입
02	• x에서 키가 2인 {2: 'apple'}을 삭제하고 해당 값인 apple을 출력
03	• x 변수 출력

15 > 정답 ① chmod, ② 674

> 해설 chmod 명령은 기존 파일 또는 디렉토리에 대한 접근 권한을 변경할 때 사용한다.

[문법]

```
chmod [-R] permission file_name
```

user			group			other		
r	w	x	r	w	x	r	w	x
4	2	–	4	2	1	4	–	–

16 > 정답 ① 합성 중심(Composition-Based), ② 생성 중심(Generation-Based)

> 해설 소프트웨어 재사용 방법의 유형은 다음과 같다.

구분	설명
합성 중심 (Composition-Based)	• 전자 칩과 같은 소프트웨어 부품, 블록(모듈)을 만들어서 끼워 맞추어 소프트웨어를 완성시키는 방법
생성 중심 (Generation-Based)	• 추상화 형태로 쓰인 명세를 구체화하여 프로그램을 만드는 방법으로, 패턴 구성 방법

17 > 정답 공급망 공격(Supply Chain Attack)

> 해설 공급망 공격은 소프트웨어 개발사의 네트워크에 침투하여 소스 코드의 수정 등을 통해 악의적인 코드를 삽입하거나 배포 서버에 접근하여 악의적인 파일로 변경하는 방식을 통해 사용자 PC에 소프트웨어를 설치 또는 업데이트 시에 자동적으로 감염되도록 하는 공격 기법이다.

18 정답: Tiny Fragment 공격

해설
- Tiny Fragment 공격은 네트워크 보안 공격 기법 중 하나로, 패킷을 매우 작은 크기로 분할하여 방화벽이나 침입 탐지 시스템(IDS)의 탐지를 회피하려는 목적의 공격 기법이다.
- Tiny Fragment 공격은 IP 단편 옵션을 이용하여 매우 작게 패킷을 나누어서 TCP 헤더 자체가 분리되도록 만들어서 공격한다.
- 일부 패킷 필터는 첫 번째 단편만 검사하고, 나머지 단편은 모두 통과시키기 때문에 Tiny Fragment 공격 방법이 유효할 수 있다.

19 정답: {1=A}{1=C}{1=C, 2=D}{2=D}D1

해설

라인 수	설명
02	• main 메서드부터 시작
03	• h라는 변수에 HashMap 클래스 생성
04	• h에 1에 해당하는 값으로 A를 추가
05	• 1번 키와 해당하는 값인 A를 출력
06	• h에서 1에 해당하는 값으로 C를 추가(1에 해당하는 값은 기존 A에서 C로 변경됨)
07	• 1번 키와 해당하는 값인 C를 출력
08	• h에서 2에 해당하는 값으로 D를 추가
09	• 1번 키와 해당하는 값인 C를 출력하고, 2번 키와 해당하는 값인 D를 출력
10	• h에서 키값인 1에 해당하는 값을 삭제
11	• 2번 키와 해당하는 값인 D를 출력
12	• h에서 키값이 2에 해당하는 값인 D를 출력
13	• h에서 원소의 개수를 출력

- 자바 HashMap 메서드는 다음과 같다.

메서드	설명
put(키, 값)	• 해당 키에 해당하는 값을 추가하는 메서드
remove(키)	• 해당 키에 해당하는 값을 제거하는 메서드
get(키)	• 해당 키에 해당하는 값을 얻는 메서드
size( )	• HashMap에 들어있는 원소의 개수를 얻는 메서드

20 정답: 6 시그마(Six Sigma)

해설 IT 업무 프로세스 관련 용어 중 5 Force, 6 시그마(Six Sigma)는 다음과 같다.

용어	설명
5 Force	• 사업경쟁요인 분석을 통하여 경쟁의 강도를 알아내고 수익성을 추출할 때 유용하게 사용되는 도구로 마이클포터에 의해 처음 소개됨 • 소비자의 구매력, 생산자의 구매력 대체품에 대한 위험 진입장벽이라는 요인을 통해 어떤 잠재적 경쟁자가 있는지에 대한 경쟁력분석 도구임
6 시그마(Six Sigma)	• 모든 프로세스에 적용할 수 있는 전방위 경영혁신 운동으로 미국에서 새롭게 각광받던 품질관리법으로 경영성과 평균 및 산포를 동시에 개선하는 방법 • 모토로라에 근무하던 마이클 해리에 의해 1987년 창안됨

수제비 선/견/지/명 모의고사 27회 정답 및 해설

01 **정답** 스니핑(Sniffing)

해설 스니핑은 네트워크상에서 자신이 아닌 다른 상대방들의 패킷 교환을 엿듣는 행위로, 공격 대상에게 직접 공격을 하지 않고 데이터만 몰래 들여다보는 수동적 공격 기법이다.

02 **정답** ① 3D 프린팅, ② 4D 프린팅

해설 3D 프린팅 기술과 4D 프린팅 기술은 다음과 같다.

기술	설명
3D 프린팅	• CAD 프로그램으로 설계한 파일, 산업용 스캐너, 의료용 스캐너, 비디오 게임 등의 3차원 설계 데이터를 기반으로 실물모형, 프로토타입, 툴 및 부품 등을 손으로 만질 수 있는 실제 물체로 만들어 내는 기술
4D 프린팅	• 인간의 개입 없이 특정 시간이나 환경 조건이 갖춰지면 스스로 형태를 변화시키거나 제조되는 자가 조립 기술이 적용된 프린팅 기술로 다중적 3D 프린팅을 통해 복합물질을 형성하고, 자가 변환이라는 새로운 기능이 추가된 기술

03 **정답** 엔 스크린(N-Screen)

해설 하나의 멀티미디어 콘텐츠(영화, 음악 등)를 N개의 기기에서 '연속적으로' 자유롭게 이용할 수 있는 서비스 및 기술은 엔 스크린이라고 부른다.

04 **정답** 인터럽트(Interrupt)

해설 CPU가 프로그램을 실행하고 있을 때, 입출력 하드웨어 등의 장치에 예외상황이 발생하여 처리가 필요할 경우, CPU가 처리하던 프로그램을 중단하고, 문제를 해결하도록 보내지는 제어 신호는 인터럽트이다.

05 **정답** SELECT 모델명, 가격 FROM 상품
　　　　WHERE 가격 BETWEEN 50000 AND 100000
　　　　　AND 모델명 LIKE 'L%';

해설
- 모델명, 가격을 출력해야 하므로 SELECT 절에 작성한다.
- WHERE 절에서 범위를 나타내는 BETWEEN을 활용하여 값의 범위를 지정하고, 패턴을 추출할 수 있는 LIKE를 사용하여 모델명이 L로 시작하는 값을 'L%'을 통해 출력한다.
- WHERE 절 조건은 다음과 같다.

연산자	설명
BETWEEN	컬럼 BETWEEN 값1 AND 값2 • 값1보다 크거나 같고, 값2보다 작거나 같은 데이터 조회 • 다음과 동일한 결과 컬럼 >= 값1 AND 컬럼 <= 값2

연산자	설명
LIKE	`컬럼 LIKE 패턴` • 컬럼이 패턴에 포함된 경우의 데이터 조회 <table><tr><td>%</td><td>0개 이상의 문자열과 일치</td></tr><tr><td>[ ]</td><td>1개의 문자와 일치</td></tr><tr><td>[^]</td><td>1개의 문자와 불일치</td></tr><tr><td>_</td><td>특정 위치의 1개의 문자와 일치</td></tr></table>

06 정답 18

해설

라인 수	설명
01	• 변수 I에 리스트 [2, 4, 6, 8] 값을 대입
02	• I의 리스트 끝에 10을 추가하므로 [2, 4, 6, 8, 10]이 됨
03	• I에서 2를 제거하므로 [4, 6, 8, 10]이 됨 <table><tr><td>I[0]</td><td>I[1]</td><td>I[2]</td><td>I[3]</td></tr><tr><td>4</td><td>6</td><td>8</td><td>10</td></tr></table>
04	• I[2]는 8, I[3]은 10이므로 8+10인 18을 출력

07 정답 SRS(Software Request Specification)

해설 SRS는 개발할 소프트웨어의 사용자 요구사항 및 시스템 요구사항을 상세하게 명세화한 산출물로 개발팀과 고객 간의 소통을 돕고, 개발 과정에서 참조할 기준을 제시하여 일관성을 유지하는 데 중요한 역할을 한다.

08 정답 스위치 재밍(Switch Jamming; MAC Flooding)

해설
• Switch Jamming 공격은 스위치 장비가 통신을 처리하는 방식을 악용한 공격 중 하나로, 스위치가 특정 포트에 데이터를 전달하는 것을 방해하고, 네트워크 내의 트래픽을 감청하거나 방해할 목적으로 사용된다.
• 스위치는 자신의 MAC 주소 테이블의 저장 공간이 가득 차게 되면 네트워크 패킷을 브로드캐스트 하는 특성이 있고, 이런 특성을 이용한 공격 기법이 스위치 재밍이다.
• 공격자가 다량의 잘못된 MAC 주소 정보를 스위치로 전송하여 스위치의 MAC 주소 테이블을 가득 채우면 스위치가 더미 허브(Dummy Hub)처럼 동작하여 특정 수신자에게 전송해야 할 패킷을 모든 매체에 전송하게 되고, 공격자는 스위치를 통해 전송되는 패킷을 스니핑 하여 네트워크 내의 트래픽을 감청하는 공격 기법이다.

09 정답 ① 외부(External), ② 개념(Conceptual), ③ 내부(Internal)

해설 • 스키마는 데이터베이스의 구조와 제약 조건에 관한 전반적인 명세를 의미하며, 데이터베이스를 구성하는 데이터 개체(Entity), 속성(Attribute), 관계(Relationship) 및 데이터 조작 시 데이터 값들이 갖는 제약 조건 등에 관해 전반적으로 정의한다.

- 스키마의 유형은 다음과 같다.

스키마 유형	설명
외부 스키마 (External Schema)	• 사용자나 응용 프로그래머가 각 개인의 입장에서 필요로 하는 데이터베이스의 논리적 구조를 정의한 스키마 • 전체 데이터베이스의 한 논리적인 부분으로 볼 수 있으므로 서브 스키마라고도 함 • 하나의 데이터베이스 관리 시스템에서는 여러 개가 존재할 수 있음
개념 스키마 (Conceptual Schema)	• 개체 간의 관계와 제약 조건을 나타내고 데이터베이스의 접근 권한, 보안 정책 및 무결성 규정에 관한 명세를 정의한 스키마 • 데이터베이스의 전체적인 논리적 구조로서, 모든 응용 프로그램이나 사용자들이 필요로 하는 데이터를 통합한 조직 전체의 데이터베이스 명세로서 하나만 존재
내부 스키마 (Internal Schema)	• 데이터베이스의 물리적 구조를 정의한 스키마로 물리적 저장장치의 관점에서 본 전체 데이터베이스의 명세로서 하나만 존재 • 물리적 저장 구조에 대한 정의를 기술하고, 시스템 프로그래머나 시스템 설계자가 보는 관점의 스키마

10 정답 ▶ 0 1 3 2

해설

라인 수	설명
05~08	• Graph라는 이름의 구조체를 정의
35	• main 함수부터 시작
36	• Graph 구조체 g를 선언
37	• 크기가 4인 v 배열을 선언하고 요소들을 0으로 초기화
38	• initGraph(&g, 4); 함수 호출
10	• graph에 구조체의 주솟값을, vertices에 4를 전달
12	• graph의 num 값에 4를 대입
13~17	• graph의 a 배열을 모두 0으로 초기화 graph: num=4, a[0]~a[3]의 [0]~[3] 모두 0
39	• addEdge(&g, 0, 1) 함수를 호출

라인 수	설명
19~22	• addEdge 함수에서 src=0, dest=1이므로 a[0][1], a[1][0]의 값을 1로 설정 | num			4		
---	---	---	---	---	---
	[0]	[1]	[2]	[3]	graph
a[0]	0	1	0	0	
a[1]	1	0	0	0	
a[2]	0	0	0	0	
a[3]	0	0	0	0		
40	• addEdge(&g, 0, 2) 함수를 호출
19~22	• addEdge 함수에서 src=0, dest=2이므로 a[0][2], a[2][0]의 값을 1로 설정 | num			4		
---	---	---	---	---	---
	[0]	[1]	[2]	[3]	graph
a[0]	0	1	1	0	
a[1]	1	0	0	0	
a[2]	1	0	0	0	
a[3]	0	0	0	0		
41	• addEdge(&g, 1, 3) 함수를 호출
19~22	• addEdge 함수에서 src=1, dest=3이므로 a[1][3], a[3][1]의 값을 1로 설정 | num			4		
---	---	---	---	---	---
	[0]	[1]	[2]	[3]	graph
a[0]	0	1	1	0	
a[1]	1	0	0	1	
a[2]	1	0	0	0	
a[3]	0	1	0	0		
42	• addEdge(&g, 2, 3) 함수를 호출
19~22	• addEdge 함수에서 src=2, dest=3이므로 a[2][3], a[3][2]의 값을 1로 설정 | num			4		
---	---	---	---	---	---
	[0]	[1]	[2]	[3]	graph
a[0]	0	1	1	0	
a[1]	1	0	0	1	
a[2]	1	0	0	1	
a[3]	0	1	1	0		
43	• DFS(&g, 0, v) 호출

라인 수	설명
24	• graph는 main 함수의 g 구조체 주솟값, vertex는 0, v는 main 함수의 v 배열의 시작 주소
26	• v[0] = 1 | v[0]	v[1]	v[2]	v[3]
---	---	---	---
1	0	0	0	
27	• vertex 값인 0을 출력
28	• i=0, graph->num=4이므로 i < (graph->num)는 참이 되어 for 문 실행
29~31	• i=0일 때 vertex=0인 상태에서 graph->a[0][0]은 0이므로 if 문은 거짓
28~32	• i=1일 때 vertex=0인 상태에서 graph->a[0][1]은 1이고, v[1]은 0이기 때문에 !v[1]은 1이므로 if 문은 참이 됨 • DFS(graph, 1, v)를 호출 	라인 수	설명
24	• graph는 main 함수의 g 구조체 주솟값, vertex는 1, v는 main 함수의 v 배열의 시작 주소
26	• v[1] = 1 | v[0] | v[1] | v[2] | v[3] | |---|---|---|---| | 1 | 1 | 0 | 0 |
27	• vertex 값인 1을 출력
28~32	• i=0일 때 vertex=1인 상태에서 graph->a[1][0]은 1이지만, !v[0]이 거짓이므로 if 문은 거짓
28~32	• i=1일 때 vertex=1인 상태에서 graph->a[1][1]은 0이므로 if 문은 거짓
28~32	• i=2일 때 vertex=1인 상태에서 graph->a[1][2]은 0이므로 if 문은 거짓
28~32	• i=3일 때 vertex=1인 상태에서 graph->a[1][3]은 1이고, !v[3]은 참이므로 if 문이 참이 되어 DFS(&graph, 3, v) 호출 | 라인 수 | 설명 | |---|---| | 24 | • graph는 main 함수의 g 구조체 주솟값, vertex는 3, v는 main 함수의 v 배열의 시작 주소 | | 26 | • v[3] = 1 v[0] | v[1] | v[2] | v[3] 1 | 1 | 0 | 1 | | 27 | • vertex 값인 3을 출력 | | 28~32 | • i=0일 때 vertex=3인 상태에서 graph->a[3][0]은 0이므로 if 문은 거짓 | | 28~32 | • i=1일 때 vertex=1인 상태에서 graph->a[3][1]은 1이지만, !v[1]이 거짓이므로 if 문은 거짓 | | 28~32 | • i=2일 때 vertex=1인 상태에서 graph->a[3][2]은 1이지만, !v[2]가 거짓이므로 if 문은 거짓 | | 28~32 | • i=3일 때 vertex=3인 상태에서 graph->a[3][3]은 0이므로 if 문은 거짓 |

라인 수	설명				
28~32		v[0]	v[1]	v[2]	v[3]
		1	1	0	1
	• i=2일 때 vertex=0인 상태에서 graph->a[0][2] 1이고, v[2]은 0이기 때문에 !v[2]은 1이므로 if 문은 참이 됨				
	• DFS(graph, 2, v)를 호출				

라인 수	설명				
24	• graph는 main 함수의 g 구조체 주솟값, vertex는 2, v는 main 함수의 v 배열의 시작 주소				
26	• v[2] = 1				
		v[0]	v[1]	v[2]	v[3]
		1	1	1	1
27	• vertex 값인 2를 출력				
28~32	• i=0일 때 vertex=2인 상태에서 graph->a[2][0]은 1이지만, !v[0]이 거짓이므로 if 문은 거짓				
28~32	• i=1일 때 vertex=1인 상태에서 graph->a[2][1]은 0이므로 if 문은 거짓				
28~32	• i=2일 때 vertex=1인 상태에서 graph->a[2][2]은 0이므로 if 문은 거짓				
28~32	• i=3일 때 vertex=3인 상태에서 graph->a[2][3]은 1이지만, !v[3]이 거짓이므로 if 문은 거짓				

11 정답 1321

해설
- 논리 주소는 세그먼트 번호(s)와 할당된 크기(d)로 구성된다.
- 세그먼트 번호(s)가 3이고, 3번의 시작 주소(base)는 996, 할당된 크기는 325(최대 할당 가능한 크기(limit)는 604이므로 할당이 가능)이므로 물리 주소는 996 + 325 = 1321번지가 된다.

12 정답 하이퍼레저(Hyperledger)

해설
- 하이퍼레저는 기업 환경에서의 블록체인 적용을 위해 개발된 리눅스 재단의 오픈소스 블록체인 프로젝트로, 프라이빗 블록체인 기술의 표준이다.
- 하이퍼레저는 필요한 구성요소만 선택하여 사용할 수 있는 모듈화된 구성요소를 가지고 있고, 허가된 사용자만 사용이 가능하고, 각각의 사용자에 대한 권한 설정이 가능하다.
- 하이퍼레저는 Go, Java, JavaScript 등 다양한 언어로 개발할 수 있다.

13 정답 4

해설

라인 수	설명
02	• main 메서드부터 시작
03	• arr 배열을 {-2, 1, -3, 4, -1}로 초기화
04	• maxSubArray(arr) 호출

라인 수	설명
06	• nums에 {-2, 1, -3, 4, -1}을 전달 | nums[0]	nums[1]	nums[2]	nums[3]	nums[4]
---	---	---	---	---
-2	1	-3	4	-1	
07	• maxCurrent는 nums[0] 값인 -2를 대입
08	• maxEnd는 nums[0] 값인 -2를 대입
09	• nums.length는 nums의 요소 개수인 5 • i=1일 때 i<5를 만족하므로 for 문 실행
10	• nums[1]인 1과 maxEnd+nums[1]=-2+1=-1 중 더 큰 값인 1을 maxEnd에 대입
11	• maxCurrent는 -2이고, maxEnd는 1이므로 -2와 1 중 더 큰 값인 1을 maxCurrent에 대입 	maxEnd	maxCurrent
1	1	
09	• i++에 의해 i=2가 되고, i=2일 때 i<5는 참이므로 for 문 실행
10	• nums[2]인 -3과 maxEnd+nums[2]=1-3=-2 중 더 큰 값인 -2를 maxEnd에 대입
11	• maxCurrent는 1이고, maxEnd는 -2이므로 1과 -2 중 더 큰 값인 1을 maxCurrent에 대입 	maxEnd	maxCurrent
-2	1	
09	• i++에 의해 i=3이 되고, i=3일 때 i<5는 참이므로 for 문 실행
10	• nums[3]인 4와 maxEnd+nums[3]=-2+4=2 중 더 큰 값인 4를 maxEnd에 대입
11	• maxCurrent는 1이고, maxEnd는 4이므로 1과 4 중 더 큰 값인 4를 maxCurrent에 대입 	maxEnd	maxCurrent
4	4	
09	• i++에 의해 i=4가 되고, i=4일 때 i<5는 참이므로 for 문 실행
10	• nums[4]인 -1과 maxEnd+nums[4]=4-1=3 중 더 큰 값인 3을 maxEnd에 대입
11	• maxCurrent는 4이고, maxEnd는 3이므로 4와 3 중 더 큰 값인 4를 maxCurrent에 대입 	maxEnd	maxCurrent
3	4	
09	• i++에 의해 i=5가 되고, i=5일 때 i<5는 거짓이므로 for 문 종료
13	• maxCurrent 값인 4를 반환
04	• maxSubArray(arr) 반환값인 4를 출력

14 정답 ▶ SELECT * FROM 성적 ORDER BY 학점 DESC, 이름 ASC;

해설 ▶
- ORDER BY 절은 속성값을 정렬하고자 할 때 사용한다.
- SELECT 명령어는 다음과 같다.

옵션	설명
SELECT 절	• 검색하고자 하는 속성명, 계산식을 기술 • 속성명 별칭은 AS를 사용하며 생략 가능함 • 2개 이상의 테이블을 대상으로 검색할 때는 '테이블명.속성명'으로 표현 • 술어 부분은 ALL이 기본값 | ALL	• 모든 튜플을 검색할 때 사용 • SELECT 뒤에 명시하지 않은 경우 ALL로 인식
DISTINCT	• 중복된 속성이 조회될 경우 그중 한 개만 검색(SELECT 뒤에 명시된 속성이 중복될 경우 한 개만 검색)	
FROM 절	• 질의에 의해 검색될 데이터들을 포함하는 테이블명을 기술
WHERE 절	• 검색할 조건을 기술
GROUP BY 절	• 속성값을 그룹으로 분류하고자 할 때 사용
HAVING 절	• GROUP BY에 의해 분류한 후 그룹에 대한 조건 지정
ORDER BY 절	• 속성값을 정렬하고자 할 때(ASC: 오름차순, DESC: 내림차순, ASC, DESC 키워드 생략 시 오름차순 정렬) 사용

두음쌤 한마디

SELECT 명령문
「셀프 웨 구해오」
SELECT / FROM / WHERE / GROUP BY / HAVING / ORDER BY

학습 Point ▶ ORDER BY 학점 DESC, 이름;이라고 쓰셔도 정답입니다. ASC와 DESC를 써주지 않을 경우 기본값이 ASC이기 때문입니다.

15 정답 ▶ SELECT 부서, AVG(연차) AS 연차평균, AVG(급여) AS 급여평균 FROM 급여 GROUP BY 부서 HAVING AVG(연차) >= 10 AND AVG(급여) >= 500;

해설 ▶
- HAVING 절은 GROUP BY에 의해 분류한 후 그룹에 대한 조건 지정한다.
- GROUP BY 절의 속성값에 해당하는 값들끼리 그룹을 형성하고, AVG(연차), AVG(급여)를 통해서 그룹별 평균을 구할 수 있다.
- GROUP BY 절과 AVG(연차), AVG(급여)를 통해서 그룹별 합계가 계산된 이후에 HAVING 절을 통해 그룹별 연차평균이 10 이상, 급여평균이 500 이상인 조건을 사용할 수 있다.

16 정답 ▶ ㉠ ㅇ

해설 ▶

라인 수	설명
01	• stdio.h 헤더 파일을 읽어옴
02	• main 함수의 시작 부분(프로그램이 제일 처음 실행되는 부분)

라인 수	설명
03	• a 배열의 공간은 8개이고, Hello는 5글자이므로, 나머지 공간은 NULL로 초기화(배열 요소 개수보다 적은 개수만큼 초기화하면 초깃값이 명시되지 않은 값들은 NULL로 초기화) | a[0]	a[1]	a[2]	a[3]	a[4]	a[5]	a[6]	a[7] | |---|---|---|---|---|---|---|---| | H | e | l | l | o | NULL | NULL | NULL |
05	• a[3]을 NULL로 대입 | a[0]	a[1]	a[2]	a[3]	a[4]	a[5]	a[6]	a[7] | |---|---|---|---|---|---|---|---| | H | e | l | NULL | o | NULL | NULL | NULL |
06	• a+1은 a[1]을 가리키므로 a[1]인 e부터 읽어나가다가 a[3]에서 NULL을 만나므로 NULL 직전값인 a[2]의 l까지인 el을 출력
07	• a+4는 a[4]를 가리키므로 a[4]인 o부터 읽어나가다가 a[5]에서 NULL을 만나므로 NULL 직전값인 a[4]의 o까지인 o를 출력

17 정답 ChildChild

해설

라인 수	설명
12	• main 메서드부터 시작
13	• Child 클래스의 인스턴스를 Parent 타입의 obj 변수에 대입
14	• obj를 Child로 형변환해도 obj는 Child 클래스의 인스턴스 • show 메서드는 오버라이딩 관계이므로 Child 클래스의 show 메서드를 호출
07~09	• Child를 출력
15	• obj를 Parent로 형변환해도 obj는 Child 클래스의 인스턴스 • 오버라이드된 Child 클래스의 show 메서드가 호출되어 "Child" 출력
07~09	• Child를 출력

18 정답 24

해설

라인 수	설명
02	• main 메서드부터 시작
03	• a=6, b=8로 초기화
04	• lcm(6, 8)을 호출 • lcm(6, 8)을 실행하면 ⑤에 의해 24를 반환받아 24를 출력
09	• a=6, b=8이 전달됨
10	• 6*8/gcd(6, 8)을 반환하기 위해 gcd(6, 8)을 호출 • gcd(6, 8)을 실행하면 ④에 의해 2를 반환받기 때문에 6*8/gcd(6, 8) = 48/2 =24가 되어 24를 반환 … ⑤
06	• gcd 메서드에 a=6, b=8을 전달

라인 수	설명
07	• b==0은 거짓이므로 gcd(8, 6%8)인 gcd(8, 6)을 반환 • gcd(8, 6)을 반환하기 위해 gcd(8, 6)를 호출 • gcd(8, 6)을 실행하면 ③에 의해 2를 반환받음 … ④
06	• gcd 메서드에 a=8, b=6을 전달
07	• b==0은 거짓이므로 gcd(6, 8%6)인 gcd(6, 2)를 반환 • gcd(6, 2)를 반환하기 위해 gcd(6, 2)를 호출 • gcd(6, 2)를 실행하면 ②에 의해 2를 반환받음 … ③
06	• gcd 메서드에 a=6, b=2를 전달
07	• b==0은 거짓이므로 gcd(2, 6%2)인 gcd(2, 0)을 반환 • gcd(2, 0)을 반환하기 위해 gcd(2, 0)을 호출 • gcd(2, 0)을 실행하면 ①에 의해 2를 반환받음 … ②
06	• gcd 메서드에 a=2, b=0을 전달
07	• b==0은 참이므로 a 값인 2를 반환 … ①

19 정답 ▶ 5 4 3 4 4 5

해설

라인 수	설명
03	• a는 static 변수이므로, 프로그램이 시작될 때 한 번만 3으로 초기화되고, 이후에는 fn 함수가 호출될 때마다 이전 값을 유지
07	• main 함수부터 시작
08	• a라는 변수에 3을 저장(①번 변수로 지칭), b라는 변수에 4를 저장(main 함수 블록에서 지역변수 생성)
09	• main 함수 내에 블록 생성
10	• main 함수 내의 블록에 a라는 변수를 선언(②번 변수로 지칭)하고, 5를 저장(main 함수 블록 안에 블록에서 지역변수 생성) • main 함수 블록의 a인 ①번 변수와 main 함수 블록 안에 블록의 a인 ②번 변수는 다른 변수
11	• 해당 위치에서 a라는 이름으로 접근할 수 있는 변수가 ①번 변수와 ②번 변수가 있는데, ②번 변수가 가까우므로 ②번 변수에 저장된 5를 가리킴 • b는 main 함수 블록 밖에 없으므로 4를 가리킴
12	• 블록이 종료되면 ②번 변수 a는 소멸하지만, b는 여전히 main 함수 내에서 유효
13	• a 변수는 ①번 변수에 저장된 3을 가리키고, b 변수는 4를 가리킴
14	• fn이라는 사용자 정의 함수 호출
02	• fn 함수 호출
03	• static 변수 a는 처음에만 3으로 초기화되고, 이후에는 그 값을 유지하면서 계속 누적
04	• a는 3이므로 3+1을 a라는 변수에 대입
05	• a 값인 4를 출력
15	• fn이라는 사용자 정의 함수 호출
02	• fn 함수 호출
03	• 프로그램 시작할 때 static 변수 처리했으므로 3이라는 값으로 초기화하지 않음

라인 수	설명
04	• a는 4이므로 4+1을 a라는 변수에 대입
05	• a 값인 5를 출력

20 **정답** ① 구문(Syntax), ② 의미(Semantic), ③ 타이밍(Timing)

해설 프로토콜의 기본요소는 다음과 같다.

기본요소	설명
구문(Syntax)	• 시스템 간의 정보 전송을 위한 데이터 형식, 코딩, 신호 레벨 등의 규정
의미(Semantic)	• 시스템 간의 정보 전송을 위한 제어 정보로 조정과 에러 처리를 위한 규정
타이밍(Timing)	• 시스템 간의 정보 전송을 위한 속도 조절과 순서 관리 규정

수제비 선/견/지/명 모의고사 28회 정답 및 해설

01 정답 ▶ 델파이 기법(Delphi Method)

해설 ▶
- 비용 산정 모형은 하향식 산정 방법과 상향식 산정 방법이 있으며, 델파이 기법은 하향식 산정방법에 속한다.
- 비용산정 모형 분류는 다음과 같다.

분류	설명	종류
하향식 산정 방법	• 경험이 많은 전문가에게 비용 산정을 의뢰하거나 여러 전문가와 조정자를 통해 산정하는 방식	• 전문가 감정 기법 • 델파이 기법
상향식 산정 방법	• 세부적인 요구사항과 기능에 따라 필요한 비용을 계산하는 방식	• LoC 모형 • Man Month 모형 • COCOMO 모형 • Putnam 모형 • FP 모형

02 정답 ▶ 하둡(Hadoop)

해설 ▶ Hadoop 관련 용어는 다음과 같다.

용어	설명
하둡 (Hadoop)	• 오픈 소스를 기반으로 한 분산 컴퓨팅 플랫폼으로 일반 PC급 컴퓨터들로 가상화된 대형 스토리지를 형성하고, 그 안에 보관된 거대한 데이터 세트를 병렬로 처리할 수 있도록 개발된 자바 소프트웨어 프레임워크
하둡 분산 파일 시스템 (HDFS)	• Hadoop Distributed File System의 약자 • 대용량 파일을 분산된 서버에 저장하고, 그 저장된 데이터를 빠르게 처리할 수 있게 하는 하둡 분산 파일 시스템
맵리듀스 (Map Reduce)	• 대용량 데이터 세트를 분산 병렬 컴퓨팅에서 처리하거나 생성하기 위한 목적으로 만들어진 소프트웨어 프레임워크 • 모든 데이터를 키-값(Key-Value) 쌍으로 구성, 데이터를 분류

03 정답 ▶ ① 듀얼 스택(Dual Stack), ② 터널링(Tunneling), ③ 주소변환(Address Translation)

해설 ▶ IPv4에서 IPv6로의 전환 기술은 다음과 같다.

전환 기술	설명
듀얼 스택 (Dual Stack)	• IP 계층에 두 가지(IPv4, IPv6)의 프로토콜이 모두 탑재되어 있고 통신 상대방에 따라 해당 IP 스택을 선택하는 방법
터널링 (Tunneling)	• IPv6 망에서 인접한 IPv4 망을 거쳐 다른 IPv6 망으로 통신할 때 IPv4 망에 터널을 만들고 IPv4에서 사용하는 프로토콜로 캡슐화하여 전송하는 방법
주소변환 (Address Translation)	• IPv4 망과 IPv6 망 사이에 주소변환기(IPv4-IPv6 게이트웨이)를 사용하여 서로 다른 네트워크상의 패킷을 변환시키는 방법

04

정답 ① 서비스형 보안(SECaaS; Security as a Service), ② 중개 서비스(CASB; Cloud Access Security Broker)

해설 SECaaS와 CASB에 대한 설명은 다음과 같다.

기술	설명
SECaaS	• 기업의 비용과 시간, 인력에 대한 리소스 투자를 최소화하기 위해 클라우드 인프라를 통해 전문화된 보안 기능을 클라우드 형태로 제공하는 서비스
CASB	• 클라우드 서비스 이용 시 접근통제, 암호화, 로깅 등 사용자와 클라우드 사이에서 보안 기능을 수행하는 중개시스템(Broker)

05

정답 3

해설
• 집합 연산자는 여러 질의 결과를 연결하여 하나로 결합하는 방식을 사용한다. (집합 연산자는 2개 이상의 질의 결과를 하나의 결과로 만들어 준다.)

집합 연산자	구성도	설명
UNION	Query 1, Query 2 (중복 레코드를 제외)	• 중복 행이 제거된 쿼리 결과를 반환하는 집합 연산자
UNION ALL	Query 1, Query 2 (중복 레코드도 허용)	• 중복 행이 제거되지 않은 쿼리 결과를 반환하는 집합 연산자
INTERSECT	Query 1, Query 2 (중복 레코드만 포함)	• 두 쿼리 결과에 공통적으로 존재하는 결과를 반환하는 집합 연산자
MINUS	Query 1, Query 2 (비교 레코드 제외)	• 첫 쿼리에 있고, 두 번째 쿼리에는 없는 결과를 반환하는 집합 연산자

• SELECT * FROM 직원 WHERE 연봉 >= 5500의 쿼리 결과로 박명수, 하동훈, 김종국 총 3개의 튜플을 반환한다.
• SELECT * FROM 직원 WHERE 연봉 >= 7000의 쿼리 결과로 박명수, 김종국 총 2개의 튜플을 반환한다.
• UNION ALL의 경우 총 5개의 튜플을 반환하나, UNION은 중복된 튜플을 제거하고 3개의 튜플을 반환한다.

06 정답 로킹(Locking)

해설
- 같은 자원을 액세스하는 다중 트랜잭션 환경에서 DB의 일관성과 무결성을 유지하기 위해 트랜잭션의 순차적 진행을 보장하는 직렬화 기법이다.
- 로킹의 특징은 다음과 같다.

> - 데이터베이스, 파일, 레코드 등은 로킹 단위가 될 수 있음
> - 로킹 단위가 작아지면 데이터베이스 공유도가 증가
> - 로킹 단위가 작아지면 로킹 오버헤드가 증가
> - 한꺼번에 로킹할 수 있는 객체의 크기를 로킹 단위라고 함

07 정답 27

해설

라인 수	설명
02	• main 함수부터 시작
03	• 크기가 5인 배열 a를 2, 4, 1, 3, 0으로 초기화
04	• a[a[4]]는 a[4]인 0 값으로 대체 되어 a[0]인 2가 출력 • a[3]+a[1]는 a[3]의 3과 a[1]의 4를 합한 값인 7이 화면에 출력

08 정답 21186657

해설

라인 수	설명			
02	• ROWS를 2로 정의			
03	• COLS를 2로 정의			
04	• main 함수부터 시작			
05	• for 반복문에서 사용할 변수 i, j 선언			
06	• 2차원 배열 m1을 선언 및 초기화		[0]	[1]
		m1[0]	1	2
		m1[1]	4	5
07	• 2차원 배열 m2를 선언 및 초기화		[0]	[1]
		m2[0]	9	8
		m2[1]	6	5
08	• 2차원 배열 result를 선언			

라인 수	설명
9~16	• for 문을 수행하며 값을 계산 | i	j	k	m1[i][k]	m2[k][j]	result[i][j]
---	---	---	---	---	---
0	0	0	m1[0][0]=1	m2[0][0]=9	result[0][0]=9
0	0	1	m1[0][1]=2	m2[1][0]=6	result[0][0]=9+12=21
0	1	0	m1[0][0]=1	m2[0][1]=8	result[0][1]=8
0	1	1	m1[0][1]=2	m2[1][1]=5	result[0][1]=8+10=18
1	0	0	m1[1][0]=4	m2[0][0]=9	result[1][0]=36
1	0	1	m1[1][1]=5	m2[1][0]=6	result[1][0]=36+30=66
1	1	0	m1[1][0]=4	m2[0][1]=8	result[1][1]=32
1	1	1	m1[1][1]=5	m2[1][1]=5	result[1][1]=32+25=57	
17~21	• result[0][0]인 21, result [0][1]인 18, result[1][0]인 66, result[1][1]인 57을 출력

09 정답 ▶ 7234

해설

라인 수	설명
02	• main 함수부터 시작
03	• String 타입 변수 str을 "Soojebi is The Best"로 초기화
04	• 공백 문자열(" ")을 기준으로 분할하여 arr 배열에 저장 | arr[0]	arr[1]	arr[2]	arr[3]
---	---	---	---
Soojebi	is	The	Best	
05~07	• for 문을 수행하며 arr 배열의 각 요소를 순회하면서 출력 • arr[0]일 때 문자열 "Soojebi"의 length인 7을 출력 • arr[1] 문자열 "is"의 length인 2를 출력 • arr[2] 문자열 "The"의 length인 3을 출력 • arr[3] 문자열 "Best"의 length인 4를 출력

10 정답 ▶ implements

해설
- 인터페이스를 상속하기 위해 interface 키워드를 사용한다.
- ICar는 인터페이스로 move 메서드를 선언만 한다.
- ConCar 클래스에서 ICar의 구현을 위해 implements 키워드를 사용한다.

라인 수	설명
11	• main 메서드부터 시작
12	• ConCar 클래스의 인스턴스를 생성하고, c 변수에 대입
13	• c.move()를 호출
05~07	• move 메서드에서 "이동"을 화면에 출력

11 정답 ▶ KKoorreeaaUUSSAA

해설 ▶

라인 수	설명
01	• country에 리스트 ['Korea', 'Canada']를 대입
02	• country에 있는 요소가 2개이므로 바깥쪽 for 문은 2번 반복 • country[0]인 'Korea'를 i에 대입
03	• 'Korea'의 글자수가 5개이므로 안쪽 for 문은 5번 반복 • i[0]인 'K'를 j에 대입
04	• j인 'K'를 두 번 출력
03	• i[1]인 'o'를 j에 대입
04	• j인 'o'를 두 번 출력
⋮	⋮
03	• i[4]인 'a'를 j에 대입
04	• j인 'a'를 두 번 출력
02	• country[1]인 'USA'를 i에 대입
03	• 'USA'의 글자수가 3개이므로 안쪽 for 문은 3번 반복 • i[0]인 'U'를 j에 대입
04	• j인 'U'를 두 번 출력
03	• i[1]인 'S'를 j에 대입
04	• j인 'S'를 두 번 출력
03	• i[1]인 'A'를 j에 대입
04	• j인 'A'를 두 번 출력

12 정답 ▶ ① MVC 패턴(Model View Controller Pattern), ② 브로커 패턴(Broker Pattern)

해설 ▶ 소프트웨어 아키텍처 패턴의 유형은 다음과 같다.

유형	설명
브로커 패턴 (Broker Pattern)	• 분리된 컴포넌트들로 이루어진 분산 시스템에서 사용되고, 컴포넌트들은 원격 서비스 실행을 통해 상호작용이 가능한 패턴
계층화 패턴 (Layered Pattern)	• 계층화 패턴은 시스템을 계층(Layer)으로 구분하여 구성하는 패턴 • 각 하위 모듈들은 특정한 수준의 추상화를 제공하고, 각 계층은 다음 상위 계층에 서비스를 제공
클라이언트-서버 패턴 (Client-Server Pattern)	• 하나의 서버와 다수의 클라이언트로 구성된 패턴
파이프-필터 패턴 (Pipe-Filter Pattern)	• 데이터 스트림을 생성하고 처리하는 시스템에서 사용 가능한 패턴
MVC 패턴 (Model View Controller Pattern)	• 대화형 애플리케이션을 모델, 뷰, 컨트롤러 3개의 서브 시스템으로 구조화하는 패턴

13
정답 Wi-SUN(Wireless Smart Utility Network)

해설 신기술 용어 중에서 스마트 그리드와 Wi-SUN의 개념은 아래와 같다.

용어	설명
스마트 그리드 (Smart Grid)	• 전기 및 정보통신기술을 활용하여 전력망을 지능화, 고도화함으로써 고품질의 전력 서비스를 제공하고 에너지 이용 효율을 극대화하는 전력망
Wi-SUN (Wireless Smart Utility Network)	• IEEE 802.15.4g 표준에 기반을 둔 기술로, 900 MHz 대역을 활용한 근거리 무선 통신 기술로 스마트 그리드와 연계하여 전기, 수도, 가스 등의 공급자가 무선네트워크를 이용하여 에너지를 효율적으로 관리할 수 있도록 특화된 무선 통신 기술

14
정답 ① TRUNCATE TABLE 급여;, ② DELETE FROM 급여;

해설
- TRUNCATE TABLE은 테이블 내의 데이터들을 삭제하는 명령이다.
- TRUNCATE TABLE 문법은 다음과 같다.

```
TRUNCATE TABLE 테이블명;
```

- DELETE는 데이터의 내용을 삭제할 때 사용하는 명령어이다.
- DELETE 명령어 문법은 다음과 같다.

DELETE FROM 테이블명 WHERE 조건;	• 모든 레코드를 삭제할 때는 WHERE 절 없이 DELETE만 사용 • 레코드를 삭제해도 테이블 구조는 남아 있어서 디스크에서 테이블을 완전히 삭제하는 DROP 명령과는 다름

15
정답 서버리스 컴퓨팅(Serverless Computing)

해설 MSA, BaaS, FaaS 등의 기술을 활용하여 서버가 없는 것과 같이 직접 해당 이벤트에 접근하여 처리하는 컴퓨팅 기술은 서버리스 컴퓨팅 기술이다.

16
정답 ICMP 패킷 또는 ICMP

해설
- 죽음의 핑 공격에서는 ICMP 패킷을 이용하여 공격한다.
- 죽음의 핑 공격은 ICMP 패킷을 정상적인 크기보다 아주 크게 만들어 전송하면 다수의 IP 단편화가 발생하고, 수신 측에서는 단편화된 패킷을 처리(재조합)하는 과정에서 많은 부하가 발생하거나, 재조합 버퍼의 오버플로우가 발생하여 정상적인 서비스를 하지 못하도록 하는 공격 기법이다.

17
정답 ① SHA(Secure Hash Algorithm)-256, ② SEED

해설 암호화 알고리즘 SHA(Secure Hash Algorithm)-256과 SEED에 대한 특징은 다음과 같다.

알고리즘	설명
SHA(Secure Hash Algorithm)-256	• 안전한 해시 알고리즘의 한 종류로서 256비트의 해시 값을 생성하고, 출력 속도가 빠르다는 장점을 갖고 있고, 단방향성의 성질을 띠고 있는 암호화 방법으로 복호화가 불가능
SEED	• 1999년 국내 한국인터넷진흥원(KISA)이 개발한 블록 암호화 알고리즘으로 128비트 비밀 키로부터 생성된 16개의 64비트 라운드 키를 사용하여 총 16회의 라운드를 거쳐 128비트의 평문 블록을 128비트 암호문 블록으로 암호화하여 출력하는 방식

18 정답 ?XW

해설

라인 수	설명
26	• main 메서드부터 프로그램 시작
27	• 객체 생성 및 new 연산자를 이용하여 B 클래스의 생성자 B를 호출
10	• A 클래스를 상속받은 B 클래스 실행
12	• 생성자 B 메서드 실행
13	• 부모 클래스인 A 클래스의 생성자 중 매개변수가 없는 생성자인 A()를 실행
02	• A()를 실행
03	• B 클래스의 C 메서드 호출
16	• B 클래스의 C 메서드 실행
17~22	• B 클래스의 생성자가 실행되지 않아 text는 null이므로 System.out.print 메서드가 실행되어 ?를 출력
04	• System.out.print 메서드가 실행되어 X를 출력
14	• System.out.print 메서드가 실행되어 W를 출력
27	• obj 변수에 B 클래스의 인스턴스를 대입

19 정답 C5

해설

라인 수	설명
03	• main 함수부터 시작
04	• str1을 문자열 "ABCDE"로 초기화
05	• str2를 선언 및 '1', '2', '3', '4', '5'로 초기화 • str2의 크기가 6인데, 값이 5개이므로 나머지 str[5]는 0으로 초기화
06	• 포인터 변수 p1에 str1+1을 대입
07	• 포인터 변수 p2에 str2+3을 대입
08	• p2는 str2+3이므로 p2[-2]는 str2+3에서 -2 떨어진 곳의 값이 되어 *(str2+3-2)인 str2[1]이 됨 • str2[1]인 2를 str1[1]에 대입 • str1은 다음과 같음 | [0] | [1] | [2] | [3] | [4] | [5] | [6] | [7] | [8] | [9] | [10] | |---|---|---|---|---|---|---|---|---|---|---| | A | 2 | C | D | E | \0 | \0 | \0 | \0 | \0 | \0 |
09	• p1은 str1+1이므로 p1[1]은 str+1에서 1 떨어진 곳의 값이 되어 *(str1+1+1)인 str1[2]가 됨 • str1[2]인 C를 str2[3]에 대입 • str2는 다음과 같음 | [0] | [1] | [2] | [3] | [4] | [5] | |---|---|---|---|---|---| | 1 | 2 | 3 | C | 5 | \0 |

라인 수	설명
10	• strcpy로 문자열 str1에 str2를 복사함 • str1은 다음과 같음 <table><tr><th>[0]</th><th>[1]</th><th>[2]</th><th>[3]</th><th>[4]</th><th>[5]</th><th>[6]</th><th>[7]</th><th>[8]</th><th>[9]</th><th>[10]</th></tr><tr><td>1</td><td>2</td><td>3</td><td>C</td><td>5</td><td>\0</td><td>\0</td><td>\0</td><td>\0</td><td>\0</td><td>\0</td></tr></table>
11	• p1은 str1 + 1이므로, p1 + 2는 str1 + 3을 가리켜 str1의 3번지부터 NULL 직전까지 문자열인 C5를 출력

20 **정답** ① 메시 네트워크(Mesh Network), ② Zing

해설 • 기존 무선 랜의 한계 극복을 위해 등장하였으며, 대규모 디바이스의 네트워크 생성에 최적화되어서 차세대 이동 통신, 홈 네트워킹, 공공 안전 등의 특수목적을 위해 사용되는 새로운 방식의 네트워크 기술은 메시 네트워크이다.
• Zing은 기기를 키오스크에 갖다 대면 원하는 데이터를 바로 가져올 수 있는 기술로 10cm 이내 근접 거리에서 기가급 속도로 데이터 전송이 가능한 초고속 근접 무선통신(NFC; Near Field Communication) 기술이다.

수제비 선/견/지/명 모의고사 29회 정답 및 해설

01 **정답** NFC(Near Field Communication)

해설 NFC는 13.56MHz 주파수를 사용하고, 424Kbps의 속도로 데이터를 전송하는 RFID의 확장 기술로, 10cm 이내에서 저전력, 비접촉식 무선 통신 기술이다.

02 **정답** DAC

해설

라인 수	설명
21	• main 메서드부터 시작
22	• Child 클래스의 인스턴스를 생성
12	• Child 클래스의 생성자 실행
13	• super()가 있으므로 부모 클래스의 생성자 중 매개변수가 없는 생성자를 호출
02	• Parent 클래스 생성자 호출
03	• show 메서드 호출 • this.show()이더라도 show는 오버라이딩 관계이므로 자식 클래스의 show 메서드 호출
16~18	• D를 출력
04	• Parent 클래스 생성자로 돌아와서 A를 출력
14	• Child 클래스 생성자로 돌아와서 D를 출력
12	• Child 클래스의 인스턴스를 obj 변수에 대입

03 **정답** ① 7.75, ② 3.25

해설

	0	1	2	3	4	5	6	7	8	9	10	11	12	13	14	15	16	17	18
P1																			
P2																			
P3																			
P4																			

시간	설명
0	• P1이 도착하고, P1이 자원을 점유
1	• P2가 도착 • P1의 남은 시간은 2, P2의 남은 시간은 6이므로 남은 서비스 시간이 더 적은 P2가 자원을 점유

시간	설명
2	• P3가 도착 • P1의 남은 시간은 1, P2의 남은 시간은 6, P3의 남은 시간은 2이므로 남은 서비스 시간이 가장 적은 P1이 계속 자원을 점유
3	• P1 종료 • P4 도착 • P2의 남은 시간은 6, P3의 남은 시간은 2, P4의 남은 시간은 7이므로 남은 서비스 시간이 가장 적은 P3가 새롭게 자원을 점유
5	• P3 종료 • P2의 남은 시간은 6, P4의 남은 시간은 7이므로 남은 서비스 시간이 더 적은 P2가 새롭게 자원을 점유
11	• P2 종료 • 남아있는 P4가 자원을 점유하여 서비스 실행
18	• P4 종료 • 모든 프로세스 종료

• 반환시간 = 종료 시간 − 도착 시간
• 대기시간 = 반환시간 − 서비스 시간

작업	도착 시간	서비스 시간	종료 시간	반환시간	대기시간
P1	0	3	3	3 (=3−0)	0 (=3−3)
P2	1	6	11	10 (=11−1)	4 (=10−6)
P3	2	2	5	3 (=5−2)	1 (=3−2)
P4	3	7	18	15(=18−3)	8 (=15−7)

• 평균 반환시간 = (3+10+3+15)÷4 = 7.75
• 평균 대기시간 = (0+4+1+8)÷4 = 3.25

04 **정답** ① TCP, ② UDP
   해설 • FTP은 신뢰성 있는 데이터 전송을 위해 연결 지향적 특성을 가진 TCP(Transmission Control Protocol)를 사용한다.
   • TFTP는 간단하고 빠른 파일 전송을 목표로 하며, 신뢰성보다는 속도를 우선하여 UDP(User Datagram Protocol)를 사용해 연결 과정 없이 데이터를 전송하며, 오류 검출 및 재전송 기능은 지원하지 않는다.

05 **정답** ① SYN 플러딩(SYN Flooding), ② 스머프(Smurf) / 스머핑(Smurfing)

해설 SYN 플러딩 공격과 스머핑 공격의 특징은 다음과 같다.

공격 기법	설명
SYN 플러딩 (SYN Flooding)	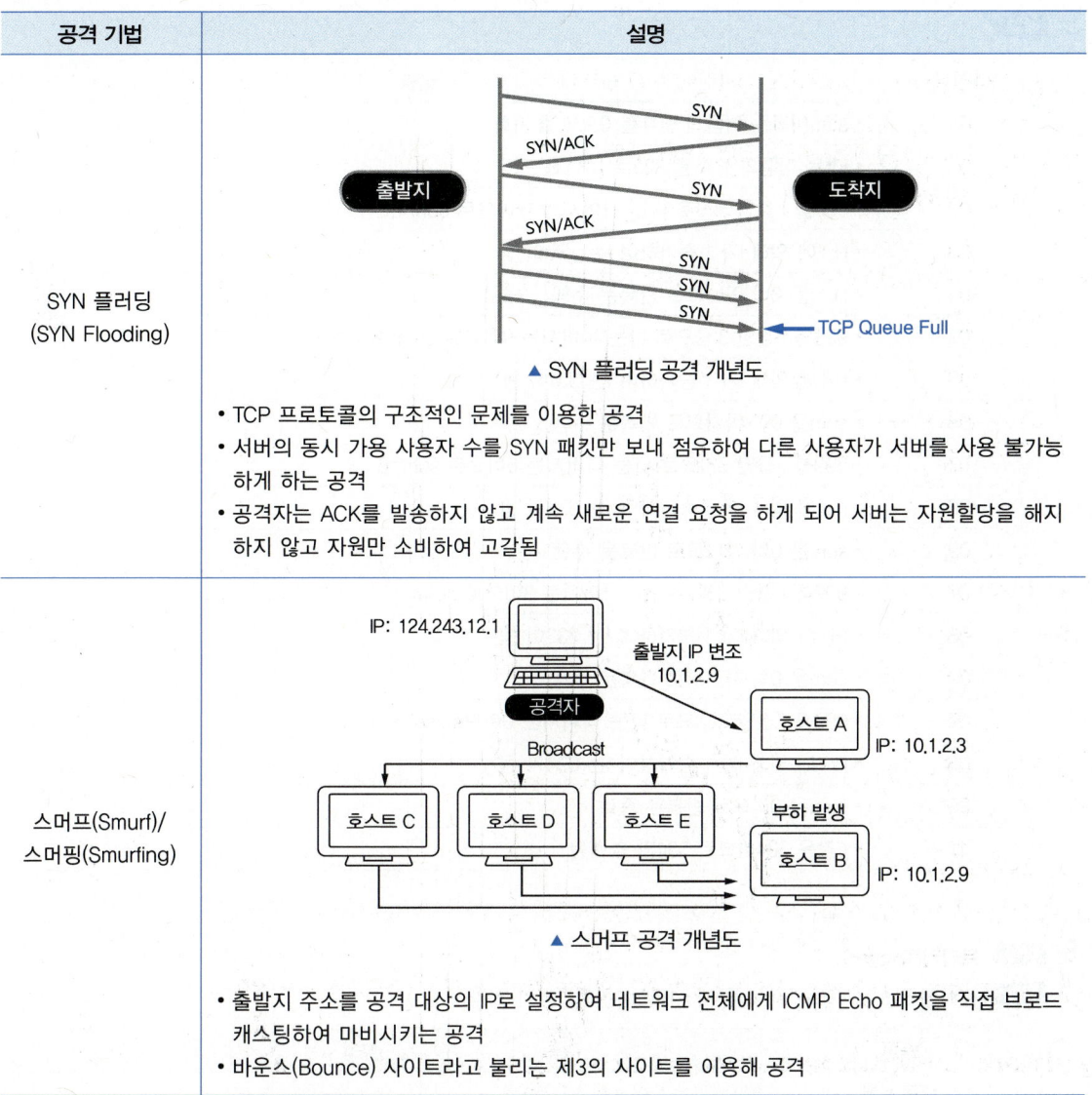 ▲ SYN 플러딩 공격 개념도 • TCP 프로토콜의 구조적인 문제를 이용한 공격 • 서버의 동시 가용 사용자 수를 SYN 패킷만 보내 점유하여 다른 사용자가 서버를 사용 불가능하게 하는 공격 • 공격자는 ACK를 발송하지 않고 계속 새로운 연결 요청을 하게 되어 서버는 자원할당을 해지하지 않고 자원만 소비하여 고갈됨
스머프(Smurf)/ 스머핑(Smurfing)	▲ 스머프 공격 개념도 • 출발지 주소를 공격 대상의 IP로 설정하여 네트워크 전체에게 ICMP Echo 패킷을 직접 브로드캐스팅하여 마비시키는 공격 • 바운스(Bounce) 사이트라고 불리는 제3의 사이트를 이용해 공격

06 **정답** SELECT 수험자명 FROM 정처기 WHERE 필기 IS NOT NULL;

해설 • WHERE 절 조건에서는 비교, 범위, 집합, 패턴, NULL, 복합조건이 있고, NULL이 아닌 값을 찾을 때는 IS NOT NULL 문법을 사용한다.
• IS NOT NULL 문법은 다음과 같다.

```
컬럼 IS NOT NULL
```

07 정답 334

해설

라인 수	설명
04	• sum이라는 이름의 변수를 0으로 초기화
05	• i라는 이름의 변수를 329로 초기화
07	• 999를 i 값인 329로 나눈 나머지는 12이므로 sum=12
08	• i++에 의해 i가 1 증가하여 i는 330이 됨
09	• sum은 0이 아니므로 반복문 수행
07	• 999를 i 값인 330으로 나눈 나머지는 9이므로 sum=9
08	• i++에 의해 i가 1 증가하여 i는 331이 됨
09	• sum은 0이 아니므로 반복문 수행
07	• 999를 i 값인 331로 나눈 나머지는 6이므로 sum=6
08	• i++에 의해 i가 1 증가하여 i는 332가 됨
09	• sum은 0이 아니므로 반복문 수행
07	• 999를 i 값인 332로 나눈 나머지는 3이므로 sum=3
08	• i++에 의해 i가 1 증가하여 i는 333이 됨
09	• sum은 0이 아니므로 반복문 수행
07	• 999를 i 값인 333으로 나눈 나머지는 0이므로 sum=0
08	• i++에 의해 i가 1 증가하여 i는 334가 됨
09	• sum은 0이므로 반복문 종료
11	• i 값은 334이므로 334가 출력됨

08 정답 트리거(Trigger)

해설 절차형 SQL은 프로시저, 사용자 정의함수, 트리거가 있다.

종류	설명
프로시저 (Procedure)	• 일련의 쿼리들을 마치 하나의 함수처럼 실행하기 위한 쿼리의 집합
사용자 정의함수 (User-Defined Function)	• 일련의 SQL 처리를 수행하고, 수행 결과를 단일 값으로 반환할 수 있는 절차형 SQL
트리거 (Trigger)	• 데이터베이스 시스템에서 삽입, 갱신, 삭제 등의 이벤트가 발생할 때마다 관련 작업이 자동으로 수행되는 절차형 SQL

09 정답 출력2: tset
출력1: gnirts

해설

라인 수	설명
06	• temp 배열을 선언
07	• p라는 이름의 포인터 배열을 선언
08	• size라는 이름의 정수형 변수 선언
09	• i, j라는 이름의 정수형 변수 선언
11	• i=0일 때 i<2가 참이므로 반복문을 실행
12	• i가 0이므로 "입력 1: "이 출력됨
13	• 첫 번째에는 test를 입력했으므로 temp 배열에 test가 저장됨 | [0] | [1] | [2] | [3] | [4] | |---|---|---|---|---| | t | e | s | t | NULL |
14	• temp 배열의 문자열의 길이는 test 4글자이므로 4를 반환하고, size 변수에 4를 대입
16	• p[0] 배열에 char 포인터 타입(char*)으로 sizeof(char)×5바이트(char 5개의 공간)만큼의 저장공간을 생성
18~19	• size는 4이므로 j=0부터 j=3일 때까지 반복 • j=0일 때 p[0][0]에 temp[4-0-1]인 temp[3]의 't'가 저장됨 • j=1일 때 p[0][1]에 temp[4-1-1]인 temp[2]의 'e'가 저장됨 • j=2일 때 p[0][2]에 temp[4-2-1]인 temp[1]의 's'가 저장됨 • j=3일 때 p[0][3]에 temp[4-3-1]인 temp[0]의 't'가 저장됨
21	• p[0][4]에 NULL이 저장됨
11	• i=1일 때 i<2가 참이므로 반복문을 실행
12	• i가 1이므로 "입력 2: "가 출력됨
13	• 두 번째에는 string을 입력했으므로 temp 배열에 string이 저장됨 | [0] | [1] | [2] | [3] | [4] | [5] | [6] | |---|---|---|---|---|---|---| | s | t | r | i | n | g | NULL |
14	• temp 배열의 문자열의 길이는 string 6글자이므로 6을 반환하고, size 변수에 6을 대입
16	• p[1] 배열에 char 포인터 타입(char*)으로 sizeof(char)×7바이트(char 7개의 공간)만큼의 저장공간을 생성
18~19	• size는 6이므로 j=0부터 j=5일 때까지 반복 • j=0일 때 p[1][0]에 temp[6-0-1]인 temp[5]의 's'가 저장됨

라인 수	설명
	• j=1일 때 p[1][1]에 temp[6-1-1]인 temp[4]의 't'가 저장됨 • j=2일 때 p[1][2]에 temp[6-2-1]인 temp[3]의 'r'이 저장됨 • j=3일 때 p[1][3]에 temp[6-3-1]인 temp[2]의 'i'가 저장됨 • j=4일 때 p[1][4]에 temp[6-4-1]인 temp[1]의 'n'이 저장됨 • j=5일 때 p[1][5]에 temp[6-5-1]인 temp[0]의 'g'가 저장됨
21	• p[1][6]에 NULL이 저장됨 p[0] → [t][s][e][t][NULL] p[1] → [g][n][i][r][t][s][NULL]
24	• i=1일 때 i>=0은 참이므로 반복문을 실행
25	• i가 1이므로 "출력 2: "가 출력됨
26	• p[1]이 가리키는 문자열 출력을 NULL 전까지 출력하므로 gnirts가 출력
27	• p[1] 포인터가 가리키고 있는 메모리를 해제 p[0] → [t][s][e][t][NULL] p[1]
24	• i=0일 때 i>=0은 참이므로 반복문을 실행
25	• i가 0이므로 "출력 1: "이 출력됨
26	• p[0]이 가리키는 문자열 출력을 NULL 전까지 출력하므로 tset가 출력
27	• p[0] 포인터가 가리키고 있는 메모리를 해제 p[0] p[1]

10 **정답** ① 회복 테스트(Recovery Testing), ② 안전 테스트(Security Testing), ③ 회귀 테스트(Regression Testing)

해설 테스트 목적에 따른 분류는 다음과 같다.

분류	설명
회복 테스트 (Recovery Testing)	• 시스템에 고의로 실패를 유도하고, 시스템의 정상적 복귀 여부를 테스트하는 기법
안전 테스트 (Security Testing)	• 불법적인 소프트웨어가 접근하여 시스템을 파괴하지 못하도록 소스 코드 내의 보안적인 결함을 미리 점검하는 테스트 기법
성능 테스트 (Performance Testing)	• 사용자의 이벤트에 시스템이 응답하는 시간, 특정 시간 내에 처리하는 업무량, 사용자 요구에 시스템이 반응하는 속도 등을 측정하는 테스트 기법
구조 테스트 (Structure Testing)	• 시스템의 내부 논리 경로, 소스 코드의 복잡도를 평가하는 테스트 기법
회귀 테스트 (Regression Testing)	• 오류를 제거하거나 수정한 시스템에서 오류 제거와 수정에 의해 새로이 유입된 오류가 없는지 확인하는 일종의 반복 테스트 기법
병행 테스트 (Parallel Testing)	• 변경된 시스템과 기존 시스템에 동일한 데이터를 입력 후 결과를 비교하는 테스트 기법

11 정답: 40
50
[10, 30, 50, 70]
[40, 50, 60, 70, 80, 90]
[10, 20, 30, 40, 50]

해설

라인 수	설명
01	• 리스트 a 선언 및 초기화
02	• a[3]은 3번지 요소인 4번째 값인 40을 출력
03	• a[-5]는 뒤에서 5번째 값인 50을 출력
04	• a[:7:2]는 처음부터 7번지 전인 6번지까지 인덱스 2칸씩 건너뛰어 접근
05	• a[3:]은 3번지 요소부터 끝까지 출력
06	• a[:5]는 처음부터 5번지 전인 4번지까지 출력

12 정답: ① 리버스 텔넷(Reverse Telnet), ② XSS(Cross Site Scripting)

해설 리버스 텔넷과 XSS의 특징은 다음과 같다.

구분	설명
리버스 텔넷 (Reverse Telnet)	• 웹 해킹으로 서버 권한을 획득한 후, 해당 서버에서 공격자의 PC로 연결하고 공격자가 직접 명령을 입력하여 개인정보 전송 등의 악의적인 행위를 하는 공격 기법 • 네트워크 보안상 취약점을 악용하여 원격 시스템에 접근하거나 제어권을 확보하는 공격 기법으로 방화벽의 내부에서 외부로 나가는 패킷에 대한 아웃바운드 필터링을 수행하지 않는 허점을 이용하여 방화벽 뒤에 있는 시스템에 접근할 때 사용됨
XSS (Cross Site Scripting)	• 검증되지 않은 외부 입력 데이터가 포함된 웹 페이지가 전송되는 경우, 사용자가 해당 웹 페이지를 열람함으로써 웹 페이지에 포함된 부적절한 스크립트가 실행되는 공격 기법 • 공격자가 웹 서버의 게시판 등에 악성 스크립트를 삽입한 후, 사용자의 쿠키와 같은 개인 정보를 특정 사이트로 전송하게 하거나 악성 파일을 다운로드하여 실행하도록 유도하는 공격 기법

13 정답: 192.168.1.195

해설
• IP 주소를 2진수로 바꾸면 다음과 같다.

10진수	192.168.1.0
2진수	11000000.10101000.00000001.00000000

• /24이므로 서브넷 마스크는 1을 24개 채운다.

2진수	11111111.11111111.11111111.00000000

• IP 주소와 서브넷 마스크를 AND 연산한 결과가 네트워크 주소이다.

```
       11000000.10101000.00000001.00000000
   &   11111111.11111111.11111111.00000000
2진수   11000000.10101000.00000001.00000000
```

- 4개의 Subnet으로 나누기 때문에 $2^n \geq 4$를 만족하는 n은 3이므로 서브넷 마스크 중 25번째 비트~ 27번째 비트(3비트)는 Subnet을 위해 사용한다.
- IP Subnet Zero를 적용한다는 조건이 있으므로 서브넷 비트가 모두 0인 1번째 서브넷을 사용할 수 있다.

1번째 서브넷	11000000.10101000.00000001.00000000
2번째 서브넷	11000000.10101000.00000001.00100000
3번째 서브넷	11000000.10101000.00000001.01000000
4번째 서브넷	11000000.10101000.00000001.01100000
5번째 서브넷	11000000.10101000.00000001.10000000
6번째 서브넷	11000000.10101000.00000001.10100000
7번째 서브넷	11000000.10101000.00000001.11000000
8번째 서브넷	11000000.10101000.00000001.11100000

- 7번째 서브넷은 11001000.00000001.00000001.11000000이고, 호스트 ID는 28번째 비트~32번째 비트(5비트)이다.
- 여기에서 11000000.10101000.00000001.11000000은 네트워크 주소이고 11000000.10101000.00000001.11011111은 브로드캐스트 주소이므로 제외한다.

7번째 서브넷 1번째 IP 주소	11000000.10101000.00000001.11000001
7번째 서브넷 2번째 IP 주소	11000000.10101000.00000001.11000010
7번째 서브넷 3번째 IP 주소	11000000.10101000.00000001.11000011
⋮	

- 4번째 서브넷 4번째 IP 주소는 11000000.10101000.00000001.11000011이므로 10진수로 192.168.1.195이다.

14 정답 ① 참(True) 오라클, ② 샘플링(Sampling) 오라클

해설 테스트 오라클의 종류는 다음과 같다.

유형	설명
참(True) 오라클	• 모든 입력값에 대하여 기대하는 결과를 생성함으로써 발생된 오류를 모두 검출할 수 있는 오라클
샘플링(Sampling) 오라클	• 특정 몇 개의 입력값에 대해서만 기대하는 결과를 제공해 주는 오라클
휴리스틱(Heuristic) 오라클	• 샘플링 오라클을 개선한 오라클로, 특정 입력값에 대해 올바른 결과를 제공하고, 나머지 값들에 대해서는 휴리스틱(추정)으로 처리하는 오라클
일관성 검사(Consistent) 오라클	• 애플리케이션 변경이 있을 때, 수행 전과 후의 결괏값이 동일한지 확인하는 오라클

두음쌤 한마디

테스트 오라클 종류
「참샘휴일」
참오라클 / **샘**플링 오라클 / **휴**리스틱 오라클 / **일**관성 검사 오라클

15 정답 15

해설

라인 수	설명
03	• 2차원 정수형 배열 변수 n 선언 및 초기화 | n[0]	n[1]	n[2]
---	---	---
{1, 2}	{4, 2, 6}	{2, 2, 3, 4}	
04	• 정수형 변수 sum을 0으로 초기화
06	• n의 행은 3개이므로 n.length는 3 • i=0일 때 i<3은 참이므로 반복문 실행
07~10	• n[0]은 {1, 2}이므로 var2가 1일 때, 2일 때 2번 반복 | n[0]	[0]	1
---	---	---
	[1]	2	 • n[0][0]은 1이므로 var2가 1일 때 if 문은 거짓 • var2가 2일 때 var2 > n[i][0]는 참이므로 if 문 안의 명령어를 실행하여 var2의 값인 2를 sum에 더해 sum은 2가 됨
06	• n의 행은 3개이므로 n.length는 3 • i=1일 때 i<3은 참이므로 반복문 실행
07~10	• n[1]은 {4, 2, 6}이므로 var2가 4, 2, 6일 때 3번 반복 | n[1]	[0]	4
---	---	---
	[1]	2
	[2]	6	 • n[1][0]은 4이므로 var2가 4일 때 if 문은 거짓 • var2가 2일 때 if 문은 거짓 • var2가 6일 때 if 문은 참이므로 var2의 값인 6을 sum에 더해 sum은 8이 됨
06	• n의 행은 3개이므로 n.length는 3 • i=2일 때 i<3은 참이므로 반복문 실행
07~10	• n[2]은 {2, 2, 3, 4}이므로 var2가 2, 2, 3, 4일 때 4번 반복 | n[2]	[0]	4
---	---	---
	[1]	2
	[2]	6
	[3]		 • n[2][0]은 2이므로 var2가 2일 때 if 문은 거짓 • var2가 2일 때 if 문은 거짓 • var2가 3일 때 if 문은 참이므로 var2의 값인 3을 sum에 더해 sum은 11이 됨 • var2가 4일 때 if 문은 참이므로 var2의 값인 4를 sum에 더해 sum은 15가 됨
12	• sum 값인 15를 화면에 출력

16 정답 ① scheme, ② fragment

해설 URL 구성요소는 다음과 같다.

구성요소		설명
scheme		• URL의 시작 부분 • 자원에 접근하는 프로토콜을 나타내는 요소 예) http, https, ftp, mailto 등이 있음
authority		• user info와 host, port의 조합으로 구성
	userinfo	• 선택적 요소로, 사용자 정보(사용자 이름과 비밀번호)를 포함해서 인증해야 할 때 사용하는 요소 • 형식은 username:password이며, @ 기호로 호스트와 구분됨 예) user:pass@
	host	• 자원의 위치를 나타내는 필수 요소로, 도메인 이름(예: www.example.com) 또는 IP 주소(예: 192.168.1.1)로 표기
	port	• 선택적 요소로, 호스트의 포트 번호를 나타내는 요소 • 기본값이 있는 경우 생략할 수 있고 ":" 뒤에 표기 예) HTTPS의 포트는 :443으로 표기
path		• 자원에 대한 경로를 지정할 때 표기하는 요소 • 서버에서 특정 파일이나 디렉토리를 가리키며, 슬래시(/)로 구분하여 표기 예) /path/to/resource
query		• 선택적 요소로, 자원에 대한 추가 정보를 전달하는 요소 • "키-값" 형태로 구성되고, 일반적으로 "?"로 시작하며, 여러 쌍은 "&"로 구분하여 표기 예) ?key1=value1&key2=value2
fragment		• 선택적 요소로, 자원 내에서 특정 부분을 지정하는 요소 • # 기호로 시작하며, 브라우저가 해당 위치로 스크롤 할 때 사용하는 html 내부 북마크 등에 사용됨 예) #section1

17 정답 (맥케이브) 회전 복잡도(McCabe Cyclomatic Complexity)

해설
- 맥케이브 회전 복잡도는 소프트웨어의 제어 흐름을 그래프로 표현하고 소스코드의 복잡도를 노드 수와 간선 수의 계산을 통해 정량적으로 나타내는 지표이다.
- 맥케이브 회전 복잡도 측정 방식은 제어 흐름에 의한 그래프를 통하여 원시 코드의 회전수를 구하여 복잡도를 계산한다.
- 맥케이브 회전 복잡도 계산식은 다음과 같다.

항목	설명
V(G)=E−N+2	• 복잡도 V(G)는 노드(N) 수와 간선(E) 수로 계산
V(G)=P+1	• 복잡도 V(G)는 조건 분기문(P)의 수로 계산

18 정답 19

해설

라인 수	설명
02	• main 함수부터 시작
03	• 정수형 변수 x, y 선언
04	• 2차원 정수형 배열 z 선언 및 초기화 	z[0][0] = 1	z[0][1] = 2	z[0][2] = 3 | 	z[1][0] = 4	z[1][1] = 5	z[1][2] = 6 | 	z[2][0] = 7	z[2][1] = 8	z[2][2] = 9 | 	z[3][0] = 0	z[3][1] = 0	z[3][2] = 0	
05	• 크기가 3인 정수형 포인터 배열 변수 p 선언 	p[0]	p[1]	p[2]	 	&z[0][1]	&z[2][0]	z[0]	
06	• p[1][1] + *(p[1]+2) + *p[0]을 화면에 정수로 출력 • p[1]은 &z[2][0]이고, p[1][0]은 z[2][0]가 됨 • p[1][1]은 그 다음 주소인 z[2][1]이 되어 8이 됨 • *(p[1]+2)는 p[1][2]가 되고 z[2][2] 가 되어 9가 됨 • *p[0]은 p[0][0]이고 z[0][1]이 되어 2가 됨 • p[1][1]은 8, *(p[1]+2)는 9, *p[0]은 2가 되어 19를 출력

19 정답 08

해설
- 반환 타입만 다른 메서드는 오버로딩이 불가능하다.
- 8번째 줄의 calculate(int a, int b) 메서드가 두 번 정의되어 'error: method calculate(int,int) is already defined in class Soojebi' 컴파일 오류가 발생한다.

20 정답 DRM(Digital Right Management)

해설 콘텐츠 보안 관련 기술 및 시스템은 다음과 같다.

기술	설명
DLP (Data Loss Prevention)	• 조직 내부의 중요 자료가 외부로 빠져나가는 것을 탐지하고 차단하는 시스템으로 정보 유출 방지를 위해 정보의 흐름에 대한 모니터링과 실시간 차단 기능을 제공
DRM (Digital Right Management)	• 디지털 콘텐츠에 대한 권리정보를 지정하고 암호화 기술을 이용하여 허가된 사용자의 허가된 권한 범위 내에서 콘텐츠의 이용이 가능하도록 통제하는 기술 및 시스템

수제비 선/견/지/명 모의고사 30회 정답 및 해설

01 정답: SWOT 분석

해설: SWOT 분석은 기업의 내부 환경과 외부 환경을 분석하여 Strength(강점), Weakness(약점), Opportunity(기회), Threat(위협) 요인을 규정하고 이를 토대로 경영 전략을 수립하는 방법이다.

02 정답: OWASP CLASP

해설:
- OWASP CLASP는 개념 관점, 역할기반 관점, 활동평가 관점, 활동구현 관점, 취약성 관점 등의 활동 중심, 역할 기반의 프로세스로 구성된 보안 프레임워크로 이미 운영 중인 시스템에 적용하기 쉬운 보안 개발방법론이다.
- 프로그램 설계나 코딩 오류를 찾아내어 개선하기 위해 개발팀에 취약점 목록을 제공한다.

03 정답: ICMP(Internet Control Message Protocol)

해설: NetBIOS, ICMP 프로토콜의 설명은 다음과 같다.

프로토콜	설명
NetBIOS (Network Basic Input/Output System)	• 응용계층(7계층)의 애플리케이션 프로그램에 API를 제공하여 상호 통신할 수 있도록 해주는 프로토콜
ICMP (Internet Control Message Protocol)	• 네트워크 계층(3계층)에서 IP 패킷을 처리할 때 발생되는 문제를 알려주고, 수신지 도달 불가 메시지를 사용하여 수신지 또는 서비스에 도달할 수 없는 호스트를 통지하는 데 사용하는 프로토콜

04 정답: WPA(Wi-Fi Protected Access)

해설: 무선 보안과 관련된 주요용어는 다음과 같다.

용어	설명
SSID (Service Set IDentifier)	• 무선 랜을 통해 전송되는 패킷들의 각 헤더에 덧붙여지는 32바이트 길이의 고유 식별자 • SSID는 하나의 무선 랜을 다른 무선 랜으로부터 구분
WPA (Wi-Fi Protected Access)	• Wi-Fi 얼라이언스에서 Wi-Fi의 송출 신호에 대한 보안을 위해 고안된 물리 계층에서의 패킷 암호화 방식 • TKIP과 AES의 두 가지 표준 기술 중 하나를 사용하여 WEP보다 강력한 암호화를 제공

05 정답: SOOJEBI/nBOOJEBISOV

해설:

라인 수	설명
02	• main 함수부터 시작
03	• p라는 문자열 포인터에 "SOOJEBI"라는 문자열의 시작 주소를 대입
04	• p를 출력하면 문자열 SOOJEBI가 출력되고, /n이 출력됨 • (줄바꿈은 /n이 아니라 \n)

라인 수	설명
05	• p 문자열의 5번지 값인 B를 출력
06	• p+1은 &p[1]이므로 1번지부터 NULL 전까지 출력(OOJEBI 출력)
07	• *p는 p[0]이므로 p[0]의 값인 S를 출력
08	• *(p+2)는 p[2]이므로 p[2]의 값인 O를 출력
09	• *p는 p[0]이므로 *p+3은 p[0]+3=='S'+3의 값인 V를 출력

06 정답 3

해설 문자열이 대칭인지 확인하는 코드이다.

라인 수	설명
02	• Soojebi 클래스를 정의하고 main 함수 호출
03	• "bob arora teach malam" 문자열을 sentence에 저장
04	• count 변수를 0으로 초기화
05~07	• split 함수의 구분자가 " "이므로 for 문에서 " " 단위로 문자열을 하면 문자열은 "bob", "arora", "teach", "malam"이 됨 • 첫 번째 for 문을 실행할 때 word는 "bob"이므로 soojebi("bob")를 호출
11	• soojebi 메서드의 word에 "bob"을 전달
12	• word.length()는 "bob"이 3글자이기 때문에 3 • for 문을 i=0부터 1 미만일 때까지 반복
13	• word.charAt(0)인 'b'과 word.charAt(3-1-0)인 'b'는 같으므로 if 문이 거짓이 되어 if 문을 실행하지 않음
12	• i++에 의해 i=1이 되고, 1<1은 거짓이 되어 for 문 종료
16	• true를 반환
06	• soojebi(word)는 true이므로 if 문 안의 명령어인 count++를 실행해 count는 1이 됨
05~07	• 두 번째 for 문을 실행할 때 word는 "arora"이므로 soojebi("arora")를 호출
11	• soojebi 메서드의 word에 "arora"을 전달
12	• word.length()는 "arora"가 5글자이기 때문에 5 • for 문을 i=0부터 2 미만일 때까지 반복
13	• word.charAt(0)인 'a'과 word.charAt(5-1-0)인 'a'는 같으므로 if 문이 거짓이 되어 if 문을 실행하지 않음
12	• i++에 의해 i=1이 되고, 1<2은 참이 되어 for 문을 실행
13	• word.charAt(1)인 'r'과 word.charAt(5-2-0)인 'r'는 같으므로 if 문이 거짓이 되어 if 문을 실행하지 않음
12	• i++에 의해 i=2가 되고, 2<2는 거짓이 되어 for 문을 실행
16	• true를 반환
06	• soojebi(word)는 true이므로 if 문 안의 명령어인 count++를 실행해 count는 2가 됨
05~07	• 세 번째 for 문을 실행할 때 word는 "teach"이므로 soojebi("teach")를 호출
11	• soojebi 메서드의 word에 "teach"을 전달

라인 수	설명
12	• word.length()는 "teach"가 5글자이기 때문에 5 • for 문을 i=0부터 2 미만일 때까지 반복
13	• word.charAt(0)인 't'과 word.charAt(5-1-0)인 'h'는 다르므로 if 문이 참이 되어 if 문 안의 명령어인 return false가 되어 false를 반환하면서 soojebi 메서드 종료
06	• soojebi(word)는 false이므로 if 문 안의 명령어를 실행하지 않음
05~07	• 네 번째 for 문을 실행할 때 word는 "malam"이므로 soojebi("malam")을 호출
11	• soojebi 메서드의 word에 "malam"을 전달
12	• word.length()는 "malam"가 5글자이기 때문에 5 • for 문을 i=0부터 2 미만일 때까지 반복
13	• word.charAt(0)인 'm'과 word.charAt(5-1-0)인 'm'는 같으므로 if 문이 거짓이 되어 if 문을 실행하지 않음
12	• i++에 의해 i=1이 되고, 1<2은 참이 되어 for 문을 실행
13	• word.charAt(1)인 'a'과 word.charAt(5-2-0)인 'a'는 같으므로 if 문이 거짓이 되어 if 문을 실행하지 않음
12	• i++에 의해 i=2가 되고, 2<2는 거짓이 되어 for 문을 실행
16	• true를 반환
06	• soojebi(word)는 true이므로 if 문 안의 명령어인 count++를 실행해 count는 3이 됨
08	• count 값인 3을 출력

07

정답 1200345067000000

해설

라인 수	설명				
02	• main 함수부터 시작				
03	• {1, 2}는 첫 번째 행의 첫 두 요소를 1, 2로 설정하고 나머지 두 요소는 0으로 채워짐 • {3, 4, 5}는 두 번째 행의 첫 세 요소를 3, 4, 5로 설정하고 마지막 요소는 0으로 채워짐 • 6과 7은 세 번째 행의 첫 두 요소이고, 나머지는 모두 0으로 채워짐				
		[0]	[1]	[2]	[3]
	a[0]	1	2	0	0
	a[1]	3	4	5	0
	a[2]	6	7	0	0
	a[3]	0	0	0	0
06~10	• a[0][0], a[0][1], …, a[3][2], a[3][3]을 출력				

08

정답 ① HTML(HyperText Markup Language), ② CSS(Cascading Style Sheets), ③ XML(Extensible Markup Language)

해설 HTML, CSS, XML의 특징은 다음과 같다.

구분	설명
HTML (HyperText Markup Language)	• 웹을 이루는 가장 기초적인 구성요소로, 웹 콘텐츠의 의미와 구조를 정의할 때 사용하는 언어 • 인터넷 웹(WWW) 문서를 표현하는 표준화된 언어
CSS (Cascading Style Sheets)	• 웹 페이지의 스타일을 지정하기 위해 사용되는 언어로 콘텐츠가 화면에 어떻게 표시될지를 결정하는 역할을 하는 언어
XML (Extensible Markup Language)	• HTML의 단점을 보완한 인터넷 언어로, SGML의 복잡한 단점을 개선한 특수한 목적을 갖는 마크업 언어

09

정답 ① 페르소나(Persona), ② 브레인스토밍(Brain Storming), ③ 사용성 테스트(Usability Test)

해설 UI 개발 관련된 주요 기법은 다음과 같다.

구분	설명
페르소나 (Persona)	• 잠재적 사용자의 다양한 목적과 관찰된 행동 패턴을 응집시켜 놓은 가상의 사용자
브레인스토밍 (Brain Storming)	• 집단적 창의적 발상 기법으로 집단에 소속된 인원들이 자발적으로 자연스럽게 제시된 아이디어 목록을 통해서 특정한 문제에 대한 해답을 찾고자 하는 회의 기법
요구사항 매트릭스 (Requirement Matrix)	• 다양한 경로를 통해 수집된 직접적인 요구사항을 검토하여, 페르소나(Persona)의 목적을 기준으로 데이터 요구, 기능 요구, 제품 품질, 제약 요인 기반으로 만든 요구사항 표
정황 시나리오 (Contextual Scenario)	• 요구사항 정의에 사용되는 초기 시나리오를 말하며, 높은 수준, 낙관적이면서도 발생 상황에서의 이상적인 시스템 동작에 초점을 맞추는 시나리오
사용성 테스트 (Usability Test)	• 집단적 창의적 발상 기법으로 집단에 소속된 인원들이 자발적으로 자연스럽게 제시된 아이디어 목록을 통해서 특정한 문제에 대한 해답을 찾고자 하는 회의 기법

10

정답 4

해설

라인 수	설명
07	• main 함수부터 시작
08	• p 배열을 "Soojebi" 문자열로 초기화
09	• soojebi(p+3)을 호출
02	• str 변수에 main 함수의 p+3을 대입
03	• sum 변수를 선언
04	• str[num]은 str인 p+3에서 num만큼 떨어진 곳의 값이므로 p[3+num]과 같음 • sum=0일 때 str[num]인 p[3]은 'j'이므로 str[sum]!=0은 참이 되어 for 문을 실행 • for( ) 뒤에 세미콜론이 있으므로 for 문을 만족했을 때 실행할 문장이 없음
04	• sum++에 의해 sum=1이 되고, sum=1일 때 str[num]인 p[4]은 'e'이므로 str[sum]!=0은 참이 되어 for 문을 실행 • for( ) 뒤에 세미콜론이 있으므로 for 문을 만족했을 때 실행할 문장이 없음

라인 수	설명
04	• sum++에 의해 sum=2가 되고, sum=2일 때 str[num]인 p[5]는 'b'이므로 str[sum]!=0은 참이 되어 for 문을 실행 • for( ) 뒤에 세미콜론이 있으므로 for 문을 만족했을 때 실행할 문장이 없음
04	• sum++에 의해 sum=3이 되고, sum=3일 때 str[num]인 p[6]는 'i'이므로 str[sum]!=0은 참이 되어 for 문을 실행 • for( ) 뒤에 세미콜론이 있으므로 for 문을 만족했을 때 실행할 문장이 없음
04	• sum++에 의해 sum=4가 되고, sum=4일 때 str[num]인 p[7]은 NULL이므로 str[sum]!=0은 거짓이 되어 for 문을 종료
04	• sum 값인 4를 반환
09	• soojebi(p+3)은 4를 반환하므로 sum에 4를 대입
10	• sum 값인 4를 출력

11 정답 @PPLE BIRD C@PT@IN D@Y

해설 리스트에서 "a"를 포함하고 길이가 5보다 큰 단어들을 필터링한 후, 대문자로 변환하고 'A'를 '@'로 대체하여 출력한다.

라인 수	설명
01	• Arrays 클래스를 사용하기 위한 패키지를 호출
02	• List 인터페이스를 사용하기 위한 패키지를 호출
04	• main 메서드부터 시작
05	• 문자열 리스트 words를 초기화
06	• words 리스트에 대해 스트림을 생성
07	• 각 단어를 대문자로 변환("APPLE", "BIRD", "CAPTAIN", "DAY") • replace를 통해 A를 @로 교체("@PPLE", "BIRD", "C@PT@IN", "D@Y")
08	• 교체된 요소들인 "@PPLE", "BIRD", "C@PT@IN", "D@Y"을 print 함수를 이용해 출력

12 정답 ① 실체화(Realization) 관계, ② 집합(Aggregation) 관계

해설 실체화 관계와 집합 관계의 특징은 다음과 같다.

구분	설명
실체화 (Realization) 관계	• 추상 클래스나 인터페이스를 상속받아 자식 클래스가 추상 메서드를 구현할 때 사용하는 관계 • 사물이 할 수 있거나, 해야 하는 기능(행위, 인터페이스)으로 서로를 그룹화할 수 있는 관계를 표현 • 사물에서 기능 쪽으로 속이 빈 점선 화살표를 연결하여 표현

구분	설명
집합 (Aggregation) 관계	• 하나의 객체에 여러 개의 독립적인 객체들이 구성되는 관계 • 하나의 사물이 다른 사물에 포함되어 있는 관계 표현 • 포함되는 쪽(부분)에서 포함하는 쪽(Whole)으로 속이 빈 마름모를 연결하여 표현

13 정답 ▶ Composite Pattern

해설 • Composite Pattern은 객체들의 관계를 트리 구조로 구성하여 부분-전체 계층을 표현하는 패턴이다.
• Composite Pattern은 사용자가 단일 객체와 복합 객체 모두 동일하게 다루도록 하는 패턴이다.
• Composite Pattern은 트리 구조가 생성된 후, 클라이언트가 복합 객체의 메서드를 호출하면, 이 메서드는 트리의 모든 하위 요소에게 재귀적으로 호출된다.

14 정답 ▶ ① 스니핑(Sniffing), ② 스푸핑(Spoofing)

해설 ▶ 스니핑과 스푸핑의 특징은 다음과 같다.

개념	설명
스니핑(Sniffing)	• 네트워크에서 전송되는 데이터를 몰래 가로채고 분석하는 행위로 공격 대상에게 직접 공격하지 않는 수동적 공격 기법
스푸핑(Spoofing)	• 네트워크에서 신뢰할 수 있는 것으로 위장하여 접근 권한을 얻거나, 정보를 속이는 행위로 IP 주소, MAC 주소, 이메일 주소 등을 위조하여 합법적인 사용자처럼 행동하게 하는 공격 기법

15 정답 ▶ SELECT A.자격증번호 AS 자격증번호, A.자격증명 AS 자격증명, B.자격증번호 AS 자격증번호, B.응시료 AS 응시료 FROM 자격증 A CROSS JOIN 응시료 B;

해설 • 조인 조건이 없는 모든 데이터 조합을 추출하는 조인은 교차 조인이다.
• 교차 조인 문법은 다음과 같다.

```
SELECT 컬럼1, 컬럼2, …
  FROM 테이블1 CROSS JOIN 테이블2
```

학습 Point ▶ SELECT에 AS를 쓰면 컬럼명이 AS 뒤의 명칭으로 변경된다.

16 정답 ▶ ADEC

해설

라인 수	설명
24	• main 메서드부터 실행
25	• Child 클래스 생성
13	• Child 클래스의 생성자에 super()가 없으므로 super()가 생략되어 있고, super()인 부모 클래스의 생성자 호출
02~04	• 부모 클래스 생성자에서 A를 출력

라인 수	설명
14	• D를 출력
25	• Child 클래스의 인스턴스를 생성하여 c 변수에 대입
26	• c.fn 메서드 호출 • fn 메서드는 오버라이딩 관계이므로 자식 클래스의 fn 메서드를 호출
16~18	• E를 출력
27	• c.fnA 메서드 호출 • fnA 메서드는 부모 클래스 밖에 없으므로 부모 클래스의 fnA 메서드 호출
08~10	• C를 호출

17 정답 ① WBAN(Wireless Body Area Network), ② NDN(Named Data Networking)

해설 WBAN과 NDN 기술은 다음과 같다.

기술	설명
WBAN (Wireless Body Area Network)	• 체내 혹은 인체 주변 3m 이내에서 일어나는 저비용, 저전력, 고속통신이 가능한 신체 접촉 근거리 무선 네트워크
NDN (Named Data Networking)	• 기존의 IP 주소 대신 Data의 이름을 활용하여 정보(콘텐츠)의 효율적인 검색 및 배포를 목적으로 하는 미래 인터넷 기술

18 정답 ① 멀티캐스트(Multicast), ② 브로드캐스트(Broadcast), ③ 유니캐스트(Unicast)

해설 전송 프로토콜은 다음과 같다.

프로토콜	설명
멀티캐스트 프로토콜 (Multicast Protocol)	• 인터넷에서 같은 내용의 데이터를 여러 명의 특정한 그룹의 수신자들에게 동시에 전송할 수 있는 프로토콜
브로드캐스트 프로토콜 (Broadcast Protocol)	• 하나의 송신자가 같은 서브 네트워크상의 모든 수신자에게 데이터를 전송하는 프로토콜
유니캐스트 프로토콜 (Unicast Protocol)	• 고유 주소로 식별된 하나의 네트워크 목적지에 1:1로(One-to-One) 트래픽 또는 메시지를 전송하는 프로토콜

19 정답 otinb

해설 문자열 l = "KotaKinabalu"와 m = "KualaLumpur"에서 각 문자가 l에서 m에 있는지 확인하고, 없는 문자는 출력한다.

라인 수	설명
01	• l 변수에 "KotaKinabalu"를 대입
02	• m 변수에 "KualaLumpur"를 대입
03	• i 변수에 "KotaKinabalu"를 한 글자씩 대입하면서 for 문 실행 • i='K'인 상태로 for 문 실행
04	• flag 변수를 0으로 초기화

라인 수	설명
05~08	• j 변수에 "KualaLumpur"를 한 글자씩 대입하면서 for 문 실행 • j='K'일 때 if 문이 참이 되어 flag=1이 되고 break를 만나 안쪽 for 문을 탈출
09	• flag=1이므로 if 문을 실행하지 않음
03	• i='o'인 상태로 for 문 실행
04	• flag 변수를 0으로 초기화
05~08	• j 변수에 "KualaLumpur"를 한 글자씩 대입하면서 for 문 실행 • i='o'일 때 if 문이 참이 되는 경우가 없음
09	• flag=0이므로 i 값인 'o'를 출력
03	• i='t'인 상태로 for 문 실행
04	• flag 변수를 0으로 초기화
05~08	• j 변수에 "KualaLumpur"를 한 글자씩 대입하면서 for 문 실행 • i='t'일 때 if 문이 참이 되는 경우가 없음
09	• flag=0이므로 i 값인 't'를 출력
⋮	
03	• i='u'인 상태로 for 문 실행
04	• flag 변수를 0으로 초기화
05~08	• j 변수에 "KualaLumpur"를 한 글자씩 대입하면서 for 문 실행 • j='u'일 때 if 문이 참이 되어 flag=1이 되고 break를 만나 안쪽 for 문을 탈출
09	• flag=1이므로 if 문을 실행하지 않음

20 정답 ① 4, ② 32

해설

필드	설명	크기
Version	• IP 프로토콜의 버전 번호(IPv4)	4비트
IP Header Length	• 헤더 길이를 나타냄	4비트
ToS(Type of Service)	• IP 패킷이 가져야 하는 서비스 형태를 나타냄	8비트
Total Length	• IP 패킷의 전체 길이를 바이트 단위로 표시	16비트
Identification	• 식별자, 각 조각이 동일 데이터그램에 속하면 같은 일련 번호를 공유 • 단편화 시에만 필요	16비트
Flag	• 처음 1비트는 항상 0으로 설정, 나머지 2비트는 단편화 설정	3비트
TTL(Time To Live)	• IP 패킷의 수명	8비트
Protocol	• IP 계층 위에서 존재하는 상위 프로토콜이 무엇인지를 나타냄	8비트
Header Checksum	• 헤더의 오류 검사	16비트
Source/Destination Address	• 출발지/목적지 IP 주소	32비트

수제비 백/전/백/승 기출문제 2020년 1회 정답 및 해설

01 **정답** 살충제 패러독스는 동일한 테스트 케이스에 의한 반복적 테스트는 새로운 버그를 찾지 못한다는 테스트의 원리이다.

해설 소프트웨어 테스트의 원리는 다음과 같다.

원리	설명
테스팅은 결함이 존재함을 밝히는 것	• 결함이 존재함을 밝히는 활동 • 결함이 없다는 것을 증명할 수는 없음 • 결함을 줄이는 활동
완벽한 테스팅은 불가능	• 완벽하게 테스팅하려는 시도는 불필요한 시간과 자원낭비 • 무한 경로(한 프로그램 내의 내부조건은 무수히 많을 수 있음), 무한 입력값(입력이 가질 수 있는 모든 값의 조합이 무수히 많음)으로 인한 테스트 어려움
개발 초기에 테스팅 시작	• 조기 테스트 설계 시 장점: 테스팅 결과를 단시간에 알 수 있고, 테스팅 기간 단축, 재작업을 줄여 개발 기간 단축 및 결함 예방 • SW 개발 초기 체계적인 분석 및 설계가 수행되지 못하면 그 결과가 프로젝트 후반에 영향을 미치게 되어 비용이 커진다는 요르돈의 법칙 적용(Snowball Effect, 눈덩이 법칙)
결함집중	• 적은 수의 모듈에서 대다수의 결함이 발견됨 • 소프트웨어 테스트에서 오류의 80%는 전체 모듈의 20% 내에서 발견 • 파레토 법칙(Pareto Principle)의 내용인 80 대 20 법칙 적용
살충제 패러독스	• 동일한 테스트 케이스에 의한 반복적 테스트는 새로운 버그를 찾지 못함 • 테스트 케이스의 정기적 리뷰와 개선 및 다른 시각에서의 접근이 필요
테스팅은 정황에 의존적	• 소프트웨어의 성격에 맞게 테스트 실시 • 정황과 비즈니스 도메인에 따라 테스트를 다르게 수행
오류-부재의 궤변	• 요구사항을 충족시켜주지 못한다면, 결함이 없다고 해도 품질이 높다고 볼 수 없음

02 **정답** 데이터 마이닝은 대규모로 저장된 데이터 안에서 체계적이고 자동적으로 통계적 규칙이나 패턴을 찾아내는 기술이다.

해설 데이터 마이닝은 대규모 데이터에서 의미 있는 패턴을 파악하거나 예측하여 의사결정에 활용하는 기법이다.

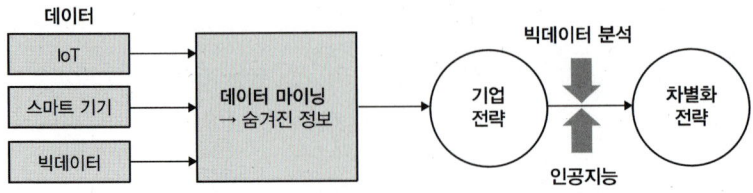

▲ 데이터마이닝 개념도

03 정답: 구문, 의미, 타이밍

해설 프로토콜의 3요소에는 구문, 의미, 타이밍이 있다.

프로토콜의 기본 3요소
「구의타」
구문 / 의미 / 타이밍

3요소	설명
구문(Syntax)	시스템 간의 정보 전송을 위한 데이터 형식, 코딩, 신호 레벨 등의 규정
의미(Semantic)	시스템 간의 정보 전송을 위한 제어 정보로 조정과 에러 처리를 위한 규정
타이밍(Timing)	시스템 간의 정보 전송을 위한 속도 조절과 순서 관리 규정

04 정답: XML(eXtensible Markup Language)

해설
- XML은 송·수신시스템 간 데이터 연계의 편의성을 위해서 전송되는 데이터 구조를 동일한 형태로 정의한다.
- 인간과 기계가 모두 이해할 수 있는 텍스트 형태로 마크업 포맷을 정의하기 위한 메타언어이다.
- 사용자가 직접 문서의 태그를 정의할 수 있으며, 다른 사용자가 정의한 태그를 사용할 수 있다.

05 정답: JSON(JavaScript Object Notation)

해설
- JSON은 비동기 브라우저·서버 통신(AJAX)을 위해 '속성-값 쌍', '키-값 쌍'으로 이루어진 데이터 오브젝트를 전달하기 위해 인간이 읽을 수 있는 텍스트를 사용하는 개방형 표준 포맷이다.
- AJAX(Asynchronous JavaScript and XML)에서 많이 사용되고 XML(eXtensible Markup Language)을 대체하는 주요 데이터 포맷이다.
- 언어 독립형 데이터 포맷으로 다양한 데이터 프로그래밍 언어에서 사용된다.
- 사람이 읽고 쓰기에 용이하며, 기계가 분석하고 생성하기에 용이하다.
- JSON의 문법은 다음과 같다.

구분	설명
구조	• name/value 쌍으로 구성 • '{' 로 시작하고 '}'로 끝남 • 배열은 대괄호 [ ]로 나타냄

사례	{
	　"이름": "수제비-빅데이터 분석기사",
	　"가격": 99999,
	　"출판사": "건기원",
	　"저자": "수제비 NCS 기술사 연구회",
	　"출간일":"2020-12-31",
	　"목차": ["빅데이터 수집", "빅데이터 저장", "빅데이터 처리"]
	}

도구	• Parser: JSON tex 파일을 해석하고 자바 오브젝트로 변환 • Renderer: 자바를 text로 표현 • Serializer: POJO를 JSON 표현으로 직렬화 • Mapper: POJO와 JSON을 매핑 • Validator: JSON 스키마를 이용해서 파일 내용 유효성 체크

06
정답 ① 200, ② 3, ③ 1

해설
- 단순 SELECT(조건검색)의 경우 전체 테이블의 튜플을 검색하기 때문에 200건(=50+100+50)이 조회된다.
- DISTINCT(중복 제거)의 경우 동일한 튜플을 제거하고 검색하기 때문에 '컴퓨터과' 1건, '인터넷과' 1건, '사무자동화과' 1건으로 총 3건이 조회된다.
- GROUP BY가 없을 때 전체 테이블에서의 튜플 개수를 COUNT를 통해 출력하기 때문에 출력값을 표현한 1개가 튜플이다.

07
정답 (대기 시간 + 서비스 시간) ÷ 서비스 시간

해설
- HRN은 대기 중인 프로세스 중 우선순위가 가장 높은 것을 선택하는 비선점형 스케줄링 알고리즘이다.
- 비선점형 스케줄링 알고리즘의 유형은 다음과 같다.

알고리즘 유형	동작 방식	특징
우선순위 (Priority)	• 프로세스별로 우선순위가 주어지고, 우선순위에 따라 CPU를 할당함 • 동일 순위는 FCFS	• 주요/긴급 프로세스에 대한 우선 처리 • 설정, 자원 상황 등에 따른 우선순위 선정
기한부 (Deadline)	• 작업들이 명시된 시간이나 기한 내에 완료되도록 계획	• 요청에 명시된 시간 내 처리를 보장
FCFS (Fist Come First Service)	• 프로세스가 대기 큐에 도착한 순서에 따라 CPU를 할당함 • FIFO 알고리즘이라고도 함	• 도착한 순서대로 처리
SJF (Shortest Job First)	• 프로세스가 도착하는 시점에 따라 그 당시 가장 작은 서비스 시간을 갖는 프로세스가 종료 시까지 자원 점유 • 준비 큐 작업 중 가장 짧은 작업부터 수행, 평균 대기 시간 최소 • CPU 요구 시간이 긴 작업과 짧은 작업 간의 불평등이 심하여, CPU 요구 시간이 긴 프로세스는 기아 현상 발생	• 기아 현상 발생 가능성
HRN (Highest Response Ratio Next)	• 대기 중인 프로세스 중 현재 응답률(Response Ratio)이 가장 높은 것을 선택 • SJF의 약점인 기아 현상을 보완한 기법으로 긴 작업과 짧은 작업 간의 불평등 완화 • HRN의 우선순위 = (대기 시간 + 서비스 시간) / 서비스 시간	• 기아 현상(starvation) 최소화 기법

08
정답 원자성(Atomicity), 격리성 또는 고립성(Isolation)

해설 트랜잭션의 특성은 다음과 같다.

특성	설명
원자성 (Atomicity)	• 분해가 불가능한 작업의 최소단위 • 연산 전체가 성공 또는 실패(All or Nothing) • 하나라도 실패할 경우 전체가 취소되어야 하는 특성
일관성 (Consistency)	• 트랜잭션이 실행 성공 후 항상 일관된 데이터베이스 상태를 보존해야 하는 특성
격리성 (Isolation)	• 트랜잭션 실행 중 생성하는 연산의 중간 결과를 다른 트랜잭션이 접근 불가한 특성
영속성 (Durability)	• 성공이 완료된 트랜잭션의 결과는 영속적으로 데이터베이스에 저장하는 특성

두음쌤 한마디

트랜잭션의 특성
「ACID」
Atomicity / **C**onsistency / **I**solation / **D**urability

09 정답▶ 랜드 어택(Land Attack)

해설▶ 랜드 어택은 출발지(Source) IP와 목적지(Destination) IP를 같은 패킷 주소로 만들어 보냄으로써 수신자가 자기 자신에게 응답을 보내게 하여 시스템의 가용성을 침해하는 공격 기법이다.

▲ 랜드 어택 개념도

10 정답▶ MD5

해설▶
- MD5는 RFC 1321로 지정되어 있으며, 로널드 라이베스트가 예전에 쓰이던 MD4를 대체하기 위해 고안한 128비트(bit) 해시 암호화(일방향 암호화) 알고리즘이다.
- 해시 암호화 알고리즘의 종류는 다음과 같다.

종류	설명
MD5(Message-Digest algorithm 5)	• 1991년 R.rivest가 MD4를 개선한 암호화 알고리즘으로 프로그램이나 파일의 무결성 검사에 사용 • 각각의 512bit짜리 입력 메시지 블록에 대해 차례로 동작하여 128bit의 해시값을 생성하는 해시 알고리즘
SHA-1(Secure Hash Algorithm)	• 1993년 NSA에서 미 정부 표준으로 지정되었고, DSA(Digital Signature Algorithm)에서 사용 • 160bit의 해시값을 생성하는 해시 알고리즘
SHA-256/384/512 (Secure Hash Algorithm)	• SHA(Secure Hash Algorithm) 알고리즘의 한 종류로서 256bit의 해시값을 생성하는 해시 함수 • AES(Advanced Encryption Standard, 미연방 표준 알고리즘)의 키 길이인 128, 192, 256bit에 대응하도록 출력 길이를 늘인 해시 알고리즘
HAS-160	• 국내 표준 서명 알고리즘 KCDSA(Korean Certificate-based Digital Signature Algorithm)를 위하여 개발된 해시 함수 • MD5와 SHA1의 장점을 취하여 개발된 해시 알고리즘

11 정답▶ ① 결합도, ② 응집도

해설▶
- 결합도는 모듈 내부가 아닌 외부의 모듈과의 연관도 또는 모듈 간의 상호의존성으로서 낮을수록 좋다.
- 응집도는 모듈의 독립성을 나타내는 개념이며, 모듈 내부 구성요소 간 연관 정도로서 높을수록 좋다.
- 결합도의 유형은 다음과 같다.

유형	설명
내용 결합도 (Content Coupling)	다른 모듈 내부에 있는 변수나 기능을 다른 모듈에서 사용하는 경우의 결합도
공통 결합도 (Common Coupling)	파라미터가 아닌 모듈 밖에 선언되어있는 전역 변수를 참조하고 전역 변수를 갱신하는 식으로 상호작용하는 경우의 결합도
외부 결합도 (External Coupling)	두 개의 모듈이 외부에서 도입된 데이터 포맷, 통신 프로토콜, 또는 디바이스 인터페이스를 공유할 경우의 결합도

두음쌤 한마디

결합도의 유형
「내공외제 스자」
내용 / 공통 / 외부 / 제어 / 스탬프 / 자료 결합도

유형	설명
제어 결합도 (Control Coupling)	단순 처리할 대상인 값만 전달되는 게 아니라 어떻게 처리를 해야 한다는 제어 요소가 전달되는 경우의 결합도
스탬프 결합도 (Stamp Coupling)	모듈 간의 인터페이스로 배열이나 객체, 구조 등이 전달되는 경우의 결합도
자료 결합도 (Data Coupling)	모듈 간의 인터페이스로 전달되는 파라미터를 통해서만 모듈 간의 상호작용이 일어나는 경우의 결합도

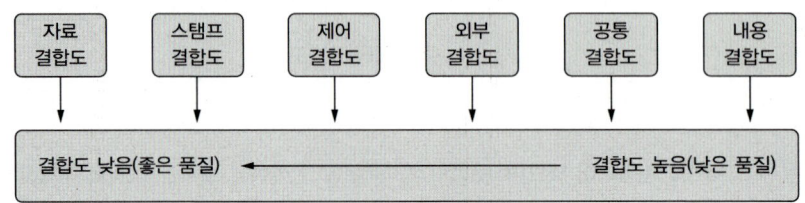

▲ 결합도와 품질

- 응집도의 유형은 다음과 같다.

유형	설명
우연적 응집도 (Coincidental Cohesion)	모듈 내부의 각 구성요소가 연관이 없을 경우의 응집도
논리적 응집도 (Logical Cohesion)	유사한 성격을 갖거나 특정 형태로 분류되는 처리 요소들이 한 모듈에서 처리되는 경우의 응집도
시간적 응집도 (Temporal Cohesion)	연관된 기능이라기보다는 특정 시간에 처리되어야 하는 활동들을 한 모듈에서 처리할 경우의 응집도
절차적 응집도 (Procedural Cohesion)	모듈이 다수의 관련 기능을 가질 때 모듈 안의 구성요소들이 그 기능을 순차적으로 수행할 경우의 응집도
통신적 응집도 (Communication Cohesion)	동일한 입력과 출력을 사용하여 다른 기능을 수행하는 활동들이 모여 있을 경우의 응집도
순차적 응집도 (Sequential Cohesion)	모듈 내에서 한 활동으로부터 나온 출력값을 다른 활동이 사용할 경우의 응집도
기능적 응집도 (Functional Cohesion)	모듈 내부의 모든 기능이 단일한 목적을 위해 수행되는 경우의 응집도

> **두음쌤 한마디**
>
> **응집도의 유형**
> 「우논시절 통순기」
> **우**연적 / **논**리적 / **시**간적 / **절**차적 / **통**신적 / **순**차적 / **기**능적 응집도

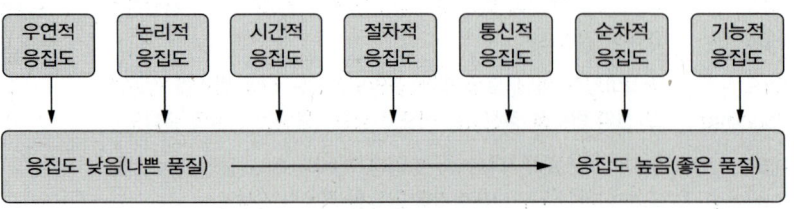

▲ 응집도와 품질

12 **정답** 50 75 85 95 100

해설 소스 코드는 거품 정렬(Bubble Sort)로서 두 인접한 원소를 검사하여 정렬하는 방법이다.

라인 수	설명
02	• main 함수부터 시작
03	• i와 j라는 이름의 정수형 변수 선언
04	• temp라는 이름의 정수형 변수 선언
05	• a라는 이름의 정수형 배열 5개를 선언하고, {75, 95, 85, 100, 50}으로 초기화
06	• i=0이고, i<4는 참이므로 반복문 실행
07	• j=0이고, j<4-i는 참이므로 반복문 실행
08~12	• j=0이므로 a[0]인 75와 a[1]인 95를 비교하면 a[j] > a[j+1]은 거짓이므로 if 문 안의 명령어를 실행하지 않음
07	• j=1이고, j<4-i는 참이므로 반복문 실행
08~12	• j=1이므로 a[1]인 95와 a[1]인 85를 비교하면 a[j] > a[j+1]은 참이므로 if 문 안의 명령어를 실행하면 a[j]와 a[j+1]의 값이 서로 바뀜
07	• j=2이고, j<4-i는 참이므로 반복문 실행
08~11	• j=2이므로 a[2]인 95와 a[3]인 100을 비교하면 a[j] > a[j+1]은 거짓이므로 if 문 안의 명령어를 실행하지 않음
07	• j=3이고, j<4-i는 참이므로 반복문 실행
08~12	• j=3이므로 a[3]인 100과 a[4]인 50을 비교하면 a[j] > a[j+1]은 참이므로 if 문 안의 명령어를 실행하면 a[j]와 a[j+1]의 값이 서로 바뀜
	• 바깥쪽 for 문이 한 번 수행되면 a[4]에 가장 큰 값인 100이 이동됨
07~14	• i++에 의해 i=1이고, i<4는 참이므로 바깥쪽 for 문을 수행 • 안쪽 for 문을 모두 반복하면 a[3]에 100을 제외한 값 중 가장 큰 값인 95가 이동됨
07~14	• i++에 의해 i=2이고, i<4는 참이므로 바깥쪽 for 문을 수행 • 안쪽 for 문을 모두 반복하면 a[2]에 95, 100을 제외한 값 중 가장 큰 값인 85가 이동됨

08~12 첫째 단계:

a[0]	a[1]	a[2]	a[3]	a[4]
75	95	85	100	50

08~12 둘째 단계:

a[0]	a[1]	a[2]	a[3]	a[4]
75	85	95	100	50

08~12 셋째 단계:

a[0]	a[1]	a[2]	a[3]	a[4]
75	85	95	50	100

07~14 i=1 결과:

a[0]	a[1]	a[2]	a[3]	a[4]
75	85	50	95	100

07~14 i=2 결과:

a[0]	a[1]	a[2]	a[3]	a[4]
75	50	85	95	100

라인 수	설명
07~14	• i++에 의해 i=3이고, i<4는 참이므로 바깥쪽 for 문을 수행 • 안쪽 for 문을 모두 반복하면 a[1]에 85, 95, 100을 제외한 값 중 가장 큰 값인 75가 이동됨 | a[0] | a[1] | a[2] | a[3] | a[4] | | 50 | 75 | 85 | 95 | 100 |
07	• i++에 의해 i=4이고, i<4는 거짓이므로 바깥쪽 for 문을 종료
15~17	• a[0]부터 a[4]의 값을 출력

13 정답 ▶ 0 1 2 3

해설

라인 수	설명
02	• main 메서드부터 실행
03	• i라는 이름의 정수형 변수를 선언
04	• a라는 이름의 정수형 배열을 선언하고, {0, 1, 2, 3}을 초깃값으로 저장
05~06	• i=0일 때 a[0]이므로 0번째 요소인 0이 출력
05~06	• i=1일 때 a[1]이므로 1번째 요소인 1이 출력
05~06	• i=2일 때 a[2]이므로 2번째 요소인 2가 출력
05~06	• i=3일 때 a[3]이므로 3번째 요소인 3이 출력

14 정답 ▶ -8

해설

라인 수	설명
02	• main 메서드부터 실행
03	• i라는 이름의 정수형 변수를 선언하고, 3으로 초기화
04	• k라는 이름의 정수형 변수를 선언하고, 1로 초기화
05	• i는 3이므로 case 3으로 진입
09	• k=0에 의해 k는 0이 됨 • break가 없으므로 다음 명령어 실행
10	• k+=3을 실행하여 k는 3이 됨 • break가 없으므로 다음 명령어 실행
11	• k-=10을 실행하여 k는 -7이 됨 • break가 없으므로 다음 명령어 실행
12	• k--를 실행하여 k는 -8이 됨
14	• k 값인 -8을 출력

15 정답 ▶ 헤더

해설
- 릴리즈 노트의 헤더는 문서 이름(릴리즈 노트 이름), 제품 이름, 버전 번호, 릴리즈 날짜, 참고 날짜, 노트 버전 등의 정보를 포함한다.
- 릴리즈 노트의 주요 작성 항목은 다음과 같다.

작성 항목	설명
헤더	• 문서 이름(릴리즈 노트 이름), 제품 이름, 버전 번호, 릴리즈 날짜, 참고 날짜, 노트 버전 등의 정보
개요	• 제품 및 변경에 대한 간략한 전반적 개요
목적	• 릴리즈 버전의 새로운 기능목록과 릴리즈 노트의 목적에 대한 개요, 버그 수정 및 새로운 기능 기술
이슈 요약	• 버그의 간단한 설명 또는 릴리즈 추가 항목 요약
재현 항목	• 버그 발견에 따른 재현 단계 기술
수정·개선 내용	• 수정·개선의 간단한 설명 기술
사용자 영향도	• 버전 변경에 따른 최종 사용자 기준의 기능 및 응용 프로그램상의 영향도 기술
소프트웨어 지원 영향도	• 버전 변경에 따른 소프트웨어의 지원 프로세스 및 영향도 기술
노트	• 소프트웨어 및 하드웨어 설치 항목, 제품, 문서를 포함한 업그레이드 항목 메모
면책 조항	• 회사 및 표준 제품과 관련된 메시지, 프리웨어 및 불법 복제 방지, 중복 등 참조에 대한 고지 사항
연락 정보	• 사용자 지원 및 문의에 관련한 연락처 정보

16 정답
- 프로젝트 개발 기간: 20개월
- 계산식: (30,000라인 ÷ 300라인) ÷ 5명 = 20개월

해설
- Man Month 모형은 한 사람이 1개월 동안 할 수 있는 일의 양을 기준으로 프로젝트 비용을 산정하는 방식이다.
- Man Month = LoC ÷ 프로그래머의 월간 생산성 = 30,000 ÷ 300 = 100개월
- 프로젝트 기간 = Man Month ÷ 프로젝트 인력 = 100 ÷ 5 = 20개월

17 정답 ▶ 비정규화는 정규화된 엔터티, 속성, 관계에 대해 성능 향상과 개발 운영의 단순화를 위해 중복, 통합, 분리 등을 수행하는 데이터모델링 기법이다.

해설
- 비정규화는 반정규화, 역정규화라고도 불린다.
- 비정규화의 주요 기법은 다음과 같다.

수행 방법	설명
테이블 병합	1:1 관계, 1:M 관계를 통합하여 조인 횟수를 줄여 성능을 향상
테이블 분할	테이블을 수직 또는 수평으로 분할하는 것으로 파티셔닝이라고 함
중복 테이블 추가	대량의 데이터들에 대한 집계 함수(GROUP BY, SUM 등)를 사용하여 실시간 통계 정보를 계산하는 경우에 효과적인 수행을 위해 별도의 통계 테이블을 두거나 중복 테이블을 추가
컬럼 중복화	조인 성능 향상을 위한 중복 허용
중복 관계 추가	데이터를 처리하기 위한 여러 경로를 거쳐 조인이 가능하지만, 이때 발생할 수 있는 성능 저하를 예방하기 위해 추가적 관계를 맺는 방법

18 정답: 물리 계층(Physical Layer)

해설
- 물리 계층은 OSI 7계층 중 1계층으로, 0과 1의 비트 정보를 회선에 보내기 위한 전기적 신호 변환으로서 전송단위는 비트(Bit)이다.
- OSI 7계층은 국제 표준화 기구인 ISO(International Standardization Organization)에서 개발한 컴퓨터 네트워크 프로토콜 디자인과 통신을 계층으로 나누어 설명한 개방형 시스템 상호 연결 모델이다.
- OSI 7계층의 특징은 다음과 같다.

계층 이름	설명	프로토콜	전송단위	장비
응용 계층 (Application Layer)	• 사용자와 네트워크 간 응용 서비스 연결, 데이터 생성	HTTP FTP	데이터 (Data)	호스트 (PC 등)
표현 계층 (Presentation Layer)	• 데이터 형식 설정, 부호교환, 암·복호화	JPEG MPEG		
세션 계층 (Session Layer)	• 송수신 간의 논리적인 연결 • 연결 접속, 동기제어	RPC NetBIOS		
전송 계층 (Transport Layer)	• 송수신 프로세스 간의 연결 • 신뢰성 있는 통신 보장 • 데이터 분할, 재조립, 흐름 제어, 오류 제어, 혼잡 제어	TCP UDP	세그먼트 (Segment)	L4 스위치
네트워크 계층 (Network Layer)	• 단말기 간 데이터 전송을 위한 최적화된 경로 제공	IP ICMP	패킷 (Packet)	라우터
데이터링크 계층 (Data Link Layer)	• 인접 시스템 간 데이터 전송, 전송 오류 제어 • 동기화, 오류 제어, 흐름 제어, 회선 제어	HDLC PPP	프레임 (Frame)	브리지, 스위치
물리 계층 (Physical Layer)	• 0과 1의 비트 정보를 회선에 보내기 위한 전기적 신호 변환	RS-232C	비트 (Bit)	허브, 리피터

> **두음쌤 한마디**
> OSI 7계층
> 「아파서 티내다, 피나다」
> Application(7) / Presentation(6) / Session(5) / Transport(4) / Network(3) / Data Link(2) / Physical(1)

19 정답: ① 처리량(Throughput), ② 응답 시간(Response Time), ③ 경과 시간(Turnaround Time)

해설 애플리케이션 성능 측정 지표는 다음과 같다.

지표	설명
처리량 (Throughput)	• 애플리케이션이 주어진 시간에 처리할 수 있는 트랜잭션의 수 • 웹 애플리케이션의 경우 시간당 페이지 수로 표현
응답 시간 (Response Time)	• 사용자 입력이 끝난 후, 애플리케이션의 응답 출력이 개시될 때까지의 시간 • 애플리케이션의 경우 메뉴 클릭 시 해당 메뉴가 나타나기까지 걸리는 시간
경과 시간 (Turnaround Time)	• 애플리케이션에 사용자가 요구를 입력한 시점부터 트랜잭션을 처리 후 그 결과의 출력이 완료될 때까지 걸리는 시간
자원 사용률 (Resource Usage)	• 애플리케이션이 트랜잭션을 처리하는 동안 사용하는 CPU 사용량, 메모리 사용량, 네트워크 사용량

> **두음쌤 한마디**
> 애플리케이션 성능 측정 지표
> 「처응경자」
> 처리량 / 응답시간 / 경과시간 / 자원 사용률

20 정답 ▶ F, H

해설 ▶
- 모듈에서 화살표가 나가는 경우 팬아웃(Fan-Out)이고, 모듈에서 화살표가 들어오는 경우 팬인(Fan-In)이라고 한다.
- 팬인(Fan-In)과 팬아웃(Fan-Out)의 개념 및 계산방법은 다음과 같다.

구분	팬인(Fan-In)	팬아웃(Fan-Out)
개념	• 어떤 모듈을 제어(호출)하는 모듈의 수	• 어떤 모듈에 의해 제어(호출)되는 모듈의 수
모듈 숫자 계산	• 모듈 자신을 기준으로 모듈에 들어오면 팬인(in)	• 모듈 자신을 기준으로 모듈에서 나가면 팬아웃(out)
고려사항	• 팬인이 높으면 재사용 측면에서 설계가 잘 되었지만, 단일 장애점 발생 가능 • 팬인이 높으면 관리 비용 및 테스트 비용 증가	• 팬아웃이 높을 경우는 불필요한 모듈 호출 여부 검토 필요 • 팬아웃이 높을 경우는 단순화 여부 검토 필요

모듈명	Fan-In 수	Fan-Out 수
A	0	3
B	1	2
C	1	2
D	1	1
E	1	1
F	2	1
G	1	1
H	2	0
I	1	0

수제비 백/전/백/승 기출문제 2020년 2회 정답 및 해설

01 **정답** 재해 복구 시간 또는 RTO(Recovery Time Objective)

해설 • 재해 복구 시간(RTO)은 비즈니스 연속성 계획(BCP)의 주요 용어로, 정보시스템 운영 중 서버가 다운되거나 자연재해나 시스템 장애 등 비상사태 또는 업무중단 시점부터 업무가 복구되어 다시 정상 가동될 때까지의 시간을 의미한다.
• 비즈니스 연속성 계획(BCP)의 주요 용어는 다음과 같다.

주요 용어	설명
BIA (Business Impact Analysis)	• 장애나 재해로 인해 운영상의 주요 손실을 볼 것을 가정하여 시간 흐름에 따른 영향도 및 손실평가를 조사하는 BCP를 구축하기 위한 비즈니스 영향 분석
RTO (Recovery Time Objective)	• 업무중단 시점부터 업무가 복구되어 다시 가동될 때까지의 시간 • 재해 시 복구 목표 시간의 선정
RPO (Recovery Point Objective)	• 업무중단 시점부터 데이터가 복구되어 다시 정상가동될 때 데이터의 손실 허용 시점 • 재해 시 복구 목표 지점의 선정
DRP (Disaster Recovery Plan)	• 재난으로 장기간에 걸쳐 시설의 운영이 불가능한 경우를 대비한 재난 복구 계획
DRS (Disaster Recovery System)	• 재해복구계획의 원활한 수행을 지원하기 위하여 평상시에 확보하여 두는 인적, 물적 자원 및 이들에 대한 지속적인 관리체계가 통합된 재해복구센터

02 **정답** {'한국', '중국', '베트남', '홍콩', '태국'}

해설 세트는 순서가 상관없은 컬렉션 자료형이므로 출력 순서는 상관없다.

라인 수	설명
01	• a라는 세트형 변수에 '일본', '중국', '한국'을 초기화
02	• '베트남'이라는 값을 추가
03	• '중국'이라는 값을 추가하는데 이미 '중국'이 존재하므로 무시
04	• '일본'이라는 값을 제거
05	• update를 통해 '홍콩', '한국', '태국'을 추가하는데, '한국'은 이미 있으므로 '홍콩', '태국'이 추가
06	• 세트 값을 출력

03 **정답** 비동기 통신 기법 또는 AJAX(Asynchronous JavaScript and XML)

해설 • AJAX는 브라우저가 가지고 있는 XMLHttpRequest 객체를 이용해서 전체 페이지를 새로 고치지 않고도 페이지 일부분만을 위한 데이터를 로드하는 기법이다.
• 하이퍼텍스트 표기 언어(HTML)만으로 어려운 다양한 작업을 웹 페이지에서 구현해 이용자가 웹 페이지와 자유롭게 상호작용할 수 있도록 하는 기술이다.

04 정답 애자일(방법론) 또는 Agile

해설
- 애자일 방법론은 절차보다는 사람이 중심이 되어 변화에 유연하고 신속하게 적응하면서 효율적으로 시스템을 개발할 수 있는 신속 적응적 경량 개발방법론이다.
- 소프트웨어 개발방법론의 종류는 다음과 같다.

종류	설명
구조적 방법론 (Structured Development)	• 전체 시스템을 기능에 따라 나누어 개발하고, 이를 통합하는 분할과 정복 접근 방식의 방법론 • 프로세스 중심의 하향식 방법론 • 구조적 프로그래밍 표현을 위해 나씨-슈나이더만(Nassi-Shneiderman) 차트 사용 **나씨-슈나이더만 차트 특징** • 논리의 기술에 중점을 둔 도형식 표현 방법 • 연속, 선택 및 다중 선택, 반복 등의 제어 논리 구조로 표현 • 조건이 복합되어 있는 곳의 처리를 시각적으로 명확히 식별하는 데 적합
정보공학 방법론 (Information Engineering Development)	• 정보 시스템 개발에 필요한 관리 절차와 작업 기법을 체계화한 방법론 • 개발주기를 이용해 대형 프로젝트를 수행하는 체계적인 방법론
객체지향 방법론 (Object-Oriented Development)	• '객체'라는 기본 단위로 시스템을 분석 및 설계하는 방법론 • 복잡한 현실 세계를 사람이 이해하는 방식으로 시스템에 적용하는 방법론 • 객체, 클래스, 메시지를 사용
컴포넌트 기반 방법론 (CBD; Component Based Development)	• 소프트웨어를 구성하는 컴포넌트를 조립해서 하나의 새로운 응용 프로그램을 작성하는 방법론 • 개발 기간 단축으로 인한 생산성 향상 • 새로운 기능 추가 쉬움(확장성) • 소프트웨어 재사용이 가능
애자일 방법론 (Agile Development)	• 절차보다는 사람이 중심이 되어 변화에 유연하고 신속하게 적응하면서 효율적으로 시스템을 개발할 수 있는 신속 적응적 경량 개발방법론 • 애자일은 개발 과정의 어려움을 극복하기 위해 적극적으로 모색한 방법론
제품 계열 방법론 (Product Line Development)	• 특정 제품에 적용하고 싶은 공통된 기능을 정의하여 개발하는 방법론 • 임베디드 소프트웨어를 작성하는 데 유용한 방법론 • 영역 공학과 응용 공학으로 구분 **영역 공학**: 영역 분석, 영역 설계, 핵심 자산을 구현하는 영역 **응용 공학**: 제품 요구분석, 제품 설계, 제품을 구현하는 영역

05 정답 new

해설 자바에서 클래스를 생성하기 위해서는 new라는 키워드를 써야 한다.

06 정답 SELECT 학번, 이름 FROM 학생 WHERE 학년 IN (3, 4);

해설
- WHERE절에서 IN은 다음과 같이 작성한다.

```
컬럼 IN (값1, 값2, …)
```

- WHERE절 조건에서는 비교, 범위, 집합, 패턴, NULL, 복합조건 등이 있다.

구분	연산자	설명
비교	=	• 값이 같은 경우 조회
	<>, !=	• 값이 다른 경우 조회
	<, <=, >, >=	• 비교 연산에 해당하는 데이터 조회
범위	BETWEEN	컬럼 BETWEEN 값1 AND 값2 • 값1보다 크거나 같고, 값2보다 작거나 같은 데이터 조회 • 다음과 동일한 결과 컬럼 >= 값1 AND 컬럼 <= 값2
집합	IN	컬럼 IN (값1, 값2, …) • 컬럼이 IN 안에 포함된 경우의 데이터 조회
	NOT IN	컬럼 NOT IN (값1, 값2, …) • 컬럼이 IN 안에 포함되어 있지 않은 경우의 데이터 조회
패턴	LIKE	컬럼 LIKE 패턴 • 컬럼이 패턴에 포함된 경우의 데이터 조회 % : 0개 이상의 문자열과 일치 [ ] : 1개의 문자와 일치 [^] : 1개의 문자와 불일치 _ : 특정 위치의 1개의 문자와 일치
NULL	IS NULL	컬럼 IS NULL • 컬럼이 NULL인 데이터 조회
	IS NOT NULL	컬럼 IS NOT NULL • 컬럼이 NULL이 아닌 데이터 조회
복합조건	AND	조건1 AND 조건2 • 조건1과 조건2 모두를 만족하는 데이터 조회
	OR	조건1 OR 조건2 • 조건1과 조건2 둘 중 하나를 만족하는 데이터 조회
	NOT, !	NOT 조건 • 조건에 해당하지 않는 데이터 조회

07

정답 트랜잭션 Rollback은 트랜잭션 처리 중 오류가 발생했을 때, 오류 이전의 특정 시점(SAVEPOINT, CHECKPOINT) 상태로 되돌려주는 제어어(명령어)이다.

해설 TCL(Transaction Control Language)은 트랜잭션 제어언어이며 명령어는 다음과 같다.

명령어	설명
커밋 (COMMIT)	트랜잭션 확정 트랜잭션을 메모리에 영구적으로 저장하는 명령어
롤백 (ROLLBACK)	트랜잭션 취소 트랜잭션 내역을 저장 무효화시키는 명령어
체크 포인트 (CHECKPOINT)	저장 시기 설정 ROLLBACK을 위한 시점을 지정하는 명령어

두음쌤 한마디

TCL 명령어
「커롤체」
커밋 / 롤백 / 체크 포인트

08

정답 IPSec(Internet Protocol Security)

해설
- IPSec는 IP 계층(3계층)에서 무결성과 인증을 보장하는 인증 헤더(AH)와 기밀성을 보장하는 암호화(ESP)를 이용한 IP 보안 프로토콜이다.
- IPSec의 주요 프로토콜은 다음과 같다.

프로토콜	설명
인증(AH) 프로토콜 (Authentication Header)	• 메시지 인증 코드(MAC)를 이용하여 인증과 송신처 인증을 제공해주는 프로토콜로 기밀성(암호화)은 제공하지 않는 프로토콜 • 무결성, 인증 제공
암호화(ESP) 프로토콜 (Encapsulation Security Payload)	• 메시지 인증 코드(MAC)와 암호화를 이용하여 인증과 송신처 인증과 기밀성을 제공하는 프로토콜 • 기밀성, 무결성, 인증 제공
키 관리(IKE) 프로토콜 (Internet Key Exchange)	• Key를 주고받는 알고리즘 • 공개된 네트워크를 통하여 Key를 어떻게 할 것인가를 정의, IKE 교환을 위한 메시지를 전달하는 프로토콜

09

정답 정적 분석 도구

해설
- 테스트 자동화 도구 중 정적 분석 도구는 만들어진 애플리케이션을 실행하지 않고 분석하는 도구이다.
- 대부분의 경우 소스 코드에 대한 코딩 표준, 코딩 스타일, 코드 복잡도 및 남은 결함을 발견하기 위하여 사용한다.
- 테스트를 수행하는 사람이 작성된 소스 코드에 대한 이해를 바탕으로 도구를 이용해서 분석하는 것을 말한다.

10

정답 Observer Pattern

해설 디자인 패턴 중 행위 패턴은 다음과 같다.

행위 패턴	설명
Mediator	• 객체지향 설계에서 객체의 수가 너무 많아지면 서로 간 통신을 위해 복잡해져서 객체지향에서 가장 중요한 느슨한 결합의 특성을 해칠 수 있기 때문에 이를 해결하는 방법으로 중간에 이를 통제하고 지시할 수 있는 역할을 하는 중재자를 두고, 중재자에게 모든 것을 요구하여 통신의 빈도수를 줄여 객체지향의 목표를 달성하게 해주는 디자인 패턴 • 상호작용의 유연한 변경을 지원
Interpreter	• 언어의 다양한 해석, 구체적으로 구문을 나누고 그 분리된 구문의 해석을 맡는 클래스를 각각 작성하여 여러 형태의 언어 구문을 해석할 수 있게 만드는 디자인 패턴

행위 패턴	설명
	• 문법 자체를 캡슐화하여 사용
Iterator	• 컬렉션 구현 방법을 노출시키지 않으면서도 그 집합체 안에 들어있는 모든 항목에 접근할 방법을 제공하는 디자인 패턴 • 내부구조를 노출하지 않고, 복잡 객체의 원소를 순차적으로 접근 가능하게 해주는 행위 패턴
Template Method	• 어떤 작업을 처리하는 일부분을 서브 클래스로 캡슐화해 전체 일을 수행하는 구조는 바꾸지 않으면서 특정 단계에서 수행하는 내역을 바꾸는 패턴으로 일반적으로 상위 클래스(추상 클래스)에는 추상 메서드를 통해 기능의 골격을 제공하고, 하위 클래스(구체 클래스)의 메서드에는 세부 처리를 구체화하는 방식으로 사용하며 코드 양을 줄이고 유지보수를 용이하게 만드는 특징을 갖는 디자인 패턴 • 상위 작업의 구조를 바꾸지 않으면서 서브 클래스로 작업의 일부분을 수행
Observer	• 한 객체의 상태가 바뀌면 그 객체에 의존하는 다른 객체들에 연락이 가고 자동으로 내용이 갱신되는 방법으로 일대 다의 의존성을 가지며 상호작용하는 객체 사이에서는 가능하면 느슨하게 결합하는 디자인 패턴 • 객체의 상태 변화에 따라 다른 객체의 상태도 연동, 일대다 의존
State	• 객체 상태를 캡슐화하여 클래스화함으로써 그것을 참조하게 하는 방식으로 상태에 따라 다르게 처리할 수 있도록 행위 내용을 변경하여, 변경 시 원시 코드의 수정을 최소화할 수 있고, 유지보수의 편의성도 갖는 디자인 패턴 • 객체의 상태에 따라 행위 내용을 변경
Visitor	• 각 클래스 데이터 구조로부터 처리 기능을 분리하여 별도의 클래스를 만들어 놓고 해당 클래스의 메서드가 각 클래스를 돌아다니며 특정 작업을 수행하도록 만드는 패턴으로, 객체의 구조는 변경하지 않으면서 기능만 따로 추가하거나 확장할 때 사용하는 디자인 패턴 • 특정 구조를 이루는 복합 객체의 원소 특성에 따라 동작을 수행할 수 있도록 지원하는 행위
Command	• 실행될 기능을 캡슐화함으로써 주어진 여러 기능을 실행할 수 있는 재사용성이 높은 클래스를 설계하는 패턴으로 하나의 추상 클래스에 메서드를 만들어 각 명령이 들어오면 그에 맞는 서브 클래스가 선택되어 실행되는 특징을 갖는 디자인 패턴 • 요구사항을 객체로 캡슐화
Strategy	• 알고리즘 군을 정의하고(추상 클래스) 같은 알고리즘을 각각 하나의 클래스로 캡슐화한 다음, 필요할 때 서로 교환해서 사용할 수 있게 하는 패턴으로, 행위를 클래스로 캡슐화해 동적으로 행위를 자유롭게 바꿀 수 있게 해주는 디자인 패턴 • 행위 객체를 클래스로 캡슐화해 동적으로 행위를 자유롭게 변환
Memento	• 클래스 설계 관점에서 객체의 정보를 저장할 필요가 있을 때 적용하는 디자인 패턴으로 Undo 기능을 개발할 때 사용하는 디자인 패턴 • 객체를 이전 상태로 복구시켜야 하는 경우, '작업취소(Undo)' 요청 가능
Chain of Responsibility	• 정적으로 어떤 기능에 대한 처리의 연결이 하드 코딩되어 있을 때 기능 처리의 연결 변경이 불가능한데, 이를 동적으로 연결된 경우에 따라 다르게 처리될 수 있도록 연결한 디자인 패턴 • 한 요청을 2개 이상의 객체에서 처리

 두음쌤 한마디

디자인 패턴 종류 - 행위패턴
「행 미인이 템옵 스테비커 스트메체」
행위(미디에이터 / 인터프리터 / 이터레이터 / 템플릿 메서드 / 옵저버 / 스테이트 / 비지터 / 커맨드 / 스트레티지 / 메멘토 / 체인 오브 리스판서빌리티)

11 정답 안드로이드(Android)

해설
- 안드로이드는 구글에서 개발한 운영체제로 리눅스 위에서 구동하며 휴대폰 전화를 비롯한 휴대용 장치를 위한 운영체제와 미들웨어, 사용자 인터페이스 그리고 표준 응용 프로그램(웹 브라우저, 이메일 클라이언트, 단문 메시지 서비스(SMS), MMS) 등을 포함하고 있는 소프트웨어 스택이자 리눅스 모바일 운영체제이다
- 안드로이드의 특징은 다음과 같다.

특징	설명
리눅스 기반	• 안드로이드는 리눅스 커널 위에서 동작
자바와 코틀린 언어	• 고수준 언어를 사용해 응용 프로그램을 작성 • 생산성이 높으며 전문 지식이 없어도 개발 가능
런타임 라이브러리	• 컴파일된 바이트 코드 구동 가능
안드로이드 소프트웨어 개발 키트(SDK)	• 응용 프로그램을 개발하는 데 필요한 각종 도구와 API를 제공

12 정답 CREATE INDEX IDX_NAME ON STUDENT(NAME);

해설
- CREATE INDEX는 인덱스를 생성하는 명령이다.
- UNIQUE는 생략 가능하고, 인덱스 걸린 컬럼에 중복 값을 허용하지 않는다.
- 복수 컬럼을 인덱스로 걸 수 있다.
- CREATE INDEX의 문법은 다음과 같다.

```
CREATE [UNIQUE] INDEX 인덱스명 ON 테이블명(컬럼명1, 컬럼명2, ...);
```

13 정답 SOAP(Simple Object Access Protocol)

해설
- SOAP는 HTTP, HTTPS, SMTP 등을 사용하여 XML 기반의 메시지를 네트워크 상태에서 교환하는 프로토콜이다.
- HTTP 프로토콜상에 SOAP Envelope, 헤더(Header), 바디(Body) 등이 추가된 XML 문서로 기본적인 송수신은 HTTP로 수행한다.
- SOAP은 보통의 경우 원격 프로시저 호출(RPC; Remote Procedure Call)을 하는 메시지 패턴을 사용한다.

14 정답 SQL Injection은 응용 프로그램의 보안 취약점을 이용해서 악의적인 SQL 구문을 삽입, 실행시켜서 데이터베이스(DB)의 접근을 통해 정보를 탈취하거나 조작 등의 행위를 하는 공격 기법이다.

해설 입력 데이터 검증 및 표현에 대한 취약점은 다음과 같다.

취약점	설명
XSS (Cross Site Scripting)	• 검증되지 않은 외부 입력 데이터가 포함된 웹 페이지가 전송되는 경우, 사용자가 해당 웹 페이지를 열람함으로써 웹 페이지에 포함된 부적절한 스크립트가 실행되는 공격
사이트 간 요청 위조 (CSRF)	• 사용자가 자신의 의지와는 무관하게 공격자가 의도한 행위를 특정 웹 사이트에 요청하게 하는 공격
SQL 삽입 (Injection)	• 응용 프로그램의 보안 취약점을 이용해서 악의적인 SQL 구문을 삽입, 실행시켜서 데이터베이스(DB)의 접근을 통해 정보를 탈취하거나 조작 등의 행위를 하는 공격 기법

15 정답 chmod 751 a.txt

해설
- chmod 명령은 기존 파일 또는 디렉토리에 대한 접근 권한을 변경할 때 사용한다.

- a.txt 파일에 대하여 사용자(user)에는 7(읽기(4)/쓰기(2)/실행(1) 권한 부여), 그룹(group)에는 5(읽기(4)/실행(1) 권한 부여), 그 외(other)에는 1(실행(1) 권한 부여)을 부여하는 명령어이다.
- 접근 권한 변경(chmod) 명령어의 구성은 아래와 같다.

[명령어 구문]

```
chmod [-R] permission file_name1 directory_name1 [file_name2 directory_name2..]
```

[구성요소]
- 옵션 -R: 하위 디렉토리와 파일의 권한까지 변경
- ermission: 기호나 8진수로 접근 권한을 지정
- permission의 종류는 Read, Write, eXcute로 파일을 (4)읽거나(r), (2)쓰거나(w), (1)실행(x)할 수 있는 3가지 모드로 구분 사용

16 정답 유효성

해설 UI 설계 원칙은 다음과 같다.

설계 원칙	설명
직관성(Intuitiveness)	누구나 쉽게 이해하고, 쉽게 사용할 수 있어야 함
유효성(Efficiency)	정확하고 완벽하게 사용자의 목표가 달성될 수 있도록 제작
학습성(Learnability)	초보와 숙련자 모두가 쉽게 배우고 사용할 수 있게 제작
유연성(Flexibility)	사용자의 인터랙션을 최대한 포용하고, 실수를 방지할 수 있도록 제작

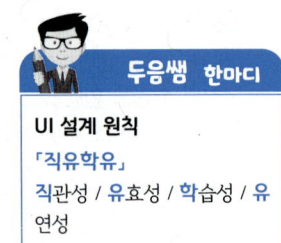

두음쌤 한마디

UI 설계 원칙
「직유학유」
직관성 / 유효성 / 학습성 / 유연성

17 정답 LOD(Linked Open Data)

해설
- Linked Open Data는 웹상에 존재하는 데이터를 개별 URI(Uniform Resource Identifier)로 식별하고, 각 URI에 링크 정보를 부여함으로써 상호 연결된 웹을 지향하는 데이터이다.
- HTTP, RDF, URI 등 웹 표준을 활용해서 데이터를 누구나 자유롭게 활용하고 재생산할 수 있도록 개방한 데이터이다.

18 정답 ① 개념적 데이터 모델링, ② 논리적 데이터 모델링, ③ 물리적 데이터 모델링

해설 데이터 모델링의 절차는 다음과 같다.

절차	설명
개념적 데이터 모델	• 현실 세계에 대한 인식을 추상적, 개념적으로 표현하여 개념적 구조를 도출하는 데이터 모델 • 트랜잭션 모델링, View 통합방법 및 Attribute 합성 고려 • 개념적 데이터 모델은 DB 종류와 관계없음 • 주요 산출물로는 개체관계 다이어그램이 있음 ▲ 개념적 데이터 모델
논리적 데이터	• 업무의 모습을 모델링 표기법으로 형상화하여 사람이 이해하기 쉽게 표현한 데이터 모델

절차	설명
모델	• 논리적 데이터 모델을 통해 "관계 데이터 모델", "계층 데이터 모델", "네트워크 데이터 모델", "객체지향 데이터 모델", "객체-관계 데이터 모델" 중 하나의 모델에 맞게 설계 • 목표 DBMS에 맞는 스키마 설계, 트랜잭션 인터페이스를 설계 • 논리적 데이터 모델링에서 정규화를 수행 • 논리적 데이터베이스 구조로 매핑(Mapping) • 스키마의 평가 및 정제 ▲ 논리적 데이터 모델
물리적 데이터 모델	• 논리 데이터 모델을 특정 DBMS의 특성 및 성능을 고려하여 물리적인 스키마를 만드는 일련의 데이터 모델 • 논리 데이터 모델을 사용하고자 하는 각 DBMS의 특성을 고려하여 데이터베이스 저장 구조(물리 데이터 모델)로 변환 • 테이블(Table), 인덱스(Index), 뷰(View), 파티션(Partition) 등 객체를 생성 • 응답시간, 저장 공간의 효율화, 트랜잭션 처리를 고려하여 설계 • 성능 측면에서 반정규화를 수행 • 레코드 집중의 분석 및 설계 • 저장 레코드 양식 설계 • 접근 경로(Access Path) 설계 ▲ 물리적 데이터 모델

두음쌤 한마디

데이터 모델링 절차
「개논물」
개념적 데이터 모델 / **논**리적 데이터 모델 / **물**리적 데이터 모델

19 정답 a=10

해설

라인 수	설명
17	• main 메서드부터 실행
12	• new B(10);에 의해 생성자를 호출 • B 생성자는 10을 넘겨받았으므로 a=10 • 자식 클래스의 생성자의 첫 번째 명령어가 super가 있는 경우 부모 클래스에서 어떤 생성자를 호출하는지 결정 • B(int a) 안에 첫 번째 명령어는 super(10);이므로 부모 클래스의 생성자는 파라미터로 정수형을 받는 생성자인 A(int a)를 호출
03	• A 생성자는 10을 넘겨받았으므로 a=10
04	• 클래스 내부 필드인 this.a에 a 값인 10을 대입
13	• 부모 클래스의 display 메서드를 호출
06	• display 메서드 호출
07	• 클래스 내부 필드인 a에 10이 저장되어 있으므로 "a="+10인 "a=10"을 출력

20 정답 형상관리

해설
- 형상 관리는 소프트웨어 개발을 위한 전체 과정에서 발생하는 모든 항목의 변경 사항을 관리하기 위한 활동이다.
- SW 생명 주기 동안 형상 관리를 통해 산출물을 체계적으로 관리하여 SW의 가시성, 추적성, 무결성 등의 품질 보증을 보장할 수 있다.
- 형상 관리의 절차는 다음과 같다.

절차	설명
형상 식별	• 형상 관리 대상을 정의 및 식별하는 활동 • 추적성 부여를 위해 ID와 관리번호를 부여 • 변경 관련 이슈 발생 시 ID와 관리번호를 이용하여 추적
형상 통제	• 형상 항목의 버전 관리를 위한 형상통제위원회 운영 • 변경요구 관리, 변경제어, 형상 관리 등 통제 지원 • 베이스라인에 대한 관리 및 형상 통제 수행 가능
형상 감사	• 소프트웨어 베이스라인의 무결성 평가 • 베이스라인 변경 시 요구사항과 일치 여부 검토
형상 기록	• 소프트웨어 형상 및 변경관리에 대한 각종 수행결과를 기록 • 형상결과 보고서 작성

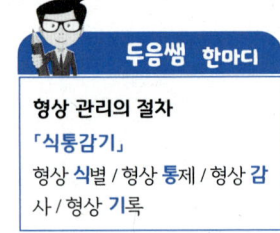

두음쌤 한마디

형상 관리의 절차
「식통감기」
형상 **식**별 / 형상 **통**제 / 형상 **감**사 / 형상 **기**록

수제비 백/전/백/승 기출문제 2020년 3회 정답 및 해설

01
정답 리팩토링의 목적에는 복잡한 코드의 단순화, 소스의 가독성을 통해 유지보수성 향상, 생산성 향상, 품질 향상이 있다.

해설
- 리팩토링은 소프트웨어 모듈의 외부적 기능은 수정하지 않고 내부적으로 구조, 관계 등을 단순화하여 소프트웨어의 유지보수성을 향상시키는 기법이다.
- 리팩토링의 목적은 다음과 같다.

목적	설명
유지보수성 향상	• 복잡한 코드의 단순화, 소스의 가독성 향상
유연한 시스템	• 소프트웨어 요구사항 변경에 유연한 대응
생산성 향상	• 정제 및 최적화된 소스의 재사용
품질 향상	• 소프트웨어 오류발견이 용이하여 품질향상

02
정답 0

해설 c는 이미 0이므로 어떤 값을 곱해도 0이 된다.

라인 수	설명
02	• main 함수부터 시작
03	• i와 c라는 이름의 정수형 변수를 선언하고, 두 변수 모두 0으로 초기화
04	• i=0이므로 i<10은 참이기 때문에 반복문을 수행
05	• i++에 의해 i=1이 됨
06	• c=0이므로 i인 1을 곱해도 c는 0이 됨
04	• i=1이므로 i<10은 참이기 때문에 반복문을 수행
05	• i++에 의해 i=2가 됨
06	• c=0이므로 i인 2를 곱해도 c는 0이 됨
...	...
04	• i=10이므로 i<10은 거짓이기 때문에 반복문을 종료
08	• c 값인 0을 출력

03
정답 OSPF(Open Shortest Path First)

해설
- 대표적인 내부 라우팅 프로토콜로 다익스트라 알고리즘을 이용한 대규모 네트워크에 적합한 링크 상태 라우팅 프로토콜로도 불리는 라우팅 프로토콜은 OSPF이다.
- OSPF의 특징은 다음과 같다.

특징	설명
다익스트라 알고리즘 사용	• 다익스트라(Dijkstra) 알고리즘 사용하는 내부 라우팅 프로토콜 • 링크 상태 라우팅 기반 메트릭(Metric) 정보를 한 지역(Area) 내 모든 라우터에 변경이 발생했을 때만 보내(Flooding)고 라우팅 테이블을 구성·계산
라우팅 메트릭 지정	• 최소 지연, 최대 처리량 등 관리자가 라우팅 메트릭 지정
AS 분할 사용	• 자치 시스템을 지역(Area)으로 나누어 라우팅을 효과적으로 관리
홉 카운트 무제한	• 홉 카운트에 제한이 없다.

04 정답 형상 통제는 형상 항목의 버전 관리를 위해서 변경 여부와 변경 활동을 통제하는 활동이다.

해설
- 형상 통제는 형상 항목의 형상 관리를 위해 형상통제위원회(CCB)를 운영하며, 소프트웨어 변경의 요구, 평가, 승인이 이루어진다.
- 형상 관리의 절차는 다음과 같다.

절차	설명
형상 식별	• 형상 관리 대상을 정의 및 식별하는 활동 • 추적성 부여를 위해 ID와 관리번호를 부여 • 변경 관련 이슈 발생 시 ID와 관리번호를 이용하여 추적
형상 통제	• 형상 항목의 버전 관리를 위한 형상통제위원회 운영 • 변경요구 관리, 변경제어, 형상 관리 등 통제 지원 • 베이스라인에 대한 관리 및 형상 통제 수행 가능
형상 감사	• 소프트웨어 베이스라인의 무결성 평가 • 베이스라인 변경 시 요구사항과 일치 여부 검토
형상 기록	• 소프트웨어 형상 및 변경관리에 대한 각종 수행결과를 기록 • 형상결과 보고서 작성

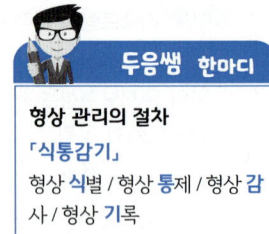

두음쌤 한마디
형상 관리의 절차
「식통감기」
형상 **식**별 / 형상 **통**제 / 형상 **감**사 / 형상 **기**록

05 정답 프로토콜(Protocol)

해설
- 프로토콜은 서로 다른 시스템이나 기기들 간의 데이터 교환을 원활히 하기 위한 표준화된 통신규약이다.
- 심리학자 톰 마릴은 컴퓨터가 메시지를 전달하고, 메시지가 제대로 도착했는지 확인하며, 도착하지 않았을 경우 메시지를 재전송하는 일련의 방법을 '기술적 은어'로 프로토콜이라고 정의했다.
- 통신을 위해 프로토콜이 가져야 하는 일반적인 기능에는 데이터 처리 기능, 제어 기능, 관리적 기능이 있다.

06 정답 ICMP(Internet Control Message Protocol)

해설
- ICMP는 IP 패킷을 처리할 때 발생하는 문제를 알려주는 프로토콜로, 메시지 형식은 8바이트의 헤더와 가변 길이의 데이터 영역으로 분리되어 있다.
- 수신지 도달 불가 메시지는 수신지 또는 서비스에 도달할 수 없는 호스트를 통지하는 데 사용한다.
- ICMP 프로토콜을 사용해서 ping 유틸리티의 구현을 통해 오류가 발생했음을 알리는 기능을 수행한다.

07 정답 1234561, 124567
또는
1234567, 124561

해설 결정 커버리지는 (각 분기의) 결정 포인트 내의 전체 조건식이 적어도 한 번은 참(T)과 거짓(F)의 결과를 수행해야 하기 때문에 첫 번째 분기문도 참, 거짓이 한 번씩 와야 하고, 두 번째 분기문도 참, 거짓이 한 번씩 와야 한다.
- 첫 번째 분기문과 두 번째 분기문이 둘 다 참일 경우: 1234561
- 첫 번째 분기문과 두 번째 분기문이 둘 다 거짓일 경우: 124567
- 첫 번째 분기문이 참이고, 두 번째 분기문이 거짓일 경우: 1234567
- 첫 번째 분기문이 거짓이고, 두 번째 분기문이 참일 경우: 124561
∴ 답은 2개(1234561, 124567 / 1234567, 124561)이다.

08 정답 SELECT 과목이름, MIN(점수) AS 최소점수, MAX(점수) AS 최대점수 FROM 성적
GROUP BY 과목이름 HAVING AVG(점수) >= 90;

해설
- GROUP BY 구문은 실제 구체적 데이터 분석 값을 보고자 하는 컬럼 단위를 선정할 때 사용되는 기준이 된다.
- HAVING 구문은 WHERE 구문 내에는 사용할 수 없는 집계 함수의 구문을 적용하여 복수 행의 계산 결과를 조건별로 적용하는 데 사용된다.
- 급여합계를 출력하기 위해서는 집계함수인 SUM을 사용한다. 다음 AS를 사용하여 명명한다.
- 집계 함수의 종류는 다음과 같다.

집계 함수	내용
COUNT	• 복수 행의 줄 수를 반환하는 함수
SUM	• 복수 행의 해당 컬럼 간의 합계를 계산하는 함수
AVG	• 복수 행의 해당 컬럼 간의 평균을 계산하는 함수
MAX	• 복수 행의 해당 컬럼 중 최댓값을 계산하는 함수
MIN	• 복수 행의 해당 컬럼 중 최솟값을 계산하는 함수
STDDEV	• 복수 행의 해당 컬럼 간의 표준편차를 계산하는 함수
VARIANCE	• 복수 행의 해당 컬럼 간의 분산을 계산하는 함수

09 정답 DELETE FROM 학생 WHERE 이름 = '민수';

해설 DELETE는 데이터의 내용을 삭제할 때 사용하는 명령어이다.

문법	설명
DELETE FROM 테이블명 WHERE 조건;	• 모든 레코드를 삭제할 때는 WHERE절 없이 DELETE를 사용 • 레코드를 삭제해도 테이블 구조는 남아 있어서 디스크에서 테이블을 완전히 삭제하는 DROP 명령과는 다름

10 정답 ÷

해설 순수 관계 연산자는 다음과 같다.

연산자	기호	표현	설명
셀렉트 (Select)	σ	$\sigma_{조건}(R)$	• 릴레이션 R에서 조건을 만족하는 튜플 반환
프로젝트 (Project)	π	$\pi_{속성리스트}(R)$	• 릴레이션 R에서 주어진 속성들의 값으로만 구성된 튜플 반환
조인 (Join)	$\bowtie$	$R \bowtie S$	• 공통 속성을 이용해 R과 S의 튜플들을 연결해 만들어진 튜플 반환
디비전 (Division)	÷	$R \div S$	• 릴레이션 S의 모든 튜플과 관련 있는 R의 튜플 반환

두음쌤 한마디

순수 관계 연산자
「셀프조디」
셀렉트 / 프로젝트 / 조인 / 디비전

11 정답 헝가리안 표기법은 식별자 표기 시 접두어에 자료형을 붙이는 표기법이다

해설 식별자 표기법은 다음과 같다.

표기법	설명
카멜 표기법 (Camel Case)	• 식별자 표기 시에 여러 단어가 이어지면 첫 단어 시작만 소문자로 표시하고, 각 단어의 첫 글자는 대문자로 지정하는 표기법 예 inputFunction

표기법	설명
파스칼 표기법 (Pascal Case)	• 식별자 표기 시에 여러 단어가 이어지면 각 단어의 첫 글자는 대문자로 지정하는 표기법 예) InputFunction
스네이크 표기법 (Snake Case)	• 식별자 표기 시에 여러 단어가 이어지면 단어 사이에 언더 바를 넣는 표기법 예) input_function
헝가리안 표기법 (Hungarian Case)	• 식별자 표기 시 두어에 자료형을 붙이는 표기법 • 식별자 표기 시에 int형일 경우 n, char형일 경우 c, 문자열일 경우 sz를 붙임 예) nScore → 정수형

12 정답▶ 블랙박스 테스트(명세 기반 테스트)

해설▶ 블랙박스 테스트의 유형은 다음과 같다.

유형	내용
동등분할 테스트=동치분할 테스트, 균등 분할 테스트, 동치 클래스 분해 테스트 (Equivalence Partitioning Testing)	• 입력 데이터의 영역을 유사한 도메인별로 유횻값/무횻값을 그룹핑하여 대푯값 테스트 케이스를 도출하여 테스트하는 기법
경곗값 분석 테스트=한곗값 테스트 (Boundary Value Analysis Testing)	• 등가 분할 후 경곗값 부분에서 오류 발생 확률이 높기 때문에 경곗값을 포함하여 테스트 케이스를 설계하여 테스트하는 기법 • 최솟값 바로 위, 최대치 바로 아래 등 입력값의 극한 한계를 테스트하는 기법
결정 테이블 테스트 (Decision Table Testing)	• 요구사항의 논리와 발생조건을 테이블 형태로 나열하여, 조건과 행위를 모두 조합하여 테스트하는 기법
상태 전이 테스트 (State transition testing)	• 테스트 대상·시스템이나 객체의 상태를 구분하고, 이벤트에 의해 어느 한 상태에서 다른 상태로 전이되는 경우의 수를 수행하는 테스트 기법
유스케이스 테스트 (Use Case Testing)	• 시스템이 실제 사용되는 유스케이스로 모델링 되어 있을 때 프로세스 흐름을 기반으로 테스트 케이스를 명세화하여 수행하는 테스트 기법
분류 트리 테스트 (Classification Tree Method Testing)	• SW의 일부 또는 전체를 트리 구조로 분석 및 표현하여 테스트 케이스를 설계하여 테스트하는 기법
페어와이즈 테스트 (Pairwise Testing)	• 테스트 데이터값 간에 최소한 한 번씩을 조합하는 방식이며, 이는 커버해야 할 기능적 범위를 모든 조합에 비해 상대적으로 적은 양의 테스트 세트를 구성하기 위한 테스트 기법
원인-결과 그래프 테스트 (Cause-Effect Graphing Testing)	• 그래프를 활용하여 입력 데이터 간의 관계 및 출력에 미치는 영향을 분석하여 효용성이 높은 테스트 케이스를 선정하여 테스트하는 기법
비교 테스트 (Comparison Testing)	• 여러 버전의 프로그램에 같은 입력값을 넣어서 동일한 결과 데이터가 나오는지 비교해 보는 테스트 기법
오류 추정 테스트 (Error Guessing Testing)	• 개발자가 범할 수 있는 실수를 추정하고 이에 따른 결함이 검출되도록 테스트 케이스를 설계하여 테스트하는 기법 • 특정 테스트 대상이 주어지면 테스트의 경험과 직관을 바탕으로 개발자가 범할 수 있는 실수들을 나열하고, 해당 실수에 따른 결함을 노출하는 테스트로 다른 블랙 박스 테스트 기법을 보완할 때 사용하는 기법

두음쌤 한마디

블랙박스 테스트 유형

「동경결상 유분페원비오」

동등분할 테스트 / **경**곗값 분석 테스트 / **결**정 테이블 테스트 / **상**태 전이 테스트 / **유**스케이스 테스트 / **분**류 트리 테스트 / **페**어와이즈 테스트 / **원**인-결과 그래프 테스트 / **비**교 테스트 / **오**류 추정 테스트

---

13 정답 ▶ 234

해설

라인 수	설명
11	• main 함수부터 시작
12	• r100 함수를 호출
08~09	• r100 함수의 반환값은 200+r10( )이므로 r10 함수를 호출
05~06	• r10 함수의 반환값은 30+r1( )이므로 r1 함수를 호출
02~03	• r1 함수의 반환값은 4이므로 r1 함수를 호출한 부분에 4를 반환
06	• 반환값은 30+r1()인데, r1 함수의 반환값은 4이므로 30+4=34가 됨 • r10을 호출한 부분에 34를 반환
09	• 반환값은 200+r10()인데, r10 함수의 반환값은 34이므로 200+34=234가 됨 • r100을 호출한 부분에 234를 반환
12	• r100 함수의 반환값은 234이므로 234를 출력

---

14 정답 ▶ DB 스키마는 데이터베이스의 구조, 제약조건 등의 정보를 담고 있는 기본적인 구조이다.

해설 ▶ 스키마는 데이터 정의어(DDL)의 대상이 되는 객체로서, DDL의 대상은 다음과 같다.

DDL 대상		설명
도메인 (Domain)		• 하나의 속성이 가질 수 있는 원자값들의 집합 • 속성의 데이터 타입과 크기, 제약조건 등의 정보
스키마 (Schema)		• 데이터베이스의 구조, 제약조건 등의 정보를 담고 있는 기본적인 구조 • 스키마는 외부/개념/내부 3계층으로 구성되어 있음
	외부 스키마 (External Schema)	• 사용자나 개발자의 관점에서 필요로 하는 데이터베이스의 논리적 구조 • 사용자 뷰를 나타냄 • 서브 스키마로 불림
	개념 스키마 (Conceptual Schema)	• 데이터베이스의 전체적인 논리적 구조 • 전체적인 뷰를 나타냄 • 개체 간의 관계, 제약조건, 접근 권한, 무결성, 보안에 대해 정의
	내부 스키마 (Internal Schema)	• 물리적 저장장치의 관점에서 보는 데이터베이스 구조 • 실제로 데이터베이스에 저장될 레코드의 형식을 정의하고 저장 데이터 항목의 표현 방법, 내부 레코드의 물리적 순서 등을 표현
테이블(Table)		• 데이터 저장 공간
뷰(View)		• 하나 이상의 물리 테이블에서 유도되는 가상의 테이블
인덱스(Index)		• 검색을 빠르게 하기 위한 데이터 구조

두음쌤 한마디

DDL 대상
「도스테뷰인」
도메인 / 스키마 / 테이블 / 뷰 / 인덱스

---

15 정답▶ Vehicle name: Spark

해설▶ 소스 코드는 main 함수부터 실행된다.

라인 수	설명
25	• main 메서드부터 실행
26	• Car라는 생성자를 실행하면서 매개변수로 "Spark"를 전달 • obj 변수에 Car 클래스가 생성됨
13	• Car 클래스의 생성자인 Car(String val)에 "Spark"를 넘겨주면 val = "Spark"이 됨
14	• setName("Spark");으로 호출 • setName은 Vehicle 클래스에 있으므로 Vehicle 클래스의 setName 메서드에 "Spark" 값을 전달
07	• setName 메서드에서 매개변수로 받은 "Spark"를 val 변수에 저장
08	• val 값인 "Spark"를 name이라는 변수에 저장
27	• obj 변수의 getName 메서드를 호출
04	• getName에 파라미터가 없으므로 부모 클래스의 getName() 메서드를 실행하게 되고, Vehicle의 getName에 있는 "Vehicle name:" + name;을 반환 • name은 이미 new Car("Spark")라는 생성자에 의해서 "Spark"라는 값으로 대입이 되었기 때문에 getName에서는 "Vehicle name:" + "Spark"인 "Vehicle name: Spark"를 받게 됨
27	• getName에서 반환받은 "Vehicle name: Spark"를 System.out.println 함수를 이용하여 출력

---

16 정답▶ 직관성은 누구나 쉽게 이해하고, 쉽게 사용할 수 있어야 하고 쉬운 검색, 쉬운 사용성, 일관성의 부특성을 가지고 있는 UI 설계 원칙이다.

해설▶ UI 설계 원칙은 다음과 같다.

설계 원칙	설명
직관성(Intuitiveness)	누구나 쉽게 이해하고, 쉽게 사용할 수 있어야 함
유효성(Efficiency)	정확하고 완벽하게 사용자의 목표가 달성될 수 있도록 제작
학습성(Learnability)	초보와 숙련자 모두가 쉽게 배우고 사용할 수 있게 제작
유연성(Flexibility)	사용자의 인터랙션을 최대한 포용하고, 실수를 방지할 수 있도록 제작

UI 설계 원칙
「직유학유」
직관성 / 유효성 / 학습성 / 유연성

17 정답 30

해설

라인 수	설명
02	• main 메서드부터 실행
03~04	• i, sum이라는 정수형 변수에 0을 초기화
05	• i=0이므로 i<10은 참
06	• i++에 의해 i=1이 됨
07~08	• i를 2로 나눴을 때가 1이면(i가 홀수이면) 참 • i=1이므로 if 문이 참이기 때문에 continue를 실행
05	• i=1이므로 i<10은 참
06	• i++에 의해 i=2가 됨
07~08	• i=2이므로 if 문이 거짓이므로 if 문 안의 명령어인 continue를 실행하지 않음
09	• sum 변수에 i 값인 2를 더해 sum은 2가 됨 • sum 변수는 i 값이 짝수일 때 더해지게 됨
...	
05	• i=9이므로 i<10은 참
06	• i++에 의해 i=10이 됨
07~08	• i=10이므로 if 문이 거짓이므로 if 문 안의 명령어인 continue를 실행하지 않음
09	• sum 변수에 i 값인 10을 더함 • i가 2, 4, 6, 8, 10일 때 sum += i;를 실행하게 되므로 2+4+6+8+10=30이 됨
05	• i=10이므로 i<10은 거짓
11	• sum 변수의 값인 30을 출력

18 정답 ① 포인트 투 포인트(Point-to-point), ② 허브 앤 스포크(Hub & Spoke)

해설 EAI의 구축 유형은 다음과 같다.

구축 유형	설명
포인트 투 포인트 (Point-to-Point)	• 가장 기초적인 애플리케이션 통합방법으로 1 : 1 단순 통합방법
허브 앤 스포크 (Hub & Spoke)	• 단일한 접점의 허브 시스템을 통하여 데이터를 전송하는 중앙 집중식 방식 • 허브 장애 시 전체 장애 발생
메시지 버스 (Message Bus)	• 애플리케이션 사이 미들웨어(버스)를 두어 연계하는 미들웨어 통합 방식 • 뛰어난 확장성과 대용량 데이터 처리 가능
하이브리드 (Hybrid)	• 그룹 내부는 허브 앤 스포크 방식을 사용하고, 그룹 간에는 메시지 버스 방식을 사용하는 통합 방식

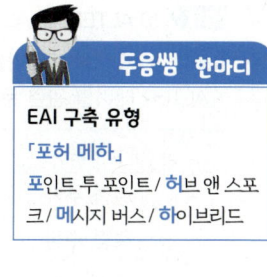

두음쌤 한마디

EAI 구축 유형
「포허 메하」
포인트 투 포인트 / 허브 앤 스포크 / 메시지 버스 / 하이브리드

19 **정답** 생성자는 해당 클래스의 객체가 생성될 때 자동으로 호출되는 특수한 종류의 메서드이다.

해설 • 생성자는 일반적으로 클래스의 멤버 변수를 초기화하거나 클래스를 사용하는 데 필요한 설정이 필요한 경우 사용한다.
- C++, 자바에서는 클래스 명과 동일한 메서드 명을 가지고, 반환 값이 없다.
- 파이썬에서는 __init__이라는 메서드 명을 사용하고, 첫 번째 매개변수로 self를 적어주며, 반환 값이 없다.

▼ C++에서 사용하는 생성자

```
class 클래스명 {
public:
    클래스명(데이터_타입 변수명, …) {
        명령어;
    }
};
```

▼ 자바에서 사용하는 생성자

```
public class 클래스명 {
    public 클래스명(데이터_타입 변수명, …) {
        명령어;
    }
}
```

▼ 파이썬에서 사용하는 생성자

```
class 클래스명:
    def __init__(self, 변수명, …) :
        명령어
```

20 **정답** ① ALTER, ② ADD

해설 • ALTER는 테이블에 필요한 컬럼을 추가하는 문법이다.
- ALTER 테이블 관련 문법은 다음과 같다.

구분	문법
컬럼 추가	• ALTER TABLE 테이블명 ADD 컬럼명 데이터타입 [제약조건];
컬럼 수정	• ALTER TABLE 테이블명 MODIFY 컬럼명 데이터타입 [제약조건];
컬럼 삭제	• ALTER TABLE 테이블명 DROP 컬럼명;

수제비 백/전/백/승 기출문제 2020년 4회 정답 및 해설

01 정답 ▶ IPv6

해설 ▶ IPv4와 IPv6 주소의 특징은 다음과 같다.

구분	설명
IPv4 주소	• IPv4의 주소체계는 10진수로 총 12자리이며, 네 부분으로 나뉜다. • 각 부분은 0~255까지 3자리의 수로 표현된다. • IPv4 주소는 32bit로 구성되어 있으며, 인터넷 사용자의 증가로 인해 주소 공간의 고갈로 128bit 주소체계를 갖는 IPv6가 등장, 점차 확산되고 있다.
IPv6 주소	• IPv4의 기존 32bit 주소 공간에서 벗어나, IPv6는 128bit 주소 공간을 제공하고, IPv6는 네트워크의 물리적 위치에 제한받지 않고 같은 주소를 유지한다.

02 정답 ▶ 행위

해설 ▶ 디자인 패턴의 유형은 다음과 같다.

구분	유형	설명
목적	생성	• 객체 인스턴스 생성에 관여, 클래스 정의와 객체 생성 방식을 구조화, 캡슐화를 수행하는 패턴
	구조	• 더 큰 구조 형성 목적으로 클래스나 객체의 조합을 다루는 패턴
	행위	• 클래스나 객체들이 상호작용하는 방법과 역할 분담을 다루는 패턴
범위	클래스	• 클래스 간 관련성(상속 관계를 다루는 패턴) • 컴파일 타임에 정적으로 결정
	객체	• 객체 간 관련성을 다루는 패턴 • 런타임에 동적으로 결정

03 정답 ▶ 패키지 다이어그램(Package Diagram)

해설 ▶ • 폴더 모양의 패키지와 점선으로 표시된 의존관계, ⟪import⟫라는 스테레오 타입 표기를 통해 패키지 다이어그램인지 파악할 수 있다.
• 패키지 다이어그램은 시스템의 서로 다른 패키지들 사이의 의존관계를 표현하기 위한 다이어그램으로 패키지와 의존관계로 표현한다.

패키지	• 요소들을 그룹으로 조직하기 위한 요소	주문
의존관계	• 하나의 패키지가 다른 패키지를 사용하는 관계 • 의존성의 성질을 나타내기 위해 스테레오 타입을 붙일 수 있음 • 스테레오 타입에는 ⟪import⟫, ⟪access⟫가 있음	⟶

04 정답 ▶ 즉각 갱신 회복 기법

해설 ▶ 회복 기법의 종류는 다음과 같다.

기법		설명
로그 기반 회복 기법	지연 갱신 회복 기법 (Deferred Update)	• 트랜잭션이 완료되기 전까지 데이터베이스에 기록하지 않는 기법
	즉각 갱신 회복 기법 (Immediate Update)	• 트랜잭션 수행 중 갱신 결과를 바로 DB에 반영하는 기법
체크 포인트 회복 기법 (Checkpoint Recovery)		• 장애 발생 시 검사점 이후에 처리된 트랜잭션에 대해서만 장애 발생 이전의 상태로 복원시키는 회복 기법
그림자 페이징 회복 기법 (Shadow Paging Recovery)		• 데이터베이스 트랜잭션 수행 시 복제본을 생성하여 데이터베이스 장애 시 이를 이용해 복구하는 기법

05 정답 ▶ ① n>0 또는 n>=1 또는 i<8 또는 i<=7
② n%2 또는 n&1

해설 ▶
- 십진수 n을 a의 배열을 이용해 2진수 값으로 저장한 후 출력을 하는 프로그램이다.
- 코드의 for 문을 보면 a[7] 번지부터 a[0] 번지 순으로 출력하기 때문에 a[0] 번지가 1의 자리가 된다.

라인 수	설명
02	• main 메서드부터 실행
03	• 정수형 8개짜리 a 배열 생성 • a 배열 안의 값은 전부 0으로 초기화
04	• i라는 이름의 변수를 선언 및 0으로 초기화
05	• n이라는 이름의 변수를 선언 및 10으로 초기화
06	• while 문 안에서 a[i++]이라는 코드를 보면 while 문이 a의 개수인 8번 이내로 반복해야 하므로 조건식은 i<8이 가능 • n 값으로 a[i] 값을 계산하므로 n이 0보다 클 때 반복할 수 있도록 조건식은 n>0이 가능
07	• a[i]에는 0과 1의 값이 들어가야 함(a는 2진수 값을 저장하기 때문에 0과 1만 값이 있어야 함) • n을 2로 나눴을 때 나머지가 이진수 변환하는데 필요로 하는 값이므로 ②에는 n%2가 됨
08	• n을 2로 나눔
10~12	• a[7] 번지부터 a[0] 번지 순으로 출력

06 정답 ▶ ① 3, ② 5

해설 ▶

라인 수	설명
02	• main 메서드부터 실행
03	• a 배열은 2차원 배열 • for 문에서 a[i][j]에서 i는 0, 1, 2이고, j는 0, 1, 2, 3, 4이므로 int[3개][5개]가 되어야 하므로 int [ ]a = new int[3][5];가 되어야 함
04	• i=0, 1, 2일 때 반복
05	• j=0, 1, 2, 3, 4일 때 반복

라인 수	설명					
06		j=0	j=1	j=2	j=3	j=4
	i=0	a[0][0]= 0*3+0+1=1	a[0][1]= 1*3+0+1=4	a[0][2]= 2*3+0+1=7	a[0][3]= 3*3+0+1=10	a[0][4]= 4*3+0+1=13
	i=1	a[1][0]= 0*3+1+1=2	a[1][1]= 1*3+1+1=5	a[1][2]= 2*3+1+1=8	a[1][3]= 3*3+1+1=11	a[1][4]= 4*3+1+1=14
	i=2	a[2][0]= 0*3+2+1=3	a[2][1]= 1*3+2+1=6	a[2][2]= 2*3+2+1=9	a[2][3]= 3*3+2+1=12	a[2][4]= 4*3+2+1=15
07	• a[i][j] 값 출력					
09	• 개행					

07 **정답** 스니핑은 공격 대상에게 직접 공격을 하지 않고 데이터만 몰래 들여다보는 수동적 공격 기법이다.

해설 네트워크 공격 기법은 다음과 같다.

공격 기법	설명
스니핑(Sniffing)	• 공격 대상에게 직접 공격을 하지 않고 데이터만 몰래 들여다보는 수동적 공격 기법
네트워크 스캐너(Scanner), 스니퍼(Sniffer)	• 네트워크 하드웨어 및 소프트웨어 구성의 취약점 파악을 위해 공격자가 취약점을 탐색하는 공격 도구
패스워드 크래킹 (Password Cracking)	• 사전(Dictionary) 크래킹 공격, 무차별(Brute Force) 크래킹 공격, 패스워드 하이브리드 공격, 레인보우 테이블 공격 활용 **사전(Dictionary) 크래킹**: 시스템 또는 서비스의 ID와 패스워드를 크랙하기 위해서 ID와 패스워드가 될 가능성이 있는 단어를 파일로 만들어 놓고 이 파일의 단어를 대입하여 크랙하는 공격 기법 **무차별(Brute Force) 크래킹**: 패스워드로 사용될 수 있는 영문자(대소문자), 숫자, 특수문자 등을 무작위로 패스워드 자리에 대입하여 패스워드를 알아내는 공격 기법 **패스워드 하이브리드 공격(Password Hybrid Attack)**: 사전 공격과 무차별 대입 공격을 결합하여 공격하는 기법 **레인보우 테이블 공격(Rainbow Table Attack)**: 패스워드별로 해시값을 미리 생성해서 테이블에 모아 놓고, 크래킹하고자 하는 해시값을 테이블에서 검색해서 역으로 패스워드를 찾는 공격 기법
IP 스푸핑 (IP Spoofing)	• 침입자가 인증된 컴퓨팅 시스템인 것처럼 속여서 타깃 시스템의 정보를 빼내기 위해서 본인의 패킷 헤더를 인증된 호스트의 IP 어드레스로 위조하여 타깃에 전송하는 공격 기법
ARP 스푸핑 (ARP Spoofing)	• ARP 스푸핑은 공격자가 특정 호스트의 MAC 주소를 자신의 MAC 주소로 위조한 ARP Reply를 만들어 희생자에게 지속적으로 전송하여 희생자의 ARP Cache Table에 특정 호스트의 MAC 정보를 공격자의 MAC 정보로 변경, 희생자로부터 특정 호스트로 나가는 패킷을 공격자가 스니핑하는 공격 기법
ICMP Redirect 공격	• ICMP 리다이렉트는 3계층에서 스니핑 시스템을 네트워크에 존재하는 또 다른 라우터라고 알림으로써 패킷의 흐름을 바꾸는 공격 기법 • ICMP Redirect 메시지를 공격자가 원하는 형태로 만들어서 특정 목적지로 가는 패킷을 공격자가 스니핑하는 공격 기법

공격 기법	설명
트로이 목마 (Trojan Horses)	• 악성 루틴이 숨어 있는 프로그램으로 겉보기에는 정상적인 프로그램으로 보이지만 실행하면 악성 코드를 실행하는 프로그램

08 정답 ▶ NAT(Network Address Transformation)

해설
- NAT는 보통 사설 네트워크에 속한 여러 개의 호스트가 하나의 공인 IP 주소를 사용하여 인터넷에 접속하기 위하여 사용한다.
- NAT를 통해 외부의 공인 IP 주소와 포트 주소에 해당하는 내부 IP 주소를 변환시켜서 통신을 수행한다.
- NAT 유형

유형	설명
Static NAT	• 사설 IP주소와 공인 IP주소가 1:1로 연결되는 구성
Dynamic NAT	• 사설 IP와 공인 IP주소가 N:1 또는 N:M으로 연결되는 구성 • 사설 IP를 가진 장치의 요청 시 동적으로 공인 IP주소 Table에서 할당하여 인터넷과 연결하는 방식

09 정답 ▶ [1, 2, 3]
7
123
45
6789

해설

라인 수	설명			
01	• 2차원 리스트를 lol 변수에 저장			
		1	lol[0][0]	lol[0]
		2	lol[0][1]	
		3	lol[0][2]	
		4	lol[1][0]	lol[1]
		5	lol[1][1]	
		6	lol[2][0]	lol[2]
		7	lol[2][1]	
		8	lol[2][2]	
		9	lol[2][3]	
02	• lol[0]은 1차원 리스트이므로 출력하면 lol[0]에 해당하는 [1 2, 3]이 출력됨			
03	• lol[2][1]은 2차원 리스트 안의 값이므로 출력하면 7이 출력됨			
04	• lol 변수는 [1, 2, 3]과 [4, 5], [6, 7, 8, 9]로 구성되어 있으므로 0번지 값인 [1, 2, 3]을 sub 변수에 저장			
05~06	• sub 변수는 1, 2, 3이므로 차례로 item 변수에 저장 • 첫 번째 반복일 때 item이 1이므로 1을 출력하고, end=''에 의해 개행하지 않음 • 두 번째 반복일 때 item이 2이므로 2를 출력하고, end=''에 의해 개행하지 않음 • 세 번째 반복일 때 item이 3이므로 3을 출력하고, end=''에 의해 개행하지 않음			
07	• 개행(다음에 print로 출력하면 개행이 됨)			
04	• lol 변수는 [1, 2, 3]과 [4, 5], [6, 7, 8, 9]로 구성되어 있으므로 1번지 값인 [4, 5]를 sub 변수에 저장			

라인 수	설명
05~06	• sub 변수는 4, 5이므로 차례로 item 변수에 저장 • 첫 번째 반복일 때 item이 4이므로 4를 출력하고, end=''에 의해 개행하지 않음 • 두 번째 반복일 때 item이 5이므로 5를 출력하고, end=''에 의해 개행하지 않음
07	• 개행(다음에 print로 출력하면 개행이 됨)
04	• lol 변수는 [1, 2, 3]과 [4, 5], [6, 7, 8, 9]로 구성되어 있으므로 2번지 값인 [6, 7, 8, 9]를 sub 변수에 저장
05~06	• sub 변수는 6, 7, 8, 9이므로 차례로 item 변수에 저장 • 첫 번째 반복일 때 item이 6이므로 6을 출력하고, end=''에 의해 개행하지 않음 • 두 번째 반복일 때 item이 7이므로 7을 출력하고, end=''에 의해 개행하지 않음 • 세 번째 반복일 때 item이 8이므로 8을 출력하고, end=''에 의해 개행하지 않음 • 네 번째 반복일 때 item이 9이므로 9를 출력하고, end=''에 의해 개행하지 않음
07	• 개행(다음에 print로 출력하면 개행이 됨)

10 정답 블록체인(Blockchain)

해설
- 블록체인은 분산 컴퓨팅 기술 기반의 데이터 위변조 방지 기술로 P2P 방식을 기반으로 하여 소규모 데이터들이 연결되어 형성된 '블록'이라는 분산 데이터 저장 환경에 관리 대상 데이터를 저장함으로써 누구도 임의로 수정할 수 없고 누구나 변경의 결과를 열람할 수 있게끔 만드는 기술이다.
- 블록체인 기술을 화폐(비트코인) 영역만 국한할 것이 아니라 각종 금융 상품, 공증, 스토리지, 소셜 서비스 등 다양한 서비스로 확장하고자 하는 사상이다.
- 블록체인 합의 알고리즘은 다음과 같다.

합의 알고리즘	설명
PoW (Proof of Work)	• 확률적으로 해답이 어려운 문제를 가장 빨리 해결한 사람에게 블록을 만들 수 있도록 허가하는 합의 알고리즘
PoS (Proof of Stake)	• 이더리움이 채택한 알고리즘으로 화폐량을 더 많이 소유하고 있는 승인 자가 우선하여 블록을 생성할 수 있는 알고리즘

11 정답 하둡(Hadoop)

해설
- 하둡은 오픈 소스를 기반으로 한 분산 컴퓨팅 플랫폼으로, 일반 PC급 컴퓨터들로 가상화된 대형 스토리지를 형성하고 그 안에 보관된 거대한 데이터 세트를 병렬로 처리할 수 있도록 개발된 자바 소프트웨어 프레임워크로 구글, 야후 등에 적용한 기술이다.
- 하둡은 빅데이터 기술로 오픈 소스를 기반으로 한 분산 컴퓨팅 플랫폼이다.
- 하둡은 HDFS와 MapReduce로 구성된다.

용어	설명
하둡 분산 파일 시스템 (HDFS)	• Hadoop Distributed File System의 약자 • 대용량 파일을 분산된 서버에 저장하고, 그 저장된 데이터를 빠르게 처리할 수 있게 하는 하둡 분산 파일 시스템
맵리듀스 (Map Reduce)	• 대용량 데이터 세트를 분산 병렬 컴퓨팅에서 처리하거나 생성하기 위한 목적으로 만들어진 소프트웨어 프레임워크 • 모든 데이터를 키-값(Key-Value) 쌍으로 구성, 데이터를 분류

12 정답: 삽입 이상, 삭제 이상, 갱신 이상

해설: 데이터베이스 이상 현상은 다음과 같다.

이상 현상	설명
삽입 이상	• 정보 저장 시 해당 정보의 불필요한 세부정보를 입력해야 하는 경우
삭제 이상	• 정보 삭제 시 원치 않는 다른 정보가 같이 삭제되는 경우
갱신 이상	• 중복 데이터 중에서 특정 부분만 수정되어 중복된 값이 모순을 일으키는 경우

두음쌤 한마디

이상 현상
「삽삭갱」
삽입 이상 / 삭제 이상 / 갱신 이상

13 정답: ① 준비(Ready), ② 실행(Running), ③ 대기(Waiting)

해설: 프로세스 상태 전이는 다음과 같다.

프로세스 상태	설명
생성(Create) 상태	• 사용자에 의해 프로세스가 생성된 상태
준비(Ready) 상태	• CPU를 할당받을 수 있는 상태 • 준비 리스트(Ready List): 각각 우선순위를 부여하여 가장 높은 우선순위를 갖는 프로세스가 다음 순서에 CPU를 할당받음
실행(Running) 상태	• 프로세스가 CPU를 할당받아 동작 중인 상태
대기(Waiting) 상태	• 프로세스 실행 중 입출력 처리 등으로 인해 CPU를 양도하고 입출력 처리가 완료까지 대기 리스트에서 기다리는 상태 • 대기 리스트(Waiting List): 우선순위가 존재하지 않음
완료(Complete) 상태	• 프로세스가 CPU를 할당받아 주어진 시간 내에 완전히 수행을 종료한 상태

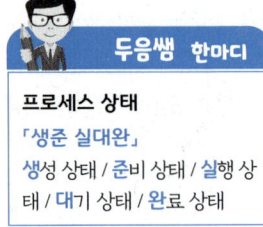

두음쌤 한마디

프로세스 상태
「생준 실대완」
생성 상태 / 준비 상태 / 실행 상태 / 대기 상태 / 완료 상태

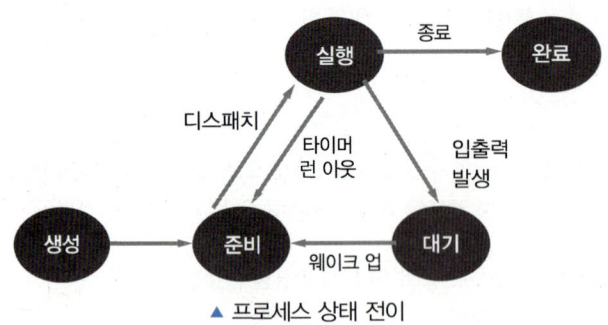

▲ 프로세스 상태 전이

14 정답: 샘플링(Sampling) 오라클

해설:
• 테스트 오라클은 테스트의 결과가 참인지 거짓인지를 판단하기 위해서 사전에 정의된 참값을 입력하여 비교하는 기법이다.
• 테스트 오라클의 유형은 다음과 같다.

유형	설명
참(True) 오라클	• 모든 입력값에 대하여 기대하는 결과를 생성함으로써 발생된 오류를 모두 검출할 수 있는 오라클
샘플링(Sampling) 오라클	• 특정한 몇 개의 입력값에 대해서만 기대하는 결과를 제공해주는 오라클

유형	설명
휴리스틱(Heuristic) 오라클	• 샘플링 오라클을 개선한 오라클로, 특정 입력값에 대해 올바른 결과를 제공하고, 나머지 값들에 대해서는 휴리스틱(추정)으로 처리하는 오라클
일관성 검사(Consistent) 오라클	• 애플리케이션 변경이 있을 때, 수행 전과 후의 결괏값이 동일한지 확인하는 오라클

15

정답 동치분할 테스트(검사) 또는 동등분할 테스트(검사)

해설
- 동등분할 테스트는 입력 데이터의 영역을 유사한 도메인별로 유효 값/무효 값을 그룹핑하여 대푯값 테스트 케이스를 도출하여 테스트하는 기법이다.
- 데이터 영역에 대해 경계에 가까운 값(0점, 60점 등)이 아닌 영역 내에 있는 일반 값들로 테스트하고 있으므로 동등분할 테스트이다.
- 동등분할 테스트는 동치분할 테스트, 균등분할 테스트, 동치 클래스 분해 테스트라고도 한다.
- 블랙박스 테스트 유형은 다음과 같다.

유형	내용
동등분할 테스트 = 동치분할 테스트, 균등분할 테스트, 동치 클래스 분해 테스트(Equivalence Partitioning Testing)	• 동등분할 테스트는 입력 데이터의 영역을 유사한 도메인별로 유효 값/무효 값을 그룹핑하여 대푯값 테스트 케이스를 도출하여 테스트하는 기법
경곗값 분석 테스트 = 한곗값 테스트 (Boundary Value Analysis Testing)	• 경곗값 분석 테스트는 등가 분할 후 경곗값 부분에서 오류 발생 확률이 높기 때문에 경곗값을 포함하여 테스트 케이스를 설계하여 테스트하는 기법 • 최솟값 바로 위, 최대치 바로 아래 등 입력값의 극한 한계를 테스트하는 기법
결정 테이블 테스트 (Decision Table Testing)	• 결정 테이블 테스트는 요구사항의 논리와 발생조건을 테이블 형태로 나열하여, 조건과 행위를 모두 조합하여 테스트하는 기법
상태 전이 테스트 (State transition testing)	• 상태 전이 테스트는 테스트 대상·시스템이나 객체의 상태를 구분하고, 이벤트에 의해 어느 한 상태에서 다른 상태로 전이되는 경우의 수를 수행하는 테스트 기법
유스케이스 테스트 (Use Case Testing)	• 유스케이스 테스트는 시스템이 실제 사용되는 유스케이스로 모델링되어 있을 때 프로세스 흐름을 기반으로 테스트 케이스를 명세화하여 수행하는 테스트 기법
분류 트리 테스트 (Classification Tree Method Testing)	• 분류 트리 테스트는 SW의 일부 또는 전체를 트리 구조로 분석 및 표현하여 테스트 케이스를 설계하여 테스트하는 기법
페어와이즈 테스트 (Pairwise Testing)	• 페어와이즈 테스트는 테스트 데이터값 간에 최소한 한 번씩을 조합하는 방식이며, 이는 커버해야 할 기능적 범위를 모든 조합에 비해 상대적으로 적은 양의 테스트 세트를 구성하기 위한 테스트 기법
원인-결과 그래프 테스트 (Cause-Effect Graphing Testing)	• 원인-결과 그래프 테스트는 그래프를 활용하여 입력 데이터 간의 관계 및 출력에 미치는 영향을 분석하여 효용성이 높은 테스트 케이스를 선정하여 테스트하는 기법
비교 테스트 (Comparison Testing)	• 비교 테스트는 여러 버전의 프로그램에 같은 입력값을 넣어서 동일한 결과 데이터가 나오는지 비교해 보는 테스트 기법

16
정답 SELECT 학과, COUNT(학과) AS 학과별튜플수 FROM 학생 GROUP BY 학과; 또는 SELECT 학과, COUNT(*) AS 학과별튜플수 FROM 학생 GROUP BY 학과;

해설
- 학과에 대한 집계를 하기 위해서는 GROUP BY절에 학과를 지정한다.
- 학과별 튜플의 개수를 구하기 위해서는 COUNT 함수를 사용하며, COUNT 함수에는 행의 개수를 판단할 수 있는 속성을 파라미터로 넣는다.
- COUNT(학과), COUNT(*) 모두 행의 개수를 판단할 수 있으므로 둘 중 아무거나 사용해도 무방하다.

17
정답 유닉스(Unix)

해설
- 유닉스는 교육 및 연구 기관에서 사용되는 범용 다중 사용자 방식의 시분할 운영체제이다.
- 유닉스는 처음부터 다양한 시스템에 서로 이식할 수 있고, 멀티태스킹과 다중 사용자를 지원하도록 설계되었다
- 유닉스 계열 운영체제의 특징은 다음과 같다.

특징	설명
대화식 운영체제 기능 제공	프롬프트가 나타난 상태에서 사용자가 명령을 입력하면 시스템은 그 명령을 수행하는 사용자 명령 기반의 대화식 운영체제 기능을 제공
다중 작업 기능 제공	다수의 작업(프로세스)이 중앙처리장치(CPU)와 같은 공용자원을 나누어 사용하여 한 번에 하나 이상의 작업을 수행하는 기능 제공
다중 사용자 기능 제공	여러 대의 단말(키보드와 모니터)이 하나의 컴퓨터에 연결되어서, 여러 사람이 동시에 시스템을 사용하여 각각의 작업을 수행할 수 있는 기능 제공
이식성 제공	90% 이상 C언어로 구현되어 있고, 시스템 프로그램이 모듈화되어 있어서 다른 하드웨어 기종으로 쉽게 이식 가능
계층적 트리 구조 파일 시스템 제공	유닉스는 계층적 트리 구조를 가짐으로써 통합적인 파일 관리가 용이

두음쌤 한마디

유닉스 계열 운영체제 특징
「**대다 사이계**」
대화식 운영체제 기능 제공 / **다**중 작업 기능 제공 / 다중 **사**용자 기능 제공 / **이**식성 제공 / **계**층적 트리 구조 파일 시스템 제공

18
정답 KOREA
EA
K
E
M

해설

라인 수	설명
02	main 함수부터 시작
03	char *p = "KOREA";라고 선언하게 되면 p라는 포인터에 KOREA라는 저장공간이 할당된 곳을 가리키게 됨

	K	O	R	E	A	NULL
	p[0]	p[1]	p[2]	p[3]	p[4]	p[5]
	*p	*(p+1)	*(p+2)	*(p+3)	*(p+4)	*(p+5)

라인 수	설명
04	• p는 &p[0]과 같으므로 printf("%s\n", p);는 p[0]번지에 있는 K부터 NULL 전의 값인 A까지 출력
	p == &p[0] ｜ • 배열+i == &배열[i]에서 배열 자리에 p를, i 자리에 0을 넣음
05	• p+3은 &p[3]과 같으므로 printf("%s\n", p+3);는 p[3]번지에 있는 E부터 NULL 전의 값인 A까지 출력
	p+1 == &p[1] ｜ • 배열+i == &배열[i]에서 배열 자리에 p를, i 자리에 1을 넣음
06	• *p는 p[0]과 같으므로 printf("%c\n", *p);는 p[0]번지 값인 K를 출력
	*p == p[0] ｜ • *(배열+i) == 배열[i];에서 배열 자리에 p를, i 자리에 0을 넣음
07	• *(p+3)은 p[3]과 같으므로 printf("%c\n", *(p+3));는 p[3]번지 값인 E를 출력
	*(p+3) == p[3] ｜ • *(배열+i) == 배열[i];에서 배열 자리에 p를, i 자리에 3을 넣음
08	• *p는 p[0]과 같고, *p+2는 p[0]에 2를 더한 것과 같으므로 printf("%c\n", *p+2);는 p[0]번지 값인 K에 4를 더한 M을 출력

19

정답 1

해설

라인 수	설명
14	• main 함수부터 실행
15	• Child 클래스의 인스턴스를 생성하고, obj 변수에 저장
11	• obj의 compute 메서드 호출 • compute 메서드는 오버라이딩 관계이므로 자식 클래스인 Child 클래스의 compute 메서드가 실행
08~12	• num이 4일 때 if 문이 거짓이므로 compute(3)+compute(1);를 실행
08~12	• num이 3일 때 if 문이 거짓이므로 compute(2)+compute(0);를 실행
08~12	• num이 2일 때 if 문이 거짓이므로 compute(1)+compute(-1);를 실행
08~12	• num이 1일 때 if 문이 참이므로 1을 반환
...	
16	• compute(4)의 반환값은 1이므로 1을 출력

• 4를 매개변수로 넘겨주어 soojebi 함수를 호출하고, 매개변수에 n-1값과 n-3값을 각각 재귀 호출한 값을 더하여 화면에 출력한다.

compute(n)	리턴값
compute(4)	• compute(3)+compute(1) = 0 + 1 = 1
compute(3)	• compute(2)+compute(0) = 0 + 0 = 0
compute(2)	• compute(1)+compute(-1) = 1 - 1 = 0
compute(1)	• 1
compute(0)	• 0
compute(-1)	• -1

• 최종적으로 compute(4)은 compute(3)+compute(1)이고, compute(3)은 0, compute(1)는 1이 되어 0과 1을 더한 1이 화면에 출력된다.

20 **정답** 가용성이란 권한을 가진 사용자나 애플리케이션이 원하는 서비스를 지속 사용할 수 있도록 보장하는 특성이다.

해설 SW 개발 보안의 3대 요소는 다음과 같다.

3대 요소	설명
기밀성 (Confidentiality)	• 인가되지 않은 개인 혹은 시스템 접근에 따른 정보 공개 및 노출을 차단하는 특성
무결성 (Integrity)	• 정당한 방법을 따르지 않고서는 데이터가 변경될 수 없으며, 데이터의 정확성 및 완전성과 고의/악의로 변경되거나 훼손 또는 파괴되지 않음을 보장하는 특성
가용성 (Availability)	• 권한을 가진 사용자나 애플리케이션이 원하는 서비스를 지속해서 사용할 수 있도록 보장하는 특성

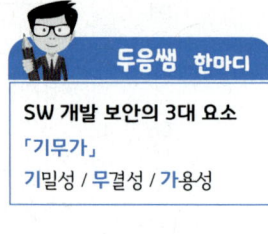

두음쌤 한마디

SW 개발 보안의 3대 요소
「기무가」
기밀성 / 무결성 / 가용성

수제비 백/전/백/승 기출문제 2021년 1회 정답 및 해설

01 정답 ▶ RARP

해설
- RARP(Reverse Address Resolution Protocol)는 IP 호스트가 자신의 물리 네트워크 주소(MAC)는 알지만, 논리적 주소인 IP 주소를 모르는 경우, 서버로부터 IP 주소를 요청하기 위해 사용하는 프로토콜이다.
- 네트워크 계층(3계층) 프로토콜에는 IP, ARP, RARP, ICMP, IGMP, 라우팅 프로토콜이 있다.

프로토콜	설명
IP (Internet Protocol)	• 송수신 간의 패킷 단위로 데이터를 교환하는 네트워크에서 정보를 주고받는 데 사용하는 통신 프로토콜
ARP (Address Resolution Protocol)	• IP 네트워크상에서 IP 주소를 MAC 주소(물리 주소)로 변환하는 프로토콜
RARP (Reverse Address Resolution Protocol)	• IP 호스트가 자신의 물리 네트워크 주소(MAC)는 알지만 IP 주소를 모르는 경우, 서버로부터 IP 주소를 요청하기 위해 사용하는 프로토콜
ICMP (Internet Control Message Protocol)	• IP 패킷을 처리할 때 발생하는 문제를 알려주는 프로토콜 메시지 형식은 8bit의 헤더와 가변 길이의 데이터 영역으로 분리 • 수신지 도달 불가 메시지는 수신지 또는 서비스에 도달할 수 없는 호스트를 통지하는 데 사용 • ICMP 프로토콜을 사용해서 ping 유틸리티의 구현을 통해 오류가 발생했음을 알리는 기능을 수행
IGMP (Internet Group Management Protocol)	• 인터넷 그룹 관리 프로토콜은 호스트 컴퓨터와 인접 라우터가 멀티캐스트 그룹 멤버십을 구성하는 데 사용하는 통신 프로토콜 • 화상회의, IPTV에서 활용되는 프로토콜 • IGMP 기능에는 그룹 가입, 멤버십 감시, 멤버십 응답, 멤버십 탈퇴가 있음
라우팅 프로토콜 (Routing Protocol)	• 데이터 전송을 위해 목적지까지 갈 수 있는 여러 경로 중 최적의 경로를 설정해 주는 라우터 간의 상호 통신 프로토콜

02 정답 ▶ ① 물리적 설계, ② 개념적 설계, ③ 논리적 설계

해설 ▶ DB 설계 절차에는 요구사항 분석, 개념적 설계, 논리적 설계, 물리적 설계, 구현이 있다.

절차	설명
요구사항 분석	• 사용자에게서 데이터베이스를 사용하는 용도를 파악함 • 다양한 요구사항을 수집하는 단계로 요구사항 명세서를 작성함
개념적 설계	• 요구사항 명세서를 기반으로 개념적 데이터 모델을 표현하며 E-R 다이어그램으로 표현할 수 있음
논리적 설계	• 목표 DBMS에 맞는 스키마 설계, 트랜잭션 인터페이스를 설계하는 정규화 과정을 수행함
물리적 설계	• 특정 DBMS의 특성 및 성능을 고려하여 데이터베이스 저장 구조로 변환하는 과정으로 결과로 나오는 명세서는 테이블 정의서 등이 있음
구현	• SQL 문을 실행하여 데이터베이스를 실제로 생성함

03 정답 ① 기능 또는 기능적, ② 비기능 또는 비기능적

해설 요구사항의 분류는 다음과 같다.

구분	기능적 요구사항	비기능적 요구사항
개념	• 시스템이 제공하는 기능, 서비스에 대한 요구사항	• 시스템이 수행하는 기능 이외의 사항, 시스템 구축에 대한 제약사항에 관한 요구사항
도출 방법	• 특정 입력에 대해 시스템이 어떻게 반응해야 하는지에 대한 기술 • 특정 상황에 대해 시스템이 어떻게 동작해야 하는지에 대한 기술	• 품질 속성에 관련하여 시스템이 갖춰야 할 사항에 관한 기술 • 시스템이 준수해야 할 제한 조건에 관한 기술
특성	• 기능성, 완전성, 일관성	• 신뢰성, 사용성, 효율성, 유지보수성, 이식성, 보안성 및 품질 관련 요구사항, 제약사항
사례	• 온라인 홈페이지에서는 쇼핑카트에 주문하고자 하는 품목을 저장할 수 있는 장바구니 기능을 제공해야 함 • 상품의 결제수단은 신용카드, 무통장 입금, 포인트 결제가 가능해야 함	• 특정 함수의 호출시간은 3초를 넘지 않아야 함 • 시스템은 하루 24시간 가동되어야 하며 가동률 99.5%를 만족해야 함 • 시스템은 운영되는 중에 패치 및 업그레이드를 할 수 있어야 함

04 정답 WSDL(Web Service Description Language)

해설
• WSDL은 웹 서비스명, 제공 위치, 메시지 포맷, 프로토콜 정보 등 웹 서비스에 대한 상세 정보가 기술된 XML 형식으로 구현된 언어이다.
• WSDL은 SOAP과 XML 스키마와 결합하여 인터넷상에 웹 서비스를 제공하기 위해 사용되기도 한다.

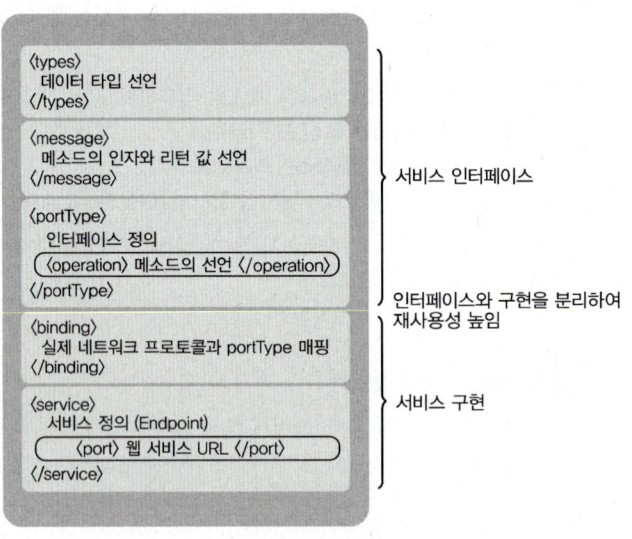

▲ WSDL 개념도

05 정답 SKIDDP

해설

라인 수	설명
04	• s 변수에 Soojebi 클래스의 인스턴스를 저장
05	• str01은 비어 있는 문자열을 대입

라인 수	설명
06	• for 문에서 s.li에 있는 값을 하나씩 i 변수에 저장하면서 반복 • i에 s.li의 0번지 값인 "Seoul"을 대입
07	• str01은 비어 있는 문자열이고, i[0]은 i 0번지 문자인 S이므로 '' + 'S'는 'S'가 되어 str01에 저장됨
06	• i에 s.li의 1번지 값인 "Kyeonggi"를 대입
07	• str01은 'S'이고, i[0]은 i 0번지 문자인 K이므로 'S' + 'K'는 'SK'가 되어 str01에 저장됨
06	• i에 s.li의 2번지 값인 "Inchon"을 대입
07	• str01은 'SK'이고, i[0]은 i 0번지 문자인 I이므로 'SK' + 'I'는 'SKI'가 되어 str01에 저장됨
06	• i에 s.li의 3번지 값인 "Daejeon"을 대입
07	• str01은 'SKI'이고, i[0]은 i 0번지 문자인 D이므로 'SKI' + 'D'는 'SKID'가 되어 str01에 저장됨
06	• i에 s.li의 4번지 값인 "Daegu"를 대입
07	• str01은 'SKID'이고, i[0]은 i 0번지 문자인 D이므로 'SKID' + 'D'는 'SKIDD'가 되어 str01에 저장됨
06	• i에 s.li의 5번지 값인 "Pusan"을 대입
07	• str01은 'SKIDD'이고, i[0]은 i 0번지 문자인 D이므로 'SKIDD' + 'P'는 'SKIDDP'가 되어 str01에 저장됨
08	• str01 값인 문자열 'SKIDDP'를 출력

06 정답 1

해설
• EMPNO > 100이므로 EMPNO가 100 초과인 200, 300이 해당하며 SAL >= 3000이므로 SAL은 3000만 해당한다.
• 두 조건이 and이므로 둘 다 참인 데이터만 해당하며 count 결과는 1이 된다.

EMPNO	SAL
200	3000

07 정답 3
1
45
50
89

해설

라인 수	설명
02	• main 메서드부터 실행
03	• arr이라는 이름의 2차원 배열 생성 {| 45	arr[0][0]	arr[0] | | 50 | arr[0][1] | | | 75 | arr[0][2] | | | 89 | arr[1][0] | arr[1] |}
04	• arr[0]은 {45, 50, 75} 3개이므로 3이 출력됨
05	• arr[1]은 {89} 1개이므로 1이 출력됨
06	• arr[0][0]의 값인 45가 출력
07	• arr[0][1]의 값인 50이 출력
08	• arr[1][0]의 값인 89가 출력

08 정답: 반정규화 또는 비정규화 또는 역정규화

해설
- 반정규화(De-Normalization)는 정규화된 엔터티, 속성, 관계에 대해 성능 향상과 개발 운영의 단순화를 위해 중복, 통합, 분리 등을 수행하는 데이터 모델링의 기법으로 비정규화, 역정규화라고도 불린다.
- 반정규화를 위해서는 데이터의 일관성과 무결성을 우선으로 할지 데이터베이스의 성능과 단순화에 우선순위를 둘 것인지를 비교하여 조정하는 과정이 중요하다.

▼ 반정규화 기법

구분	수행 방법	설명
테이블	테이블 병합	• 1:1 관계, 1:M 관계를 통합하여 조인 횟수를 줄여 성능을 향상 • 슈퍼타입/서브 타입 테이블 통합 통해 성능 향상
	테이블 분할	• 테이블을 수직 또는 수평으로 분할하는 것으로 파티셔닝이라고 함 **수평 분할**: • 테이블 분할에 레코드를 기준으로 활용 **수직 분할**: • 하나의 테이블이 가지는 컬럼의 개수가 증가하는 경우 활용 • 갱신 위주의 속성 분할, 자주 조회되는 속성 분할, 크기가 큰 속성 분할, 보안을 적용해야 하는 속성 분할
	중복 테이블 추가	• 대량의 데이터들에 대한 집계 함수(GROUP BY, SUM 등)를 사용하여 실시간 통계정보를 계산하는 경우에 효과적인 수행을 위해 별도의 통계 테이블을 두거나 중복 테이블을 추가 **집계 테이블 추가**: • 집계 데이터를 위한 테이블을 생성하고, 각 원본 테이블에 트리거를 설정하여 사용하는 것으로, 트리거의 오버헤드에 유의 필요 **진행 테이블 추가**: • 이력 관리 등의 목적으로 추가하는 테이블로, 적절한 데이터양의 유지와 활용도를 높이기 위해 기본 키를 적절히 설정 **특정 부분만을 포함하는 테이블 추가**: • 데이터가 많은 테이블의 특정 부분만을 사용하는 경우 해당 부분만으로 새로운 테이블을 생성
컬럼	컬럼 중복화	• 조인 성능 향상을 위한 중복 허용
관계	중복관계 추가	• 데이터를 처리하기 위한 여러 경로를 거쳐 조인이 가능하지만, 이때 발생할 수 있는 성능 저하를 예방하기 위해 추가적 관계를 맺는 방법

09 정답: ① 경곗값 분석, ② 동등분할

해설 블랙박스 테스트에는 대표적으로 경곗값 분석 테스트와 동등분할 테스트가 있다.

경곗값 분석 테스트 (Boundary Value Analysis Testing)	• 등가분할 후 경곗값 부분에서 오류 발생 확률이 높으므로 경곗값을 포함하여 테스트 케이스를 설계하여 테스트하는 기법 • 최솟값 바로 위, 최대치 바로 아래 등 입력값의 극한 한계를 테스트하는 기법으로 한 곗값 테스트라고도 함 • 경곗값은 클래스 간의 경곗값, 경계 바로 위 값, 경계 바로 아래 값이 있음
동등분할 테스트 (Equivalence Partitioning Testing)	• 입력 데이터의 영역을 유사한 도메인별로 유횻값/무효 값을 그룹핑하여 대푯값 테스트 케이스를 도출하는 테스트 • 동치분할 테스트, 균등 분할 테스트, 동치 클래스 분해 테스트라고도 함

10 정답 ① ㄹ, ② ㅁ

해설
- 테스트 레벨의 종류에는 테스트 레벨에 따라 단위 테스트, 통합 테스트, 시스템 테스트, 인수 테스트가 있다.
- 인수 테스트에는 알파, 베타 테스트가 있다.

테스트	설명
단위 테스트	• 사용자 요구사항에 대한 단위 모듈, 서브루틴 등을 테스트하는 단계
통합 테스트	• 단위 테스트를 통과한 모듈 사이의 인터페이스, 통합된 컴포넌트 간의 상호작용을 검증하는 테스트 단계
시스템 테스트	• 통합된 단위 시스템의 기능이 시스템에서 정상적으로 수행되는지를 검증하는 테스트 단계
인수 테스트	• 계약상의 요구사항이 만족하였는지 확인하기 위한 테스트 단계
알파 테스트	• 선택된 사용자(회사 내의 다른 사용자 또는 실제 사용자)가 개발자 환경에서 통제된 상태로 개발자와 함께 수행하는 인수 테스트
베타 테스트	• 실제 환경에서 일정 수의 사용자에게 대상 소프트웨어를 사용하게 하고 피드백을 받는 인수 테스트
회귀 테스트	• 오류를 제거하거나 수정한 시스템에서 오류 제거와 수정 때문에 새로이 유입된 오류가 없는지 확인하는 일종의 반복 테스트 기법

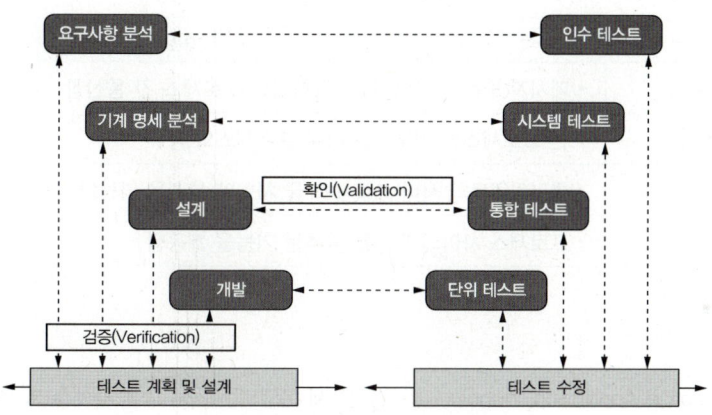

▲ V 모델과 테스트 레벨

11 정답 ① 128, ② 8

해설
- IPv6는 주소길이가 128bit고 IPv4는 32bit다.
- IPv4는 8비트씩 네 부분으로 나누어 표현할 수 있다.

▼ IPv4와 IPv6 특징

구분	IPv4	IPv6
주소 길이	32Bit	128bit
표시 방법	8비트씩 4부분으로 나뉜 10진수(192.168.10.1)	16bit씩 8부분으로 나뉜 16진수(2001:9e76:...:e11c)
주소 개수	약 43억 개	3.4×10^{38}
주소 할당	A, B, C, D 등 클래스 단위 비순차적 할당(비효율적)	네트워크 규모 및 단말기 수에 따른 순차적 할당(효율적)

구분	IPv4	IPv6
품질 제어	품질보장 곤란	등급별, 서비스별로 패킷 구분 가능해 품질보장 용이(QoS)
헤더 크기	가변	고정
QoS	Best Effort 방식 / 보장 곤란	등급별, 서비스별 패킷 구분 보장
보안 기능	IPSec 프로토콜 별도 설치	확장기능에서 기본 제공
Plug&Play	지원 안함	지원
모바일 IP	곤란	용이
웹 캐스팅	곤란	용이
전송방식	유니캐스트, 멀티캐스트, 브로드캐스트	유니캐스트, 멀티캐스트, 애니캐스트

12 정답 IPC

해설
- IPC(Inter-Process Communication)는 프로세스 간 통신 기술이다.
- IPC 기법에는 메시지 큐, 공유메모리, 소켓, 세마포어가 있다.

기법	설명
메시지 큐	• 메시지(또는 패킷) 단위로 동작하여 프로세스 간 통신함
공유메모리	• 한 프로세스의 일부분을 다른 프로세스와 공유
소켓	• 클라이언트와 서버 프로세스 둘 사이에 통신을 가능하게 함
세마포어	• 프로세스 사이의 동기를 맞추는 기능을 제공함

13 정답 EAI

해설
- EAI(Enterprise Application Integration)는 기업에서 운영되는 서로 다른 플랫폼 및 애플리케이션 간의 정보를 전달, 연계, 통합이 가능하도록 해주는 솔루션이다.
- EAI를 사용함으로써 각 비즈니스 간 통합 및 연계성을 증대시켜 효율성을 높여 줄 수 있으며 각 시스템 간의 확장성을 높여 줄 수 있다.
- EAI 구축 유형에는 포인트 투 포인트, 허브 앤 스포크, 메시지 버스, 하이브리드가 있다.

▼ EAI 구축 유형

구축 유형	개념도	설명
포인트 투 포인트 (Point-to-point)		• 가장 기초적인 애플리케이션 통합방법으로 1:1 단순 통합방법 • 장점으로는 솔루션을 구매하지 않고 개발자 간의 커뮤니케이션을 통해서도 통합 가능

구축 유형	개념도	설명
허브 앤 스포크 (Hub & Spoke)		• 단일한 접점의 허브 시스템을 통하여 데이터를 전송하는 중앙 집중식 방식 • 허브 장애 시 전체 장애 발생
메시지 버스 (Message Bus)		• 애플리케이션 사이 미들웨어(버스)를 두어 연계하는 미들웨어 통합 방식 • 뛰어난 확장성과 대용량 데이터 처리 가능
하이브리드 (Hybrid)		• 그룹 내는 허브 앤 스포크 방식을 사용하고, 그룹 간에는 메시지 버스 방식을 사용하는 통합 방식 • 그룹 내 환경에 맞는 작업 가능

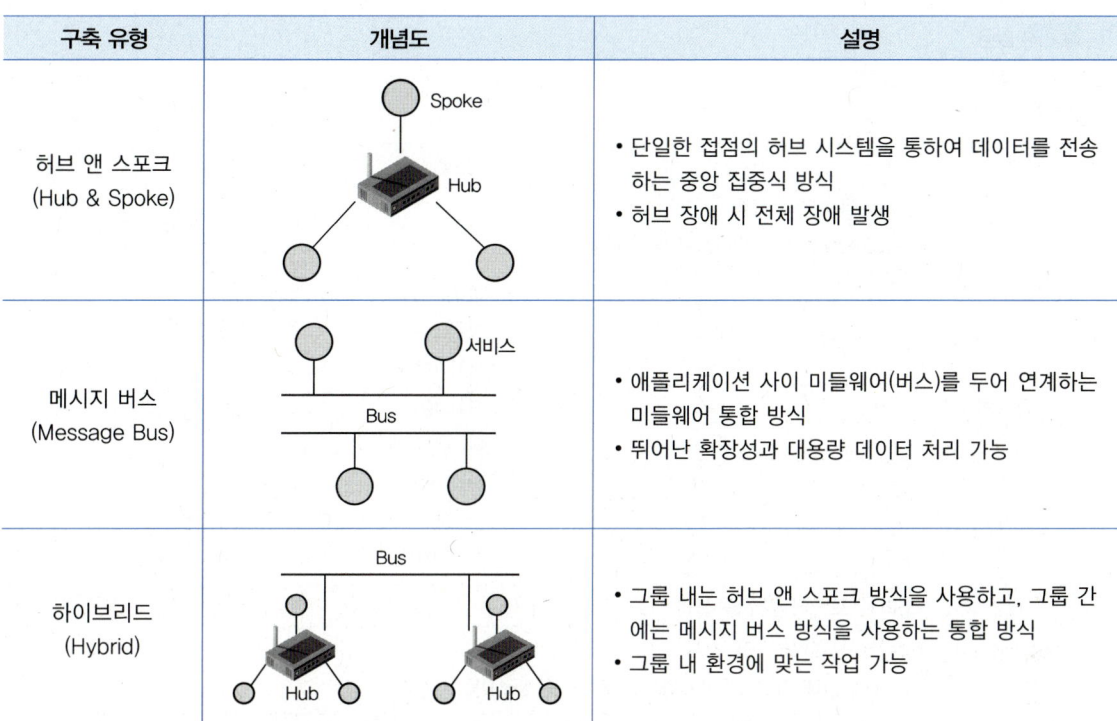

14 정답 ① Cardinality: 5, ② Degree: 4

해설 관계 데이터 모델의 구성요소는 다음과 같다.

구성요소	설명
릴레이션	• 행(Row)와 열(Column)로 구성된 테이블
튜플(Tuple)	• 릴레이션의 행(Row)에 해당하는 요소
속성(Attribute)	• 릴레이션의 열(Column)에 해당하는 요소
카디널리티(Cardinality)	• 튜플(Tuple)의 수
차수(Degree)	• 속성(Attribute)의 수
스키마(Schema)	• 데이터베이스의 구조, 제약조건 등의 정보를 담고 있는 기본적인 구조
인스턴스(Instance)	• 정의된 스키마에 따라 생성된 테이블에 실제 저장된 데이터의 집합

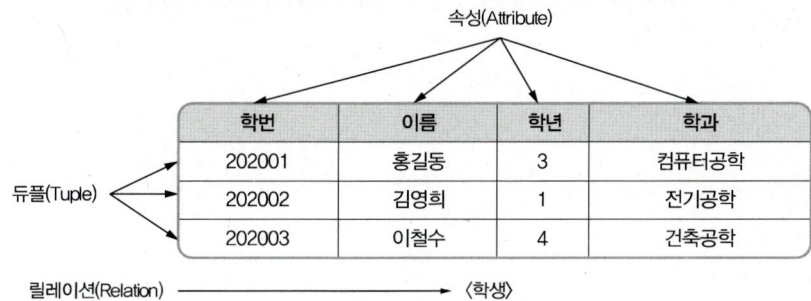

▲ 관계 데이터 모델에서의 구성

15 정답 ▶ Lee
38

해설

라인 수	설명
06	• main 함수부터 시작
07~08	• 구조체 배열 s를 선언하고 필드를 초기화 | Kim	s[0].name
28	s[0].age
Lee	s[1].name
38	s[1].age
Seo	s[2].name
50	s[2].age
Park	s[3].name
35	s[3].age	
09	• p라는 포인터 변수를 선언
10	• p라는 포인터는 s를 저장
11	• p++에 의해 값을 1증가시켰으므로 s+1인 &s[1]을 저장하게 됨 s+1 == &s[1] • 배열+i == &배열[i]에서 배열 자리에 s를, i 자리에 1을 넣음
12	• p -> name은 s[1]이 가리키고 있는 name 값이므로 Lee가 출력됨
13	• p -> age는 s[1]이 가리키고 있는 age 값이므로 38이 출력됨

16 정답 ▶ ① 연산, ② 구조, ③ 제약조건

해설 ▶ 데이터 모델 구성요소에는 연산, 구조, 제약조건이 있다.

구성요소	설명
연산 (Operation)	• 데이터베이스에 저장된 실제 데이터를 처리하는 작업에 대한 명세 • 릴레이션을 조작하기 위한 관계 연산을 나타내며 관계 연산에는 select, project, join 등이 있음
구조 (Structure)	• 논리적으로 표현된 개체 타입 간의 관계 • 데이터 구조 및 정적 성질을 표현 • 릴레이션에 해당하는 것으로 데이터를 원잣값으로 갖는 이차원의 테이블로 표현
제약조건 (Constraint)	• 데이터베이스에 저장될 수 있는 실제 데이터의 논리적인 제약조건

17 정답 ▶ 0+1+2+3+4+5=15

해설 ▶

라인 수	설명
02	• main 메서드부터 실행
03	• 정수형 변수 i, j를 선언
04	• for 문에서는 j=0, i=0으로 초깃값을 설정하고 i가 5보다 작거나 같을 때까지 i 값을 1씩 증가하며 반복 • i=0이므로 i<=5를 만족하여 반복문 실행
05	• i=0이므로 j에 0을 더해서 j=0이 됨
06	• i는 0이므로 0을 출력
07	• i=0이므로 if 문은 거짓이므로 else 문 안의 명령어 실행
12	• +를 출력
04	• i++에 의해 i=1이 되고, i=1이므로 i<=5를 만족하여 반복문 실행
05	• i=1이므로 j에 1을 더해서 j=1이 됨
06	• i는 1이므로 1을 출력
07	• i=1이므로 if 문은 거짓이므로 else 문 안의 명령어 실행
12	• +를 출력
04	• i++에 의해 i=2가 되고, i=2이므로 i<=5를 만족하여 반복문 실행
05	• i=2이므로 j에 2를 더해서 j=3이 됨
06	• i는 2이므로 2를 출력
07	• i=2이므로 if 문은 거짓이므로 else 문 안의 명령어 실행
12	• +를 출력
04	• i++에 의해 i=3이 되고, i=3이므로 i<=5를 만족하여 반복문 실행
05	• i=3이므로 j에 3을 더해서 j=6이 됨
06	• i는 3이므로 3을 출력
07	• i=3이므로 if 문은 거짓이므로 else 문 안의 명령어 실행
12	• +를 출력
04	• i++에 의해 i=4가 되고, i=4이므로 i<=5를 만족하여 반복문 실행
05	• i=4이므로 j에 4를 더해서 j=10이 됨
06	• i는 4이므로 4를 출력
07	• i=4이므로 if 문은 거짓이므로 else 문 안의 명령어 실행
12	• +를 출력
05	• i=5이므로 j에 5를 더해서 j=15가 됨
06	• i는 5이므로 5를 출력
07	• i=5이므로 if 문은 참이므로 if 문 안의 명령어 실행
08	• =을 출력
09	• j 값인 15를 출력

18 정답: DAC 또는 임의적 접근통제

해설: 서버 접근통제 유형에는 임의적 접근통제, 강제적 접근통제, 역할 기반 접근통제가 있다.

▼ 서버 접근통제 유형

유형	설명
임의적 접근통제 (DAC; Discretionary Access Control)	• 시스템에 대한 접근을 사용자/그룹의 신분 기반으로 제한하는 방법 • DAC에서 사용자는 자원과 관련된 ACL(Access Control List)이 수정됨으로써 자원에 대한 권한을 부여
강제적 접근통제 (MAC; Mandatory Access Control)	• 시스템 정보의 허용등급을 기준으로 사용자가 갖는 접근 허가 권한에 근거하여 시스템에 대한 접근을 제한하는 방법 • MAC에서 사용자들은 자원에 대한 권한을 관리자로부터 부여 • 관리자만이 시스템 자원에 대한 권한을 할당할 수 있음
역할 기반 접근통제 (RBAC; Role Based Access Control)	• 중앙 관리자가 사용자와 시스템의 상호관계를 통제하며 조직 내 맡은 역할(Role)에 기초하여 자원에 대한 접근을 제한하는 방법 • RBAC에서 자원에 대한 접근은 사용자에게 할당된 역할에 기반 • 관리자는 사용자에게 특정한 권리와 권한이 정의된 역할을 할당

▼ 서버 접근통제 간 비교

정책	DAC	MAC	RBAC
권한 부여	데이터 소유자	시스템	중앙 관리자
접근 결정	신분(Identity)	보안등급(Label)	역할(Role)
정책 변경	변경 용이	고정적 (변경 어려움)	변경 용이
장점	구현 용이, 유연함	안정적, 중앙 집중적	관리 용이

19 정답: ① ㅁ, ② ㄴ, ③ ㄹ

해설: • 결합도의 유형은 내용, 공통, 외부, 제어, 스탬프, 자료 결합도 순으로 결합도가 낮아진다.

유형	설명
내용 결합도 (Content Coupling)	• 다른 모듈 내부에 있는 변수나 기능을 다른 모듈에서 사용하는 경우의 결합도
공통 결합도 (Common Coupling)	• 파라미터가 아닌 모듈 밖에 선언되어있는 전역 변수를 참조하고 전역 변수를 갱신하는 식으로 상호작용하는 경우의 결합도
외부 결합도 (External Coupling)	• 두 개의 모듈이 외부에서 도입된 데이터 포맷, 통신 프로토콜, 또는 디바이스 인터페이스를 공유할 경우의 결합도
제어 결합도 (Control Coupling)	• 단순 처리할 대상인 값만 전달되는 게 아니라 어떻게 처리를 해야 한다는 제어 요소가 전달되는 경우의 결합도
스탬프 결합도 (Stamp Coupling)	• 모듈 간의 인터페이스로 배열이나 객체, 구조 등이 전달되는 경우의 결합도
자료 결합도 (Data Coupling)	• 모듈 간의 인터페이스로 전달되는 파라미터를 통해서만 모듈 간의 상호작용이 일어나는 경우의 결합도

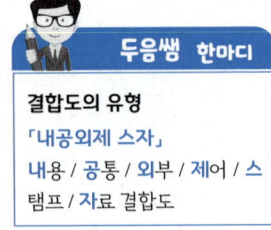

두음쌤 한마디

결합도의 유형
「내공외제 스자」
내용 / 공통 / 외부 / 제어 / 스탬프 / 자료 결합도

• 결합도가 낮을수록 품질이 좋아진다.

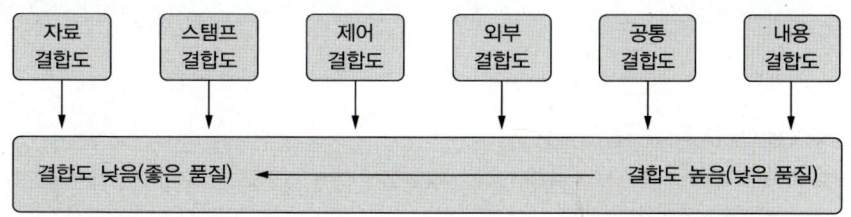

▲ 결합도와 품질

20 **정답** ▶ 세션 하이재킹

해설 • 세션 하이재킹(Session Hijacking)은 케빈 미트닉이 사용했던 공격 방법의 하나로 TCP의 세션 관리 취약점을 이용한 공격 기법이다.
• 세션 하이재킹에 대응을 위해서는 비동기화 상태 탐지, ACK 패킷 비율 모니터링, 특정 세션에서 패킷 유실 및 재전송이 증가하는 것을 탐지해야 한다.

수제비 백/전/백/승 기출문제 2021년 2회 정답 및 해설

01 정답 ▶ 애드 혹 네트워크(Ad-hoc Network)

해설
- 애드 혹 네트워크(Ad-hoc Network)는 노드(Node)들에 의해 자율적으로 구성되는 기반 구조가 없는 네트워크이다.
- 애드 혹 네트워크의 특징은 다음과 같다.

> - 네트워크의 구성 및 유지를 위해 기지국이나 액세스 포인트와 같은 기반 네트워크 장치를 필요로 하지 않는 네트워크
> - 애드 혹(Ad-hoc) 노드들은 무선 인터페이스를 사용하여 서로 통신하고, 멀티 홉 라우팅 기능에 의해 무선 인터페이스가 가지는 통신 거리상의 제약을 극복하며, 노드들의 이동이 자유롭기 때문에 네트워크 토폴로지가 동적으로 변화되는 특징이 있음
> - 애드 혹 네트워크는 완전 독립형이 될 수도 있고, 인터넷 게이트웨이를 거쳐 인터넷과 같은 기반 네트워크와 연동될 수 있음 응용 분야로는 긴급 구조, 긴급회의, 전쟁터에서의 군사 네트워크 등이 있음
> - 응용 분야로는 긴급 구조, 긴급회의, 전쟁터에서의 군사 네트워크 등이 있음

02 정답 ▶ (1) UX (2) UI

해설

UX (User Experience)	• 제품과 시스템, 서비스 등을 사용자가 직/간접적으로 경험하면서 느끼고 생각하는 총체적 경험을 의미
UI (User Interface)	• 넓은 의미에서 사용자와 시스템 사이에서 의사소통할 수 있도록 고안된 물리적, 가상의 매개체 • UI의 유형에는 CLI, GUI, NUI, OUI가 존재

03 정답 ▶ 26

해설

라인 수	설명
01	• a 변수에 100을 대입
02	• i 변수에 0을 대입
03	• result 변수에 0을 대입
04	• for 문에서 i는 1 이상 3 미만일 때 반복 • i=1일 때부터 반복문 시작
05	• i가 1일 때 a 〉〉 i는 100 〉〉 1이므로 result에는 50이 저장됨
06	• result에 1을 더하면 51이 됨
04	• i=2가 됨
05	• i가 2일 때 a 〉〉 i는 100 〉〉 2이므로 result에는 25가 저장됨
06	• result에 1을 더하면 26이 됨
07	• result 값인 26이 출력됨

04 정답 ① UPDATE, ② SET

해설 UPDATE는 데이터의 내용을 변경할 때 사용하는 명령어이다.

```
UPDATE  테이블명
   SET  속성명 = 데이터, …
 WHERE  조건;
```

05 정답 8

해설

1차원 포인터	값
ary	ary[0]
ary+1	ary[1]
ary+2	ary[2]

1
0
0

라인 수	설명
02	• main 함수부터 시작
03	• 배열 요소 개수보다 적은 개수만큼 초기화하면 초깃값이 명시되지 않은 값들은 정수형일 경우 0으로 초기화하므로 ary[0]은 1, ary[1]은 0, ary[2]는 0이 저장
04~05	• s, i라는 정수형 변수를 선언하고, 0으로 초기화
06	• ary[1] = *(ary+0)+2에서 *(ary)는 ary[0]이므로 *(ary+0)+2;는 1+2인 3이 되기 때문에, ary[1]은 3이 됨
07	• ary[2] = *ary+3;에서 *ary는 ary[0]이므로 *ary+3;은 1+3인 4가 되기 때문에 ary[2]는 4가 됨
08~10	• s에 ary[0], ary[1], ary[2]를 더하므로 1+3+4가 되어 s는 8이 됨
11	• s 값인 8을 출력

06 정답 ① ON, ② 학과

해설 JOIN 절에는 조인조건으로 ON을 사용한다.

① 내부 조인

```SELECT A.컬럼1, A.컬럼2, … B.컬럼1, B.컬럼2, … FROM 테이블1 A [INNER] JOIN 테이블2 B ON 조인조건 [WHERE 검색조건];```	• 같은 이름의 컬럼이 여러 테이블에 있을 경우 '별칭.컬럼명' 형태로 명시 • INNER라는 키워드는 생략해도 내부 조인이 됨 • 검색조건을 추가할 경우 조인된 값에서 해당 조건에 맞는 결과만 출력되도록 설정

② 왼쪽 외부 조인

```SELECT A.컬럼1, A.컬럼2, … B.컬럼1, B.컬럼2, … FROM 테이블1 A LEFT [OUTER] JOIN 테이블2 B ON 조인조건 [WHERE 검색조건];```	• OUTER라는 키워드는 생략해도 왼쪽 외부 조인이 됨 • 검색조건을 추가할 경우 조인된 값에서 해당 조건에 맞는 결과만 출력되도록 설정

③ 오른쪽 외부 조인

SELECT A.컬럼1, A.컬럼2, ... B.컬럼1, B.컬럼2, ... 　FROM 테이블1 A RIGHT [OUTER] JOIN 테이블2 B 　　ON 조인조건 [WHERE 검색조건];	• OUTER라는 키워드는 생략해도 오른쪽 외부 조인이 됨 • 검색조건을 추가할 경우 조인된 값에서 해당 조건에 맞는 결과만 출력되도록 설정

④ 완전 외부 조인

SELECT A.컬럼1, A.컬럼2, ... B.컬럼1, B.컬럼2, ... 　FROM 테이블1 A FULL [OUTER] JOIN 테이블2 B 　　ON 조인조건 [WHERE 검색조건];	• OUTER라는 키워드는 생략해도 완전 외부 조인이 됨 • 검색조건을 추가할 경우 조인된 값에서 해당 조건에 맞는 결과만 출력되도록 설정

⑤ 교차 조인

SELECT 컬럼1, 컬럼2, ... 　FROM 테이블1 CROSS JOIN 테이블2	• 조인 조건이 없는 모든 데이터 조합을 추출하기 때문에 ON절이 없음

⑥ 셀프 조인

SELECT A.컬럼1, A.컬럼2, ... B.컬럼1, B.컬럼2, ... 　FROM 테이블1 A [INNER] JOIN 테이블1 B 　　ON 조인조건 [WHERE 검색조건];	• 같은 테이블명을 쓰고 별칭만 A, B와 같이 다르게 함 • 검색조건을 추가할 경우 조인된 값에서 해당 조건에 맞는 결과만 출력되도록 설정

07 **정답** • 원자성은 트랜잭션을 구성하는 연산 전체가 모두 정상적으로 실행되거나 모두 취소되어야 하는 성질이다.
　　　• 원자성은 트랜잭션의 연산 전체가 성공 또는 실패(All or Nothing) 되어야 하는 성질이다.

　　해설 트랜잭션은 4가지 특성을 가지며 원자성은 트랜잭션의 작업이 부분적으로 실행되거나 중단되지 않는 것을 보장하는 성질이다.

성질	설명
원자성 (Atomicity)	• 트랜잭션을 구성하는 연산 전체가 모두 정상적으로 실행되거나 모두 취소되어야 하는 성질 • 트랜잭션의 연산 전체가 성공 또는 실패(All or Nothing)되어야 하는 성질
일관성 (Consistency)	• 시스템이 가지고 있는 고정요소는 트랜잭션 수행 전과 트랜잭션 수행 완료 후의 상태가 같아야 하는 성질
격리성 (Isolation)	• 동시에 실행되는 트랜잭션들이 서로 영향을 미치지 않아야 한다는 성질
영속성 (Durability)	• 성공이 완료된 트랜잭션의 결과는 영속적으로 데이터베이스에 저장되어야 하는 성질

08 정답: 2정규형

해설 데이터베이스 정규화 단계는 다음과 같다.

단계	설명
1정규형(1NF)	• 원자값으로 구성
2정규형(2NF)	• 부분 함수 종속 제거(완전 함수적 종속 관계)
3정규형(3NF)	• 이행 함수 종속 제거
보이스-코드 정규형(BCNF)	• 결정자 후보 키가 아닌 함수 종속 제거
4정규형(4NF)	• 다치(다중 값) 종속 제거
5정규형(5NF)	• 조인 종속 제거

두음쌤 한마디

데이터베이스 정규화 단계
「**원부이 결다조**」
원자화(1NF) / **부**분함수 종속 제거(2NF) / **이**행함수 종속 제거(3NF) / **결**정자 함수 종속 제거(BCNF) / **다**치 종속 제거(4NF) / **조**인 종속 제거(5NF)

09 정답: AES

해설
- AES(Advanced Encryption Standard)는 미국 표준 기술 연구소(NIST)에서 발표한 블록 암호화 알고리즘이다.
- AES의 특징은 다음과 같다.
  - DES의 개인 키에 대한 전사적 공격이 가능해지고, 3 DES의 성능문제를 극복하기 위해 개발
  - 블록 크기는 128bit이며, 키 길이에 따라 128bit, 192bit, 256bit로 분류
  - AES의 라운드 수는 10, 12, 14라운드로 분류되며, 한 라운드는 SubBytes, ShiftRows, MixColumns, AddRoundKey의 4가지 계층으로 구성

10 정답: 11

해설

라인 수	설명
02	• main 메서드부터 실행
03	• ovr1 클래스의 인스턴스를 생성해서 a1 변수에 저장
04	• ovr2 클래스의 인스턴스를 생성해서 a2 변수에 저장
05	• a1 변수는 ovr1 클래스이므로 ovr1 클래스의 san 메서드를 호출 • a1.san(3, 2)이므로 x에 3을 y에 2를 전달
07~08	• x=3, y=2이므로 3+2인 5를 반환
05	• a2 변수는 ovr2 클래스인데, ovr2 클래스는 ovr1 클래스를 상속받고 있으므로 san 메서드는 오버라이딩 관계 • 오버라이딩 관계이므로 자식 클래스인 ovr2 클래스의 san 메서드를 호출 • a1.san(3, 2)이므로 x에 3을 y에 2를 전달
12	• x=3, y=2를 전달
13	• super.san(x, y)는 부모 클래스의 san 메서드를 호출하므로 super.san(3, 2)는 5가 됨 • x - y + super.san(3, 2)는 3-2+5이므로 6이 반환됨
05	• a1.san(3, 2)는 5, a2.san(3, 2)는 6이므로 5+6인 11을 출력

11 정답 ▶ 1024

해설 ▶

라인 수	설명
08	• main 함수부터 시작
09	• Soojebi 함수 호출
02	• base=2, exp=10 값을 전달받음
03	• i, result라는 이름의 정수형 변수를 선언하고, result는 1로 초기화
04	• i=0일 때, i<exp는 참이므로 반복문을 수행
05	• base 값인 2를 result에 곱해서 저장하면 result = 2가 됨
04	• i++에 의해 i=1이 되고, i<exp는 참이므로 반복문을 수행
05	• base 값인 2를 result에 곱해서 저장하면 result = 4가 됨
...	...
04	• i++에 의해 i=9가 되고, i<exp는 참이므로 반복문을 수행
05	• base 값인 2를 result에 곱해서 저장하면 result = 1024가 됨
04	• i++에 의해 i=10이 되고, i<exp는 거짓이므로 반복문을 탈출
06	• result인 1024를 Soojebi 함수 호출한 부분에 반환
09	• Soojebi(2, 10)은 1024이므로 1024를 출력

12 정답 ▶ ① Function, ② Dynamic, ③ Information

해설 ▶ 럼바우의 데이터 모델링은 그래픽 표기법을 이용하여 소프트웨어 구성 요소를 모델링하는 방법론이다.

모델링	설명
객체 모델링 (Object Modeling)	• 정보 모델링(Information Modeling)이라고도 하며, 시스템에서 요구하는 객체를 찾고 객체 간의 관계를 정의하여 ER 다이어그램을 만드는 과정까지의 모델링 • 가장 중요하며 선행되어 진행되어야 하고, 객체 다이어그램을 활용하여 표현
동적 모델링 (Dynamic Modeling)	• 시간의 흐름에 따라 객체들 사이의 제어 흐름, 동작 순서 등의 동적인 행위를 표현하는 모델링 • 상태 다이어그램을 활용하여 표현
기능 모델링 (Functional Modeling)	• 프로세스들의 자료 흐름을 중심으로 처리 과정을 표현하는 모델링 • 자료 흐름도(DFD)를 활용하여 표현

13 정답 ▶ ① 문장(구문), ② 분기(결정), ③ 조건

해설 ▶ 화이트 박스 테스트 검증 기준(=커버리지)은 다음과 같다.

구문 커버리지 = 문장 커버리지 (Statement Coverage)	• 프로그램 내의 모든 명령문을 적어도 한 번 수행하는 커버리지 • 조건문 결과와 관계없이 구문 실행 개수로 계산
결정 커버리지(Decision Coverage) = 분기 커버리지 (Branch Coverage)	• 결정 포인트 내의 전체 조건식이 적어도 한 번은 참(T)과 거짓(F)의 결과를 수행하는 테스트 커버리지 • 구문 커버리지를 포함

조건 커버리지 (Condition Coverage)	• 결정 포인트 내의 각 개별 조건식이 적어도 한 번은 참과 거짓의 결과가 되도록 수행하는 테스트 커버리지 • 구문 커버리지를 포함
조건/결정 커버리지 (Condition/Decision Coverage)	• 전체 조건식뿐만 아니라 개별 조건식도 참 한 번, 거짓 한 번 결과가 되도록 수행하는 테스트 커버리지
변경 조건/결정 커버리지 (Modified Condition/Decision Coverage)	• 다른 개별 조건식에 영향을 받지 않고 전체 조건식에 독립적으로 영향을 주도록 함으로써 조건/결정 커버리지를 향상시킨 커버리지
다중 조건 커버리지 (Multiple Condition Coverage)	• 결정 조건 내 모든 개별 조건식의 모든 가능한 조합을 100% 보장하는 커버리지

14 정답 ① "이%", ② DESC

해설 • 컬럼이 패턴에 포함된 경우의 데이터 조회할 때 LIKE 문을 사용한다.

패턴	설명
%	• 0개 이상의 문자열과 일치
[ ]	• 1개의 문자와 일치
[^]	• 1개의 문자와 불일치
_	• 특정 위치의 1개의 문자와 일치

• 속성값을 정렬하고자 할 때 ORDER BY 절을 사용한다.(ASC, DESC 키워드 생략 시 오름차순 정렬)

ASC	• 오름차순
DESC	• 내림차순

15 정답 로킹(Locking)

해설 • 같은 자원을 액세스하는 다중 트랜잭션 환경에서 DB의 일관성과 무결성을 유지하기 위해 트랜잭션의 순차적 진행을 보장하는 직렬화 기법이다.
• 로킹의 특징은 다음과 같다.

- 데이터베이스, 파일, 레코드 등은 로킹 단위가 될 수 있음
- 로킹 단위가 작아지면 데이터베이스 공유도가 증가
- 로킹 단위가 작아지면 로킹 오버헤드가 증가
- 한꺼번에 로킹할 수 있는 객체의 크기를 로킹 단위라고 함

16 정답 static

해설

라인 수	설명
02	• main 메서드부터 실행
03	• Soojebi 클래스의 check 메서드를 호출 • 일반적으로 다음과 같이 인스턴스(new Soojebi())를 생성해서 접근해야 하지만, Soojebi 클래스의 인스턴스 없이 Soojebi.check와 같이 check 메서드를 호출하려면 check 메서드는 static이어야 함 　　Soojebi a = new Soojebi(); 　　a.check(1);
05	• check(1)에 의해 num=1이 됨
06	• num=1이므로 (num >= 0)은 참이 되어 "positive"를 반환
03	• 반환받은 "positive"를 출력

17 정답 행위(Behavioral)

해설
- 반복적으로 사용되는 객체들의 상호 작용을 패턴화한 것으로 클래스나 객체들이 상호 작용하는 방법, 알고리즘 등과 관련된 패턴은 행위(Behavioral) 패턴이다.
- 행위 패턴에는 Mediator, Interpreter, Iterator, Template Method, Observer, State, Visitor, Command, Strategy, Memento, Chain of Responsibility가 있다.

18 정답 스텁(Stub)

해설
- 테스트 하네스 구성요소 중 모듈 통합 테스트에 사용하는 요소로 하향식 통합 테스트에 사용하는 구성요소는 스텁(Stub)이다.
- 테스트 하네스 구성요소는 다음과 같다.

구성요소	설명
테스트 드라이버(Test Driver)	• 상향식 통합시험을 위해 모듈 테스트 수행 후의 결과를 도출하는 시험용 모듈
테스트 스텁(Test Stub)	• 하향식 통합시험을 위해 일시적으로 필요한 조건만을 가지고 임시로 제공되는 시험용 모듈
테스트 슈트(Test Suites)	• 테스트 대상 컴포넌트나 모듈, 시스템에 사용 되는 테스트 케이스의 집합
테스트 케이스(Test Case)	• 입력값, 실행 조건, 기대 결과 등의 집합
테스트 시나리오(Test Scenario)	• 애플리케이션의 테스트 되어야 할 기능 및 특징, 테스트가 필요한 상황을 작성한 문서 • 하나의 단일 테스트 시나리오가 하나 또는 여러 개의 테스트 케이스들을 포함할 수 있음
테스트 스크립트(Test Script)	• 자동화된 테스트 실행 절차에 대한 명세
목 오브젝트(Mock Object)	• 사용자의 행위를 조건부로 사전에 입력해 두면, 그 상황에 예정된 행위를 수행하는 객체

19

정답 ① 가상회선 방식, ② 데이터그램 방식

해설 패킷 교환 방식에는 데이터그램 방식과 가상회선 방식이 있다.

구분	데이터그램	가상 회선
개념	• 연결 경로를 확립하지 않고 각각의 패킷을 순서에 무관하게 독립적으로 전송하는 방식	• 패킷이 전송되기 전에 송·수신 스테이션 간의 논리적인 통신 경로를 미리 설정하는 방식
특징	• 헤더를 붙여서 개별적으로 전달하는 비연결형 교환 방식	• 목적지 호스트와 미리 연결 후 통신하는 연결형 교환 방식

20

정답 ① 절차적 응집도(Procedural Cohesion), ② 교환적 응집도(Communication Cohesion) 또는 통신적 응집도, ③ 기능적 응집도(Functional Cohesion)

해설 응집도의 종류는 다음과 같다.

종류	설명
우연적 응집도 (Coincidental Cohesion)	• 모듈 내부의 각 구성요소가 연관이 없을 경우의 응집도
논리적 응집도 (Logical Cohesion)	• 유사한 성격을 갖거나 특정 형태로 분류되는 처리 요소들이 한 모듈에서 처리되는 경우의 응집도
시간적 응집도 (Temporal Cohesion)	• 연관된 기능이라기보다는 특정 시간에 처리되어야 하는 활동들을 한 모듈에서 처리할 경우의 응집도
절차적 응집도 (Procedural Cohesion)	• 모듈이 다수의 관련 기능을 가질 때 모듈 안의 구성요소들이 그 기능을 순차적으로 수행할 경우의 응집도
통신적 응집도 (Communication Cohesion)	• 동일한 입력과 출력을 사용하여 다른 기능을 수행하는 활동들이 모여 있을 경우의 응집도
순차적 응집도 (Sequential Cohesion)	• 모듈 내에서 한 활동으로부터 나온 출력 값을 다른 활동이 사용할 경우의 응집도
기능적 응집도 (Functional Cohesion)	• 모듈 내부의 모든 기능이 단일한 목적을 위해 수행되는 경우의 응집도

• 통신적 응집도(Communication Cohesion)는 교환적 응집도라고도 부른다.

수제비 백/전/백/승 기출문제 2021년 3회 정답 및 해설

01 정답 ▶ 3

해설 • get 함수에서 instance가 null이 아니면 instance에 Soojebi 객체가 저장된 상태이므로 기존에 저장했던 Soojebi 객체를 반환해 준다.

라인 수	설명
14	• main 메서드부터 실행
15	• Soojebi.get( ) 메서드를 호출
04~07	• instance는 null인 상태이므로 instance = new Soojebi( );를 실행하여 instance 변수에 Soojebi 클래스를 저장
08	• instance 변수를 반환
15	• get 메서드의 instance 반환 값을 s1에 저장
16	• s1의 count 메서드를 실행하면 Soojebi 클래스의 count 값이 1 증가하여 count 값이 1이 됨
17	• Soojebi.get( ) 메서드를 호출
04~07	• instance에 Soojebi 객체가 저장된 상태이므로 instance가 null이 아니게 되어 if 문의 조건이 거짓
08	• instance 변수에는 기존에 저장했던 Soojebi 객체가 있으므로 Soojebi 객체를 반환
17	• instance는 Soojebi 클래스를 저장하고 있기 때문에 만들어놨던 instance 변수를 s2에 반환(s1에 저장된 것과 동일함)
18	• s2의 count 메서드를 실행하면 Soojebi 클래스의 count 값이 1 증가하여 count 값이 2가 됨
19	• Soojebi.get( ) 메서드를 호출
04~07	• instance에 Soojebi 객체가 저장된 상태이므로 instance가 null이 아니게 되어 if 문의 조건이 거짓
08	• instance 변수에는 기존에 저장했던 Soojebi 객체가 있으므로 Soojebi 객체를 반환
19	• instance는 Soojebi 클래스를 저장하고 있기 때문에 만들어놨던 instance 변수를 s3에 반환(s1에 저장된 것과 동일함)
20	• s3의 count 메서드를 실행하면 Soojebi 클래스의 count 값이 1 증가하여 count 값이 3이 됨
21	• s1의 count 값은 3이므로 getCount 메서드를 실행하면 3이 반환되어 3이 출력됨

• Soojebi.get( ) 메서드를 호출하면 반환되는 값이 instance이기 때문에 s1, s2, s3에 저장되는 변수는 모두 instance에 저장된 값을 저장하게 되어 s1.count( ), s2.count( ), s3.count( )를 하게 되면 instance에 저장된 Soojebi 객체의 count 값을 1 증가시키게 된다.

02 정답 ▶ ① Authentication, ② Authorization, ③ Accounting

해설 ▶ 3A는 유무선 이동 및 인터넷 환경에서 가입자에 대한 안전하고, 신뢰성 있는 인증, 권한 검증, 계정관리 기능을 체계적으로 제공하는 정보보호 기술이다.

인증 (Authentication)	• 접근을 시도하는 가입자 또는 단말에 대한 식별 및 신분을 검증
권한 부여 (Authorization)	• 검증된 가입자나 단말에게 어떤 수준의 권한과 서비스를 허용
계정 관리 (Accounting)	• 리소스 사용에 대한 정보를 수집하고 관리하는 서비스

03 정답 ▶ GRANT는 사용자에게 권한을 부여하는 명령어이다.

해설 ▶ 데이터 제어어의 유형에는 GRANT, REVOKE가 있다.

유형	설명
GRANT	• 관리자(DBA)가 사용자에게 데이터베이스에 대한 권한을 부여하는 명령어
REVOKE	• 관리자(DBA)가 사용자에게 부여했던 권한을 회수하기 위한 명령어

04 정답 ▶ ARP

해설 ▶ ARP Spoofing은 공격자가 특정 호스트의 MAC 주소를 자신의 MAC 주소로 위조한 ARP Reply를 만들어 희생자에게 지속적으로 전송하여 희생자의 ARP Cache Table에 특정 호스트의 MAC 정보를 공격자의 MAC 정보로 변경, 희생자로부터 특정 호스트로 나가는 패킷을 공격자가 가로채는 공격 기법이다.

05 정답 ▶ Control

해설 ▶
• 결합도(Coupling) 종류 중 단순 처리할 대상인 값만 전달되는 게 아니라 어떻게 처리를 해야 한다는 제어 요소가 전달되는 경우의 결합도는 제어 결합도(Control Coupling)이다.
• 결합도의 유형은 다음과 같다.

유형	설명
내용 결합도 (Content Coupling)	• 다른 모듈 내부에 있는 변수나 기능을 다른 모듈에서 사용하는 경우의 결합도 • 하나의 모듈이 직접적으로 다른 모듈의 내용을 참조할 때 두 모듈은 내용적으로 결합되어 있는 경우의 결합도
공통 결합도 (Common Coupling)	• 파라미터가 아닌 모듈 밖에 선언되어 있는 전역 변수를 참조하고 전역 변수를 갱신하는 식으로 상호 작용하는 경우의 결합도 • 공유되는 공통 데이터 영역을 여러 모듈이 사용할 때의 결합도
외부 결합도 (External Coupling)	• 두 개의 모듈이 외부에서 도입된 데이터 포맷, 통신 프로토콜, 또는 디바이스 인터페이스를 공유할 경우의 결합도 • 외부 모듈에서 선언한 데이터(변수)를 외부의 다른 모듈에서 참조할 때의 결합도
제어 결합도 (Control Coupling)	• 어떤 모듈이 다른 모듈의 내부 논리 조직을 제어하기 위한 목적으로 제어 신호를 이용하여 통신하는 경우의 결합도 • 하위 모듈에서 상위 모듈로 제어 신호가 이동하여 상위 모듈에게 처리 명령을 부여하는 권리 전도 현상이 발생하는 결합도
스탬프 결합도 (Stamp Coupling)	• 모듈 간의 인터페이스로 배열이나 객체, 구조 등이 전달되는 경우의 결합도 • 두 모듈이 동일한 자료구조를 조회하는 경우의 결합도이며, 자료구조의 어떠한 변화는 모든 모듈에 영향을 미치게 됨
자료 결합도 (Data Coupling)	• 모듈 간의 인터페이스로 전달되는 파라미터를 통해서만 모듈 간의 상호 작용이 일어나는 경우의 결합도 • 한 모듈의 내용을 변경하더라도 다른 모듈에는 영향을 미치지 않는 상태로 가장 바람직한 결합도

06 정답 ① 데이터 링크, ② 네트워크, ③ 표현

해설 OSI 7 Layer의 특징은 다음과 같다.

계층	설명	프로토콜	전송단위
응용 계층 (Application Layer)	• 사용자와 네트워크 간 응용서비스 연결, 데이터 생성	HTTP FTP	데이터 (Data)
표현 계층 (Presentation Layer)	• 데이터 형식 설정과 부호교환, 암/복호화	JPEG MPEG	
세션 계층 (Session Layer)	• 연결 접속 및 동기제어	SSH TLS	
전송 계층 (Transport Layer)	• 신뢰성 있는 통신 보장 • 데이터 분할과 재조립, 흐름 제어, 오류 제어, 혼잡 제어 등을 담당	TCP UDP	세그먼트 (Segment)
네트워크 계층 (Network Layer)	• 단말 간 데이터 전송을 위한 최적화된 경로 제공	IP ICMP	패킷 (Packet)
데이터 링크 계층 (Data Link Layer)	• 인접 시스템 간 데이터 전송, 전송오류 제어 • 동기화, 흐름 제어 등의 전송 기능 제공 • 오류검출/재전송 등 기능 제공	이더넷	프레임 (Frame)
물리 계층 (Physical Layer)	• 0과 1의 비트 정보를 회선에 보내기 위한 전기적 신호 변환	RS-232C	비트 (Bit)

07 정답 Aggregation, Generalization

해설

관계	설명
집합 관계 (Aggregation)	• 하나의 사물이 다른 사물에 포함되어 있는 관계 표현 • 하나의 객체에 여러 개의 독립적인 객체들이 구성되는 관계 • 포함되는 쪽(Part; 부분)에서 포함하는 쪽(Whole; 전체)으로 속이 빈 마름모를 연결하여 표현
일반화 관계 (Generalization)	• 일반화 관계는 하나의 사물이 다른 사물에 비해 더 일반적인지 구체적인지를 표현 • 일반적인 개념을 부모(상위)라고 하고, 구체적인 개념을 자식(하위)이라 함 • 구체적(하위)인 사물에서 일반적(상위)인 사물 쪽으로 속이 빈 화살표를 연결하여 표현 • 일반화 관계는 다른 의미로 상속 관계라고 함

08 정답 ① 테스트 조건(=전제 조건), ② 테스트 데이터(=입력 데이터), ③ 예상 결과(=기대 결과)

해설 개별 테스트 케이스 필요 항목은 다음과 같다.

항목	설명
테스트 ID 작성	• 테스트 케이스를 고유하게 식별하기 위한 ID를 작성
테스트 목적 작성	• 테스트 시 고려해야 할 중점 사항이나 테스트 케이스의 목적을 작성
테스트할 기능	• 애플리케이션의 테스트할 기능을 간략하게 작성
테스트 데이터(=입력 데이터)	• 테스트 실행 시 입력할 데이터(입력 값, 선택 버튼, 체크리스트 값 등)를 작성

항목	설명
예상 결과(=기대 결과)	• 테스트 실행 후 기대되는 결과 데이터(출력 데이터, 결과 화면, 기대 동작 등)를 작성
테스트 환경	• 테스트 시 사용할 물리적, 논리적 테스트 환경, 사용할 데이터, 결과 기록 서버 등의 내용을 작성
테스트 조건(=전제 조건)	• 테스트 간의 종속성, 테스트 수행 전 실행되어야 할 고려 사항 등을 작성
성공/실패 기준	• 테스트를 거친 애플리케이션 기능의 성공과 실패를 판단하는 조건을 명확하게 작성
기타 요소	• 사용자의 테스트 요구사항 중 특별히 고려해야 할 내용을 간략하게 기술

09
정답 원인-결과 그래프(Cause-Effect Graph)

해설 그래프를 활용하여 입력 데이터 간의 관계 및 출력에 미치는 영향을 분석하여 효용성이 높은 테스트 케이스를 선정하여 테스트하는 기법은 원인-결과 그래프(Cause-Effect Graph) 기법이다.

10
정답 DES

해설 IBM에서 개발한 블록 암호화 알고리즘으로 블록의 크기는 64비트, 키 길이는 56비트, 16라운드 암호화 알고리즘은 DES(Data Encryption Standard)이다.

11
정답 7

해설

라인 수	설명
02	• main 메서드부터 실행
03	• 정수형 변수를 a = 3, b = 4, c = 3, d = 5로 초기화
04~05	• a==2는 거짓이므로 0이 되고, a==c는 3==3이기 때문에 참이므로 1이 됨 • c>d는 3>5이므로 거짓이기 때문에 0이 되지만, 앞에 !(NOT 연산)이 있어 !0인 1이 됨 • 1==b는 거짓이므로 0이 되고, c!=d는 3!=5(3과 5는 다름)가 참이므로 1이 되기 때문에 0^1은 XOR 연산에 의해 참이 되어 1이 됨 • if((a==2 | a==c) & !(c > d) & (1==b ^ c!=d))는 if(1 & 1 & 1)과 같은데, (1 & 1) & 1에서 앞의 (1 & 1)은 2진수로 바꿨을 때 같은 자릿수 간에 AND 연산을 하면 1이 되고, 1 & 1은 1이므로 if(1 & 1 & 1)은 if(1)이 되어 참이 됨
06	• b는 4, c는 3이므로 a는 4+3인 7이 됨
07	• if 문에서 7==b는 거짓이라 0이 되고, c != a는 3 != 7이므로 참이라 1이 되므로 if(7 == b ^ c != a)는 if(0^1)과 같고, 0과 1을 2진수로 바꿨을 때 같은 자리끼리 XOR 연산하면 1이므로 if(1)이 되어 if 문 조건을 만족
08	• a 값인 7을 출력

12 정답 37

해설

2차원 포인터	1차원 포인터	값
arr	arr[0]	&a
	arr[1]	&b
	arr[2]	&c

라인 수	설명
02	• main 함수부터 실행
03	• arr이라는 이름의 int 형 포인터에 대한 배열을 선언
04	• a, b, c라는 정수형 변수를 선언하고, 각각을 12, 24, 36으로 초기화
05	• arr[0]은 a의 주솟값을 대입
06	• arr[1]은 b의 주솟값을 대입
07	• arr[2]은 c의 주솟값을 대입
08	• arr[1]은 &b이므로 *arr[1]은 *(&b)가 되는데, *과 &는 반대 연산으로 서로 상쇄되어 *arr[1]은 b인 24가 됨 • *arr은 arr이 가리키는 arr[0]인 &a이므로, **arr은 *(&a)==a인 12가 됨 • *arr[1] + **arr + 1은 24+12+1이므로 37이 됨

13 정답 5

해설

• SOO 테이블과 JEBI 테이블을 CROSS JOIN을 수행하면 다음과 같다.

```
SELECT SOO.NAME, JEBI.RULE FROM SOO CROSS JOIN JEBI;
```

[결과] 테이블

NAME	RULE
SOPHIA	S%
OLIVIA	%A%
SEMA	S%
SOPHIA	%A%
OLIVIA	S%
SEMA	%A%

• WHERE 조건절이 수행이 되면 다음과 같다.

```
SELECT COUNT(*) CNT FROM SOO CROSS JOIN JEBI
WHERE SOO.NAME LIKE JEBI.RULE;
```

[결과] 테이블

NAME	RULE
SOPHIA	S%
SEMA	S%
SOPHIA	%A%
OLIVIA	%A%
SEMA	%A%

• SELECT 절에서 COUNT 함수를 사용하면 다음과 같다.

```sql
SELECT COUNT(*) CNT FROM SOO CROSS JOIN JEBI
WHERE SOO.NAME LIKE JEBI.RULE;
```

[결과] 테이블

CNT
5

14 정답 ▶ False

해설 ▶

a, b = 100, 200 print(a==b)	• a는 100, b는 200이 대입 • a와 b는 값이 다르므로 거짓

15 정답 ▶ 클래스(Class)

해설 ▶
• 클래스 다이어그램은 객체 지향 모델링 시 클래스의 속성 및 연산과 클래스 간 정적인 관계를 표현한 다이어그램이다.
• 클래스 다이어그램의 구성요소는 클래스 이름, 속성, 연산(=메서드), 접근 제어자, 관계가 있다.

구성요소	설명		
클래스(Class)	• 공통의 속성, 연산(메서드), 관계, 의미를 공유하는 객체들의 집합		
속성(Attribute)	• 클래스의 구조적 특성에 이름을 붙인 것으로 특성에 해당하는 인스턴스가 보유할 수 있는 값의 범위를 기술		
연산(Operation), 메서드	• 이름, 타입, 매개변수들과 연관된 행위를 호출하는데 요구되는 제약사항들을 명시하는 클래스의 행위적 특징 • 객체에 요청하여 행동에 영향을 줄 수 있는 서비스		
접근 제어자(Access Modifier)	• 클래스에 접근할 수 있는 정도를 표현		
	−	클래스 내부 접근만 허용(private)	
	+	클래스 외부 접근을 허용(public)	
	#	동일 패키지/파생 클래스에서 접근 가능(protected)	
	~	동일 패키지 클래스에서 접근 가능(default)	

16 정답: Factory Method

해설
- Factory Method(팩토리 메서드) 패턴은 상위 클래스에서 객체를 생성하는 인터페이스를 정의하고, 하위 클래스에서 인스턴스를 생성하도록 하는 방식으로, 상위 클래스에서는 인스턴스를 만드는 방법만 결정하고, 하위 클래스에서 그 데이터의 생성을 책임지고 조작하는 함수들을 오버라이딩하여 인터페이스와 실제 객체를 생성하는 클래스를 분리할 수 있는 특성을 갖는 디자인 패턴이다.
- Factory Method 패턴은 생성할 객체의 클래스를 국한하지 않고 객체를 생성한다.

17 정답: 501

해설

1차원 포인터	값	
s==&s[0]	s[0]	{"데이터1", 95, 88}
s+1	s[1]	{"데이터2", 84, 91}
s+2	s[2]	{"데이터3", 86, 75}
p		&s[0]

라인 수	설명
06	• main 함수부터 실행
07~09	• 구조체 배열 s를 선언하고 필드를 초기화
10	• p라는 이름의 1차원 포인터 변수를 선언
11	• &s[0]를 p 변수에 대입
12	• p는 &s[0]이므로 p+1은 &s[0]을 기준으로 1 요소 떨어진 곳인 &s[1]이 되고, p+2는 &s[0]을 기준으로 2 요소 떨어진 곳인 &s[2]가 됨 • (p+1)->os는 s[1]의 os 값인 84, (p+2)->db는 s[2]의 db 값인 75 • (p+1)->hab1인 s[1]의 hab1에 84+75인 159를 대입
13	• (p+1)->hab1은 s[1]의 hab1 값인 159, p->os는 s[0]의 os 값인 95, p->db는 s[0]의 db 값인 88 • (p+1)->hab2는 s[1]의 hab2에 159+95+88인 342를 대입
14	• (p+1)->hab1인 159와 (p+1)->hab2인 342의 합 501을 출력

18 정답: 인덱스(Index)

해설
- 인덱스는 검색 연산의 최적화를 위해 데이터베이스 내 값에 대한 주소 정보로 구성된 데이터 구조이다.
- 데이터베이스 파일 구조는 다음과 같다.

구조	설명
순차 방법	• 레코드들의 물리적 순서가 레코드들의 논리적 순서와 같게 순차적으로 저장하는 방법
인덱스 방법	• 인덱스가 가리키는 주소를 따라 원하는 레코드에 접근할 수 있도록 하는 방법 • 〈키값, 주소〉의 쌍으로 구성
해싱 방법	• 키값을 해시 함수(Hash Function)에 대입시켜 계산한 결과를 주소로 사용하여 레코드에 접근하게 할 수 있는 방법

19 **정답** GUI(Graphical User Interface)

해설 • 사용자가 그래픽 환경을 기반으로 한 마우스, 전자펜 등을 이용하는 사용자 인터페이스는 GUI이다.
• GUI의 유형은 다음과 같다.

유형	특징	설명
CLI (Command Line Interface)	• 정적인 텍스트 기반 인터페이스	• 명령어를 텍스트로 입력하여 조작하는 사용자 인터페이스
GUI (Graphical User Interface)	• 그래픽 반응 기반 인터페이스	• 그래픽 환경을 기반으로 한 마우스나 전자펜을 이용하는 사용자 인터페이스
NUI (Natural User Interface)	• 직관적 사용자 반응 기반 인터페이스	• 키보드나 마우스 없이 신체 부위를 이용하는 사용자 인터페이스 • 터치, 음성 포함
OUI (Organic User Interface)	• 유기적 상호 작용 기반 인터페이스	• 현실에 존재하는 모든 사물이 입출력장치로 변화할 수 있는 사용자 인터페이스

두음쌤 한마디

UI 유형
「CG NO」
CLI / GUI / NUI / OUI
→이 영화는 CG를 No(안 썼다)

20 **정답** ① 상향식(Bottom Up), ② 테스트 드라이버(Test Driver)

해설 • 상향식 테스트는 애플리케이션 구조에서 최하위 레벨의 모듈 또는 컴포넌트로 부터 위쪽 방향으로 제어의 경로를 따라 이동하면서 구축과 테스트를 수행하는 방식이다.
• 상향식 테스트를 위해서는 하위 모듈을 포함하는 테스트 드라이버가 필요하다.
• 테스트 드라이버는 상위의 모듈에서 데이터의 입력과 출력을 확인하기 위한 더미 모듈이다.

수제비 백/전/백/승 기출문제 2022년 1회 정답 및 해설

01 정답 ▶ 0

해설
- RAID(Redundant Array of Independent Disks; 복수 배열 독립 디스크)는 하나의 대형 저장장치 대신 다수의 저용량의 저장장치를 배열로 구성하는 기술이다.
- 여러 개의 하드 디스크에 일부 중복된 데이터를 나눠서 저장하기 때문에 디스크 어레이(Disk Array)라고도 한다.
- 데이터를 나누는 다양한 방법이 존재하며, 이 방법들을 레벨이라 하는데, 레벨에 따라 저장장치의 신뢰성을 높이거나 전체적인 성능을 향상시키는 등의 다양한 목적을 만족시킬 수 있다.
- RAID 유형은 다음과 같다.

유형	설명
RAID 0	• 패리티(오류 검출 기능)가 없고 중복 없는 스트라이핑된 세트로 구성되는 방식 • 적어도 2개의 디스크 필요
RAID 1	• 패리티(오류 검출 기능)가 없는 미러링된 세트로 구성되는 방식 • 적어도 2개의 디스크 필요 • 디스크 2개에 동일한 데이터가 저장되고, 제공해야 할 논리 디스크 크기의 2배 공간을 필요로 하기 때문에 비용 측면에서 단점이 있음
RAID 2	• 오류정정부호(ECC)를 기록하는 전용의 하드디스크를 이용해서 안정성을 확보하는 방식 • 비트 레벨의 스트라이핑과 해밍코드 패리티 사용하여 하나의 멤버 디스크가 고장 나도 ECC를 이용하여 정상적으로 작동할 수 있지만, 추가적인 연산이 필요하여 입출력 속도가 매우 늦음
RAID 3	• 데이터는 바이트 단위로 쪼개져서 모든 디스크에 스트라이핑된 세트로 구성되고, 패리티 정보는 별도의 전용 디스크에 저장되는 방식 • 적어도 3개의 디스크 필요 • 1개의 드라이브가 고장 나는 것을 허용하며, 순차적 쓰기 성능과 순차적 읽기 성능은 우수하지만 문제 해결이 어려워서 잘 사용되지 않음
RAID 4	• 데이터는 블록 단위로 쪼개져서 모든 디스크에 스트라이핑된 세트로 구성되고, 패리티 정보는 별도의 전용 디스크에 저장되는 방식 • 적어도 3개의 디스크 필요 • 읽기 성능은 좋지만, 쓰기 성능은 나쁜 단점이 있음
RAID 5	• 패리티가 배분되는(Distributed) 스트라이핑된 세트로 구성된 방식 • 적어도 3개의 디스크 필요 • 모든 디스크에 나뉘어 저장되지만, 항상 균등하진 않고 패리티 정보도 모든 디스크에 나뉘어 저장
RAID 6	• 패리티가 배분되는(Distributed) 스트라이핑된 세트로 구성된 방식 • 적어도 4개의 디스크 필요 • 각 디스크에 패리티 정보가 두 번 독립적으로 분산되어 저장

02 정답 ▶ ① Redo, ② Undo

해설 데이터베이스 회복 기법 관련 용어 중 REDO, UNDO 용어는 다음과 같다.

용어	설명
REDO	• 데이터베이스가 비정상적으로 종료되었을 때 디스크에 저장된 로그를 분석하여 트랜잭션의 시작(Start)과 완료(Commit)에 대한 기록이 있는 트랜잭션들의 작업을 재 작업하는 기법
UNDO	• 데이터베이스가 비정상적으로 종료되었을 때 디스크에 저장된 로그를 분석하여 트랜잭션의 시작(Start)은 있지만, 완료(Commit) 기록이 없는 트랜잭션들이 작업한 변경 내용들을 모두 취소하는 기법

03 정답 2000

해설

라인 수	설명
12	• main 메서드부터 실행
13	• A 클래스 타입의 m 변수에 A 클래스를 생성
14	• m 변수의 a 필드에 100을 저장
15	• func1 메서드 호출
06~08	• func1 호출될 때 m.a 값이 100이므로 m.a *= 10에 의해 m.a 값이 1000이 됨
16	• m.b에 m.a 값인 1000을 저장
17	• func2 메서드 호출
09~11	• func2 호출될 때 m.a 값이 1000이고, m.b의 값이 1000이므로 m.a += 10에 의해 m.a 값이 2000이 됨
18	• m의 a 변숫값인 2000을 출력

04 정답 ① ORDER, ② score, ③ DESC

해설 ORDER BY 절은 속성값을 정렬하고자 할 때 사용한다. (ASC: 오름차순, DESC: 내림차순, 키워드 생략 시 오름차순 정렬)

05 정답 정보 삭제 시 원치 않는 다른 정보가 같이 삭제되는 이상 현상

해설 이상 현상은 데이터의 중복성으로 인해 릴레이션을 조작할 때 발생하는 비합리적 현상으로 삽입, 삭제, 갱신 이상이 있다.

이상 현상	설명
삽입 이상	• 정보 저장 시 해당 정보의 불필요한 세부정보를 입력해야 하는 이상 현상
삭제 이상	• 정보 삭제 시 원치 않는 다른 정보가 같이 삭제되는 이상 현상
갱신 이상	• 중복 데이터 중에서 특정 부분만 수정되어 중복된 값이 모순을 일으키는 이상 현상

06 정답 a= 20 b= 2

해설

라인 수	설명
03	• func(20)을 통해 func 함수에 20이라는 파라미터를 전달
01	• func(20)을 통해서 num1에 20이라는 값 넘겨주고, num2는 넘겨주지 않았으므로 2가 됨
02	• 파이썬은 , 단위로 띄어쓰기가 되기 때문에 a= 20 b= 2가 출력됨

07
정답 ① extend(), ② pop(), ③ reverse()

해설 리스트와 관련된 파이썬 함수는 다음과 같다.

함수	설명
extend()	• 리스트 확장, 여러 값을 한 번에 추가
pop()	• 마지막 또는 지정 요소를 삭제하고 그 값을 반환
reverse()	• 역순으로 뒤집음
append()	• 리스트 마지막 요소 뒤에 값을 추가
insert()	• 리스트의 인덱스 위치에 값을 삽입
remove()	• 리스트에서 해당하는 값을 제거

08
정답 TKIP(Temporal Key Integrity Protocol)

해설
- 임시 키 무결성 프로토콜(TKIP; Temporal Key Integrity Protocol)은 IEEE 802.11i의 암호화 방식으로 초기 Wi-Fi 장비에서 널리 사용되었던 안전하지 않은 WEP(Wired Equivalent Privacy) 암호화 표준을 대체하기 위한 암호 프로토콜이다.
- 다수의 마스터키를 사용하여 마스터키의 노출을 최소화하도록 자주 키를 갱신하는 특징이 있고, 프레임마다 카운팅(Sequence Counting)할 수 있도록 하여 재생 공격에 대응할 수 있는 특징이 있다.

09
정답 NUI(Natural User Interface)

해설 UI 유형에는 CLI, GUI, NUI, OUI가 있다.

유형	설명
CLI (Command Line Interface)	• 정적인 텍스트 기반 인터페이스 • 명령어를 텍스트로 입력하여 조작하는 사용자 인터페이스
GUI (Graphical User Interface)	• 그래픽 반응 기반 인터페이스 • 그래픽 환경을 기반으로 한 마우스나 전자펜을 이용하는 사용자 인터페이스
NUI (Natural User Interface)	• 직관적 사용자 반응 기반 인터페이스 • 키보드나 마우스 없이 신체 부위를 이용하는 사용자 인터페이스 • 터치, 음성 포함
OUI (Organic User Interface)	• 유기적 상호 작용 기반 인터페이스 • 현실에 존재하는 모든 사물이 입출력장치로 변화할 수 있는 사용자 인터페이스

10
정답 ① ㉠ Static Analysis, ② ㉣ Dynamic Analysis

해설
- 정적 분석(Static Analysis)은 소프트웨어를 실행하지 않고 코드를 분석하는 기법이다.
- 동적 분석(Dynamic Analysis)은 소프트웨어를 실행하여 동작이나 반응을 추적하고 분석하는 기법이다.

11
정답 Car

해설 • Runnable 인터페이스 상속하여 스레드를 구현할 수 있다.

```
public class Car implements Runnable{
  public void run(){
    // 스레드 동작 시 수행할 코드
  }
}

public class Soojebi{
  public static void main(String[] args){
    Thread t = new Thread(new Car( ));
    t.start();
  }
}
```

• 스레드를 만들기 위해서는 Runnable 인터페이스 상속받고, 스레드를 생성하기 위해서 new 뒤에 Runnable 인터페이스를 상속받은 스레드 클래스를 선언해 준다.

```
Thread 스레드변수 = new Thread(new 상속받은스레드클래스( ));
```

12
정답 JUnit

해설
• JUnit은 자바 프로그래밍 언어용 단위 테스트 도구이다.
• JUnit은 자바 코드에 주석을 달아 특별한 의미를 부여한 어노테이션(Annotation, '@' 기호)을 활용한다.

13
정답 ① ⓒ Boundary Value Analysis, ② ⓔ Equivalence Partitioning, ③ ⓜ Cause-Effect Graph

해설 블랙박스 테스트 기법 유형은 다음과 같다.

유형	내용
동등분할 테스트 = 동치 분할 테스트, 균등 분할 테스트, 동치 클래스 분해 테스트 (Equivalence Partitioning Testing)	• 입력 데이터의 영역을 유사한 도메인별로 유횻값/무횻값을 그룹핑하여 대푯값 테스트 케이스를 도출하여 테스트하는 기법
경곗값 분석 테스트 = 한곗값 테스트 (Boundary Value Analysis Testing)	• 등가 분할 후 경곗값 부분에서 오류 발생 확률이 높기 때문에 경곗값을 포함하여 테스트 케이스를 설계하여 테스트하는 기법 • 최솟값 바로 위, 최대치 바로 아래 등 입력값의 극한 한계를 테스트하는 기법
결정 테이블 테스트 (Decision Table Testing)	• 요구사항의 논리와 발생조건을 테이블 형태로 나열하여, 조건과 행위를 모두 조합하여 테스트하는 기법
상태 전이 테스트 (State Transition Testing)	• 테스트 대상·시스템이나 객체의 상태를 구분하고, 이벤트에 의해 어느 한 상태에서 다른 상태로 전이되는 경우의 수를 수행하는 테스트 기법
유스케이스 테스트 (Use Case Testing)	• 시스템이 실제 사용되는 유스케이스로 모델링 되어 있을 때 프로세스 흐름을 기반으로 테스트 케이스를 명세화하여 수행하는 테스트 기법

유형	내용
분류 트리 테스트 (Classification Tree Method Testing)	• SW의 일부 또는 전체를 트리 구조로 분석 및 표현하여 테스트 케이스를 설계하여 테스트하는 기법
페어와이즈 테스트 (Pairwise Testing)	• 테스트 데이터값들 간에 최소한 한 번씩을 조합하는 방식이며, 이는 커버해야 할 기능적 범위를 모든 조합에 비해 상대적으로 적은 양의 테스트 세트를 구성하기 위한 테스트 기법
원인-결과 그래프 테스트 (Cause-Effect Graph Testing)	• 원인-결과 그래프 테스트는 그래프를 활용하여 입력 데이터 간의 관계 및 출력에 미치는 영향을 분석하여 효용성이 높은 테스트 케이스를 선정하여 테스트하는 기법
비교 테스트 (Comparison Testing)	• 비교 테스트는 여러 버전의 프로그램에 같은 입력값을 넣어서 동일한 결과 데이터가 나오는지 비교해 보는 테스트 기법

14 정답 120

해설

라인 수	설명
06	• main 함수부터 실행
07	• a라는 이름의 정수형 변수를 저장
08	• 키보드로 입력한 5를 a 변수에 저장
09	• fn(5)를 호출
02	• fn(5)를 호출했으므로 a=5
03	• a=5이므로 a <= 1은 거짓
04	• return n*fn(n-1)이므로 5*fn(5-1)인 5*fn(4)를 반환 • fn(4)가 24이므로 5*24=120을 반환
02	• fn(4)를 호출했으므로 a=4
03	• a=4이므로 a <= 1은 거짓
04	• return n*fn(n-1)이므로 4*fn(4-1)인 4*fn(3)을 반환 • fn(3)이 6이므로 4*6=24를 반환
02	• fn(3)을 호출했으므로 a=3
03	• a=3이므로 a <= 1은 거짓
04	• return n*fn(n-1)이므로 3*fn(3-1)인 3*fn(2)를 반환 • fn(2)가 2이므로 3*2=6을 반환
02	• fn(2)를 호출했으므로 a=2
03	• a=2이므로 a <= 1은 거짓
04	• return n*fn(n-1)이므로 2*fn(2-1)인 2*fn(1)을 반환 • fn(1)이 1이므로 2*1=2를 반환
02	• fn(1)을 호출했으므로 a=1
03	• a=1이므로 a <= 1은 참이기 때문에 1을 반환
09	• fn(5)는 반환값이 120이므로 120을 출력

15 **정답** ① > 또는 !=, ② %, ③ /

해설 반복문을 실행할 때마다 맨 뒷자리 수를 result에 더해 주고, number의 마지막 자리는 없애고, result는 10배씩 곱해서 역수를 구한다.

라인 수	설명
02	• main 함수부터 시작
03	• number라는 이름의 정수형 변수를 선언하고, 1234로 초기화
04	• div라는 이름의 정수형 변수를 선언하고, 10으로 초기화
05	• result라는 이름의 정수형 변수를 선언하고, 0으로 초기화
06	• number는 1234이므로 조건식이 참이 되어 반복문 실행
07	• result 값에 div 값인 10을 곱하므로 result=0이 됨
08	• result에 맨 뒷자리 수를 더해 주어야 하므로 number % 10을 하면 4가 되므로 result는 4가 됨
09	• number에서 맨 뒷자리 수는 사용했으므로 10으로 나누어 줌 • 정수와 정수를 연산하면 정수가 되므로 1234/10=123이 됨
06	• number는 123이므로 조건식이 참이 되어 반복문 실행
07	• result는 4인데, div 값인 10을 곱하므로 result=40이 됨
08	• number % 10을 하면 3이 되므로 result는 40+3인 43이 됨
09	• number에서 맨 뒷자리 수는 사용했으므로 10으로 나누어 줌 • 정수와 정수를 연산하면 정수가 되므로 123/10=12가 됨
06	• number는 12이므로 조건식이 참이 되어 반복문 실행
07	• result는 43인데, div 값인 10을 곱하므로 result=430이 됨
08	• number % 10을 하면 2가 되므로 result는 430+2인 432가 됨
09	• number에서 맨 뒷자리 수는 사용했으므로 10으로 나누어 줌 • 정수와 정수를 연산하면 정수가 되므로 12/10=1이 됨
06	• number는 1이므로 조건식이 참이 되어 반복문 실행
07	• result는 432인데, div 값인 10을 곱하므로 result=4320이 됨
08	• number % 10을 하면 1이 되므로 result는 4320+1인 4321이 됨
09	• number에서 맨 뒷자리 수는 사용했으므로 10으로 나누어 줌 • 정수와 정수를 연산하면 정수가 되므로 1/10=0이 됨
06	• number는 0이므로 조건식이 거짓이 되어 반복문 종료
11	• result 값인 4321을 출력

- ①은 반복문이 0보다 크거나 0이 아닐 때까지 반복해야 하기 때문에 >나 !=를 사용한다.
- ②는 number의 맨 뒷자리 수를 result에 더해주어야 하기 때문에 % 연산자를 사용한다.
- ③은 number의 맨 뒷자리 수를 제거해야 하므로 / 연산자를 사용한다. (정수와 정수를 나누면 결과가 정숫값이 되어야 하므로 소숫점은 버림처리 된다.)

16 **정답** ISMS(Information Security Management System)

해설 • "정보보호 관리체계(ISMS)"란 조직의 주요 정보자산을 보호하기 위하여 정보보호 관리 절차와 과정을 체계적으로 수립하여 지속적으로 관리하고 운영하기 위한 종합적인 체계이다.
- "정보보호 관리체계(ISMS) 인증"이란 인증 신청인의 정보보호 관련 일련의 조치와 활동이 인증기준에 적합함을 인터넷진흥원 또는 인증기관이 증명하는 것을 말한다.
- "정보보호 및 개인정보보호 관리체계(ISMS-P) 인증"이란 인증 신청인의 정보보호 및 개인정보보호를 위한 일련의 조치와 활동이 인증기준에 적합함을 한국인터넷진흥원(이하 "인터넷진흥원"이라 한다) 또는 인증기관이 증명하는 것을 말한다.

17 정답 ① 유일성, ② 최소성

해설
- 키의 특성으로는 식별자에 의해 엔티티 타입 내에 모든 엔티티들이 유일하게 구분되는 유일성, 최소한의 속성으로 식별자로 구성된 최소성이 있다.
- 키의 종류는 기본 키, 대체 키, 후보 키, 슈퍼 키, 외래 키 등이 있다.

종류	설명
기본 키(Primary Key)	후보 키 중에서 선택받아 테이블의 튜플들을 고유하게 식별하는 키
대체 키(Alternate Key)	후보 키 중에서 기본 키로 선택되지 않은 키
후보 키(Candidate Key)	유일성과 최소성을 모두 만족하는 키
슈퍼 키(Super Key)	유일성은 만족하지만, 최소성은 만족하지 못하는 키
외래 키(Foreign Key)	한 릴레이션의 컬럼이 다른 릴레이션의 기본 키로 이용되는 키

18 정답 ⓒ Watering hole

해설 공격 대상이 방문할 가능성이 있는 합법적 웹사이트를 미리 감염시켜 놓고, 피해자가 방문했을 때 피해자의 컴퓨터에 악성 프로그램을 배포하는 공격 기법은 워터링 홀(Watering Hole)이다.

공격 기법	설명
파밍 (Pharming)	인터넷 주소창에 방문하고자 하는 사이트의 URL을 입력하였을 때 가짜 사이트(fake site)로 이동시키는 공격 기법
드라이브 바이 다운로드 (Drive By Download)	악의적인 해커가 불특정 웹 서버와 웹 페이지에 악성 스크립트를 설치하고, 불특정 사용자 접속 시 사용자 동의 없이 실행되어 의도된 서버(멀웨어 서버)로 연결하여 감염시키는 공격 기법
비즈니스 스캠 (Business SCAM)	기업 이메일 계정 도용하여 무역 거래 대금 가로채는 사이버 범죄
피싱 (Phishing)	소셜 네트워크에서 악의적인 사용자가 지인 또는 특정 유명인으로 가장하여 불특정 다수의 정보를 탈취하는 공격 기법
사이버 킬체인 (Cyber Kill Chain)	록히드 마틴의 사이버 킬체인은 공격형 방위시스템으로 지능적, 지속적 사이버 공격에 대해 7단계 프로세스별 공격 분석 및 대응을 체계화한 APT 공격 방어 분석 모델
랜섬웨어 (Ransomware)	악성코드의 한 종류로 감염된 시스템의 파일들(문서, 사진, 동영상 등)을 암호화하여 복호화할 수 없도록 하고, 피해자로 하여금 암호화된 파일을 인질처럼 잡고 몸값을 요구 악성 소프트웨어

19 정답 29

해설

라인 수	설명
09	• main 함수부터 실행
10	• number=13195, max_div=0, i 변수를 선언
11	• i=2부터 i<number를 만족할 때까지 반복
12	• isPrime(i) 함수의 반환값이 1이면서 number % i == 0을 만족하면 if 문 안의 명령어를 실행 • isPrime 함수를 통해 i가 소수이면 1을, 소수가 아니면 0을 반환하므로 i가 소수이면 isPrime(i)==1은 참 • number % i == 0은 number를 i로 나눴을 때 나머지가 0이라는 의미이므로, i는 number의 약수 • i가 소수이면서 13195의 약수이면 if 문은 참이 됨
13	• if 문이 5, 7, 13, 29일 때 참이 되는데, i=5일 때 max_div는 5가 되고, i=7일 때 max_div는 7이 되고, i=13일 때 max_div는 13이 되고, i=29일 때 max_div는 29가 됨
14	• max_div 값인 29를 출력

• number % i는 13195를 i로 나눴을 때 나머지가 없는 수이므로 i가 13195의 약수를 찾아야 한다.

```
 5 | 13195
 7 |  2639
13 |   377
        29
```

• 13195 = 5×7×13×29이기 때문에 29가 가장 큰 소수이므로 max_div는 29가 되어 29를 출력한다.

20 정답 ① 단위 테스트, ② 통합 테스트, ③ 시스템 테스트, ④ 인수 테스트

해설 소프트웨어 개발 프로세스 중 V 모델에서 사용되는 테스트는 다음과 같다.

테스트 레벨 종류	설명
단위 테스트	• 소프트웨어 설계의 최소 단위인 모듈이나 컴포넌트에 초점을 맞춘 테스트
통합 테스트	• 단위 테스트를 통과한 모듈 사이의 인터페이스, 통합된 컴포넌트 간의 상호 작용을 검증하는 테스트
시스템 테스트	• 통합된 단위 시스템의 기능이 시스템에서 정상적으로 수행되는지를 검증하는 테스트
인수 테스트	• 계약상의 요구사항이 만족되었는지 확인하기 위한 테스트

두음쌤 한마디

테스트 레벨 종류
「단통시인」
단위 테스트 / **통**합 테스트 / **시**스템 테스트 / **인**수 테스트

수제비 백/전/백/승 기출문제 2022년 2회 정답 및 해설

01 정답: 관계 해석

해설
- 관계 해석은 프레디킷 해석(Predicate Calculus)에 기반한 언어이며 비절차적 언어(원하는 정보가 무엇이라는 것만 선언)이다.
- 관계 해석은 Codd 박사에 의하여 제시되었으며 튜플 관계 해석과 도메인 관계 해석을 하는 비절차적 언어이다.

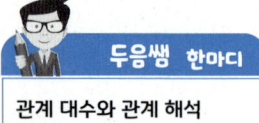

두음쌤 한마디

관계 대수와 관계 해석
「대절해비」
관계 **대**수는 **절**차적 언어 / 관계 **해**석은 **비**절차적 언어

02 정답: ① IDEA, ② Skipjack

해설

IDEA (International Data Encryption Algorithm)	• IDEA는 스위스에서 1990년 Xuejia Lai와 James Messey가 만든 PES(Proposed Encryption Standard), IPES(Improved Proposed Encryption Standard)를 개량하여, 1991년에 제작된 블록 암호 알고리즘 • IDEA는 128bit의 키를 사용하여 64bit의 평문을 8라운드에 거쳐 64bit의 암호문을 만듦
Skipjack	• 미 국가안보국(NSA, National Security Agency)에서 개발한 Clipper 칩에 내장된 블록 알고리즘으로, 소프트웨어로 구현되는 것을 막고자 Fortezza Card에 칩 형태로 구현됨 • 전화기와 같이 음성을 암호화하는 데 주로 사용되고 64비트의 입출력, 80비트의 키, 32라운드를 가짐

03 정답: ALL

해설
- 다중 행 연산자로 IN, ANY, SOME, ALL, EXISTS를 사용한다.
- 다중 행 비교 연산자는 단일 행 비교 연산자(<, >, =, <>)와 결합하여 사용할 수 있다.
- 서브 쿼리로 도출된 모든 값이 조건을 만족해야 하므로 ALL 연산자를 사용한다.

연산자	설명
IN	• 리턴되는 값 중에서 조건에 해당하는 값이 있으면 참
ANY	• 서브쿼리에 의해 리턴되는 각각의 값과 조건을 비교하여 하나 이상을 만족하면 참
ALL	• 값을 서브쿼리에 의해 리턴되는 모든 값과 조건값을 비교하여 모든 값을 만족해야만 참
EXISTS	• 메인 쿼리의 비교 조건이 서브 쿼리의 결과 중에서 만족하는 값이 하나라도 존재하면 참

04 정답: 4

해설
- COUNT는 복수 행의 줄 수를 구하는 집계함수이다.

COUNT(컬럼명)	• NULL 값은 제외하고 COUNT
COUNT(*)	• NULL도 포함하여 전부 COUNT

- COL1 IN(2,3)의 결과를 통해 SEQ 1,2가 선택되며, COL2 IN(3,5)의 결과를 통해 SEQ 3,4,5가 선택되어 OR연산으로 모든 행을 선택하는 결과가 된다.
- 이중 COUNT(COL2)를 통해 NULL을 제외한 2,3,4,5의 COUNT인 4가 출력된다.

05 정답 VPN(Virtual Private Network)

해설
- VPN은 인터넷과 같은 공중망에 인증, 암호화, 터널링 기술을 활용하여 마치 전용망을 사용하는 효과를 가지는 보안 솔루션이다.
- VPN은 여러 공중 인터넷망을 하나의 사설망처럼 사용할 수 있는 기술로 공중망과 사설망의 중간단계이고 방식으로는 SSL 방식과 IPSec 방식이 있다.

SSL VPN	• 4계층에서 소프트웨어적으로 동작하므로 별도의 장치가 필요 없으며 가격이 저렴하다.
IPSec VPN	• 3계층에서 동작하므로 IP 헤더를 조작해야 하므로 별도의 하드웨어 장치가 필요하나 보안성이 뛰어나다.

06 정답 ISP

해설 객체지향 설계 원칙(SOLID)는 다음과 같다.

단일 책임의 원칙(SRP; Single Responsibility Principle)	• 하나의 클래스는 하나의 목적을 위해서 생성되며, 클래스가 제공하는 모든 서비스는 하나의 책임을 수행하는 데 집중되어 있어야 한다는 원칙 • 객체지향 프로그래밍의 5원칙 중 나머지 4원칙의 기초 원칙
개방 폐쇄 원칙(OCP; Open Close Principle)	• 소프트웨어의 구성요소(컴포넌트, 클래스, 모듈, 함수)는 확장에는 열려 있고, 변경에는 닫혀 있어야 한다는 원칙
리스코프 치환의 원칙(LSP; Liskov Substitution Principle)	• 서브 타입(상속받은 하위 클래스)은 어디서나 자신의 기반 타입(상위 클래스)으로 교체할 수 있어야 한다는 원칙
인터페이스 분리의 원칙(ISP; Interface Segregation Principle)	• 한 클래스는 자신이 사용하지 않는 인터페이스는 구현하지 말아야 한다는 원칙 • 클라이언트가 사용하지 않는 인터페이스 때문에 영향을 받아서는 안 된다는 원칙
의존성 역전의 원칙(DIP; Dependency Inversion Principle)	• 실제 사용관계는 바뀌지 않으며, 추상을 매개로 메시지를 주고받음으로써 관계를 최대한 느슨하게 만드는 원칙

07 정답 -8

해설

라인 수	설명
02	• main 메서드부터 실행
03	• i라는 이름의 정수형 변수를 선언하고, 3으로 초기화
04	• k라는 이름의 정수형 변수를 선언하고, 1로 초기화
05	• i는 3이므로 case 3으로 진입
09	• k=0에 의해 k는 0이 됨 • break가 없으므로 다음 명령어 실행
10	• k+=3을 실행하여 k는 3이 됨 • break가 없으므로 다음 명령어 실행
11	• k-=10을 실행하여 k는 -7이 됨 • break가 없으므로 다음 명령어 실행
12	• k--를 실행하여 k는 -8이 됨
14	• k 값인 -8을 출력

08 정답 2

해설

라인 수	설명
05	• main 함수부터 시작
06	• 구조체 soojebi를 2개 저장할 수 있는 배열 변수 s를 선언
07	• 정수형 변수 i를 0으로 초기화
08	• i=0이므로 i<2가 참이 되어 반복문 실행
09	• st[0].n = 0이 됨
10	• st[0].g은 0+1인 1이 됨
08	• i++에 의해 i=1이므로 i<2가 참이 되어 반복문 실행
09	• st[1].n = 1이 됨
10	• st[1].g은 1+1인 2가 됨
08	• i++에 의해 i=2이므로 i<2가 거짓이 되어 반복문 종료
12	• st[0].n 값은 0이고, st[1].g 값은 2이므로 2가 출력

09 정답 ① 128, ② 62

해설
• IP 주소를 2진수로 바꾸면 다음과 같다.

10진수	223.13.234.132
2진수	11011111.00001101.11101010.10000100

• 서브넷 마스크를 2진수로 바꾸면 다음과 같다.

10진수	255.255.255.192
2진수	11111111.11111111.11111111.11000000

• 네트워크 주소와 서브넷 마스크를 AND 연산한 결과가 네트워크 주소이다.

```
            11011111.00001101.11101010.10000100
         &  11111111.11111111.11111111.11000000
   2진수    11011111.00001101.11101010.10000000
  10진수    223.13.234.128
```

• 서브넷 마스크 255.255.255.192에서 Host ID 부분인 192를 2진수로 표현하면 11000000이다.

Host ID에서 1인 부분	• 상위 2개의 bit가 서브넷 ID • 2^2 = 4개의 서브넷으로 나눠짐
Host ID에서 0인 부분	• 하위 6개의 bit가 호스트 ID • 서브넷마다 사용할 수 있는 호스트 범위는 2^6= 64개가 됨 • 64개의 호스트 범위에서 모두 0이 채워진 값은 네트워크 주소라 사용할 수 없고, 모두 1이 채워진 값은 브로드캐스트 주소라 사용할 수 없음

• 64-2=62개의 호스트만이 사용할 수 있다.

10 정답 ① 베타, ② 알파

해설 인수 테스트 중 알파 테스트와 베타 테스트는 다음과 같다.

종류	설명
알파 테스트	• 개발자 환경에서 통제된 상태로 개발자와 함께 수행하는 방법으로 사용자가 프로그램을 수행하는 것을 개발자가 모니터링하여 오류를 수정하는 테스트
베타 테스트	• 사용자의 환경에서 개발자 없이 수행하는 테스트 방법으로, 사용자가 오류정보를 수집하여 개발자에게 보내면 개발자가 취합하여 오류를 수정하는 테스트

11 정답 Regression

해설
- 회귀 테스트(Regression Testing)는 오류를 제거하거나 수정한 시스템에서 오류 제거와 수정에 의해 새로이 유입된 오류가 없는지 확인하는 일종의 반복 테스트 기법이다.
- 회귀 테스트는 소프트웨어의 변경 사항이 발생하면 수행하는 테스트로, 주로 유지보수 단계에서 수행한다.
- 소프트웨어 수정 시 다른 오류가 흘러들어오므로 이를 확인하기 위하여 소프트웨어에 변경 사항이 발생할 때마다 회귀 테스트를 반복적으로 수행한다.

12 정답 ① IGP, ② EGP, ③ OSPF, ④ BGP

해설 라우팅 프로토콜은 다음과 같다.

내부 라우팅 프로토콜 (IGP; Interior Gateway Protocol)	\multicolumn{2}{l}{• 동일한 AS 내의 라우팅에 사용되는 프로토콜}
	RIP (Routing Information Protocol)	• 거리 벡터 라우팅 기반 메트릭(Metric) 정보를 인접 라우터와 주기적으로 교환하여 라우팅 테이블을 갱신하고 라우팅 테이블을 구성/계산하는 데 Bellman-Ford 알고리즘을 사용하는 내부 라우팅 프로토콜 • 최대 홉 수(Hop Count)를 15개로 제한하고 30초마다 전체 라우팅 정보를 브로드캐스팅하는 특징이 있음
	OSPF (Open Shortest Path First)	• 규모가 크고 복잡한 TCP/IP 네트워크에서 RIP의 단점을 개선하기 위해 자신을 기준으로 링크 상태 알고리즘을 적용하여 최단 경로를 찾는 라우팅 프로토콜 • 링크 상태 라우팅 기반 메트릭(Metric) 정보를 한 지역(Area) 내 모든 라우터에 변경이 발생했을 때만 보내(Flooding)고 라우팅 테이블을 구성/계산하는 데 다익스트라(Dijkstra) 알고리즘을 사용하는 내부 라우팅 프로토콜 • 홉 카운트에 제한이 없고 AS를 지역(Area)으로 나누어 라우팅을 효과적으로 관리
EGP (Exterior Gateway Protocol)	\multicolumn{2}{l}{• 서로 다른 AS 간 라우팅 프로토콜로 게이트웨이 간의 라우팅에 사용되는 프로토콜}
	BGP (Border Gateway Protocol)	• AS 상호 간에 경로 정보를 교환하기 위한 라우팅 프로토콜로 초기에 라우터들이 연결될 때 전체 라우팅 테이블을 교환하고, 그 이후에는 변화된 정보만을 교환하는 방식

13 정답 ① TTL, ② 부장, ③ 대리, ④ 과장, ⑤ 차장

해설
- 프로젝트(π) 연산자는 릴레이션 R에서 주어진 속성들의 값으로만 구성된 튜플을 반환할 때 사용한다.
- $\pi_{속성리스트}(R)$이므로, EMPLOYEE 테이블에서 TTL 속성값으로만 구성된 튜플을 반환한다.

TTL
부장
대리
과장
차장

14 정답 REMEMBER AND STR

해설

라인 수	설명
01	• a 변수에 "REMEMBER NOVEMBER" 문자열 저장
02	• a[:3]은 REM, a[12:16]는 EMBE가 되고 "REMEMBE"가 b에 대입
03	• %s에는 "STR"이 전달되어 "RAND STR"을 c에 대입
04	• b+c를 출력하여 REMEMBE와 R AND STR 를 합친 REMEMBER AND STR 출력

15 정답 10

해설

라인 수	설명
03	• main 함수부터 시작
04	• 포인터 변수 p1에 "2022" 문자열 대입 	p1[0]	p1[1]	p1[2]	p1[3]	p1[4]
---	---	---	---	---
2	0	2	2	\0	
05	• 포인터 변수 p2에 "202207" 문자열 대입 | p2[0]	p2[1]	p2[2]	p2[3]	p2[4]	p2[5]	p2[6]
---	---	---	---	---	---	---
2	0	2	2	0	7	\0	
06	• len(p1) 호출
09	• len 함수의 p 변수에 &p1[0]을 대입
10	• r이라는 이름의 정수형 변수를 선언하고, 0으로 초기화
11	• while 문을 *p가 '\0'이 아닐 때까지 반복 • *p는 *(&p1[0])==p1[0]의 값인 '2'이므로 NULL이 아니기 때문에 참이되어 반복문 실행
12	• p 값을 1 증가시키면 p는 p1[1]을 가리키게 됨
13	• r 값을 1 증가시키면 r=1이 됨
11	• *p는 *(&p1[1])==p1[1]의 값인 '0'이므로 NULL이 아니기 때문에 참이 되어 반복문 실행
12	• p 값을 1 증가시키면 p는 p1[2]를 가리키게 됨
13	• r 값을 1 증가시키면 r=2가 됨
11	• *p는 *(&p1[2])==p1[2]의 값인 '2'이므로 NULL이 아니기 때문에 참이 되어 반복문 실행

라인 수	설명
12	• p 값을 1 증가시키면 p는 p1[3]을 가리키게 됨
13	• r 값을 1 증가시키면 r=3이 됨
11	• *p은 *(&p1[3])==p1[3]의 값인 '2'이므로 NULL이 아니기 때문에 참이 되어 반복문 실행
12	• p 값을 1 증가시키면 p는 p1[4]를 가리키게 됨
13	• r 값을 1 증가시키면 r=4가 됨 • r 값은 *p가 NULL이 아닐 때까지의 글자수를 세는 목적으로 사용
11	• *p은 *(&p1[4])==p1[4]의 값인 0이므로 NULL이기 때문에 거짓이 되어 반복문 종료
15	• r 값인 4를 반환
06	• len(p2) 호출
09~16	• r 값을 반환하는데, r은 *p가 NULL이 아닐 때까지의 글자수를 세는 목적으로 사용하므로 p2의 글자 수인 6을 반환
06	• len(p1)은 4이고, len(p2)는 6이므로 4+6인 10을 출력

16 정답 ▶ 22

해설

라인 수	설명
02	• main 함수부터 실행
03	• 정수형 배열 a를 크기 4인 배열로 선언하고 0, 2, 4, 8로 초기화
04	• 정수형 배열 b를 크기 3인 배열로 초기화
05	• 정수형 포인터 변수 pl 선언
06	• 정수형 변수 i, j 선언
07	• 정수형 변수 sum 선언 및 0으로 초기화
08	• i=1일 때, i<4는 참이므로 반복문을 수행
09	• pl은 a로부터 i 요소 떨어진 곳의 주소 • i=1이므로 a+1을 pl에 대입
10	• *pl은 a로부터 1 요소 떨어진 곳의 주소이므로 *pl은 a로부터 1 요소 떨어진 곳의 값인 2가 됨 • *pl - a[i-1] = 2 - a[0] = 2 - 0 = 2가 되어 b[0]에 2를 대입
11	• sum=0이고, a[1]=2, b[0]=2이므로 sum=0+2+2=4가 됨
08	• i++에 의해 i=2가 되고, i=2일 때, i<4는 참이므로 반복문을 수행
09	• i=2이므로 a+2를 pl에 대입
10	• *pl은 a로부터 2 요소 떨어진 곳의 값인 4가 됨 • *pl - a[i-1] = 4 - a[1] = 4 - 2 = 2가 되어 b[1]에 2를 대입
11	• sum=4이고, a[2]=4, b[1]=2이므로 sum=4+4+2=10이 됨
08	• i++에 의해 i=3이 되고, i=3일 때, i<4는 참이므로 반복문을 수행
09	• i=3이므로 a+3을 pl에 대입
10	• *pl은 a로부터 3 요소 떨어진 곳의 값인 8이 됨 • *pl - a[i-1] = 8 - a[2] = 8 - 4 = 4가 되어 b[2]에 4를 대입
11	• sum=10이고, a[3]=8, b[2]=4이므로 sum=10+8+4=22가 됨
08	• i++에 의해 i=4가 되고, i=4일 때, i<4는 거짓이므로 반복문을 종료
13	• sum 값인 22를 출력

17 정답 61

해설

라인 수	설명
13	• main 메서드부터 실행
14	• Soojebi 클래스의 인스턴스를 생성하고, obj 변수에 저장 • new Soojebi(3)을 통해 생성자 호출
03~05	• 파라미터 a에 3을 전달 • 클래스 내의 필드 a에 파라미터 a 값인 3을 대입
15	• obj 변수의 a 필드에 값을 5로 변경
16	• obj 변수의 func 메서드를 호출
06	• func 메서드 실행
07	• b라는 이름의 정수형 변수를 생성하고, 1로 초기화
08~10	• a는 5이므로 i<5 조건이 참인 동안 반복문을 수행 • i=1일 때 b는 a*i+b = 5*1+1 = 6 • i=2일 때 b는 a*i+b = 5*2+6 = 16 • i=3일 때 b는 a*i+b = 5*3+16 = 31 • i=4일 때 b는 a*i+b = 5*4+31 = 51
11	• a는 5이고, b는 51이므로 a+b=5+51=56을 반환
16	• b 변수에 obj.func 메서드의 반환값인 56을 저장
17	• obj.a는 5이고, b는 56이므로 5+56=61을 출력

18 정답 ① Full, ② Partial, ③ Transitive

해설 함수 종속(FD; Functional Dependency)은 어떤 릴레이션 R에서 X와 Y를 각각 R의 애트리뷰트 집합의 부분 집합이라고 할 경우, 애트리뷰트 X의 값 각각에 대해 시간과 관계없이 항상 애트리뷰트 Y의 값이 오직 하나만 연관되어 있는 관계이다.

Full Functional Dependency (완전 함수 종속)	• 종속자가 기본키에만 종속되는 경우이거나 기본키를 구성하는 모든 속성이 포함된 기본키의 부분집합에 종속된 경우
Partial Functional Dependency (부분 함수 종속)	• 릴레이션에서 기본키가 복합키일 경우 기본키를 구성하는 속성 중 일부에게 종속된 경우
Transitive Functional Dependency (이행 함수 종속)	• 릴레이션에서 기본키가 복합키일 경우 기본키를 구성하는 속성 중 일부에게 종속된 경우

19 **정답** ① HTTP, ② Hypertext, ③ HTML

해설

HTTP (HyperText Transfer Protocol)	• 월드 와이드 웹(WWW)에서 HTML 문서를 송·수신하기 위한 규칙들을 정의해 놓은 표준 프로토콜 • 인터넷에서 요청과 응답에 의해 처리하는 프로토콜로 GET, POST, PUT 등의 방식을 사용
Hypertext	• 문장이나 단어 등이 링크를 통해 서로 연결된 네트워크처럼 구성된 문서로 이미지 등을 누르면 다른 사이트로 옮겨갈 수 있도록 하이퍼링크(hyperlink)가 걸려 있음
HTML (HyperText Markup Language)	• 웹을 이루는 가장 기초적인 구성요소로, 웹 콘텐츠의 의미와 구조를 정의할 때 사용 • 인터넷 웹(WWW) 문서를 표현하는 표준화된 마크업 언어

20 **정답** ① 3, ② 2

해설
- 소프트웨어의 구성요소인 모듈을 계층적으로 분석하기 위해서 팬인(Fan-In), 팬아웃(Fan-Out)을 활용한다.
- 팬인과 팬아웃 분석을 통하여 시스템의 복잡도를 측정할 수 있다.

팬인(Fan-In)	• 어떤 모듈을 제어(호출)하는 모듈의 수 • 모듈 숫자 계산: 모듈 자신을 기준으로 모듈에 들어오면 팬인(in)
팬아웃(Fan-Out)	• 어떤 모듈에 의해 제어(호출)되는 모듈의 수 • 모듈 숫자 계산: 모듈 자신을 기준으로 모듈에서 나가면 팬아웃(out)

- 모듈 F를 기준으로 모듈에 들어오는 팬인(in)의 숫자는 3이고, 모듈에서 나가는 팬 아웃(out)의 숫자는 2이다.

수제비 백/전/백/승 기출문제 2022년 3회 정답 및 해설

01 정답 1 1 3 2
3 4 5 3
3 5 6 4
3 5 5 3

해설

라인 수	설명
07	• main 함수부터 실행
08~09	• 4 × 4 크기의 field 선언 및 초기화
10~11	• mines는 0으로 초기화
12	• w와 h를 선언 및 4로 초기화
13	• i, j, k, l이라는 이름의 정수형 변수를 선언
14	• h=4이므로 l<4를 만족할 때까지 반복 • l이 0, 1, 2, 3일 때 반복
15	• w=4이므로 k<4를 만족할 때까지 반복 • k가 0, 1, 2, 3일 때 반복
16~17	• field[l][k]가 0이면 continue를 만나서 15로 이동 • field[l][k]가 1이면 continue를 만나지 않아서 18로 이동
18	• i가 l-1부터 l+1일 때까지 반복
19	• j가 k-1부터 k+1일 때까지 반복 • 18, 19의 for 문을 반복하면 i, j 값은 다음과 같이 9번 실행 | (l-1, k-1) | (l, k-1) | (l+1, k-1) | | (l-1, k) | (1, k) | (l+1, k) | | (l-1, k+1) | (l, k+1) | (l+1, k+1) |
20~21	• w=4, h=4이므로 calc(4, 4, j, i)가 1이면 mines[i][j] 값을 1 증가 • mines[i][j]를 l, k로 바꿔보면 다음과 같이 9번 실행 | mines[l-1][k-1] | mines[l][k-1] | mines[l+1][k-1] | | mines[l-1][k] | mines[1][k] | mines[l+1][k] | | mines[l-1][k+1] | mines[l][k+1] | mines[l+1][k+1] |
02~06	• i가 0≤i<4를 만족하면서 j가 0≤j<4를 만족하면 1을 반환, 그렇지 않으면 0을 반환 • mines[i][j]에서 i, j 값이 4×4 범위를 넘어가는지 체크하는 함수
27~31	• mines[0][0]~mines[0][3]을 출력하고, printf("\n");에 의해 개행 • mines[1][0]~mines[1][3]을 출력하고, printf("\n");에 의해 개행 • mines[2][0]~mines[2][3]을 출력하고, printf("\n");에 의해 개행 • mines[3][0]~mines[3][3]을 출력하고, printf("\n");에 의해 개행

02 정답 ∪, −, ×, π, ⋈

해설 관계대수 연산자의 종류에는 일반 집합 연산자와 순수 관계 연산자가 있고 연산자의 종류, 기호, 표현은 다음과 같다.

▼ 일반 집합 연산자

연산자	기호	표현	설명
합집합(Union)	∪	$R \cup S$	• 합병 가능한 두 릴레이션 R과 S의 합집합
교집합(Intersection)	∩	$R \cap S$	• 릴레이션 R과 S에 속하는 모든 튜플로 결과 릴레이션 구성
차집합(Difference)	−	$R - S$	• R에 존재하고 S에 미 존재하는 튜플로 결과 릴레이션 구성
카티션 프로덕트 (CARTESIAN Product)	×	$R \times S$	• R과 S에 속한 모든 튜플을 연결해 만들어진 새로운 튜플로 릴레이션 구성

▼ 순수 관계 연산자

연산자	기호	표현	설명
셀렉트(Select)	σ	$\sigma_{조건}(R)$	• 릴레이션 R에서 조건을 만족하는 튜플 반환
프로젝트(Project)	π	$\pi_{속성리스트}(R)$	• 릴레이션 R에서 주어진 속성들의 값으로만 구성된 튜플 반환
조인(Join)	⋈	$R \bowtie S$	• 공통 속성을 이용해 R과 S의 튜플들을 연결해 만들어진 튜플 반환
디비전(Division)	÷	$R \div S$	• 릴레이션 S의 모든 튜플과 관련 있는 R의 튜플 반환

03

정답 ① 브릿지(Bridge), ② 옵저버(Observer)

해설 브릿지 패턴은 구조 패턴이고, 옵저버 패턴은 행위 패턴이다.

브릿지(Bridge) 패턴	• 기능의 클래스 계층과 구현의 클래스 계층을 연결하고, 구현부에서 추상 계층을 분리하여 추상화된 부분과 실제 구현 부분을 독립적으로 확장할 수 있는 디자인 패턴
옵저버(Observer) 패턴	• 한 객체의 상태가 바뀌면 그 객체에 의존하는 다른 객체들에 연락이 가고 자동으로 내용이 갱신되는 방법으로 일대 다의 의존성을 가지며 상호 작용하는 객체 사이에서는 가능하면 느슨하게 결합하는 디자인 패턴

04

정답 24513

해설

라인 수	설명
02	• main 메서드부터 실행
03	• 정수형 배열로 5칸의 공간을 갖는 result를 선언
04	• [79, 34, 10, 99, 50] 값을 갖는 정수형 배열 arr을 선언
05~10	• 이 중 for 문의 구조에서 result[i]의 초깃값은 1이며, arr 배열에 자기 자신보다 큰 수의 개수를 찾으면 result[i]의 값을 1씩 늘려 감 • 이 중 for 문에 따른 result[i]의 값은 다음과 같이 변경 |	i=0	i=1	i=2	i=3	i=4
---	---	---	---	---	---
j=0	1	2	2	1	2
j=1	1	2	3	1	2
j=2	1	2	3	1	2
j=3	2	3	4	1	3
j=4	2	4	5	1	3	
11~13	• 이 중 for 문이 종료되고 새롭게 for 문이 실행되며, result 배열에 가장 마지막으로 저장된 값인 24513을 출력

05 정답 ▶ 192.168.1.127

해설 ▶ • 192.168.1.0/24 네트워크를 FLSM 방식을 이용하여 3개의 subnet으로 나누고, 두 번째 subnet의 브로드캐스트 IP 주소를 계산하려면 다음과 같이 순차적으로 계산해야 한다.
• 10진수 192.168.1.0을 2진수로 바꾸면 다음과 같다.

10진수	192.168.1.0
2진수	11000000.10101000.00000001.00000000 네트워크 ID / 호스트 ID

① 서브넷을 위한 bit 수 결정
• Host ID의 상위 n개의 bit를 이용하여 2^n개의 서브넷으로 분할한다($2^n \geq$ 서브넷 개수).
• 3개의 subnet으로 나누기 때문에 $2^n \geq 3$를 만족하는 n은 2가 된다.
• n이 2이면 서브넷 마스크 중 25번째 비트~26번째 비트(2비트)는 subnet을 위해 사용한다.

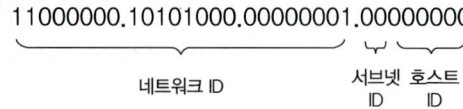

11000000.10101000.00000001.00000000
네트워크 ID / 서브넷 ID / 호스트 ID

② 서브넷 ID를 변경하여 유효 서브넷 ID 계산
• 서브넷 ID를 2진수로 모두 0이 채워진 값부터 모두 1이 채워진 값까지 1씩 증가시킨다.

1번째 서브넷	11000000.10101000.00000001.**00**000000
2번째 서브넷	11000000.10101000.00000001.**01**000000
3번째 서브넷	11000000.10101000.00000001.**10**000000

③ 호스트 ID를 변경하여 사용 가능한 IP 주소를 계산
• 호스트 ID를 2진수로 모두 0이 채워진 값은 네트워크 주소이고, 모두 1이 채워진 값은 브로드캐스트 주소이다. (단, IP Subnet Zero일 경우 모두 0으로 채워진 값을 사용할 수 있다)
• 호스트 ID를 2진수로 모두 0이 채워진 값에서 1 큰 값부터 모두 1이 채워진 값에서 1 작은 값까지 1씩 증가시킨다.
• 2번째 서브넷은 11000000.10101000.00000001.01000000이고, 여기에서 호스트 ID 부분을 모두 1로 채운 값이 브로드캐스트 주소가 된다.
• 11000000.10101000.00000001.01111111을 10진수로 바꾸면 192.168.1.127이다.

06 정답 ▶ Ⓐ Boundary Value Analysis

해설 ▶ 경곗값 분석 테스트(Boundary Value Analysis Testing)는 등가분할 후 경곗값 부분에서 오류 발생 확률이 높기 때문에 경곗값을 포함하여 테스트 케이스를 설계하여 테스트하는 기법이다.

동등 분할 테스트 (Equivalence Partitioning Testing)	• 입력 데이터의 영역을 유사한 도메인별로 유횻값/무횻값을 그룹핑하여 대푯값 테스트 케이스를 도출하여 테스트하는 기법
결정 테이블 테스트 (Decision Table Testing)	• 요구사항의 논리와 발생 조건을 테이블 형태로 나열하여, 조건과 행위를 모두 조합하여 테스트하는 기법
상태 전이 테스트 (State Transition Testing)	• 테스트 대상·시스템이나 객체의 상태를 구분하고, 이벤트에 의해 어느 한 상태에서 다른 상태로 전이되는 경우의 수를 수행하는 테스트 기법

유스케이스 테스트 (Use Case Testing)	• 시스템이 실제 사용되는 유스케이스로 모델링 되어 있을 때 프로세스 흐름을 기반으로 테스트 케이스를 명세화하여 수행하는 테스트 기법
분류 트리 테스트 (Classification Tree Method Testing)	• SW의 일부 또는 전체를 트리 구조로 분석 및 표현하여 테스트 케이스를 설계하여 테스트하는 기법
원인-결과 그래프 테스트 (Cause-Effect Graph Testing)	• 그래프를 활용하여 입력 데이터 간의 관계 및 출력에 미치는 영향을 분석하여 효용성이 높은 테스트 케이스를 선정하여 테스트하는 기법

07 정답 ① 3, ② 4

해설

①	• DISTINCT(중복제거)가 있으므로 부서코드 '10' 1건, '20' 1건, '30' 1건으로 총 3건이므로 3이 출력됨
②	• [부서] 테이블에서 부서코드가 '20'번인 데이터가 삭제되면 CASCADE에 의해 참조된 데이터인 [직원] 테이블의 부서코드가 '20'번인 데이터도 함께 삭제 • [직원] 테이블에서 부서코드가 '20'인 데이터가 삭제된 이후 중복을 제외한 직원코드는 1, 2, 6, 7이므로 총 4건이 출력됨

08 정답 ① 사회공학(기법)(=사회공학 공격 기법), ② 다크 데이터

해설

사회공학 (Social Engineering)	• 사람들의 심리와 행동 양식을 교묘하게 이용해서 원하는 정보를 얻는 공격 기법 • 컴퓨터 보안에 있어서, 인간 상호작용의 깊은 신뢰를 바탕으로 사람들을 속여서 정상 보안 절차를 깨트리기 위한 비기술적 시스템 침입 수단 • 사례로는 상대방의 자만심이나 권한을 이용하는 공격 및 도청 등이 있음
다크 데이터 (Dark Data)	• 수집된 후 저장은 되어 있지만, 분석에 활용되지는 않는 다량의 데이터

09 정답 [101, 102, 103, 104, 105]

해설

라인 수	설명
01	• 리스트 l은 1, 2, 3, 4, 5로 초기화
02	• 파이썬 map 함수에서 첫 번째 매개변수에는 함수, 두 번째 매개변수에는 리스트를 지정하여 반복을 수행(첫 번째 매개변수에는 lambda 함수를 전달할 수도 있음) • lambda 함수는 함수 이름 없이 동작하는 함수로 다음과 같이 작성 lambda 매개변수 : 표현식 • num : num + 100에서 매개변수인 왼쪽 num 값으로 리스트 l의 값이 순차적으로 전달되며, 이 값은 오른쪽의 num + 100에 전달되어 연산 • 1 + 100, 2 + 100, 3 + 100, 4 + 100, 5 + 100이 실행되어 101, 102, 103, 104, 105가 계산 • list 함수 매개변수에 101, 102, 103, 104, 105가 전달되며, 리스트로 변환한 결과를 l에 대입
03	• 리스트 l을 출력

10 정답: SIEM(Security Information and Event Management)

해설

SIEM (Security Information and Event Management)	• 다양한 보안장비와 서버, 네트워크 장비 등으로부터 보안 로그와 이벤트 정보를 수집한 후 정보 간의 연관성을 분석하여 위협 상황을 인지하고, 침해사고에 신속하게 대응하는 보안 관제 솔루션 • 기업에서 생성되는 테라바이트급의 정형·비정형 데이터와 방화벽, 안티바이러스 시스템, 서버, 네트워크 장비 등으로부터 수집한 다양한 데이터 등을 빅데이터 기반의 로그 분석을 통하여 보안의 위협 징후를 빠르게 판단·대응할 수 있도록 해주는 보안 관제 솔루션
ESM (Enterprise Security Management)	• 방화벽(Firewall), 침입 탐지 시스템(IDS), UTM, 가상 사설망 등의 여러 보안 시스템으로부터 발생한 각종 이벤트 및 로그를 통합해서 관리, 분석, 대응하는 전사적 통합 보안 관리시스템 • ESM은 서로 다른 기종의 보안 장비들을 통합 관리하는 기능과 네트워크 자원 현황의 보안 모니터링 기능이 있고, 주로 이벤트 위주의 단시간 위협 분석 및 DBMS 기반의 보안 관리 솔루션

11 정답: ① ⓒ SVN, ② ⓛ CVS, ③ ⓜ Git

해설 소프트웨어 형상 관리 도구에는 SVN, CVS, Git 등이 있다.

도구	설명
CVS (Concurrent Versions System)	• 가장 오래된 형상 관리 도구 중의 하나로서 중앙 집중형 서버 저장소를 두고 클라이언트가 접속해서 버전 관리를 실행하는 형상 관리 도구 • 파일 단위로 변경사항 관리가 가능하고 다수의 인원이 동시에 범용적인 운영체제로 접근이 가능한 형상 관리 도구
SVN (Subversion)	• 중앙집중형 클라이언트-서버 방식으로 하나의 서버에서 소스를 쉽고 유용하게 관리할 수 있게 도와주는 도구 • 저장소를 만들어 그곳에 소스를 저장해서 소스 중복이나 여러 문제를 해결하기 위한 도구로 바이너리 파일관리 및 롤백 기능을 지원
Git	• 로컬 저장소와 원격 저장소로 분리되어 분산 저장하는 도구 • 빠른 속도에 중점을 둔 분산형 버전 관리 시스템이며, 대형 프로젝트에서 효과적이고 유용함 • 커밋(Commit) 동작은 로컬 저장소에서 이루어지고, 푸시(Push)라는 동작으로 원격 저장소에 반영됨

12 정답: ① 200, ② 3, ③ 1

해설
• 단순 SELECT(조건검색)의 경우 전체 테이블의 튜플을 검색하기 때문에 200건(=50+100+50)이 조회된다.
• DISTINCT(중복제거)의 경우 동일한 튜플을 제거하고 검색하기 때문에 '정보과' 1건, '전기과' 1건, '전산과' 1건으로 총 3건이 조회된다.
• GROUP BY가 없을 경우 전체 테이블에서의 튜플 개수를 COUNT를 통해 출력하기 때문에 출력값을 표현한 1개가 튜플이다.

13 정답 2

해설

라인 수	설명
02	• main 함수부터 실행
03	• i, j, k, s라는 이름의 정수형 변수 선언
04	• el이라는 이름의 정수형 변수 선언하고 0으로 초기화
05	• i=6부터 i<=30을 만족할 때까지 반복
06	• s에 0 대입
07	• i를 2로 나눈 값을 k에 대입
08	• j는 1부터 k보다 작거나 같을 때까지 1씩 증가하며 반복
09~11	• i와 j를 나머지 연산한 결과가 0(j가 i의 약수)이면 조건식이 참이 됨 • j가 i의 약수일 경우 j를 s에 더해줌
13	• s가 i와 같으면 el 값을 1 증가시킴
17	• el을 출력하면 2가 됨

i	s 값	i	s 값
6	1+2+3=6	18	1+2+3+6+9=21
7	1	19	1
8	1+2+4=7	20	1+2+4+5+10=22
9	1+3=4	21	1+3+7=11
10	1+2+5=8	22	1+2+11=14
11	1	23	1
12	1+2+3+4+6=16	24	1+2+3+4+6+8+12=36
13	1	25	1+5=6
14	1+2+7=10	26	1+2+13=16
15	1+3+5=9	27	1+3+9=13
16	1+2+4+8=15	28	1+2+4+7+14=28
17	1	29	1
		30	1+2+3+5+6+10+15=42

• i 값과 s 값이 같은 숫자는 6, 28 두 가지이다.

14 정답 ① ㉠ 트러스트존(Trustzone), ② ㉡ 타이포스쿼팅(Typosquatting)

해설

트러스트존 (Trustzone)	• 프로세서 안에 독립적인 보안 구역을 따로 두어 중요한 정보를 보호하는 ARM 사에서 개발한 보안 기술로 프로세서 안에 독립적인 보안 구역을 따로 두어 중요한 정보를 보호하는 하드웨어 기반의 보안 기술
타이포스쿼팅 (Typosquatting)	• 네티즌들이 사이트에 접속할 때 주소를 잘못 입력하거나 철자를 빠뜨리는 실수를 이용하기 위해 이와 유사한 유명 도메인을 미리 등록하는 일로, URL 하이재킹이라고도 부름

15 정답 SSO(Single Sign-On)

해설

SSO (Single Sign On)	• 커버로스에서 사용되는 기술로 한 번의 인증 과정으로 여러 컴퓨터상의 자원을 이용할 수 있도록 해주는 인증 기술
커버로스 (Kerberos)	• 1980년대 중반 MIT의 Athena 프로젝트의 일환으로 개발되었으며 클라이언트/서버 모델에서 동작하고 대칭키 암호기법에 바탕을 둔 프로토콜 • 보안이 되지 않는 네트워크에서 통신하는 노드가 보안 방식으로 다른 노드에 대해 식별할 수 있게 허용하는 "티켓"(Ticket) 기반으로 동작하는 컴퓨터 네트워크 인증 암호화 프로토콜

16 정답 ① SJF, ② RR, ③ SRT

해설 프로세스 스케줄링 중 SJF, RR, SRT는 다음과 같다.

스케줄링 종류	설명
SJF (Shortest Job First)	• 프로세스가 도착하는 시점에 따라 그 당시 가장 작은 서비스 시간을 갖는 프로세스가 종료 시까지 자원을 점유하는 스케줄링 기법 • CPU 요구시간이 긴 작업과 짧은 작업 간의 불평등이 심하여, CPU 요구시간이 긴 프로세스는 기아 현상 발생
라운드 로빈 (RR; Round Robin)	• 프로세스는 같은 크기의 CPU 시간을 할당(시간 할당량), 프로세스가 할당된 시간 내에 처리 완료를 못하면 준비 큐 리스트의 가장 뒤로 보내지고, CPU는 대기 중인 다음 프로세스로 넘어가는 스케줄링 기법
SRT (Shortest Remaining Time First)	• 가장 짧은 시간이 소요되는 프로세스를 먼저 수행, 남은 처리시간이 더 짧다고 판단되는 프로세스가 준비 큐에 생기면 언제라도 프로세스가 선점되는 스케줄링 기법으로 비선점 방식의 스케줄링 기법에 선점 방식을 도입한 기법 • 짧은 수행시간 프로세스를 우선 수행

17 정답 ① 관계, ② 클래스, ③ 인터페이스

해설 UML 용어 중 관계, 클래스, 인터페이스는 다음과 같다.

용어	설명
관계	• UML의 구성요소 중 사물의 의미를 확장하고 명확히 하는 요소로 사물과 사물을 연결하여 표현하는 요소
클래스	• 공통의 속성, 연산(메서드), 관계, 의미를 공유하는 객체들의 집합
인터페이스	• 기능을 모아놓은 클래스로 추상 메서드와 상수만을 포함하는 추상 클래스로 구현하는 모든 클래스에 대해 특정한 메서드가 반드시 존재하도록 강제하는 역할을 하는 클래스

18 정답 ① ㄴ, ② ㅅ, ③ ㅁ, ④ ㅂ, ⑤ ㄹ

해설 개체-관계(E-R) 다이어그램의 기호는 다음과 같다.

구성	기호	
개체 집합	□	(사각형)
관계 집합	◇	(마름모)
속성	○	(타원)
다중 값 속성	◎	(이중타원)
개체 집합-관계 집합 연결	───	(실선)
개체 집합-속성 연결	───	(실선)
관계 집합-속성 연결	---	(점선)

19 정답 0123

해설

라인 수	설명
09	• main 메서드부터 실행
10	• 정수형 배열 intArr을 선언
11	• MakeArray 메서드를 통해 도출된 결과를 intArr에 저장
02	• 크기가 4인 정수형 배열 tempArr을 선언
03~06	• for 문을 통해 배열의 크기인 4만큼 반복하며, tempArr[i]에 i의 값을 넣고 반환 • for 문에 따른 tempArr 배열의 값은 다음과 같이 변경 | | i=0 | i=1 | i=2 | i=3 | |---|---|---|---|---| | tempArr[i] | 0 | 1 | 2 | 3 |
07	• tempArr을 반환
11	• tempArr의 값을 그대로 intArr에 저장
12~14	• for 문을 통해 순차적으로 출력하면 0123이 출력

20 정답 993

해설

라인 수	설명
02	• main 메서드부터 실행
03	• a라는 이름의 정수형 변수를 0으로 초기화
04	• for 문을 통해 i가 1부터 998까지 반복
05~06	• if 문을 통해 i의 값이 3으로 나누어 떨어지고, 2로 나누어 떨어지지 않는 결과에 대해서만 a의 값에 대입 • 3의 배수 [3, 6, 9, 12, 15, 18, 21, 24, 27, 30, …, 996]에서 짝수를 제외한 나머지 값인 [3, 9, 15, 21, 27, … 993]이 순서대로 a에 대입되고, a=993 이후에 if 문을 만족하는 i 값이 없음
08	• a 값인 993을 출력

수제비 백/전/백/승 기출문제 2023년 1회 정답 및 해설

01 정답 10
11
10
20

해설

라인 수	설명
03	• 자바에서 main 메서드 실행 전에 static 변수가 먼저 실행 • Static 클래스 내에 static int b = 0;에 의해 b라는 static 변수에 0을 대입
06	• main 메서드 실행
07~08	• main 내부의 a 변수에 10을 대입한다. | 0 | Static.b | | 10 | a |
09	• main 내부의 a 변숫값 10을 Static.b 변수에 대입 | 10 | Static.b | | 10 | a |
10	• Static 클래스가 st 변수에 할당 | 20 | st.a | | 10 | Static.b(또는 st.b) | | 10 | a |
11	• System.out.println(Static.b++);에 의해 Static.b 값인 10이 출력되고, Static.b의 값이 1 증가 | 20 | st.a | | 11 | Static.b(또는 st.b) | | 10 | a |
12~14	• st.b는 11, a는 10, st.a는 20이므로 11, 10, 20이 출력

02 정답 Art
A
A
Art
Art

해설

라인 수	설명
02	• main 함수부터 시작
03	• 문자형 배열 a에 "Art" 저장
04	• 문자형 포인터 p에 NULL 저장
05	• i라는 이름의 정수형 변수를 0으로 초기화
07	• p의 값에 a의 값을 대입 • a는 배열이므로 &a[0]과 같음 • p = a이므로 a랑 p랑 같음 | a[0], p[0]	a[1], p[1]	a[2], p[2]	a[3], p[3]
---	---	---	---
A	r	t	NULL	
08	• printf("%s\n", a);는 a[0]번지에 있는 A부터 NULL 전의 값인 t까지 출력하면 "Art"가 출력됨
09	• printf("%c\n", *p);는 p가 가리키는 "A"를 출력
10	• printf("%c\n", *a);는 a가 가리키는 값인 "A"를 출력
11	• printf("%s\n", p);는 printf("%s\n", a);와 같으므로 a[0]번지에 있는 A부터 NULL 전의 값인 t까지 출력하면 "Art"가 출력됨
13~14	• for 문을 통해 i=0부터 a[i] != '\0'이 거짓일 때까지 반복 • a[0], a[1], a[2]의 값 "Art"를 순서대로 출력 • for 문을 통해 i=0부터 a[i] != '\0'이 거짓일 때까지 반복하므로 A부터 t까지 출력 	i	a[i]	a[i] != '\0';
---	---	---
0	a[0] == 'A'	참
1	a[1] == 'r'	참
2	a[2] == 't'	참
3	a[3] == NULL	거짓	 • NULL이 '\0'이므로 a[3]의 값인 NULL과 '\0'은 같기 때문에 a[i] != '\0'은 거짓이 되어 반복문을 탈출

03 정답 qwe

해설

라인 수	설명
02	• main 함수부터 시작
03	• a 포인터에 다음과 같이 문자열이 저장 	a[0]	a[1]	a[2]	a[3]	a[4]
---	---	---	---	---
q	w	e	r	NULL	
04	• b 포인터에 다음과 같이 문자열이 저장 | b[0]	b[1]	b[2]	b[3]	b[4]	b[5]
---	---	---	---	---	---
q	w	e	t	y	NULL	
05	• i와 j라는 이름의 정수형 변수를 선언

라인 수	설명				
06~11	for(i = 0; a[i] != '\0' ; i++) 명령어를 통해 i=0부터 a[i] != '\0'이 거짓일 때까지 반복하고, for(j = 0; b[j] != '\0'; j++) 명령어를 통해 j=0부터 b[j] != '\0'이 거짓일 때까지 반복				
	i	j	a[i]	b[j]	비고
	0	0	q	q	if 문이 참이므로 a[i]인 q를 출력
	0	1	q	w	
	0	2	q	e	
	0	3	q	t	
	0	4	q	y	
	0	5	q	NULL	안쪽 for 문 종료(b[j] != '\0'이 거짓)
	1	0	w	q	
	1	1	w	w	if 문이 참이므로 a[i]인 w를 출력
	1	2	w	e	
	1	3	w	t	
	1	4	w	y	
	1	5	w	NULL	안쪽 for 문 종료(b[j] != '\0'이 거짓)
	2	0	e	q	
	2	1	e	w	
	2	2	e	e	if 문이 참이므로 a[i]인 e를 출력
	2	3	e	t	
	2	4	e	y	
	2	5	e	NULL	안쪽 for 문 종료(b[j] != '\0'이 거짓)
	3	0	r	q	
	3	1	r	w	
	3	2	r	e	
	3	3	r	t	
	3	4	r	y	
	3	5	r	NULL	안쪽 for 문 종료(b[j] != '\0'이 거짓)
	4				바깥쪽 for 문 종료(a[i] != '\0'이 거짓)

04 정답 AJAX(Asynchronous Javascript And XML)

해설
- AJAX는 자바스크립트를 사용하여 웹 서버와 클라이언트 간 비동기적으로 XML 데이터를 교환하고 조작하기 위한 웹 기술이다.
- AJAX는 브라우저가 가지고 있는 XMLHttpRequest 객체를 이용해서 전체 페이지를 새로 로드하지 않고 필요한 일부 페이지의 데이터만을 로드하는 기법이다.

05 정답 ① 가상회선(Virtual Circuit), ② 데이터그램(Datagram)

해설 패킷 교환 방식에는 데이터그램 방식과 가상회선 방식이 있다.

구분	데이터그램 방식	가상회선 방식
개념	• 연결 경로를 확립하지 않고 각각의 패킷을 순서에 무관하게 독립적으로 전송하는 방식	• 패킷이 전송되기 전에 송/수신 스테이션 간의 논리적인 통신 경로를 미리 설정하는 방식

구분	데이터그램 방식	가상회선 방식
동작 원리 및 특징	• 각각의 패킷을 독립적으로 취급하는 방식으로 앞에 보낸 메시지나 앞으로 보낼 메시지의 어떠한 결과와도 관계가 없는 단일 패킷 단위로 전송하고 수신하는 방식 • 헤더를 붙여서 개별적으로 전달하는 비 연결형 교환 방식	• 많은 이용자들이 상호 통신을 할 때 하나의 통신설비를 공유하여 여러 개의 논리적인 채널을 확정한 후 통신을 할 수 있는 방식 • 목적지 호스트와 미리 연결 후 통신하는 연결형 교환 방식

06 정답 ▶ L2TP(Layer 2 Tunneling Protocol)

해설 • L2F(Layer 2 Forwarding Protocol)와 PPTP(Point-to-Point Tunneling Protocol)의 기능을 결합하여 인터넷상에서 두 지점 간에 가상의 터널을 만들어 통신을 안전하게 전송하는 기술은 L2TP이다.
• VPN 기술 중 2계층 터널링 프로토콜은 PPTP, L2F, L2TP가 있다.

유형	설명
PPTP (Point to Point Tunnel Protocol)	• 마이크로소프트사(Microsoft)가 개발한 프로토콜로 IP, IPX 페이로드를 암호화하고, IP 헤더로 캡슐화하여 전송하는 프로토콜 • PPP(Point-to-Point Protocol)에 기초하여 두 대의 컴퓨터가 직렬 인터페이스를 이용하여 통신할 때 사용 • 하나의 터널에 하나의 연결만을 지원하여 일대일 통신만 가능
L2F (Layer 2 Forwarding)	• 시스코사(Cisco)에서 개발한 프로토콜로 하나의 터널에 여러 개의 연결을 지원하여 다자간 통신이 가능하도록 하는 프로토콜 • 전송 계층 프로토콜로 TCP가 아닌 UDP를 사용
L2TP (Layer 2 Tunneling Protocol)	• L2F와 PPTP의 결합한 방법으로 마이크로소프트사와 시스코에서 지원하고 있으며 호환성이 뛰어난 프로토콜 • UDP 포트가 사용되고 터널링에 대한 인증을 수행 • 암호화 및 기밀성과 같은 데이터에 보안을 제공하지 않기 때문에 IPSec(Internet Protocol Security) 기술과 함께 사용

07 정답 ▶ SSH(Secure Shell)

해설 • SSH는 Telnet보다 강력한 보안을 제공하는 원격 접속 프로토콜이다.
• 키를 통한 인증은 클라이언트의 공개키를 서버에 등록해야 하고 전송되는 데이터는 암호화된다.
• 인증, 암호화, 압축, 무결성을 제공하고 기본 포트는 22번을 사용한다.

08 정답 ▶ ① ㄴ, ② ㄷ, ③ ㄱ

해설

유형	설명
바이러스 (Virus)	• 사용자 컴퓨터(네트워크로 공유된 컴퓨터 포함) 내에서 프로그램이나 실행 가능한 부분을 변형해서 감염(Infect)시키는 프로그램 • 자신 또는 자신의 변형을 복사하는 프로그램으로 가장 큰 특성은 다른 네트워크의 컴퓨터로 스스로 전파되지는 않음

유형	설명
웜 (Worm)	• 인터넷 또는 네트워크를 통해 컴퓨터에서 컴퓨터로 스스로 전파되는 악성 프로그램 • 윈도우의 취약점 또는 응용 프로그램의 취약점을 이용하거나 이메일 또는 공유 폴더를 통해 전파되며, 최근에는 공유 프로그램(P2P)을 이용하여 전파되기도 함 • 자신을 복제하여 네트워크 연결을 통해서 다른 컴퓨터로 스스로 전파되고 확산
트로이목마 (Trojan Horse)	• 악성 루틴이 숨어 있는 프로그램으로 겉보기에는 정상적인 프로그램으로 보이지만 실행하면 악성 코드를 실행하는 프로그램 • 자기 복제를 하지 않으며 다른 파일을 감염시키거나 변경시키지 않지만, 해당 프로그램이 포함된 프로그램이 실행되는 순간, 시스템은 공격자에게 시스템을 통제할 수 있는 권한을 부여하게 됨

09 **정답** ⓐ % ⓑ 10 또는 ⓐ % ⓑ 2 또는 ⓐ & ⓑ 1

해설 • 2진수를 10진수로 변환하는 프로그램이다. 2진수 101110을 10진수로 변환하기 위해서는 $1\times 2^5+0\times 2^4+1\times 2^3+1\times 2^2+1\times 2^1+0\times 2^0$와 같이 계산한다.
• C 프로그램으로 2진수를 10진수로 변환하기 위해서는 2진수의 가장 왼쪽 마지막 자릿수의 값을 추출한 후, 자릿수가 n이면 2^n을 곱하고 그 결과를 합하는 과정을 반복한다.

	마지막 값 추출	sum 누적합 계산	다음 자릿수 계산
1	101110에서 끝자리 0을 추출	0과 2^0을 곱한 0을 sum에 누계	다음 자릿수 계산을 위해 101110을 10으로 나눔
2	10111에서 끝자리 1을 추출	1과 2^1을 곱한 2를 sum에 누계	다음 자릿수 계산을 위해 10111을 10으로 나눔
3	1011에서 끝자리 1을 추출	1과 2^2을 곱한 4를 sum에 누계	다음 자릿수 계산을 위해 1011을 10으로 나눔
4	101에서 끝자리 1을 추출	1과 2^3을 곱한 8을 sum에 누계	다음 자릿수 계산을 위해 101을 10으로 나눔
5	10에서 끝자리 0을 추출	0과 2^4을 곱한 0을 sum에 누계	다음 자릿수 계산을 위해 10을 10으로 나눔
6	1에서 끝자리 1을 추출	1과 2^5을 곱한 32를 sum에 누계	다음 자릿수 계산을 위해 1을 10로 나눔

• 문제의 코드는 다음과 같이 동작한다.

라인 수	설명
02	• main 함수부터 시작
03	• 정수형 변수 input에 101110을 대입
04	• 정수형 변수 di에 1을 대입
05	• 정수형 변수 sum에 0을 대입
07	• while 문에서는 조건식이 참일 경우 반복을 수행하는데, 조건이 1이면 참이므로 while 문을 무한 반복함.
08	• input이 0인 경우 while 문을 탈출
09	• input이 0이 아닌 경우 실행
10	• input의 가장 오른쪽 숫자를 추출하여 di와 곱한 뒤 오른쪽 sum에 더한 결과를 왼쪽 sum에 대입
11	• 오른쪽 di와 2를 곱한 결과를 왼쪽 di에 대입
12	• 다음 자릿수로 이동하기 위해 오른쪽 input을 10으로 나눈 몫을 왼쪽 input에 대입
16	• sum의 값을 출력

10 **정답** ICMP(Internet Control Message Protocol)

해설 • ICMP는 IP의 동작 과정에서의 전송 오류가 발생하는 경우에 오류 정보를 전송하는 목적으로 사용하는 프로토콜이다.
• ICMP 프로토콜을 사용해서 ping 유틸리티의 구현을 통해 오류가 발생했음을 알리는 기능을 수행한다.

11 정답 Proxy

해설
- Proxy 패턴은 실체 객체에 대한 대리 객체로 실체 객체에 대한 접근 이전에 필요한 행동을 취할 수 있게 만들고, 이 점을 이용해서 미리 할당하지 않아도 상관없는 것들을 실제 이용할 때 할당하게 하여 메모리 용량을 아낄 수 있으며, 실체 객체를 드러나지 않게 하여 정보은닉의 역할도 수행하는 디자인 패턴이다.
- 특정 객체로의 접근을 제어하기 위한 용도로 사용된다.

12 정답 ① 튜플(Tuple), ② 릴레이션 인스턴스(Relation Instance), ③ 카디널리티(Cardinality)

해설

유형	설명
튜플	• 어떤 요소의 집합, 혹은 테이블에서의 행 • 일반적인 집합과는 달리 중복이 허용될 수 있음 • 테이블 내의 행을 의미하며, 레코드(Record)라고도 함
릴레이션 인스턴스	• 릴레이션에 실제로 저장된 데이터의 집합 • 릴레이션 외연(Relation Extension)이라고도 함
카디널리티	• 특정 데이터 집합의 유니크(Unique)한 값의 개수

13 정답 DELETE FROM 학생 WHERE 이름 = '민수' ;

해설 튜플을 삭제하는 경우 DELETE 명령어를 사용한다.

```
DELETE FROM 테이블명 WHERE 조건;
```

14 정답 ① idx2, ② nx

해설
- 정수형 배열을 버블 정렬을 사용해 오름차순으로 정렬하는 함수를 구현하는 코드이다.
- 프로그램에서 교환할 때 구문은 a = b; b = c; c = a; 형태가 되어야 하므로 t = a[idx1]; a[idx1] = a[idx2]; a[①] = t; 에서 ①은 idx2가 되어야 한다.
- Usort 메서드 호출하는 부분은 Usort(item, ②);이고, 전달받는 부분은 Usort(int[] a, int len)이므로 ②는 int len에 전달하는 값이다.
- main 메서드에서 int형 변수는 nx밖에 없으므로 ②는 nx가 되어야 한다.

라인 수	설명
18	• main 함수부터 시작
19	• item이라는 정수형 배열에 5, 4, 9, 1, 3, 7 값으로 초기화 | item[0]	item[1]	item[2]	item[3]	item[4]	item[5] | | 5 | 4 | 9 | 1 | 3 | 7 |
20	• nx라는 이름의 정수형 변수를 6으로 초기화
21	• Usort 메서드 호출 • item 배열과 ②라는 정수형 변수를 전달
08	• Usort 메서드에서 item 배열을 a라는 이름으로 전달받고, ②라는 값을 len이라는 변수로 전달받음 | a[0]	a[1]	a[2]	a[3]	a[4]	a[5] | | 5 | 4 | 9 | 1 | 3 | 7 |

라인 수	설명
09	• 바깥쪽 for 문은 i=0부터 시작
10	• 안쪽 for 문은 j=0부터 시작
11	• j=0이므로 a[0]인 5와 a[1]인 4를 비교하면 if 문은 참이므로 if 문 안의 명령어를 실행
12	• swap 메서드 호출 • a 배열, j 값인 0, j+1 값인 1을 전달
02	• swap 메서드에서 a 배열을 전달받고, idx1=0, idx2=1을 전달받음
03	• t라는 변수에 a[idx1]==a[0]==5를 대입
04	• a[idx1]인 a[0]에 a[idx2]==a[1]==4를 대입 | a[0] | a[1] | a[2] | a[3] | a[4] | a[5] | | 4 | 4 | 9 | 1 | 3 | 7 |
05	• swap 메서드를 통해 a[0]과 a[1] 값을 교환해야 하므로 t 값을 a[1] 번지에 대입해야 함 • t는 5이므로 a[idx2]==a[1]에 t 값인 5를 저장 | a[0] | a[1] | a[2] | a[3] | a[4] | a[5] | | 4 | 5 | 9 | 1 | 3 | 7 |
10	• j++에 의해 j=1이 됨
11	• j=1이므로 a[1]인 5와 a[2]인 9를 비교하면 if 문은 거짓이므로 if 문 안의 명령어를 실행하지 않음
...	
22	• Usort 메서드가 끝나면 item 배열은 다음과 같음 | item[0] | item[1] | item[2] | item[3] | item[4] | item[5] | | 1 | 3 | 4 | 5 | 7 | 9 | • item[0]의 값인 1을 data에 대입
23	• data 값인 1을 출력
22~23	• item[1]의 값인 3을 data에 대입하고 data 값인 3을 출력
22~23	• item[2]의 값인 4를 data에 대입하고 data 값인 4를 출력
22~23	• item[3]의 값인 5를 data에 대입하고 data 값인 5를 출력
22~23	• item[4]의 값인 7을 data에 대입하고 data 값인 7을 출력
22~23	• item[5]의 값인 9를 data에 대입하고 data 값인 9를 출력

15 정답 {'한국', '중국', '베트남', '홍콩', '태국'}

해설 세트는 순서가 상관없는 컬렉션 자료형이므로 출력 순서는 상관없다.

라인 수	설명
01	• a라는 세트형 변수에 '일본', '중국', '한국'을 초기화
02	• '베트남'이라는 값을 추가
03	• '중국'이라는 값을 추가하는데 이미 '중국'이 존재하므로 무시
04	• '일본'이라는 값을 제거
05	• update를 통해 '홍콩', '한국', '태국'을 추가하는데, '한국'은 이미 있으므로 '홍콩', '태국'을 추가
06	• 세트 값을 출력

16

정답 SELECT 과목, MIN(점수) AS 최소점수, MAX(점수) AS 최대점수
　　　　FROM 성적
　　　　GROUP BY 과목
　　　　HAVING AVG(점수) >= 90;

해설
- MIN(점수)과 MAX(점수)는 각각 해당 컬럼에서 가장 작은 값과 가장 큰 값을 가져오는 집계 함수이다. AS 키워드를 이용하여 각 컬럼에 별칭을 지정한다.
- GROUP BY 과목이름을 통해 과목이름 컬럼을 기준으로 그룹화한다. 과목이름 컬럼의 값이 같은 행들이 하나의 그룹으로 묶이게 된다.
- HAVING AVG(점수) >= 90은 그룹화된 데이터 중 점수 컬럼의 평균이 90 이상인 데이터만 출력한다. 이때 HAVING 구문을 이용하여 그룹화된 데이터 중 조건에 맞는 데이터만 추출한다.

17

정답 Vehicle name: Spark

해설

라인 수	설명
25	• main 메서드부터 실행
26	• Car라는 생성자를 실행하면서 매개변수로 "Spark"를 전달 • obj 변수에 Car 클래스가 생성됨
13	• Car 클래스의 생성자인 Car(String val)에 "Spark"를 넘겨주면 val = "Spark"가 됨
14	• setName("Spark");으로 호출 • setName은 Vehicle 클래스에 있으므로 Vehicle 클래스의 setName 메서드에 "Spark" 값을 전달
07	• setName 메서드에서 매개변수로 받은 "Spark"를 val 변수에 저장
08	• val 값인 "Spark"를 name이라는 변수에 저장
27	• obj 변수의 getName 메서드를 호출
04	• getName에 파라미터가 없으므로 부모 클래스의 getName() 메서드를 실행하게 되고, Vehicle의 getName에 있는 "Vehicle name:" + name;을 반환 • name은 이미 new Car("Spark")라는 생성자에 의해서 "Spark"라는 값으로 대입이 되었기 때문에 getName에서는 "Vehicle name:" + "Spark"인 "Vehicle name: Spark"를 받게 됨
27	• getName에서 반환받은 "Vehicle name: Spark"를 System.out.println 함수를 이용하여 출력

18

정답 ① 외부, ② 개념, ③ 내부

해설 스키마는 외부, 개념, 내부 3계층으로 구성되어 있다.

유형	설명
외부 스키마 (External Schema)	• 사용자나 개발자의 관점에서 필요로 하는 데이터베이스의 논리적 구조 • 사용자 뷰를 나타내며, 서브 스키마로 불림
개념 스키마 (Conceptual Schema)	• 데이터베이스의 전체적인 논리적 구조 • 전체적인 뷰를 나타내며, 개체 간의 관계, 제약조건, 접근 권한, 무결성, 보안에 대해 정의
내부 스키마 (Internal Schema)	• 물리적 저장 장치의 관점에서 보는 데이터베이스 구조 • 실제로 데이터베이스에 저장될 레코드의 형식을 정의하고 저장 • 데이터 항목의 표현 방법, 내부 레코드의 물리적 순서 등을 표현

19

정답 ① → ② → ③ → ④ → ⑤ → ⑥ → ⑦, ① → ② → ④ → ⑤ → ⑥ → ① / ① → ② → ③ → ④ → ⑤ → ⑥ → ①, ① → ② → ④ → ⑤ → ⑥ → ⑦

해설 • 분기 커버리지(결정 커버리지)는 각 분기의 결정 포인트 내의 전체 조건식이 적어도 한 번은 참(T)과 거짓(F)의 결과를 수행해야 하기 때문에 첫 번째 분기문도 참, 거짓이 한 번씩 와야 하고, 두 번째 분기문도 참, 거짓이 한 번씩 와야 한다.

첫 번째 분기문과 두 번째 분기문이 둘 다 참일 경우	① → ② → ③ → ④ → ⑤ → ⑥ → ①
첫 번째 분기문과 두 번째 분기문이 둘 다 거짓일 경우	① → ② → ④ → ⑤ → ⑥ → ⑦
첫 번째 분기문이 참이고, 두 번째 분기문이 거짓일 경우	① → ② → ③ → ④ → ⑤ → ⑥ → ⑦
첫 번째 분기문이 거짓이고, 두 번째 분기문이 참일 경우	① → ② → ④ → ⑤ → ⑥ → ①

• 답은 2개이다. (① → ② → ③ → ④ → ⑤ → ⑥ → ⑦, ① → ② → ④ → ⑤ → ⑥ → ①일 경우와 ① → ② → ③ → ④ → ⑤ → ⑥ → ①, ① → ② → ④ → ⑤ → ⑥ → ⑦일 경우가 있다.)

20

정답 500

해설

라인 수	설명
25	• main 메서드부터 실행
26	• new Child()에 의해 클래스 생성하고, 클래스를 생성하면서 생성자를 호출 • 생성자는 자식 클래스(Child) 생성자의 첫 번째 명령어에서 생성자를 호출하지 않으므로 부모 클래스(Parent)의 생성자 중 파라미터가 없는 생성자인 Parent( )를 호출하고, 그 다음에 자식 클래스(Child) 생성자를 호출
03	• 부모 클래스인 Parent 클래스의 생성자인 Parent()를 호출
04	• this(500)로 Parent 클래스에서 매개변수를 1개 가지는 Parent(int x) 생성자를 호출하고 x에 500을 매개변수로 전달
06~07	• this(500)에 의해 호출되고, this.x = x;에 의해 x 값인 500을 this.x인 Parent 클래스의 변수 x에 대입
16	• 자식 클래스인 Child 클래스의 생성자인 Child()를 호출
17	• this(5000)로 Child 클래스에서 매개변수를 1개 가지는 Child(int x)생성자를 호출하고 x에 5000을 매개변수로 전달
19~20	• this(5000)에 의해 호출되고, this.x = x;에 의해 x 값인 5000을 this.x인 Child 클래스의 변수 x에 대입(Parent 클래스 변수 x에는 500, Child 클래스 변수 x에는 5000이 저장)
27	• getX() 메서드 호출
09~10	• Parent 클래스에 있으므로 Parent 클래스의 x값인 500을 반환
27	• 반환값 500을 출력

수제비 백/전/백/승 기출문제 2023년 2회 정답 및 해설

01 정답 ▶ n[(i+1) % 5]

해설

라인 수	설명
03	• n이라는 이름의 정수형 5개를 저장하는 배열 선언 <table><tr><td>n[0]</td><td>n[1]</td><td>n[2]</td><td>n[3]</td><td>n[4]</td></tr><tr><td>5</td><td>4</td><td>3</td><td>2</td><td>1</td></tr></table>
04	• i라는 이름의 int(정수)형 변수를 선언
05	• i=0일 때 i<5는 참이므로 반복문 수행
06	• printf에 의해 10진수(%d) 값이 출력되는데, 4를 출력하려면 n[1]번지 값이 출력되어야 함
05	• i++에 의해 i는 1이 되고, i<5는 참이므로 반복문 수행
06	• printf에 의해 10진수(%d) 값이 출력되는데, 3을 출력하려면 n[2]번지 값이 출력되어야 함
05	• i++에 의해 i는 2가 되고, i<5는 참이므로 반복문 수행
06	• printf에 의해 10진수(%d) 값이 출력되는데, 2를 출력하려면 n[3]번지 값이 출력되어야 함
05	• i++에 의해 i는 3이 되고, i<5는 참이므로 반복문 수행
06	• printf에 의해 10진수(%d) 값이 출력되는데, 1을 출력하려면 n[4]번지 값이 출력되어야 함
05	• i++에 의해 i는 4가 되고, i<5는 참이므로 반복문 수행
06	• printf에 의해 10진수(%d) 값이 출력되는데, 5를 출력하려면 n[0]번지 값이 출력되어야 함
08	• 메인 함수의 return 0을 만나 프로그램 종료

• i=0일 때 n[1], i=1일 때 n[2], i=2일 때 n[3], i=3일 때 n[4], i=4일 때 n[0]을 출력해야 하므로 (i+1)을 5로 나눴을 때 나머지 값의 번지인 (i+1)%5번지의 값을 출력한다.

02 정답 ▶ BCD

해설

라인 수	설명
04	• n이라는 이름의 정수형 3개를 저장하는 배열 선언 <table><tr><td>n[0]</td><td>n[1]</td><td>n[2]</td></tr><tr><td>73</td><td>95</td><td>82</td></tr></table>
05	• i, sum이라는 이름의 int(정수)형 변수를 선언하고, sum은 0으로 초기화
07 ~ 09	• i=0일 때 i<3은 참이므로 반복문 수행 • n[0] 값인 73을 sum에 더하므로 sum은 73이 됨
07 ~ 09	• i++에 의해 i=1이 되고, i<3은 참이므로 반복문 수행 • n[1] 값인 95를 sum에 더하므로 sum은 168이 됨
07 ~ 09	• i++에 의해 i=2가 되고, i<3은 참이므로 반복문 수행 • n[2] 값인 82를 sum에 더하므로 sum은 250이 됨

라인 수	설명
11	• sum/30을 하면 250/30이므로 8.3333이지만 정수÷정수의 결과는 정수가 되므로 소수점을 버린 8이 됨 • case(8)이므로 case 8로 이동
14	• B를 출력 • break가 없으므로 switch ~ case 문을 탈출하지 않음
15	• 아무일도 일어나지 않지만 break가 없으므로 switch ~ case 문을 탈출하지 않음
16	• C를 출력 • break가 없으므로 switch ~ case 문을 탈출하지 않음
17	• D를 출력 • switch ~ case 문이 끝났으므로 switch ~ case 문을 탈출
19	• 메인 함수의 return 0을 만나 프로그램 종료

03 **정답** 213465

해설

라인 수	설명
02	• #define 전처리문을 이용해 MAX_SIZE를 10으로 정의
04	• isWhat이라는 이름의 정수형 10개(MAX_SIZE 개)를 저장하는 배열 선언
05	• point라는 이름의 int(정수) 형 전역 변수를 선언하고, −1로 초기화
27	• 메인 함수부터 시작
28	• into 함수를 수행하고, 파라미터로 5를 넘김
17	• into 함수가 실행되고, num=5가 됨
18	• point는 −1이므로 point >= 10은 거짓이 되어 if 문 안의 명령어인 printf("Full");는 실행하지 않음
19	• ++point에 의해 1을 먼저 증가시켜 point 값은 0인 상태에서 point 값을 사용 • isWhat[0] = num;이므로 isWhat[0]에는 5가 저장됨 | isWhat[0]	isWhat[1]	isWhat[2]	isWhat[3]	…
---	---	---	---	---
5					
20	• into 함수가 종료되었으므로 into 함수를 호출했던 곳(28번째 줄)으로 이동
29	• into 함수를 수행하고, 파라미터로 2를 넘김
17	• into 함수가 실행되고, num=2가 됨
18	• point는 0이므로 point >= 10은 거짓이 되어 if 문 안의 명령어인 printf("Full");는 실행하지 않음
19	• ++point에 의해 1을 먼저 증가시켜 point 값은 1인 상태에서 point 값을 사용 • isWhat[1] = num;이므로 isWhat[1]에는 2가 저장됨 | isWhat[0]	isWhat[1]	isWhat[2]	isWhat[3]	…
---	---	---	---	---
5	2				
20	• into 함수가 종료되었으므로 into 함수를 호출했던 곳(29번째 줄)으로 이동
30	• isEmpty 함수를 호출
07	• isEmpty 함수를 실행
08	• point는 1이므로 point == 10은 거짓이 되어 if 문 안의 명령어인 return 1;을 실행하지 않음
09	• return 0;을 실행하고 isEmpty 함수를 호출했던 곳(30)에 반환값 0을 전달

라인 수	설명
30	• isEmpty()는 0이므로 while(!0)은 while(1)이 되어 참이 됨 • while 조건이 참이므로 반복문을 실행
31	• take 함수를 호출
22	• take 함수를 실행
23	• isEmpty 함수를 호출
07	• isEmpty 함수를 실행
08	• point는 1이므로 point == 10은 거짓이 되어 if 문 안의 명령어인 return 1;을 실행하지 않음
09	• return 0;을 실행하고 isEmpty 함수를 호출했던 곳(23)에 반환값 0을 전달
23	• isEmpty()는 0이므로 0 == 1은 거짓이되어 if 문 안의 명령어인 printf("Empty");를 실행하지 않음
24	• point--에 의해 point를 먼저 사용하고 값을 1 감소시킴 • point는 1이므로 isWhat[1]인 2를 take 함수를 호출한 부분에 반환하고, point 값을 1 감소시켜 point를 0으로 만듦
31	• take() 함수에 의해 2를 반환받았으므로 printf("%d", 2);가 실행
32	• into(4);를 실행
17	• into 함수가 실행되고, num=4가 됨
18	• point는 0이므로 point >= 10은 거짓이 되어 if 문 안의 명령어인 printf("Full");는 실행하지 않음
19	• ++point에 의해 1을 먼저 증가시켜 point 값은 1인 상태에서 point 값을 사용 • isWhat[1] = num;이므로 isWhat[1]에는 4가 저장됨 | isWhat[0]	isWhat[1]	isWhat[2]	isWhat[3]	… | |---|---|---|---|---| | 5 | 4 | | | |
33	• into(1);를 실행
17~19	• into 함수가 실행되고, num=1이 됨 • ++point에 의해 1을 먼저 증가시켜 point 값은 2인 상태에서 point 값을 사용하므로 isWhat[2]에는 1이 저장됨 | isWhat[0]	isWhat[1]	isWhat[2]	isWhat[3]	… | |---|---|---|---|---| | 5 | 4 | 1 | | |
34	• take 함수를 호출
22~23	• take 함수를 실행 후 isEmpty 함수를 호출
07~09	• point는 2이므로 point == 10은 거짓이 되어 if 문 안의 명령어인 return 1;을 실행하지 않고, return 0;을 실행
23	• isEmpty() 반환값이 0이므로 if 문은 거짓이기 때문에 printf("Empty");를 실행하지 않음
24	• point--에 의해 point를 먼저 사용하고 값을 1 감소시킴 • point는 2이므로 isWhat[2]인 1을 take 함수를 호출한 부분에 반환하고, point 값을 1 감소시켜 point를 1로 만듦
34	• take 함수로부터 반환받은 값인 1을 출력
35	• into(3);을 수행하면 point 값은 1 증가하여 2가 되고, isWhat[2]에 3이 저장됨 | isWhat[0]	isWhat[1]	isWhat[2]	isWhat[3]	… | |---|---|---|---|---| | 5 | 4 | 3 | | |
36	• take 함수를 호출한 후 반환받은 값인 3을 출력(isWhat[point] 값인 3을 반환하고, point 값을 1 감소시켜 point를 1로 만듦)

라인 수	설명
37	• take 함수를 호출한 후 반환받은 값인 4를 출력(isWhat[point] 값인 4를 반환하고, point 값을 1 감소시켜 point를 0으로 만듦)

38	• into(3);을 수행하면 point 값은 1 증가하여 1이 되고, isWhat[1]에 6이 저장됨
	
	    | isWhat[0] | isWhat[1] | isWhat[2] | isWhat[3] | … |
	    |---|---|---|---|---|
	    | 5 | 6 | 3 | | |

39	• take 함수를 호출한 후 반환받은 값인 6을 출력(isWhat[point] 값인 6을 반환하고, point 값을 1 감소시켜 point를 0으로 만듦)
40	• take 함수를 호출한 후 반환받은 값인 5를 출력(isWhat[point] 값인 5를 반환하고, point 값을 1 감소시켜 point를 −1로 만듦)

실제 표기:

isWhat[0]	isWhat[1]	isWhat[2]	isWhat[3]	…
5	6	3		

04

정답 ▶ INSERT INTO 학생 VALUES(9830287, '한국산', 3, '경영학개론', '050-1234-1234');

또는

INSERT INTO 학생(학번, 이름, 학년, 과목, 연락처) VALUES (9830287, '한국산', 3, '경영학개론', '050-1234-1234');

해설 ▶ INSERT는 데이터의 내용을 삽입할 때 사용하는 명령어이다.

종류	설명
INSERT INTO 테이블명(속성명1, …) VALUES (데이터1, …);	• 속성과 데이터 개수, 데이터 타입이 일치해야 함 • 속성명은 생략 가능 • 속성의 타입이 숫자인 경우 데이터는 따옴표를 붙이지 않아도 되며, 문자열인 경우 따옴표를 붙여야 함

05

정답 ▶ 박영희
      박영희
      박영희

해설 ▶

라인 수	설명
02	• n이라는 이름의 문자형 배열 선언
07	• 메인 함수부터 시작
08	• soojebi 함수를 호출
03	• soojebi 함수 실행(반환하는 타입이 문자형 포인터 char*)
04	• gets 함수를 통해 n 배열에 키보드로부터 입력받은 문자열을 저장(한글을 문자형 2개 변수에 1글자 저장) | n[0] | n[1] | n[2] | n[3] | n[4] | n[5] | n[6] | … | |---|---|---|---|---|---|---|---| | 홍 | | 길 | | 동 | | \0 | |
05	• n 배열의 시작주소(&n[0])를 반환
08	• p1 변수에 soojebi() 함수의 반환값인 n[0]의 주솟값을 저장
09	• soojebi 함수를 호출
03	• soojebi 함수 실행(반환하는 타입이 문자형 포인터 char*)

라인 수	설명
04	• gets 함수를 통해 n 배열에 키보드로부터 입력받은 문자열을 저장(한글을 문자형 2개 변수에 1글자 저장) | n[0] | n[1] | n[2] | n[3] | n[4] | n[5] | n[6] | … | |---|---|---|---|---|---|---|---| | 김 || 철 || 수 || \0 ||
05	• n 배열의 시작주소(&n[0])를 반환
09	• p2 변수에 soojebi() 함수의 반환값인 n[0]의 주솟값을 저장
10	• soojebi 함수를 호출
03	• soojebi 함수 실행(반환하는 타입이 문자형 포인터 char*)
04	• gets 함수를 통해 n 배열에 키보드로부터 입력받은 문자열을 저장(한글을 문자형 2개 변수에 1글자 저장) | n[0] | n[1] | n[2] | n[3] | n[4] | n[5] | n[6] | … | |---|---|---|---|---|---|---|---| | 박 || 영 || 희 || \0 ||
05	• n 배열의 시작주소(&n[0])를 반환
10	• p3 변수에 soojebi() 함수의 반환값인 n[0]의 주솟값을 저장
11	• p1 변수에는 n[0]의 주솟값이 저장되어 있고, printf에서 문자열(%s)로 출력하라고 했으므로 n[0]부터 NULL 전까지의 문자열을 출력 | n[0] | n[1] | n[2] | n[3] | n[4] | n[5] | n[6] | … | |---|---|---|---|---|---|---|---| | 박 || 영 || 희 || \0 || • n[6]에 NULL이 있고, n[0]~n[5]는 박영희가 저장되어 있으므로 박영희를 출력
12	• p2 변수도 p1 변수와 마찬가지로 n[0]의 주솟값이 저장되어 있고, printf에서 문자열(%s)로 출력하라고 했으므로 n[0]부터 NULL 전까지의 문자열을 출력 | n[0] | n[1] | n[2] | n[3] | n[4] | n[5] | n[6] | … | |---|---|---|---|---|---|---|---| | 박 || 영 || 희 || \0 || • n[6]에 NULL이 있고, n[0]~n[5]는 박영희가 저장되어 있으므로 박영희를 출력
13	• p3 변수도 p1, p2 변수와 마찬가지로 n[0]의 주솟값이 저장되어 있으므로 박영희를 출력

06

정답 ⓐ 조건 커버리지

해설
• 전체 조건식의 영향은 고려하지 않고, 결정 포인트 내의 각 개별 조건식이 적어도 한 번은 참과 거짓의 결과가 되도록 수행하는 테스트 커버리지는 조건 커버리지이다.
• 화이트 박스 테스트 유형은 다음과 같다.

유형	설명
구문 커버리지 = 문장 커버리지 (Statement Coverage)	• 구문 커버리지는 프로그램 내의 모든 명령문을 적어도 한 번 수행하는 커버리지

유형	설명
결정 커버리지 = 선택 커버리지 (Decision Coverage) = 분기 커버리지 (Branch Coverage)	• 결정 커버리지는 (각 분기의) 결정 포인트 내의 전체 조건식이 적어도 한 번은 참(T)과 거짓(F)의 결과를 수행하는 테스트 커버리지
조건 커버리지(Condition Coverage)	• 조건 커버리지는 (각 분기의) 결정 포인트 내의 각 개별 조건식이 적어도 한 번은 참과 거짓의 결과가 되도록 수행하는 테스트 커버리지
조건/결정 커버리지 (Condition/Decision Coverage)	• 조건/결정 커버리지는 전체 조건식뿐만 아니라 개별 조건식도 참 한번, 거짓 한 번 결과가 되도록 수행하는 테스트 커버리지
변경 조건/결정 커버리지 (Modified Condition/ Decision Coverage)	• 변경 조건/결정 커버리지는 개별 조건식이 다른 개별 조건식에 영향을 받지 않고 전체 조건식에 독립적으로 영향을 주도록 함으로써 조건/결정 커버리지를 향상시킨 커버리지
다중 조건 커버리지 (Multiple Condition Coverage)	• 다중 조건 커버리지는 결정 조건 내 모든 개별 조건식의 모든 가능한 조합을 100% 보장하는 커버리지
기본 경로 커버리지 = 경로 커버리지 (Base Path Coverage)	• 기본 경로 커버리지는 수행 가능한 모든 경로를 테스트하는 기법
제어 흐름 테스트 (Control Flow Testing)	• 제어 흐름 테스트는 프로그램 제어 구조를 그래프 형태로 나타내어 내부 로직을 테스트하는 기법
데이터 흐름 테스트 (Data Flow Testing)	• 데이터 흐름 테스트는 제어 흐름 그래프에 데이터 사용현황을 추가한 그래프를 통해 테스트하는 기법
루프 테스트 (Loop Testing)	• 프로그램의 반복(Loop) 구조에 초점을 맞춰 실시하는 테스트 기법

07

정답
① m / 1000
② (m % 1000) / 500
③ (m % 500) / 100
④ (m % 100) / 10

해설

라인 수	설명
02	• 메인 함수부터 시작
03	• m이라는 이름의 int(정수)형 변수를 선언하고, 4620으로 초기화
04	• a, b, c, d라는 이름의 int(정수)형 변수를 선언
05	• 1000원짜리 개수를 계산해야 하므로 m 값을 1000으로 나누어줌 • 정수와 정수를 나누면 소수점을 버린 정수값이 되므로 m/1000이면 4620/1000인 4가 a 변수에 저장됨
06	• 4620원에서 1000원짜리 4장을 거슬러 주어 620원이 남게 된 상태에서 500원짜리 개수를 세어야 함 • (m % 1000)을 통해 1000원짜리를 거슬러 준 상태로 만들고, 거기에 500을 나눠주면 500원짜리 개수가 됨
07	• 4620원에서 1000원짜리, 500원짜리로 거슬러 주어 120원이 남게 된 상태에서 100원짜리 개수를 세어야 하므로 (m % 500)을 통해 500원짜리를 거슬러 준 상태로 만들고, 거기에 100을 나눠주면 100원짜리 개수가 됨 • ((m % 1000) % 500)으로 구현하면 코드의 길이가 최소화되지 않으므로 (m % 500)이 되어야 함

라인 수	설명
08	• 4620원에서 1000원짜리, 500원짜리, 100원짜리로 거슬러 주어 20원이 남게 된 상태에서 10원짜리 개수를 세어야 하므로 (m % 100)을 통해 100원짜리를 거슬러 준 상태로 만들고, 거기에 10을 나눠주면 10원짜리 개수가 됨 • (((m % 1000) % 500) % 100)으로 구현하면 코드의 길이가 최소화되지 않으므로 (m % 100)이 되어야 함
09~12	• 1000원짜리 개수부터 10원짜리 개수까지 출력

08 정답 ▶ 템퍼 프루핑(Tamper-Proofing)

해설 • 템퍼 프루핑(Tamper-Proofing)은 소프트웨어, 시스템을 외부에서의 악의적인 조작으로부터 보호하는 보안 기술이다.
• 위·변조와 같은 이상 조작을 검출하고, 이상 감지 시 프로그램을 오작동하도록 만드는 기술이다.
• 템퍼 프루핑의 주요 기술은 다음과 같다.

구분	주요 기술	설명
템퍼 프루핑 생성 기술	해시 함수 (Hash Function)	• 일정한 크기의 문자열을 생성하여 무결성을 검증할 수 있는 함수
	워터마크 (Watermark)	• 멀티미디어 콘텐츠에 저작권 정보와 구매한 사용자 정보를 삽입하여 콘텐츠 불법 배포자에 대한 위치 추적이 가능한 기술
	핑거 프린트 (Fingerprint)	• 디지털 콘텐츠에 저작권자 정보를 삽입하여, 불법 복제 시 워터마크를 추출, 원소유자를 증명할 수 있는 콘텐츠 보호 기술
외부 공격에 대한 방어 기술	소프트웨어 원본 비교	• 소프트웨어의 원본에 대한 메시지 다이제스트 알고리즘을 비교하여 변조를 찾아내는 기술
	프로그램 체킹	• 프로그램 체킹을 수행하면서 중간의 산출물 검증을 통해 변조를 방지하는 기술
	실행코드 난독화 (Obfuscation)	• 실행 코드를 알아보기 힘든 형태로 난독화하여 처리하는 기술

09 정답 ▶

해설 출력값은 arr[0]부터 차례로 커지므로 밑줄에 arr[i]가 arr[j]보다 크면 둘의 위치를 교환해서 작은 값이 0번지에 가까워지도록 해 준다.

라인 수	설명
02	• 메인 함수부터 시작
03	• arr 배열 생성하고, 배열의 초깃값은 {64, 25, 12, 22, 11};
04	• sizeof(arr)은 arr 배열의 전체 크기인 20바이트이고, sizeof(arr[0])은 arr[0]의 크기인 4바이트이므로 n은 5가 됨
05	• i, j, tmp라는 이름의 int(정수)형 변수를 선언하고, i 변수는 0으로 초기화
06	• do ~ while 문은 무조건 1번은 실행함
07	• i=0이므로 0+1 값인 1을 j에 대입
08	• do ~ while 문은 무조건 1번은 실행함
09	• i=0이고, j=1이므로 arr[0]인 64와 arr[1]인 25를 비교 • if 문이 참이므로 if 문 안의 명령어를 실행

라인 수	설명
10~12	• arr[0]과 arr[1]의 값을 서로 교환 | arr[0]	arr[1]	arr[2]	arr[3]	arr[4] | |---|---|---|---|---| | 25 | 64 | 12 | 22 | 11 |
14	• j++에 의해 j 값이 1 증가하여 j=2가 됨
15	• j=2, n=5이므로 j < n은 참이므로 do ~ while 문을 반복
08	• do ~ while 문을 반복
09	• i=0이고, j=2이므로 arr[0]인 25와 arr[2]인 12를 비교 • if 문이 참이므로 if 문 안의 명령어를 실행
10~12	• arr[0]와 arr[2]의 값을 서로 교환 | arr[0]	arr[1]	arr[2]	arr[3]	arr[4] | |---|---|---|---|---| | 12 | 64 | 25 | 22 | 11 |
14	• j++에 의해 j 값이 1 증가하여 j=3이 됨
15	• j=3, n=5이므로 j < n은 참이므로 do ~ while 문을 반복
08~14	• i=0이고, j=3이므로 arr[0]인 12와 arr[3]인 22를 비교 • if 문이 거짓이므로 if 문 안의 명령어는 실행하지 않고, j++에 의해 j=4가 됨
15	• j=4, n=5이므로 j < n은 참이므로 do ~ while 문을 반복
08~14	• i=0이고, j=3이므로 arr[0]인 12와 arr[4]인 11을 비교 • if 문이 참이므로 if 문 안의 명령어를 실행하여 arr[0]과 arr[4]의 값을 서로 교환 | arr[0]	arr[1]	arr[2]	arr[3]	arr[4] | |---|---|---|---|---| | 11 | 64 | 25 | 22 | 12 | • j++에 의해 j=5가 됨
15	• j=5, n=5이므로 j < n은 거짓이므로 do ~ while 문을 종료
16	• i++에 의해 i 값이 1 증가하여 i=1이 됨
17	• i=1이고, n-1은 4이므로 i < n-1은 참이기 때문에 do ~ while 문을 반복
06	• do ~ wihle 문을 반복
07	• i=1이므로 1+1 값인 2를 j에 대입
08~15	• arr[1] 값인 64와 arr[2]인 25를 비교하는데, arr[2]가 작으므로 둘의 위치를 변경하고, j++하여 j=3이 됨 | arr[0]	arr[1]	arr[2]	arr[3]	arr[4] | |---|---|---|---|---| | 11 | 25 | 64 | 22 | 12 |
08~15	• arr[1] 값인 25와 arr[3]인 22를 비교하는데, arr[3]이 작으므로 둘의 위치를 변경하고, j++하여 j=4가 됨 | arr[0]	arr[1]	arr[2]	arr[3]	arr[4] | |---|---|---|---|---| | 11 | 22 | 64 | 25 | 12 |
08~15	• arr[1] 값인 22와 arr[4]인 12를 비교하는데, arr[4]가 작으므로 둘의 위치를 변경하고, j++하여 j=5가 됨 | arr[0]	arr[1]	arr[2]	arr[3]	arr[4] | |---|---|---|---|---| | 11 | 12 | 64 | 25 | 22 |
16	• i++에 의해 i 값이 1 증가하여 i=2가 됨
17	• i=2이고, n-1은 4이므로 i < n-1은 참이기 때문에 do ~ while 문을 반복

라인 수	설명
06	• do ~ wihle 문을 반복
07	• i=2이므로 2+1 값인 3을 j에 대입
08~15	• arr[2] 값인 64와 arr[3]인 25를 비교하는데, arr[3]이 작으므로 둘의 위치를 변경하고, j++하여 j=3이 됨 <table><tr><td>arr[0]</td><td>arr[1]</td><td>arr[2]</td><td>arr[3]</td><td>arr[4]</td></tr><tr><td>11</td><td>12</td><td>25</td><td>64</td><td>22</td></tr></table>
08~15	• arr[2] 값인 25와 arr[4]인 22를 비교하는데, arr[4]가 작으므로 둘의 위치를 변경하고, j++하여 j=4가 됨 <table><tr><td>arr[0]</td><td>arr[1]</td><td>arr[2]</td><td>arr[3]</td><td>arr[4]</td></tr><tr><td>11</td><td>12</td><td>22</td><td>64</td><td>25</td></tr></table>
16	• i++에 의해 i 값이 1 증가하여 i=3이 됨
17	• i=3이고, n-1은 4이므로 i < n-1은 참이기 때문에 do ~ while 문을 반복
06	• do ~ wihle 문을 반복
07	• i=3이므로 3+1 값인 4를 j에 대입
08~15	• arr[3] 값인 64와 arr[4]인 22를 비교하는데, arr[4]가 작으므로 둘의 위치를 변경하고, j++하여 j=5가 됨 <table><tr><td>arr[0]</td><td>arr[1]</td><td>arr[2]</td><td>arr[3]</td><td>arr[4]</td></tr><tr><td>11</td><td>12</td><td>22</td><td>25</td><td>64</td></tr></table>
16	• i++에 의해 i 값이 1 증가하여 i=4가 됨
17	• i=4이고, n-1은 4이므로 i < n-1은 거짓이기 때문에 do ~ while 문을 종료
18~19	• arr[0] ~ arr[4] 값을 출력

10 정답 ▶ ㉰ 요구사항 분석 → ㉱ 개념적 설계 → ㉮ 논리적 설계 → ㉲ 물리적 설계 → ㉯ 구현

해설 ▶ Database 구축은 요구사항 분석, 개념적 설계, 논리적 설계, 물리적 설계, 구현 순서로 진행한다.

유형	설명
요구사항 분석	• 사용자에게서 데이터베이스를 사용하는 용도를 파악함 • 다양한 요구사항을 수집하는 단계로 요구사항 명세서를 작성함
개념적 설계	• 요구사항 명세서를 기반으로 개념적 데이터 모델을 표현하며 E-R 다이어그램으로 표현할 수 있음
논리적 설계	• 목표 DBMS에 맞는 스키마 설계, 트랜잭션 인터페이스를 설계하는 정규화 과정을 수행함
물리적 설계	• 특정 DBMS의 특성 및 성능을 고려하여 데이터 베이스 저장 구조로 변환하는 과정으로 결과로 나오는 명세서는 테이블 정의서 등이 있음
구현	• SQL문을 실행하여 데이터베이스를 실제로 생성함

11 정답 ① Singleton, ② Visitor

해설 Singleton은 생성 패턴이고, Visitor는 행위 패턴이다.

유형	설명
Singleton	• 전역변수를 사용하지 않고 객체를 하나만 생성하도록 하며, 생성된 객체를 어디에서든지 참조할 수 있도록 하는 디자인 패턴
Visitor	• 각 클래스 데이터 구조로부터 처리 기능을 분리하여 별도의 클래스를 만들어 놓고 해당 클래스의 메서드가 각 클래스를 돌아다니며 특정 작업을 수행하도록 만드는 패턴 • 객체의 구조는 변경하지 않으면서 새로운 기능(연산)만 따로 추가하거나 확장할 때 사용하는 디자인 패턴

12 정답 ① FEC, ② BEC, ③ Hamming, ④ Parity, ⑤ CRC

해설 • 오류 제어 방식에는 FEC 방식과 BEC 방식이 있다.

유형	설명
전진(순방향) 오류 수정 (FEC; Forward Error Correction)	• 데이터 전송 과정에서 발생한 오류를 검출하여 검출된 오류를 재전송 요구 없이 스스로 수정하는 방식 • 오류 검출과 수정을 위한 방식에는 해밍 코드 방식과 상승 코드 방식이 있음
후진(역방향) 오류 수정 (BEC; Backward Error Correction)	• 데이터 전송 과정에서 오류가 발생하면 송신 측에 재전송을 요구하는 방식 • 패리티 검사, CRC, 블록합 검사을 사용하여 오류를 검출하고, 오류 제어는 자동 반복 요청(ARQ; Automatic Repeat reQuest)에 의해 이루어짐

• FEC의 방식은 해밍 코드 방식과 상승 코드 방식이 있다.

유형	설명
해밍(Hamming) 코드 방식	• 수신측에서 오류가 발생한 비트를 찾아 재전송을 요구하지 않고 자신이 직접 오류를 수정하는 방식으로 1비트의 오류 수정이 가능
상승 코드(부호) 방식	• 1개의 오류 비트를 수정할 수 있는 해밍 코드 방식과는 다르게 여러 개 비트의 오류가 있더라도 한곗값(경곗값), 순차적 디코딩을 이용하여 모두 수정할 수 있는 방식

• BEC의 방식은 패리티 검사, CRC, 블록합 검사, ARQ 등이 있다.

유형	설명
패리티 검사 (Parity Check)	• 7~8개의 비트로 구성되는 전송 문자에 패리티 비트를 추가하여 오류를 검출하는 방식
순환잉여검사 (CRC; Cycle Redundancy Check)	• 다항식을 통해 산출된 값을 토대로 오류를 검사하는 방식으로 집단 오류를 해결하기 위한 방식

유형	설명
블록합 검사 (Block Sum Check)	• 프레임의 모든 문자로부터 계산되는 잉여 패리티 비트들을 사용하는 이차원(가로/세로) 패리티 검사 방식
자동반복 요청 방식 (ARQ)	• 신뢰성 있는 데이터 전달을 위해, 재전송을 기반으로 하는 에러제어 방식

13 **정답** ① 정보, ② 감독, ③ 비번호, ④ 비동기 균형 모드, ⑤ 비동기 응답 모드

해설 • HDLC는 비트(Bit) 위주의 프로토콜로, 각 프레임에 데이터 흐름을 제어하고 오류를 보정할 수 있는 비트 열을 삽입하여 전송하는 역할을 한다.
• HDLC 프레임은 플래그, 주소부, 제어부, 정보부, FCS로 구성되어 있다.

유형	설명
플래그	• 프레임의 동기를 제공하기 위해 사용하는 영역
주소부	• 프레임 목적지인 보조국의 주소를 나타내는 영역
제어부	• 프레임의 종류를 식별하기 위해 사용하는 영역
정보부	• 실제 정보 메시지가 들어있는 영역
FCS(Frame Check Sequence)	• 프레임에 대한 전송 오류를 검출하기 위해 사용하는 영역

• 제어부는 프레임의 종류를 식별하기 위해 사용되는데 제어부의 첫 번째, 두 번째 비트를 사용하여 프레임의 종류를 구별할 수 있다.
• 프레임의 종류에는 I 프레임, S 프레임, U 프레임이 있다.

유형	설명
I 프레임	• 정보 프레임이라고 하고, 제어부가 '0'으로 시작되는 프레임으로, 사용자 데이터를 전달하는 역할을 함
S 프레임	• 감시 프레임이라고 하고, 제어부가 '10'으로 시작하는 프레임으로, 오류 제어와 흐름 제어를 위해 사용됨
U 프레임	• 비번호 프레임이라고 하고, 제어부가 '11'로 시작하는 프레임으로, 링크의 동작 모드 설정과 관리를 함

• HDLC 동작 모드는 세 가지가 있다.

동작 모드	구성도	설명
정규 응답 모드 (NRM; Normal Response Mode)	주국 — 명령/응답 — 보조국 보조국	• 점대점이나 멀티포인트 불균형 링크 구성에 사용 • 주국(Primary Station)이 링크 제어를 담당하며, 보조국(Secondary Station)은 주국으로부터 폴 메시지를 수신한 경우에만 데이터를 전송
비동기 응답 모드 (ARM; Asynchronous Response Mode)	주국 — 명령/응답 — 보조국	• 전이중 통신을 하는 포인트 투 포인트 불균형 링크 구성에 사용 • 보조국은 주국의 허가 없이 송신할 수 있지만, 링크 설정이나 오류 복구 등의 제어 기능은 주국만 하는 특징 • 보조국도 전송 개시할 필요가 있는 특수한 경우에만 사용
비동기 균형 모드 (ABM; Asynchronous Balanced Mode)	복합국 — 명령/응답 — 복합국	• 포인트 투 포인트 균형 링크 구성에 사용 • 각국이 혼합국(복합국)으로 허가 없이 서로 대등하게 균형적으로 명령과 응답을 하며 동작

14 정답 505

해설

라인 수	설명
02	• 메인 함수부터 시작
03	• c라는 이름의 정수형 변수를 선언하고 0으로 초기화
04	• i라는 이름의 정수형 변수를 선언
06~07	• i=1부터 i가 1씩 증가하면서 i<=2023을 만족할 때까지 반복 • i를 4로 나누었을 때 나머지가 0(4의 배수)이면 c++에 의해 c 값이 1 증가 • 1~2023 사이의 4의 배수는 505개이므로 c는 505가 됨
09	• c 변숫값인 505를 출력

15 정답 ① DES, AES, ARIA SEED, ② RSA, ECC

해설
- ①번은 대칭키 암호화 방식에 대한 설명이고, ②번은 비대칭키 암호화 방식에 대한 설명이다.
- 대칭키 암호화와 비대칭키 암호화의 종류는 다음과 같다.

종류		설명
대칭키 암호화 종류	DES	• 1975년 IBM에서 개발하고 미국의 연방 표준국(NIST)에서 발표한 대칭 키 기반의 블록 암호화 알고리즘
	AES	• 2001년 미국 표준 기술 연구소(NIST)에서 발표한 블록 암호화 알고리즘
	ARIA	• 2004년 국가정보원과 산학연구협회가 개발한 블록 암호화 알고리즘
	SEED	• 1999년 국내 한국인터넷진흥원(KISA)이 개발한 블록 암호화 알고리즘
비대칭키 암호화 종류	RSA	• 1977년 3명의 MIT 수학 교수(Rivest, Shamir, Adleman)가 고안한 큰 인수의 곱을 소인수 분해하는 수학적 알고리즘 이용하는 공개키 암호화 알고리즘
	ECC	• 유한체 위에서 정의된 타원곡선 군에서의 이산대수의 문제에 기초한 공개키 암호화 알고리즘

- 이외에도 대칭키 암호화 방식의 종류에는 IDEA, LFSR, Skipjack 등이 있고, 비대칭키 암호화 방식의 종류에는 디피-헬만((Diffie-Helllman), ElGamal 등이 있다.

16 정답 해시 함수(Hash Function) 또는 해싱 함수(Hashing Function) 또는 해싱(Hashing)

해설
- 임의의 길이를 갖는 임의의 데이터를 고정된 길이의 데이터로 매핑하는 단방향 함수는 해시 함수이다.
- 해시 함수를 이용한 해시 알고리즘은 일방향 암호 방식으로 임의 길이의 정보를 입력받아, 고정된 길이의 암호문(해시값)을 출력하는 암호 방식이다.
- 해시 알고리즘의 종류에는 MD5, SHA-1, SHA-256/384/512, HAS-160, HAVAL 등이 있다.

17 정답 CASCADE

해설
- VIEW 테이블 삭제 시 DROP 명령어를 사용한다.
- DROP 명령어 옵션은 다음과 같다.

종류	설명
CASCADE	• 참조하는 테이블까지 연쇄적으로 제거하는 옵션
RESTRICT	• 다른 테이블이 삭제할 테이블을 참조 중이면 제거하지 않는 옵션

18 정답: engneng

해설

라인 수	설명
01	• 문자열을 a에 대입
02	• a의 시작부터 2번째(3 미만 번째)까지인 "eng"를 b에 대입
03	• a의 4번째부터 5번째(6 미만 번째)까지인 "ne"를 c에 대입
04	• a의 29번째부터 마지막까지 "ng"를 d에 대입
05	• b의 "eng"와 c의 "ne"와 d의 "ng"를 연결하고 e에 대입
06	• e를 화면에 출력

19 정답:
true
false
true
true

해설 자바에서 '==' 연산자는 객체의 주솟값을 비교하고, equals 메서드는 비교하는 두 대상의 값을 비교하는 메서드이다.

라인 수	설명
02	• main 메서드부터 시작
03	• String 타입 변수 str1 선언 및 문자열 "soojebi"를 대입
04	• String 타입 변수 str2 선언 및 문자열 "soojebi"를 대입
05	• String 타입 객체 str3 선언 및 생성자 호출하여 "soojebi"로 초기화
07	• str1과 str2가 같으므로 true를 출력
08	• str1과 str3이 같지 않으므로 false를 출력
09	• str1의 equals에 str3을 전달하여 true를 출력
10	• str2의 equals에 str3을 전달하여 true를 출력

20 정답: ① 스텁(Stub), 테스트 스텁(Test Stub), ② 드라이버(Driver), 테스트 드라이버(Test Driver)

해설

종류	설명
테스트 스텁 (Test Stub)	• 제어 모듈이 호출하는 타 모듈의 기능을 단순히 수행하는 더미 모듈로 하향식 통합 테스트 수행 시 필요
테스트 드라이버 (Test Driver)	• 상위의 모듈에서 데이터의 입력과 출력을 확인하기 위한 더미 모듈로 상향식 통합 테스트 수행 시 필요 • 테스트 대상 하위 모듈을 호출하고, 파라미터를 전달하고, 모듈 테스트 수행 후의 결과를 도출하는 역할을 수행

수제비 백/전/백/승 기출문제 2023년 3회 정답 및 해설

01 정답 ▶ BDCDD

해설

라인 수	설명
02	• main 메서드부터 실행
03	• Child 클래스 생성자가 호출됨(코드에 생성자가 없으므로 따로 실행되는 것은 없음) • Child 클래스의 인스턴스가 c 변수에 저장
04	• paint() 메서드는 오버라이딩 관계이므로 자식 클래스인 Child 클래스의 paint 메서드를 호출
20	• super는 상위 클래스이므로 super.draw() 메서드는 상위 클래스인 Parent 클래스의 draw 메서드
14	• B를 출력
15	• draw 메서드를 호출하는데, draw 메서드는 오버라이딩 관계이므로 자식 클래스인 Child 클래스의 draw 메서드를 호출
25	• D를 출력
16	• Parent 클래스의 draw() 메서드가 끝났으므로 Parent 클래스의 draw() 메서드를 호출했던 곳(20번째 줄)으로 이동
21	• C를 출력
22	• this.draw()에서 this는 자기 자신이므로 Child 클래스의 draw 메서드를 호출
25	• D를 출력
23	• Child 클래스의 paint 메서드가 끝났으므로 paint 메서드 호출했던 곳(04번째 줄)으로 이동
05	• draw 메서드는 오버라이딩 관계이므로 자식 클래스인 Child 클래스의 draw 메서드를 호출
25	• D를 출력

02 정답 ▶ OAuth

해설
• OAuth는 사용자가 비밀번호를 제공하지 않고 다른 웹사이트나 애플리케이션의 접근 권한을 부여할 수 있게 하는 개방형 표준기술이다.
• 네이버, 카카오톡, Google과 Facebook 등의 외부 계정을 기반으로 토큰을 이용하여 간편하게 회원가입 및 로그인할 수 있게 해 주는 기술이다.

03 정답 ▶ ① chmod, ② 751

해설 chmod 명령은 기존 파일 또는 디렉토리에 대한 접근 권한을 변경할 때 사용한다.

[문법]

```
chmod [-R] permission file_name
```

user			group			other		
r	w	x	r	w	x	r	w	x
4	2	1	4	–	1	–	–	1

04 정답 ▶ 34

해설
- 해당 코드는 perfect_number 함수를 통해 2부터 100 사이의 모든 완전수를 찾아서 그 합을 계산하여 출력한다.
- 완전수로는 1을 제외한 6과 28의 합인 34가 출력된다.

라인 수	설명
13	• main 함수부터 실행
14	• main 함수 안에서 사용하는 i, sum이라는 이름의 정수형 변수를 선언하고, sum은 0으로 초기화
15	• 초기식에 의해 i=2이고, i<=100을 만족하므로 for 문 반복
16	• i=2이므로 perfect_number(2)를 실행
02	• n=2가 전달됨
03	• perfect_number 함수 안에서 사용하는 i, sum이라는 이름의 정수형 변수를 선언하고, sum은 0으로 초기화
04	• 초기식에 의해 i=1이고, n은 2이므로 조건식은 1<=2/2이므로 참이기 때문에 반복문을 실행
05~06	• n을 i로 나눴을 때 나머지가 0이므로 (n은 i의 배수) sum += i;에 의해 sum은 1이 됨
04	• i++에 의해 i=2가 되고, i<=n/2는 거짓이 되어 반복문을 종료
08	• n=2이고, sum=1이므로 if 문은 거짓이기 때문에 if 문 안의 명령어인 return 1은 실행하지 않음
11	• return 0을 실행하여 perfect_number를 호출한 곳에 반환값을 전달
16	• perfect_number(2)의 반환값이 0이므로 if(0)이 되는데, 0은 거짓이므로 if 문 안의 명령어를 실행하지 않음
15	• i++에 의해 i=3이 되고, i<=100은 참이므로 반복문 실행
16	• i=3이므로 perfect_number(3)을 실행
02	• n=3이 전달됨
03	• perfect_number 함수 안에서 사용하는 i, sum이라는 이름의 정수형 변수를 선언하고, sum은 0으로 초기화
04	• 초기식에 의해 i=1이고, n은 3이므로 조건식은 1<=3/2인 1<=1이므로 참이기 때문에 반복문을 실행
05	• n을 i로 나눴을 때 나머지가 0이므로 (n은 i의 배수) sum += i;에 의해 sum은 1이 됨
06	• i++에 의해 i=2가 되고, i<=n/2인 2<=1은 거짓이 되어 반복문을 종료
08	• n=3이고, sum=1이므로 if 문은 거짓이기 때문에 if 문 안의 명령어인 return 1은 실행하지 않음
11	• return 0을 실행하여 perfect_number를 호출한 곳에 반환값을 전달
16	• perfect_number(3)의 반환값이 0이므로 if(0)이 되는데, 0은 거짓이므로 if 문 안의 명령어를 실행하지 않음
15	• i++에 의해 i=4가 되고, i<=100은 참이므로 반복문 실행
16	• i=4이므로 perfect_number(4)를 실행
02	• n=4가 전달됨

라인 수	설명
04~06	• i=1부터 i<=4/2인 i<=2를 만족할 때까지 반복문을 수행 | i	if 문	sum
---	---	---
1	4 % 1 == 0 (참)	1
2	4 % 2 == 0 (참)	1+2=3	
08	• n=4이고, sum=3이므로 if 문은 거짓이기 때문에 if 문 안의 명령어인 return 1은 실행하지 않음
11	• return 0을 실행하여 perfect_number를 호출한 곳에 반환값을 전달
16	• perfect_number(4)의 반환값이 0이므로 if(0)이 되는데, 0은 거짓이므로 if 문 안의 명령어를 실행하지 않음
15~16	• i=5일 때 perfect_number(5)를 실행
02~11	• n=5가 전달되고, i=1부터 i<=5/2인 i<=2를 만족할 때까지 반복문을 수행하고 n==sum은 거짓이므로 return 0을 실행 | i	if 문	sum
---	---	---
1	5 % 1 == 0 (참)	1
2	5 % 2 == 0 (거짓)	1	
16	• perfect_number(5)의 반환값이 0이므로 if(0)이 되는데, 0은 거짓이므로 if 문 안의 명령어를 실행하지 않음
15~16	• i=6일 때 perfect_number(6)을 실행
02~11	• n=6이 전달되고, i=1부터 i<=6/2인 i<=3을 만족할 때까지 반복문을 수행하고 n==sum은 참이므로 return 1을 실행 | i	if 문	sum
---	---	---
1	6 % 1 == 0 (참)	1
2	6 % 2 == 0 (참)	1+2=3
3	6 % 3 == 0 (참)	1+2+3=6	
16	• perfect_number(6)의 반환값이 1이므로 if(1)이 되는데, 1은 참이므로 if 문 안의 명령어를 실행하여 sum은 6이 됨

...

05 정답 ->

해설 구조체의 포인터로 멤버에 접근하기 위해서는 화살표 연산자(->)를 사용한다.

구조체 포인터 -> 멤버 변수 이름

06 정답 ① A, ② 4, ③ 3, ④ 2, ⑤ 1

해설
- UNION 연산자는 중복 행이 제거된 쿼리결과를 반환하는 집합 연산자이다.
- ORDER BY A DESC는 내림차순 정렬을 수행하므로 결괏값은 다음과 같이 출력된다.

A
4
3
2
1

07 정답 ① MAC, ② RBAC, ③ DAC

해설

유형	설명
강제적 접근통제 (MAC; Mandatory Access Control)	• 객체에 포함된 정보의 허용 등급과 접근 정보에 대하여 주체가 갖는 접근 허가 권한에 근거하여 객체에 대한 접근을 제한하는 방법 • 규칙 기반(Rule-Based) 접근통제 정책
역할 기반 접근통제 (RBAC; Role Based Access Control)	• 중앙 관리자가 사용자와 시스템의 상호관계를 통제하며 조직 내 맡은 역할(Role)에 기초하여 자원에 대한 접근을 제한하는 방법
임의적 접근통제 (DAC; Discretionary Access Control)	• 주체나 그룹의 신분(=신원)에 근거하여 객체에 대한 접근을 제한하는 방법 • 신분 기반(Identity-Based) 접근통제 정책

08 정답 5040

해설
- fact 함수는 재귀함수로, 입력값인 7부터 재귀호출을 시작한다.
- fact 함수의 n값이 점차적으로 1씩 줄어들고, 가장 마지막에 호출되는 fact(1)에서 리턴되는 값 1부터 역으로 값을 곱해가면 fact(7)의 최종 리턴값이 5040이 되고, 5040을 sum에 저장하고 출력한다.

라인 수	설명
02	• main 메서드 실행
03	• sum이라는 정수형 변수에 fact(7)의 결괏값을 저장 • fact(7) 메서드를 호출
06	• n=7 전달
07	• if(7==1)은 거짓이므로 else 문을 실행
08	• fact(7)을 호출한 부분에 n*fact(n-1);인 7*fact(6)을 전달 • fact(6) 메서드를 호출
06	• n=6을 전달
07	• if(6==1)은 거짓이므로 else 문을 실행
08	• fact(6)을 호출한 부분에 n*fact(n-1);인 6*fact(5)를 전달 • fact(5) 메서드를 호출
06	• n=5를 전달
07	• if(5==1)은 거짓이므로 else 문을 실행

라인 수	설명
08	• fact(5)를 호출한 부분에 n*fact(n-1);인 5*fact(4)를 전달 • fact(4) 메서드를 호출
06	• n=4를 전달
07	• if(4==1)은 거짓이므로 else 문을 실행
08	• fact(4)를 호출한 부분에 n*fact(n-1);인 4*fact(3)을 전달 • fact(3) 메서드를 호출
06	• n=3을 전달
07	• if(3==1)은 거짓이므로 else 문을 실행
08	• fact(3)을 호출한 부분에 n*fact(n-1);인 3*fact(2)를 전달 • fact(2) 메서드를 호출
06	• n=2를 전달
07	• if(2==1)은 거짓이므로 else 문을 실행
08	• fact(2)를 호출한 부분에 n*fact(n-1);인 2*fact(1)을 전달 • fact(1) 메서드를 호출
06	• n=1을 전달
07	• if(1==1)은 참이므로 1을 fact(1) 호출한 부분에 반환
04	• sum 값은 5040이므로 5040을 출력

함수	리턴값	합계
fact(7)	7 * fact(6)	5040
fact(6)	6 * fact(5)	720
fact(5)	5 * fact(4)	120
fact(4)	4 * fact(3)	24
fact(3)	3 * fact(2)	6
fact(2)	2 * fact(1)	2
fact(1)	1	1

09 정답 ATM(Asynchronous Transfer Mode)

해설 • ATM은 정보 전달의 기본단위를 53바이트 셀 단위로 사용하는 비동기식 시분할 다중화 방식의 패킷형 전송 기술이다.
• ATM은 회선 교환과 패킷 교환의 장점을 결합한 광전송 기술이다.

10 정답 KOREA
OREA
K
E
O

해설

라인 수	설명
03	• char *p = "KOREA";라고 선언하게 되면 p라는 포인터에 KOREA라는 저장공간이 할당된 곳을 가리키게 됨 |	K	O	R	E	A	NULL | |---|---|---|---|---|---|---| | | p[0] | p[1] | p[2] | p[3] | p[4] | p[5] | | | *p | *(p+1) | *(p+2) | *(p+3) | *(p+4) | *(p+5) |
04	• printf("%s\n", p); 는 p[0]번지에 있는 K부터 NULL 전의 값인 A까지 출력
05	• printf("%s\n", p+1);는 p를 기준으로 1 요소 떨어진 p[1]번지에 있는 O부터 NULL 전의 값인 A까지 출력
06	• printf("%c\n", *p);는 p가 가리키는 값인 K를 출력
07	• printf("%c\n", *(p+3));는 p를 기준으로 3 요소 떨어진 곳의 값이므로 E를 출력 　*(p+3) == p[3]　• *(배열+i) == 배열[i];에서 배열 자리에 p를, i 자리에 3을 넣음
08	• *p는 p[0]과 같고, *p+4는 p[0]에 4를 더한 것과 같으므로 printf("%c\n", *p+4);는 p[0]번지 값인 K에 4를 더한 O를 출력

11 정답 **2**

해설

라인 수	설명
10	• main 함수부터 실행
11	• soojebi(7) 함수를 호출
02	• soojebi 함수를 실행, n=7
03	• n은 7이므로 n<=1은 거짓이기 때문에 if 문 안의 명령어를 실행하지 않음
04	• soojebi(6)+soojebi(4)를 soojebi(7) 호출한 곳에 반환
	...
11	• soojebi(7)의 반환값은 2이므로 2를 출력

• 7을 매개변수로 넘겨주어 soojebi 함수를 호출하고, 매개변수에 n−1값과 n−3값을 각각 재귀 호출한 값을 더하여 화면에 출력한다.

soojebi(n)	리턴값	합계
soojebi(7)	soojebi(6) + soojebi(4)	= 1 + 1 = 2
soojebi(6)	soojebi(5) + soojebi(3)	= 1 + 0 = 1
soojebi(5)	soojebi(4) + soojebi(2)	= 1 + 0 = 1
soojebi(4)	soojebi(3) + soojebi(1)	= 0 + 1 = 1
soojebi(3)	soojebi(2) + soojebi(0)	= 0 + 0 = 0
soojebi(2)	soojebi(1) + soojebi(−1)	= 1 + (−1) = 0
soojebi(1)	1	= 1

• 최종적으로 soojebi(7)은 soojebi(6) + soojebi(4)이고, soojebi(6)은 1, soojebi(4)는 1이 되어 1과 1을 더한 2가 화면에 출력된다.

12 정답 NAT(Network Address Translation)

해설
- NAT는 사설 네트워크에 속한 IP를 공인 IP 주소로 바꿔 주는 네트워크 주소 변환 기술이다.
- 기업 내부에서 사설 IP를 부여해서 사용하다가 기업 외부로 통신할 때는 NAT를 통해서 공인 IP로 변환해서 통신함으로써 부족한 IP 주소 문제를 해결하고 기업 내부의 보안을 강화할 수 있다.

13 정답 7

해설 7번째 라인에서 get 메서드는 String 타입을 반환 타입으로 가지는 static 메서드인데, name은 static 변수가 아니므로 에러가 발생한다.

라인 수	설명
01	• Person 클래스 선언
02	• name이라는 String 타입의 멤버 변수 선언
03	• Person 생성자 선언
04	• 파라미터 val을 name 변수에 저장
06	• 반환 타입이 String 타입인 get 메서드를 static 메서드로 선언
07	• static 변수가 아닌 name을 반환할 때 에러 발생
09	• print 메서드
10	• name을 화면에 출력
15	• Person 클래스의 생성자에 "soojebi"를 매개변수로 전달하여 객체 p를 생성
16	• p.print 메서드를 호출

14 정답 split

해설

라인 수	설명
01	• hello soojebi라는 문자열을 입력하면 공백(' ')을 구분자로 하여 num1에는 hello, num2에는 soojebi라는 문자열로 분할함
02	• num1을 출력하므로 hello가 출력됨
03	• num2를 출력하므로 soojebi가 출력됨

15 정답 패키지(Package)

해설
- 패키지 다이어그램(Package Diagram)은 시스템의 서로 다른 패키지들 사이의 의존관계를 표현하기 위한 다이어그램이다.
- 폴더 모양의 패키지와 점선으로 표시된 의존관계, 《import》라는 스테레오 타입 표기를 통해 패키지 다이어그램인지 파악할 수 있다.

패키지	• 요소들을 그룹으로 조직하기 위한 요소
의존관계	• 하나의 패키지가 다른 패키지를 사용하는 관계

16 정답 ㉠ Equivalence Partitioning

해설
- 동등 분할 테스트(=동치 분할 테스트, 균등 분할 테스트, 동치 클래스 분해 테스트)는 입력 데이터를 기준을 가지고 나눈 이후에 대푯값을 설정해서 테스트 케이스로 사용하는 방법이다.
- 대푯값은 대체로 중간값을 설정한다.

17
정답 ① ⓒ IaaS, ② ⓒ PaaS, ③ ㉠ SaaS

해설

유형	설명
IaaS (Infrastructure as a Service)	• 인프라형 서비스(IaaS; Infrastructure as a Service) • 서버, 스토리지 같은 시스템 자원을 클라우드로 제공하는 서비스
PaaS (Platform as a Service)	• 플랫폼형 서비스(PaaS; Platform as a Service) • 인프라를 생성, 관리하는 복잡함 없이 애플리케이션을 개발, 실행, 관리할 수 있게 하는 플랫폼을 제공하는 서비스
SaaS (Software as a Service)	• 소프트웨어형 서비스(SaaS; Software as a Service) • 소프트웨어 및 관련 데이터는 중앙에 호스팅되고 사용자는 웹 브라우저 등의 클라이언트를 통해 접속하여 소프트웨어를 서비스 형태로 이용하는 서비스

18
정답 RIP(Routing Information Protocol)

해설
- RIP은 AS(Autonomous System; 자치 시스템; 자율 시스템) 내에서 사용하는 거리 벡터(Distance-Vector) 알고리즘에 기초하여 개발된 내부 라우팅 프로토콜이다.
- RIP의 특징은 다음과 같다.

벨만-포드 알고리즘 사용	• 벨만-포드(Bellman-Ford) 알고리즘 사용하는 내부 라우팅 프로토콜 • 거리 벡터 라우팅 기반 메트릭 정보를 인접 라우터와 주기적으로 교환하여 라우팅 테이블을 갱신하고 라우팅 테이블을 구성·계산
15홉 제한	• 최대 홉 수(Hop Count)를 15개로 제한
UDP 사용	• UDP 포트 번호 520 사용
30초마다 정보 공유	• 30초마다 전체 라우팅 정보를 브로드캐스팅

19
정답 ① ⋈, ② π, ③ σ, ④ ÷

해설 순수 관계 연산자의 기호는 다음과 같다.

연산자	기호	표현	설명
셀렉트 (Select)	σ	$\sigma_{조건}(R)$	• 릴레이션 R에서 조건을 만족하는 튜플 반환
프로젝트 (Project)	π	$\pi_{속성리스트}(R)$	• 릴레이션 R에서 주어진 속성들의 값으로만 구성된 튜플 반환
조인 (Join)	⋈	R⋈S	• 공통 속성을 이용해 R과 S의 튜플들을 연결해 만들어진 튜플 반환
디비전 (Division)	÷	R÷S	• 릴레이션 S의 모든 튜플과 관련 있는 R의 튜플 반환

20 정답 참조

해설
- 참조 무결성 제약 조건은 릴레이션과 릴레이션 사이에 대해 참조의 일관성을 보장하기 위한 조건이다.
- 두 개의 릴레이션이 기본키, 외래키를 통해 참조 관계를 형성할 경우, 참조하는 외래키의 값은 항상 참조되는 릴레이션에 기본키로 존재해야 한다.

수제비 백/전/백/승 기출문제 2024년 1회 정답 및 해설

01 정답 ▶ 4

해설 ▶ • get 함수에서 instance가 null이 아니면 instance에 Soojebi 객체가 저장된 상태이므로 기존에 저장했던 Soojebi 객체를 반환해 준다.

라인 수	설명
14	• main 메서드부터 실행
15	• Soojebi.get( ) 메서드를 호출
04~07	• instance는 null인 상태이므로 instance = new Soojebi( );를 실행하여 instance 변수에 Soojebi 클래스를 저장
08	• instance 변수를 반환
15	• get 메서드의 instance 반환 값을 s1에 저장
16	• s1의 count 메서드를 실행하면 Soojebi 클래스의 count 값이 1 증가하여 count 값이 1이 됨
17	• Soojebi.get( ) 메서드를 호출
04~07	• instance에 Soojebi 객체가 저장된 상태이므로 instance가 null이 아니게 되어 if 문의 조건이 거짓
08	• instance 변수에는 기존에 저장했던 Soojebi 객체가 있으므로 Soojebi 객체를 반환
17	• instance는 Soojebi 클래스를 저장하고 있기 때문에 만들어놨던 instance 변수를 s2에 반환(s1에 저장된 것과 동일함)
18	• s2의 count 메서드를 실행하면 Soojebi 클래스의 count 값이 1 증가하여 count 값이 2가 됨
19	• Soojebi.get( ) 메서드를 호출
04~07	• instance에 Soojebi 객체가 저장된 상태이므로 instance가 null이 아니게 되어 if 문의 조건이 거짓
08	• instance 변수에는 기존에 저장했던 Soojebi 객체가 있으므로 Soojebi 객체를 반환
19	• instance는 Soojebi 클래스를 저장하고 있기 때문에 만들어놨던 instance 변수를 s3에 반환(s1에 저장된 것과 동일함)
20	• s3의 count 메서드를 실행하면 Soojebi 클래스의 count 값이 1 증가하여 count 값이 3이 됨
21	• s1의 count 메서드를 실행하면 Soojebi 클래스의 count 값이 1 증가하여 count 값이 4가 됨
22	• s1의 count 값은 4이므로 getCount 메서드를 실행하면 4가 반환되어 4가 출력됨

• Soojebi.get( ) 메서드를 호출하면 반환되는 값이 instance이기 때문에 s1, s2, s3에 저장되는 변수는 모두 instance에 저장된 값을 저장하게 되어 s1.count( ), s2.count( ), s3.count( )를 하게 되면 instance에 저장된 Soojebi 객체의 count 값을 1 증가시키게 된다.

02 정답 ▶ 151

해설

라인 수	설명
04	• v1은 0으로, v2는 35로, v3는 29로 초기화
05	• v1 > v2는 거짓이므로 삼항 연산자에 의해 if(v1)이 되고, v1은 0이므로 if 안의 조건문이 거짓이 되어 if 문을 실행하지 않음
08	• if가 거짓이므로 else 문을 실행
09	• 29 << 2를 하면 116이 되어 v3는 116이 됨 29를 2진수로 변환하면 11101이 되고, 2비트 왼쪽으로 시프트시키면 1110100이 되어 10진수로 116이 됨
11	• v2=35이고, v3=116이므로 v2+v3=151이 되어 151을 출력

03 정답 ▶ ㉠ ㉡ ㉣ ㉢

해설 응집도의 유형은 '우연적<논리적<시간적<절차적<통신적<순차적<기능적 응집도' 순서로 응집도가 높아진다.

응집도의 유형	
우논시절 통순기	• 우연적 / 논리적 / 시간적 / 절차적 / 통신적 / 순차적 / 기능적 응집도

04 정답 ▶ GECA

해설

라인 수	설명
18	• main 함수부터 시작
19	• str 문자형 배열에 "ABCDEFGH"를 저장
20	• len, i 변수를 선언
22	• fn 함수에 str 배열의 시작주소(&str[0])를 전달
04	• fn 메서드 호출
05	• t 변수를 선언
06	• len에 str 문자열의 크기인 8을 대입
07	• p1 포인터 변수에 str 문자열의 시작주소(&str[0])를 대입
08	• len은 8이므로 p2 포인터 변수에 str + 8 - 1인 &str[7]을 대입
09	• p1은 &str[0]이고, p2는 &str[7]이므로 p1 == str, p2 == str+7이므로 주솟값은 p1이 더 작아 p1<p2가 참이 되어 반복문을 실행
10	• p1은 &str[0]이므로 *p1은 *(&str[0])인 str[0]이 되어 t='A'
11	• p2는 &str[7]이므로 *p2는 *(&str[7])인 str[7]이 되어 'H'를 *p1인 str[0]에 대입

라인 수	설명
12	• t 값인 'A'를 *p2인 str[7]에 대입 | [0]	[1]	[2]	[3]	[4]	[5]	[6]	[7]	[8] | |---|---|---|---|---|---|---|---|---| | H | B | C | D | E | F | G | A | NULL |
13	• p1을 1 증가시키면 p1 = p1+1이므로 p1=&str[1]이 됨 `p1+1 == str+1 == &str[1]`
14	• p2를 1 감소시키면 p2 = p2-1이므로 p2=&str[6]이 됨 `p2+1 == &str[7]-1 == str+7-1 == str+6 == &str[6]`
09	• p1은 &str[1]이고, p2는 &str[6]이므로 p1 == str+1, p2 == str+6이므로 주솟값은 p1이 더 작아 p1〈p2가 참이 되어 반복문을 실행
10	• p1은 &str[1]이므로 *p1은 *(&str[1])인 str[1]이 되어 t='B'
11	• p2는 &str[6]이므로 *p2는 *(&str[6])인 str[6]이 되어 'G'를 *p1인 str[1]에 대입
12	• t 값인 'B'를 *p2인 str[6]에 대입 | [0]	[1]	[2]	[3]	[4]	[5]	[6]	[7]	[8] | |---|---|---|---|---|---|---|---|---| | H | G | C | D | E | F | B | A | NULL |
13	• p1을 1 증가시키면 p1 = p1+1이므로 p1=&str[2]가 됨 `p1+1 == &str[1]+1 == str+1+1 == str+2 == &str[2]`
14	• p2를 1 감소시키면 p2 = p2-1이므로 p2=&str[5]가 됨 `p2+1 == &str[6]-1 == str+6-1 == str+5 == &str[5]`
09	• p1은 &str[2]이고, p2는 &str[5]이므로 p1 == str+2, p2 == str+5이므로 주솟값은 p1이 더 작아 p1〈p2가 참이 되어 반복문을 실행
10	• p1은 &str[2]이므로 *p1은 *(&str[2])인 str[2]가 되어 t='C'
11	• p2는 &str[5]이므로 *p2는 *(&str[5])인 str[5]가 되어 'F'를 *p1인 str[2]에 대입
12	• t 값인 'C'를 *p2인 str[5]에 대입 | [0]	[1]	[2]	[3]	[4]	[5]	[6]	[7]	[8] | |---|---|---|---|---|---|---|---|---| | H | G | F | D | E | C | B | A | NULL |
13	• p1을 1 증가시키면 p1 = p1+1이므로 p1=&str[3]이 됨 `p1+1 == &str[2]+1 == str+2+1 == str+3 == &str[3]`
14	• p2를 1 감소시키면 p2 = p2-1이므로 p2=&str[4]가 됨 `p2+1 == &str[5]-1 == str+5-1 == str+4 == &str[4]`
09	• p1은 &str[3]이고, p2는 &str[4]이므로 p1 == str+3, p2 == str+4이므로 주솟값은 p1이 더 작아 p1〈p2가 참이 되어 반복문을 실행
10	• p1은 &str[3]이므로 *p1은 *(&str[3])인 str[3]이 되어 t='D'
11	• p2는 &str[4]이므로 *p2는 *(&str[4])인 str[4]가 되어 'E'를 *p1인 str[3]에 대입

라인 수	설명
12	• t 값인 'D'를 *p2인 str[4]에 대입 | [0]	[1]	[2]	[3]	[4]	[5]	[6]	[7]	[8] | |---|---|---|---|---|---|---|---|---| | H | G | F | E | D | C | B | A | NULL |
13	• p1을 1 증가시키면 p1 = p1+1이므로 p1=&str[4]가 됨 p1+1 == &str[3]+1 == str+3+1 == str+4 == &str[4]
14	• p2를 1 감소시키면 p2 = p2-1이므로 p2=&str[3]이 됨 p2+1 == &str[4]-1 == str+4-1 == str+3 == &str[3]
09	• p1은 &str[4]이고, p2는 &str[3]이므로 p1 == str+4, p2 == str+3이므로 주솟값은 p1이 더 크므로 p1<p2가 거짓이 되어 반복문을 탈출
23	• str은 "HGFEDCBA"이므로 strlen(str)은 8이 되어 len=8
25	• i=1이므로 i<8은 참이 되어 반복문을 실행
26	• str[1] 값인 G를 출력
25	• i+=2에 의해 i=3이 되고, i<8은 참이 되어 반복문을 실행
26	• str[3] 값인 E를 출력
25	• i+=2에 의해 i=5가 되고, i<8은 참이 되어 반복문을 실행
26	• str[5] 값인 C를 출력
25	• i+=2에 의해 i=7이 되고, i<8은 참이 되어 반복문을 실행
26	• str[7] 값인 A를 출력
25	• i+=2에 의해 i=9가 되고, i<8은 거짓이 되어 반복문을 종료
28	• 개행

05 **정답** ② 192.168.35.72, ④ 129.200.8.249, ⑥ 192.168.36.249

해설
- 라우터의 ②번 인터페이스 IP는 192.168.35.xxx/24 네트워크를 갖고 있으므로 같은 네트워크인 192.168.35.0 ~ 192.168.35.255 사이에서 네트워크 아이디인 192.168.35.0과 브로드캐스트 아이디인 192.168.35.255를 제외하고 어느 하나의 IP를 부여하면 된다.
- 라우터의 ④번 인터페이스 IP는 129.200.10.xx/22 네트워크를 갖고 있으므로 129.200.8.0~129.200.11.255 사이에서 네트워크 아이디인 129.200.8.0과 브로드캐스트 아이디인 129.200.11.255를 제외하고 어느 하나의 IP를 부여하면 된다.
- 라우터의 ⑥번 인터페이스 IP는 192.168.36.xxx/24 네트워크를 갖고 있으므로 같은 네트워크인 192.168.36.0~ 192.168.36.255 사이에서 네트워크 아이디인 192.168.36.0과 브로드캐스트 아이디인 192.168.36.255를 제외하고 어느 하나의 IP를 부여하면 된다.

06 **정답** 제3 정규형

해설
- [강좌신청] 릴레이션은 함수 종속 관계에서 모든 결정자가 후보키가 아니기 때문에 제3 정규형을 만족하지만 보이스-코드 정규형(BCNF)은 만족하지 않는 릴레이션이다.
- 후보키가 아닌 결정자를 제거하기 위해 [강좌신청 릴레이션]에 정규화를 수행해서 [고객담당강사] 릴레이션과 [강좌담당] 릴레이션으로 분해하면 BCNF를 만족하게 된다.

07
정답 OSPF(Open Shortest Path First)

해설
- OSPF는 규모가 크고 복잡한 TCP/IP 네트워크에서 자신을 기준으로 링크 상태(Link-State) 알고리즘을 적용하여 최단 경로를 찾는 라우팅 프로토콜이다.
- OSPF는 최단 경로 탐색에 다익스트라(Dijkstra) 알고리즘을 사용하고, 변경이 발생했을 때만 변경 정보를 한 지역(Area) 내 모든 라우터에 변경 정보를 보내서 라우팅 테이블을 구성하는 방식으로 동작한다.
- OSPF는 홉 카운트에 제한이 없고 멀티캐스트를 사용하여 정보를 전달한다.

08
정답 ① 세타 조인(Theta Join), ② 동등 조인(Equi Join), ③ 자연 조인(Natural Join)

해설 조인의 종류는 다음과 같다.

기본 연산	세타 조인, 동등 조인, 자연 조인
확장된 조인 연산	세미 조인, 외부 조인

세타 조인 (Theta Join)	• 조인에 참여하는 두 릴레이션의 속성값을 비교하여 조건을 만족하는 튜플만 반환하는 조인 • 조건은 {=, ≠, ≤, ≥, <, >} 중 하나 **형식** $R \bowtie_{(r\ 조건\ s)} S$ (R과 S는 릴레이션이며, r은 R의 속성, s는 S의 속성)
동등 조인 (Equi Join)	• 세타조인에서 조건이 정확하게 (=) 등호로 일치하는 경우의 튜플만을 반환하는 조인 • 보통 조인 연산이라고 하면 동등 조인을 지칭 **형식** $R \bowtie_{(r=s)} S$
자연 조인 (Natural Join)	• 동등 조인에서 조인에 참여한 속성이 두 번 나오지 않도록 중복된 속성(두 번째 속성)을 제거한 결과를 반환하는 조인 **형식** $R \bowtie_{N(r,\ s)} S$
외부 조인 (Outer Join)	• 자연 조인 시 조인에 실패한 튜플을 모두 보여주되 값이 없는 대응 속성에는 NULL 값을 채워서 반환하는 조인 • 모든 속성을 보여주는 기준 릴레이션의 위치에 따라 왼쪽(Left) 외부 조인, 오른쪽(Right) 외부 조인, 완전(full, 양쪽) 외부 조인으로 나뉨
세미 조인 (Semi Join)	• 자연 조인을 한 후 두 릴레이션 중 한쪽 릴레이션의 결과만 반환하며, 기호에서 닫힌 쪽 릴레이션의 튜플만 반환하는 조인 **형식** $R \ltimes_{(r,\ s)} S$

09
정답 Seynaau

해설

라인 수	설명
01	• a 변수에 리스트 ["Seoul", "Kyeonggi", "Incheon", "Daejun", "Daegu", "Pusan"]를 저장
02	• str01에 문자열 "S"를 대입
03	• for 문에서 a에 있는 값을 하나씩 i 변수에 저장하면서 반복 • i에 a의 0번지 값인 "Seoul"을 대입
04	• str01은 'S'이고, i[1]은 i의 1번지 문자인 e이므로 'S' + 'e'는 'Se'가 되어 str01에 저장됨

라인 수	설명
03	• i에 a의 1번지 값인 "Kyeonggi"를 대입
04	• str01은 'Se'이고, i[1]은 i의 1번지 문자인 y이므로 'Se' + 'y'는 'Sey'가 되어 str01에 저장됨
03	• i에 a의 2번지 값인 "Inchon"을 대입
04	• str01은 'Sey'이고, i[1]은 i의 1번지 문자인 n이므로 'Sey' + 'n'는 'Seyn'이 되어 str01에 저장됨
03	• i에 a의 3번지 값인 "Daejeon"을 대입
04	• str01은 'Seyn'이고, i[1]은 i의 1번지 문자인 a이므로 'Seyn' + 'a'는 'Seyna'가 되어 str01에 저장됨
03	• i에 a의 4번지 값인 "Daegu"를 대입
04	• str01은 'Seyna'이고, i[1]은 i의 1번지 문자인 a이므로 'Seyna' + 'a'는 'Seynaa'가 되어 str01에 저장됨
03	• i에 a의 5번지 값인 "Pusan"을 대입
04	• str01은 'Seynaa'이고, i[1]은 i의 1번지 문자인 u이므로 'Seynaa' + 'u'는 'Seynaau'가 되어 str01에 저장됨
05	• str01 값인 문자열 'Seynaau'를 출력

10 정답 ① 6, ② 6

해설
• LRU는 사용된 시간을 확인하여 가장 오랫동안 사용되지 않은 페이지를 선택하여 교체하는 알고리즘이다.
• 3개의 프레임에 LRU 페이지 교체 알고리즘을 사용할 경우, 페이지 결함은 6번 발생한다.

참조 페이지	1	2	3	1	2	4	1	2	5	7
페이지 프레임	1	2	3	1	2	4	1	2	5	7
		1	2	3	1	2	4	1	2	5
			1	2	3	1	2	4	1	2
페이지 부재	F	F	F			F			F	F

• LFU는 사용된 횟수를 확인하여 참조 횟수가 가장 적은 페이지를 선택하여 교체하는 알고리즘이다.
• 3개의 프레임에 LFU 페이지 교체 알고리즘을 사용할 경우, 페이지 결함은 6번 발생한다.

참조 페이지	1	2	3	1	2	4	1	2	5	7
페이지 프레임	1(1)	2(1)	3(1)	3(1)	3(1)	4(1)	4(1)	4(1)	5(1)	7(1)
		1(1)	2(1)	2(1)	2(2)	2(2)	2(2)	2(3)	2(3)	2(3)
			1(1)	1(2)	1(2)	1(2)	1(3)	1(3)	1(3)	1(3)
페이지 부재	F	F	F			F			F	F

• 괄호 안에 있는 숫자는 사용 횟수이고, 페이지 프레임에 없을 경우 괄호 안의 숫자가 가장 적은 페이지를 제거한다.

11 정답 ⑤ → ⑥ → ③ → ① → ⑦ → ②

해설

라인 수	설명
23	• main 메서드부터 실행
24	• new Child(3)에 의해 클래스를 생성하고, 클래스를 생성하면서 생성자를 호출 • Child(int x) 생성자에 3을 전달

라인 수	설명
14	• Child(int x) 생성자에서 x=3을 전달받음
15	• super(x+1, x)를 통해 상위 클래스인 Parent 클래스의 생성자를 호출 • x=3이므로 super 메서드를 통해 4, 3을 전달
03	• Parent(int x, int y) 생성자에 x=4, y=3을 전달받음
04	• Parent의 x 변수에 4를 대입
05	• Parent의 y 변수에 3을 대입
24	• Child 클래스의 인스턴스를 parent 변수에 저장
25	• parent.getA() 메서드를 호출하면 매개변수를 받지 않는 Parent 클래스의 getA() 메서드를 호출
07	• getA() 메서드를 통해 Parent 클래스에 저장된 x 값인 4와 y 값인 3을 곱한 12를 반환
25	• parent.getA()의 반환값이 12이므로 12를 출력

12 정답 9981 and 2795.10

해설

라인 수	설명
02~05	• 구조체의 별칭을 Acc로 정의
34	• main 함수부터 시작
35	• Acc 구조체를 ba 변수로 선언
36	• 구조체 포인터인 &ba, 9981, 2200.0을 init 함수에 전달
16~18	• a 변수가 구조체 포인터를 전달받고, x=9981, y=2200.0을 전달받음 • a 구조체 포인터의 acc 변수에 9981, bal 변수에 2200.0을 대입
37	ba │ 9981 │ acc │ 2200.0 │ bal • 구조체 포인터인 &ba, 100.0을 A 함수에 전달
21	• a 변수가 구조체 포인터를 전달받고, en 변수가 100.0을 전달받음
22	• en=100.0, a->bal=2200.0이므로 en > 0은 참이고, en < a->bal도 참이므로 if 문 안의 명령어를 실행
23	• a->bal의 값을 a->bal - en인 2200.0-100.0인 2100.0으로 대입
38	ba │ 9981 │ acc │ 2100.0 │ bal • 구조체 포인터인 &ba를 B 함수에 전달
30	• a 변수가 구조체 포인터를 전달받음
31	• a->bal * fn((1+0.1), 3)을 a->bal에 대입 • fn((1+0.1), 3)을 계산해야 하므로 fn(1.1, 3)을 호출
07	• b=1.1, y=3을 전달받음
08	• i 변수를 선언
09	• r 변수에 1.0을 대입
10	• i=0일 때부터 i<3은 참이므로 반복문을 실행

라인 수	설명
11	• r=1.0이고, b=1.1이므로 1.0*1.1인 1.1을 r에 대입
10	• i++에 의해 i=1이 되고, i<3은 참이 되어 반복문을 실행
11	• r=1.1이고, b=1.1이므로 1.1*1.1인 1.21을 r에 대입
10	• i++에 의해 i=2가 되고, i<3은 참이 되어 반복문을 실행
11	• r=1.21이고, b=1.1이므로 1.21*1.1인 1.331을 r에 대입
10	• i++에 의해 i=3이 되고, i<3은 거짓이 되어 반복문을 종료
13	• r 값인 1.331을 반환
31	• a->bal * fn((1+0.1), 3)은 2100.0*1.331이므로 2795.1이 되어 2795.1을 a->bal에 대입
39	ba: 9981 acc / 2795.1 bal • ba.acc는 9981이므로 10진수(%d)로 출력하면 9981, ba.bal은 2795.1이므로 소수점 둘째 자리(%.2f)로 출력하면 2795.10이 되어 9981 and 2795.10이 출력됨

13 정답

B
a
b

해설
• 서브쿼리가 WHERE 절 안에 들어 있는 WHERE 절 서브쿼리 문제이다.
• (SELECT C FROM R2 WHERE D='K') 서브쿼리에서 나온 'C'와 'R1' 테이블에 있는 'C'와 같은 B열을 출력한다.

14 정답 MC/DC(Modified Condition/ Decision Coverage)

해설 개별 조건식이 다른 개별 조건식에 영향을 받지 않고 전체 조건식에 독립적으로 영향을 주도록 함으로써 조건/결정 커버리지를 향상시킨 커버리지는 변경 조건/결정 커버리지(MC/DC; Modified Condition/Decision Coverage)이다.

15 정답 Nd sc 1

해설

라인 수	설명
02	• isupper, islower, isdigit 함수를 사용하기 위해 ctype.h를 include 시킴
03	• main 함수부터 시작
04	• p라는 문자열 포인터에 "It is 8" 문자열의 시작 주소를 대입
05	• result라는 이름의 문자형 배열을 선언
06	• i라는 이름의 정수형 변수를 선언
07	• i=0이므로 p[i]인 p[0]은 'I'가 됨 • p[i]!='\0'은 참이 되어 반복문 실행
08	• p[0] 값인 I는 대문자이므로 if 문이 참이 됨

라인 수	설명
09	• 'I'−'A'는 8이므로 ('I'−'A'+5)는 13이 되고, 13%26+'A'는 'N'이 되어 'N'을 result[0]에 대입
07	• i++에 의해 i=1이 되고, p[i]인 p[1]은 't'가 됨 • p[i]!='\0'은 참이 되어 반복문을 실행
08	• p[1] 값인 t는 소문자이므로 if 문이 거짓이 됨
10	• p[1] 값인 t는 소문자이므로 if 문이 참이 됨
11	• 't'−'a'는 19이므로 ('t'−'a'+10)는 29가 되고, 29%26+'a'는 'd'가 되어 'd'를 result[1]에 대입
07	• i++에 의해 i=2이 되고, p[i]인 p[2]는 ' '가 됨 • p[i]!='\0'은 참이 되어 반복문을 실행
08	• p[2] 값인 ' '는 대문자가 아니므로 if 문이 거짓이 됨
10	• p[2] 값인 ' '는 소문자가 아니므로 if 문이 거짓이 됨
12	• p[2] 값인 ' '는 숫자가 아니므로 if 문이 거짓이 됨
14	• p[2] 값인 ' '는 대문자, 소문자, 숫자 모두 다 아니므로 if 문이 참이 됨
15	• ' '를 result[2]에 대입
07	• i++에 의해 i=3이 되고, p[i]인 p[3]은 'i'가 됨 • p[i]!='\0'은 참이 되어 반복문을 실행
08	• p[3] 값인 i는 소문자이므로 if 문이 거짓이 됨
10	• p[3] 값인 i는 소문자이므로 if 문이 참이 됨
11	• 'i'−'a'는 8이므로 ('i'−'a'+10)는 18가 되고, 18%26+'a'는 's'가 되어 's'를 result[1]에 대입
07	• i++에 의해 i=4가 되고, p[i]인 p[4]는 's'가 됨 • p[i]!='\0'은 참이 되어 반복문을 실행
08	• p[4] 값인 s는 소문자이므로 if 문이 거짓이 됨
10	• p[4] 값인 s는 소문자이므로 if 문이 참이 됨
11	• 's'−'a'는 18이므로 ('i'−'a'+10)은 28이 되고, 28%26+'a'는 'c'가 되어 'c'를 result[1]에 대입
07	• i++에 의해 i=5가 되고, p[i]인 p[5]는 ' '가 됨 • p[i]!='\0'은 참이 되어 반복문을 실행
08	• p[5] 값인 ' '는 대문자가 아니므로 if 문이 거짓이 됨
10	• p[5] 값인 ' '는 소문자가 아니므로 if 문이 거짓이 됨
12	• p[5] 값인 ' '는 숫자가 아니므로 if 문이 거짓이 됨
14	• p[5] 값인 ' '는 대문자, 소문자, 숫자 모두 다 아니므로 if 문이 참이 됨
15	• ' '를 result[5]에 대입
07	• i++에 의해 i=6이 되고, p[i]인 p[6]은 '8'이 됨 • p[i]!='\0'은 참이 되어 반복문을 실행
08	• p[6] 값인 '8'은 대문자가 아니므로 if 문이 거짓이 됨
10	• p[6] 값인 '8'은 소문자가 아니므로 if 문이 거짓이 됨
12	• p[6] 값인 '8'은 숫자이므로 if 문이 참이 됨
13	• '8'−'0'은 8이므로 ('8'−'0'+3)은 11이 되고, 11%10+'0'은 '1'이 되어 '1'을 result[1]에 대입
07	• i++에 의해 i=7이 되고, p[i]인 p[7]은 '\0'이 됨 • p[i]!='\0'은 거짓이 되어 반복문을 종료

라인 수	설명
17	• result[7]에 NULL을 대입
18	• result 문자열 'Nd sc 1'을 출력

16 정답 ④ APT

해설
- 특정 타깃을 목표로 하여 다양한 수단을 통한 지속적이고 지능적인 맞춤형 공격 기법은 APT(Advanced Persistent Threat) 공격 기법이다.
- APT 공격 기법은 특수목적의 조직이 하나의 표적에 대해 다양한 IT 기술을 이용하여, 지속적으로 정보를 수집하고, 취약점을 분석하여 피해를 주는 공격 기법이다.

17 정답 9

해설

라인 수	설명
20	• main 메서드부터 실행
21	• new B(10)에 의해 클래스 생성하고, 클래스를 생성하면서 생성자를 호출 • B(int i) 생성자에 10을 전달
11	• B(int i) 생성자에서 i=10을 전달받음
12	• super(i, i+1)를 통해 상위 클래스인 A 클래스의 생성자를 호출 • i=10이므로 super 메서드를 통해 10, 11을 전달
03	• Parent(int a, int b) 생성자에 a=10, b=11을 전달받음
04	• A의 a 변수에 10을 대입
05	• A의 y 변수에 11을 대입
21	• B 클래스의 인스턴스를 b 변수에 저장
22	• a.print() 메서드를 호출
14	• print 메서드 실행
15	• c는 B 클래스 초깃값인 3이므로 3*3인 9를 출력

18 정답 루트킷(Rootkit)

해설
- 루트킷(Rootkit)은 시스템 침입 후 침입 사실을 숨긴 채 차후의 침입을 위한 백도어, 트로이 목마 설치, 원격 접근, 내부 사용 흔적 삭제, 관리자 권한 획득 등 주로 불법적인 해킹에 사용되는 기능을 제공하는 프로그램의 모음이자 해킹 도구이다.
- 루트킷은 시스템 이용자가 해킹당하고 있음을 인지하지 못하게 하고, 커널(kernel)이라는 운영체제의 핵심 부분에 숨어서 동작하여 탐지 및 분석이 어렵다.

19 정답 1

해설
- 논리 연산자 : 두 개 이상의 조건을 검색할 때, AND, OR 연산자를 사용한다.

AND	• 두 조건이 모두 참인 레코드 검색
OR	• 두 조건 중 하나라도 참인 레코드 검색

- AND, OR 연산자가 함께 나올 경우, AND 연산자의 우선순위가 OR 연산자의 우선순위보다 높으므로 AND 연산자를 먼저 적용한 후 OR 연산자를 적용한다.
- COUNT는 행의 개수를 구하는 함수이다.
- 쿼리를 수행하면 EMPNO가 300, SAL이 1500인 1개의 행을 출력하므로 답은 1이다.

20 정답 ▶ Abstract Factory

해설 ▶
- Abstract Factory는 추상화 팩토리, Kit라고 불리는 생성 패턴이다.
- Abstract Factory는 구체적인 클래스에 의존하지 않고 서로 연관되거나 의존적인 객체들의 조합을 만드는 인터페이스를 제공하는 패턴이다.
- Abstract Factory는 패턴을 통해 생성된 클래스에서는 사용자에게 인터페이스(API)를 제공하고, 구체적인 구현은 Concrete Product 클래스에서 이루어진다.

수제비 백/전/백/승 기출문제 2024년 2회 정답 및 해설

01 정답 ▶ NNN

해설 ▶

라인 수	설명
08	• main 메서드부터 시작
09~11	• a, b, c 배열을 선언
12	• check 메서드에 a, b 배열의 참조를 전달
02	• main 메서드로부터 a, b의 참조 값을 전달받음
03	• a, b는 다른 객체를 가리키므로 if 문은 거짓
06	• N을 출력
13	• check 메서드에 b, c 배열의 참조를 전달
02	• main 메서드로부터 b, c의 참조 값을 전달받음
03	• b, c는 다른 객체를 가리키므로 if 문은 거짓
06	• N을 출력
14	• check 메서드에 a, c 배열의 참조를 전달
02	• main 메서드로부터 a, c의 참조 값을 전달받음
03	• a, c는 다른 객체를 가리키므로 if 문은 거짓
06	• N을 출력

02 정답 ▶ 반 정규화(De-Normalization; 비정규화; 역정규화)

해설 ▶ 정규화된 엔터티, 속성, 관계에 대해 성능 향상과 개발 운영의 단순화를 위해 중복, 통합, 분리 등을 수행하는 데이터 모델링의 기법은 반 정규화이다.

03 정답 ▶ ① VALUES, ② SELECT, ③ FROM, ④ SET

해설 ▶ • INSERT는 데이터의 내용을 삽입할 때 사용하는 명령어이다.

INSERT INTO 테이블명(속성명1, …) VALUES (데이터1, …);	• 속성과 데이터 개수, 데이터 타입이 일치해야 함 • 속성명은 생략 가능 • 속성의 타입이 숫자인 경우 데이터는 따옴표를 붙이지 않아도 되며, 문자열인 경우 따옴표를 붙여야 함
INSERT INTO 테이블1(컬럼명1, …) SELECT 컬럼명1, … 　FROM 테이블2 [WHERE]	• 테이블2에서 SELECT 한 컬럼들을 테이블1에 삽입

• UPDATE는 데이터의 내용을 변경할 때 사용하는 명령어이다.

UPDATE 테이블명 SET 속성명 = 데이터, … WHERE 조건;

- DELETE는 튜플을 삭제하는 경우 사용하는 명령어이다.

  ```
  DELETE FROM 테이블명 WHERE 조건;
  ```

04 정답 ab3ca3

해설

라인 수	설명
09	• str에 문자열 "abdcabcabca"를 대입
10	• p1에 문자열 "ca"를 대입
11	• p2에 문자열 "ab"를 대입
12	• f 스트링이므로 중괄호 안의 변수를 출력 • fn(str, p1)을 호출
01	• fn 메서드의 x 변수는 "abdcabcabca"를 전달받고, y 변수는 "ca"를 전달받음
02	• result를 0으로 초기화
03	• x 변수에서 문자열의 길이가 11이므로 len(x)는 11이 되어 i=0부터 11 미만일 때까지 반복
04	• y 변수에서 문자열의 길이가 2이므로 x[i:i+2]와 같음 • x[i:i+2]는 x의 i번지부터 i+2번지 미만일 때까지 슬라이싱 | i | 0 | 1 | 2 | 3 | 4 | 5 | 6 | 7 | 8 | 9 | 10 | |---|---|---|---|---|---|---|---|---|---|---|---| | s | ab | bd | dc | ca | ab | bc | ca | ab | bc | ca | a |
05~06	• s 변수와 y 변수의 문자열인 "ca"를 비교하여 같으면 result 값을 1 증가 • i=3일 때 s가 "ca"이고, i=6일 때 s가 "ca"이고, i=9일 때 s가 "ca"이므로 result는 3이 되어 3을 반환
12	• f 스트링이므로 중괄호 안의 변수를 출력 • fn(str, p2)를 호출
01	• fn 메서드의 x 변수는 "abdcabcabca"를 전달받고, y 변수는 "ab"를 전달받음
02	• result를 0으로 초기화
03	• x 변수에서 문자열의 길이가 11이므로 len(x)는 11이 되어 i=0부터 11 미만일 때까지 반복
04	• y 변수에서 문자열의 길이가 2이므로 x[i:i+2]와 같음 • x[i:i+2]는 x의 i번지부터 i+2번지 미만일 때까지 슬라이싱 | i | 0 | 1 | 2 | 3 | 4 | 5 | 6 | 7 | 8 | 9 | 10 | |---|---|---|---|---|---|---|---|---|---|---|---| | s | ab | bd | dc | ca | ab | bc | ca | ab | bc | ca | a |
05~06	• s 변수와 y 변수의 문자열인 "ab"를 비교하여 같으면 result 값을 1 증가 • i=0일 때 s가 "ab"이고, i=4일 때 s가 "ab"이고, i=7일 때 s가 "ab"이므로 result는 3이 되어 3을 반환
12	• f 스트링이므로 {fn(str, p1)}은 3으로 {fn(str, p2)}는 3으로 변환되어 print('ab3' 'ca3')이 되기 때문에 ab3ca3을 출력

05 정답 ① 5, ② 4

해설
- 카디널리티는 튜플(Tuple)의 개수이므로 5이다.
- 차수는 속성(Attribute)의 개수이므로 4이다.

06 정답 ▶ IPSec

해설
- IPSec은 IP 계층(3계층)에서 무결성과 인증을 보장하는 인증 헤더(AH)와 기밀성을 보장하는 암호화(ESP)를 이용한 IP 보안 프로토콜이다.
- IPSec 프로토콜은 다음과 같다.

인증(AH) 프로토콜 (Authentication Header)	• 메시지 인증 코드(MAC)를 이용하여 인증과 송신처 인증을 제공해 주는 프로토콜로 기밀성(암호화)은 제공하지 않는 프로토콜 • 무결성, 인증 제공
암호화(ESP) 프로토콜 (Encapsulation Security Payload)	• 메시지 인증 코드(MAC)와 암호화를 이용하여 인증과 송신처 인증과 기밀성을 제공하는 프로토콜 • 기밀성, 무결성, 인증 제공
키 관리(IKE) 프로토콜 (Internet Key Exchange)	• Key를 주고받는 알고리즘 • 공개된 네트워크를 통하여 Key를 어떻게 할 것인가를 정의, IKE 교환을 위한 메시지를 전달하는 프로토콜

07 정답 ▶ AES(Advanced Encryption Standard)

해설 대칭 키 암호화 알고리즘인 DES와 AES의 특징은 다음과 같다.

DES (Data Encryption Standard)	• 1975년 IBM에서 개발하고 미국의 연방 표준국(NIST)에서 발표한 대칭 키 기반의 블록 암호화 알고리즘 • 블록 크기는 64bit, 키 길이는 56bit인 페이스텔(Feistel) 구조, 16라운드 암호화 알고리즘 • DES를 3번 적용하여 보안을 더욱 강화한 3 DES(Triple DES)도 활용됨
AES (Advanced Encryption Standard)	• 2001년 미국 표준 기술 연구소(NIST)에서 발표한 블록 암호화 알고리즘 • DES의 개인 키에 대한 전사적 공격이 가능해지고, 3 DES의 성능문제를 극복하기 위해 개발 • 블록 크기는 128bit이며, 키 길이에 따라 128bit, 192bit, 256bit로 분류 • AES의 라운드 수는 10, 12, 14라운드로 분류되며, 한 라운드는 SubBytes, ShiftRows, MixColumns, AddRoundKey의 4가지 계층으로 구성

08 정답 ▶ ① 가상회선 방식, ② 데이터그램 방식

해설

가상 회선(Virtual Circuit) 방식	• 패킷이 전송되기 전에 송·수신 스테이션 간의 논리적인 통신 경로를 미리 설정하는 방식
데이터그램(Datagram) 방식	• 연결 경로를 확립하지 않고 각각의 패킷을 순서에 무관하게 독립적으로 전송하는 방식

09 정답 ▶ 순차적

해설 이전 기능의 출력을 다음 기능의 입력으로 사용하는 경우의 응집도는 순차적 응집도이다.

10 정답 ▶ Iterator

해설
- 컬렉션(배열, 리스트 등) 내부구조를 노출하지 않고, 그 집합체 안에 들어 있는 모든 요소를 순차적으로 탐색할 수 있는 디자인 패턴은 Iterator 패턴이다.
- Iterator 패턴은 내부구조를 노출하지 않고, 복잡 객체의 원소를 순차적으로 접근 가능하게 해 주는 행위 패턴이다.

11 정답 ▶ D → C → F

해설
- RIP은 경로를 선택할 때 "홉 수(hop count)"를 사용하여 최단 경로를 계산하는 라우팅 프로토콜이다.
- 각 라우터는 인접 라우터와 경로 정보를 주고받고, 홉 수를 바탕으로 최단 경로를 선택한다.
- RIP 알고리즘을 이용해서 A에서 F까지 최단 경로는 최소 홉 수를 기준으로 경로를 설정해야 하므로 A → D → C → F가 된다.
- 그림에서 숫자는 홉 수가 아니라 비용을 나타내므로 최단 경로를 구하기 위해서는 홉 수가 가장 적은 것을 구하면 된다.

12 정답 ▶ 6.5

해설
- 다음과 같이 프로세스 상태 그래프를 그려서 종료 시간을 계산한다.

	0	1	2	3	4	5	6	7	8	9	10	11	12	13	14	15	16	17	18	19	20	21	22	23	24	25	26
P1	■										■	■	■	■	■	■	■										
P2		■	■	■	■																						
P3																		■	■	■	■	■	■	■	■	■	
P4						■	■	■	■	■																	

시간	설명
0	• P1이 도착하고, P1이 자원을 점유
1	• P2가 도착 • P1의 남은 서비스 시간은 7sec, P2의 서비스 시간은 4sec이므로 서비스 시간이 가장 적은 P2가 자원을 점유
2	• P3이 도착 • P2의 남은 서비스 시간은 3sec, P3의 서비스 시간은 9sec이므로 서비스 시간이 가장 적은 P2가 계속해서 자원을 점유
3	• P4가 도착 • P2의 남은 서비스 시간은 2sec, P4의 서비스 시간은 5sec이므로 서비스 시간이 가장 적은 P2가 계속해서 자원을 점유
5	• P2가 종료됨 • 이 시점에 P1의 남은 서비스 시간은 7sec, P3의 남은 서비스 시간은 9sec, P4의 남은 서비스 시간은 5sec이 됨 • P1, P3, P4 중에서 서비스 시간이 가장 적은 P4가 자원을 점유
10	• P4가 종료됨 • 이 시점에 P1의 남은 서비스 시간은 7sec, P3의 남은 서비스 시간은 9sec가 됨 • P1, P3 중에서 서비스 시간이 가장 적은 P1이 자원을 점유
17	• P1이 종료됨 • 마지막으로 남은 P3이 자원을 점유하여 26sec까지 서비스를 수행하고 종료됨
26	• P3이 종료됨

- P1, P2, P3, P4의 종료 시간을 구한 후에 반환시간과 대기시간을 구한다.

> • 반환시간 = 종료 시간 - 도착 시간
> • 대기시간 = 반환시간 - 서비스 시간

프로세스	도착 시간	서비스 시간	종료 시간	반환시간	대기시간
P1	0	8	17	17(=17-0)	9(=17-8)
P2	1	4	5	4(=5-1)	0(=4-4)
P3	2	9	26	24(=26-2)	15(=24-9)
P4	3	5	10	7(=10-3)	2(=7-5)

• 평균 대기시간 = (9 + 0 + 15 + 2)/4 = 6.5

13 정답 ▶ 25, 20

해설

라인 수	설명
16	• main 메서드부터 시작
17	• a 배열 선언
18	• B 클래스를 x 변수에 생성하므로 B의 생성자 B( )를 호출해야 하지만, 생성자가 없으므로 클래스 생성 시 아무 일도 일어나지 않음
19	• x.sum(a, true) 메서드를 호출 • 오버라이딩 관계이므로 B 클래스의 sum 메서드를 호출
05	• a 변수에 main 메서드의 a 배열을 sum 메서드의 a 배열 변수에, ture를 odd 변수에 전달
06	• result 변수를 0으로 초기화
07	• a 배열의 크기가 9이므로 a.length는 9가 됨 • i=0부터 i<9일 때까지 반복
08~10	• odd는 true이므로 !odd는 false가 됨 (odd && a[i] % 2 != 0) || (!odd && a[i] % 2 == 0) (true && a[i] % 2 != 0) || (false && a[i] % 2 == 0) • && 연산은 하나라도 false이면 false가 됨 (true && a[i] % 2 != 0) || false • a[i] % 2 != 0이 참이면 조건식이 참이 됨 (true && true) || false → true || false → true • a[i] % 2 != 0이 거짓이면 조건식이 거짓이 됨 (true && false) || false → false || false → false • a[i] % 2 != 0이 참이면 조건식이 참이 되므로 a[i]가 홀수일 때 조건식이 참이 되므로 result는 a[0], a[2], a[4], a[6], a[8] 값인 1, 3, 5, 7, 9가 차례로 더해져 result는 25가 됨
11	• result 값인 25를 반환
19	• x.sum(a, false) 메서드를 호출 • 오버라이딩 관계이므로 B 클래스의 sum 메서드를 호출
05	• a 변수에 main 메서드의 a 배열을 sum 메서드의 a 배열 변수에, ture를 false 변수에 전달

라인 수	설명
06	• result 변수를 0으로 초기화
07	• a 배열의 크기가 9이므로 a.length는 9가 됨 • i=0부터 i<9일 때까지 반복
08~10	• odd는 false이므로 !odd는 true가 됨 (odd && a[i] % 2 != 0) || (!odd && a[i] % 2 == 0) (false && a[i] % 2 != 0) || (true && a[i] % 2 == 0) • && 연산은 하나라도 false이면 false가 됨 false || (true && a[i] % 2 == 0) • a[i] % 2 == 0이 참이면 조건식이 참이 됨 false || (true && true) → false || false → true • a[i] % 2 == 0이 거짓이면 조건식이 거짓이 됨 false || (true && false) → false || false → false • a[i] % 2 == 0이 참이면 조건식이 참이 되므로 a[i]가 짝수일 때 조건식이 참이 되므로 result는 a[1], a[3], a[5], a[7] 값인 2, 4, 6, 8이 차례로 더해져 result는 20이 됨
11	• result 값인 20을 반환
19	• x.sum(a, true)는 25이고, x.sum(a, false)는 20이므로 print(25 + ", " + 20)이 되어 25, 20이 출력됨

14 정답 10

해설

라인 수	설명
11	• str1이라는 문자형 포인터에 "first" 문자열의 시작주소를 대입 • const가 붙어 있으므로 str1이 가리키는 값은 바뀔 수 없음
12	• str2 문자형 배열에 "teststring"을 대입
13~14	• result, i 변수 선언
16	• fn 메서드에 str2, str1를 전달(str2, str1 둘 다 주소)
02	• fn 메서드의 d 포인터 변수에 str2를 s 포인터 변수에 str1을 전달 • d = str2, s = str1이 됨
03	• 반복문에서는 조건식이 0이면 거짓, 0이 아니면 참이 됨 • s == str1이기 때문에 str1[0]은 'f'이므로 참이 되어 반복문 실행
04	• d == str2이므로 *d == *str2 == str2[0]이 됨 • *s인 str1[0] 값을 str2[0]에 대입 | [ ]	0	1	2	3	4	5	6	7	8	9	10
---	---	---	---	---	---	---	---	---	---	---	---
str2	f	e	s	t	s	t	r	i	n	g	\0	
05	• d++는 d=d+1과 같고, d는 str2이므로 d = str2+1이 됨
06	• s++는 s=s+1과 같고, s는 str1이므로 s = str1+1이 됨

03	• s == str1+1이므로 *s는 str1을 기준으로 1 요소 떨어진 곳의 값인 str1[1]=='i'이므로 참이 되어 반복문 실행
04	• d == str2+1이므로 str2를 기준으로 1 요소 떨어진 곳의 값인 str2[1]이 됨 • *s인 str1[1] 값을 str2[1]에 대입 | [ ]	0	1	2	3	4	5	6	7	8	9	10 | |---|---|---|---|---|---|---|---|---|---|---|---| | str2 | f | i | s | t | s | t | r | i | n | g | \\0 |
05	• d++는 d=d+1과 같고, d는 str2+1이므로 d = str2+2가 됨
06	• s++는 s=s+1과 같고, s는 str1+1이므로 s = str1+2가 됨
03	• s == str1+2이기 때문에 *s==str1[2]는 'r'이므로 참이 되어 반복문 실행
04	• d == str2+2이므로 *d == str2[2]가 됨 • *s인 str1[2] 값을 str2[2]에 대입 | [ ]	0	1	2	3	4	5	6	7	8	9	10 | |---|---|---|---|---|---|---|---|---|---|---|---| | str2 | f | i | r | t | s | t | r | i | n | g | \\0 |
05	• d++는 d=d+1과 같고, d는 str2+2이므로 d = str2+3이 됨
06	• s++는 s=s+1과 같고, s는 str1+2이므로 s = str1+3이 됨
03	• s == str1+3이기 때문에 *s==str1[3]은 's'이므로 참이 되어 반복문 실행
04	• d == str2+3이므로 *d == str2[3]이 됨 • *s인 str1[3] 값을 str2[3]에 대입 | [ ]	0	1	2	3	4	5	6	7	8	9	10 | |---|---|---|---|---|---|---|---|---|---|---|---| | str2 | f | i | r | s | s | t | r | i | n | g | \\0 |
05	• d++는 d=d+1과 같고, d는 str2+3이므로 d = str2+4가 됨
06	• s++는 s=s+1과 같고, s는 str1+3이므로 s = str1+4가 됨
03	• s == str1+4이기 때문에 *s==str1[4]는 't'이므로 참이 되어 반복문 실행
04	• d == str2+4이므로 *d == str2[4]가 됨 • *s인 str1[4] 값을 str2[4]에 대입 | [ ]	0	1	2	3	4	5	6	7	8	9	10 | |---|---|---|---|---|---|---|---|---|---|---|---| | str2 | f | i | r | s | t | t | r | i | n | g | \\0 |
05	• d++는 d=d+1과 같고, d는 str2+4이므로 d = str2+5가 됨
06	• s++는 s=s+1과 같고, s는 str1+4이므로 s = str1+5가 됨
03	• s == str1+5이기 때문에 *s==str1[5]는 NULL이므로 거짓이 되어 반복문 종료(NULL은 0과 같음)
08	• d == str2+5이므로 *d == *(str2+5) == str2[5]가 됨 • NULL을 str2[5]에 대입 | [ ]	0	1	2	3	4	5	6	7	8	9	10 | |---|---|---|---|---|---|---|---|---|---|---|---| | str2 | f | i | r | s | t | \\0 | r | i | n | g | \\0 |
17~19	• i=0일 때 str2[0]은 'f'로 NULL이 아니기 때문에 반복문 실행 • i 값인 0을 result에 더해줘 result는 0이 됨

라인 수	설명
17~19	• i++에 의해 i=1이 되고, 일 때 str2[1]은 'i'로 NULL이 아니기 때문에 반복문 실행 • i 값인 1을 result에 더해줘 result는 1이 됨
17~19	• i++에 의해 i=2가 되고, 일 때 str2[2]은 'r'로 NULL이 아니기 때문에 반복문 실행 • i 값인 2를 result에 더해줘 result는 3이 됨
17~19	• i++에 의해 i=3이 되고, 일 때 str2[3]은 's'로 NULL이 아니기 때문에 반복문 실행 • i 값인 3을 result에 더해줘 result는 6이 됨
17~19	• i++에 의해 i=4가 되고, 일 때 str2[4]는 't'로 NULL이 아니기 때문에 반복문 실행 • i 값인 4를 result에 더해줘 result는 10이 됨
17~19	• i++에 의해 i=5가 되고, 일 때 str2[5]는 NULL이 때문에 반복문 종료
20	• result 값인 10을 출력

15 정답 ▶ 21

해설

2차원 포인터	1차원 포인터	값	
arr	arr[0]	arr[0][0]	1
		arr[0][1]	2
		arr[0][2]	3
parr	arr[1]==parr[0]	arr[1][0]	4
		arr[1][1]	5
		arr[1][2]	6
	arr[2]==parr[1]	arr[2][0]	7
		arr[2][1]	8
		arr[2][2]	9

라인 수	설명
03	• arr이라는 이름의 3×3 배열을 선언
04	• parr이라는 이름의 포인터 배열을 선언 • parr은 2차원 포인터와 동일하게 동작 • parr[0]은 arr[1]로, parr[1]은 arr[2]로 초기화
05	• parr[1][1]은 parr에서 1행 떨어진 곳의 1 요소 떨어진 곳이므로 8이 됨 • *(parr[1]+2)는 parr에서 1행 떨어진 곳의 2 요소 떨어진 곳의 값이므로 9가 됨 • **parr은 parr이 가리키는 arr[1]이 가리키는 값인 4가 됨 • 8+9+4=21이 되어 21을 출력

16 정답 ▶ 제어(control)

해설 ▶ 제어 결합도는 어떤 모듈이 다른 모듈의 내부 논리 조직을 제어하기 위한 목적으로 제어 신호를 이용하여 통신하는 경우의 결합도이다.

17 정답 ▶ dcba

해설

라인 수	설명
12	• main 메서드부터 시작
13	• str 변수에 "abacabcd" 대입
14	• str 문자열의 길이는 8이므로 str.length()는 8 • length 변수에 8을 대입
15	• seen 배열을 선언 • 초기화가 안 되어 있으므로 256개 값 모두 false로 초기화됨
16	• fn(str, length-1, seen) 호출
02	• str 배열 변수에 main 메서드의 str 배열을, index에 7을, seen 배열 변수에 main 메서드의 seen 배열을 전달
03	• index는 7이기 때문에 index < 0은 거짓이므로 if 문 안의 문장을 실행하지 않음
04	• c 변수에 str의 7번지 값인 'd'를 대입
05	• index가 7이므로 fn(str, 6, seen)을 호출하고, fn(str, 6, seen)이 완료된 후에 06~10라인 실행 ··· ①
03	• index는 6이기 때문에 index < 0은 거짓이므로 if 문 안의 문장을 실행하지 않음
04	• c 변수에 str의 6번지 값인 'c'를 대입
05	• index가 6이므로 fn(str, 5, seen)을 호출하고, fn(str, 5, seen)이 완료된 후에 06~10라인 실행 ··· ②

⋮

03	• index는 1이기 때문에 index < 0은 거짓이므로 if 문 안의 문장을 실행하지 않음
04	• c 변수에 str의 1번지 값인 'b'를 대입
05	• index가 1이므로 fn(str, 0, seen)을 호출하고, fn(str, 0, seen)이 완료된 후에 06~10라인 실행 ··· ⑦
03	• index는 0이기 때문에 index < 0은 거짓이므로 if 문 안의 문장을 실행하지 않음
04	• c 변수에 str의 0번지 값인 'a'를 대입
05	• index가 0이므로 fn(str, -1, seen)을 호출하고, fn(str, -1, seen)이 완료된 후에 06~10라인 실행 ··· ⑧
03	• index는 -1이기 때문에 index < 0은 참이므로 if 문 안의 문장을 실행 • ""(빈 문자열)을 반환
05	• ⑧을 이어서 실행 • ""(빈 문자열)을 반환받았으므로 result는 ""(빈 문자열)
06	• c 변수는 'a'이고, 'a'는 97 • seen[97]은 false이므로 !seen[97]은 true가 되어 if 문을 실행
07	• seen[97] = true가 됨
08	• c의 값인 'a'에 ""(빈 문자열)를 더하여 반환하므로 "a"를 반환
05	• ⑦을 이어서 실행 • "a"을 반환받았으므로 result는 "a"

라인 수	설명
06	• c 변수는 'b'이고, 'b'는 98 • seen[98]은 false이므로 !seen[98]은 true가 되어 if 문을 실행
07	• seen[98] = true가 됨
08	• c의 값인 'b'에 "a"를 더하여 반환하므로 "ba"를 반환
⋮	
05	• ②를 이어서 실행 • "cba"를 반환받았으므로 result는 "cba"
06	• c 변수는 'c'이고, 'c'는 99 • seen[99]는 true이므로 !seen[98]은 false가 되어 if 문을 실행하지 않음
10	• result 값을 반환하므로 "cba"를 반환
05	• ①을 이어서 실행 • "cba"를 반환받았으므로 result는 "cba"
06	• c 변수는 'd'이고, 'd'는 100 • seen[100]은 false이므로 !seen[100]은 true가 되어 if 문을 실행
07	• seen[100] = true가 됨
08	• c의 값인 'd'에 "abc"를 더하여 반환하므로 "dcba"를 반환
16	• fn(str, length-1, seen)의 반환값이 "dcba"이므로 dcba를 출력

18 정답 -13

해설

라인 수	설명
07	• main 함수부터 시작
08~09	• a, b 변수에 11, 19로 초기화
10	• swap(11, 19)를 호출
02	• swap 함수 내부의 a 변수에 11을, b 변수에 19를 대입
03	• t 변수 선언하고, a 변수의 값인 11을 대입
04	• swap 함수 내부의 a 변수에 b 값인 19를 대입
05	• swap 함수 내부의 b 변수에 t 값인 11을 대입
06	• swap 함수가 종료되었으므로 swap 함수에서 사용했던 a, b, t 변수는 소멸
11	• main 함수의 a 변수는 11, b 변수는 19이므로 • switch(11)이 되어 case 11로 이동
14	• case 11로 이동
15	• b += 2를 실행하여 b는 21이 됨
16	• switch ~ case 문에서 break를 만나지 않았으므로 계속 실행
17	• b += 3을 실행하여 b는 24가 됨
19	• a는 11이고, b는 24이므로 11-24인 -13이 출력

19 정답 20

해설

라인 수	설명
03~06	• node라는 이름의 구조체는 n1이라는 정수형, n2라는 node 구조체를 가리킬 수 있는 포인터 변수로 정의
08	• main 함수부터 실행
09	• node라는 구조체 포인터 변수 head를 선언하고, head의 값을 NULL로 대입
10	• node 구조체 타입의 a 변수에 10, 0을 대입 a: n1=10, n2=0
11	• node 구조체 타입의 b 변수에 20, 0을 대입 b: n1=20, n2=0
12	• node 구조체 타입의 c 변수에 30, 0을 대입 c: n1=30, n2=0
13	• head 변수에 a 변수의 주소를 대입
14	• a 변수의 n2에 b 변수의 주소를 대입 a: n1=10, n2=&b
15	• b 변수의 n2에 c 변수의 주소를 대입 b: n1=20, n2=&c
16	• head는 &a이므로 head->n2는 &a->n2이기 때문에 a 변수의 n2인 &b가 됨 • head->n2->n1에서 head->n2는 &b이므로 &b->n1이 되기 때문에 b 변수의 n1 값인 20이 됨 • head->n2->n1은 20이므로 20을 출력

20 정답: S

해설

라인 수	설명
05	• str 변수에 "ITISTESTSTRING" 문자열을 대입
06	• k 변수에 3을 대입
07	• fn 메서드 호출
01	• str 변수에 "ITISTESTSTRING" 문자열, k 변수에 3을 전달
02	• 'T' 문자열을 기준으로 분리 　　str[0] : 'I' 　　str[1] : 'IS' 　　str[2] : 'ES' 　　str[3] : 'S' 　　str[4] : 'RING'
03	• str[3]을 반환하므로 'S'를 반환
07	• result에 fn(str, k)의 반환 값인 'S'를 대입
08	• result 값인 S를 출력

수제비 백/전/백/승 기출문제 2024년 3회 정답 및 해설

01 정답 ▶ OOAAA

해설

라인 수	설명
15	• main 메서드부터 프로그램 시작
16	• 배열의 크기가 3인 String 타입 변수 sM 선언 및 생성
17	• sM[0]에 문자열 "A" 대입
18	• sM[1]에 문자열 "A" 대입
19	• new 키워드를 사용하여 문자 "A"를 값으로 가지는 새로운 String 객체를 생성
20	• func 메서드를 호출 • sM과 3을 매개변수로 전달
02	• func 메서드를 실행
03	• i=1부터 시작하고, i<size은 1<3이므로 참이 되어 for 문을 실행
04	• sM[0]의 "A"와 sM[1]의 "A"는 같은 "A"이므로 참이 되어 if 문을 실행
05	• "O" 출력
03	• i++에 의해 i=2가 되고, i=2일 때, i<3는 참이 되어 for 문을 실행
04	• sM[1]의 "A"와 sM[2]의 "A"는 같은 "A"이므로 참이 되어 "O"을 출력
03	• i++에 의해 i=3이 되고, i=3일 때, i<3는 거짓이 되어 for 문을 종료
11	• sM의 요소가 3개이므로 for each 문을 3번 반복
12	• sM[0]의 "A"를 m에 대입하고 System.out.print(m)에 의해 "A" 출력
11~13	• sM[1]의 "A"를 m에 대입하고 System.out.print(m)에 의해 "A" 출력
11~13	• sM[2]의 "A"를 m에 대입하고 System.out.print(m)에 의해 "A" 출력

02 정답 ▶ 3

해설

라인 수	설명
05	• x 변수에 리스트 [1, 2, 3, 4, 5, 6]을 대입
06	• func(x) 메서드를 호출
01	• func 메서드 실행
02	• x의 크기가 6이므로 len(x)는 6이 되고, len(x) // 2는 6 // 2이므로 6을 2로 나눴을 때의 몫인 3이 됨 • i=0부터 3 미만일 때까지 반복

라인 수	설명
03	<table><tr><td>x[0] / x[-6]</td><td>x[1] / x[-5]</td><td>x[2] / x[-4]</td><td>x[3] / x[-3]</td><td>x[4] / x[-2]</td><td>x[5] / x[-1]</td></tr><tr><td>1</td><td>2</td><td>3</td><td>4</td><td>5</td><td>6</td></tr></table> • i=0일 때 x[0], list[-1] = x[-1], x[0]이므로 x[0]에 x[-1] 값인 6을, x[-1]에 x[0] 값인 1을 대입 <table><tr><td>x[0] / x[-6]</td><td>x[1] / x[-5]</td><td>x[2] / x[-4]</td><td>x[3] / x[-3]</td><td>x[4] / x[-2]</td><td>x[5] / x[-1]</td></tr><tr><td>6</td><td>2</td><td>3</td><td>4</td><td>5</td><td>1</td></tr></table>
03	• i=1일 때 x[1], list[-2] = x[-2], x[1]이므로 x[1]에 x[-2] 값인 5를, x[-2]에 x[1] 값인 2를 대입 <table><tr><td>x[0] / x[-6]</td><td>x[1] / x[-5]</td><td>x[2] / x[-4]</td><td>x[3] / x[-3]</td><td>x[4] / x[-2]</td><td>x[5] / x[-1]</td></tr><tr><td>6</td><td>5</td><td>3</td><td>4</td><td>2</td><td>1</td></tr></table>
03	• i=2일 때 x[2], list[-3] = x[-3], x[2]이므로 x[2]에 x[-3] 값인 4를, x[-3]에 x[2] 값인 3을 대입 <table><tr><td>x[0] / x[-6]</td><td>x[1] / x[-5]</td><td>x[2] / x[-4]</td><td>x[3] / x[-3]</td><td>x[4] / x[-2]</td><td>x[5] / x[-1]</td></tr><tr><td>6</td><td>5</td><td>4</td><td>3</td><td>2</td><td>1</td></tr></table>
07	• x[::2]는 리스트 0번지부터 끝까지 스텝을 2로 하여 값을 슬라이싱하므로 [6, 4, 2]가 되고, sum([6, 4, 2])를 하면 12가 됨 • sum(x[1::2])는 리스트 1번지부터 끝까지 스텝을 2로 하여 값을 슬라이싱하므로 [5, 3, 1]이 되고, sum([5, 3, 1])을 하면 9가 됨 • 12-9는 3이므로 3을 출력

03 정답 1

해설 • 제일 먼저 다음 쿼리가 실행된다.

```
select dept_id
from employees
group by dept_id
having count(*) < 2
```

• employees 테이블에서 dept_id를 기준으로 group by를 하는데, having 절에 의해 count가 2보다 작은 경우는 dept_id가 20인 경우이다.

dept_id
20

• 20을 in 연산자에 넣으면 다음과 같다.

```
select name
from projects
where dept_id in (20)
```

• projects 테이블에서 dept_id가 20인 name은 Beta이다.

name
Beta

- name에 "Beta"를 넣으면 다음과 같다.

```
select *
from employees e join projects p
  on e.dept_id = p.dept_id
where p.name in("Beta");
```

- employees와 projects를 dept_id를 기준으로 조인하고 p.name이 "Beta"인 튜플은 다음과 같다.

id	first_name	last_name	dept_id	dept_id	name
2	Jim	Carry	20	20	Beta

- count 함수는 행 개수를 가져오는 함수이므로 SQL 문을 실행하면 1이 된다.

```
select count(*)
from employees e join projects p
  on e.dept_id = p.dept_id
where p.name in("Beta");
```

count(*)
1

04 정답 12

해설
- LRU는 사용된 시간을 확인하여 가장 오랫동안 사용되지 않은 페이지를 선택하여 교체하는 알고리즘이다.
- 3개의 프레임에 LRU 페이지 교체 알고리즘을 사용할 경우, 페이지 결함은 12번 발생한다.

참조 페이지	7	0	1	2	0	1	2	7	1	0	2	1	7	0	2	1	7
페이지 프레임	7	7	7	0	1	2	0	1	2	7	1	0	2	1	7	0	2
		0	0	1	2	0	1	2	7	1	0	2	1	7	0	2	1
			1	2	0	1	2	7	1	0	2	1	7	0	2	1	7
페이지 부재	F	F	F	F				F		F	F		F	F	F	F	F

05 정답 스머프(Smurf) / 스머핑(Smurfing)

해설 출발지 주소를 공격 대상의 IP로 변조하여 네트워크 전체에게 ICMP Echo 패킷을 직접 브로드 캐스팅(Directed Broadcasting)하여 타깃 시스템을 마비시키는 공격은 스머프(Smurf) / 스머핑(Smurfing) 공격이다.

06 정답 행위

해설 클래스나 객체들이 상호 작용하는 방법과 역할 분담을 다루는 패턴은 행위 패턴이다.

목적에 따른 디자인 패턴 종류–행위 패턴	
행 미인이 템옵 스테 비커 스트 메체	행위(미디에이터 / 인터프리터 / 이터레이터 / 템플릿 메서드 / 옵져버 / 스테이트 / 비지터 / 커맨드 / 스트레티지 / 메멘토 / 체인 오브 리스판서빌리티)

07 정답: 개체

해설
- 개체 무결성(Entity Integrity)은 한 엔터티에서 같은 기본키(PK)를 가질 수 없거나, 기본키(PK)의 속성이 NULL을 허용할 수 없는 제약조건이다.
- [고객] 릴레이션에서 기본키(PK)인 고객 아이디에 NULL 값이 있으므로 개체 무결성 제약조건을 위반했다.

08 정답: 20

해설

라인 수	설명
03	increase 함수 내의 x는 static 변수이므로 프로그램이 시작될 때 초기화
08	main 함수부터 실행
09~11	x=0, sum=0, i=0으로 초기화
12	i=0일 때, i<4는 참이므로 반복문 실행
13	x++를 하면 main 함수의 x 변수의 값을 1 증가시켜 x는 1이 됨
14	increase() 함수를 호출
04	x += 2를 하면 increase 함수의 x 값을 2 증가시키게 되어 increase 함수의 x 값은 2가 됨
05	increase 함수의 x 값인 2를 반환
14	increase()가 2이므로 sum += 2가 되어 sum은 2가 됨
12	i++에 의해 i=1이 되고, i=1일 때 i<4는 참이므로 반복문 실행
13	x++를 하면 main 함수의 x 변수의 값을 1 증가시켜 x는 2가 됨
14	increase() 함수를 호출
04	x += 2를 하면 increase 함수의 x 값을 2 증가시키게 되어 increase 함수의 x 값은 4가 됨
05	increase 함수의 x 값인 4를 반환
14	increase()가 4이므로 sum += 4가 되어 sum은 6이 됨
12	i++에 의해 i=2가 되고, i=2일 때 i<4는 참이므로 반복문 실행
13	x++를 하면 main 함수의 x 변수의 값을 1 증가시켜 x는 3이 됨
14	increase() 함수를 호출
04	x += 2를 하면 increase 함수의 x 값을 2 증가시키게 되어 increase 함수의 x 값은 6이 됨
05	increase 함수의 x 값인 6을 반환
14	increase()가 6이므로 sum += 6이 되어 sum은 12가 됨
12	i++에 의해 i=3이 되고, i=3일 때 i<4는 참이므로 반복문 실행
13	x++를 하면 main 함수의 x 변수의 값을 1 증가시켜 x는 4가 됨
14	increase() 함수를 호출
04	x += 2를 하면 increase 함수의 x 값을 2 증가시키게 되어 increase 함수의 x 값은 8이 됨
05	increase 함수의 x 값인 8을 반환
14	increase()가 8이므로 sum += 8이 되어 sum은 20이 됨
12	i++에 의해 i=4가 되고, i=4일 때 i<4는 거짓이므로 반복문 종료
17	sum은 20이므로 20을 출력

09 정답 45

해설

라인 수	설명
09	• a 변수에 문자열 "100.0"을 대입
10	• b 변수에 실수형 100.0을 대입
11	• c 변수에 튜플형 (100, 200)을 대입
13	• func(a)를 호출하고, 매개변수로 문자열 "100.0"을 전달
01	• func 메서드에서 value는 "100.0"이 됨
02	• value는 문자열이므로 type(value)는 〈class 'str'〉, type(100)은 〈class 'int'〉이므로 if 문이 거짓이 되어 if 블록을 실행하지 않음
04	• type(value)는 〈class 'str'〉, type("")도 〈class 'str'〉이므로 elif 조건이 참이 되어, elif 블록의 명령어를 실행
05	• 문자열 "100.0"의 길이는 5이므로 5를 반환
13	• func(b)를 호출하고, 매개변수로 실수형 100.0을 전달
01	• func 메서드에서 value는 100.0이 됨
02	• value는 실수형이므로 type(value)는 〈class 'float'〉, type(100)은 〈class 'int'〉이므로 if 문이 거짓이 되어 if 블록을 실행하지 않음
04	• type(value)는 〈class 'float'〉, type("")은 〈class 'str'〉이므로 elif 문도 거짓이 되어 elif 블록을 실행하지 않음
06	• if, elif 문 전부 거짓이므로 else 블록의 명령어를 실행
07	• 20을 반환
13	• func(c)를 호출하고, 매개변수로 튜플형 (100, 200)을 전달
01	• func 메서드에서 value는 (100, 200)이 됨
02	• value는 튜플형이므로 type(value)는 〈class 'tuple'〉, type(100)은 〈class 'int'〉이므로 if 문이 거짓이 되어 if 블록을 실행하지 않음
04	• type(value)는 〈class 'tuple'〉, type("")은 〈class 'str'〉이므로 elif 문도 거짓이 되어 elif 블록을 실행하지 않음
06	• if, elif 조건이 모두 거짓이므로 else 블록의 명령어를 실행
07	• 20을 반환
13	• func(a)는 5, func(b)는 20, func(c)는 20이므로, 5 + 20 + 20 = 45가 되어 45를 출력

10 정답 ④ → ③ → ② → ① → ⑤

해설 • URL의 표기법은 다음과 같다.

```
scheme://[userinfo@] host [:port] [/path] [? query] [#fragment]
```

scheme	• URL의 시작 부분 • 자원에 접근하는 프로토콜을 나타내는 요소 　예 http, https, ftp, mailto 등이 있음

authority		• user info와 host, port의 조합으로 구성
	userinfo	• 선택적 요소로, 사용자 정보(사용자 이름과 비밀번호)를 포함해서 인증해야 할 때 사용하는 요소 • 형식은 username:password이며, @ 기호로 호스트와 구분됨 예) user:pass@
	host	• 자원의 위치를 나타내는 필수 요소로, 도메인 이름(예: www.example.com) 또는 IP 주소(예: 192.168.1.1)로 표기
	port	• 선택적 요소로, 호스트의 포트 번호를 나타내는 요소 • 기본값이 있는 경우 생략할 수 있고 ":" 뒤에 표기 예) HTTPS의 포트는 :443으로 표기
path		• 자원에 대한 경로를 지정할 때 표기하는 요소 • 서버에서 특정 파일이나 디렉토리를 가리키며, 슬래시(/)로 구분하여 표기 예) /path/to/resource
query		• 선택적 요소로, 자원에 대한 추가 정보를 전달하는 요소 • "키-값" 형태로 구성되고, 일반적으로 "?"로 시작하며, 여러 쌍은 "&"로 구분하여 표기 예) ?key1=value1&key2=value2
fragment		• 선택적 요소로, 자원 내에서 특정 부분을 지정하는 요소 • # 기호로 시작하며, 브라우저가 해당 위치로 스크롤 할 때 사용하는 html 내부 북마크 등에 사용됨 예) #section1

• 올바른 URL 주소는 foo://example.com:8042/over/there?name=ferret#nose이다.

11 정답 ▶ 312

해설

라인 수	실행
15	• main 메서드부터 시작
16	• n1이라는 Node 구조체 변수를 선언하고, v 값을 1로, next 값을 NULL로 초기화
17	• n2라는 Node 구조체 변수를 선언하고, v 값을 2로, next 값을 NULL로 초기화
18	• n3이라는 Node 구조체 변수를 선언하고, v 값을 3으로, next 값을 NULL로 초기화 n1: [1 / NULL] v next 　n2: [2 / NULL] v next 　n3: [3 / NULL] v next
19	• Node 포인터 c를 선언하고, n1의 주솟값을 c에 대입

라인 수	실행
21	• n1.next에 n3의 주솟값을 대입 | n1 | n2 | n3 | |---|---|---| | 1 / v | 2 / v | 3 / v | | &n3 / next | NULL / next | NULL / next |
22	• n3.next에 n2의 주솟값을 대입 | n1 | n2 | n3 | |---|---|---| | 1 / v | 2 / v | 3 / v | | &n3 / next | NULL / next | &n2 / next |
23	• func(&n1)을 호출
06	• func 함수 내에서 포인터 n이 n1의 주소가 됨
07	• n은 &n1이므로 n != NULL은 참이고, n->next는 (&n1)->next이므로 &n3이기 때문에 n->next != NULL은 참이되어 while 문을 수행
08	• n은 &n1이므로 n->v는 (&n1)->v가 되고, n1의 v는 1이므로 t에 1을 대입
09	• n->next->v는 (&n1)->next->v이고, (&n1)->next는 &n3이므로 (&n3)->v 값인 3이 됨 • n->v인 n1.v에 n3.v 값을 대입하여 n1.v는 3이 됨 | n1 | n2 | n3 | |---|---|---| | 3 / v | 2 / v | 3 / v | | &n3 / next | NULL / next | &n2 / next |
10	• n->next->v는 (&n3)->v이므로 n3.v에 t 값을 대입하여 n3.v는 1이 됨 | n1 | n2 | n3 | |---|---|---| | 3 / v | 2 / v | 1 / v | | &n3 / next | NULL / next | &n2 / next |
11	• n->next->next는 (&n3)->next이므로 n3의 next 값인 &n2를 n에 대입
07	• n은 &n2이므로 n != NULL은 참이고, n->next는 (&n2)->next이므로 NULL이기 때문에 n->next != NULL은 거짓이되어 while 문을 종료
13	• func 함수를 호출한 부분으로 복귀
24	• c는 &n1이므로 NULL이 아니기 때문에 c != NULL는 참이 되어 while 문 실행
25	• c->v는 (&n1)->v이므로 n1.v 값인 3을 출력
26	• c->next는 (&n1)->next이므로 &n3이 되어 c=&n3이 됨
24	• c는 &n3이므로 NULL이 아니기 때문에 c != NULL는 참이 되어 while 문 실행
25	• c->v는 (&n3)->v이므로 n3.v 값인 1을 출력
26	• c->next는 (&n3)->next이므로 &n2가 되어 c=&n2가 됨
24	• c는 &n2이므로 NULL이 아니기 때문에 c != NULL는 참이 되어 while 문 실행

라인 수	실행
25	• c->v는 (&n2)->v이므로 n2.v 값인 2를 출력
26	• c->next는 (&n2)->next이므로 NULL이 되어 c=NULL이 됨
24	• c는 NULL이므로 c != NULL는 거짓이 되어 while 문 종료

12 정답 ▶ 52

해설

라인 수	설명
16	• main 메서드부터 프로그램 시작
17	• 자식 클래스인 Derivate 클래스의 인스턴스를 생성하고, 부모 클래스인 Base 타입 변수 b에 대입 • b의 타입은 Base지만, 실제 인스턴스는 Derivate
18	• 자식 클래스인 Derivate 클래스의 인스턴스를 생성하여 Derivate 타입 변수 d에 대입 • 변수 d는 Derivate 타입이므로 직접적으로 Derivate의 필드와 메서드를 사용
19	• b.getX() 호출 시, getX 메서드는 오버라이딩 관계에 있으므로 Derivate 클래스의 getX 메서드가 실행
10~12	• Derivate 클래스의 x 값은 7이므로, 7 * 3 = 21을 반환
19	• b.x에서 b의 타입은 Base이므로, 필드 x는 Base 클래스의 x 값인 3을 사용 • 메서드와 다르게, 변수는 오버라이딩되지 않고 타입에 따라 결정
19	• d.getX() 호출 시, Derivate 클래스의 getX 메서드가 실행
10~12	• Derivate 클래스의 x 값은 7이므로, 7 * 3 = 21을 반환
19	• d.x는 Derivate 타입이므로 Derivate 클래스의 x 값인 7을 사용
19	• b.getX()는 21, b.x는 3, d.getX()는 21, d.x는 7이므로, 21 + 3 + 21 + 7 = 52가 되어 52를 출력

13 정답 ▶ ① ㉠ Statement, ② ㉡ Branch, ③ ㉢ Condition

해설
• 모든 명령문을 적어도 한 번 실행되도록 조합하는 커버리지는 문장(Statement) 커버리지이다.
• 각 결정문이 참, 거짓을 한 번 이상 갖도록 조합하는 커버리지는 분기(Branch) 커버리지이다.
• 결정문 내의 각 조건이 참, 거짓을 한 번 이상 갖는 조합하는 커버리지는 조건(Condition) 커버리지이다.

14 정답 ▶ ① ㉠ 연관(Association) 관계, ② ㉡ 일반화(Generalization) 관계, ③ ㉢ 의존(Dependency) 관계

해설

연관 (Association) 관계	• 클래스가 서로 개념적으로 연결된 관계 • 2개 이상의 사물이 서로 관련되어 있는 상태를 표현 • 사물 사이를 실선으로 연결하여 표현하며, 방향성은 화살표로 표현	축구팀 → 공격수
일반화 (Generalization) 관계	• 하나의 사물이 다른 사물에 비해 더 일반적인지 구체적인지를 표현하는 관계 • 일반적인 개념을 부모(상위)라고 하고, 구체적인 개념을 자식(하위)이라 함 • 다른 의미로 상속 관계라고 함	차 ← 버스, 승용차, 택시

| 의존
(Dependency)
관계 | • 하나의 클래스가 또 다른 클래스를 사용하는 관계
• 사물 사이에 서로 연관은 있으나 필요에 따라 서로에게 영향을 주는 짧은 시간 동안만 연관을 유지하는 관계를 표현
• 하나의 클래스에 있는 멤버 함수의 인자가 변함에 따라 다른 클래스에 영향을 미칠 때의 관계 | 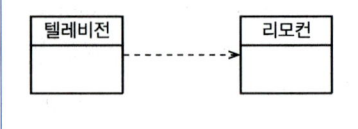 |

15 정답 ① ⓒ 외래 키(Foreign Key), ② ⓔ 후보 키(Candidate Key), ③ ⓒ 대체 키(Alternate Key), ④ ⓐ 슈퍼 키(Super Key)

해설 • 키의 종류는 다음과 같다.

기본 키 (Primary Key)	• 테이블의 각 튜플들을 고유하게 식별하는 키
대체 키 (Alternate Key)	• 후보 키 중에서 기본 키로 선택되지 않은 키
후보 키 (Candidate Key)	• 테이블에서 각 튜플을 구별하는 데 기준이 되는 키 • 기본 키와 대체 키를 합친 키(기본 키⊂후보 키, 대체 키⊂후보 키)
슈퍼 키 (Super Key)	• 릴레이션을 구성하는 모든 튜플에 대해 유일성은 만족하지만, 최소성은 만족하지 못하는 키
외래 키 (Foreign Key)	• 한 릴레이션의 컬럼이 다른 릴레이션의 기본 키로 이용되는 키 • 테이블 간의 참조 데이터 무결성을 위한 제약 조건

16 정답 1

해설

라인 수	설명
08	• main 함수부터 시작
09	• arr 배열을 {3, 1, 4, 1, 5}로 초기화
10	• 포인터 변수 p에 배열 arr을 대입
11	• pp 포인터 변수에 p의 주솟값을 대입
13	• func 함수에 pp와 5를 전달하여 호출
02	• func 함수에서 arr는 main 함수의 &p이고, size는 5
03	• i 변수 선언
04	• for 루프는 i=0부터 i=4까지 반복 실행
05	• arr은 &p이므로 (*(*arr + i))는 (*(*&p+i)) == (*(p+i)) == arr[i]이고, (*(*arr+i)+i)) == (*(*&p+i)+i) == (*(p+i)+i) == (*(arr+i)+i) == (arr[i]+i)가 됨 • size는 5이므로 arr[i] = (arr[i]+i) % 5와 같음 • i=0일 때 arr[0] = (arr[0]+0) % 5이므로, arr[0] = 3 % 5가 되어 arr[0]에 3을 대입
04	• i=1일 때, i<size인 1<5가 참이므로 for 문 실행
05	• i=1일 때 arr[i] = (arr[i]+i) % 5는 arr[1] = (arr[1]+1)%5와 같음 • arr[1] = (1+1)%5이므로, arr[1] = 2 % 5가 되어 arr[1]에 2를 대입
04	• i=2일 때, i<size인 2<5가 참이므로 for 문 실행

라인 수	설명
05	• i=2일 때 arr[i] = (arr[i]+i) % 5는 arr[2] = (arr[2]+2)%5와 같음 • arr[2] = (4+2)%5이므로, arr[2] = 6 % 5가 되어 arr[2]에 1을 대입
04	• i=3일 때, i<size인 3<5가 참이므로 for 문 실행
05	• i=3일 때 arr[i] = (arr[i]+i) % 5는 arr[3] = (arr[3]+3)%5와 같음 • arr[3] = (1+3)%5이므로, arr[3] = 4 % 5가 되어 arr[3]에 4를 대입
04	• i=4일 때, i<size인 4<5가 참이므로 for 문 실행
05	• i=4일 때 arr[i] = (arr[i]+i) % 5는 arr[4] = (arr[4]+4)%5와 같음 • arr[4] = (5+4)%5이므로, arr[4] = 9 % 5가 되어 arr[4]에 4를 대입
04	• i=5일 때, i<size인 5<5가 거짓이므로 for 문 종료
14	• arr[2]는 1이므로 1을 출력

17 **정답** VPN(Virtual Private Network)

해설
- VPN은 인터넷과 같은 공중망에 인증, 암호화, 터널링 기술을 활용하여 마치 전용망을 사용하는 효과를 가지는 보안 솔루션이다.
- VPN은 여러 공중 인터넷망을 하나의 사설망처럼 사용할 수 있는 기술로 공중망과 사설망의 중간단계이고 방식으로는 SSL 방식과 IPSec 방식이 있다.
- SSL VPN은 4계층에서 소프트웨어적으로 동작하므로 별도의 장치가 필요 없으며 가격이 저렴하다.
- IPSec VPN은 3계층에서 동작하므로 IP 헤더를 조작해야 하므로 별도의 하드웨어 장치가 필요하나 보안성이 뛰어나다.

18 **정답** 101

해설

라인 수	설명
02	• main 메서드부터 프로그램 시작
03	• sum이라는 변수를 0으로 초기화
04	• try 문 시작 • 예외가 발생하면 그 즉시 catch 문으로 이동
05	• func 메서드 호출
18	• NullPointerException 예외를 throw하므로 해당 예외를 처리할 수 있는 catch 문으로 이동
07	• NullPointerException 예외를 처리할 수 있는 catch 블록을 실행
08	• sum에 1을 더하여 sum은 1이 됨
13	• try~catch 문이 종료되었으므로 finally 문을 실행
14	• sum에 100을 더하여 sum은 100이 됨
16	• sum 값인 101이 출력됨

19 정답 B0

해설

라인 수	설명
22	• main 함수부터 프로그램 시작
23	• new Collection⟨⟩(0)으로 Collection 클래스의 인스턴스를 생성하기 때문에 Collection 생성자를 호출
14	• Collection 생성자를 호출하고, T는 타입이 Integer가 되고, t는 0을 전달
15	• t 값인 0을 Collection 내부 변수인 value에 대입
23	• new Collection⟨Integer⟩(0) 인스턴스의 print 메서드를 호출
17	• print 메서드 실행
18	• Printer 클래스의 print(0)을 호출 • print 메서드는 오버로딩 관계인데, 제네릭은 Object 타입으로 Object를 매개변수로 받는 print(Object x) 메서드를 호출
05~07	• x는 0이므로 "B"+0인 B0을 출력

20 정답 애드 혹 네트워크(Ad-hoc Network)

해설 • 애드 혹 네트워크는 노드(Node)들에 의해 자율적으로 구성되는 기반 구조가 없는 네트워크이다.
• 네트워크의 구성 및 유지를 위해 기지국이나 액세스 포인트와 같은 기반 네트워크 장치를 필요로 하지 않는 네트워크이다.